Luís Cabral

Introducción a la organización industrial

Introducción a la organización industrial

Luís Cabral

Traducción de Ricard Gil

Antoni Bosch editor

Antoni Bosch editor, S.A.U.
Manacor 3, 08023 Barcelona, España
Tel. (+34) 93 206 0730
info@antonibosch.com
www.antonibosch.com

ISBN: 978-84-122443-5-9
Depósito legal: B. 1257-2022

Diseño de la cubierta: Compañía
Maquetación: JesMart
Corrección: Olga Mairal
Impresión: Prodigitalk

Impreso en España
Printed in Spain

ÍNDICE

Prefacio 13

Agradecimientos 14

1. ¿Qué es la organización industrial? 17
    1.1 Un ejemplo 18
    1.2 Cuestiones centrales 20
    1.3 A continuación... 29

Parte I Consumidores, empresas y mercados

2. Consumidores 35
    2.1 Preferencias y demanda del consumidor 35
    2.2 La elasticidad de demanda 41
    2.3 Estimando la curva de demanda 50
    2.4 ¿Son los consumidores realmente racionales? 54

3. Empresas 61
    3.1 Las funciones de producción de la empresa, de costes y de oferta . . . 62
    3.2 Precios 72
    3.3 ¿Las empresas maximizan beneficios? 83
    3.4 ¿Qué determina los límites de una empresa? 87
    3.5 ¿Por qué las empresas son diferentes las unas de las otras? 89

4. Competencia, equilibrio y eficiencia 101
    4.1 Competencia perfecta 101
    4.2 Selección competitiva 111
    4.3 Competencia monopolística 118
    4.4 Eficiencia 120

5. Fallos de mercado y políticas públicas 135
    5.1 Externalidades y fallos de mercado 135
    5.2 Información imperfecta 143
    5.3 Monopolio 147

5.4 Regulación 153
5.5 Política de competencia y de antimonopolio 155
5.6 Regulación de empresa 158

6. **Discriminación de precios** 171
6.1 Selección por indicadores 176
6.2 Autoselección 183
6.3 Precios no lineales 192
6.4 Subastas y negociaciones 197
6.5 ¿Es la discriminación de precios ilegal? ¿Debería serlo? 203

Parte II Oligopolio

7. **Juegos y estrategias** 219
7.1 Equilibrio de Nash 221
7.2 Juegos secuenciales 230
7.3 Juegos repetidos 236
7.4 Información 239

8. **Oligopolio** 251
8.1 El modelo de Bertrand 252
8.2 El modelo de Cournot 264
8.3 Bertrand versus Cournot 271
8.4 Los modelos en acción: estática comparativa 275

9. **Colusión y guerras de precios** 295
9.1 La estabilidad de acuerdos colusorios 296
9.2 Guerras de precios 302
9.3 Factores que facilitan la colusión 308
9.4 Análisis empírico de carteles y colusión 317
9.5 Políticas públicas 319

Parte III Entrada y estructura de mercado

10. **Estructura de mercado** 341
10.1 Costes de entrada y estructura de mercado 344
10.2 Costes de entrada endógenos y exógenos 353
10.3 Intensidad de competencia, estructura de mercado
y poder de mercado 358
10.4 Entrada y bienestar 364
10.5 Regulación de entrada 371

11. Fusiones horizontales 379

    11.1 Efectos económicos de las fusiones horizontales 381

    11.2 La dinámica de las fusiones horizontales 390

    11.3 La política de fusiones horizontales 394

12. Exclusión de mercado 407

    12.1 Disuasión de entrada 408

    12.2 Contratos exclusivos, paquetes y exclusión de mercado 419

    12.3 Precios predatorios. 426

    12.4 Políticas públicas y la exclusión del mercado 431

Parte IV Estrategias no basadas en precios

13. Relaciones verticales 445

    13.1 Integración vertical 446

    13.2 Restricciones verticales 454

    13.3 Políticas públicas 458

14. Diferenciación de producto 465

    14.1 La demanda por productos diferenciados 466

    14.2 Competencia con productos diferenciados 471

    14.3 Publicidad y marcas 483

    14.4 Comportamiento del consumidor y estrategia de la empresa. 492

    14.5 Políticas públicas. 495

15. Innovación 501

    15.1 Estructura de mercado e incentivos a la innovación 505

    15.2 Difusión del conocimiento y las innovaciones 509

    15.3 Estrategia de innovación 512

    15.4 Políticas públicas. 519

16. Redes. 531

    16.1 El huevo y la gallina 533

    16.2 Adopción de innovación con efectos de red 538

    16.3 Estrategia empresarial 550

    16.4 Políticas públicas 557

Índice analítico 567

Prefacio

Han pasado ya dieciséis años desde la publicación de la primera edición de *Introducción a la Organización Industrial* (IOI). Durante este tiempo, mucho ha acontecido en el mundo y en el campo de la organización industrial (OI). Por lo tanto, y para tener en cuenta los nuevos acontecimientos, hace ya tiempo que hacía falta una segunda edición de IOI.

La nueva edición tiene muchas novedades. En mi opinión y según mi experiencia en estos años, IOI es un libro de texto adecuado tanto para cursos de licenciatura en economía como de gestión empresarial y dirección de empresas; e incluso en varios programas de maestría en campos fuera de las ciencias económicas. Así pues, la Parte I incluye ahora una descripción más completa de la microeconomía básica necesaria para el estudio de la OI: utilidad del consumidor y demanda, funciones de costes de la empresa y estrategias de precios (incluso discriminación de precios), mercados competitivos y fallos de mercado.

La OI ha sido testigo de un tremendo aumento en las investigaciones y análisis de carácter empírico; aun así, muchos libros de texto ignoran este hecho y tan solo tratan superficialmente este aspecto de la OI. La edición presente ofrece una introducción a métodos estadísticos en tres áreas distintas e importantes: identificación de demanda (sección 2.3); análisis de carteles y colusión (sección 9.4); y la modelización de la diferenciación de productos (sección 14.1).

En respuesta a muchas peticiones, he añadido algunos temas de carácter avanzado. Primero, varios capítulos ahora incluyen divisiones avanzadas (en letra pequeña) que ofrecen un tratamiento analítico de ideas anteriormente presentadas con narrativa e intuición. Los ejercicios al final de cada capítulo ayudan al lector a avanzar en su entendimiento mediante: (a) la formalización de ideas que se tratan brevemente en el texto; (b) la generalización de resultados presentados en forma simple; o (c) la aplicación conceptual de resultados al análisis empírico de casos e industrias específicas (cada capítulo ahora cuenta con una nueva sección al final llamada: «ejercicios aplicados»).

Finalmente, gran parte del material nuevo en esta edición corresponde a ejemplos nuevos y viejos con un nuevo enfoque, ambos en el texto principal y aparte del texto como «cajas».

A pesar de todas estas novedades, la segunda edición de IOI mantiene el espíritu básico de la primera edición de IOI: un libro estructurado alrededor de *temas* más que *metodología*. Aun haciendo más uso de modelos teóricos (porque creo que son útiles para entender la realidad), me limito a presentar nuevos modelos teóricos únicamente cuando su contribución está justificada en términos del beneficio marginal al entendimiento de un tema concreto.[a] El énfasis en temas (más que metodología) también se refleja en la atención prestada a las consecuencias para las políticas públicas y regulación. Aunque podemos decir que este ya era el caso en la primera edición de IOI, la segunda edición de IOI incluye una sección de políticas públicas al final de la mayoría de los capítulos.

Agradecimientos

La primera edición de IOI incluía una lista larga de agradecimientos. Desde el año 2000, el número de profesores, estudiantes y otros lectores que han ofrecido sugerencias, correcciones –o simplemente su apoyo– ha aumentado considerablemente mi deuda con el público. Quiero disculparme por la exclusión de algunos contribuyentes de la que ahora ya es una lista bien larga:[b] Dan Ackerberg, Mark Armstrong, Helmut Bester, Bruno Cassiman, Allan Collard-Wexler, Pascal Courty, Greg Crawford, Leemore Dafny, Jan De Loecker, Kenneth Elzinga, Joe Farrell, David Genesove, Ben Hermalin, Jos Jansen, Przemyslaw Jeziorski, Chris Knittel, Francine Lafontaine, Ramiro Tovar Landa, Robin Lee, Frank Mathewson, David Mills, GianCarlo Moschini, Petra Moser, Hiroshi Ohashi, Ariel Pakes, Michael Peitz, Rob Porter, Michael Riordan, Daniil Shebyakin, John Small, Adriaan Soetevent, Scott Stern, John Sutton, Frank Verboven, Reinhilde Veugelers, Len Waverman, Ali Yurukoglu, Peter Zemsky, Christine Zulehner. A esta lista debo añadir varios críticos anónimos que leyeron versiones previas con calma, así como otros identificados en MIT Press. Claire Finnigan, Mike Cheely y John Kim fueron grandes ayudantes de investigación. Finalmente, quiero agradecer los múltiples grupos de alumnos

---

[a] De hecho, debería recalcar que la lista de referencias en el libro *no* refleja la literatura en OI de forma equilibrada. Para recalcar este punto aún más, he decidido no hacer referencias directas a publicaciones en el texto, dejando así las referencias bibliográficas en las notas al final del texto. (Estas notas son anotadas con números, en lugar de las notas a pie de página, que son anotadas con letras.)

[b] Dado que gran parte del contenido de la primera edición está también presente en esta segunda edición, la siguiente lista incluye agradecimientos incluidos también en la 1.ª edición.

en mis clases en LBS, LSE, Berkeley, Yale y NYU, a quienes yo enseñé basándome en versiones anteriores de este libro de texto y de quienes recibí comentarios muy valiosos. Para mi más profundo pesar, la responsabilidad última de los errores y carencias que perduran en esta versión es únicamente mía.

1. ¿Qué es la organización industrial?

¿Qué es la organización industrial? Antes de responder esta pregunta, quizás sea útil empezar clarificando el significado de la palabra «industrial» en nuestro contexto. Según el diccionario Webster y traduciendo literalmente, la palabra «industria» se refiere a «el colectivo de empresas productivas manufactureras, especialmente en contraste a la agricultura» (definición 5a). La palabra «industria» también puede significar «cualquier actividad empresarial a gran escala», como la industria turística, por ejemplo (definición 4b).

Este doble significado es motivo de confusión acerca del objeto de estudio de la organización industrial. En nuestro contexto, la palabra «industrial» debe ser interpretada en el sentido de la definición 4b del diccionario Webster. Por ello, la organización industrial se puede aplicar tanto a la industria del acero como al turismo; de hecho, para la organización industrial, las industrias manufactureras no tienen nada de especial respecto a otras industrias.

La organización industrial es el estudio del *funcionamiento de los mercados e industrias, y en particular, de la manera como las empresas compiten entre ellas*. Sin embargo, el estudio de cómo funcionan los mercados es también el objeto de la microeconomía; tal y como un ganador del Premio Nobel dice, «la organización industrial como disciplina no existe», queriendo decir que la organización industrial es solo una parte más dentro de la microeconomía.[1] Así pues, la principal razón para considerar la organización industrial como una disciplina aparte es su énfasis en el estudio del comportamiento estratégico de las empresas que resulta de sus interacciones de mercado con otras empresas: la competencia de precios, el posicionamiento de sus productos, la publicidad, la investigación y el desarrollo, y otros. Además, mientras que la microeconomía se centra en casos extremos como el monopolio y la competencia perfecta, la organización industrial se centra en el estudio de los casos intermedios como el oligopolio, es decir, la competencia entre unas pocas empresas (más de una, más que en el caso de monopolio, pero no tantas como en el caso de mercados perfectamente competitivos).

Por estas razones, una definición más apropiada de la organización industrial quizás sea algo así como «la economía de la competencia imperfecta». Aun así, el campo de la economía adoptó el término «organización industrial», y no voy a ser yo quien lo cambie.

> **La organización industrial es el estudio del funcionamiento de los mercados e industrias, y en particular, de la manera como las empresas compiten entre ellas.**

1.1 Un ejemplo

Poner ejemplos es a menudo mejor que dar definiciones. En esta sección, tomamos como ejemplo el mercado de los medicamentos para las úlceras y la acidez gástrica, un contexto con varias características de interés para la organización industrial. Por lo tanto, este mercado nos es de utilidad para introducir la sección siguiente, donde examino más sistemáticamente cuestiones centrales de la organización industrial.

Hasta el final de la década de 1970, no existía un medicamento realmente efectivo para tratar las úlceras; así, muchos casos acababan en el quirófano con cirugía. Entonces un proyecto de investigación en Smith, Kline & French (que es ahora parte de GlaxoSmithKline) acabó con el descubrimiento de la cimetidina, un medicamento milagro vendido bajo el nombre de marca de Tagamet. El coste de producción era bajo respecto al precio de venta. En casos como este, la enorme diferencia entre precio y coste nos obliga a plantearnos una serie de preguntas. Por ejemplo, parece injusto que muchos pacientes y enfermos de úlcera no puedan aliviar su dolor mediante el consumo de una droga relativamente barata sencillamente porque su precio sea demasiado alto. Sin embargo, sin ingresos de medicamentos como Tagamet sería imposible para empresas como Smith, Kline & French llevar a cabo la investigación y el desarrollo correspondiente que culminan en el descubrimiento de medicamentos tan populares y tan necesarios.

El hecho es que el mercado del medicamento de úlceras era enorme. Aunque Smith, Kline & French tenía una patente para la cimetidina (válida hasta 1997), esto no disuadió a otras empresas farmacéuticas de innovar con productos alternativos: Zantac, introducido por Glaxo en 1983; Pepcid, introducido por Merck en 1986; y Axid, introducido por Eli Lilly en 1988.

Para muchos expertos, Zantac, Pepcid y Axid no eran más que imitaciones (también conocidas como medicamentos «yo también»). De hecho, los informes de los ensayos clínicos indicaron que las diferencias en las tasas de éxito de estos medicamentos eran menores; dicho de otra manera, cualquiera de estos medicamentos podría sustituir a otro medicamento en la lista. ¿Por qué entonces no había una competencia de precios más intensa? La respuesta es sencilla: la publicidad.

> BATALLAS DE DOLOR DE ESTÓMAGO. Sabíamos que la batalla para aliviar tu dolor de estómago sería grande, pero no teníamos ni idea de que sería tan sangrienta. Se están gastando cientos de millones de dólares en publicidad para establecer fidelidad de marca tanto para Tagamet HB como Pepcid AC. En breve, Zantac 75 se unirá a esta pugna.
>
> Estos medicamentos eran productos estrella en el mercado de tratamientos de úlcera; ahora que se pueden adquirir sin prescripción para tratar el ardor de estómago los fabricantes se han podido quitar los guantes.[2]

Esto no es específico de los medicamentos de úlcera y ardor de estómago. En general, el presupuesto de publicidad de cualquier empresa farmacéutica es proporcional a su presupuesto de investigación. Lo que importa no es solo el valor del producto, sino también lo que los consumidores –y los doctores, quienes frecuentemente deciden por sus pacientes– piensan del valor del producto.

Glaxo se erigió como ganador de esta batalla de la publicidad. Glaxo «se comprometió a hacer del ardor de estómago un "trastorno" agudo y crónico capaz de tener consecuencias muy serias si no era tratado dos veces al día con la píldora de dos dólares de la compañía».[3] En 1988, Zantac había alcanzado y sobrepasado a Tagamet como el medicamento más vendido del mundo.

La patente de Zantac caducó al final de la década de 1990, abriendo el paso a la competencia de medicamentos genéricos. Un medicamento genérico es un medicamento químicamente equivalente que se vende con su nombre químico (Ranitidina, en el caso de Zantac) en lugar de su nombre de marca. A pesar de numerosas alegaciones de que el Zantac genérico tiene los mismos efectos que la marca Zantac, este último ha sido capaz de mantener una cuota de mercado sustancial aun vendiendo su producto a precios más altos. En julio de 1999, tras el vencimiento de su patente, el distribuidor de medicamentos a descuento RxUSA vendía cajas de 30 pastillas de 300 mg de Zantac a $85,95. Por un poco más, $95, se podía comprar una caja de 250 pastillas de 300 mg de Zantac Ranitidina genérico –lo cual es 7,5 veces menos por pastilla. Una década más tarde, la diferencia de precios entre marca y genéricos era aún significativa: en enero de 2014, 150 mg de Zantac tenía un coste de casi 40 centavos por pastilla, mientras que el precio de una pastilla del genérico se vendía a 8 centavos. Otra prueba del longevo valor de la marca Zantac es que, en 2006, Boehringer Ingelheim pagó más de \$500 millones de dólares por los derechos de explotación de Zantac en los Estados Unidos.

Cuando Zantac salió al mercado, Glaxo era una compañía independiente. Desde entonces, primero se fusionó con Wellcome para crear GlaxoWellcome, entonces con SmithKline (lo que terminó en una fusión reciente) para formar GlaxoSmithKline.[a] A menudo, estas fusiones se justifican por ser fuentes de sinergias importantes. Por ejemplo, cuando GlaxoWellcome se creó, las empresas en la fusión argumentaron que la combinación de Wellcome's AZT y Glaxo's 3TC eran un mejor remedio contra el SIDA que cualquiera de esas drogas actuando en solitario.[4] Los críticos de la fusión, sin embargo, ven la unión como una fuente de ganancia de poder de mercado: si no puedes vencer a la competencia, entonces cómprala.

1.2 Cuestiones centrales

El ejemplo en la sección previa aclara varios temas centrales de la organización industrial (ver más abajo, en cursiva): durante décadas, GlaxoWellcome era una empresa con un grado significativo de *poder de mercado* en el segmento de medicamentos terapéuticos para úlceras y ardor de estómago (la *definición de mercado* relevante en este caso). GlaxoWellcome, que resultó de la *fusión* entre Glaxo y Wellcome, adquirió su posición dominante de mercado mediante una astuta *estrategia de I+D* que le permitió entrar en una industria previamente dominada por SmithKline; y mediante una agresiva *estrategia de mercado* que aumentó su cuota de mercado. Durante un tiempo, la posición de Zantac estaba protegida por su *patente*. Esto ya no es el caso, lo que quiere decir que *diferenciar su producto* respecto a los rivales que entran en la industria (fabricantes de genéricos) es ahora una prioridad.

En esta sección, intento formular el objeto de la organización industrial de una manera más sistemática. Se puede decir que el objetivo de la organización industrial es el de dar respuesta a las siguientes preguntas: (a) ¿Tienen las empresas poder de mercado? (b) ¿Cómo adquieren y mantienen las empresas su poder de mercado? (c) ¿Cuáles son las consecuencias del poder de mercado? (d) ¿Qué papel pueden jugar las políticas públicas en lo que se refiere al poder de mercado?

---

[a] La buena noticia es que no todas las empresas que formaron parte de la fusión quisieron mantener su nombre en el nombre de la nueva empresa, si no estaríamos hablando de GlaxoWellcomeSmithKlineFrench. Un mejor ejemplo de esto es Sanofi: si cada una de las empresas que forman Sanofi hubiera querido mantener su nombre, la compañía se llamaría –tomad aire– ¡Sanofi Synthelabo Hoechst Marion Roussel Rhone Poulenc Rohrer Marion Merril Dow! (signo de exclamación incluido).

Ya que todas estas preguntas giran alrededor del concepto del poder de mercado, es útil precisar este concepto mejor. El **poder de mercado** se puede definir como la habilidad de vender con precios por encima del coste, más específicamente por encima del coste marginal o incremental, es decir, el coste de producción de una unidad adicional del producto o servicio en cuestión.[b] Así, por ejemplo, si GlaxoWellcome gasta $10 en la producción de una caja de Zantac y la vende por $50, podemos decir que la empresa tiene un grado sustancial de poder de mercado.

Vayamos ahora pregunta a pregunta.

■ **¿Tienen las empresas poder de mercado?** Lógicamente, esta pregunta no es solo importante, más bien es fundamental. Si no hay poder de mercado, la organización industrial aporta más bien poco al estudio del funcionamiento de los mercados.

A lo largo de los años, muchas investigaciones empíricas han intentado medir el grado de poder de mercado. Suponiendo que los costes son proporcionales al nivel de producción, se puede obtener una buena aproximación al grado y magnitud del poder de mercado utilizando datos de precios, producción y ventas, y tasas de beneficio.[c] Un estudio que sigue este procedimiento concluyó que el grado de poder de mercado en la industria del automóvil en los Estados Unidos es muy bajo, una conclusión que se deduce tras observar tasas de beneficios relativamente bajas.[5] Este hallazgo es consistente con uno de los pilares de la llamada escuela de Chicago de economía: mientras haya entrada libre de empresas en una industria, el grado de poder de mercado no será nunca significativo. Si una empresa pone precios por encima de su coste de forma asidua y frecuente, otras empresas creerán rentable entrar en ese mercado y poner precios por debajo del nivel de los precios de las empresas ya presentes en el mercado. Por lo tanto, el poder de mercado no puede perdurar para siempre, según esta línea argumental.[d,6]

No todos los economistas están de acuerdo con esta teoría, ya sea desde un punto de vista teórico o empírico. Desde una perspectiva empírica, una apro-

---

[b] Una definición rigurosa del coste marginal y otros tipos de costes se puede encontrar en la sección 3.1. Si los costes son proporcionales al nivel de producción, entonces el coste marginal es igual al coste medio o coste por unidad.

[c] La tasa de beneficio, r, viene dada por los ingresos menos los costes dividido por los costes: $r = (R - C)/C$, donde R es el ingreso por ventas y C son los costes. Si los costes son proporcionales a la producción, entonces los costes son el resultado de multiplicar el coste por unidad y el total de unidades producidas: $CU \times Q$, donde CU es el coste por unidad y Q es el total de unidades producidas. A su vez, el ingreso viene dado por el producto de precio por cantidad: $R = P \times Q$, donde P es precio. Entonces, de ahí se deduce que $r = (P - CU)/CU$, y así r es una buena medida de la diferencia entre precio y coste por unidad (que en este caso también es igual al coste marginal).

[d] La teoría de los *mercados de acceso irrestricto* formaliza este argumento.

ximación alternativa al valor del coste marginal se puede obtener dividiendo el incremento en coste del año t al año $t + 1$ por el incremento en producción en el mismo periodo. Utilizando este método, un estudio ha estimado que los precios son en general hasta tres veces mayores que el coste marginal.[e]

La evidencia empírica proveniente de otras industrias también sugiere que el grado de poder de mercado es significativo. Toma como ejemplo la industria de las aerolíneas en los Estados Unidos. Un informe del gobierno de los Estados Unidos en el año 1996 analizó precios medios de billetes de avión en 43 aeropuertos de gran tamaño. En diez de estos aeropuertos, una o más de una aerolínea controlaban estrechamente las franjas horarias de despegue y aterrizaje. El informe constataba que, en promedio, los pasajeros pagaban un 31 % más en estos aeropuertos que en los otros 33 aeropuertos en la muestra.[7] Dicho de otra forma, el informe sugería que las aerolíneas que controlaban los activos esenciales de acceso a un aeropuerto tenían un grado de poder de mercado significativo.

Podemos ofrecer otros ejemplos. Sin embargo, estos no serían necesariamente representativos de lo que sucede en todos y cada uno de los mercados. Para ser más claros, en un gran número de industrias las empresas tienen poco o grado nulo de poder de mercado (sección 4.1). El punto aquí es que en *algunas* industrias el poder de mercado existe y es además significativo.

■ **¿Cómo adquieren y mantienen las empresas su poder de mercado?** Tener poder de mercado es sinónimo de mayores beneficios. Así, crear, adquirir y mantener poder de mercado es una parte importante de la estrategia de una empresa para maximizar su valor.

¿Cómo adquieren las empresas poder de mercado? Una posibilidad es la de protegerse legalmente de posible competencia, para sí poner precios más altos sin tener que preocuparse de que nuevas empresas competidoras entren en su mercado. Por ejemplo, en las décadas de 1940 y 1950 Xerox desarrolló la tecnología de fotocopiadora usando papel normal, y la patentó. Dada la protección legal provista por sus patentes, Xerox pudo aumentar sus precios a niveles significativamente altos sin atraer competencia (véase Caja 15.1).

La estrategia de una empresa puede jugar también un papel fundamental a la hora de adquirir poder de mercado. Tomemos por ejemplo el caso de British Sky Broadcasting Group (BSkyB), una empresa líder en el mercado británico de televisión digital (creada en 1990 tras la fusión de Sky Television y British Satellite Broadcasting). En su intento de anticiparse a su competencia, en 1999 BSkyB introdujo un paquete en el mercado muy agresivo que incluía un descodificador

---

[e] Hall, Robert E. (1988), «The Relationship Between Price and Marginal Cost in US Industry», *Journal of Political Economy* 96, 921-947.

STB (set-top box) gratis, acceso a internet gratis y un descuento del 40 % en gastos de telefonía.[8] El plan, que tuvo mucho éxito, debía generar una ventaja temprana en la base instalada de abonados, que con el tiempo se convertiría en una ventaja permanente. Un ejemplo más reciente viene dado por Samsung Electronics. En su intento de entrar en el lucrativo mercado de los teléfonos inteligentes (*smartphones*), Samsung vendió su teléfono competidor del iPhone a precios significativamente más bajos que el iPhone de Apple; y fue de los primeros en apostar por el nuevo sistema operativo Android de Google. Ya en 2012, Samsung había capturado un tercio del mercado de telefonía inteligente.[9]

Crear poder de mercado es solo una parte de la historia. Una empresa exitosa también debe ser capaz de mantener su poder de mercado. Las patentes caducan. Las imitaciones suceden. Las industrias protegidas son desreguladas y liberalizadas. ¿Qué pueden hacer las empresas presentes en el mercado para mantener su poder de mercado? La industria de las aerolíneas nos proporciona un ejemplo. American Airlines consiguió ahuyentar a varios competidores que pretendieron entrar en su centro principal de operaciones en Dallas/Forth Worth: Vanguard, Sun Jet, Western Pacific. Los precios de los billetes de avión en la ruta entre Dallas y Kansas City, por ejemplo, bajaron de \$108 a \$80 cuando Vanguard entró en ese mercado. Una vez Vanguard dejó de operar en ese mercado, American aumentó sus precios gradualmente hasta \$147 en 1996. Joel Klein, entonces jefe de la División Antimonopolio (Antitrust Division) del Departamento de Justicia, dijo que la estrategia de American consiguió mucho más que alejar a sus rivales de entonces del mercado –también envió una señal a futuros competidores potenciales que sopesaran entrar en el mercado: «Un economista sofisticado lo comparaba con escoger entre dos campos con carteles de "no pasar". Uno tenía dos cadáveres, el otro no tenía cadáveres. ¿Qué campo invadirías?».[10] Tener una reputación de competidor duro es una manera muy fiable de mantener una posición de poder de mercado.

Un ejemplo más reciente del mundo de la alta tecnología es el de Apple Computer. Mediante la combinación de innovación constante y una mercadotecnia astuta, el gigante de Cupertino ha conseguido mantener una posición de mercado fuerte durante mucho tiempo. Es especialmente importante el «ecosistema» de Apple de dispositivos y *software*: «sus teléfonos, tabletas, computadoras, y los sistemas operativos de escritorio y de móvil que los hacen funcionar se han mezclado en un todo único e indisoluble».[11]

En diferentes capítulos de este libro de texto, en particular en los capítulos 11-16, examinaré un gran conjunto de estrategias que las empresas desarrollan y utilizan para crear y mantener su propio poder de mercado.

■ **¿Cuáles son las consecuencias del poder de mercado?** Desde el punto de vista de la empresa, el poder de mercado es sinónimo de mayores beneficios y mayor valor empresarial. Desde un punto de vista de bienestar social –o desde el punto de vista de un político, si creemos que los políticos quieren lograr el bien común– las consecuencias son más complejas.

El efecto de primer orden de un precio alto es la transferencia de dinero de los consumidores a las empresas:[f] por cada dólar adicional en el precio, cada comprador está transfiriendo un dólar adicional al vendedor. Si el regulador pone un peso mayor al excedente del consumidor que a los beneficios empresariales, entonces esta transferencia debería ser vista como un resultado negativo. De hecho, las políticas de competencia y antimonopolio están en gran medida motivadas por el objetivo de proteger al consumidor de estas transferencias (véase en la cuestión siguiente).[g]

Pero, además del efecto de la transferencia, un precio alto también tiene como consecuencia una asignación ineficiente de recursos. Precios altos de billetes de avión, por ejemplo, suponen que habrá pasajeros potenciales que dejarán de comprar un billete de avión, aunque el coste de transportarlos como pasajeros sea muy bajo. Desde un punto de vista social, sería eficiente llevar por aire a muchos de estos pasajeros: aunque el valor que derivan de volar con la aerolínea es más bajo que el precio del billete (por lo que no vuelan), el valor es mayor que el coste de volar (el cual es mucho más bajo que el precio del billete). La pérdida que resulta de la inexistencia de estas ventas es la **ineficiencia de asignación**, consecuencia del poder de mercado de la aerolínea.[h]

«El mejor beneficio de ser un monopolio es la vida tranquila:»[12] Un monopolista no necesita preocuparse de la competencia. De forma más general, se puede decir que empresas con mayor poder de mercado tienen menos incentivos a ser eficientes. Por ejemplo, durante muchos años las aerolíneas europeas eran conocidas por ser menos eficientes que las aerolíneas americanas. En gran medida, esta diferencia en eficiencia se debía a la mayor competencia en el mercado norteamericano.[i] Dicho de otra forma, el poder de mercado conlleva un segundo tipo de ineficiencia: la **ineficiencia productiva**, la cual se define como el aumento en coste que resulta del poder de mercado.[j]

---

[f] Por «primer orden» quiero decir el efecto que es cuantitativamente más significativo.

[g] Un punto de vista alternativo de las políticas de la competencia y antimonopolio es que sirven para proteger el interés de las empresas. Véase en la sección 5.4.

[h] Una definición rigurosa de este concepto aparece en la sección 4.4.

[i] Esta situación ha cambiado mucho desde la desregulación en la década de 1990 del mercado europeo de las aerolíneas.

[j] De nuevo, posponemos una definición más precisa de este concepto a un capítulo posterior. El debate sobre la hipótesis presentada aquí (el poder de mercado lleva a la ineficiencia productiva) se encuentra en el capítulo 5.

Cuando el poder de mercado sobrevive artificialmente debido a la intervención del gobierno, un tercer tipo de ineficiencia aparece: la búsqueda de rentas. Por **búsqueda de rentas** me refiero al gasto improductivo de recursos por empresas con el único objetivo de influenciar a los políticos. Veamos como ejemplo el caso en el siguiente artículo acerca del esfuerzo de AT&T para mantener su posición de poder de mercado en el mercado de la televisión por cable:

> Este verano, AT&T Corp. se enfrentó a la posibilidad de que ciudades de todo el país exigieran que la compañía permitiera acceso a sus líneas de televisión por cable a compañías de internet rivales [...] La amenaza nunca se acabó de concretar. ¿Por qué no? La respuesta depende de a quién se pregunte.
>
> AT&T atribuye su éxito a su habilidad de explicar los problemas a los funcionarios locales [...] [Otros tienen una opinión diferente al respecto:] «Es una cuestión de sobornos o amenazas», dice Greg Simon, codirector de Opennet Coalition, un grupo de compañías que ha lanzado su propia iniciativa para presionar a la clase política y fomentar el acceso abierto a las líneas de cable.[13]

Otro ejemplo de gasto desorbitado de recursos para influenciar a responsables políticos de la toma de decisiones es el caso de US contra Microsoft en 1998. Netscape, Sun Microsystems y la misma Microsoft no hubieran gastado las sumas de dinero que gastaron si la industria del sistema operativo no hubiera sido tan rentable como lo era; de ahí la idea de que la búsqueda de rentas es una consecuencia directa del poder de mercado.

De forma parecida, un ejemplo más reciente es el del esfuerzo de Amazon por mantener su posición dominante en el mercado de ventas de libros electrónicos (el *e-book*). Cuando su estrategia de negocio fue desafiada por el «modelo de agencia» de Apple, Amazon se presentó ante el Departamento de Justicia de los Estados Unidos (DOJ) con varios argumentos jurídicos que más tarde el mismo DOJ utilizó para llevar a juicio a Apple por prácticas anticompetitivas.[14,k]

En resumen, los párrafos anteriores apoyan el punto de vista donde el poder de mercado, aunque sea bueno para las empresas, es malo para la sociedad en general. Primero, hace más ricos a los empresarios a costa de los consumidores. Segundo, disminuye la eficiencia económica (eficiencia productiva y de asignación de recursos). Tercero, induce a las empresas a desperdiciar recursos para conseguir y mantener su poder de mercado. Sin embargo, desde un punto de vista *dinámico*, se puede argumentar a favor del poder de mercado:

---

[k] Volveremos a este caso en la sección 9.5.

Cuando profundizamos en los detalles e investigamos los elementos individuales en los que el progreso fue más notorio, el camino no conduce a las puertas de aquellas empresas que trabajan en condiciones de competencia relativamente libre, sino precisamente a las puertas de las grandes preocupaciones.[15]

Este argumento es uno de los pilares de la escuela austriaca, liderada por su máximo exponente, Joseph Schumpeter, autor de la cita anterior. Examinaré este tema detalladamente en la sección 15.1. Como la escuela de Chicago, la escuela austriaca tiene una posición muy clara en cuanto al poder de mercado se refiere. No obstante, mientras que un economista de Chicago presentaría el argumento de que el poder de mercado no existe, un economista seguidor de Schumpeter diría que el poder de mercado existe –y que es bueno que exista, porque el poder de mercado es un requisito para la innovación y el progreso.

■ **¿Qué papel pueden jugar las políticas públicas en lo que se refiere al poder de mercado?** En el contexto de la organización industrial, el papel principal de las políticas públicas es el de evitar las consecuencias negativas del poder de mercado. Las políticas públicas en esta área se pueden dividir en dos categorías: regulación y antimonopolio (o políticas de la competencia).[1] Regulación (regulación económica) se refiere a aquellos casos donde la empresa mantiene poder de mercado de monopolio o parecido a monopolio y sus acciones (por ejemplo, el precio que pone en sus productos) están bajo la supervisión directa del regulador. Por ejemplo, ConEdison, un suministrador de electricidad y gas en los Estados Unidos, requiere de aprobación del regulador de ese mercado para poder cambiar sus precios.

La política antimonopolio (o política de competencia) es un campo mucho más amplio. La idea es evitar que las empresas tomen acciones que aumenten su poder de mercado de manera perjudicial. Un par de ejemplos pueden ayudar a aclarar este concepto.

- En las últimas dos décadas, Mars y Unilever han participado en una serie de causas judiciales en juzgados europeos. La razón es la cuestionable legalidad de las políticas de exclusividad de Unilever en sus ventas al minorista de helado. En muchos países europeos, Unilever impone exclusividad de frigorífico: si un establecimiento acepta un frigorífico pagado por Unilever, ese establecimiento únicamente puede usar ese frigorífico para guardar el inventario de productos Unilever. Mars sostiene que estas prácticas de

---

[1] La terminología «antimonopolio» (antitrust) es más común en los Estados Unidos, mientras que «políticas de la competencia» es el término correspondiente en Europa; véase sección 5.5.

exclusividad dificultan e incluso hacen imposible para Mars vender helado Snickers y otros productos relacionados porque la gran mayoría de los establecimientos solo tienen espacio para un frigorífico. La correspondiente respuesta de Unilever es que estos son sus frigoríficos y es necesario asegurar un beneficio apropiado para semejante inversión tan costosa. Casos parecidos pero diferentes en algunos matices en varios países europeos han llegado a conclusiones distintas, a veces favorables a Unilever, otras veces favorables a Mars (véase también en la sección 12.1).

- En marzo de 2011, AT&T anunció su plan de comprar T-Mobile USA, un operador de telefonía móvil de menor tamaño. Cinco meses más tarde, el Departamento de Justicia de los Estados Unidos (DOJ) anunció formalmente su intención de impedir dicha adquisición, argumentando que aumentaría el poder de mercado considerablemente. Al principio, AT&T dio señales de que desafiaría la decisión del DOJ, pero finalmente abandonó su puja. Aunque la fusión haya podido beneficiar a los consumidores, el grado de competencia entre las empresas protagonistas de la fusión ha sido fuente también de beneficios para la sociedad. Por ejemplo, en 2013 T-Mobile USA anunció que pagaría los costes de cancelación de los abonados de AT&T que quisieran cambiarse a T-Mobile.

Los dos ejemplos anteriores nos dan una idea de la cantidad y variedad de situaciones que entran dentro del marco de actuación de las políticas públicas. La lógica en general es la de evitar y remediar situaciones donde el poder de mercado pueda alcanzar niveles demasiado elevados, para el detrimento de la sociedad –y los consumidores en particular. En los próximos capítulos, examinaremos muchas otras áreas donde la intervención de políticas públicas está justificada por el deseo de moldear el nivel y distribución de poder de mercado en una industria.

Como hemos dicho antes, la escuela de Chicago toma un enfoque distinto. El argumento es que, en un mundo de competencia libre, el poder de mercado nunca es muy significativo. De hecho, las pocas situaciones cuando existe poder de mercado es porque proviene de la intervención del gobierno. Dicho de otra forma, la escuela de Chicago invierte la relación de causalidad establecida anteriormente: no es que el poder de mercado provoque la intervención del gobierno sino todo lo contrario –la intervención del gobierno genera poder de mercado, protegiendo los intereses de las empresas y no los de los consumidores. Como Milton Friedman, uno de los líderes de la escuela de Chicago, dijo al final de la década de 1990:

Porque todos solíamos creer en competencia hace 50 años, por lo general siempre estábamos a favor de las políticas antimonopolio. Poco a poco hemos llegado a la conclusión de que, en términos generales, hace más daño que bien. [Las leyes antimonopolio] suelen ser el objeto de intereses particulares. En estos momentos, ¿quién está promoviendo el caso Microsoft? Sus competidores, Sun Microsystems y Netscape.[16]

En resumen,

> **Las cuestiones centrales tratadas por la organización industrial son: (i) ¿Tienen las empresas poder de mercado? (ii) ¿Cómo adquieren y mantienen las empresas su poder de mercado? (iii) ¿Cuáles son las consecuencias del poder de mercado? (iv) ¿Qué papel pueden jugar las políticas públicas en lo que se refiere al poder de mercado?**

■ **Política industrial.** Además de la regulación y las políticas antimonopolio (o políticas de la competencia), algunos países han llevado a cabo políticas que intentan promover ciertas empresas o grupos de empresas. Entre estas políticas, cabe destacar la importancia de la **política industrial**. El objetivo de la política industrial es muy distinto al de la regulación o las políticas antimonopolio. Mientras que estas últimas intentan promover la competencia entre empresas, las primeras están orientadas hacia el fortalecimiento de la posición de poder de mercado de una empresa o industria, casi siempre respecto a empresas extranjeras. Por ejemplo, gran parte del éxito de Airbus Industrie, un consorcio respaldado por cuatro países europeos, es el resultado del apoyo que ha recibido de estos cuatro gobiernos a lo largo de las últimas tres o cuatro décadas. Partiendo de una cuota de mercado de menos del 10 % en la década de 1970, Airbus está ahora compitiendo codo con codo con Boeing, el competidor principal en su industria.

La política industrial no es del agrado de los economistas. En la práctica, se puede resumir como los gobiernos escogiendo ganadores entre un montón de empresas e industrias. Sin embargo, no hay razón que justifique que un gobierno sabe más y mejor que las fuerzas de mercado sobre qué empresa o industria son potencialmente mejores. Un argumento que se utiliza con frecuencia en favor de la política industrial es el ejemplo del MICI, el Ministerio de Industria y Comercio Internacional en Japón. Es verdad que la proeza del sector de la exportación en Japón es una historia de éxito y que se debe en gran parte al papel jugado por el MICI. Por ejemplo, el apoyo del MICI fue un factor decisivo para el surgimiento de Japón como líder en semiconductores. Aun así, junto a las historias de éxito hay también numerosos fracasos: por ejemplo, el proyecto en la década de 1980 enfocado al desarrollo de «computadores de quinta generación», que debía superar a los competidores americanos, obtuvo resultados decepcionantes.[17]

Incluso en los Estados Unidos –la economía occidental más pro-mercado que existe– podemos encontrar ejemplos de fracasos de la política industrial. Recientemente, el estado de Rhode Island aprobó $75 millones en préstamos a una compañía novicia de videojuegos liderada por un exlanzador estrella de la liga americana de béisbol (Major League Baseball). La desafortunada compañía se declaró en bancarrota dos años más tarde, acumulando hasta $150 millones en deuda hasta el momento de la quiebra.[18]

En resumen, aunque haya historias que justifiquen el optimismo (¿Airbus?), el balance de conjunto de situaciones donde el gobierno interviene en la estrategia de las empresas es en el mejor de los casos pobre. Por estas razones, y por coherencia, cuando hablemos de políticas públicas restringiré mi atención a la regulación y las políticas antimonopolio (o políticas de la competencia).

1.3 A continuación...

Hay quince capítulos más en este libro de texto, agrupados en cuatro partes distintas. La Parte I es de naturaleza introductoria. Esta parte proporciona las herramientas básicas necesarias para el estudio de la organización industrial (comportamiento del consumidor en el capítulo 2, comportamiento de la empresa en el capítulo 3); y también cubre las situaciones extremas donde los mercados son eficientes (capítulo 4) y cuando no lo son (capítulo 5). Concluyo la Parte I con una discusión de estrategias de precios avanzadas, aunque todavía bajo un contexto donde la interacción estratégica no existe (capítulo 6). Para los lectores con formación en el campo de la microeconomía, parte de los temas tratados en los capítulos 2-5 pueden ser ya conocidos y pueden saltarse sin perder mucho.

En la medida en que la organización industrial es el estudio de la competencia imperfecta, las Partes II, III y IV forman el núcleo del libro de texto. Entre estas, la Parte II juega un papel central, al introducir la teoría básica de competencia oligopolística. Empiezo con una introducción a la teoría de juegos (capítulo 7), una herramienta esencial para estudiar comportamientos estratégicos; y entonces cubro modelos estáticos (capítulo 8) y modelos dinámicos (capítulo 9) de interacción oligopolística.

A lo largo de la mayoría del libro de texto, asumo como *dada* la estructura de la industria. La Parte III da un paso hacia atrás y analiza los determinantes endógenos de la estructura de una industria. Empiezo por mirar cómo la tecnología y las características de la demanda influencian la estructura de mercado (capítulo 10), para entonces examinar el papel de las fusiones y adquisiciones (capítulo 11) y de la estrategia seguida por las empresas (capítulo 12).

La Parte IV amplía el análisis al considerar estrategias empresariales más allá de las decisiones sobre precios y cantidades producidas examinadas en las Partes II y III. Estas incluyen relaciones verticales (capítulo 13); diferenciación de producto y publicidad (capítulo 14); e innovación (capítulo 15). Concluyo con un capítulo sobre la economía de redes, un fenómeno de creciente importancia en la «nueva economía» (capítulo 16).

■ **Una nota sobre metodología.** Muchos economistas analizan industrias utilizando como referencia un marco conocido como el **paradigma estructura-conducta-rendimiento (ECR)**}.[19] Primero, se investigan los aspectos que caracterizan la estructura de mercado: el número de compradores y vendedores, el grado de diferenciación de producto, y otros. Segundo, debemos poner atención en el comportamiento común de las empresas en la industria: precios, posicionamiento de producto y publicidad, y otros. Finalmente, debemos intentar estimar cómo de competitiva y eficiente es la industria.

Este sistema de análisis se sustenta gracias a la convicción de que existe una relación causal entre los tres componentes mencionados: la estructura de mercado determina la conducta de las empresas, lo que, a su vez, determina el rendimiento y rentabilidad de la industria y la empresa. Por ejemplo, en una industria con pocos competidores, es probable que cada empresa aumente los precios o que conspire con sus rivales. Y altos precios tendrán las consecuencias de rendimiento y beneficios que hemos visto en la sección anterior.

La causalidad también opera en la dirección opuesta. Por ejemplo, una empresa que no es rentable deja el mercado, así que el rendimiento empresarial puede influir en la estructura de mercado. Asimismo, una empresa puede poner precios muy bajos para expulsar a los rivales fuera del mercado, un ejemplo donde el comportamiento de las empresas puede influenciar la estructura de una industria. Finalmente, la intervención del gobierno y condiciones básicas de demanda y oferta también afectan a los diferentes componentes del paradigma ECR.

En el capítulo 10 examino la relación entre los distintos componentes del paradigma estructura-conducta-rendimiento. Sin embargo, la mayoría de ese capítulo se centra en el análisis de la conducta de las empresas y en cómo esta influencia el rendimiento de cada empresa y de la industria, así como la estructura de mercado.[m,20]

---

[m] Debería quedar claro que el paradigma ECR no es un modelo que responda directamente a las preguntas subrayadas en la sección anterior. El propósito de este modelo es mejor entendido como una guía que permite analizar y entender el funcionamiento de diferentes industrias. Se han propuesto marcos alternativos con el mismo propósito. Ejemplos incluyen el modelo de las cinco

Sumario

- La organización industrial es el estudio del funcionamiento de los mercados e industrias, y en particular, de la manera como las empresas compiten entre ellas.
- Las cuestiones centrales tratadas por la organización industrial son: (i) ¿Tienen las empresas poder de mercado? (ii) ¿Cómo adquieren y mantienen las empresas su poder de mercado? (iii) ¿Cuáles son las consecuencias del poder de mercado? (iv) ¿Qué papel pueden jugar las políticas públicas en lo que se refiere al poder de mercado?

Conceptos clave

- poder de mercado
- mercados de acceso irrestricto
- ineficiencia de asignación
- ineficiencia productiva
- búsqueda de rentas
- política industrial
- paradigma estructura-conducta-rendimiento (ECR)
- modelo de las cinco fuerzas

Repaso y ejercicios de práctica

■ 1.1 Competencia y rendimiento

La evidencia empírica de una muestra de más de 600 empresas británicas indica que, controlando por la cantidad de insumos (es decir, tomando en cuenta la cantidad de insumos), la producción de una empresa aumenta con el número de competidores y disminuye con la cuota de mercado de la empresa y la concentración de poder de mercado de la industria.[21] ¿Como están relacionados estos resultados con las ideas presentadas en este capítulo?

---

fuerzas de Michael Porter para el análisis de competencia en una industria. Las cinco fuerzas son: proveedores, compradores, productos sustitutos, entrantes potenciales y competencia entre empresas presentes.

Notas

1. Stigler, George J. (1969), *The Organization of Industry*, Homewood, Illinois: R D Irwin, p. 1.
2. *The People's Pharmacy* (http://homearts.com/depts/health/kfpeop18.htm).
3. Petersen, Melody (2008), *Our Daily Meds: How the Pharmaceutical Companies Transformed Themselves into Slick Marketing Machines and Hooked the Nation on Prescription Drugs*, Nueva York: Sarah Crichton Books.
4. *The Scientist*, Vol. 9, N.º 14, p. 3, 10 de julio de 1995.
5. Harberger, Arnold C. (1954), «Monopoly and Resource Allocation», *American Economic Review* 44, 77-87.
6. Baumol, William, John Panzar y Robert Willig (1982), *Contestable markets and the Theory of Industry Structure*, Nueva York: Harcourt Brace Jovanovich.
7. *The Wall Street Journal Europe*, 14 de noviembre de 1996.
8. *The Wall Street Journal Europe*, 6 de mayo de 1999.
9. *The Economist*, 7 de septiembre de 2014.
10. *Financial Times*, 24 de mayo de 1999.
11. «Apple Strengthens The Pull of Its Orbit With Each Device», *The New York Times*, 23 de octubre de 2014.
12. Hicks, John (1935), «Annual Survey of Economic Theory: The Theory of Monopoly», *Econometrica* 3, 1-20.
13. *The Wall Street Journal*, 24 de noviembre de 1999.
14. *The Wall Street Journal*, 11 de septiembre de 2014.
15. Schumpeter, Joseph (1950), *Capitalism, Socialism, and Democracy, 2nd Ed.* (Nueva York), pp. 82 y 106.
16. *The Wall Street Journal Europe*, 10 de junio de 1998.
17. *The Economist*, 31 de agosto de 1996.
18. *The New York Times*, 20 de abril de 2013.
19. Este marco se basa en el trabajo seminal de Mason y Bain. Véase Mason, Edward S. (1939), «Price and Production Policies of Large-Scale Enterprise», *American Economic Review* 29, 61-74. Mason, Edward S. (1949), «The Current State of the Monopoly Problem in the United States», *Harvard Law Review* 62, 1265-1285. Bain, Joe S. (1956), *Barriers to New Competition*, Cambridge, Mass.: Harvard University Press. Bain, Joe S. (1959), *Industrial Organization*, Nueva York: John Wiley & Sons.
20. Porter, Michael E. (1980), *Competitive Strategy*, Nueva York: The Free Press.
21. Nickell, Stephen J. (1996), «Competition and Corporate Performance», *Journal of Political Economy* 104, 724-746.

Parte I
Consumidores, empresas y mercados

2. Consumidores

Los mercados están compuestos de compradores y vendedores. En muchos casos, los compradores son consumidores y los vendedores son empresas. En este capítulo y en el próximo establezco las bases del comportamiento de consumidores y empresas, respectivamente.

2.1 Preferencias y demanda del consumidor

Crear Demanda: Mover las Masas para que Compren tu Producto, Servicio o Idea. Encontrarás títulos como este y muchos otros en la librería de tu barrio (si todavía hay una, que es de por sí una pregunta interesante relacionada con la demanda). Si no hay demanda, no hay negocio. Por lo tanto, antes de decidir qué negocio abrir es importante saber si hay demanda para el producto que quieres vender. La respuesta de un economista a esta pregunta es la de pensar que los consumidores tienen preferencias; y de estas preferencias derivar su función de demanda: qué cantidad de cierto producto quieren comprar es una función de varios factores, siendo el precio uno de ellos.

■ **Preferencias del consumidor.** El modelo teórico tradicional para pensar en la demanda empieza con gustos o preferencias de un consumidor. Para ver cómo funciona esto, supongamos que hay dos productos, A y B. Podemos representar diferentes combinaciones de compras de cantidades del producto A en el eje vertical y cantidades del producto B en el eje horizontal. El panel superior izquierdo en la figura 2.1, por ejemplo, muestra cuatro combinaciones posibles, de E_1 a E_4. Las **preferencias** de un consumidor pueden ser caracterizadas por el *ranking* de todas las posibles combinaciones de A y B. Por ejemplo, un consumidor quizás prefiera la combinación E_2 por encima de las cuatro posibilidades; ser indiferente entre E_1 y E_4; y gustarle E_3 la que menos.

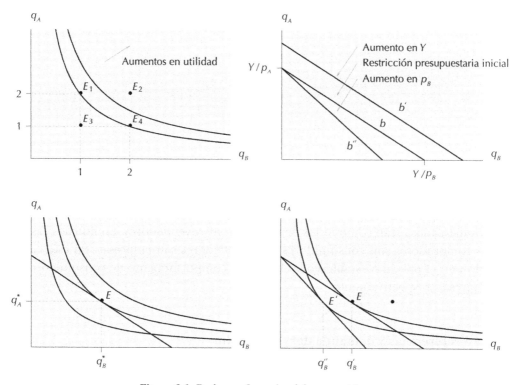

Figura 2.1. De las preferencias del consumidor
a la demanda del consumidor.

Podemos representar este orden de preferencias (es decir, de gustos) al dibujar las curvas de indiferencia del consumidor, así como se ve en el panel superior izquierdo de la figura 2.1. Por ejemplo, podemos pensar en 2 unidades del producto A y 1 del producto B (punto E_1) como igualmente deseables al caso inverso (1 unidad del producto A y 2 unidades del producto B, punto E_4). Una línea que conecte todos los puntos ante los cuales el consumidor se muestra indiferente (es decir, son igualmente deseables) es llamada una **curva de indiferencia**. En general, las curvas de indiferencia son de pendiente negativa, porque se necesita más de un producto para compensar la pérdida de otro producto. (Llamamos esto el principio de la ausencia de saciedad, que significa que «más es mejor»). También suponemos que estas se abren en curva lejos del punto de origen, ya que en cestas con más y más de un producto, los consumidores necesitan cantidades crecientes de ese mismo producto para mantener al consumidor igualmente satisfecho, es decir, indiferente.

Si dibujamos muchas curvas de indiferencia en el gráfico, obtenemos una descripción completa de las preferencias. Debido a que «más es mejor», las curvas de indiferencia situadas más arriba y más a la derecha (más lejos del punto de origen) representan niveles más altos de satisfacción.

■ **Las restricciones presupuestarias de los consumidores.** El otro ingrediente necesario en nuestro análisis es lo que el consumidor se puede permitir pagar: el **conjunto presupuestario**. Con dos productos, el presupuesto se puede representar mediante la desigualdad:

$$p_A \, q_A + p_B \, q_B \leq Y$$

donde p_i es el precio del producto i, q_i la cantidad comprada del producto i ($i = A, B$), e Y la renta monetaria disponible. Si resolvemos la ecuación para q_A vemos que el conjunto presupuestario corresponde al área debajo de la siguiente línea de pendiente negativa:

$$q_A = \frac{Y}{p_A} - \frac{p_B}{p_A} \, q_B$$

que es la línea *b* en el panel superior de la figura 2.1. Esta línea es recta y su posición y pendiente exactas dependen de la renta monetaria disponible y los precios de los productos. Si aumentamos la renta, por ejemplo, la línea presupuestaria se desplazará hacia fuera. Este desplazamiento viene ilustrado por la línea *b'* en el panel derecho superior de la figura 2.1. Si aumentamos p_B, la línea gira hacia la derecha (alrededor del punto de intersección en el eje vertical, $\frac{Y}{p_A}$. Este giro viene ilustrado por la línea *b''* en el panel superior derecho de la figura 2.1. Y si aumentamos p_A, la línea gira hacia la izquierda (alrededor del punto de intersección en el eje horizontal, $\frac{Y}{p_B}$).

■ **La demanda.** Combinando preferencias (representadas por las curvas de indiferencia) y las posibilidades de consumo (representadas por la línea presupuestaria) podemos averiguar lo que un consumidor hipotético consumirá. Supongamos que el objetivo del consumidor es el de **maximizar utilidad**. Entonces la mejor elección del consumidor corresponde al punto donde la curva de indiferencia de más alta satisfacción posible y la línea presupuestaria tienen un punto en común. Esto viene ilustrado en el panel inferior izquierdo en la figura 2.1, donde *E* es la mejor combinación de *A* y *B* que el consumidor se puede permitir con su presupuesto representado por la línea presupuestaria *b* (es decir, el área bajo *b*).

El punto óptimo, *E*, corresponde a las cantidades q_A^* y q_B^*. Estas son las cantidades escogidas por el consumidor. Implícitamente, esta elección de demanda depende de las preferencias (que son el origen de las curvas de indiferencia); la demanda también depende de la renta (ya que un cambio en la renta desplaza la línea presupuestaria y por lo tanto causa un cambio en la demanda) y de los precios (por la misma razón).

Podemos resumir y extraer de las curvas de indiferencia y conjuntos presupuestarios subyacentes escribiendo una **función de demanda**, $q_i(p_i, z)$, indicando la cantidad demandada, q_i, a un precio dado del bien, p_i, y tomando como dados los valores de otras variables, z, que incluyen la renta, los precios de otros bienes, y cualquier otro factor relevante que afecte la demanda del bien i. Por ejemplo, si i es «consumo de gasolina» entonces z puede incluir variables como la renta del consumidor y el precio medio de los coches. (¿Se te ocurren otros?)

> **La curva de demanda da la cantidad demandada de un bien como función de su precio y de otros factores; esta se deriva de las preferencias de los consumidores.**

En vez de $q_i(p_i, z)$, también podemos escribir de forma equivalente una **función de demanda inversa**, $p_i(q_i, z)$, que indica el precio resultante si la cantidad demandada es igual a q_i.

En resumen, la cantidad demandada de un producto por un consumidor depende de:

- Las preferencias del individuo, ilustradas por sus curvas de indiferencia.
- El precio del producto. En general, cuanto más bajo el precio mayor la cantidad demandada. Según la curvatura de las curvas de indiferencia, un cambio en precio puede tener un efecto mayor o menor en la cantidad demandada.
- El precio de otros productos. Las decisiones de consumo no se hacen independientemente las unas de las otras: si se gasta menos en un producto, eso significa más dinero para gastar en otros productos.
- La renta. A niveles más altos de renta, podemos comprar más cantidad de todos los productos (y por lo general es lo que acabamos haciendo).

Normalmente, en un gráfico dibujamos q_i solo como función de p_i.[a] Llamamos a la curva que muestra q_i como función de p_i la **curva de demanda**. En breve, esta curva se corresponde con la función de demanda bajo el supuesto de que

---

[a] Aunque presentemos q_i como función de p_i, normalmente medimos el precio en el eje vertical. Fue el economista británico Alfred Marshall quien empezó a hacerlo así primero en el siglo xix y las cosas no han cambiado mucho desde entonces.

todas las otras variables, más allá del precio p_i, no cambian (es decir, z permanece constante).

El panel inferior derecho de la figura 2.1 ilustra el proceso de derivar la curva de demanda. Manteniendo Y y p_A fijos, cambiamos el valor de p_B. Por ejemplo, aumentamos el valor de p_B de p_B' a p_B''. Este cambio conlleva un giro a la derecha de la línea presupuestaria alrededor del punto de intersección q_A en el eje. El punto óptimo del consumidor es ahora E'. Dicho de otra forma, al aumentar el valor de p_B de p_B' a p_B'', la cantidad demandada de q_B disminuye de q_B' a q_B''. Si repetimos este mismo ejercicio para todos los valores posibles de p_B, obtenemos la curva de demanda del producto B.

Es importante hacer una distinción entre desplazamientos a lo largo de la curva de demanda y desplazamientos de la misma curva de demanda. Si p_i cambia, entonces la cantidad demandada del producto i cambia al movernos *a lo largo de* la curva de demanda. Sin embargo, si cualquier otra variable (por ejemplo, el precio de otro bien p_j) cambia, entonces q_i cambia por el *desplazamiento* de la curva de demanda.

> **Un cambio en el precio conlleva un movimiento a lo largo de la curva de demanda; un cambio en otros factores conlleva un desplazamiento de la misma curva de demanda.**

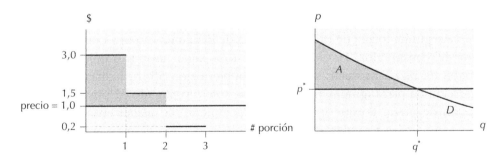

Figura 2.2. Excedente del consumidor: (a) la demanda de porciones de pizza y (b) el caso general.

■ **El excedente del consumidor.** Supongamos que antes de ir al cine a ver una película paras en una pizzería para comer. Una porción de pizza cuesta un dólar. Piensa ahora cuál sería el precio máximo que estarías dispuesto a pagar por una porción de pizza. Quizás tres dólares, si se da el caso de que tengas mucha hambre y no haya otros restaurantes cerca en el barrio. Los consumidores no suelen pensar en esto; lo único que deben saber es si están dispuestos a pagar *como mínimo* un dólar por la porción de pizza. Pero, para facilitar la discusión y análisis aquí, supongamos que lo máximo que estás dispuesto a pagar son tres dólares.

¿Y por una segunda porción de pizza? Aunque una porción de pizza es necesaria para aguantar sin hambre toda una película, comer una segunda porción de pizza es una opción a seguir. Tiene sentido asumir que estarías dispuesto a pagar menos por la segunda porción que por la primera; digamos en este caso, un dólar y 50 céntimos. ¿Y por una tercera porción? Para muchos consumidores, la tercera porción será innecesaria. Si vas a ver una película, quizás no tengas tiempo ni para comer esa tercera porción. Si la acabaras comprando, puede que solo tengas tiempo de comer parte de los ingredientes de la superficie y poca cosa más. Digamos que, por esta razón, no estarías dispuesto a pagar más de 20 céntimos.

Si combinamos toda esta información, acabaremos obteniendo tu curva de demanda de porciones de pizza. El panel izquierdo de la figura 2.2 muestra precisamente esto. En el eje horizontal, tenemos el número de porciones de pizza que uno compra. En el eje vertical, medimos la **disposición a pagar**, es decir, el precio máximo (en dólares) al cual el consumidor (tú) estaría dispuesto a comprar.

Hay dos cosas que podemos hacer con una curva de demanda. Lo primero es que sabiendo el precio (un dólar por porción), podemos predecir el número de porciones compradas. Este será el número de porciones por las que la disposición a pagar del consumidor es más alta o igual al precio. O, para usar directamente la curva de demanda, la cantidad demandada viene dada por el punto donde la curva de demanda se cruza con la línea $p = 1$: dos porciones.

Una segunda forma de utilizar la curva de demanda es para calcular el excedente del consumidor. Tú estarías dispuesto a pagar hasta tres dólares por una porción de pizza. Es decir, si el precio hubiera sido $3, tú habrías comprado la porción de pizza igualmente. De hecho, solo has pagado $1 por esa primera porción de pizza. Porque la pizza es exactamente la misma en ambos casos, estarías $3 − $1 = $2 mejor que si compraras la porción de pizza bajo las peores circunstancias posibles (o no compraras en absoluto). Del mismo modo, pagarías 50 céntimos menos por la segunda porción de pizza que el máximo que estás dispuesto a pagar. Tu excedente total como consumidor es entonces $2 + 50c = $2,50.

El excedente del consumidor es la diferencia entre la disposición a pagar y el precio.

De forma más general, el **excedente del consumidor** es el área por debajo de la curva de la demanda y por encima del precio pagado por el consumidor. Este concepto es ilustrado en el panel derecho de la figura 2.2. Si el precio es p^*, entonces la cantidad demandada es q^* y el excedente del consumidor viene dado por el área en gris A.

2.2 La elasticidad de demanda

Una vez establecidas las bases de la curva de demanda, ahora me interesa caracterizar su forma, es decir, entender cómo la demanda depende de una serie de factores: cómo depende del precio del producto en cuestión, pero también de los precios de otros productos, así como de la renta del consumidor. Con este propósito en mente, los economistas usan el concepto de la elasticidad de demanda.

■ **La elasticidad precio de la demanda.** Supongamos (basándonos en mucha evidencia) que la demanda de un producto aumenta si disminuimos su precio. Esto no tiene por qué ser el caso, pero lo acaba siendo invariablemente. La pregunta es cuán sensible es la demanda de un producto a su propio precio. Si os dijera que la demanda mundial de gasolina disminuye 1,3 millones de barriles al día cuando el precio aumenta de 50 a 60 dólares por barril, ¿diríais que la demanda de gasolina es muy sensible o poco sensible al precio? Es difícil saberlo, a menos que tengamos una buena idea del tamaño del mercado global de gasolina. Y si os dijera que la demanda de azúcar en Europa disminuye 1 millón de toneladas cuando el precio medio al por menor aumenta de 80 a 90 céntimos de euro por kilo: ¿puedes comparar la demanda de azúcar en Europa con la demanda global de gasolina? Es aún más difícil.

El problema reside en que, al medir la pendiente de la curva de la demanda, estamos necesariamente lidiando con unidades de medida: barriles, dólares, kilos, euros y otros. La solución viene de medir la sensibilidad de la demanda en términos relativos, es decir, en términos de cambios porcentuales. En concreto, medimos la sensibilidad de la demanda a cambios en el precio mediante la **elasticidad precio de la demanda**:

$$\varepsilon = \frac{\dfrac{d\,q}{q}}{\dfrac{d\,p}{p}} = \frac{d\,q}{d\,p}\frac{p}{q}$$

donde $d\,q$ representa la variación diferencial de q y $\frac{d\,q}{d\,p}$ representa la derivada de q con respecto a p (algunas veces escrito como $q'(p)$). Puesto en palabras:

La elasticidad precio de la demanda es el cociente entre el cambio porcentual en cantidad y el cambio porcentual en precio, dado que el cambio en precio es pequeño.

Un apunte en el vocabulario: así como mostraré más tarde, existen varios conceptos de elasticidad, incluyendo, pero no limitado al concepto de elasticidad precio de la demanda. Cuando los economistas hablan coloquialmente de la «elasticidad de demanda» realmente se están refiriendo a la «elasticidad precio de demanda». En lo que queda de capítulo (y el resto del libro) haré uso de este mismo lenguaje.

En la definición anterior, por cambio en precio «pequeño» queremos decir, estrictamente hablando, un cambio en precio infinitesimalmente pequeño, un concepto que representamos mediante $d\,p$. En la práctica, observamos cambios en p pequeños pero no infinitesimales, lo cual denotamos mediante Δp. Entonces tenemos:

$$\varepsilon \approx \frac{\Delta q}{\Delta p}\frac{p}{q}$$

donde el signo $\approx$ quiere decir «aproximadamente igual a».

Cuadro 2.1. Elasticidad precio de la demanda de productos y servicios seleccionados[2]

Producto y mercado	Elasticidad
Salmón noruego en España	−0,8
Salmón noruego en Italia	−0,9
Café en Holanda	−0,2
Gas natural en Europa (a corto plazo)	−0,2
Gas natural en Europa (a largo plazo)	−1,5
Coches de lujo americanos en EE. UU.	−1,9
Coches de lujo extranjeros en EE. UU.	−2,8
TV por cable básica en EE. UU.	−4,1
TV por satélite en EE. UU.	−5,4
Servicios de transporte oceánico (global)	−4,4

Nótese que las elasticidades son en general negativas, ya que la cantidad demandada disminuye cuando el precio aumenta. La cuestión es cómo de negativa. Se dice que productos con $|\varepsilon| > 1$ tienen una demanda «elástica», lo que significa que su cantidad demandada es muy sensible al precio; cuanto más alta $|\varepsilon|$, más sensible al precio. En cambio, si $0 < |\varepsilon| < 1$ (la elasticidad es «pequeña»), decimos que la demanda es «inelástica», lo que significa que la cantidad demandada es relativamente poco sensible al precio; cuanto más cerca ε está de cero, menor la sensibilidad de la demanda al precio. Más tarde en el capítulo veremos por qué el umbral 1 es tan importante cuando clasificamos la elasticidad de demanda.[b]

El cuadro 2.1 presenta los valores de la elasticidad de demanda para una muestra de productos.[1] ¿Creerías de antemano que la demanda de café es inelástica? ¿Esperarías encontrar que la demanda a largo plazo de gas natural es mayor que la demanda a corto plazo? ¿Esperarías que la demanda de coches de lujo en EE. UU. es elástica? ¿Por qué? Volveré a algunas de estas preguntas en la sección 2.3.

Conviene recalcar que la elasticidad es distinta en cada punto de la demanda: en general, su valor cambia a lo largo de la curva de demanda. El panel izquierdo de la figura 2.3 presenta el caso de la curva de demanda lineal. A medida que vamos del extremo donde p es igual a cero al otro extremo donde q es igual a cero, el valor de ε cambia de 0 a $-\infty$. (Puedes comprobarlo con la fórmula de la definición de la elasticidad.) En un punto intermedio (el punto medio, si la curva de demanda es lineal), tenemos que $|\varepsilon| = 1$.

Aunque el valor de la elasticidad de la demanda cambia de punto a punto, existe un tipo especial de curva de demanda con elasticidad constante, es decir, con el mismo valor de elasticidad de demanda en cada punto de la curva de demanda. El panel derecho de la figura 2.3 describe varios ejemplos. Hay dos casos extremos: una curva de demanda vertical ($\varepsilon = 0$), tal que para cualquier precio la cantidad demandada siempre es la misma; y una curva horizontal ($\varepsilon = -\infty$), el caso extremo tal que el menor cambio en precio conlleva un aumento infinito en cantidad demandada. Estos ejemplos extremos no se hallan en el mundo real, aunque la demanda en algunos mercados puede que se parezca mucho. (¿Se te ocurren algunos ejemplos?) Para la gran mayoría de los mercados en el mundo real, la elasticidad de demanda se encuentra entre los dos extremos. El cuadro 2.1 proporciona varios ejemplos.

A estas alturas, debería quedar claro que la elasticidad de demanda no es lo mismo que la pendiente de la curva de demanda, aunque la pendiente es parte de ella (acuérdate de que la pendiente viene dada por $\frac{dq}{dp}$). La diferencia entre la pendiente y la elasticidad aparece ilustrada por los paneles izquierdo y derecho de la figura 2.3. En el panel izquierdo, tenemos una curva de demanda con pendiente constante, pero elasticidad cambiante; en el panel derecho, tenemos una serie de curvas de demanda con elasticidad constante pero varias pendientes.

---

[b] A menudo, si el producto 1 tiene $\varepsilon_1 = -3$ y el producto 2 tiene $\varepsilon_2 = -2$ decimos, con cierto abuso del lenguaje, que la demanda del producto 1 es más elástica. Estrictamente hablando, ε_1 es más pequeña que ε_2, pero en términos absolutos se da lo opuesto.

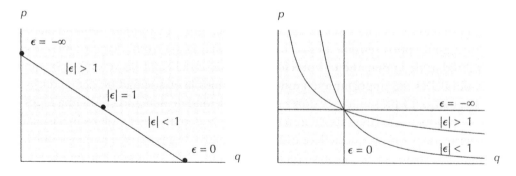

Figura 2.3. Elasticidad de demanda.

Un apunte técnico: logaritmos. Una fórmula alternativa y útil de la elasticidad usa logaritmos. Recordemos que:

$$d(\log q) = \frac{d\,q}{q}$$

donde *log* representa el logaritmo natural. Por lo tanto,

$$\frac{\dfrac{d\,q}{q}}{\dfrac{d\,p}{p}} = \frac{d\,\log q}{d\,\log p}$$

Si tomamos la aproximación habitual, reemplazando las *d* con Δ, nos queda

$$\varepsilon \approx \frac{\Delta\,\log q}{\Delta\,\log p}$$

La aproximación es exacta si la elasticidad es constante a lo largo de la curva de demanda; véase en el Ejercicio 2.8.

■ **Ejemplo numérico.** Para ver cómo el concepto de la elasticidad de demanda se puede poner en práctica, consideremos el ejemplo siguiente. Supongamos que tienes acceso a datos históricos de ventas de la discográfica de *jazz* Yellow Note. Cuando el precio era $10, $11 y $13, el número total de unidades vendidas (en miles) eran 6,31, 5,63 y 4,61, respectivamente. (Como puedes ver, Yellow Note no tuvo mucho éxito desde un punto de vista comercial.) Supongamos ahora que estos datos históricos corresponden a diferentes puntos de la curva de demanda (es decir, supongamos que la curva de demanda no se ha movido a lo largo de estos años). Este supuesto es mucho suponer –y posiblemente muy poco realista–, y lo volveré a examinar más tarde; pero por el momento nos hará la vida más fácil.

Dado este supuesto, ¿cómo estimamos el valor de la elasticidad de la demanda cuando el precio es 10?

Podemos aproximar el valor de la elasticidad de la demanda mediante la fórmula del «cambio porcentual» aplicada a los precios 10 y 11:

$$\varepsilon \approx \frac{\Delta q}{\Delta p}\,\frac{p}{q} = \left(\frac{5{,}63 - 6{,}31}{11 - 10}\right)\left(\frac{10}{6{,}31}\right) = -1{,}08$$

Esto es únicamente una aproximación, porque estamos utilizando cambios discretos. Podríamos mejorar nuestra aproximación si usáramos cambios en precios más pequeños. De hecho, los números en este ejemplo fueron generados por una curva de demanda de elasticidad constante $\varepsilon = -1{,}2$. Así, al igual que el valor verdadero, el valor estimado de \$–1,08 es mayor que uno en valor absoluto (es decir, estimamos correctamente que la demanda de CD de Yellow Note es elástica); sin embargo, nuestra estimación viene con una considerable cantidad de error (\$–1,08 en lugar de \$–1,2).

¿Cómo puedo utilizar la elasticidad estimada para predecir la cantidad demandada si el precio es 13? Sabiendo que $\varepsilon \approx \frac{\Delta q}{\Delta p}\frac{p}{q}$, podemos deducir que:

$$\frac{\Delta q}{q} \approx \varepsilon\,\frac{\Delta p}{p}$$

En concreto, consideremos un cambio en precios de 11 a 13. Este cambio equivale a $\frac{\Delta p}{p} = \frac{2}{11} = 18{,}18\%$. Por lo tanto, estimamos que $\frac{\Delta q}{q} = -1{,}08 \times 18{,}18\% = -19{,}64\%$, lo que implica un valor de q dado $5{,}63 \times (1 - 19{,}64\%) = 4{,}53$. Este cálculo está sobreestimando el descenso de q: como sabemos, el valor real es 4,61.

Logaritmos (Continuación). Por otro lado, podemos hacer los mismos cálculos usando logaritmos. Primero, estimamos la elasticidad de demanda como:

$$\varepsilon \approx \frac{\log 5{,}63 - \log 6{,}31}{\log 11 - \log 10} = \frac{-0{,}1140}{0{,}0953} = -1{,}2$$

De hecho, dado que la curva de demanda tiene una elasticidad constante, la fórmula logarítmica nos da el valor *exacto* de la elasticidad de la demanda. A continuación, podemos estimar el nuevo valor de q cuando $p = 13$ mediante la ecuación:

$$\varepsilon \approx \frac{\log 5{,}63 - \log q}{\log 11 - \log 13} = -1{,}20$$

El resultado es $q = 4,61$, el valor verdadero de q. Una vez más, vemos que si la demanda tiene una elasticidad constante, entonces el método del logaritmo nos da resultados más precisos.

El ejemplo numérico anterior nos enseña cómo el valor de la elasticidad de la demanda puede ser usado para predecir el cambio en la cantidad demandada que sigue un cambio en precio. De forma similar, se puede usar el valor de ε para predecir el cambio en ingresos (el producto de precio × cantidad). Se puede ver que, si $|\varepsilon| < 1$ (es decir, si la demanda es inelástica), entonces un aumento en el precio conllevara necesariamente un aumento en el ingreso; mientras que si $|\varepsilon| > 1$ (es decir, si la demanda es elástica), entonces un descenso en el precio aumentará el ingreso. Este es un resultado básico, pero uno que se ignora con frecuencia: que, para aumentar los ingresos en mercados de demanda elástica, se necesita bajar el precio, no subirlo.

Elasticidad e ingresos. Formalmente, el cambio porcentual en ingreso inducido por un (pequeño) cambio en precio es

$$\frac{d(pq)}{pq} = \frac{qdp + pdq}{pq} = \frac{dp}{p} + \frac{dq}{q} = \frac{dp}{p} + \frac{dq}{dp}\frac{p}{q}\frac{dp}{p} = (1 + \varepsilon)\frac{dp}{p}$$

Es decir, el cambio porcentual en ingreso generado por un cambio en el precio (1 + elasticidad) × (% cambio en el precio). Dado que $\varepsilon < 0$, el efecto directo de un cambio en el precio (el término «1») y el efecto indirecto mediante el cambio en cantidad demandada (el término «ε») tienen signos opuestos. Si la demanda es elástica ($|\varepsilon| > 1$), entonces el efecto de demanda es mayor y el aumento en precio conlleva un ingreso menor.

■ **Elasticidad de precio cruzado.** Ya hemos visto que la demanda de un producto depende no solo de su propio precio, sino también de los precios de otros productos. Por ejemplo, la demanda de botas de esquiar depende de la demanda de esquíes: si los esquíes se encarecen, entonces esperamos que la gente comprará menos esquíes –y menos botas, también. Como ejemplo alternativo, esperamos que la demanda de billetes de tren de cercanías dependerá del precio de la gasolina: si la gasolina se encarece, menos gente conducirá y tomarán el tren más a menudo.

Nótese que, en el primer ejemplo, la cantidad demandada del bien 1 (las botas de esquiar) disminuye cuando el precio del bien 2 (los esquíes) aumenta; mientras que, en el segundo ejemplo, la cantidad demandada del bien 1 (billetes de tren) aumenta cuando el precio del bien 2 (gasolina) aumenta. En general, nos referimos a la sensibilidad de la demanda respecto al precio de otro producto como la **elasticidad del precio cruzado**:

$$\varepsilon_{12} = \frac{\dfrac{d\,q_1}{q_1}}{\dfrac{d\,p_2}{p_2}}$$

Es decir, la elasticidad del precio cruzado del producto 1 con respecto al producto 2 viene dada por el cociente del cambio porcentual de la cantidad demandada del producto 1 al cambio porcentual del precio del producto 2.

La diferencia principal entre los casos aquí es una de productos sustitutivos y complementarios. Si la elasticidad de precio cruzado es positiva, decimos que los productos son **sustitutivos**. Así pues, Coca-Cola y Pepsi son sustitutivos: si Coca-Cola se encareciera, esperaríamos que algunos consumidores (aunque no todos) se cambien a Pepsi, y así aumentar la demanda de Pepsi. (Ya sé que tú no eres de los que cambiaría, pero hay gente que no tiene lealtad a nada.) En cambio, si la elasticidad de precio cruzado es negativa, decimos que los productos son **complementarios**. Por ejemplo, si el precio de la gasolina aumenta esperamos que la gente conduzca menos, lo cual disminuye la demanda de coches. En este sentido, coches y gasolina son productos complementarios.

Hablando de coches, el cuadro 2.2 presenta los valores de las elasticidades directas y de precio cruzado para algunos modelos de coches. Por ejemplo, el número 0,2 en la tercera columna y segunda fila quiere decir que un aumento de un 1 % en el precio del Honda Accord conlleva un aumento de un $0,2 \times 1$ % en las ventas del Chevrolet Cavalier. ¿Son los diferentes modelos de coche aquí complementarios o sustitutivos? ¿Cuál es el modelo de coche más cercano al Cavalier, en términos de demanda? Véase el Ejercicio 2.5 para más detalle.

Cuadro 2.2. Automobile demand elasticities

Modelo	323	Cavalier	Accord	Taurus	Century	BMW
Mazda 323	−6,4	0,6	0,2	0,1	0,0	0,0
Cavalier	0,0	−6,4	0,2	0,1	0,1	0,0
Accord	0,0	0,1	−4.8	0,1	0,0	0,0
Taurus	0,0	0,1	0,2	−4,2	0,0	0,0
Century	0,0	0,1	0,2	0,1	−6,8	0,0
BMW 735i	0,0	0,0	0,0	0,0	0,0	−3,5

■ **La elasticidad del ingreso.** Cambios en la renta o el ingreso también afectan a la demanda. En general, una renta más alta viene asociada con una mayor demanda para todos los productos, aunque algunos productos se beneficien más que otros. Definimos la **elasticidad del ingreso** de un producto como:

$$\varepsilon_y = \frac{\dfrac{d\,q}{q}}{\dfrac{d\,y}{y}}$$

Es decir, la elasticidad de demanda del ingreso viene dada por el cambio porcentual de la cantidad demandada causado por un cambio en el ingreso del 1 % (representado por y).

Los economistas llaman por diferentes nombres a productos con diferentes elasticidades del ingreso. Los **bienes inferiores** tienen elasticidades del ingreso negativas. Aunque los bienes inferiores no son muy comunes, es divertido pensar en ejemplos. El jamón en lata podría ser un buen ejemplo, si suponemos que gente con suficiente dinero optaría por consumir otros productos cárnicos. Los **bienes normales** tienen una renta del ingreso positiva. Dentro de los bienes normales, aquellos con una elasticidad entre cero y una son llamados bienes **necesarios**, y aquellos con elasticidades mayores que uno son llamados **de lujo**. ¿Puedes explicar por qué?

■ **Aplicación: la demanda de gasolina.** Consideremos un ejemplo donde los conceptos recientemente explicados juegan un papel determinante. Usando datos históricos de precios y consumo de gasolina en los Estados Unidos entre 2001 y 2006, se ha estimado la siguiente relación:

$$\log q = -1,697 - 0,042 \log p + 0,530 \log y$$

donde q es consumo de gasolina, p es el precio de gasolina e y es la renta o ingreso.[2]

¿Cuál es la elasticidad precio de la demanda de gasolina? Del análisis previamente expuesto,

$$\varepsilon = \frac{d \log q}{d \log p} = -0,042.$$

¿Es la demanda de gasolina elástica o inelástica? Bien, debido a que $|\varepsilon| < 1$, podemos concluir que es inelástica. Esto no es ninguna sorpresa: con la excepción de los habitantes de la ciudad de Nueva York, los americanos necesitan conducir para ir a trabajar, y no tienen muchas alternativas de transporte de coste razonable para llegar a su destino (al menos no las tienen en el corto plazo).

¿Cuál es la elasticidad de la demanda de gasolina del ingreso? La respuesta es:

$$\eta = \frac{d \log q}{d \log y} = 0{,}530.$$

¿Es la gasolina un bien normal? Sí, porque su elasticidad del ingreso es mayor que cero. De hecho, ya que $\eta < 1$, la gasolina es un bien necesario. Nótese que el umbral que determina si un bien es necesario o de lujo no es arbitrario. En breve, si la elasticidad es mayor que 1 entonces un aumento en el ingreso hace que la *proporción* del ingreso gastado en ese bien aumente. Así, en promedio gente más rica gasta más en gasolina ($\eta > 0$) pero una proporción menor de su ingreso en gasolina ($\eta < 1$).

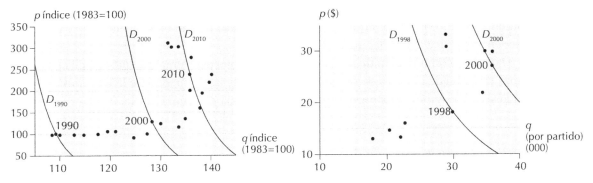

Figura 2.4. Consumo de gasolina en EE. UU.: datos anuales (1990-2013) (panel izquierdo). Ventas de entradas en Shea Stadium (1994-2004) (panel derecho).

Este ejemplo es útil para explicar una «paradoja» aparente, ilustrada en el panel izquierdo de la figura 2.4: en la primera década del milenio, el precio de la gasolina aumentó y también lo hizo el consumo de gasolina: compara, por ejemplo, los datos de 2000 y 2010. ¿Viola esto el concepto de que las curvas de demanda tienen pendiente negativa, es decir, que la demanda decrece cuando el precio aumenta? La respuesta es que no, no cuando otros factores cambian simultáneamente. En concreto, el ingreso aumentó tanto al principio de esa década que, a pesar del aumento del precio, el consumo total también aumentó: el efecto renta dominó al efecto del precio. El panel izquierdo en la figura 2.4 incluye la curva de demanda estimada para los años 1990, 2000 y 2010. Como se puede apreciar, todas ellas tienen una pendiente negativa, como predice la teoría. Lo que sucede es que, dado que la curva de demanda se desplaza de año en año, los datos observados –la intersección de la oferta y la demanda– parecen formar lo que simula una línea de pendiente positiva.

El panel derecho presenta datos históricos de p y q para un mercado distinto: la venta de entradas para los partidos de los New York Mets en el Shea Stadium. El patrón es parecido al de la demanda de gasolina: a lo largo de los años, observamos un aumento tanto en el precio como en las ventas. En este caso, la principal variable responsable del cambio es la calidad del equipo, o las expectativas del rendimiento del equipo en cada temporada. Por ejemplo, en 1999 y 2000 los Mets invirtieron sumas de dinero considerables para mejorar su equipo. Estas inversiones atrajeron a muchos nuevos aficionados, lo que se corresponde con el desplazamiento hacia la derecha y arriba de la curva de demanda. Evidentemente, los directivos de operaciones de los Mets sabían que tener un mejor equipo les permitiría aumentar los precios de las entradas sin sufrir un descenso en las ventas; y así fue. Como resultado, en el año 2000, el precio era más alto, pero no suficientemente alto para deshacer el impacto del aumento de demanda. En resumen, el punto nuevo de equilibrio –el punto nuevo donde oferta y demanda se encuentran– yace al NE del punto inicial.

Dada esta combinación de desplazamientos de oferta y demanda, no es fácil estimar la forma de la curva de demanda o el valor de la elasticidad de la demanda. En la sección siguiente examinaremos este problema con más detalle.

2.3 Estimando la curva de demanda

En un mundo ideal, las empresas conocerían las curvas de demanda de sus productos. En la práctica, esto no es tan fácil. Una razón es que es difícil obtener datos de mercado fiables: cuánto se ha comprado, por quién y a qué precio. Otra razón es que es esencialmente difícil separar el impacto del precio del efecto de otras variables, especialmente cuando estas últimas cambian al mismo tiempo que el precio (o, lo que es peor, cuando no sabemos qué otras variables afectan a la demanda).

Tengo colegas de profesión que ofrecen este servicio a un precio razonable; pero aun así deberías conocer los principales problemas asociados con la estimación de curvas de demanda y de la elasticidad precio de la demanda con datos reales. Un problema central es lo que los econometras llaman el **problema de identificación**. Datos de mercado, como los presentados en los dos paneles de la figura 2.4, son el resultado de la combinación de cambios y desplazamientos en las curvas de demanda y de la oferta. Si únicamente se desplaza la curva de demanda, seremos capaces de identificar la curva de la oferta. Si únicamente se mueve la curva de la oferta, seremos capaces de identificar la curva de la demanda.

Por ejemplo, consideremos el panel izquierdo en la figura 2.5. Supongamos que la curva de demanda está fijada en D_3. Así, cuando la curva de la oferta se mueve de S_1 a S_2, observamos los puntos de equilibrio A y D. Basándonos en estos dos puntos, somos capaces de identificar correctamente la forma de la curva de demanda. El problema es que, en la práctica, ambas curvas se mueven; y si no vamos con cuidado podríamos acabar no identificando ni la una ni la otra.

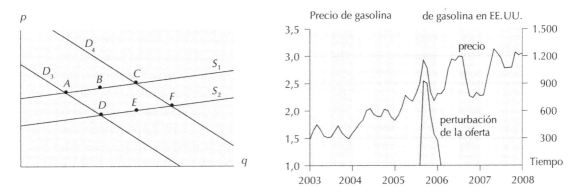

Figura 2.5. Identificando la curva de demanda con variables instrumentales.

Identificando la curva de demanda. Veamos ahora el panel izquierdo en la figura 2.5. Supongamos que, con el tiempo, la curva de oferta se desplaza de S_1 a S_2 y la curva de demanda de D_3 a D_4. Supongamos que observamos una variable x que está positivamente correlacionada con los movimientos de la curva de la oferta: cuando $x = x_1$, $S = S_1$; cuando $x = x_2 > x_1$, $S = S_2$. La pregunta crucial aquí es si la curva de demanda también está relacionada con x. Básicamente existen tres posibilidades, que consideramos a continuacion.

Primero, supón que x está también positivamente correlacionada con la curva de demanda: cuando $x = x_1$, la curva de demanda viene dada por D_3, y cuando $x = x_2$ la curva de demanda viene dada por D_4. En este caso, los datos observados consisten de los puntos A y F; y si utilizáramos estos puntos para estimar la curva de demanda, estaríamos sobreestimando gravemente el valor de la elasticidad (en valor absoluto).

En vez del caso anterior, supongamos que x está correlacionada negativamente con la curva de la demanda: cuando $x = x_1$, la curva de la demanda es D_4, y cuando $x = x_2$ la curva de la demanda es D_3. En este caso, los datos observados serían los puntos C y D. Esto es en esencia lo que encontramos en los dos paneles de la figura 2.4: a lo largo del tiempo tanto p como q aumentan a la vez. En este caso, si utilizáramos los puntos observados para estimar la curva de demanda, estimaríamos una elasticidad positiva, lo cual carece de sentido.

Finalmente supongamos que el cambio en la curva de demanda es independiente del valor de x: no importa qué valor tenga x, la curva de demanda será igual a D_3 o D_4. En este caso, si $x = x_1$ los puntos observados serán A o C (de promedio B); mientras que si $x = x_2$, entonces los puntos observados serán D o F (de promedio E). Basándonos en los valores promedio de los puntos observados (B y E), vamos a ser capaces de estimar correctamente el valor de la elasticidad de la demanda.

El factor crucial en el proceso de estimación de la elasticidad de demanda es entonces encontrar una variable x que esté correlacionada con la curva de oferta, pero *no* correlacionada con desplazamientos de la curva de la demanda.

Consideremos de nuevo el mercado de gasolina en los EE. UU.[3] En 2005, los huracanes Katrina y Rita causaron la pérdida temporal de varios centenares de millares de barriles de producción en el golfo de México. El panel derecho en la figura 2.5 nos muestra las diferencias entre la producción prevista y la producción acontecida en los EE. UU. Como se puede ver, el precio de la gasolina alcanzó niveles elevados cuando sucedió la interrupción de la producción. Además, dado que el efecto de los huracanes Katrina y Rita era relativamente concentrado desde un punto de vista geográfico, parece razonable hacer el supuesto de que la curva de demanda en los EE. UU. no se desplazó como resultado de las interrupciones de producción.

Variables como esta (interrupción o alteración de la producción) son ideales para la estimación de la curva de demanda. En vocabulario econométrico, las llamamos **variables instrumentales**: están correlacionadas con la curva de la oferta, pero no están correlacionadas con la curva de la demanda. Como resultado, medir los puntos de equilibrio que son el producto de la variación en las variables instrumentales como la alteración de la producción es equivalente a medir varios puntos a lo largo de la curva de la demanda, lo que nos permite a su tiempo estimar la forma y el valor de la elasticidad.[c]

■ **Otras maneras de estimar la demanda.** El análisis estadístico no es la única forma de estimar la demanda. Un método alternativo es el de obtener datos mediante el uso de encuestas. Un problema de utilizar este método es que nunca se sabe con certeza cómo de precisas serán las respuestas: únicamente cuando tu dinero está en juego tienes los incentivos apropiados para pensar seriamente tus respuestas.

Otro método es el de hacer experimentos en mercados. Por eso, compañías de venta por catálogo a veces envían catálogos con precios distintos para clientes distintos. Estos experimentos corren el riesgo de irritar a clientes (¿qué pasaría si

---

[c] Otros candidatos a variables instrumentales para la estimación de la demanda de gasolina serían la guerra en Iraq y las huelgas en las refinerías petrolíferas de Venezuela en 2002.

te enteras de que estás pagando precios más altos que la mayoría?), pero se puede ver el valor para la empresa de conocer la demanda de sus productos.

Finalmente, si no tienes datos históricos para estimar la demanda o los recursos necesarios para experimentar con cambios de precios, por lo menos deberías tener una idea de si la demanda es más o menos elástica, dependiendo de las características del bien en cuestión.

Con ese ánimo, aquí van algunas reglas generales que pueden ayudar a clarificar ideas:

- Las elasticidades son más altas (en valor absoluto) para bienes de lujo que para bienes necesarios. Compara, por ejemplo, comida y trajes Armani. Piensa también en las elasticidades de varios productos en el cuado 2.1.
- Las elasticidades son más altas para productos específicos (por ejemplo, el iPhone) que para una categoría de productos en su totalidad (teléfonos inteligentes). ¿Por qué es esto así? Porque cuando el precio de un producto específico sube, la gente está dispuesta a comprar menos unidades. Una parte de esta reducción de ventas provoca la compra de otros productos en la misma categoría (por ejemplo, teléfonos Samsung), y otra parte una reducción en la categoría en su totalidad (teléfonos inteligentes). Solo el segundo tipo de reducción aparece en la elasticidad de la categoría en su totalidad, así que casi siempre será más elástico.
- Las elasticidades son más bajas (en valor absoluto) en el corto plazo que en el largo plazo. Un buen ejemplo es la demanda de gasolina. ¿Puedes ver por qué? Supongamos, por ejemplo, que el gobierno tiene places de imponer un impuesto del 100 % en la gasolina para los próximos 3 años. Al día siguiente e incluso la semana siguiente los consumidores todavía conducen sus coches como si nada, pero a largo plazo su demanda de gasolina podría cambiar por múltiples razones: quizás compren coches más eficientes en el consumo de gasolina, quizás compartan coche con otros, o tomen el autobús o el tren para ir a trabajar; quizás incluso algunos empiecen a trabajar desde casa. Como consecuencia, la cantidad demandada de gasolina al precio nuevo decrecerá con el tiempo. Véase el cuadro 2.1 para otro ejemplo: el gas natural.

> **La elasticidad precio de la demanda tiende a ser más alta (en valor absoluto) para bienes de lujo; para categorías de producto más estrechas; y en el largo plazo.**

2.4 ¿Son los consumidores realmente racionales?

La economía como disciplina académica se ha desarrollado y fortalecido gracias a un supuesto fundamental: que los agentes (tanto empresas como consumidores) son agentes racionales que optimizan sus decisiones. En concreto, el modelo de comportamiento del consumidor presentado en la sección 2.1 asume que cada consumidor maximiza su función de utilidad sujeto a una restricción presupuestaria. Este puede que sea un supuesto excesivamente restrictivo: pocos de nosotros piensan en funciones de utilidad cuando pedimos un café en Starbucks. La respuesta a esta crítica por parte de la economía se basa en un teorema bien simple (y bonito): supongamos que tus preferencias son transitivas; es decir, si prefieres a por encima de b y prefieres b por encima de c entonces también prefieres a por encima de c. Entonces (simplificando un poco aquí) tu comportamiento puede ser clasificado como el resultante de la maximización de una función de utilidad.

El principal desafío del paradigma de la economía yace no en las pautas que se derivan del ordenamiento racional de las alternativas de consumo (a mejor que b mejor que c) y que llevan a la maximización de utilidad; sino en el axioma que establece que los consumidores (y agentes económicos, con frecuencia) son capaces de comparar y ordenar sus alternativas de consumo de forma consistente (es decir, transitividad satisfactoria). Un reto central a este supuesto viene dado por la **teoría prospectiva**, la teoría que establece que las preferencias dependen del punto de referencia.[4] Por ejemplo, llamemos u_1 la utilidad de un consumidor al consumir una manzana y u_0 su utilidad de no consumirla. Si el precio p es más bajo que $u_1 - u_0$, entonces esperaríamos que el consumidor comprara una manzana (si no lo ha hecho ya); si el precio p es mayor que $u_1 - u_0$, entonces esperaríamos lo contrario. Hasta aquí, esto es teoría clásica del consumidor. Ahora supongamos que la utilidad depende también de las expectativas. Si un consumidor esperaba no tener una manzana, entonces la utilidad de tenerla viene dada por $u_1 + \mu_G (u_1 - u_0)$, donde $\mu_G(u_1 - u_0)$ mide el beneficio adicional de «sorprenderse a sí mismo» con el consumo de una manzana. Por el contrario, si el consumidor esperaba tener una manzana, entonces la utilidad de no tener una manzana viene dada por $u_0 + \mu_L(u_1 - u_0)$, donde $\mu_L(u_1 - u_0)$ mide el beneficio adicional (posiblemente negativo) de sorprenderse a sí mismo por no tener la manzana.

Finalmente, si el consumidor obtiene lo que espera obtener, entonces su utilidad viene dada simplemente por u_i (con $i = 1$ o $i = 0$ dependiendo de si el consumidor tiene una manzana o no).

La evidencia experimental sugiere que los consumidores son más sensibles a las pérdidas que a las ganancias. Puesto en términos del ejemplo aquí, μ_L es negativo (los consumidores detestan sorpresas negativas) y además μ_L es mayor que μ_G en valor absoluto (los consumidores detestan las sorpresas negativas más que les gustan las sorpresas positivas). Siendo esto así, se puede demostrar que, para algunos precios p, un consumidor con un punto de referencia de comer una manzana comprará una, mientras que un consumidor con un punto de referencia de no comer una manzana no la comprará. Dicho de otra forma, dos consumidores con la misma función de utilidad (los mismos valores u_1, u_0, y los mismos coeficientes μ_L, μ_G) toman decisiones diferentes sencillamente porque tienen diferentes expectativas de consumo.[d,5]

Ejemplo de la teoría prospectiva: análisis formal. Un consumidor que espera comer una manzana compara $u_1 - p$, la utilidad de comprar una manzana, con $u_0 + \mu_L(u_1 - u_0)$, la utilidad de no comprar una manzana. La primera expresión es mayor que la segunda si:

$$u_1 - p > u_0 + \mu_L(u_1 - u_0)$$

o sencillamente

$$p < (1 - \mu_L)(u_1 - u_0)$$

Un consumidor que no espera consumir una manzana compara u_0, la utilidad de no consumir una manzana, con $u_1 + \mu_G(u_1 - u_0) - p$, la utilidad de consumir una manzana. La primera es mayor que la segunda si

$$u_0 > u_1 + \mu_G(u_1 - u_0) - p$$

o simplemente

$$p > (1 + \mu_G)(u_1 - u_0)$$

Si μ_L es negativa y mayor que μ_G en valor absoluto, entonces existen casos de valores tal que:

$$(1 + \mu_G)(u_1 - u_0) < p < (1 - \mu_L)(u_1 - u_0)$$

lo que indica que el consumidor compra una manzana si espera tener una y no la compra si no espera consumir una.

Una segunda área donde el modelo de racionalidad del consumidor parece defectuoso es la previsión de utilidad futura. Por ejemplo, la evidencia empírica sugiere que comprar ropa de invierno se ve condicionado en gran medida por la temperatura del día de compra –aunque, dada la durabilidad del artículo, la predicción de futura utilidad del consumidor de ese artículo no debería depender de la temperatura de ese día.[6] De forma parecida, algunas veces los usuarios de teléfonos móviles compran planes subóptimos porque predicen incorrectamente

---

[d] Véase la sección 6.5 para otras aplicaciones de la teoría prospectiva.

niveles altos de consumo de telefonía (es decir, compran planes de telefonía de tarifa fija aunque estarían mejor con planes de pago por uso).[7]

Finalmente, cabe destacar que la gran mayoría de las transacciones comerciales son más complejas que la compra de una manzana. Esto es especialmente el caso de productos financieros (hipotecas, por ejemplo), que incluyen normalmente varias dimensiones difíciles de evaluar incluso por consumidores con un moderado nivel de conocimiento y educación.[e]

Así pues, ¿dónde nos deja esto –dónde pone esto a la teoría clásica económica? En última instancia, esta es una cuestión de perspectiva: el optimista ve el vaso medio lleno, el pesimista ve el vaso medio vacío. Análogamente, los economistas estudiando sesgo en las decisiones de agentes económicos enfatizan que, en muchos casos, el modelo *homo rationalis* no puede predecir patrones importantes de consumo; mientras que los economistas comunes (una definición sujeta a cambios en el futuro) recalcan el hecho de que, en muchos casos, el modelo clásico hace un buen trabajo a la hora de describir el comportamiento del consumidor medio.

Sumario

- La curva de demanda da la cantidad demandada de un bien como función de su precio y de otros factores; esta se deriva de las preferencias de los consumidores.
- Un cambio en el precio conlleva un movimiento a lo largo de la curva de demanda; un cambio en otros factores conlleva un desplazamiento de la misma curva de demanda.
- El excedente del consumidor es la diferencia entre la disposición a pagar y el precio.
- La elasticidad precio de la demanda es el cociente entre el cambio porcentual en cantidad y el cambio porcentual en precio, dado que el cambio en precio es pequeño.
- La elasticidad precio de la demanda tiende a ser más alta (en valor absoluto) para bienes de lujo; para categorías de producto más estrechas; y en el largo plazo.

---

[e] Continuamos este tema en la sección 14.4.

Conceptos clave

- preferencias
- curvas de indiferencia
- conjunto presupuestario
- maximización de utilidad
- función de demanda
- función de demanda inversa
- disposición a pagar
- excedente del consumidor
- elasticidad de precio de la demanda
- elasticidad de precio cruzado de la demanda

- bienes sustitutivos
- bienes complementarios
- elasticidad de la renta
- bienes inferiores
- bienes normales
- bienes necesarios
- bienes de lujo
- problema de identificación
- variables instrumentales
- teoría de la prospectiva
- curva de demanda

Repaso y ejercicios de práctica

■ **2.1. Ensalada de fruta.** Adam y Barbara son entusiastas reconocidos de la ensalada de fruta (y ambos están de acuerdo que cuanto más mejor). Sin embargo, sus preferencias difieren en la manera en que la ensalada está hecha. Para Adam, por cada manzana debería haber un solo plátano, ni más ni menos (si le das más de un plátano, lo tirará a la basura). Para Barbara, mientras sea fruta, no le importa la composición; dicho de otra forma, lo único que le importa son el número de trozos de fruta.

a) Dibuja las curvas de indiferencia de Adam y Barbara.
b) ¿Son manzanas y plátanos sustitutivos o complementarios?

■ **2.2. Cervecería Artesanal Villa.** La cervecería Artesanal Villa subió su precio de $10 a $12 por caja (al por mayor). Como consecuencia, las ventas bajaron de 10.500 a 8.100 (en unidades). Basándote en tu estimación de la elasticidad de la demanda, ¿qué cambio porcentual en ventas predecirías si el precio bajara de $10 a $9? ¿A qué nivel de demanda correspondería este cambio?

■ **2.3. La elasticidad de la demanda.** Basándote en los valores del cuadro 2.1, estima el impacto de un aumento del precio de un 10 % en los ingresos de las ventas de cada producto.

■ **2.4. Teléfonos inteligentes.** Se han observado los siguientes pares de precio y cantidad demandada para teléfonos inteligentes: (100, 600); (105, 590); (110, 575); (115, 550); y (120, 510).

a) Calcula la elasticidad aproximada de la demanda cuando el precio es $105.
b) ¿Es la elasticidad de demanda constante en los diferentes niveles de precios?
c) ¿Cómo cambia el valor de la elasticidad de la demanda al aumentar el precio?
d) Si la cuota de suscripción mensual por acceso a internet desde un teléfono móvil baja de $10 a $2, ¿qué esperas que sucederá a la cantidad demandada de teléfonos móviles para cualquier nivel de precios? ¿Cuál es el efecto de esta disminución en el precio de acceso a internet en la elasticidad de la demanda de teléfonos móviles?

■ **2.5. Coches.** El cuadro 2.2 proporciona la elasticidad de demanda para el «propio» precio y el precio cruzado de varios modelos de coches.[8] En concreto, cada casilla corresponde a la elasticidad de la demanda del modelo de coche mencionado en la fila con respecto a cambios en el precio del modelo de coche mencionado en su columna.

a) ¿Por qué son las elasticidades de precio «propio» tan altas?
b) ¿Son los modelos Accord y Taurus complementarios o sustitutivos?
c) ¿Cuáles son los competidores más cercanos al Taurus?
d) Si GM baja el precio de su Chevy Cavalier, ¿se «come» sus ventas del Buick Century?
e) ¿Por qué la elasticidad directa del Mazda no es más baja que la elasticidad de modelos más caros (como sugeriría la regla general)?
f) Supongamos que Honda vendió 300.000 Accords en 2001. En 2002, el precio del Accord disminuyó un 2 %, mientras que el precio del Taurus disminuyó un 3 %. ¿Cómo cambian las ventas del Accord?

■ **2.6. Netflix y Hulu.** Supongamos que la demanda de Netflix viene dada por:

$$q_N = a - b_N p_N + b_H p_H$$

donde q_N es el número de suscripciones de Netflix, p_N el precio de un plan de Netflix y p_H el precio de un plan de Hulu.

a) ¿Cuál es la elasticidad precio de las suscripciones de Netflix?
b) Supongamos que $a = 500$, $b_N = 10$, $b_H = 5$ y $p_H = p_N = 50$. ¿Cuál es la elasticidad de N y su elasticidad de precio cruzado? ¿Son los productos N y H sustitutivos o complementarios?
c) ¿Cuánto excedente obtienen los consumidores a estos precios?

■ **2.7. Lamborghini.** La demanda actual del Lamborghini Gallardo SE en EE. UU. es elástica; en particular, se estima que la elasticidad de la demanda es $\varepsilon = -3$. El precio actual es $p = \$120k$. Las ventas por año a este precio son $q = 160$ (número de coches).

a) ¿Cuál sería el impacto estimado de un aumento en el precio a $140k?

Supongamos ahora que la elasticidad de precio cruzado de los Lamborghini con respecto al precio del Maserati MC12 es $\varepsilon_{LM} = 0{,}05$; y con respecto al precio de gasolina, $\varepsilon_{LG} = -0{,}1$.

b) ¿Cuáles son las definiciones de bienes sustitutivos y bienes complementarios? ¿Son los Maserati MC12 y la gasolina sustitutivos o complementarios con respecto a los Lamborghini? ¿Se te ocurren otros productos sustitutivos y complementarios a los Lamborghini Gallardo SE?
c) Supongamos que, además del aumento de precio considerado en (a), el Maserati MC12 también aumenta su precio (de $110k a $115k); y el precio de la gasolina sube (de $2 a $2,8 por galón). ¿Cuál será el nuevo nivel de demanda estimada del Lamborghini Gallardo SE?

Ejercicios complejos

■ **2.8. La demanda de elasticidad constante.** Las curvas de demanda lineal tienen una pendiente constante, es decir, una derivada constante $\frac{dq}{dp}$. Considera ahora la curva de demanda con elasticidad constante.

a) Demuestra que tal tipo de curva de demanda tiene la forma $q = \alpha p^{\beta}$ (es decir, muestra que, si la curva de demanda tiene esta función, entonces la elasticidad de la demanda es constante).
b) Considera ahora dos puntos de la curva de demanda, (q_1, p_1) y (q_2, p_2). Demuestra que la expresión $\frac{\Delta \log q}{\Delta \log p}$ tiene como resultado el valor exacto de la elasticidad de la demanda.

Ejercicios aplicados

■ **2.9. Curva de demanda.** Encuentra datos de precios y cantidades, así como de otras variables que desplacen la curva de demanda, de un mercado concreto donde tú creas que los precios son determinados exógenamente. Estima la curva de demanda y el valor de la elasticidad de demanda. Comenta los supuestos necesarios para llevar a cabo dicha estimación.

Notas

1. Las distintas estimaciones de elasticidades de demanda han sido obtenidas de las siguientes fuentes: Trond Bjørndal, Kjell G. Salvanes, Daniel V. Gordon (1994), «Elasticity Estimates of Farmed Salmon Demand in Spain and Italy», *Empirical Economics* 19 (3), 419-428. Verboven, Frank, y Leon Bettendorf (2000), «Incomplete Transmission of Coffee Bean Prices: Evidence From the Netherlands», *European Review of Agricultural Economics* 27 (1), 1-16. Asche, Frank, Odd Bjarte Nilsen y Ragnar Tveteras (2008), «Natural Gas Demand in the European Household Sector», *Energy Journal* 29 (3), 27-46. Berry, Steven, James Levinson, y Ariel Pakes (1995), «Automobile Prices in Market Equilibrium», *Econometrica* 63, 841-890. Crawford, Gregory S., y Ali Yurukoglu (2012), «The Welfare Effects of Bundling in Multichannel Television Markets», *American Economic Review* 102 (2), 643-85. Kalouptsidi, Myrto (2014), «Time to Build and Fluctuations in Bulk Shipping», *American Economic Review* 104 (2), 564-608.
2. Hughes, Jonathan E., Christopher R. Knittel y Daniel Sperling (2008), «Evidence of a Shift in the Short-Run Price Elasticity of Gasoline Demand», *The Energy Journal* 29 (1), 93-114.
3. Véase nota 2.
4. Kahneman, Daniel, y Amos Tversky (1979), «Prospect Theory: An Analysis of Decision under Risk», *Econometrica* 47, 263-291. Tversky, Amos, y Daniel Kahneman (1991), «Loss Aversion in Riskless Choice: A Reference-Dependent Model», *Quarterly Journal of Economics* 106, 1039-1061.
5. Koszegi, Botond, y Matthew Rabin (2006), «A Model of Reference-Dependent Preferences», *Quarterly Journal of Economics* 121 (4), 33-65.
6. Conlin, Michael, Ted O'Donoghue y Timothy J. Vogelsang (2007), «Projection Bias in Catalog Orders», *American Economic Review* 97 (4), 1217-1249.
7. Lambrecht, Anja, y Bernd Skiera (2006), «Paying Too Much and Being Happy about It: Existence, Causes, and Consequences of Tariff-Choice Biases», *Journal of Marketing Research* 43 (2), 212-223.
8. Berry, Steven, James Levinson y Ariel Pakes (1995), «Automobile Prices in Market Equilibrium», *Econometrica* 63, 841-890.

3. Empresas

Hacen falta dos para bailar un tango. En un mercado, debemos tener al menos un comprador y un vendedor. A menudo los compradores son consumidores; de acuerdo con esto, en el capítulo anterior estudiamos el comportamiento del consumidor en detalle. Con frecuencia, los vendedores son las empresas; de acuerdo con esto, en este capítulo lidiamos con el mundo de la toma de decisiones empresariales.[a]

Las empresas son organizaciones; las organizaciones están compuestas de gente; y cuando hay gente involucrada hay también relaciones personales, existen líderes y seguidores, hay confianza y desconfianza, incentivos explícitos y otras fuentes de motivación; y hay procesos complejos de toma de decisiones, algunas veces las decisiones se toman en grupo, y otras veces se toman decisiones siguiendo una jerarquía.

Aunque parte de la economía trata con las complejidades del comportamiento organizativo, en este capítulo (y en el libro) mayoritariamente prescindo de todo análisis del funcionamiento interno de la empresa y así trato la empresa como si fuera una «caja negra», un simple proceso de transformar insumos en producto final. Siendo más específico, la «caja» que los economistas usan se corresponde con una función matemática llamada la función de producción de la empresa.

En este contexto, primero examino la decisión de escoger la combinación óptima de insumos, así como el nivel óptimo de producción, suponiendo que la empresa es suficientemente pequeña como para tomar los precios de mercado de los insumos y de los bienes finales como dados. A continuación, considero el caso cuando la empresa no toma el precio de su producto final como dado y derivo las reglas óptimas de la empresa para fijar el precio de venta.

---

[a] Nótese que los compradores no son siempre los consumidores: en transacciones entre empresas (B2B, «business-to-business»), por ejemplo, los compradores son empresas. Por otro lado, los vendedores no son siempre empresas: en eBay, por ejemplo, muchos vendedores son personas, no empresas. Sin embargo, dado el propósito de este capítulo (y de la mayor parte del libro), trataremos vendedores como empresas y compradores como consumidores.

El supuesto de tomar la empresa como una «caja negra» que maximiza beneficios basándose en una función de producción es obviamente una simplificación. ¿Es esta, sin embargo, una simplificación razonable? Al final del capítulo, voy a tratar una serie de temas sobre el comportamiento de la empresa: ¿Es verdad que las empresas maximizan beneficios, tal y como suponemos en la mayor parte del libro? ¿Qué determina los límites de las empresas? ¿Por qué distintas empresas tienen rendimientos distintos? En estos momentos puede que creas que las respuestas a estas preguntas son obvias o poco interesantes o ambas cosas («claro que las empresas no solo maximizan beneficios»; o «a quién le importa lo que son los límites de una empresa»; o «¿no es obvio que las empresas son distintas las unas de las otras?»). Con suerte, al final del capítulo estarás de acuerdo conmigo en que el tiempo pasado leyendo ha sido una buena inversión; y en que el supuesto de la economía de empresas que maximizan beneficios mediante la optimización de una función de producción no es un supuesto tan malo después de todo.

3.1 Las funciones de producción de la empresa, de costes y de oferta

Aun con riesgo de simplificar demasiado, podemos pensar en una empresa como un simple proceso de transformación de insumos en producto final. Este marco hace más fácil ver una empresa que hace cosas de verdad. Por ejemplo, una panadería utiliza agua, harina y otros ingredientes, combinado con maquinaria (un horno) y trabajo (alguien lo debe mezclar todo), para producir panecillos deliciosos. Las empresas que ofrecen servicios también experimentan con un proceso similar. Por ejemplo, una empresa consultora usa horas de trabajo –me cuentan que muchas, muchas horas– combinadas con capital (ordenadores portátiles principalmente) y materiales (papeles y clips), para producir buenos consejos para las empresas clientes que lo necesiten.

La **función de producción** de una empresa es el proceso de asignación que nos dice, por cada nivel dado de insumos, cuánta producción una empresa es capaz de producir. Normalmente, esto depende de cada empresa, ya que algunas empresas son más eficientes que otras al transformar insumos en producto final. Esto también depende de la calidad de los insumos, por ejemplo, de si la mano de obra es calificada o no.

Formalmente, definimos la función de producción como $f(x_1,\ldots,x_n)$, donde x_i es la cantidad del insumo i. En este capítulo, consideremos dos insumos: capital y trabajo. Esto no quiere decir que los demás insumos no son importantes: da igual cuántos hornos tiene una panadería, es imposible hacer panecillos sin harina. Sencillamente, dado nuestro propósito de ilustrar los principios básicos, únicamente necesitamos considerar dos insumos. Asimismo, en muchos ejemplos (servicios de consultoría uno de ellos) estos dos insumos son los principales insumos necesarios para la producción (en otras palabras, papel y clips son solo una parte muy pequeña de las operaciones de una empresa consultora).

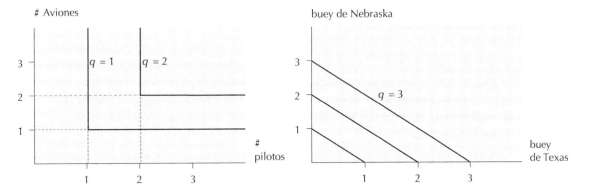

Figura 3.1. Funciones de producción: dos casos extremos.

¿Cómo es una función de producción f? Una manera de responder a esta pregunta es respondiendo a una cuestión relacionada: qué combinaciones de insumos producen un mismo nivel de producción. La respuesta viene dada por las curvas **isocuantas**, que se parecen mucho a las curvas de indiferencia presentadas en el capítulo anterior.

La figura 3.1 nos muestra dos extremos posibles en cuanto a curvas isocuantas. En el panel izquierdo, tenemos el caso de procesos de producción con proporciones fijas. Por ejemplo, Air France usa aviones y pilotos para producir servicios de transporte. Cada avión requiere de un piloto (para simplificar, ignoro copilotos en este análisis). Tener más pilotos que aviones no permite a Air France llevar a más pasajeros (suponiendo que los aviones ya se usan todo el tiempo). De forma similar, tener más aviones que pilotos no le ayuda tampoco a llevar más pasajeros (al menos hasta que Google o alguien invente aviones que no necesiten piloto).

Los procesos de producción de proporciones fijas tienen isocuantas de ángulos rectos, como se detalla en el panel izquierdo de la figura 3.1: con 1 avión y 1 piloto la empresa produce 1 unidad de producto (si el avión transporta 100 pasajeros, entonces la unidad de producto es en cientos de pasajeros). Dado un avión, tener más pilotos no mejora la producción: la producción total sigue siendo una unidad, y así todos estos puntos pertenecen a la misma isocuanta. Con dos aviones y dos pilotos Air France puede producir dos unidades. Más de dos pilotos con solo dos aviones o más de dos aviones con únicamente dos pilotos nos deja con dos unidades de producción. Con frecuencia, la función de producción correspondiente a las proporciones fijas viene dada por $f(x_1, x_2) = \min (x_1, x_2)$. En este caso, se dice que los insumos son **complementarios perfectos**.

El panel derecho de la figura 3.1 muestra el caso extremo contrario: **sustitutivos perfectos**. Supongamos que McDonalds usa tanto carne de buey de Texas y Nebraska como insumo para sus hamburguesas. Además, dado nuestro propósito de este ejemplo, supongamos que la carne de buey es el único ingrediente de la hamburguesa (sé que este es un supuesto poco creíble, pero por el momento permitidme seguir con él). A riesgo de ofender a los grandes estados de Texas y Nebraska, parece razonable suponer que la calidad de la carne en estos dos estados es parecida. Por lo tanto, la cantidad y calidad de las hamburguesas de McDonalds depende de la cantidad total de carne, y no de las proporciones procedentes de Texas o Nebraska.

Los insumos que son sustitutivos perfectos conllevan isocuantas rectas, como en el panel derecho de la figura 3.1. Una unidad de producto (hamburguesa) se puede obtener con una unidad de carne de Texas y cero de Nebraska; o una unidad de Nebraska y cero de Texas, o cualquier combinación intermedia.

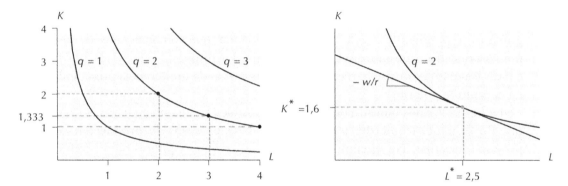

Figura 3.2. Isocuanta y minimización de costes.

Finalmente, el panel izquierdo en la figura 3.2 presenta un caso intermedio, es decir, un caso donde los insumos ni son complementarios perfectos ni sustitutivos perfectos. Las isocuantas en esta figura provienen de una función de producción muy particular, que es conocida como la función de producción de Cobb-Douglas y que se ajusta bien a los datos de producción en muchos contextos distintos. Si el capital (K) y el trabajo (L) son los dos insumos principales en el proceso de producción, entonces la **función de producción de Cobb-Douglas** viene dada por la expresión:

$$q = K^{\alpha} L^{\beta}.$$

En el ejemplo particular de la figura 3.2, he escogido los valores de los parámetros tal que $\alpha = \frac{1}{2}$ y $\beta = \frac{1}{2}$ y he graficado tres isocuantas distintas, correspondientes a los niveles de producción 1, 2 y 3. Dejadme resaltar aquí una característica interesante de estas isocuantas: para cada nivel de producción (por ejemplo, $q = 4$), si usamos menos L entonces debemos usar más K para compensar la disminución en L; y cuanto más disminuye L mayor es el aumento de K necesario para compensar el descenso de L. Esta propiedad refleja la ley del **producto marginal decreciente**, una característica que vimos en el contexto de la utilidad del consumidor. Lo mismo funciona en términos de aumentos de L. Consideremos por ejemplo la isocuanta correspondiente a $q = 2$. Una forma de obtener este nivel de producción es usando dos unidades de K y dos unidades de L. Al aumentar L a 3, podemos disminuir K de 2 a 1,333, una disminución de 0,666. Si aumentamos L incluso más de 3 a 4 (el mismo aumento en valor absoluto que antes), ahora podemos disminuir K de 1,333 a 1, una disminución de 0,333. El hecho de que 0,333 es menor que 0,666 es solo otro caso de la ley del producto marginal decreciente en funcionamiento.

Basándonos en la comparación de los dos paneles en la figura 3.1 y basándonos también en el análisis del párrafo anterior, concluimos que:

> **Reflejando la ley del producto marginal decreciente, las isocuantas son curvas convexas; cuanto más complementarios son dos insumos, más convexas son las correspondientes curvas isocuantas.**

Entender el grado de complementariedad o sustitutabilidad entre dos insumos es importante por varias razones. Por ejemplo, en años recientes los ordenadores de escritorio se han convertido en algo común de nuestras vidas. ¿Qué impacto ha tenido esto en la demanda de las empresas de trabajo? Otra manera de hacer la misma pregunta es: si aumentamos la cantidad de un insumo dado (TIC, específicamente los ordenadores de escritorio), ¿qué impacto tiene esto para la demanda de trabajo? Como sucede en economía frecuentemente, la respuesta es: depende. En este caso, depende del tipo de trabajo. Por ejemplo, en la administración de las universidades el número de secretarias ha disminuido sustancialmente. Yo escribí este libro y escribo todos mis artículos de investigación directamente en mi ordenador. Si hubiera nacido 20 o 30 años antes, seguramente hubiera escrito un manuscrito y entonces le hubiera pedido a alguien en la oficina que lo escribiera a máquina. En resumen, podemos decir que los servicios de secretaria y los ordenadores de escritorio son mayoritariamente insumos sustitutivos. Aun así, hay otros tipos de trabajo que son complementarios con respecto a la inversión en TIC, incluyendo los ordenadores de escritorio. El más obvio es especialista en TIC: más ordenadores de escritorio en una organización significa más problemas de ordenador de escritorio; más problemas de ordenador de escritorio requieren más trabajadores que sepan solucionar estos problemas. En resumen, podemos decir que los especialistas en TIC y los ordenadores de escritorio son insumos mayoritariamente complementarios.

■ **Productividad.** El término **productividad** se usa frecuentemente para describir el rendimiento de una empresa. Desafortunadamente, esto significa cosas distintas para gente distinta y como resultado puede crear confusión. Algunos, por ejemplo, miden la productividad media laboral, que viene dada por qp/L, o ingreso por trabajador (q es el número de unidades producidas, p es el precio por unidad y L es el número de trabajadores). Sin embargo, esta no tiene por qué ser la mejor medida de la productividad de una empresa. Consideremos dos empresas, ambas con la misma función de producción. Si la primera empresa tiene más capital que la segunda, entonces tendrá mayor productividad laboral –aunque podemos decir que, teniendo la misma función de producción, ambas empresas tienen la misma productividad.

En este sentido, una mejor medida de rendimiento sería la de la **productividad total de los factores** (PTF). Supongamos que: (a) el precio de mercado viene dado (y es el mismo para todas las empresas en la industria); (b) cada empresa tiene una función de producción de Cobb-Douglas con insumos K y L; (c) todas las empresas tienen los mismos coeficientes α y β pero difieren con respecto al coeficiente multiplicativo:

$$q_i = \xi_i \, K_i^\alpha \, L_i^\beta \tag{3.1}$$

El coeficiente ω_i es una mejor medida del rendimiento de una empresa, llamado su productividad total de los factores. De hecho, dado que las dos empresas usan la misma cantidad de insumos, la empresa con un ω_i más alto es capaz de producir una cantidad de unidades más alta.

Estimando la productividad total de los factores. Tomando logaritmos en ambos lados de la función de producción (3.1), obtenemos:

$\ln q_i = \ln \omega_i + \alpha \ln K_i + \beta \ln L_i$
o simplemente
$\ln \omega_i = \ln q_i - \alpha \ln K_i - \beta \ln L_i \tag{3.2}$

Podemos demostrar (en el Ejercicio 3.15) que una empresa maximizadora de beneficios escoge la cantidad de insumos tal que el cociente de costes entre insumos (por ejemplo, wL en trabajo) e ingreso total (es decir, pq) es igual a sus respectivos coeficientes en la función Cobb-Douglas (por ejemplo, β para el trabajo):

$$\alpha = \frac{rK}{pq}$$

$$\beta = \frac{wL}{pq}$$

Podemos obtener los valores de r, w, K, L, p, q de datos reales. En combinación con los valores estimados de α y β, (3.2) nos da un valor estimado de la productividad total de los factores de cada empresa.

■ **La minimización de costes.** Las similitudes entre la teoría de la producción y la teoría del consumo van incluso más allá del punto recalcado anteriormente. En la teoría del consumo, tenemos un consumidor que transforma consumo en utilidad –una especie de función de producción. El problema del consumidor que solucionábamos consistía en la maximización de utilidad dado un cierto nivel de ingreso y dados los precios de los bienes considerados en la decisión de consumo. En la teoría de la producción, hacemos algo parecido: dado un nivel de producción deseado y dados los precios de los insumos, averiguamos la combinación de insumos que minimiza el coste total de producción.

Este problema aparece en el panel derecho de la figura 3.2. Supongamos que queremos producir $q = 4$. Además, supongamos también que el coste de capital es $r = 12,5$, y el coste del trabajo es $w = 8$. Dada esta información, se puede ver que (ver Ejercicio 3.16) la solución óptima es $K = 1,6$ y $L = 2,5$, como se ve en la figura. Gráficamente hablando, el problema de la minimización de costes (panel derecho de la figura 3.2) es similar al problema de la maximización de la utilidad del capítulo 2. Los consumidores buscan el nivel más alto de utilidad posible dada una cierta restricción presupuestaria; las empresas buscan el coste más bajo de producción consistente con un cierto objetivo de nivel de producción. En ambos casos, la solución viene dada por un punto tangente: en el caso de los consumidores, la solución óptima correspondiente al punto de la curva de indiferencia es tangente a la línea presupuestaria (que, como recordarás, tiene una pendiente igual a –1 por el cociente de los precios de los dos bienes considerados); en el caso de las empresas, la solución óptima corresponde al punto donde la isocuanta es tangente a la línea con pendiente igual a –1 por el cociente de los precios de los insumos.

Si el coste de capital es $r = 12,5$ y el coste del trabajo es $w = 8$; si la mejor combinación de insumos para producir 2 unidades del producto final es $K = 1,6$ y $L = 2,5$; entonces el coste más bajo que la empresa debe incurrir para alcanzar $q = 2$ es $12,5 \times 1,6 + 8 \times 2,5 = 40$. En general, dados los precios de los insumos r, w y dado un nivel de producción q, podemos seguir el mismo proceso y obtener el coste mínimo necesario para la producción de q. En este ejemplo específico queremos conseguir $C(q) = 20\,q$ (ver Ejercicio 3.16), una expresión que llamamos la función de coste. La razón por la cual obtenemos una expresión tan sencilla es porque estamos considerando una función de producción simple y, más importante todavía, estamos asumiendo que tanto K como L se pueden ajustar sin problemas, un supuesto que no siempre es verdad. En general, las cosas se pueden complicar un poco más, como veremos más tarde.

Antes de complicar las cosas, debo mencionar que, al igual que los consumidores tienen funciones de demanda de bienes de consumo, las empresas tienen curvas de demanda para insumos; y de la misma manera que la demanda de un consumidor se puede caracterizar mediante sus elasticidades de precio directo y de precio cruzado, la demanda de insumos de una empresa también puede ser más o menos elástica con respecto al precio del insumo propio o los precios de los otros insumos. En particular, la elasticidad de precio cruzado de la demanda de insumos depende de la forma de la función de producción. Si la función de producción es similar al extremo de insumos complementarios perfectos (panel izquierdo en la figura 3.1), entonces un aumento en el coste de capital, por ejemplo, conlleva una disminución en la demanda de capital y una disminución en la demanda de trabajo (dado que las cantidades de capital y trabajo van de la mano en este caso); es decir, un aumento del coste del capital causa una disminución en la demanda de trabajo: una elasticidad de precio cruzado negativa, que como vimos en el capítulo 2 indica que los insumos son complementarios.

En cambio, si la función de producción es similar al caso de sustitutivos perfectos (panel derecho en la figura 3.1), entonces dependiendo del cociente de los precios de los insumos la empresa únicamente utilizará capital o únicamente contratará trabajadores.[b] Un aumento en el coste de capital, por ejemplo, puede mantener la demanda de trabajo a cero o, si el cociente $-w/r$ «cruza» el umbral de la pendiente de la isocuanta, cambia totalmente de solo demanda de capital a solo demanda de trabajo; es decir, un aumento en el precio de capital causa un aumento en la demanda de trabajo: una elasticidad de precio cruzado positiva, que como vimos en el capítulo 2 indica que los insumos son sustitutivos.

---

[b] Si el cociente de precios es exactamente igual al negativo de la pendiente de las isocuantas, entonces la empresa es indiferente con respecto a la elección entre capital y trabajo.

Para ver esto en la práctica, consideremos dos industrias distintas (construir presas hidroeléctricas y construir aviones) y dos países distintos (EE. UU. e India). Una diferencia importante entre EE. UU. y la India es que w/r es considerablemente menor en India, principalmente porque los costes laborales son menores. Para construir una presa de gran tamaño, uno puede utilizar varias combinaciones de trabajo y maquinaria (es decir, la función de producción es similar al caso de los insumos que son sustitutivos perfectos de la figura 3.1). En la medida en que son sustitutivos casi perfectos, en la India esta industria utiliza muchos más trabajadores que maquinaria (es decir, el cociente K/L es muy bajo), mientras que, en los EE. UU., la industria utiliza más capital (es decir, el cociente K/L es muy alto). En cambio, para construir aviones, se necesita mano de obra calificada y maquinaria (es decir, estamos cerca del caso de insumos complementarios perfectos de la figura 3.1). Por esta razón, el cociente K/L es relativamente parecido en EE. UU. y en la India a pesar de que el cociente w/r es mucho menor en la India.

■ **Función de costes.** Como he mencionado anteriormente, la **función de costes** de la empresa, habitualmente llamada $C(q)$, nos muestra el coste total menor de los insumos necesarios que la empresa debe incurrir para producir una cantidad de producto q; es decir, el coste de producción de q suponiendo que la empresa es eficiente. La función de coste $C(q)$ da paso a una serie de conceptos de coste relacionados:

- **Coste Fijo** (CF). El coste que no depende del nivel de producción.
- **Coste Variable** (CV). Ese coste que sería cero si el nivel de producción fuera cero.
- **Coste Total** (CT). La suma de coste fijo y coste variable.
- **Coste Medio** (CU) (también conocido como «coste por unidad»). Coste total dividido por nivel de producción.
- **Coste Marginal** (CM). El coste de una unidad adicional. En otras palabras, el coste total de producir $q + 1$ unidades menos el coste total de producir q unidades. (Estrictamente hablando, esta es la definición de coste incremental. La definición rigurosa de coste marginal es la derivada del coste total con respecto al nivel de producción.)

Para aclarar todos estos conceptos, consideremos un ejemplo bien simple, uno de una empresa pequeña productora de camisetas que toma los precios de mercado como dados. Para producir camisetas, el gerente alquila una máquina al precio de $20 por semana. La máquina debe ser operada por un trabajador. El salario por hora pagado al trabajador es el siguiente: $1 durante los días entre semana (hasta 40 horas), $2 los sábados (hasta 8 horas) y $3 los domingos (hasta

8 horas). Finalmente, la máquina –que es manejada por el trabajador– produce una camiseta por hora.

Suponiendo que el nivel de producción actual (q) es 40 camisetas por semana, tenemos que:

- El coste fijo viene dado por el coste de alquiler de la máquina por semana. Por lo tanto, tenemos que CF = \$20.
- El coste variable viene dado por 40 camisetas por una hora por camiseta por \$1 por hora, lo que es igual a \$40.
- El coste medio es (20 + 40)/40 = \$1,50.
- El coste marginal es \$2. De hecho, producir la camiseta 41 en una semana implicaría pedir al trabajador que trabajara en sábado, lo que se pagaría a un salario de \$2 por hora; y producir una camiseta implica una hora de trabajo.

Estos valores de costes han sido calculados para un nivel dado de producción. Sin embargo, tanto el coste medio como el coste marginal dependen del nivel de producción. Para calcular los valores del coste marginal y el coste medio para cada nivel de producción, debemos obtener las funciones de coste marginal y coste medio. La figura 3.3 representa ambas funciones para este caso particular de la fábrica de camisetas. El caso más general viene dado por el panel derecho en la figura 3.3.

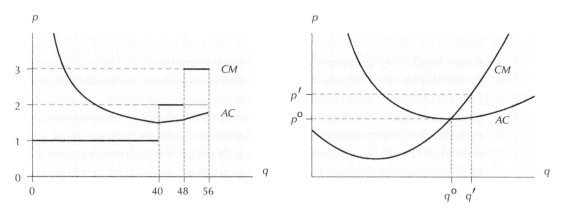

Figura 3.3. Coste marginal y coste medio: ejemplo de la fábrica de camisetas (izquierda) y caso general (derecha).

¿Para qué usamos estos conceptos de coste? Consideremos la aplicación siguiente. Supongamos que Benetton, el único comprador de las camisetas de esta fábrica, ofrece un precio de p = \$1,80 por camiseta. Además, Benetton está dispuesta a comprar todas las camisetas que la fábrica quiera vender a ese precio (es decir, la fábrica toma el precio de las camisetas como dado). Dada esta oferta, ¿debería la fábrica trabajar en sábado?

A su nivel de producción actual de $q = 40$ camisetas por semana, el coste medio es \$1,50 (ver arriba). Esto significa que, a $p = \$1,80$, la fábrica gana dinero. Puede parecer que, por esta razón, vale la pena trabaja en sábado también: «si ganas dinero con tu nivel de producción actual, produce más y ganarás más». Resulta que esto no es verdad. Lo que es relevante para la decisión de trabajar o no en sábados es la comparación entre el precio y el coste *marginal*, y no la comparación entre el precio y el coste medio. Como el coste marginal de trabajar en sábados es \$2, no vale la pena seguir esta estrategia dado que el precio de venta es solo de \$1,80.

Dicho de otra forma, aunque la fábrica esté ganando dinero cuando $q = 40$ (porque el precio es mayor que su coste medio), los beneficios serían menores si el nivel de producción aumentara (porque el precio es menor que su coste marginal); la fábrica perdería dinero en el margen. (Por «perder dinero en el margen» quiero decir perder dinero al producir una unidad adicional –marginal.)

Supongamos que ahora Benetton (todavía el único comprador) ofrece un precio $p = \$1,30$ por camiseta. Sin importar el nivel de producción, el precio ahora es menor que el coste medio. (Comprobad esto.) Es decir, no importa cuántas unidades se produce, la fábrica perderá dinero. De hecho, $p < CU$ implica que $p \times q < CU \times q$, es decir, el ingreso ($p \times q$) es menor que el coste total ($CU \times q = C$).

Por lo tanto, la decisión óptima sería la de no producir nada. (Esta comparación se basa en el supuesto de que la empresa no ha pagado todavía por el alquiler semanal de la máquina.) En resumen,

> **El coste marginal es el concepto de coste apropiado para decidir cuánto se produce, mientras que el coste medio es el concepto de coste apropiado para decidir si se produce algo en absoluto.**

El ejemplo de la fábrica de camisetas es especial en que solo hay dos factores de producción y no hay demasiada flexibilidad en la producción. En general, las funciones de coste marginal y coste medio son funciones continuas –o casi continuas– como se puede ver en el panel derecho de la figura 3.3. En esta figura, p^o designa el valor mínimo de la función de coste medio. Para precios menores que este valor mínimo, una empresa que toma los precios como dados no produciría nada. Para valores de p mayores que p^o, el nivel de producción óptimo para una empresa que toma los precios como dados viene determinado por la función de coste marginal. Por ejemplo, si $p = p'$, entonces el nivel óptimo de producción es

q'. En general, la **función de oferta** de una empresa que toma los precios como dados es la misma función de coste marginal para aquellos valores del precio que son mayores que el valor mínimo del coste medio.

3.2 Precios

En la sección previa hicimos el supuesto de que las empresas tomaban los precios como dados, como la pequeña fábrica de camisetas que recibía una oferta sin posibilidad de negociación de Benetton. Sin embargo, la mayoría de las empresas tienen *algún* control sobre los precios que fijan. Aunque tengan competidores, pueden fijar un precio más alto o más bajo, y generar más o menos demanda como consecuencia. La cuestión es entonces qué precio fijar. Un precio alto genera más ingreso por unidad, pero se venden menos unidades. Un precio bajo genera menos ingreso por unidad, pero se venden más unidades. ¿Qué estrategia es mejor? Como siempre en economía, la respuesta es: ¡depende! En este contexto, depende, como veremos, del valor de la elasticidad precio y del valor del coste marginal.[c]

■ **Precios óptimos: la intuición.** Antes de empezar un análisis formal de este tema, es útil considerar un ejemplo específico numérico, de hecho, uno que está –como dicen en Hollywood– «basado en hechos reales». Rui, un joven estudiante de la carrera de Economía, consiguió un trabajo durante el verano vendiendo helados en Philadelphia. Rui conduce su camión en un barrio específico de Philadelphia, donde él es el único vendedor de helados. Tras unos días de experimentación con varios precios, Rui estima que la demanda viene dada por los valores en las dos primeras columnas del cuadro 3.1. Los costes de Rui son los siguientes: cada día debe pagar \$15 por el alquiler del camión; además, debe pagar \$3 por helado vendido a la fábrica de helados.

Basándose en estos datos, Rui recopiló los valores en el cuadro 3.1. La tercera columna muestra el ingreso total para cada precio. Esta columna es el resultado de multiplicar precio por cantidad (primera columna por la segunda columna). La cuarta columna muestra valores de coste total: 15 más 3 veces el número de unidades vendidas (como viene dado en la segunda columna). Trataremos la quinta y sexta columnas en detalle más abajo. Finalmente, la séptima columna muestra el beneficio, que es la diferencia entre la tercera y cuarta columnas.

---

[c] En esta sección –de hecho, hasta el capítulo 8– ignoraré la interacción entre el precio de una empresa y el de sus competidores, porque no existen (monopolio) o bien porque la interacción estratégica no es importante.

Dada toda esta información, la pregunta a responder es la siguiente: ¿qué precio debería fijar Rui?

Antes de continuar, nótese que, dado que el precio y la cantidad están relacionados entre sí mediante la función de demanda (como se puede apreciar en las dos primeras columnas del cuadro 3.1), escoger el precio óptimo o la cantidad óptima son ejercicios equivalentes. Esto quiere decir que, aunque supongamos que el vendedor fija el precio y los consumidores deciden la cantidad de acuerdo con el precio que observan, podemos tomar este ejercicio como el vendedor escogiendo la cantidad óptima que quiere que los consumidores compren y entonces fija el precio correspondiente a esa cantidad. En lo que viene a continuación, tratamos la decisión del vendedor como la de seleccionar un nivel de producción. Tengamos en cuenta que, dada la curva de demanda considerada aquí, la secuencia de precios en el cuadro 3.1 corresponde a un aumento de la cantidad de una unidad de fila en fila. Esto no tiene por qué ser siempre así, pero nos facilita la exposición en este caso.

Cuadro 3.1. Ejemplo de precios de helado en Philadenfia

Precio	Demanda	Total ingreso	Total coste	Ingreso incremental	Coste incremental	Beneficio
10,0	0,0	0,0	15,0			−15,0
9,5	1,0	9,5	18,0	9,5	3,0	−8,5
9,0	2,0	18,0	21,0	8,5	3,0	−3,0
8,5	3,0	25,5	24,0	7,5	3,0	1,5
8,0	4,0	32,0	27,0	6,5	3,0	5,0
7,5	5,0	37,5	30,0	5,5	3,0	7,5
7,0	6,0	42,0	33,0	4,5	3,0	9,0
6,5	7,0	45,5	36,0	3,5	3,0	9,5
6,0	8,0	48,0	39,0	2,5	3,0	9,0
5,5	9,0	49,5	42,0	1,5	3,0	7,5
5,0	10,0	50,0	45,0	0,5	3,0	5,0
4,5	11,0	49,5	48,0	−0,5	3,0	1,5

Así, planteando la misma pregunta de un modo distinto: ¿qué número óptimo de unidades debería Rui intentar vender? A los economistas les gusta pensar en este tipo de cuestiones en términos de decisiones marginales, o incrementales. En particular, hagámonos primero la pregunta: ¿es mejor vender una unidad o cero unidades (suponiendo que el camión de alquiler ya se ha pagado)? ¿Es mejor estar en la primera fila (precio igual a 10, cero unidades vendidas), o en la segunda fila (precio igual a 9,5, una unidad vendida)?

Para responder a esta pregunta, debemos calcular el ingreso incremental y el coste incremental. El valor del **ingreso incremental** aparece en la quinta columna del cuadro 3.1. Por ejemplo, cuando el precio es 9,5, Rui vende una unidad. Comparado con vender cero unidades (precio igual a 10), esto corresponde a un ingreso incremental de 9,5, que es la diferencia entre 9,5 (ingreso total de vender una unidad) y 0 (ingreso total de vender cero unidades). Siguiendo el mismo razonamiento, el ingreso incremental de vender 3 unidades en vez de 2 es igual a 7,5 = 25,5 − 18; y así sucesivamente. Al igual que el ingreso incremental, también podemos calcular el valor del coste incremental, un concepto introducido en la sección anterior. En concreto, el coste marginal de vender una unidad viene dado por 3 = 18 − 15. Como se puede ver en el cuadro 3.1, este es también el coste marginal para todas las demás unidades.

¿Cómo los conceptos de ingreso incremental y coste incremental nos ayudan a determinar la cantidad óptima de unidades vendidas? Cuando consideramos la elección entre vender cero y una unidad, Rui compara el ingreso incremental de 9.5 con el coste incremental de 3. Dado que 9,5 es mayor que 3, es mejor vender una unidad que vender ninguna. A continuación, comparamos vender dos unidades con vender una. El ingreso incremental de la segunda unidad es 7,5, mientras que el coste incremental es solo 3. Por lo tanto, Rui prefiere vender dos unidades a vender solo una unidad. Siguiendo este mismo razonamiento, llegamos a la conclusión de que es óptimo vender 7 unidades (fijando un precio de 6,5). De hecho, a ese nivel de producción, aumentar las ventas a 8 unidades implicaría un ingreso incremental de solo 2,5, mientras que el coste incremental es 3.

El hecho de que un precio de 6,5 y una cantidad objetivo de 7 corresponde a la solución óptima se hubiera podido obtener también sencillamente mirando a la última columna: el beneficio alcanza su valor máximo precisamente en esa columna cuando el precio es igual a 6,5. Sin embargo, el método de comparar el ingreso incremental con el coste incremental nos ayuda a derivar una regla importante y general en economía: el nivel de producción o cantidad debe ser escogido de modo que el valor del ingreso marginal y el valor del coste marginal sean lo más parecidos posible. Esto quizás parezca extraño: si nuestro objetivo es el de maximizar beneficio, entonces deberíamos querer que la diferencia entre ingresos y costes sea la mayor posible. La solución a esta paradoja es que una cosa es la diferencia entre los ingresos y costes totales; y otra cosa es la diferencia entre el ingreso marginal y el coste marginal. Más tarde volveremos a este tema tan importante.

■ **Precios óptimos: el método del cálculo.** Desarrollemos ahora formalmente el modelo de **fijación óptima** de precios. Consideremos una empresa con una curva de demanda $D(p)$, donde p es el precio fijado por la empresa. Puede que ayude suponer que la empresa es un monopolista, aunque los resultados que vamos a obtener son más generales que solo ese caso siempre que sepamos que $D(p)$ es la curva de demanda de la empresa. También puede que queramos considerar la curva de demanda en su forma inversa: para vender una cantidad q, el vendedor quiere fijar un precio $P(q)$, donde $P(\cdot)$ es la función inversa de $D(\cdot)$. Al producir q, la empresa incurre en un coste $C(q)$. Finalmente, suponemos que la empresa escoge precio con el objetivo de maximizar beneficios.

Debido a que para cada precio existe una única cantidad demandada y viceversa, es lo mismo determinar el precio óptimo que la cantidad óptima (de la cual el precio óptimo se puede obtener mediante la función inversa de la curva de demanda). Aquí, seguimos este método alternativo: derivaremos el valor óptimo de q^* del cual entonces obtenemos $p^* = P(q^*)$.

Si la curva inversa de demanda (precio como función de cantidad) es $p = P(q)$, entonces el ingreso (expresado como función de la cantidad, q) es

$$R(q) = pq = P(q)\,q$$

Anteriormente hemos definido ingreso incremental como el ingreso adicional obtenido al vender una unidad adicional. Si en vez de una unidad consideramos un aumento *infinitesimal* en la cantidad, entonces obtenemos el ingreso marginal (MR). Formalmente, el **ingreso marginal** es la derivada del ingreso con respecto a la cantidad:

$$MR(q) = \frac{d\,R(q)}{d\,q} = \frac{d(P(q)\,q)}{d\,q} = P(q) + P'(q)\,q = p + P'(q)\,q$$

donde $P'(q)$ significa la derivada de p con respecto a q y aplicamos la regla de la derivada de un producto. Nótese que

$$MR(q) = p + P'(q)\,q < p$$

lo que se deriva de nuestro supuesto habitual de que la demanda baja cuando el precio aumenta (y por lo tanto $D'(p) < 0$, y entonces $P'(q) < 0$). Dicho en palabras: el ingreso adicional que un vendedor recibe al aumentar su cantidad vendida es menor que el precio al cual el vendedor vende esa cantidad adicional. (¿Por qué?)

La cantidad vendida óptima se puede encontrar maximizando el beneficio, que lo llamamos por la letra griega π:

$$\pi(q) = R(q) - C(q)$$

Encontramos el valor máximo de π al igualar la derivada a cero y entonces verificar que tenemos un máximo. La derivada igual a cero nos lleva a:

$$\frac{d\,\pi(q)}{d\,q} = MR(q) - CM(q) = 0$$

o simplemente[d]

$$MR(q) = CM(q)$$

En palabras,

La cantidad que maximiza beneficios es tal que el ingreso marginal es igual al coste marginal.

¿Cómo vamos de la ecuación $MR(q) = CM(q)$ a los valores óptimos de precio y cantidad? Supongamos que la curva de demanda es $q = a - bp$, mientras que el coste marginal es constante e igual a c. Primero derivamos la curva de la demanda inversa, que viene dada por $p = \frac{a-q}{b}$. El ingreso total es entonces

$$R = pq = \frac{a-b}{b}\,q$$

Podemos derivar el ingreso marginal así:

$$MR = \frac{d\,R}{d\,q} = -\frac{1}{b}q + \frac{a-q}{b} = \frac{a-2q}{b}$$

A continuación, igualamos MR a c (el valor del coste marginal en este ejemplo) y solucionamos con respecto a q:

$$p = \frac{a-bc}{2}$$

Finalmente, al sustituir este valor por q en la función de la demanda inversa obtenemos el precio óptimo:

$$p = \frac{a-q}{b} = \frac{a-\dfrac{a-bc}{2}}{b} = \frac{a+bc}{2b}$$

---

[d] Un punto técnico aparte: para comprobar que tenemos un máximo, debemos tomar la segunda derivada, es decir, $\frac{d\,\pi(q)}{d\,q^2} = MR'(q) - CM'(q)$. Si esta es negativa, entonces en $MR = CM$ tenemos un máximo. Para ello, es suficiente determinar que CM aumenta con q (es decir, $CM' > 0$) y MR disminuye con q (o sea, $MR' < 0$). Para la mayoría de los problemas que consideramos aquí, asumiremos que $MR' < 0$ y $CM' \geq 0$ (por lo que consideraremos también los escenarios en que el coste marginal es constante).

Alternativamente, podemos escribir la función de beneficio:

$$\pi(q) = pq - cq = \frac{a-q}{b} q - cq = \frac{a}{b} q - \frac{1}{b} q^2 - cq$$

tomando la derivada con respecto a q y solucionando con respecto a q. (Confirma por ti mismo que obtienes el mismo resultado.)

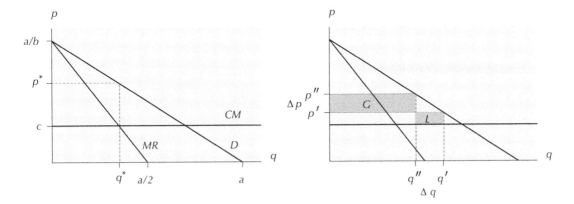

Figura 3.4. Precio óptimo.

El panel izquierdo de la figura 3.4 representa la solución óptima. Empezamos trazando la curva de la demanda inversa, que cruza el eje vertical en a/b y el eje horizontal en a; así como también la curva del coste marginal, que en este ejemplo es sencillamente constante en c. A continuación, derivamos la curva del ingreso marginal. La curva del ingreso marginal se cruza con el eje vertical en el mismo punto en que la curva de demanda se cruza con el eje vertical. (¿Cómo se explica esto?) Cuando la curva de demanda es lineal, el punto de cruce con el eje horizontal de la curva de ingreso marginal es $a/2$, es decir, es la mitad del punto de cruce de la curva de la demanda. El nivel óptimo de cantidad viene dado por la intersección de MR y CM, que se da en q^*. Finalmente, el precio óptimo p^* se obtiene de q^* y la función inversa de la curva de demanda.

■ **Las reglas de la elasticidad.** Las matemáticas son útiles para algunos porque son claras y concisas. Es también útil demostrar una relación interesante entre el margen de beneficio del vendedor y la elasticidad. Recordemos que el ingreso marginal es $MR = p + P'(q)q$. La regla de optimalidad es tal que el ingreso marginal es igual al coste marginal. Esto implica que:

$$p + P'(q)q = CM$$

Reorganizando términos y dividiendo ambos lados de la expresión por p obtenemos:

$$\frac{p - CM}{p} = -P'(q)\frac{q}{p}$$

Nótese que $P'(q) = \frac{dp}{dq}$, mientras que ε, la elasticidad precio de la demanda, es $\varepsilon = \frac{dq}{dp}\frac{p}{q}$. Por lo tanto, $P'(q)\frac{q}{p} = \frac{1}{\varepsilon}$. Entonces concluimos que:

$$\frac{p - CM}{p} = \frac{1}{\varepsilon} \tag{3.3}$$

Una expresión equivalente es:

$$p = \frac{CM}{1 + \dfrac{1}{\varepsilon}}$$

Nos podemos referir a ambas expresiones como versiones distintas de la **regla de la elasticidad** del precio óptimo. La regla de la elasticidad es mencionada habitualmente cuando se hace referencia al **margen** (también conocida como el **índice de Lerner**),[1] que definimos como:

$$m = \frac{p - CM}{p} \tag{3.4}$$

Sabemos que las empresas deberían operar en niveles de producción donde el margen es positivo. ¿Pero cuán positivo debe ser este margen? La respuesta es:

$$m = \frac{1}{-\varepsilon}$$

En palabras, la regla de la elasticidad estipula que

Cuanto más baja es la elasticidad precio de la demanda (en valor absoluto), más alto es el margen precio-coste que la empresa debería fijar.

Una manera alternativa de entender la regla de la elasticidad es la de considerar un pequeño aumento en el precio. Así se plantea en el panel derecho de la figura 3.4, donde trazo dos valores distintos de p: p' y p''. ¿Cómo cambia el beneficio cuando aumentamos p de p' a p''? Las buenas noticias son que el margen de beneficio aumenta de $p' - c$ a $p'' - c$. Esto corresponde a una ganancia de $\Delta p q''$, el área sombreada G. Las malas noticias son que al aumentar el precio las ventas disminuyen de q' a q''. Esta disminución de ventas genera una pérdida de

$-\Delta q(p' - c)$, el área sombreada L. ¿Cuál es el tamaño relativo de estas dos áreas? Para pequeños cambios en p y q, suficientemente pequeños como para que p sea aproximadamente igual a p' y p'' y q sea aproximadamente igual a q' y q'', podemos decir que L es menor que G si $-\Delta q(p - c) < \Delta pq$. Esto es equivalente a:

$$\frac{p - c}{p} < -\frac{\Delta p}{\Delta q}\frac{q}{p}$$

Si el cambio en precio es muy pequeño (es decir, infinitesimal), entonces este viene a ser:

$$m < \frac{1}{-\varepsilon}$$

Dicho en palabras, si el margen es menor que la inversa de la elasticidad (en valor absoluto), entonces un aumento en precio genera un aumento en beneficios. Asimismo, si el margen es mayor que la inversa de la elasticidad, entonces una disminución en el precio generara un aumento en los beneficios. (Comprueba esto por ti mismo.) Concluimos entonces que el único precio que maximiza beneficios es aquel dado por la regla de la elasticidad.

¿Y si $-1 < \varepsilon < 0$? Aplicando la regla de la elasticidad $p = CM/(1 + \frac{1}{\varepsilon})$, obtenemos un valor negativo de p, lo cual no tiene mucho sentido. ¿Cómo puede una empresa maximizar beneficio poniendo un precio negativo? Pensemos en el razonamiento económico existente detrás de este resultado. Si ε es menor que 1 en valor absoluto, entonces un aumento en el precio genera un aumento en el ingreso (como hemos visto en el capítulo 2: el descenso en la cantidad es muy pequeño comparado con el aumento en el precio). Dado que el aumento en el precio implica un descenso en la cantidad (por pequeño que sea), también implica una disminución en el coste (ya que el coste total aumenta con la cantidad producida). Entonces podemos concluir que, si ε es menor que 1 en valor absoluto, entonces un aumento en precio conlleva un aumento en ingreso y una disminución en coste, por lo que genera un aumento en beneficio. Se deduce entonces que, cuando $-1 < \varepsilon < 0$, es óptimo para el vendedor aumentar el precio.

En la práctica, observamos bienes con una elasticidad precio de demanda baja (véase capítulo 2 para ejemplos concretos). ¿Implica esto una violación de la regla de la elasticidad? Quizás sí, quizás no. Consideremos por ejemplo ConEdison, la compañía eléctrica que abastece a la ciudad de Nueva York. La demanda del consumidor de electricidad es inelástica, o sea, $-1 < \varepsilon < 0$; aun así, ConEdison no aumenta el precio como sugiere la regla de la elasticidad. La razón no es que ConEdison no quiera aumentar su precio, sino que más bien la regulación existente no le deja hacerlo.

Consideremos ahora el caso de la leche vendida en Manhattan. Como vimos en el capítulo 2, este es otro ejemplo de un bien con una demanda inelástica. Si no existe regulación de precios como se da en el caso de la electricidad, ¿por qué no es el precio de la leche más alto? Esta vez la razón es que, aunque la elasticidad del precio de mercado es menor que 1 (en valor absoluto), la elasticidad de la demanda de cada vendedor es bastante mayor que 1 (en valor absoluto). De hecho, en la medida en que la leche es un producto relativamente homogéneo, un pequeño cambio en el precio de un vendedor reduciría su demanda a cero.

Finalmente, si la demanda del mercado de la leche es inelástica, uno se puede preguntar por qué los vendedores de leche no aumentan el precio conjuntamente (para que los compradores no tengan alternativa más que comprar la misma cantidad de leche a un precio más alto). Esta vez la razón es que tal acuerdo sería ilegal, como veremos en el capítulo 9.

Ejemplo numérico. Todos los caminos llevan a Roma, dice el viejo dicho.[e] En este contexto, esto significa que hay diferentes caminos para alcanzar la solución óptima. Volvamos al ejemplo de los precios de helados y además tengamos la certeza de que esto es verdad. Si tratamos de ajustar una línea recta a los valores de demanda en el cuadro 3.1, obtenemos la curva de demanda $q = 20 - 2p$. En términos de notación en la página 76, esta curva corresponde a $a = 20$ y $b = 2$. Además, el coste marginal es igual a c, lo que en el ejemplo de los helados se convierte en $c = 3$. ¿Cuál es el precio óptimo? En el caso de la curva de demanda, vimos que:

$$p^* = \frac{a + bc}{2b}$$

lo que en este caso se convierte en $p = (20 + 2 \times 3)/(2 \times 2) = 6{,}5$, como hemos derivado antes. La cantidad, a su vez, viene dada por $q = 20 - 2p = 7$.

¿Y la regla de la elasticidad? Primero debemos recordar que, *en el precio óptimo*, la elasticidad es:

$$\varepsilon = \frac{dq}{dp}\frac{p}{q} = -b\frac{p}{q} = -2\frac{6{,}5}{7} = -\frac{13}{7}$$

---

[e] De hecho, el dicho original parece ser «Mille viae ducunt homines Romam per saecula» (Un millar de carreteras conducen a la gente para siempre a Roma).

CAJA 3.1 Roundup de Monsanto.[2] El mejor producto de Monsanto, Roundup, es el nombre de marca de glifosato, un herbicida químico desarrollado y patentado por la empresa en la década de 1970. Roundup es conocido como un herbicida no selectivo, lo que significa que mata a la gran mayoría de las plantas. A finales de los noventa, se convirtió en el producto químico agrícola mejor vendido de todos los tiempos y en un producto de enorme rentabilidad para Monsanto.

El éxito se debió a varios factores. Uno fue la estrategia de reducir su precio en los EE. UU., donde la protección de las patentes le daba condición de monopolio hasta septiembre del año 2000. (Los precios eran más bajos fuera de los EE. UU., donde las patentes caducaban antes: véase el gráfico de abajo, donde U quiere decir EE. UU. y O quiere decir otros países.) Entre 1995 y 2000, Monsanto redujo el precio una media del 9 % al año. Cuando el volumen de ventas aumentó una media del 22 % por año, el ingreso y el beneficio aumentaron dramáticamente. Los herbicidas de glifosato de Monsanto le dieron cerca de $2,4 mil millones en ventas netas en el año 2001, casi la mitad del total de las ventas de la compañía.

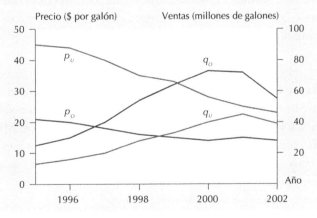

Además, al precio óptimo, el margen viene dado por

$$m = \frac{p - CM}{p} = \frac{6,5 - 3}{6,5} = \frac{3,5}{6,5} = \frac{7}{13}$$

¡Bingo! Como era esperado, confirmamos que $m = 1/(-\varepsilon)$.

■ **Márgenes de beneficio.** Con frecuencia, en lugar de márgenes de precios, los datos e información de precios suelen presentarse en términos de márgenes porcentuales. El **margen** porcentual es:

$$k = \frac{p - CM}{CM}$$

¿Qué dice la regla de la elasticidad al respecto de los márgenes? Nótese que:

$$\frac{k}{1+k} = \frac{\dfrac{p-CM}{CM}}{1 + \dfrac{p-CM}{CM}} = \frac{p-CM}{p} = m$$

Por lo tanto, la regla de la elasticidad se puede reescribir como:

$$\frac{k}{1+k} = \frac{1}{-\varepsilon}$$

o alternativamente,

$$k = \frac{1}{-\varepsilon - 1}$$

(Comprueba este resultado.) Como antes, esta fórmula deja claro que, cuando $|\varepsilon| < 1$, la regla de la elasticidad no se cumple: es siempre óptimo dejar que el vendedor suba el precio si $|\varepsilon| < 1$.

La demanda log-lineal. Consideremos un problema parecido con una curva de demanda log-lineal. Este tipo de curva de demanda es matemáticamente hablando más fea, pero es más fácil de tratar porque tiene una elasticidad precio de demanda constante. Además, en la práctica resulta en una mejor aproximación a los datos que la curva de demanda lineal que usamos tan a menudo en nuestros ejemplos.

Digamos que la función inversa de demanda es

$log\, p = log\, \alpha + \beta\, log\, q$

o

$p = \alpha q^{\beta}$

La elasticidad precio de la demanda es $\varepsilon = \frac{1}{\beta}$. Si el coste marginal es una constante c, entonces el beneficio es:

$\pi(q) = pq - cq = \alpha q^{\beta+1} - cq$

Para encontrar la cantidad óptima solucionamos:

$\dfrac{d\pi(q)}{dq} = (\beta + 1)\alpha q^{\beta} - c = 0$

Si recordamos que $\alpha q^{\beta} = p$, podemos llegar a la expresión

$$p \left(1 + \frac{1}{\varepsilon} \right) = c$$

que es equivalente a la regla de la elasticidad.

■ **Fijación de precios de varios productos.** La gran mayoría de las empresas tienen más de un producto –algunas, como P&G o Unilever, venden mucho más que un producto. Si las demandas de los varios productos son independientes, entonces el análisis anterior es aplicable a cada uno de esos productos independientemente. Sin embargo, si las demandas están interrelacionadas, entonces los precios óptimos tendrán en cuenta cómo el precio de un producto influencia la demanda de los otros productos. Por ejemplo, Philip Morris vende cigarrillos Marlboro y Cambridge; Gillette vende navajas y maquinillas de afeitar; los supermercados Gristedes venden un montón de productos. ¿Qué tipo de patrón de precios esperarías encontrar en cada uno de estos ejemplos?

Un fenómeno relacionado es la fijación dinámica de precios. La demanda de películas, CD, libros y productos parecidos se basa mayoritariamente en el dinamismo de la reputación boca-a-boca. Como Sony aprendió en su momento, la demanda de aparatos de vídeo depende de la dinámica de adopción de estándares (que veremos en el capítulo 16).

La adicción puede ser también un importante factor dinámico de la demanda. Seguramente estás pensando en drogas, pero la verdad es que hay muchísimos otros casos y contextos donde la formación de hábitos juega un papel importante. ¿Cuáles son las principales implicaciones de estos factores dinámicos de demanda para la fijación de precios óptimos?

Un caso especialmente interesante de demanda dinámica es el de los bienes duraderos, bienes para los cuales los consumidores disfrutan de flexibilidad a la hora de comprarlos: mientras que yo necesito comprar mi almuerzo todos los días, puedo cambiar mi coche ahora o el año que viene. Los bienes duraderos tienen bienes sustitutivos intertemporales: si compro un coche hoy, mi demanda de coches el año que viene es menor (casi cero). Hablaremos más de este tema en el capítulo 6.

3.3 ¿Las empresas maximizan beneficios?[3]

Una de las características principales de la perspectiva de la «caja negra» de la empresa es que las empresas maximizan beneficios. ¿Cómo de realista es este supuesto? En la gran mayoría de las compañías modernas, la gestión está separada de la propiedad de la empresa; es decir, los beneficiarios de las ganancias de la empresa (propietarios) no son los agentes que toman las decisiones que acaban determinando los beneficios de la empresa (gerentes y directivos). Aunque esperamos que los gerentes estén motivados por el éxito de la empresa, los beneficios de una empresa son solo una dimensión del éxito de una empresa. En general, los objetivos de los gerentes son distintos de los intereses de los accionistas y propietarios. ¿Significa esto que el supuesto de maximización de beneficios es erróneo?

■ **Disciplina interna.** Aun reconociendo la diferencia en sus objetivos, lo que los accionistas pueden hacer es nombrar un gerente con un contrato que persuada al gerente a actuar en beneficio propio. Sin embargo, muchas compañías tienen muchos accionistas y propietarios. Esto rebaja considerablemente los incentivos de los accionistas para actuar: el esfuerzo necesario para dirigir adecuadamente a los gerentes es muy alto comparado con el beneficio que un accionista menor ganaría con la mejora de la gestión.[f,4]

Se supone que los consejos administrativos deben solucionar, o al menos atenuar, este problema. El consejo administrativo tiene el poder de nombrar directivos, despedirlos, fijar sus salarios, y cambiarlos si lo creen necesario; y hacer todo esto siempre por el bien y en el interés de los accionistas. Pero de la misma manera que los gerentes y directivos no tienen necesariamente los mismos objetivos que los accionistas, los consejos de administración también pueden tener otros objetivos aparte de maximizar beneficios para el accionista. De hecho, la evidencia anecdótica nos sugiere que los consejos de administración casi nunca son independientes y además a menudo defienden los intereses del CEO en detrimento de los intereses de los accionistas.

Aun cuando los accionistas pueden y quieren supervisar a los gerentes, existe el problema de que los gerentes normalmente saben mejor que los accionistas lo que es mejor para la empresa. Dicho de otra forma, hay un problema de información asimétrica. La **teoría de la agencia** es el área de la economía que estudia este tipo de interacción estratégica; es decir, un principal quiere que un agente actúe a favor del interés del principal, pero tiene menos información que el agente.

Un resultado central de la teoría de la agencia es que si el agente –el gerente, en este caso– es indiferente al riesgo, entonces la solución óptima es que el gerente pague a los accionistas una cuota inicial y entonces retenga todos los beneficios:

---

[f] Este argumento sugiere que la supervisión por parte de los accionistas es más frecuente cuando la propiedad de la empresa está más concentrada. Sin embargo, la evidencia anecdótica existente sugiere que los bancos alemanes, que poseen participaciones importantes en otras empresas, no supervisan a sus CEO de ninguna forma significativa. La evidencia en la industria bancaria de los EE.UU. también sugiere que la concentración de accionistas tiene un efecto insignificante.

una compra de la empresa por sus directivos.[g] Dicho de otro modo, la solución óptima es que la gestión y la propiedad estén unidas. Bajo esta solución, las decisiones del gerente serán óptimas desde el punto de vista del propietario –un punto trivial.

La razón por la cual observamos separación de gestión y propiedad es que los gerentes están restringidos por sus propias restricciones presupuestarias y financieras; y, lo que es más importante, los gerentes son aversos al riesgo. El contrato óptimo entre accionistas y gerentes es por lo tanto uno que equilibra los beneficios de asegurar al gerente por su toma de riesgo, por un lado, y los beneficios de dar al gerente los incentivos apropiados, por el otro lado. En un extremo, tenemos la solución definida arriba (los accionistas venden la empresa al gerente), lo que significa máximo riesgo y máximos incentivos. En el extremo opuesto, tenemos un salario fijo, lo que implica riesgo mínimo y mínimos incentivos.

Desde un punto de vista teórico, el contrato óptimo –el equilibrio óptimo entre riesgo e incentivos– es habitualmente muy complicado. Además, la solución depende en gran medida de los supuestos específicos que reflejan el contexto en el que la empresa opera. Por estas razones, no es sorprendente que los contratos en realidad acostumbran a ser sencillos: normalmente una combinación de salario fijo y una compensación proporcional al beneficio (por ejemplo, opciones de acciones). Este tipo de contratos atenúan el problema de agencia de la separación entre propiedad y gestión, pero claramente no lo solucionan completamente.

■ **La disciplina del mercado laboral.** Aun cuando los accionistas son incapaces de «castigar» al gerente por bajo rendimiento, el gerente no puede evitar la reputación negativa que viene con un bajo rendimiento. Dado que los gerentes no permanecen en la misma empresa para siempre, están interesados en crearse una reputación de buen gerente. Este efecto de la reputación puede ayudar a proporcionar a los gerentes los incentivos apropiados.

■ **La disciplina del mercado del producto final.** La competencia en el mercado del producto final también puede contribuir a alinear los objetivos de los gerentes y de los accionistas. La idea es que, cuando la competencia de mercado es intensa, las empresas no pueden sobrevivir a menos que maximicen beneficios. Bajo competencia intensa, si el gerente no busca activamente maximizar beneficios, la

---

[g] Se dice que un agente es neutral o indiferente al riesgo si el gerente es indiferente entre recibir 100 con certeza o recibir 0 o 200 con una probabilidad del 50 % cada uno. Con frecuencia, a un agente neutral al riesgo solo le importa el valor esperado de cada resultado. En cambio, un agente averso al riesgo prefiere un resultado seguro por encima de un resultado de valor esperado más alto, pero con mayor riesgo. Si continuamos con el mismo ejemplo, un agente averso al riesgo preferiría 100 con certeza a la apuesta entre 0-o-200.

probabilidad de que la empresa quiebre y cierre –y de que el gerente pierda su trabajo– es alta. Por lo tanto, esperaríamos que el gerente se esfuerce más para maximizar beneficios en situaciones donde la competencia de mercado es más dura.[h]

Una segunda razón por la cual la competencia de mercado puede aumentar los incentivos de maximización de beneficios es que los competidores proporcionan señales e indicios muy útiles sobre la productividad de la empresa. Dicho de otro modo, los competidores reducen la desventaja de información de los accionistas respecto al gerente. En una situación de monopolio, un gerente siempre puede culpar su bajo rendimiento a varios factores exógenos de la industria. Tal estrategia es menos efectiva cuando hay competidores y estos muestran un buen rendimiento.

■ **La disciplina del mercado de capitales.** Uno de los argumentos más convincentes en favor del supuesto de la maximización de beneficios es el papel jugado por los mercados de capitales, principalmente el papel de las fusiones y adquisiciones. La idea es bien simple: si un gerente no maximiza beneficios, el valor de su empresa es menor que su valor potencial. En ese caso, un **intruso** podría adquirir la compañía, cambiar el equipo directivo y la gestión para maximizar beneficios, y así generar ganancias de capital.[i] Nótese que, para que se dé el efecto disciplinario de las adquisiciones, no necesitamos que las adquisiciones sucedan –es suficiente con que exista la *amenaza* de la adquisición.

En resumen,

> **Aunque la gestión y la propiedad estén normalmente separadas, hay razones para creer que desviaciones de la maximización de beneficios no pueden ser demasiado importantes. Estas razones incluyen contratos de incentivos para los gerentes, la disciplina del mercado laboral, la disciplina del mercado del producto final y la disciplina del mercado de capitales.**

---

[h] El Ejercicio 3.19 formaliza esta intuición.

[i] Este argumento recibe muchas críticas. Si un intruso puede cambiar la gestión para mejorar los beneficios, ¿por qué los accionistas no pueden hacer lo mismo? Una respuesta puede que sea que el intruso posee información que los accionistas no tengan: por ejemplo, el intruso puede ser una empresa de la misma industria o una industria relacionada. Pero si ese es el caso, ¿entonces por qué un accionista cualquiera vendería sus acciones a este intruso? Seguramente, si el intruso va a cambiar la gestión y a aumentar los beneficios y el valor de la empresa, la estrategia óptima del accionista es no vender sus acciones.

El significado preciso de «no demasiado importantes», es decir, la medida en que la maximización de beneficios es una buena aproximación, es todavía una pregunta empírica sin resolver.

3.4 ¿Qué determina los límites de una empresa?

¿Por qué las empresas tienen el tamaño que tienen? ¿Por qué no son más pequeñas o más grandes? ¿Qué dice el análisis económico acerca del tamaño de una empresa? Es útil dividir esta pregunta en dos partes: (a) qué determina la extensión horizontal de la empresa y (b) qué determina el grado de integración vertical. Por extensión horizontal quiero decir qué cantidad produce una empresa de un producto dado y cuántos productos diferentes produce. Por integración vertical quiero decir cuántas etapas del proceso de producción toman parte dentro de la empresa. Así, por ejemplo, al adquirir Skoda, SEAT y Bentley, Volkswagen aumentó su alcance horizontal. Volkswagen aumentaría el grado de integración vertical si adquiriera un fabricante de neumáticos, por ejemplo (neumáticos siendo uno de los insumos en la producción de un coche).

El tamaño horizontal de la empresa viene determinado en gran parte por sus costes. Si el coste medio tiene forma de U (véase la figura 3.3) y hay entrada libre de empresas, entonces las empresas tenderán a producir al nivel donde el coste medio es minimizado (sección 4.1). Por ejemplo, hay un tamaño óptimo de una planta de cemento que minimiza coste. Las plantas de tamaño mucho menor o de tamaño mucho mayor probablemente incurrirían en un coste medio más alto y serían incapaces de sobrevivir por mucho tiempo. Sin embargo, la evidencia empírica sugiere funciones de coste medio con forma de U con un fondo plano (es decir, con forma de «sartén»). Esto quiere decir que hay un intervalo de niveles de producción que alcanzan el coste medio mínimo. Dicho de otro modo, los costes no nos permiten exactamente determinar el tamaño óptimo de la empresa.

El problema se complica si consideramos la diferencia entre planta y empresa. Los costes de producción están relacionados con las operaciones de una planta. Supongamos que hay un único nivel óptimo de producción que minimiza los costes medios de la planta y que una empresa dada tiene dos plantas. Es posible que el coste medio de la empresa sea similar al coste medio de una empresa con una sola planta. Si es así, entonces las empresas con múltiples plantas crean una dimensión nueva de indeterminación del tamaño de la empresa. Esta indeterminación se puede resolver si consideramos los costes de gestión: grandes conglomerados podrían ser simplemente demasiado grandes para ser gestionados eficientemente. Esto nos lleva de vuelta a la idea de las curvas de coste con forma de U, con la diferencia de que la variable independiente es ahora el número de plantas y no el nivel de producción.

■ **Las fronteras verticales de la empresa.**[5] Quizás una pregunta más interesante sobre las fronteras de la empresa es: ¿por qué observamos tanta integración vertical en algunas industrias y tan poca en otras? Una de las decisiones más importantes que una empresa debe tomar es la de cómo obtener sus insumos: hacerlos o comprarlos. Dicho de otro modo, usar el mercado (separación vertical) o usar la empresa (integración vertical). El grado de integración vertical en una industria dada resulta de la agregación de estas microdecisiones en cada etapa del proceso de producción. Entender la naturaleza de la decisión de hacer-o-comprar contribuye al entendimiento de la naturaleza de la empresa, así como de uno de los determinantes de la estructura de la industria.

Consideremos el ejemplo de la industria del carbón en EE. UU. Cerca del 80 % del carbón se usa para la generación de electricidad. Dado que los costes de transporte de la mina a la planta de generación de potencia son altos, vale la pena ubicar las plantas cerca de las minas de carbón. Consideremos la decisión de construir una planta eléctrica cerca de una mina de carbón. Dado que no hay otras fuentes de carbón cerca, llamaremos a tal tipo de inversión un **activo específico**: la planta eléctrica valdría mucho menos si no estuviera cerca de una fuente de oferta particular. Por esta razón, si el dueño de la planta eléctrica es distinto del dueño de la mina, la relación entre el comprador y el vendedor estará sujeta a un **problema de cautividad**: una vez el comprador paga por el activo que es específico de esa relación particular, el vendedor puede fijar un precio más alto. Una posible solución a este problema es la integración vertical. En los EE. UU., las plantas eléctricas cerca de la boca de la mina y sus respectivas minas de carbón suelen pertenecer a la misma entidad; y cuando no es así, la relación contractual entre el vendedor y el comprador está típicamente cubierta por un contrato de larga duración.[6]

Pero la integración vertical no soluciona todos los problemas de incentivos. Si compro de un proveedor independiente, ese proveedor tiene incentivos muy fuertes para rendir al mejor nivel: sabe que si no rinde al nivel esperado eso conllevará un cambio de proveedor. Si compro al proveedor externo y lo hago parte de mi organización, ese proveedor (anteriormente externo, interno en la actualidad) ahora tiene incentivos más débiles, porque la amenaza de cambiar de proveedor es ahora menos probable que suceda.

Ambos extremos de la integración vertical completa y la separación vertical completa presentan problemas de incentivos. Algunas veces, la solución óptima se encuentra entre los extremos. Una posibilidad es la de **integración ajustada**, donde un insumo dado se compra de un proveedor afiliado *y* de un proveedor independiente. Ejemplos de integración ajustada incluyen el embotellamiento de refrescos para las compañías Coca-Cola y Pepsi-Cola; y las refinerías de petróleo crudo. Un segundo sistema intermedio es el de las **franquicias**, un sistema que se usa en una variedad de industrias, como la de la comida rápida (por ejemplo, McDonald's) o de la ropa de diseño (por ejemplo, Stefanel). Las franquicias combinan los beneficios de la integración vertical (la compañía madre paga las inversiones específicas) con los beneficios de la separación vertical (los franquiciados retienen la mayoría del beneficio que generan, y por lo tanto tienen grandes incentivos para ser eficientes). Finalmente, el sistema japonés de contratación de proveedores también se corresponde con un sistema intermedio: la empresa y sus proveedores establecen una relación informal de largo plazo que se parece a la integración vertical completa pero que permite ofrecer a los proveedores los incentivos óptimos para invertir en activos específicos de las relaciones con sus clientes.

Dicho de otro modo, la definición de las fronteras de la empresa queda lejos de ser un problema bien definido con una solución bien definida. Consideremos, por ejemplo, los *keiretsu* japoneses, es decir, una familia de empresas, típicamente de industrias relacionadas, con bolsas de acciones las unas de las otras. ¿Deberíamos considerar a un keiretsu como una empresa en sí misma? Seguramente no –pero tampoco es un grupo de empresas independientes. Además, no es poco común encontrar dos empresas parecidas que se diferencian de forma significativa en su organización. Por ejemplo, el fabricante de ropa italiano Benetton depende en gran parte del sistema de franquicias para sus ventas al por menor, mientras que el rival español Zara está verticalmente integrado por completo. Ejemplos como estos sugieren que hay otros determinantes de la estructura de una empresa que hacen que algunas empresas escojan una organización distinta de las otras.

Mientras que los problemas de la organización de la empresa son muy complejos, tanto en la teoría como en la práctica, parece suficientemente seguro resumir que:

> **Las fronteras horizontales de la empresa vienen determinadas en gran medida por consideraciones de costes (incluso los costes de gestión). Las fronteras verticales resultan del equilibrio entre incentivos de inversiones (activos específicos) e incentivos de rendimiento.**

3.5 ¿Por qué las empresas son diferentes las unas de las otras?

Una simple mirada al mundo real nos enseña que las empresas difieren las unas de las otras: son diferentes en tamaño, diferentes en alcance, y así sucesivamente.

En particular, observamos que el rendimiento empresarial (es decir, la tasa de beneficio) varía mucho de empresa a empresa. Esto no es muy sorprendente si tenemos en cuenta que las empresas varían en tamaño o pertenecen a diferentes industrias. ¿Por qué deberíamos esperar que Boeing sea igual de beneficiosa que una cafetería?

Sin embargo, la más simple observación empírica sugiere que empresas distintas en una misma industria y de tamaño similar tienen rendimientos muy diferentes. Solo el 20 % de la varianza en la tasa de beneficios por empresa se puede explicar mediante variables relacionadas con el tamaño de las empresas, la industria donde cada empresa opera y otras variables similares.[7] Además, diferencias en el rendimiento empresarial acostumbran a persistir. Si consideramos un grupo de empresas que tengan 20 o más años, notaremos que las empresas con más beneficios hoy día eran, en promedio, más beneficiosas hace veinte años.[8]

¿Cuál es la fuente del 80 % de varianza en rendimiento empresarial que queda por explicar? ¿Por qué algunas empresas mantienen una **ventaja competitiva sostenible**? Puede ser útil considerar una analogía con las carreras de coches, y en específico, con la Fórmula Uno. Queda muy claro que hay grandes diferencias entre varios equipos dentro de la Fórmula Uno y que estas diferencias persisten de carrera a carrera. Una explicación obvia es que no todos los conductores tienen la misma habilidad al conducir. Para que el equipo Sauber iguale el rendimiento del equipo Mercedes, el primero necesitaría reclutar un piloto como Sebastian Vettel (que actualmente corre para Mercedes). Pero este tipo de conductores son escasos y difíciles de encontrar. Del mismo modo, en el mundo de los negocios, hay **barreras a la imitación** que permiten a algunas empresas rendir a niveles más altos que otras de forma persistente.[9] Un límite obvio a la imitación viene dado por restricciones legales. A finales de la década de 1960 y principios de la de 1970, Xerox dominaba la industria de la fotocopiadora gracias a su patente de fotocopiado en papel normal. Cuando Xerox empezó a vender licencias para usar su tecnología, las diferencias en rendimiento empresarial con respecto a sus competidores disminuyeron considerablemente (véase el capítulo 15).

Si Sauber no puede encontrar a otro Sebastian Vettel, debería al menos tratar de imitar las mejores características del coche de Mercedes (que parece ser más rápido que el coche de Sauber, aun teniendo la misma habilidad de conducción). La gran mayoría de las características de los coches de Fórmula Uno no están patentadas. Sin embargo, hay muchas otras dimensiones que son distintas entre un coche Mercedes y un coche Sauber que hacen difícil de entender cuál de ellas es realmente responsable del mejor rendimiento de Mercedes. Algo similar ocurre en empresas y organizaciones. Durante muchos años, el sistema de contratación de Toyota fue considerado claramente superior al de sus rivales. No obstante, el sistema estaba compuesto de tantas diferentes dimensiones que realmente era difícil copiar los factores responsables de su éxito. En general, el problema es aún más serio: la mayoría de las características de cualquier organización son *conocimientos tácitos*, aptitudes desarrolladas con la experiencia y raramente escritas en papel; aptitudes difíciles de expresar formalmente como lo son un algoritmo o un conjunto de reglas y normas. Incluso si uno de los competidores de Toyota quisiera reclutar algunos de los empleados y gerentes clave en Toyota, estas personas experimentarían serias dificultades al comunicar sus conocimientos en su nueva organización, y más aún a la hora de llevarlas a cabo. En vocabulario de estrategia, decimos que este es un caso de **ambigüedad causal**.[10]

Finalmente, aun cuando el tándem coche y conductor en Mercedes es más lento que el de los competidores, el equipo Mercedes suele resultar vencedor. En estos casos, el éxito se debe en gran parte a la **estrategia**. Decisiones tácticas o estratégicas son aquellas como parar una o más veces durante una carrera, cuándo parar, qué tipo de neumáticos usar, etc. –y cómo reaccionar a las decisiones de los equipos rivales. En un contexto empresarial, hay muchas dimensiones en las cuales la estrategia puede tener un impacto duradero en el rendimiento y beneficios de una empresa: cuándo empezar tu negocio, ampliación de capacidad, fusiones y adquisiciones, progreso tecnológico, contratos especiales con clientes y proveedores, sin llegar a mencionar fijación de precios y la publicidad.

De las varias fuentes de ventaja competitiva nombradas anteriormente, la estrategia es en la que nos centraremos en los capítulos siguientes. Esto no quiere decir que otras no sean importantes. De hecho, podemos afirmar que la **cultura** de una empresa –un concepto general que incluye conocimientos tácitos y otras dimensiones que son difíciles de imitar– es una fuente igualmente importante de ventaja competitiva. Sin embargo, el enfoque de la organización industrial es en la competencia entre empresas, y no tanto la manera como las empresas se organizan internamente.

Una fuente relacionada de heterogeneidad entre empresas es la calidad de su gestión. La evidencia empírica sugiere que (a) la calidad de gestión está positivamente correlacionada con el rendimiento empresarial («la gestión empresarial es importante»); y (b) la calidad de gestión varía considerablemente entre empresas. Un estudio reciente en entrevistas a miles de empresas en el mundo ha medido la calidad de gestión promediando una serie de medidas relacionadas con logística, inventarios, evaluación del rendimiento, etc.[11]

La figura 3.5 muestra la distribución de los valores para EE. UU. e India. Lo primero que debemos apreciar es la diferencia entre EE. UU. e India. La medida media de los EE. UU., μ_{US}, es claramente superior a 3, mientras que el promedio para la India, μ_I, está por debajo de 3. Sin embargo, es igualmente interesante la varianza en calidad de gestión dentro de los EE. UU. y dentro de la India. Algunas de las empresas mejor gestionadas en India están muy bien gestionadas: cerca del

16 % están mejor gestionadas que la empresa media en EE. UU. En cambio, muy pocas empresas en EE. UU. tienen un nivel de calidad menor que 2, mientras que cerca del 20 % de empresas indias puntúan por debajo de este umbral.

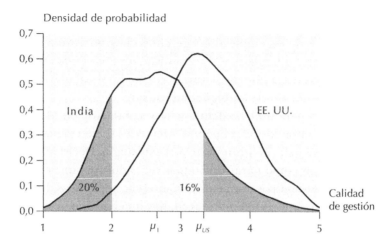

Figura 3.5. Calidad de gestión en la India y los EE. UU.

El párrafo anterior aborda el punto (b), es decir, la idea de que la calidad de gestión varía considerablemente entre empresas. No soluciona el punto (a), o sea, la idea de que la gestión es importante. Para investigar este segundo punto, uno debería correr una regresión entre rendimiento empresarial (por ejemplo, productividad total de factores, como la hemos definido en la sección 3.1), y la medida de calidad de gestión. Tal regresión nos proporciona una correlación fuerte y estadísticamente significativa. Este hallazgo es consistente con la premisa de que la calidad de gestión afecta al rendimiento empresarial; sin embargo, no implica que exista una relación causal entre ambas variables. La mejor manera de comprobar la relación de causalidad es mediante un **experimento de campo**. Un experimento de tales características es aquel que separó empresas en la industrial textil en India en dos grupos distintos; y ofreció a uno de los grupos (grupo de tratamiento) servicios de consultoría de Anderson Consulting. Como resultado de estos servicios de consultoría, el grupo de tratamiento implementó importantes cambios en sus prácticas de gestión, generando un aumento en la calidad de gestión; además, estas empresas mostraron mejoría en su productividad (por ejemplo, una disminución sustancial en el número de productos defectuosos).

Junto con todos los factores mencionados anteriormente, uno debe enfatizar la importancia de la **historia** a la hora de determinar el rendimiento empresarial –y la persistencia en las diferencias en rendimiento empresarial. Consideremos el ejemplo de la competencia en el mercado de aviones comerciales en la década de 1970.

Los tres competidores principales eran Boeing (B747), McDonnell Douglas (DC10) y Lockheed (L1011). Un factor a destacar en la competencia en esta industria es la existencia de una **curva de aprendizaje** empinada: cuantos más aviones una empresa produce, menor es el coste de producción de un avión. Lo importante entonces es progresar hacia abajo en la curva de aprendizaje lo más rápido posible.

Al principio, los tres competidores mantenían aproximadamente las mismas cuotas de mercado. Pero a principios de la década de 1970, el proveedor del motor principal de Lockheed, Rolls-Royce, empezó a experimentar una serie de dificultades técnicas y financieras. Esto ralentizó la producción de Lockheed y la velocidad con la que abarataba sus costes de producción mediante su curva de aprendizaje. Cuando Lockheed trató de alcanzar a los otros competidores, más tarde en los años setenta, era demasiado tarde, ya que sus competidores eran demasiado competitivos. McDonnell Douglas no tuvo mucha mejor suerte. Una serie de accidentes en 1980 rebajó considerablemente la confianza del consumidor en los DC10. Mirando atrás, esto fue sencillamente una coincidencia, y no el resultado de un problema fundamental con el diseño de los DC10. Pero de nuevo, una vez McDonnell Douglas intentó volver a competir con los demás era demasiado tarde: Boeing había alcanzado una eficiencia de costes superior y disfrutaba de una ventaja competitiva sostenible respecto a sus rivales.[j]

Este es un ejemplo donde hechos históricos (los problemas de Rolls-Royce al principio de los setenta, los accidentes de los DC10 en 1980) tuvieron un efecto que duró más allá del tiempo cuando ocurrieron. En particular, estos son eventos que, junto con el fenómeno de la curva de aprendizaje, han causado una asimetría persistente en el rendimiento empresarial entre Boeing y sus rivales. Otros ejemplos existen, con factores importantes como externalidades de red (véase la Caja 16.3), costes de cambio del consumidor, y así sucesivamente. El punto es que algunas veces, en lugar de insistir en una teoría general de la heterogeneidad entre empresas, debemos aceptar simplemente la importancia de la historia en dar forma a una industria y las empresas que la componen.

Continuamos esta discusión en la sección 10.1. Por ahora concluimos con un resumen de los principales puntos de arriba:

> **El rendimiento empresarial varía mucho. Las empresas difieren entre ellas debido a barreras a la imitación, ambigüedad causal, estrategia empresarial, calidad de gestión o eventos históricos.**

---

[j] Eventualmente, Lockheed dejó el mercado de la aviación civil. McDonnell Douglas, a su vez, fue adquirida más tarde por Boeing. Mientras tanto, Airbus apareció en escena, desafiando el dominio de Boeing.

Sumario

- Reflejando la ley del producto marginal decreciente, las isocuantas son curvas convexas; cuanto más complementarios son dos insumos, más convexas son las correspondientes curvas isocuantas.
- El coste marginal es el concepto de coste apropiado para decidir cuánto se produce, mientras que el coste medio es el concepto de coste apropiado para decidir si se produce algo en absoluto.
- La cantidad que maximiza beneficios es tal que el ingreso marginal es igual al coste marginal.
- Cuanto más baja es la elasticidad precio de la demanda (en valor absoluto), más alto es el margen precio-coste que la empresa debería fijar.
- Aunque la gestión y la propiedad estén normalmente separadas, hay razones para creer que desviaciones de la maximización de beneficios no pueden ser demasiado importantes. Estas razones incluyen contratos de incentivos para los gerentes, la disciplina del mercado laboral, la disciplina del mercado del producto final y la disciplina del mercado de capitales.
- Las fronteras horizontales de la empresa vienen determinadas en gran medida por consideraciones de costes (incluso los costes de gestión). Las fronteras verticales resultan del equilibrio entre incentivos de inversiones (activos específicos) e incentivos de rendimiento.
- El rendimiento empresarial varía mucho. Las empresas difieren entre ellas debido a barreras a la imitación, ambigüedad causal, estrategia empresarial, calidad de gestión o eventos históricos.

Conceptos clave

- función de producción
- isocuanta
- complementos perfectos
- sustitutivos perfectos
- función de producción Cobb-Douglas
- productividad marginal decreciente
- productividad
- productividad total de factores
- función de costes
- coste fijo
- coste variable
- coste total
- coste medio
- coste marginal
- función de oferta
- ingreso incremental
- precio óptimo
- ingreso marginal
- regla de la elasticidad
- índice de Lerner
- margen
- teoría de la agencia

- intruso
- activos específicos
- problema de cautividad
- integración ajustada
- franquicia
- ventaja competitiva sostenible
- barreras a la imitación

- ambigüedad causal
- estrategia
- cultura
- experimento de campo
- historia
- curva de aprendizaje

Ejercicios de práctica

■ **3.1 La fábrica de DRAM.** Eres propietario y gerente de una fábrica en Taiwán que fabrica chips de memoria de acceso aleatorio dinámico (DRAM) de 64 *megabytes* para ordenadores personales (PC). Hace un año tu empresa adquirió el terreno para estas instalaciones por un precio de $2 millones, y ha usado $3 millones de tu propio dinero para financiar la fábrica y el equipamiento necesario para la fabricación de los DRAM. La fábrica tiene una capacidad (máxima de producción) de 10 millones de chips por año. El coste de tus fondos financieros es 10 % por año tanto al ahorrar como pedir prestado. Podrías vender el terreno, la planta y el equipamiento hoy por $8 millones; se estima que el valor del terreno, la planta y la maquinaria subirá un 6 % en el próximo año. (Toma un año como el intervalo de tiempo de planificación en este ejercicio.)

Además del coste del terreno, la planta y la maquinaria, incurres en gastos operativos asociados a la producción de DRAM, como electricidad, trabajo, materiales e insumos, y empaquetamiento. El pasado te dice que estos costes son $4 por chip, sin importar el número de chips producidos cada año. Además, la producción de DRAM te ocasionará el gasto de costes fijos de $500k por año de seguridad, gastos legales y servicios públicos.

a) ¿Cuál es tu función de costes, $C(q)$, donde q es el número de chips producidos durante el año?

Supongamos ahora que puedes vender tantos chips como quieras al precio de mercado de los chips p.

b) ¿Cuál es el precio mínimo, p, al cual la producción de DRAM sería beneficiosa el próximo año?

■ **3.2 mp34u.** La empresa Music Ventures vende un aparato de MP3 muy popular, el mp34u. La empresa vende en la actualidad un millón de unidades a un precio de $100 por unidad. El coste marginal se estima constante a $40, mientras que el coste medio (al nivel de producción de 1 millón de unidades) es $90. La empresa estima que la elasticidad de demanda (a su actual precio) es aproximadamente –2. ¿Debería la empresa subir, bajar o dejar su precio como está? Explica tu respuesta.

■ **3.3. Los pantalones tejanos KindOfBlue.** Hace dos años, los pantalones vaqueros KindOfBlue vendieron 121.000 unidades a un precio de $72. El año pasado, el precio disminuyó a $68 y las ventas aumentaron a 132.000.

   a) Calcula el valor de la elasticidad precio de la demanda.
   b) Basándote en tu estimación de la elasticidad de la demanda, ¿cuántas unidades esperarías vender si el precio disminuyera por $1 más?
   c) Para aumentar los *beneficios*, ¿debería bajar el precio por debajo de $68? Si tu respuesta empieza –¡como debería ser!– con «depende», indica tan claramente como sea posible qué información adicional necesitarías y en qué basas tu respuesta.

■ **3.4. EZjoint.** Tras pasar 10 años y gastar $1,5 mil millones, finalmente has conseguido autorización del cuerpo regulador pertinente para vender tu nuevo medicamento patentado, que reduce el dolor asociado con el envejecimiento de las articulaciones. Este medicamento se pondrá en el mercado bajo el nombre de EZjoint. La investigación de mercado relevante indica que la elasticidad de demanda de EZjoint es –1,25 (en todos los puntos de la curva de demanda). El coste marginal estimado de fabricar y vender una dosis adicional de EZjoint es $1.

   a) ¿Cuál es el precio por dosis de EZjoint que maximiza beneficios?
   b) ¿Esperas que la elasticidad de demanda de EZjoint aumente o disminuya cuando la patente caduque?

Supongamos que, después de la fecha de caducidad de la patente, una versión genérica de EZjoint es introducida en el mercado (bajo su nombre químico clorofospartano).

Reaccionando a la entrada, EZjoint decide *aumentar* su precio.

   c) ¿Puede este comportamiento ser consistente con maximización racional de beneficios por parte de la empresa?

■ **3.5. Las-O-Vision.** Las-O-Vision es el único fabricante de televisores holográficos, 3DTV. La demanda semanal de 3DTV es $D(p) = 10.200 - 100\,p$. El coste de producir q 3DTV por semana es $q^2/2$ (nótese que esto implica que el $CM = q$).

a) ¿Cuál es la función de ingreso total para Las-O-Vision?

b) ¿Cuál es la función de ingreso marginal de Las-O-Vision?

c) ¿Cuál es el número de 3DTV de producción semanal que maximiza los beneficios de Las-O-Vision? ¿Qué precio debería Las-O-Vision fijar para sus 3DTV? ¿Cuál es el beneficio semanal?

■ **3.6. Monsanto.** Tomando como referencia nuestra discusión en la Caja 3.1:

a) ¿Cómo se puede saber si bajar el precio de Roundup fue una buena idea para Monsanto?

b) ¿Cómo puedes estimar la elasticidad de demanda y el precio que maximiza beneficios en 1995? ¿Crees que Monsanto fija el precio correcto?

c) Si bajar el precio era una buena idea, ¿por qué Monsanto no lo hizo antes?

■ **3.7. Windows.** Microsoft es la empresa dominante en el mercado de sistemas operativos de ordenadores de escritorio. Supongamos que cada copia de Windows es vendida a un precio de $50. Además, supongamos que el coste marginal de producción y envío es $5. ¿Qué valor de la elasticidad de la demanda es consistente con este precio? ¿Tiene sentido? ¿Qué elementos del mercado de SO pueden estar subestimando la regla de la elasticidad?

■ **3.8. Maximización de beneficio.** Explica por qué el supuesto de la maximización de beneficios es razonable o no.

■ **3.9. Partes de coches.** Dos partes en un foco de automóvil son la cubierta exterior de plástico y la bombilla de luz. ¿Cuál de estas partes es más probable que la compañía de coches la produzca ella misma? ¿Por qué?

■ **3.10. Motores de Jets.** Hay tres proveedores de motores de aviones comerciales (Jets): Pratt & Whitney, General Electric y Rolls-Royce. Los tres mantienen plantillas de gran tamaño en aeropuertos grandes (y otros más pequeños) alrededor del mundo. ¿Por qué no existe una empresa de servicio única en cada aeropuerto? ¿Por qué las tres necesitan dar este servicio y apoyo logístico por sí mismas en el mundo entero? ¿Por qué no subcontratar este trabajo? ¿Por qué no dejan el mantenimiento a cargo de las aerolíneas?

■ **3.11. Coche Smart.** El coche Smart fue creado por una iniciativa conjunta entre Daimler-Benz AG y Swatch Group AG. Aunque Micro Compact Car AG (el nombre de la acción conjunta) fue originalmente de propiedad conjunta, en noviembre de 1998 Daimler-Benz AG tomó el control completo mediante la compra de las participaciones de Swatch.[12] El acuerdo puso punto final a una relación llena de dificultades entre Daimler y Swatch. ¿Qué sugiere la sección 3.4 acerca de las fuentes de dificultad en esta relación?

■ **3.12. Franquicias.** La evidencia empírica de las franquicias sugiere que, aun cuando tiendas tienen similares características, la compañía madre combina tiendas de propiedad corporativa y tiendas franquiciadas.[13] ¿Cómo se puede justificar esta estrategia?

■ **3.13. Body Shop.** El sistema de franquicias de Body Shop en el Reino Unido consiste en tres tipos de tiendas: franquiciado, propiedad de la compañía y tiendas en asociación. Todas las tiendas que están lejos de la sede central a más de 300 millas están franquiciadas. Más de la mitad de las tiendas de propiedad corporativa están a no más de 100 millas de la central.[14] ¿Cómo se explican estos hechos?

■ **3.14. Intel.** Explica por qué Intel ha mantenido, e incluso aumentado, su ventaja competitiva con respecto a sus rivales. Indica cómo varias causas de la ventaja competitiva en el texto pueden explicar este caso en particular (obstáculos a la imitación, ambigüedad causal, estrategia, historia).

Ejercicios complejos

■ **3.15. Cuotas de insumos.** Considera una empresa con una función de producción (Cobb-Douglas)

$$q = \xi \, K^{\alpha} \, L^{\beta}$$

Supongamos que el precio del producto p y los precios de los insumos r, w vienen dados. Demuestra que una empresa que maximiza beneficios escoge cantidades de insumo tales que el cociente entre costes laborales y el ingreso total wL/pq es igual a β.

■ **3.16. La combinación de insumos que minimiza el coste.** Considera una empresa con función de producción (Cobb-Douglas)

$$q = K^{1/2} \, L^{1/2}$$

Supongamos que una unidad de capital cuesta $r = 12,5$, mientras que una unidad de trabajo cuesta $w = 8$.

a) Determina la combinación óptima de insumos con un nivel de producción de $q = 2$.

b) Determina la función de coste de la empresa, o sea, el coste mínimo requerido para la producción de una cantidad q.

■ **3.17. Fijación de precios con restricciones de capacidad.** Considera de nuevo el caso de un monopolio con una demanda lineal y un coste marginal constante. La demanda es:

$$q = a - bp,$$

y el coste marginal $CM = c$. Supongamos además que el monopolista tiene una capacidad limitada de producción de K. Dicho de otra forma, debe ser que $q \leq K$. ¿Cuál es el precio óptimo?

■ **3.18. Pujando óptimamente.** Eres una de dos compañías pujando para ganar el contrato de un gran proyecto de construcción. Llama a tu puja b. Estimas que tu coste de hacer el trabajo necesario para el proyecto será de \$800k. Eres neutral al riesgo.[k] Ganarás si tu puja es más baja que la de la otra compañía. No estás seguro de qué puja presentará tu rival, pero estimas que la puja de tu rival está uniformemente distribuida entre \$1 y \$2 millones.[l] ¿Qué puja presentarías a este concurso público?

■ **3.19. La presión competitiva.** Supongamos que los beneficios de una empresa vienen dados por la expresión $\pi = \alpha + \phi(e) + \varepsilon$, donde α es la intensidad de competencia de mercado, e el esfuerzo del gerente y ε un término aleatorio. La función $\phi(e)$ tiene pendiente positiva y es cóncava, es decir, $d\phi/de > 0$ y $d^2\phi/de^2 < 0$.

Para la supervivencia de una empresa, los beneficios deben ser mayores que $\underline{\pi}$. El pago del gerente es $\beta > 0$ si la empresa sobrevive y cero si no lo hace, es decir, si los beneficios están por debajo del objetivo mínimo. La idea es que, si la empresa no sobrevive, entonces el gerente pierde su trabajo y los beneficios asociados.

Supongamos que ε tiene una distribución normal con una media μ y una varianza σ^2, y que $\mu > \underline{\pi}$. Demuestra que más competencia en el mercado del producto final (menor α) causa un esfuerzo mayor del gerente, es decir, $de/d\alpha < 0$.

---

[k] Decimos que un agente es neutral al riesgo si el agente es indiferente entre recibir 100 sin riesgo o recibir 0 o 200 con probabilidad del 50 % cada uno. Con frecuencia, a un agente neutral al riesgo solo le importa el valor esperado de una acción.

[l] Por «uniformemente distribuida entre a y b» queremos decir que todos los valores entre a y b son igual de probables.

Ejercicios aplicados

■ **3.20. Productividad.** Encuentra datos a nivel de empresa sobre insumos y producción (tanto cantidad como precios). Usa esta información para estimar la productividad total de todos los factores de cada empresa, siguiendo el método detallado en la sección 3.1 (en particular la Ecuación 3.2).

Notas

1. Lerner, A. P. (1934), «The Concept of Monopoly and the Measurement of Monopoly Power», *The Review of Economic Studies* 1 (3), 157-175.
2. Adaptado de «A weed killer is a block to build on», por David Barboza, *The New York Times*, 2 de agosto de 2001.
3. Esta sección está basada en parte en Holmstrom, Bengt R, y Jean Tirole (1989), The Theory of the Firm, en Schmalensee y Willig (Eds), *Handbook of Industrial Organization*, Ámsterdam: North-Holland.
4. Hermalin, Benjamin E, y Michael S Weisbach (1988), «The Determinants of Board Composition», *Rand Journal of Economics* 19, 589-606; y Hermalin, Benjamin E, y Michael S Weisbach (1998), «Endogenously Chosen Boards of Directors and Their Monitoring of the CEO», *American Economic Review* 88, 96-118.
5. La teoría presentada en esta sección se basa en Williamson, Oliver E (1975), *Markets and Hierarchies*, Nueva York: The Free Press; y en Grossman, Sanford J, y Oliver D Hart (1986), «The Costs and Benefits of Ownership: A Theory of Vertical and Lateral Integration», *Journal of Political Economy* 94, 691-719.
6. Joskow, Paul L. (1985), «Vertical Integration and Long-term Contracts: The Case of Coal-Burning Electric Generating Plants», *Journal of Law, Economics, and Organization* 1 (1), 33-80.
7. Schmalensee, Richard (1989), «Inter-Industry Studies of Structure and Performance», en Schmalensee y Willig (Eds), *Handbook of Industrial Organization*, Ámsterdam: North-Holland.
8. Mueller, Dennis (1986), *Profits in the Long Run*, Cambridge: Cambridge University Press.
9. Rumelt, Richard P (1984), «Towards a Strategic Theory of the Firm», en R Lamb (Ed), *Competitive Strategic Management*, Englewood Cliffs, NJ: Prentice Hall. Tres otras referencias para este y otros temas relacionadas que trataremos a continuación son: Penrose, E T (1959), *The Theory of the Growth of the Firm*, Oxford: Blackwell; Wernerfelt, B (1984), «A Resource-Based View of the Firm», *Strategic Management Journal* 5, 171-180; Dierickx, I, y K Cool (1989), Asset Stock Accumulation and Sustainability of Competitive Advantage, *Management Science* 35, 1504-1511.
10. Rumelt, Richard P., citado anteriormente.
11. Van Reenen, John, y Nick Bloom (2007), «Measuring and Explaining Management Practices Across Firms and Countries», *Quarterly Journal of Economics* 122, 1351-1408.
12. *The Wall Street Journal Europe*, 5 de noviembre de 1998.
13. Véase, por ejemplo, Affuso, Luisa (1998), «An Empirical Study on Contractual Heterogeneity Within the Firm: The "Vertical Integration-Franchise Contracts" Mix», University of Cambridge.
14. Watts, Christophe F (1995), «The Determinants of Organisational Choice: Franchising and Vertical Integration». M.Sc. dissertation, University of Southampton.

4. COMPETENCIA, EQUILIBRIO Y EFICIENCIA

Los mercados son a menudo motivo de debate, si no de discusión. ¿Cómo funcionan los mercados? ¿Qué es exactamente la ley de la oferta y la demanda? ¿Se beneficia la sociedad de tener una economía de libre mercado? ¿Son los mercados justos? ¿Crecen las economías de mercado más rápidamente que las economías planificadas centralmente? Es imposible responder a todas estas preguntas en un solo capítulo de libro –o en un libro entero, de hecho. A pesar de ello, las siguientes páginas deberían ayudarte a entender algunos de estos temas principales.

Entender cómo los mercados funcionan es importante no solo para conversar en fiestas: cualquier noticia que aparezca en la portada del *Financial Times* o el *New York Times* y que trate de un mercado en particular o tenga consecuencias importantes para un mercado en particular. Si esto no parece obvio ahora mismo, lee este capítulo y entonces mira la edición de hoy de tu periódico habitual.

Empezamos el capítulo revisando los supuestos y resultados del modelo de competencia perfecta. A continuación, considero dos extensiones al modelo básico: selección competitiva y competencia monopolística. Tras esto, llegamos a uno de los resultados más importantes en economía, un resultado tan importante que es conocido como el Teorema Fundamental. Una excepción importante al teorema ocurre en presencia de externalidades, un fenómeno que definimos y aplicamos en la sección siguiente. Finalmente, terminamos el capítulo con una introducción a la regulación económica, lo que argumentaremos es tanto la causa como la consecuencia de competencia imperfecta.

4.1 Competencia perfecta

La industria «perfectamente competitiva», una industria sin barreras a la entrada de nuevas empresas, es una referencia útil. Es también una aproximación razonable para muchas industrias relevantes, incluidos los sectores agrícolas, algunas partes del mercado laboral y algunos valores financieros de gran volumen. Las principales características de una industria competitiva son:

- **Empresas atomísticas**. Hay muchos competidores, todos pequeños respecto al tamaño del mercado e incapaces de afectar al precio de mercado con sus acciones.
- **Producto homogéneo**. Los competidores producen exactamente el mismo bien (y por lo tanto compiten en precios, siendo esta la única variable relevante).
- **Información perfecta**. Todas las empresas y todos los consumidores conocen los precios y las características de los productos.
- **Entrada libre** y libre acceso a la tecnología relevante. Más allá de los costes de entrada «normales», no hay otras barreras a la entrada de una empresa nueva. La imitación es posible: otras empresas pueden entrar en la industria si así lo desean; y si lo hacen, incurren en los mismos costes que las empresas ya operando en el mercado.[a]

Bajo estas condiciones, que llamaremos «competencia perfecta», esperaríamos un nivel de competencia intenso, llevando los beneficios de nuevas empresas a ser bajos. ¿Es esto razonable? Lo es en algunos casos y no en otros. Las características de muchas industrias de materias primas parecen concordar (o al menos de forma aproximada) en los supuestos del modelo competitivo. Y como el modelo predice, las tasas de beneficio tienden a ser relativamente bajas y relativamente homogéneas entre las empresas.

Sin embargo, hay también otras industrias donde las diferencias en tasas de beneficio entre empresas persisten durante décadas (véanse las secciones 3.5 y 4.2). La clave está en tomar el modelo de competencia perfecta como referencia al que podemos comparar algunas industrias.

El modelo de referencia de la competencia perfecta es también útil cuando estudiamos posibles violaciones de las condiciones subyacentes. Con una o unas pocas empresas, tenemos un monopolio (que discutimos en la sección 5.3) o un oligopolio (que discutimos en los capítulos 8 y 9). Con productos diferenciados, atenuamos el impacto de la competencia (un tema recurrente) y abrimos el tema de posicionamiento de producto (véanse la sección 4.3 y el capítulo 14). Con información imperfecta, generamos la posibilidad de la creación de marcas, una marca es a menudo una señal de calidad (capítulo 14). Con entrada y acceso a

---

[a] Una versión más corta de esta condición es aquella que únicamente se refiere a la entrada libre de empresas, o sea, que excluye el supuesto de libre acceso a la tecnología. Discutiremos más tarde el modelo con este supuesto más simple.

tecnología, planteamos el problema de las economías de escala (capítulo 10), prevención de entrada (capítulo 12), protección de patentes (capítulo 15) y efectos de red (capítulo 16). Dicho de otra forma: si una empresa tiene una ventaja competitiva sostenible, esa ventaja debe provenir de la violación de una de las condiciones del modelo de competencia perfecta (que hemos nombrado anteriormente). De hecho, la disciplina de la organización industrial es en gran medida el estudio de lo que sucede cuando uno o más supuestos del modelo de competencia perfecta no se cumplen.

■ **La oferta de la empresa y la oferta de mercado en mercados competitivos.** Examinemos de cerca un mercado o industria bajo las condiciones de competencia perfecta. Primero, cada empresa se enfrenta a una curva de demanda plana (infinitamente elástica): puede vender todas las unidades que quiera al precio de mercado y no puede vender nada a ningún precio más alto. ¿Por qué? Porque cada empresa es pequeña respecto al mercado en su totalidad y no tiene ningún tipo de impacto en el precio de mercado. Algunas veces la gente se refiere al mercado como «atomístico», ya que se supone que cada empresa es tan pequeña como un átomo. Bajo estas circunstancias el ingreso total de una empresa es $R(q) = pq$; y como p viene dado, el ingreso marginal es sencillamente p. La tradicional condición de maximización de beneficios donde el coste marginal es igual al ingreso marginal se simplifica a:

$$CM(q) = p$$

Por lo tanto, bajo estas condiciones, la decisión de la oferta de cada empresa viene regida por su coste marginal. La empresa produce la cantidad en la cual el coste marginal es igual al precio, $CM(q) = p$.

Para cada valor de p, la ecuación $CM(q_i) = p$ da un valor q_i, la oferta de la empresa i. Si juntamos todas las empresas, sumando sus ofertas en cada nivel de precio, entonces derivamos la **curva de la oferta de la industria**, que viene dada por $S(p) = q_1 \ldots + q_n$.

■ **Equilibrio de mercado.** Tanto si consideramos resultados a corto como a largo plazo, en un contexto de mercado el precio de un producto es el resultado de la interacción entre compradores (demanda) y vendedores (oferta). El punto donde las curvas de demanda y oferta se cruzan es lo que llamamos el **equilibrio de mercado**.

La figura 4.1 muestra esta situación. El punto (q^*, p^*), donde la curva de oferta se cruza con la curva de demanda, corresponde a la cantidad y precio de equilibrio, respectivamente. Este resultado es un equilibrio en el sentido de que ningún agente participante en el mercado tiene un incentivo para cambiar su comportamiento: los compradores compran lo que quieren a ese precio (el punto está en la curva de demanda) y los vendedores venden lo que quieren (el punto está en la curva de oferta).

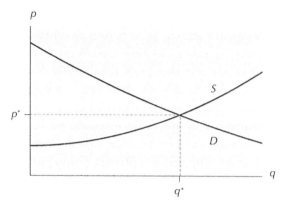

Figura 4.1. Equilibrio de mercado.

Si el precio fuera más alto que el precio de equilibrio, habría menos compradores que vendedores. El exceso de vendedores tenderá a bajar el precio. En cambio, si el precio fuera más bajo que el precio de equilibrio, habría menos vendedores que compradores. El exceso de compradores causará el precio a subir hasta alcanzar el precio de equilibrio.

La tendencia del precio a moverse hacia el precio de equilibrio –también conocido como el precio que compensa el mercado– es frecuentemente referido como la **ley de oferta y demanda**.

> **El precio tiende a moverse hacia el precio de equilibrio
> (donde la oferta iguala la demanda).**

La ley de oferta y demanda no es una ley en el mismo sentido que las leyes en las ciencias naturales y exactas. Sin embargo, esta analogía nos puede ser útil. Consideremos, por ejemplo, el sistema formado por un péndulo colgado de un techo. Tal sistema tiene un equilibrio: la posición vertical. Este es el punto donde la fuerza gravitacional hacia abajo se ve compensada exactamente por el empuje hacia arriba de la cuerda (según la tercera ley de Newton). Cuando el péndulo no se encuentra en la posición vertical, una fuerza neta lo dirige en la dirección del punto de descanso y equilibrio. Por analogía, podemos pensar en la oferta y la demanda como «fuerzas» que mueven el precio arriba o abajo dependiendo de si el precio en cada momento está por debajo o por encima del precio de equilibrio.

A su vez, el precio de equilibrio es el «punto de descanso» del sistema, la situación donde la fuerza neta actuando en el precio es cero.

En el mundo real, hay muchos factores exógenos (tecnología de producción, costes de insumos, preferencias, renta y otros) cambiando las curvas de oferta y demanda a todas horas. Por esta razón, el punto de equilibrio está cambiando constantemente. Asimismo, no es muy apropiado hablar del punto de equilibrio como un «punto de descanso». No obstante, encontrar el punto de equilibrio es una manera útil de entender en qué dirección esperamos que el precio cambie en cada situación. A continuación, hablaremos de este tema en concreto.

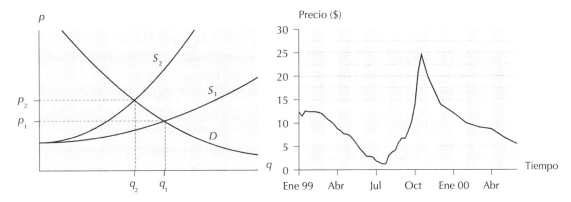

Figura 4.2. Impacto del terremoto de Taiwán de 1999 en el mercado de DRAM.
Fuente: Financial Times y cálculos del autor.

■ **Estática comparativa.** A menudo nos preocupan las consecuencias de los cambios en las condiciones de mercado. Si la curva de demanda o de oferta cambia por cambios en factores subyacentes, entonces un precio de equilibrio nuevo surge. El término *estática comparativa* es usado por economistas para describir el ejercicio de examinar lo que le sucede al equilibrio cuando un factor exógeno cambia. Representaríamos tal suceso mediante un desplazamiento de las curvas de oferta o demanda y notando el cambio final en el precio y cantidad de equilibrio.

El principio más básico de la estática comparativa es que:

> **(a) Un desplazamiento hacia la derecha de la curva de demanda conllevará un aumento en la cantidad y un aumento en el precio.**
> **(b) Un desplazamiento hacia la derecha de la curva de oferta conllevará un aumento en la cantidad y un descenso en el precio.**

(Para los desplazamientos opuestos en la demanda o la oferta, solo necesitamos cambiar los signos.) Así, si te pregunto qué efecto tendrá el evento *y* en el precio y la cantidad en el mercado *x*, la cuestión que debes hacerte a ti mismo es la de qué *y* implica en términos de desplazamientos de las curvas de demanda y oferta del bien *x*.

Consideremos por ejemplo el terremoto de Taiwán en septiembre de 1999. ¿Qué impacto esperarías que tuviera este suceso en el mercado mundial de DRAM (chips de memoria de acceso aleatoria dinámica), tanto en términos del precio como en términos de la cantidad? El mercado relevante para los DRAM es el mundo, y Taiwán es uno de los mayores productores del mundo, representando cerca del 10 % de la producción mundial. Un terremoto seguramente cerrará varias fábricas, lo que implica un desplazamiento hacia la izquierda de la curva de oferta, como se aprecia en el panel izquierdo de la figura 4.2. El desplazamiento en la oferta conlleva un aumento en el precio y una disminución en la cantidad.

El panel derecho en la figura 4.2. muestra el precio mundial de DRAM durante las fechas del terremoto. Justo antes del terremoto, los precios rondaban $7. Justo después del terremoto, y en cosa de días, los precios aumentaron vertiginosamente hasta valores tan altos como $25. Esto parece demasiado alto si consideramos que solo una fracción de las fábricas en Taiwán se vieron afectadas, y que Taiwán a su vez representa menos del 10 % de la oferta mundial. Una interpretación posible es que el terremoto también provocó un aumento drástico en demanda especulativa (intermediarios o fabricantes de ordenadores que decidieron comprar y almacenar unidades en caso de que los precios aumentaran aún más). Esta interpretación es consistente con el hecho de que los precios disminuyeron considerablemente en los meses que siguieron a la subida inicial.

Ahora ya sabemos cómo desplazamientos de la oferta y demanda causan cambios en la cantidad y precio. Una cuestión adicional es si los desplazamientos en la oferta y la demanda conllevan primordialmente cambios en el precio o principalmente cambios en la cantidad. Dicho de otra forma, y más allá del signo del cambio en *p* y *q*, ahora también estamos interesados en la magnitud de estos cambios. Si analizamos un ejemplo usando el diagrama de la oferta y demanda, veremos que el impacto en el precio y la cantidad depende de las pendientes de las curvas de oferta y demanda. En concreto, el efecto del desplazamiento de la curva de oferta depende de la pendiente de la curva de demanda. (Esto suena un poco raro, pero es verdad porque la curva de demanda no se ha desplazado, así que el cambio en equilibrio es un movimiento a lo largo de la curva de demanda.) Si la curva de demanda es muy empinada, el precio cambiará más que la cantidad en reacción a un desplazamiento de la oferta. En cambio, si la curva de demanda es plana entonces el impacto de un desplazamiento en la curva de la oferta se verá principalmente en la cantidad. Para desplazamientos en la demanda, el impacto depende de la pendiente de la curva de la oferta. Los cuatro paneles en la figura 4.3 ilustran los cuatro casos posibles (desplazamientos de la demanda o la oferta con curvas de oferta y demanda elásticas o inelásticas, respectivamente). ¿Puedes pensar en otros ejemplos que encajen en cada uno de estos casos? Véase el Ejercicio 4.3.

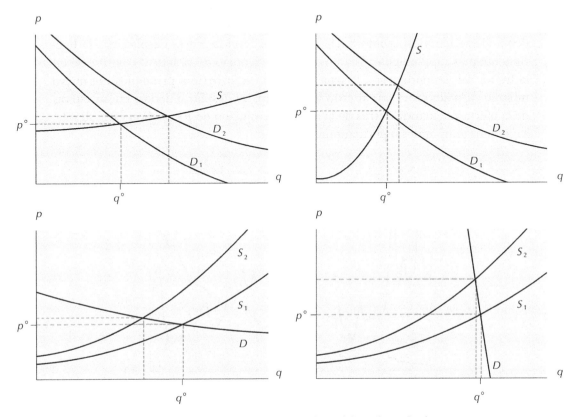

Figura 4.3. Efecto del precio y efecto del producto final.

Por lo tanto, un ingrediente clave en cualquier análisis de mercado es una evaluación de las pendientes de las curvas de oferta y demanda: cuán sensibles son las decisiones de compradores y vendedores a cambios en el precio de mercado. Consideremos el mercado de electricidad en California. La capacidad de las plantas eléctricas locales no puede cambiar mucho sin construir plantas nuevas. Además, las líneas de alto voltaje para traer la electricidad de otros estados tienen también capacidad limitada. Entonces, la curva de oferta es muy empinada (¿vertical?) y el impacto de un aumento de la demanda (la consecuencia del crecimiento de la economía en California) se refleja casi en su totalidad en el precio. De hecho, durante los años 2000 y 2001, una combinación de un aumento en demanda y una oferta limitada multiplicó por 8 o 9 los precios al por mayor.

Un segundo ejemplo es el mercado del cobre. Como se ve en la figura 4.4, en el último siglo la cantidad ha aumentado sustancialmente mientras el precio disminuía ligeramente. ¿Cómo se explica esto? Una posible explicación es que la demanda ha aumentado a la par con la economía mundial, pero la oferta también se ha desplazado, ya que las nuevas tecnologías hacen que la extracción de cobre sea ahora más eficiente. Dicho de otro modo, tanto las curvas de oferta como de demanda se han desplazado hacia la derecha, con la oferta desplazándose ligeramente más rápidamente. Veamos aquí un ejercicio de práctica: como se ve en la figura 4.4, la tendencia a la baja del precio se invirtió a principios del nuevo milenio. ¿Cuáles crees que fueron los principales desplazamientos en las curvas de la oferta y demanda detrás de la reciente evolución de p y q? ¿Son estos desplazamientos temporales o permanentes?

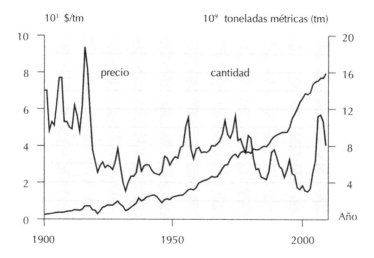

Figura 4.4. Cobre: precio y producción en refinerías de todo el mundo, 1900-2009.[1]

■ **Equilibrio de corto y largo plazo.** En este capítulo, definimos el corto plazo como el periodo en que el número de empresas es fijo, mientras que, en el largo plazo, consideramos la posibilidad de entrada y salida de empresas.

Consideremos una industria con un número dado de empresas (en el corto plazo) y su correspondiente curva de oferta de mercado. La intersección de oferta y demanda determina el precio de equilibrio. Dependiendo del número de empresas en el mercado, el precio de equilibrio en el corto plazo puede estar por encima del coste medio (es decir, las empresas derivan beneficios por encima del nivel normal), por debajo (las empresas pierden dinero), o igual. Dejando aparte el beneficio de la empresa, las empresas producen su cantidad óptima dada su decisión de entrar en el mercado.

Los paneles superiores de la figura 4.5 ilustran un equilibrio en el corto plazo. En el panel derecho, tenemos la demanda de mercado y la oferta de mercado, de las cuales encontramos el precio de equilibrio y la cantidad en el mercado en el corto plazo (p_{SR} y Q_{SR}). El panel izquierdo analiza el problema de cada empresa (por ahora supongamos que todas las empresas son idénticas, es decir, tienen la misma función de coste). Cada empresa toma el precio, p_{SR}, como dado, y escoge la cantidad tal que el precio es igual al coste marginal: q_{SR} en el panel superior izquierdo de la figura 4.5. En el caso que consideramos aquí, esto corresponde al punto donde el precio es mayor que el coste medio, es decir, cuando las empresas toman un beneficio positivo.

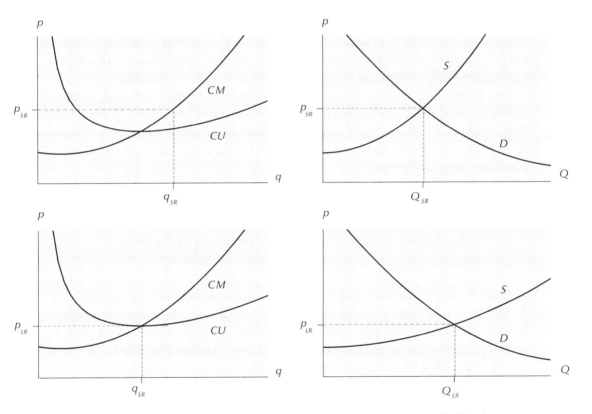

Figura 4.5. Equilibrio en el corto (panel superior) y largo plazo (panel inferior) bajo competencia perfecta.

En el largo plazo, también debemos tener en cuenta la posibilidad de entrada y salida de empresas. Supongamos que el precio es mayor que el coste medio para todas las empresas en la industria (como es el caso en el panel superior izquierdo en la figura 4.5). Entonces esperaríamos que empresas nuevas entraran en la industria. Como consecuencia, la oferta de mercado se desplaza a la derecha, bajando el precio, como se ve cuando comparamos los paneles superiores e inferiores derechos en la figura 4.5.

¿Por qué el precio disminuye cuando la curva de la oferta se desplaza a la derecha? Si el precio no se ajustara, algunas empresas (o todas) venderían menos de lo que querrían. Tendrían un incentivo a disminuir su precio ligeramente y aumentar su demanda. Dado esto, desde el punto de vista de una empresa, la demanda es infinitamente elástica, una pequeña disminución en el precio provoca un gran aumento en la demanda. Según la **ley de oferta y demanda**, este proceso prosigue hasta que la oferta de mercado y la demanda de mercado son de nuevo iguales.[b]

Quizás esto lleve algún tiempo, pero el efecto final es disminuir los beneficios hasta cero (por lo que entendemos cero beneficios económicos, es decir, un nivel de beneficio normal). En cambio, si el precio es menor que el coste medio, algunas empresas dejan la industria, la curva de la oferta se desplazará a la izquierda, y las empresas eventualmente obtendrán un nivel de beneficio normal.

Los paneles inferiores en la figura 4.5 muestran el equilibrio de largo plazo. El precio viene dado por la intersección de la oferta de mercado y la demanda de mercado (panel derecho), y es también igual al valor mínimo del coste medio de cada una de las empresas (que es también igual al coste marginal en ese nivel particular de producción).

> **En el equilibrio de largo plazo en competencia perfecta las empresas producen al coste medio mínimo y toman cero beneficios.**

Cuando introducimos el modelo de competencia perfecta incluimos como una de las condiciones que todas las empresas tenían acceso a la misma tecnología. Una versión alternativa a este modelo excluye este supuesto. Si diferentes empresas tienen diferentes estructuras de coste, entonces en el equilibrio de largo plazo (con muchas empresas pequeñas respecto al mercado que toman el precio como dado), la empresa marginal será una tal que $p = CM = CU$. Sin embargo, las empresas afortunadas de tener una ventaja en costes ganarán un beneficio positivo, un beneficio al que aquí nos referiremos como **renta**. Las empresas ganan rentas en mercados competitivos en la medida en que su función de costes es mejor que la de sus rivales. Frecuentemente, estas rentas provienen de insumos y capacidad de gestión que son difíciles o imposibles de replicar (véase sección 3.5). Por ejem-

---

[b] Cabe recordar que la Ley de la Oferta y la Demanda establece que, en un mercado competitivo, las fuerzas de la oferta y demanda normalmente conducen el precio a su nivel de equilibrio.

plo, para muchos minerales la minería es una industria de materias primas; pero algunas minas puede que sean lo suficientemente afortunadas para encontrar yacimientos cerca de la superficie, mientras que otras tienen que incurrir sustancialmente en mayores costes de extracción. La mina marginal ganará un beneficio de cero, pero algunas minas ganarán un nivel de beneficios positivos. En este caso, diremos que estas minas ganan rentas por su privilegiada localización. (El desafío para los gerentes es entonces crear o desarrollar productos, prácticas de gestión o habilidades de las cuales pueden generar dichas rentas. Entre lo dicho y lo hecho, hay un trecho.)

4.2 Selección competitiva

¿Qué nos dice el modelo de competencia perfecta acerca de la entrada, salida y tamaño de las empresas? El equilibrio de largo plazo de competencia perfecta es un punto límite al cual las industrias convergen mediante entrada y salida de empresas sucesivas. Si las empresas activas ganan un beneficio positivo, nuevas empresas se verán atraídas a dicha industria. Si, por lo contrario, las empresas activas pierden dinero, entonces algunas de las empresas activas saldrán de la industria. Finalmente, en el equilibrio de largo plazo, el precio iguala el valor mínimo del coste medio a largo plazo. Debido a que la tecnología (es decir, la función de costes) es la misma para todas las empresas (por el supuesto de igual acceso), cada empresa recibe un beneficio económico de cero (es decir, gana un beneficio normal), y no hay ni entrada ni salida de empresas.

En cuanto a lo que se refiere a la distribución del tamaño de las empresas, el modelo de competencia perfecta puede ser tanto muy extremo como muy limitado: suponiendo que las funciones de coste medio a nivel de planta manufacturera tienen forma de U, todas las plantas deberían tener el mismo tamaño en el largo plazo (es decir, solo hay un nivel de producción que minimiza el coste medio). Si los costes de gestión de poseer más de una planta son positivos, entonces cada empresa poseerá únicamente una planta, y todas las empresas tendrán el mismo tamaño. Si, por lo contrario, los costes de gestión son cero, entonces puede que existan una infinidad de posibles configuraciones de la industria, todas ellas consistentes con el modelo.[c,2]

La evidencia empírica en varias industrias con «muchas» empresas pequeñas no concuerda en general con las predicciones anteriores sobre estructura indus-

---

[c] De hecho, puede que haya economías de escala en empresas con varias plantas –por ejemplo, descuentos de compra de gran escala– que contrarresten los crecientes costes de gestión. Pero este caso volvería a tomar una curva de coste medio con forma de U y la predicción de que todas las empresas tienen el mismo número de plantas.

trial y su dinámica. Primero, en una industria y periodo de tiempo dados, la entrada y salida de empresas se da de forma simultánea. Segundo, muchas empresas ganan beneficios por encima de sus niveles normales, incluso en el largo plazo. Tercero, la distribución del tamaño de las empresas muestra varias regularidades y no se concentra alrededor de un solo tamaño. En lo que queda de sección, presentamos datos sobre estos hechos y otros relacionados; al mismo tiempo que una posible extensión del modelo de competencia perfecta que toma en cuenta estas sorprendentes disparidades entre hechos y teoría.

■ **Beneficio en el largo plazo.** La evidencia empírica sugiere que las *tasas de beneficio persisten en el largo plazo,* contrariamente a las implicaciones de la competencia perfecta. Un autor examinó tasas de beneficio para una muestra de 600 empresas en EE. UU. de 1950 a 1972. Las clasificó en grupos de 100 según su beneficio promedio en el periodo entre 1950 y 1952 y calculó sus tasas de beneficio medio de ese periodo de 23 años para cada uno de los grupos. La hipótesis de que los beneficios convergen al nivel competitivo en el largo plazo supondría que las diferencias entre grupos serían insignificantes de media. Sin embargo, los datos rechazan que cualquier par de medias sean iguales. En otras palabras, las medias de las diferencias en tasas de beneficios entre grupos persisten incluso después de 23 años.[3]

■ **Productividad.** Dentro de industrias clasificadas como 4 cifras SIC en el sector manufacturero de EE. UU., en promedio una planta en el 90º percentil tiene una productividad total de factores cerca de dos veces mayor que una planta en el 10º percentil.[d] Dicho de otro modo, con la misma cantidad de insumos, una planta en el 90º percentil es capaz de producir casi dos veces más que una planta en el 10º percentil.[4] En países como China e India, esa relación es aún mayor: cerca de 5:1.[5] Además, los niveles de productividad están altamente correlacionados en el tiempo (los coeficientes autorregresivos varían entre 0,6 y 0,8).[6] En resumen, los datos sugieren que algunas empresas y plantas tienen habilidades superiores al usar insumos, permitiéndoles alcanzar niveles más altos de producción con la misma cantidad de insumos –y dándoles una mayor probabilidad de continuidad.

■ **Tasas de entrada y salida.** El modelo de competencia perfecta predice que, en un periodo dado, habrá entrada en una industria (las empresas activas ganan tasas de beneficio por encima del nivel normal); o salida de la industria (las empresas activas ganan tasas de beneficio por debajo de los niveles normales). La

---

[d] Véase sección 3.1 para encontrar una definición de la productividad total de factores.

evidencia empírica sugiere que, en un periodo e industria dados, *la entrada y la salida de empresas suceden simultáneamente,* con las tasas brutas de entrada y salida siendo aún más altas (típicamente de un orden de magnitud mayor) que las tasas *netas* de entrada y salida.[e]

Cuadro 4.1. Tasas brutas de entrada y salida anuales (%)[7]

País	Entrada bruta	Salida bruta	Periodo de tiempo	Datos[*]
Bélgica	5,8	6,3	80-84	130/3/E/E
Bélgica/Serv	13,0	12,2	80-84	79/3/E/E
Canadá	4,0	4,8	71-79	167/4/E/S
RFA	3,8	4,6	83-85	183/4/F/S
Corea	3,3	5,7	76-81	62/4,5/F/S
Noruega	8,2	8,7	80-85	80/4/F/S
Portugal	12,3	9,5	83-86	234/5/E/E
RU	6,5	5,1	74-79	114/4/F/S
EE.UU.	7,7	7,0	63-82	387/4/F/S

[*] Número de industrias/nivel de agregación (no. cifras por industria)/nivel de empresa o establecimiento/datos de ventas o empleo.

El cuadro 4.1 presenta datos de varios países. Por ejemplo, en Noruega durante el periodo 1980-85, la tasa bruta de entrada media para una industria de cuatro dígitos era 8,2 %, mientras que la tasa media de salida fue de 8,7 %.[f] La diferencia, 8,2 – 8,7 = –0,5 %, una aproximación de la tasa neta de entrada media, es de un orden de magnitud menor que la tasa bruta de entrada o la tasa bruta de salida.

■ **Tamaño, crecimiento y supervivencia.** La evidencia empírica sugiere que las empresas entrantes y salientes tienen un tamaño medio mucho menor que el tamaño medio de las empresas en una industria. De una muestra de ocho países, obtenemos valores que varían entre 6,7 % (EE.UU.) y 44,9 % (RU) para los entrantes. Esto significa que el tamaño del entrante medio en EE.UU. es un 6,7 % del tamaño medio de las empresas existentes. Para empresas salientes, los tamaños varían entre 6,9 % (EE.UU.) y 61,2 % (RU).[8]

---

[e] Por «un orden de magnitud mayor» queremos decir con una cifra más, es decir, casi diez veces mayor.

[f] Las industrias se clasifican en grupos, subgrupos, subsubgrupos, y así sucesivamente. Para cada nivel de subdivisión, se añade un dígito más a la clasificación. Así, una clasificación de 5 dígitos es más detallada que una de 4 dígitos.

Varios estudios empíricos indican que las tasas esperadas de crecimiento disminuyen con el tamaño y edad de las empresas. Dicho de otro modo, son principalmente las empresas pequeñas y jóvenes las que crecen más rápidamente.

Lo mismo ocurre con las tasas de supervivencia: son principalmente las empresas jóvenes y pequeñas las que salen.[g]

■ **La distribución del tamaño de las empresas.** El modelo de competencia perfecta indica que todas las empresas son del mismo tamaño (suponiendo que las curvas de coste tienen forma de U) o que casi cualquier distribución del tamaño de las empresas es consistente con el modelo (suponiendo rendimientos constantes a escala). Sin embargo, los datos muestran claras regularidades en la distribución del tamaño de las empresas. Los histogramas en la figura 4.6, por ejemplo, muestran la distribución del tamaño de las empresas para algunos países.[h] Aunque estos países son muy distintos en cuanto a su tamaño total, las distribuciones son notablemente parecidas. Obtenemos resultados similares cuando analizamos distribuciones por sectores.

■ **Un modelo de selección competitiva.**[9] Para explicar estos hechos establecidos, necesitamos relajar algunos de los supuestos del modelo de competencia perfecta. En esta sección mantenemos los supuestos de que (i) las empresas toman el precio como dado; (ii) el producto final es homogéneo; (iii) la información acerca de los precios es perfecta. Sin embargo, al contrario del modelo de competencia perfecta, hacemos el supuesto de que: (iv) las empresas deben pagar un coste hundido para entrar en el mercado; (v) no todas las empresas tienen acceso a la misma tecnología.

En particular, supongamos que *diferentes empresas tienen diferentes niveles de productividad*, lo que a su vez corresponde a diferentes funciones de costes: empresas más eficientes tienen costes marginales más bajos. Estas diferencias pueden ser la consecuencia de varios factores. Por ejemplo, algunos gerentes son más eficientes que otros a la hora de organizar recursos (más sobre este tema más tarde).

Además, supongamos que *cada empresa desconoce su propio nivel de productividad*. Cuando una empresa entra por primera vez en una industria, solo tiene una idea aproximada de su productividad. Al pasar el tiempo, y basándose en su propia experiencia en cada periodo, la empresa se forma una idea más precisa de su propia eficiencia. En cada periodo, la empresa escoge su cantidad de producción óptima

---

[g] Nótese que la evidencia al respecto de las tasas de crecimiento, presentada en este párrafo, es consistente con la evidencia al respecto del tamaño relativo, presentada en el párrafo anterior.

[h] Cada barra en un histograma informa de la frecuencia con la que cada tamaño aparece en los datos. Por ejemplo, la primera barra en el histograma para Francia indica que la mayoría de las empresas en Francia tiene menos de 10 empleados: el área de la primera barra es mayor que el área total de la suma de las otras barras.

dada su propia estimación de su eficiencia en ese periodo; básicamente, el nivel de producción tal que el precio es igual al coste marginal estimado.

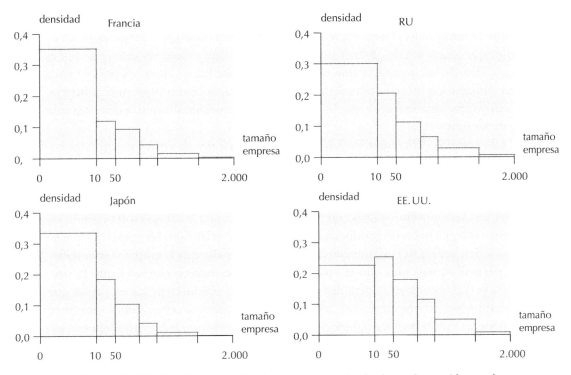

Figura 4.6. Distribución del tamaño de las empresas, donde el tamaño se mide por el número de trabajadores.[10]

Dados los factores mencionados aquí, concluimos que las empresas que reciben una serie de malas señales (costes de producción altos) se vuelven poco a poco «pesimistas» sobre su nivel de eficiencia, disminuyen gradualmente su producción, y, eventualmente, deciden salir de la industria (porque el beneficio variable no compensa el coste fijo de producción). Por el contrario, las empresas que reciben una serie de buenas señales (costes de producción bajos) continúan activas en el mercado y poco a poco aumentan su producción.

Este modelo de **selección competitiva** es consistente con muchos hechos establecidos descritos en la sección previa. Primero, el modelo indica que *empresas diferentes ganan tasas de beneficio diferentes, incluso en el largo plazo*; aunque, probablemente, esto sea una tautología, al *suponer* que diferentes empresas tienen funciones de costes distintas.

Segundo, el modelo es consistente con el hecho establecido de *entradas y salidas simultáneas en la misma industria*. Las empresas que acumulan una serie de señales adversas de productividad mantienen una estimación adversa de su propia eficiencia. Como consecuencia, el valor esperado de mantenerse activas en el mercado es negativo, lo que las lleva a salir del mercado. Las empresas recién entradas no tienen información acerca de su propia eficiencia. Su estimación de eficiencia es por lo tanto mucho mejor que las de las empresas salientes: ninguna señal es mejor que malas señales. Esto justifica que el valor esperado de mantenerse activa es positivo, de hecho, mayor que el coste de entrada. En resumen, es posible para una empresa sin información alguna sobre su eficiencia entrar en una industria, mientras que una empresa con información desfavorable sobre su eficiencia sale de dicha industria.

Las empresas eficientes son empresas con funciones de costes marginales bajos. Dado que las empresas igualan precio y costes marginales (esperados), se deduce que empresas más eficientes venden una cantidad de producción más elevada. Junto a los resultados presentados anteriormente, esto indica que empresas salientes (las empresas activas con la eficiencia esperada más baja) son también las empresas con niveles de producción más bajos. Por selección, las empresas que se mantienen activas tienen un nivel de eficiencia más alto que la empresa promedio. En particular, más alto que el entrante medio. Se deduce entonces que la producción de las empresas entrantes es menor que el producto de las empresas que se mantienen activas en el mercado. Así, de esta manera, el modelo es también consistente con el hecho establecido de que *las empresas que entran y las empresas que salen son menores que la empresa media.*

> **La variabilidad e incertidumbre de la eficiencia de una empresa reconcilia el modelo competitivo con la evidencia empírica acerca de (a) entrada y salida simultánea; (b) tamaño relativo de entrantes y salientes con respecto a empresas activas que continúan en el mercado.**

Finalmente, el modelo de selección competitiva es también consistente con la evidencia empírica de que la distribución del tamaño de las empresas ni tiene un solo valor ni es indeterminada, como el modelo de competencia perfecta indicaría. De hecho, una distribución de niveles de eficiencia tiene como implicación directa una distribución del tamaño de las empresas.

Un modelo de selección competitiva. Consideremos un mercado competitivo donde cada empresa se caracteriza por un parámetro θ. Específicamente, el coste variable de una empresa de tipo θ viene dado por q_t^2/θ. Esto quiere decir que empresas más eficientes tienen valores mayores de θ. El beneficio de una empresa de tipo θ viene entonces dado por

$$\Pi(q; \theta) = pq - \frac{q^2}{\theta}$$

Al principio de cada periodo, cada empresa decide si permanecer activa en el mercado o salir del mercado (es decir, cerrar el negocio). A continuación, las empresas activas deciden su cantidad a producir solucionando el siguiente problema,

$$\max_q pq - \frac{q^2}{\theta}$$

Siguiendo nuestros supuestos, las empresas toman los precios como dados (el primer supuesto del modelo de competencia perfecta). Por lo tanto, la condición de primer orden de la maximización de beneficios viene dada por:

$$p = 2\,\frac{q}{\theta}$$

o

$$q^* = \frac{1}{2}\,\theta p$$

Dicho en palabras: las empresas más eficientes producen una cantidad mayor. De hecho, la evidencia empírica nos muestra que, dentro de una industria particular, empresas más productivas producen una cantidad mayor.

Sustituyendo q^* por q en la función de beneficio, y simplificando, obtenemos:

$$\Pi^*(\theta; p) = \frac{1}{4}\,\theta p^2$$

(Comprueba esto.) Este resultado implica que tanto la cantidad producida como el beneficio son una función creciente del parámetro θ. Se deduce que las empresas que deciden salir del mercado son las empresas con valores más bajos de θ. Esto también es consistente con la evidencia empírica: las empresas que dejan una industria suelen ser más pequeñas que la empresa media: dado que el tamaño de una empresa está correlacionado con la eficiencia de una empresa, esto quiere decir que las empresas que salen del mercado son aquellas con valores más pequeños de θ.

A estas alturas, vale la pena señalar que el modelo de selección competitiva no depende de si las empresas son asimétricas con respecto a los costes. Alternativamente, podríamos suponer que algunas empresas producen productos que son mejores que otros. Consideremos, por ejemplo, la industria del láser. La mayoría de las nuevas empresas en esa industria son empresas derivadas de empresas preexistentes en el mercado. Normalmente, un científico o ingeniero de una empresa deja su empleo para formar su propia empresa. Esta industria es un ejemplo interesante porque (a) ilustra una fuente de las diferencias existentes entre empresas (conocimientos científicos); (b) sugiere que las diferencias entre empresas pueden venir de otros factores además de diferencias en costes.

Sin embargo, debemos admitir que la caracterización anterior de la distribución del tamaño de las empresas es, en gran medida, una tautología: la distribución de niveles de eficiencia es *asumida* en vez de derivada; un modelo más satisfactorio explicaría también el origen de la distribución de niveles de eficiencia.[i]

4.3 Competencia monopolística

Una de las críticas frecuentemente dirigidas al modelo de competencia perfecta es que se basa en un supuesto de productos homogéneos, es decir, el supuesto de que todas las empresas producen el mismo producto. Si tomamos como ejemplo industrias como el champú o los restaurantes pequeños, podemos concluir que el supuesto de homogeneidad de producto está claramente equivocado. Sin embargo, estas industrias cuentan con otras muchas características comunes al modelo de competencia perfecta: tienen muchos competidores, y la entrada y salida de las empresas es relativamente fácil.

El modelo de **competencia monopolística** intenta caracterizar industrias como el champú o los restaurantes pequeños.[11] Decimos que existe competencia monopolística cuando se dan los supuestos siguientes: (a) Hay un gran número de empresas, por lo que el impacto de cada empresa en sus rivales es insignificante (como en el modelo de competencia perfecta); (b) Debido a la diferenciación de producto, la curva de demanda de cada empresa no es horizontal, es decir, cada empresa fija su propio precio, no lo toma como dado; (c) Hay libre entrada de

---

[i] Una posibilidad es la de asumir que las empresas invierten en I+D y que los niveles de eficiencia son una consecuencia de esos niveles de inversión en I+D. Un método completamente distinto para entender la distribución del tamaño de las empresas es el de considerar un modelo de crecimiento dinámico estocástico donde diferentes tasas de crecimiento tienen como resultado una distribución de tamaño de las empresas. Supongamos, por ejemplo, que hay un conjunto de fabricantes de máquinas de láser y que, en cada periodo, el mercado demanda una máquina nueva. Además, supongamos que cada empresa activa recibe una comanda con igual probabilidad. Así, podemos demostrar que un proceso de este tipo implica una distribución del tamaño de las empresas, de hecho, una que se acerca bastante bien a la distribución que observamos en la evidencia empírica. Volveremos a tratar este tema en el capítulo 10.

empresas y libre acceso a toda tecnología disponible (tal y como sucedía en el modelo de competencia perfecta). En resumen, *el modelo de competencia monopolística mantiene todos los supuestos de la competencia perfecta excepto por el supuesto de la homogeneidad de producto.*

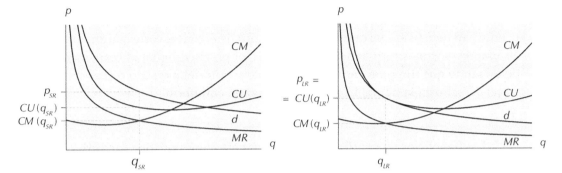

Figura 4.7. Equilibrio bajo competencia monopolística: corto y largo plazo.

Uno de los principales puntos del modelo de competencia monopolística es que al dejar de lado el supuesto de productos homogéneos no cuenta con algunos de los resultados clásicos del modelo de competencia perfecta, aun manteniendo otros. Esto se puede apreciar en la figura 4.7. Consideremos primero el equilibrio en el corto plazo, es decir, el equilibrio en el que el número de empresas viene dado. En el panel izquierdo de la figura 4.7, d es la curva de demanda de la empresa media y MR representa la curva de ingreso marginal;[j] CU es la curva de coste medio y CM la correspondiente curva de coste marginal. Una empresa que maximiza beneficios escogerá su nivel de producción tal que su ingreso marginal sea igual a su coste marginal, es decir, la cantidad q_{SR}.

En la cantidad producida en el corto plazo en el panel izquierdo en la figura 4.7, el precio fijado por cada empresa, p_{SR}, es mayor que el coste medio, $CU(q_{SR})$. Esta es una característica del equilibrio de corto plazo seleccionado aquí, es decir, podríamos tener un equilibrio diferente en el corto plazo por el que el precio es menor que el coste medio; todo depende del número de empresas en el mercado en el corto plazo.

Cualquiera que sea el caso, mientras el precio sea diferente al coste medio, el equilibrio de corto plazo no será el mismo que el equilibrio de largo plazo. Si $p > CU(q_{SR})$, como en el caso del panel izquierdo de la figura 4.7, entonces empresas fuera del mercado estarán dispuestas a entrar en el mercado. De hecho, todas las empresas tienen acceso a la misma tecnología, y cada empresa es tan pequeña

---

[j] Usamos minúscula para indicar que es la demanda de cada empresa, y no la curva de demanda del mercado en su conjunto.

que su impacto en otras empresas es insignificante. Esto tiene como consecuencia que cada entrante en potencia espera beneficios de la misma magnitud que los beneficios de las empresas operando en el mercado, es decir, $\pi = \left(p_{SR} - CU(q_{SR})\right) q_{SR}$. Si, por el contrario, $p < CU(q_{SR})$, entonces las empresas activas en el mercado ganan beneficios negativos y deberían salir del mercado.

El equilibrio de largo plazo es entonces la situación en que (a) las empresas maximizan beneficios, tal que el ingreso marginal es igual al coste marginal; y (b) las empresas ganan cero beneficios (es decir, el precio es igual al coste medio), de tal modo que ninguna empresa activa quiere salir del mercado o viceversa. El panel derecho en la figura 4.7 muestra tal tipo de equilibrio.

> **Los beneficios en equilibrio en competencia monopolística son cero, pero las empresas no producen su cantidad en el valor mínimo de su coste medio.**

El modelo de competencia monopolística sugiere que la *competencia perfecta se entiende mejor como una aproximación*. Es verdad que muy pocas industrias, o ninguna, satisfacen los supuestos extremos necesarios en el modelo de competencia perfecta, y en particular el supuesto de productos homogéneos. No obstante, si los productos son casi homogéneos, entonces los resultados son aproximadamente los mismos que los que esperaríamos en competencia perfecta. De hecho, a medida que el grado de diferenciación de producto disminuye, la demanda residual de cada empresa se vuelve más horizontal y más horizontal, y el punto donde el precio iguala al coste medio (equilibrio de largo plazo) aparece más cerca y más cerca al punto donde el precio es igual al coste marginal, como en el modelo de competencia perfecta.

4.4 Eficiencia

Quizás no sea obvio de inicio, pero el comercio entre partes genera excedente. Si el comercio entre partes es voluntario, esto debe ser cierto, o no lo harían. Consideremos un ejemplo específico. Juana es una gran fan del iPhone 6 y así está dispuesta a pagar hasta $1.200 por uno. El coste de Apple de producir una unidad es $200, y el precio de venta es $600. En esta situación, Juana gana un «beneficio» de 1.200 − 600 = $600, lo que llamamos excedente del consumidor. Apple, por su parte, gana un beneficio variable de 600 − 200 = $400 de su venta a Juana, un valor que llamamos el excedente del productor. En su conjunto, esta transacción ha generado un valor total de $1,000, la diferencia entre el valor del iPhone 6 para Juana y el coste de producción de Apple.

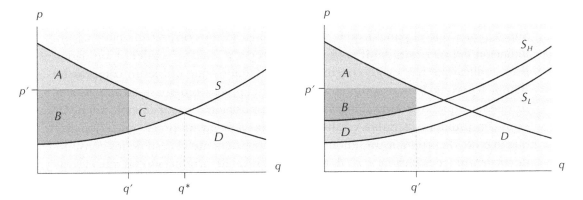

Figura 4.8. Comercio, excedente y eficiencia.

El punto fundamental es que en el momento en que Apple produce esa unidad del iPhone 6 no crea tanto valor como cuando lo vende a Juana, que lo valora en $1.200, mucho más que el coste de Apple al producirlo. Naturalmente, cuando Apple crea y produce el iPhone 6, Apple tiene en cuenta que hay consumidores en el mercado como Juana que valoran mucho este tipo de teléfono inteligente; pero sin comercio tal valor no se acabaría generando.

El panel izquierdo de la figura 4.8 generaliza este concepto. Para los compradores, la curva de demanda (inversa) representa su disposición a pagar por el bien. La diferencia entre la curva de demanda y el precio de mercado (área *A*) es el excedente para los compradores; lo llamamos **excedente del consumidor**. De forma parecida, la curva de la oferta (inversa) indica el precio al cual los vendedores están dispuestos a vender. La diferencia entre el precio y la curva de la oferta (área *B*) es así el excedente para los vendedores; lo llamamos **excedente del productor**.[k] El excedente total generado por el comercio, la suma de las áreas *A* y *B*, mide el aumento en valor en la economía como consecuencia de la producción y comercio entre partes: volviendo a nuestro ejemplo, mide cuánto mejor está la economía con la existencia del iPhone 6.

---

[k] El excedente del productor no es otra cosa que el beneficio variable. Al restar los costes fijos del excedente del productor, obtenemos beneficios netos. Podemos apuntar una analogía interesante entre el excedente del consumidor y del productor. El coste marginal de la empresa se puede interpretar como su «disposición a vender» para cada unidad, es decir, el mínimo que la empresa precisa para vender cada unidad. Esto es parecido a la disposición de pagar del consumidor. Una diferencia importante a recalcar, no obstante, es que la «disposición a vender» de la empresa aumenta por lo general con el número de unidades producidas, mientras que la disposición a pagar del consumidor disminuye con el número de unidades consumidas.

■ **Eficiencia.** Así como la justicia es para la ley o la salud para la medicina, la eficiencia es un concepto fundamental en economía, y en particular en la microeconomía. Existen diferentes tipos de eficiencia. El primer tipo, **eficiencia de asignación**, requiere que los recursos sean asignados a su uso particular más eficiente. Supongamos que el panel izquierdo de la figura 4.8 nos ofrece una buena aproximación del mercado del iPhone 6. A un precio p', solo se venden q' unidades. Esto implica que hay varios consumidores enfadados que quisieran comprar un iPhone 6 pero no lo han podido hacer porque el precio es demasiado alto; específicamente, aquellos consumidores con una disposición a pagar menor que p'. De estos consumidores, algunos estaban dispuestos a pagar un precio que era mayor que el coste de producir un iPhone. Este es precisamente el caso de los consumidores de unidades entre q' y q^*, donde q^* es el nivel de producción tal que el coste marginal iguala la disposición a pagar en el mercado. En su conjunto, el grado de ineficiencia de asignación cuando la cantidad es q' viene dado por el área C.

Pero existen otras cosas además de la eficiencia. Imaginemos ahora una empresa típica en Europa y una empresa en India ambas operando en la misma industria. Pongamos que, aun midiendo el valor de los insumos a los mismos precios de insumos, la empresa india produce a un coste más alto que la empresa europea; es decir, puede ser que la empresa india sea menos productiva (capítulo 3).[1] Una productividad baja es el resultado de usar la combinación equivocada o hacer un uso subóptimo de los insumos relevantes. En términos gráficos, una productividad baja implica una curva de coste marginal más alta. Este concepto queda ilustrado en el panel derecho de la figura 4.8, donde se muestran dos curvas de costes marginales distintas. El área entre la curva de coste marginal alto (S_H) y la curva de coste marginal bajo (S_L), que asumimos es el coste más bajo posible, mide el grado de ineficiencia en la producción asociada a S_H. Muy a menudo, la **eficiencia productiva** se refiere a lo cerca que está el coste de producción real del menor coste factible.

Hasta ahora únicamente nos hemos preocupado de efectos estáticos de eficiencia. En algunos casos, no obstante, la eficiencia dinámica es tan importante, o más, que la eficiencia estática. Tomemos el caso de los teléfonos inteligentes. Más importante que producir y vender el número óptimo de iPhones, y más importante que la eficiencia en el coste de producción del iPhone, es el hecho de que el iPhone existe en absoluto. En general, la tasa de introducción de nuevos productos, así como la mejora en las técnicas de producción de versiones de iPhones ya en el mercado, es la base de la **eficiencia dinámica** de la industria.

---

[1] El coste de producción real de la empresa india puede ser menor, dado que los insumos, y en particular los costes laborales, son más baratos en India que en Europa.

Podemos resumir la discusión anterior afirmando que:

La *eficiencia de asignación* requiere que la cantidad producida esté al nivel óptimo. La *eficiencia productiva* requiere que tal nivel de cantidad sea producido de la forma más barata posible dada la tecnología disponible. La *eficiencia dinámica* se refiere a la mejora en el tiempo de los productos y sus respectivas técnicas de producción.

También debemos mencionar que, hablando estrictamente, la eficiencia productiva y la eficiencia dinámica son también causas de eficiencia de asignación. Por ejemplo, una empresa que carece de eficiencia productiva es una empresa que no usará la óptima combinación de insumos en su producción, lo que a su vez significa mayores costes que el mínimo necesario para producir cierto nivel de unidades de producción. Sin embargo, normalmente usamos el término eficiencia de asignación –o simplemente eficiencia– para caracterizar el nivel de producción respecto al nivel de producción que maximiza el excedente total.

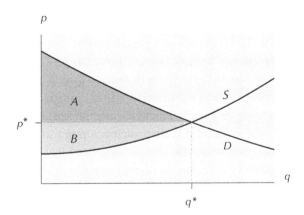

Figura 4.9. El Teorema Fundamental.

■ **El Teorema Fundamental.** ¿Por qué los economistas (y a veces incluso los políticos) se deshacen en elogios a los mercados? Una razón (y quizás haya otras más atractivas) es que los mercados competitivos son eficientes, es decir:

En un mercado competitivo la cantidad y el precio en equilibrio corresponden a los valores que garantizan el máximo valor del excedente total.

Para los economistas este es un resultado lo suficientemente importante y atractivo como para ganarse la designación (algo ostentosa) del **Teorema Fundamental**.

El Teorema Fundamental es sobre eficiencia estática, tanto de asignación como productiva.

La eficiencia productiva se maximiza porque, dada la competencia, las empresas ineficientes (es decir, las empresas con costes marginales mayores que S_L en el panel derecho de la figura 4.8) se ven forzadas a abandonar el mercado (es decir, no consiguen generar beneficios positivos al precio del mercado reinante). Como dice Warren Buffett claramente, «solo cuando la marea baja uno se da cuenta de quién ha estado nadando desnudo». En nuestro contexto, podemos parafrasear esta expresión como «solo cuando la marea de la competencia perfecta toma lugar uno se da cuenta de qué empresas no van vestidas con la ropa de la eficiencia productiva». (Y no, no creo que esta frase me ayude a ganar el Premio Pulitzer.)

La eficiencia de asignación, a su vez, se maximiza porque, desde la cantidad de equilibrio q^*, cualquier cambio en q conlleva una disminución en excedente: si $q < q^*$, entonces habrá consumidores con una disposición a pagar más alta que el coste marginal que no compran el producto (como se ve en el panel izquierdo de la figura 4.8); si $q > q^*$, entonces hay consumidores con una disposición a pagar por debajo del coste marginal que compran el producto. En otras palabras, mientras la curva de demanda (disposición a pagar) quede por encima de la curva de coste marginal («disposición a vender»), un aumento en la cantidad aumenta el excedente total; en cambio, si la curva de demanda queda por debajo de la curva del coste marginal, entonces una disminución de la cantidad aumenta el excedente total. El excedente máximo (y eficiencia de asignación) se alcanza en el punto donde el coste marginal es igual a la disposición a pagar, lo cual corresponde al equilibrio de mercado. Esto se puede ver en la figura 4.9.

El Teorema Fundamental se puede replantear alrededor de la famosa (o infame) «mano invisible» del mercado competitivo. Aunque compradores y vendedores pueden tener preferencias y habilidades dispares y contradictorias, el mecanismo de precios garantiza que aquellos consumidores que valoran más el bien lo reciben, y aquellas empresas que tienen menores costes de producción lo producen.[m]

Sin lugar a dudas esto es bueno; no obstante, es importante recalcar unas pocas observaciones o salvedades. Primero, el Teorema Fundamental es una decla-

---

[m] La idea detrás del sistema de precios (bajo competencia perfecta) como sistema de asignación efectivo –incluyendo la metáfora de la «mano invisible»– fue desarrollada en gran medida por Adam Smith en el siglo XVIII. Nótese que el sistema competitivo logra la eficiencia productiva mediante una especie de mecanismo de «selección natural» (solo las empresas eficientes sobreviven). En este sentido, el teorema está más cerca de las ideas de Darwin que de las de Smith.

ración sobre eficiencia más que sobre equidad, es decir, solo se refiere al tamaño total del excedente, y no a su distribución. En particular, debemos notar que al calcular el excedente total valoramos el excedente del consumidor y del productor por igual. Supuestamente, damos valor a los beneficios porque eventualmente vuelven a los accionistas de las empresas. Sin embargo, ya que los accionistas tienden a ser más ricos que los consumidores, muchos sostienen que los beneficios de las empresas no deberían tener el mismo peso que el excedente del consumidor. Por ejemplo, disposiciones institucionales o regulaciones que aumentaron el excedente del consumidor cerca de $20 millones y disminuyeron los beneficios de las empresas cerca de $25 millones podrían considerarse como una mejora del excedente social incluso cuando hay un coste de $5 millones en términos del excedente total.

Otro aviso importante es que el Teorema Fundamental se aplica a mercados competitivos, que, como se ha indicado anteriormente en el capítulo, corresponden a un conjunto de supuestos muy exigentes. Cuando productores o consumidores tienen suficiente tamaño como para fijar precios; los productos son diferenciados; no hay información perfecta acerca de los precios y la calidad; no hay libre entrada en el mercado; o hay externalidades de mercado (un concepto que introduciremos en la sección 5.1) entonces el Teorema Fundamental no tiene por qué ser válido. Hablaremos más de esto en las secciones siguientes y en el próximo capítulo.

Finalmente, deberíamos enfatizar que el Teorema Fundamental (como presentado anteriormente) trata de eficiencia estática, y sobre la asignación óptima de recursos en una economía con un conjunto dado de bienes. El Teorema Fundamental no es una declaración de eficiencia dinámica. Es difícil medir la eficiencia dinámica, aun más difícil compararla con la eficiencia estática. Por esta razón, los economistas de la organización industrial han gravitado más a la eficiencia estática y no a la eficiencia dinámica. El sesgo hacia la eficiencia estática no es inocuo. Como veremos en el capítulo 15, hay a menudo tales ganancias y pérdidas asociadas con la eficiencia estática y la eficiencia dinámica, que al aumentar la eficiencia de asignación estática puede aumentar también el coste asociado con la eficiencia dinámica.

■ **Selección competitiva y eficiencia.** Volvamos al modelo de selección competitiva presentado en la sección 4.2. Aun con todas sus diferencias con respecto a la competencia perfecta, la selección competitiva mantiene una propiedad importante: la eficiencia. Primero, la decisión de producción óptima de cada empresa en cada periodo es eficiente: el precio igual al coste marginal esperado es la decisión más eficiente, es decir, la que maximiza el excedente total. Además, se puede demostrar que las decisiones de entrada y salida de cada empresa son también óptimas desde un punto de vista social. La idea básica es la misma que en el modelo de competencia perfecta: una empresa pequeña tiene un efecto insignificante en las otras empresas y en el precio del mercado. Se deduce que la empresa internaliza todos los costes y beneficios de entrar o salir de la industria: lo que es bueno para la empresa es bueno para la sociedad.

Puede que parezca ineficiente tener empresas entrando y saliendo de la industria simultáneamente. Pero debemos recordar que las empresas no conocen con total certeza su propia eficiencia. La única manera de determinar la eficiencia de una empresa es entrando en la industria.

> **Al igual que en el modelo de competencia perfecta, el equilibrio de mercado bajo selección competitiva es eficiente.**

Debemos notar que la tasa de rotación de empresas (el número de empresas entrando y saliendo de una industria dividido por el número total de empresas) es eficiente: un planificador central no querría aumentarla o disminuirla. De primeras, puede que parezca que entrada y salida simultáneas es un desperdicio de recursos –en la medida en que hay costes de entrada. No obstante, esos costes de entrada son el precio a pagar por las empresas para que el proceso de rotación de empresas seleccione a las empresas más eficientes.

■ **Competencia monopolística y eficiencia.** Al comparar los equilibrios a largo plazo bajo competencia perfecta y competencia monopolística, observamos una similitud importante y una diferencia importante. En ambos modelos, *debido a la libre entrada de empresas, los beneficios son cero en el largo plazo.* Sin embargo, el equilibrio de beneficio cero implica que el precio es igual al coste medio mínimo en el modelo de competencia perfecta, mientras que *bajo competencia monopolística el precio es mayor que el coste medio mínimo.* Dicho de otro modo, el precio es igual al coste marginal en competencia perfecta, mientras que el *precio es mayor que el coste marginal bajo competencia monopolística.*

Bajo la condición de libre entrada, las proposiciones «el precio es mayor que el coste medio mínimo» y «el precio es mayor que el coste marginal» son equivalentes (véase el Ejercicio 4.12). Sin embargo, indican dos fuentes distintas (aunque relacionadas) de ineficiencia de asignación: (a) El hecho de que el precio es mayor que el coste medio mínimo indica que, al reasignar producción entre empresas, es posible reducir el coste total de la industria. Específicamente, si el objetivo es el de minimizar coste por unidad entonces cada empresa produce demasiado poco bajo competencia monopolística (figura 4.7): para el mismo nivel de cantidad, los costes totales serían menores si hubiera menos empresas con cada una de ellas produciendo una mayor cantidad. (b) El hecho de que el precio es mayor que el coste marginal implica que, al aumentar la producción, el excedente total aumenta: en el margen, lo que los consumidores están dispuestos a pagar (el precio) es mayor que lo que las empresas deben pagar (coste marginal).

Bajo competencia perfecta, obtenemos cero beneficios (el precio es igual al coste medio) y eficiencia (el precio es igual al coste marginal). Esta coincidencia ha llevado a muchos a equiparar cero beneficios con eficiencia. El modelo de competencia monopolística muestra que tal equivalencia es, en general, injustificada. El beneficio cero es el resultado de la entrada libre de empresas.[n] Ambos modelos de competencia perfecta y competencia monopolística están basados en el supuesto de entrada libre, y de ahí el resultado de beneficios cero. La eficiencia productiva se alcanza cuando los costes de producción son minimizados. Tal minimización tiene lugar bajo competencia perfecta (porque las empresas toman los precios como dados), pero no bajo competencia monopolística (donde las empresas fijan sus propios precios).

Finalmente, notemos que la ineficiencia de asignación bajo competencia monopolística (el precio es mayor que el coste marginal y que el coste medio mínimo) no implica necesariamente ineficiencia total; debemos considerar los beneficios derivados de la variedad de producto. Si cada empresa produjera al nivel q tal que el coste medio fuera minimizado, y el precio fuera igual al coste medio (y al coste marginal), entonces el número de empresas activas sería menor que bajo el equilibrio de competencia monopolística en el largo plazo. Pero, asumiendo que los consumidores valoran variedad (lo cual es consistente con el supuesto de que las demandas individuales tienen pendiente negativa), entonces tal acción tendría como principal implicación una pérdida en utilidad del consumidor. Esta pérdida de variedad de producto debe ser contrastada con las ganancias en términos de costes de producción cuando determinamos cuán atractivo es el equilibrio en el largo plazo. Más sobre este tema en el capítulo 10.

Sumario

- El precio tiende a moverse hacia el precio de equilibrio (donde la oferta iguala la demanda).
- (a) Un desplazamiento hacia la derecha de la curva de demanda conllevará un aumento en la cantidad y un aumento en el precio. (b) Un desplaza-

---

[n] Para ser más precisos, beneficios cero son una consecuencia directa de la entrada libre de empresas y el libre acceso a las mejores tecnologías disponibles. El caso cuando la primera condición es cierta pero no la segunda fue abordado en la sección 4.2.

miento hacia la derecha de la curva de oferta conllevará un aumento en la cantidad y un descenso en el precio.

- En el equilibrio de largo plazo en competencia perfecta las empresas producen al coste medio mínimo y toman cero beneficios.
- La variabilidad e incertidumbre de la eficiencia de una empresa reconcilia el modelo competitivo con la evidencia empírica acerca de (a) entrada y salida simultáneas; (b) tamaño relativo de entrantes y salientes con respecto a empresas activas que continúan en el mercado.
- Los beneficios en equilibrio en competencia monopolística son cero, pero las empresas no producen su cantidad en el valor mínimo de su coste medio.
- La *eficiencia de asignación* requiere que la cantidad producida esté al nivel óptimo. La *eficiencia productiva* requiere que tal nivel de cantidad sea producido de la forma más barata posible dada la tecnología disponible. La *eficiencia dinámica* se refiere a la mejora en el tiempo de los productos y sus respectivas técnicas de producción.
- En un mercado competitivo la cantidad y el precio en equilibrio corresponden a los valores que garantizan el máximo valor del excedente total.
- Al igual que en el modelo de competencia perfecta, el equilibrio de mercado bajo selección competitiva es eficiente.

Conceptos clave

- empresa atomística
- producto homogéneo
- información perfecta
- entrada libre
- curva de oferta de la industria
- equilibrio de mercado
- ley de la oferta y la demanda
- estática comparativa
- renta

- selección competitiva
- competencia monopolística
- excedente del consumidor
- excedente del productor
- eficiencia de asignación
- eficiencia productiva
- eficiencia dinámica
- Teorema Fundamental

Ejercicios de práctica

■ **4.1. Vitamina C.** La vitamina C es una vitamina genérica producida por muchas compañías: el nombre de marca no es importante, entrar en el mercado es fácil. Un buen amigo –un cirujano ortopédico reconocido mundialmente en

Nueva Jersey– te dice que está a punto de publicar en *The New England Journal of Medicine* (una revista médica muy prestigiosa) un estudio que demuestra que tomar dosis diarias de 500 mg de vitamina C suele mejorar el tono muscular y aumenta la resistencia física de los adultos, sin efectos secundarios desfavorables. Aunque él es un doctor muy bueno, no sabe cómo funcionan los mercados y quiere saber qué le pasará, y por qué –en el corto plazo y en el largo plazo– al precio de la vitamina C, a la cantidad vendida, a los beneficios de los fabricantes, y al número de las empresas productoras. Haz un resumen de lo que le dirías.

■ **4.2. Estática comparativa: aspartamo, petróleo.** Para cada uno de los siguientes, usa un diagrama de oferta y demanda para deducir el impacto del evento en el mercado correspondiente. ¿Esperarías que el impacto fuera principalmente en precio o cantidad? En tu respuesta, puedes mencionar factores relevantes que no aparecen en un análisis tradicional de oferta y demanda.

  a) Evento: la FDA (agencia reguladora de alimentos y medicamentos en EE. UU.) anuncia que el aspartamo puede causar cáncer. Mercado: sacarina. (Nótese que el aspartamo y la sacarina son edulcorantes de bajas calorías.)
  b) Evento: el precio del petróleo aumenta. Mercado: electricidad en California.

■ **4.3. Estática comparativa: efectos en el precio y la cantidad.** Consideremos los siguientes sucesos y mercados:

* OPEC reduce su cantidad de producción [mercado: petróleo]
* Invierno más lluvioso de lo normal en la ciudad de Nueva York [mercado: paraguas en Nueva York]
* La final de la Champions League de futbol toma lugar en Madrid [mercado: hoteles en Madrid]
* Capturas de lenguado más bajas de lo esperado [mercado: lenguado]

¿Cuál de los cuatro escenarios corresponde a los cuatro casos considerados en la figura 4.3?

■ **4.4. Trasplantes de riñón.** Supongamos que en un estado determinado –llamémoslo estado X– unos pocos juicios por negligencia médica en trasplantes de riñón han causado la concesión de daños punitivos sin precedentes. ¿Qué impacto esperas que esto tenga en el mercado de los servicios de trasplante de riñón en el estado X? En la medida de lo que sea posible, y haciendo los supuestos necesarios al responder la pregunta, indica los efectos esperados en el precio y la cantidad; la magnitud relativa de estos dos efectos; y posibles diferencias entre los equilibrios de corto y largo plazo.

■ **4.5. La publicación de libros.** La tecnología para publicar libros se caracteriza por un coste fijo alto (redacción del libro) y un coste marginal muy bajo (impresión). Los precios se fijan a niveles mucho más altos que el coste marginal. Sin embargo, la industria del libro únicamente ofrece una tasa de rendimiento muy normal. ¿Son estos hechos consistentes con la maximización de beneficios por parte de las compañías editoras de libros? ¿Qué modelo crees que se ajusta mejor a esta industria?

■ **4.6. Detergente de ropa.** El mercado de detergente de ropa es monopolísticamente competitivo. Cada empresa tiene su propia marca, y cada marca está efectivamente diferenciada así que tiene poder de mercado (es decir, tiene una demanda de pendiente negativa). Aun así, ninguna de las marcas gana ningún beneficio económico, porque la entrada de nuevas empresas hace que la demanda de cada marca se desplace hasta que cada vendedor vende lo justo para pagar sus costes. Todas las empresas tienen la misma función de costes, que son en forma de U.

Supongamos que el gobierno estudia el mercado del detergente y encuentra que todos ellos son iguales. El gobierno hace su estudio público e inmediatamente la población abandona toda lealtad a la marca anterior. ¿Qué sucede con el precio cuando este producto que anteriormente era un producto diferenciado ahora se convierte en un producto básico y homogéneo? ¿Qué sucede con el total de las ventas? ¿Qué sucede con el número de empresas en el mercado?

■ **4.7. Camisetas estampadas.** El negocio de la estampación personalizada de camisetas tiene muchos competidores, así que el modelo de competencia perfecta se puede considerar como una buena aproximación. En la actualidad la curva de demanda de mercado viene dada por $Q = 120 - 1,5p$, mientras que la oferta de mercado es $Q = -20 + 2p$.

a) Encuentra el equilibrio de mercado.

Supongamos que hay una repentina locura por camisetas estampadas que aumenta la demanda un 10 % (esto significa que, a cada nivel de precios, la demanda es ahora un 10 % mayor que antes de la locura repentina).

b) Encuentra la nueva curva de demanda.
c) Encuentra el cambio en la cantidad de equilibrio.
d) Si tu respuesta a la pregunta anterior es diferente a 10 %, explica el porqué de la diferencia en valores.

Volvamos ahora a la curva de demanda inicial y supongamos que hay un aumento en el coste de camisetas sin estampado, un insumo esencial para el negocio de camisetas con estampado personalizado. Específicamente, por cada unidad de cada productor, el coste de producción aumenta un 10 %.

e) Encuentra la nueva curva de oferta.
f) Encuentra el cambio en el precio de equilibrio.
g) Si tu respuesta a la pregunta anterior es diferente a 10 %, explica la diferencia en valores.

■ **4.8. Impuesto sobre las ventas.** Consideremos ahora una industria con una demanda de mercado $Q = 550 - 20p$ y una oferta de mercado $Q = 100 + 10\,p$. Encuentra el precio y la cantidad en equilibrio. Supongamos que el gobierno impone un impuesto de \$6 por unidad pagado por los consumidores. ¿Cuál es el impacto del impuesto en el precio y la cantidad de equilibrio? ¿Y si el impuesto tuviera que ser pagado por el vendedor en vez del comprador?

■ **4.9. Impuestos sobre las ventas con una demanda con más pendiente.** Consideremos de nuevo el Ejercicio 4.8. Supongamos que la demanda ahora es $Q = 280 - 2p$.

a) Demuestra que los niveles de equilibrio de p y q son los mismos que en el equilibrio inicial en el Ejercicio 4.8.
b) Encuentra el impacto del impuesto de \$6 en términos del precio pagado efectivamente por compradores y vendedores.
c) Compara los resultados en (b) con aquellos en el Ejercicio 4.8. Explica la intuición económica detrás del resultado.

■ **4.10. Precios de coches en Europa.** Los impuestos sobre las ventas en compras de coches en Europa varían de 0 % a más de 200 %.[12] El RU es uno de los países con impuestos más bajos, mientras que Dinamarca es uno de los países con impuestos más altos.

a) ¿En qué países esperarías que los precios pagados por los consumidores sean los más altos?
b) ¿En qué países esperarías que los precios pagados por los consumidores antes de impuestos sean los más altos?

Por ley, si un consumidor compra un coche en el país x y lo registra en el país y, el consumidor recibe un reembolso del impuesto pagado en el país x y entonces paga el impuesto correspondiente en el país y.

c) ¿Cuál sería la óptima estrategia para comprar un coche para un ciudadano europeo a quien no le importa comprar un coche en el extranjero?

Ejercicios complejos

■ **4.11. La oferta de electricidad.** Consideremos el mercado de la electricidad donde hay tres proveedores, cada uno con un coste marginal constante (una aproximación razonable en la industria de generación de electricidad). La empresa 1 tiene una capacidad de 200 y $CM = 5$. La empresa 2 tiene una capacidad de 100 y $CM = 8$. La empresa 3 tiene una capacidad de 100 y $CM = 10$. Supongamos que las tres empresas toman los precios como dados.

a) Encuentra la curva de oferta de la industria.
b) Supongamos que la demanda de mercado es $Q = 540 - 20p$. Encuentra el equilibrio de mercado. ¿Es este equilibrio un equilibrio de largo plazo?
c) Supongamos que (i) la demanda cae a $D(p) = 400 - 20p$; (ii) la empresa 3 reduce su CM a 8; (iii) la empresa 2 reduce su CM a 7. ¿Qué sucede en cada caso a los beneficios en equilibrio?

■ **4.12. Coste medio y marginal.** Demuestra que, en un equilibrio a largo plazo con libre entrada e igual acceso a la mejor tecnología disponible, la comparación del precio al mínimo del coste medio o la comparación del precio al coste marginal son criterios equivalentes de eficiencia de asignación. Dicho de otro modo, el precio es mayor que el mínimo del coste medio si el precio es mayor que el coste marginal.

Demuestra, por ejemplo, que lo mismo no es verdad en general (pista: considera un monopolista con coste marginal y coste medio constantes c).

Ejercicios aplicados

■ **4.13. Oferta de mercado.** Encuentra primero datos a nivel de empresa sobre su coste marginal y capacidad (por ejemplo, plantas generadoras de electricidad). Estima las curvas de oferta de cada empresa y del mercado bajo el supuesto de que las empresas toman el precio de mercado como dado.

Notas

1. Fuente: US Geological Survey.
2. Lucas, Robert (1978), «On the Size Distribution of Business Firms», *Bell Journal of Economics* 9, 508-523.
3. Mueller, Dennis (1986), *Profits in the Long Run*, Cambridge: Cambridge University Press.
4. Syverson, Chad (2004), «Product Substitutability and Productivity Dispersion», *Review of Economics and Statistics* 86 (2), 534-550.
5. Hsieh, Chang-Tai, y Peter J. Klenow (2009), «Misallocation and Manufacturing TFP in China and India», *Quarterly Journal of Economics* 124 (4), 1403-1448.
6. Foster, Lucia, John Haltiwanger y Chad Syverson (2008), «Reallocation, Firm Turnover, and Efficiency: Selection on Productivity or Profitability?», *American Economic Review* 98 (1), 394-425.
7. Fuente: Cable, John, y Joachim Schwalbach (1991), «International Comparisons of Entry and Exit», in Geroski and Schwalbach (ed.), *Entry and Market Contestability*, Oxford: Basil Blackwell.
8. Fuente: Cable y Schwalbach, citado anteriormente.
9. Muchos han propuesto diferentes modelos que tienen en cuenta los principales hechos establecidos (incluso aquellos presentados en la sección previa). El modelo que presentamos aquí es una adaptación del modelo en Jovanovic, Boyan (1982), «Selection and Evolution of Industry», *Econometrica* 50, 649-670. Otras contribuciones importantes son Lippman, Stephen y Rumelt, R. (1982), «Uncertain Imitability: An Analysis of Interfirm Differences in Efficiency under Competition», *Bell Journal of Economics* 13, 418-438; Hopenhayn, Hugo (1992), «Entry, Exit, and Firm Dynamics in Long Run Equilibrium», *Econometrica* 60, 1127-1150; y Ericson, Richard y Ariel Pakes (1989), «Markov-Perfect Industry Dynamics: A Framework for Empirical Work», *Review of Economics Studies* 62, 53-82.
10. Fuente: Van Ark, Bart, y Erik Monnikhof (1996), «Size Distribution of Output and Employment: A Data Set For Manufacturing Industries in Five OECD Countries, 1960s-1990», *OECD Economics Department Working Paper* N.ª 166.
11. Chamberlin, Edward H. (1933), *The Theory of Monopolistic Competition*, Cambridge, Mass: Harvard University Press; Robinson, Joan V. (1933), *The Economics of Imperfect Competition*, Londres: Macmillan; 2.ª ed., 1969.
12. Fuente: Parlamento Europeo, «Car taxes: the less I pollute, the less I pay», 27-06-2006.

5. Fallos de mercado y políticas públicas

El modelo de competencia perfecta se basa en tantos supuestos que no es difícil encontrar ejemplos donde no se cumple. En este capítulo, considero tres fuentes destacadas de «fallos de mercado»: externalidades, información imperfecta y poder de mercado. Las externalidades existen cuando las acciones de un agente económico (consumidor, empresa, etc.) tienen un efecto en otros agentes que van más allá del efecto en el precio de mercado. Esta definición puede parecer un poco ambigua, pero esperemos que los ejemplos en la sección 5.1 aclararán las dudas; por ahora, digamos que la contaminación y el cambio climático son un ejemplo notable de externalidades. La idea de la información imperfecta es más fácil de entender: a veces las empresas no lo saben todo sobre los consumidores y los consumidores no lo saben todo sobre las empresas. El sector de la sanidad es un claro ejemplo, pero veremos en la sección 5.2 que hay muchos más ejemplos. Finalmente, el poder de mercado se refiere a empresas que tienen la habilidad de fijar precios, a veces precios muy altos: el supermercado de al lado de tu casa, tu aerolínea favorita o tu empresa de televisión por cable son tres ejemplos; seguramente se te ocurren más ejemplos (y yo sugeriré varios otros en la sección 5.3).

La mitad del capítulo está dedicada a estos tipos de fallos de mercado, mientras que la otra mitad se centra en instrumentos de políticas públicas para corregir situaciones caracterizadas por el poder de mercado: la regulación del mercado (sección 5.4), política de competencia (sección 5.5) y regulación empresarial (sección 5.6).

5.1 Externalidades y fallos de mercado

¿Dónde se puede encontrar cerveza a 5 céntimos la botella? Mi mejor respuesta: quizás en una reunión de exalumnos con 100 asistentes. Dejad que me explique: cuando tú y tus 99 amigos salís a comer, seguramente os dividiréis la cuenta de la comida a partes iguales: sería muy complicado llevar la cuenta separada de 100 pedidos distintos. Cuando toca decidir si pedir una segunda o tercera cerveza, si tú eres un economista, entonces la manera en que tú razonarás es la siguiente: una cerveza más, 5 dólares más en la cuenta total; eso son 5 céntimos más para ti –¡toda una ganga! Para que no pienses que esto es un razonamiento puramente teórico, los economistas han estimado empíricamente este efecto: incluso en un grupo tan pequeño como de 4 personas, dividirse a partes iguales la cuenta puede llevar a aumentar la cuenta total hasta un 40 %.[1]

En economía, este problema se conoce como el **problema del polizón**. El punto es que las decisiones de un agente (por ejemplo, pedir otra cerveza cuando la cuenta final se divide a partes iguales) no tienen en cuenta los costes impuestos en los otros agentes (99 % de la cerveza extra es efectivamente pagada por los demás). Como consecuencia, la cantidad total consumida en la cena es mayor que lo que sería eficiente desde un punto de vista social: incluso si el coste de una cerveza es, digamos, 30 céntimos, habrá mucha cerveza consumida por la que la disposición a pagar es menor que el coste social.

■ **Tipos de externalidades.** En general, se dice que una **externalidad** existe cuando las acciones de un agente tienen un efecto en otros agentes que va más allá de la transacción de mercado en sí. Este efecto puede ser negativo (por ejemplo, cuando fumo la gente a mi alrededor sufre) o positivo (por ejemplo, cuando planto flores en mi jardín, toda la gente que pasa por delante se beneficia). A continuación, consideramos algunos de los tipos más comunes de externalidades.

- La **tragedia de los comunes** es cualquier situación donde un recurso común es usado abusivamente respecto al empleo eficiente desde una perspectiva social. El nombre proviene de los campos de pastoreo en Inglaterra que eran compartidos por todos los propietarios de rebaños; pero hay otros casos más recientes y económicamente importantes, como son la pesca y el aire limpio. Por ejemplo, cuando un barco pesquero decide cuánto bacalao pescar en Terranova, el propietario compara sus beneficios y sus costes, sin tener en cuenta el efecto que esto tendrá en las existencias totales de bacalao. En este caso, el equilibrio de mercado comporta una cantidad óptima que es demasiado alta desde un punto de vista social, posiblemente incluso causando la extinción de la especie o al menos un episodio de sobrepesca.[a]

---

[a] La tragedia de los comunes se puede hacer notar también en una organización de gran tamaño y con múltiples departamentos donde jefes y directores de departamento son compensados únicamente por el rendimiento de sus propios departamentos, y por lo tanto no tienen en cuenta el impacto de sus decisiones en el resto de la empresa. Véase el Ejercicio 5.6.

- Otra externalidad por la que nos quejamos todos los días es la **congestión**. Si utilizas un aeropuerto muy concurrido como el aeropuerto de La Guardia en Nueva York o Heathrow en Londres, ya sabes de lo que hablamos: «Buenos días, señores y señoras, habla su capitán, estamos ahora en el puesto 17 en la lista de salida para despegar». Lo que significa media hora adicional en el asfalto. La congestión excesiva es el resultado de una externalidad: cuando una aerolínea decide el horario de un vuelo durante hora punta, no tiene en cuenta el retraso adicional que impondrá en todos los vuelos que salen justo después.
- He dado varios ejemplos de externalidades negativas, pero también hay ejemplos de externalidades positivas. Un caso extremo es el de los **bienes públicos**. Si construyo un parque, genero un beneficio para mí mismo, pero otros pueden disfrutarlo sin coste adicional –una externalidad positiva.[b] La defensa nacional, la sanidad y la educación son otros ejemplos de inversiones y gastos que tienen ciertos elementos de bienes públicos.[c]

Como estos ejemplos demuestran, las externalidades abundan. Esto son malas noticias para el Teorema Fundamental, por lo que cabe preguntarse una serie de cuestiones: ¿cómo de mala es la solución del mercado cuando hay externalidades? ¿Se puede alcanzar la optimalidad –o cerca de la optimalidad– en presencia de externalidades? Empiezo aquí con la solución favorita de los economistas a este problema: impuestos destinados a corregir externalidades.

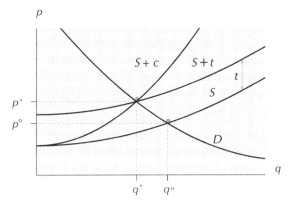

Figura 5.1. Equilibrio de mercado y óptimo social con externalidades.

---

[b] Dicho de otro modo, los bienes públicos son bienes caracterizados por la ausencia de rivalidad (y no excluibles): el consumo de una persona no impide el consumo del mismo bien por otra persona.

[c] Es importante distinguir entre bienes públicos con exclusión y bienes públicos sin exclusión. Por ejemplo, puedo limitar el acceso al parque que he construido, pero sería muy difícil impedir a los residentes de un área dada disfrutar aire limpio, si aire limpio es factible.

■ **Coste social e impuestos pigouvianos.** En mercados con externalidades, el Teorema Fundamental no se cumple: el precio de mercado deja de ser la principal guía para consumidores y productores; se requiere algo más que la «mano invisible» para alcanzar la eficiencia social. ¿Qué podría ser este «algo más»? Muchos economistas te dirán que la solución es aplicar un **impuesto pigouviano**.

Para motivar esta idea, consideremos el problema del cambio climático. Podemos debatir acerca de los números exactos, pero todos estaremos de acuerdo en que la producción industrial es un factor importante en las emisiones de CO_2, lo que a su vez contribuye al cambio climático y otros efectos relacionados. ¿Qué significa esto en términos económicos? La figura 5.1 muestra las curvas de oferta y demanda en una industria dada. Recuerda que, en una industria competitiva, la curva de oferta refleja las curvas de coste marginal de los vendedores, mientras que la curva de demanda –específicamente, la curva de demanda inversa– refleja la disposición a pagar de los compradores por el producto en cuestión. El equilibrio de mercado libre implica un precio p^o y una cantidad q^o. Según el Teorema Fundamental, esta es la cantidad tal que la disposición a pagar del comprador marginal es exactamente igual al coste marginal del vendedor marginal: no hay una transacción que podría aumentar las ganancias del comercio; el excedente total es máximo.

No obstante, supongamos que cada unidad de producción conlleva un coste marginal social de $c(q)$, es decir, el valor cambia cuando q cambia (en la figura, y en la mayoría de los casos en el mundo real, el coste marginal social aumenta con q). Entonces el coste marginal total de producir la unidad q viene dado por la suma del coste marginal de producción y el coste marginal social, la curva $S + c$ en la figura 5.1. Bajo el mismo razonamiento que en el Teorema Fundamental, el nivel de producción óptimo desde un punto de vista social –el nivel que maximiza los beneficios netos, incluyendo el coste marginal social adicional– viene dado por el punto donde $S + c$ cruza la curva de demanda. Este punto corresponde a la cantidad q^*. No es de extrañar que q^* sea menor que q^o: cuando hay una externalidad negativa, la cantidad de equilibrio es mayor que la cantidad óptima social.

¿Nos queda alguna esperanza en el mercado? El economista Arthur C. Pigou responde que sí, mientras impongamos un impuesto por unidad (si la externalidad es negativa) o un subsidio por unidad (si la externalidad es positiva).[d] Consideremos la figura 5.1 de nuevo. Supongamos que el impuesto t se cobra de las empresas por cada unidad producida. Esto implica un desplazamiento hacia arriba de la curva de la oferta, de S a $S + t$. El equilibrio de mercado es ahora q^*, el nivel de cantidad óptimo social.

---

[d] Estoy suponiendo que la cantidad de contaminación es proporcional a la cantidad producida. En general, el impuesto debería ser en la cantidad de producción que contamina.

CAJA 5.1 Estrategias para reducir el consumo de gasolina: EE. UU. y UE

En 2013, 1 litro de gasolina costaba €1,53 de promedio en una gasolinera en la Unión Europea (UE), del cual 58 % correspondía a impuestos y aranceles. En EE. UU., el precio medio en una gasolinera era de $3,49 por galón. Considerando que un galón es igual a 3,785 litros y que el tipo de cambio promedio anual era de 0,783 euros por dólar, este precio venía a ser lo mismo que €0,72 por litro, cerca de la mitad del precio en Europa. Desde el punto de vista de los lectores de EE. UU., el precio en Europa era de $7,40 por galón, más de dos veces el precio en EE. UU.

Así, es lógico que el consumo de gasolina (tanto por persona como por coche) sea menor en Europa que en EE. UU. Probablemente, el valor de q está más cercano a q^* en la UE que en EE. UU. (figura 5.1). Esta situación se debe en parte a que la elasticidad precio de la demanda de gasolina no es cero, pero también a que la demanda de coches en Europa y en EE. UU. son muy distintas. Como reacción a los altos precios de la gasolina y la demanda de coches de bajo consumo, los coches europeos son más pequeños y consumen menos gasolina que los coches americanos. En 2013, la eficiencia media de consumo de combustible en EE. UU. era de 32 millas por galón, mientras que en la UE este número alcanzaba la asombrosa cifra de 45. Para lectores europeos, esto corresponde a 5,2 litros por km en la UE por 7,6 litros por km en los EE. UU.

Varios gobiernos en los EE. UU. se han esforzado para aumentar la eficiencia de consumo de combustible, por ejemplo, al pasar los criterios CAFE (que significa Corporate Average Fuel Efficiency), una regulación que fuerza a los productores de coche a alcanzar unos mínimos de eficiencia media de consumo de combustible. Sin embargo, las empresas reguladas han podido mantener los criterios mínimos a niveles «razonables». Además, varias lagunas legales hacen que los criterios CAFE sean menos efectivos de lo esperado en principio: por ejemplo, SUV de alto consumo de gasolina entran en la categoría de camiones ligeros (y por lo tanto están excluidos de la media), lo que efectivamente proporciona una forma de «evitar» la regulación para consumidores y fabricantes.

En resumen, las políticas de eficiencia del consumo de gasolina sugieren que la regulación del precio es un instrumento mejor que la regulación de la cantidad. También nos dan ejemplos de cómo EE. UU. basado en una economía de mercado está a veces menos basado en el mercado que la UE que depende más de la intervención del gobierno. Finalmente, habiendo establecido las diferencias entre EE. UU. y la UE a la hora de regular el consumo de gasolina, debemos preguntarnos por las razones detrás de estas diferencias: la sección 5.4 proporciona una respuesta parcial a esta pregunta.

Un caso de éxito relativo al aplicar las ideas de Pigou es el caso de los impuestos en el consumo de gasolina en Europa, donde un impuesto pigouviano ha desplazado los niveles de consumo cerca de los niveles socialmente óptimos. Véase la Caja 5.1 para más detalle. Un caso menos exitoso es la idea de la «tasa Google», que está ganando adeptos en varios países europeos. Véase la Caja 5.2 para más detalle. La idea es imponer un impuesto en los agregadores de contenido en internet (como Google) que presentan fragmentos de contenido creados por otros en una lista (por ejemplo, noticias). La «tasa Google» se basa más en justicia que en eficiencia. De hecho, Pigou recomendaría que tanto los periódicos como Google fueran *subsidiados*, ya que tanto la creación de contenido como los enlaces para encontrar el contenido generan una externalidad positiva (véase en la Caja 5.2). No obstante, tal iniciativa política encontraría enormes dificultades (por ejemplo, decidir quién pagaría el subsidio).

CAJA 5.2 La «tasa Google» europea

Si buscaras en Google «ebola» en España durante el mes de octubre de 2014, seguramente hubieras encontrado un enlace al periódico *El País*, así como un fragmento de la noticia en cuestión. Si hubieras seleccionado el enlace, entonces hubieras entrado en el portal del periódico con acceso a la noticia en su totalidad. En el transcurso de ese proceso, varias empresas han ganado dinero con cada una de tus acciones y selecciones: *El País* incluyó publicidad en la página donde se podía leer la noticia seleccionada; Google también incluía publicidad en la página de búsqueda donde empezaste tu selección; y los anuncios de publicidad se pagan (y a un muy buen precio, ya que suelen ir dirigidos a tipos específicos de clientes).

En octubre de 2014, Günther Oettinger, el nuevo comisario digital de la UE, planteó la idea de una «tasa Google» común a todos los países de la UE. Este impuesto requeriría que los proveedores de buscadores en internet pagaran una tasa por enlace a material con derechos de autor registrados que apareciera en sus portales. «Si Google toma la propiedad intelectual de la UE y la usa para su beneficio, la UE puede y debe proteger su propiedad y exigir que Google pague una compensación por su uso», dijo Oettinger.

Este no fue el primer intento de los reguladores europeos para extraer rentas del gigante de internet. En 2006, un juez belga ordenó a Google compensar a Copiepresse, un consorcio de periódicos belgas, por el derecho de incluir fragmentos de las noticias en sus resultados de búsqueda, «con una multa diaria de € 2.000.000 por día de retraso». Google cumplió con la resolución del juez —no pagando sino eliminando los enlaces de sus páginas. Esta acción conllevó una reducción drástica en los ingresos de publicidad de los periódicos afiliados a Copiepresse. Tras varios años de «guerras de enlaces», Bélgica eventualmente cedió: en 2001, Copiepresse permitió a Google volver a incluir sus portales en las búsquedas de Google.

Los periódicos afirman que su contenido está siendo robado; Google se defiende argumentando que cada mes genera miles de millones de visitas a las páginas web de los periódicos. Puede que ambos tengan razón, es decir, ambas partes ganan algo de la exhibición de fragmentos de noticias y los enlaces al contenido de origen; el autor Cory Doctorow lo resume muy claramente: «el neto es el hábitat natural de las externalidades positivas». Al mismo tiempo, también podemos argumentar que Google gana más dinero relativamente hablando que los portales de enlaces: muchos usuarios provenientes de Google son lo que llamamos «éxitos de una vez», usuarios que suelen apretar el botón de «atrás» más a menudo que el de continuar navegando por el portal al que fueron dirigidos por Google.

En octubre de 2014, España creó una «tasa Google» similar a la creada por Bélgica. Las «guerras de enlaces» están lejos de su final.

■ **Soluciones alternativas al problema de las externalidades.** A pesar de las preferencias de los economistas, los impuestos pigouvianos no son en absoluto la única manera de lidiar con externalidades. Una alternativa importante es la de **regulación** directa sobre la actividad que es responsable de la creación de la externalidad. Por ejemplo, fumar genera una externalidad en el sentido de que molesta –y perjudica– a no fumadores cercanos. En muchos países en el mundo, este problema se ha solucionado simplemente con una prohibición de fumar en lugares públicos.

En muchos contextos, las normas y costumbres sociales intervienen en lugar de la regulación del gobierno. Incluso cuando nos dividimos la cuenta del restaurante a partes iguales, seguramente nadie pedirá caviar Beluga con champán Dom Perignon. ¿Por qué no? A menudo salir a cenar a restaurantes es como un juego con varias repeticiones (capítulo 7): solemos salir a cenar con los mismos grupos de amigos y colegas, y así una regla de comportamiento (con su correspondiente amenaza de castigo) puede surgir en equilibrio: si pides caviar, puede que sea la última vez que este grupo de amigos te invite a salir con ellos, así que mejor piénsatelo dos veces.

■ **El Teorema de Coase.** Una de las maneras más creativas de solucionar la ineficiencia generada por las externalidades es dejar que las partes afectadas negocien entre ellas. El **Teorema de Coase** –nombrado por su autor, el economista Ronald

Coase– afirma que, si los **derechos de propiedad** están asignados apropiadamente y las negociaciones no acarrean costes adicionales, entonces todas las externalidades quedarán «internalizadas», así que la solución de mercado (con negociaciones) resultará en la solución eficiente.[2]

Consideremos, por ejemplo, el caso de una planta de acero deshaciéndose de basura en un río. La sociedad puede decidir que (a) los agentes económicos río abajo tienen derechos de propiedad del agua limpia, o, por el contrario, (b) que la planta tiene el derecho a deshacerse de su basura como le plazca. Los derechos de propiedad podrían asignarse de cualquiera de las dos maneras. Pero una vez los derechos han sido claramente asignados (y en la medida en que son propiamente aplicados), entonces los individuos pueden negociar sobre cómo ejercitar esos derechos. Si los agentes río abajo tienen los derechos de agua limpia, entonces la planta de acero deberá pagar una compensación a cambio de poder contaminar el río. Alternativamente, si la planta tiene los derechos de propiedad, entonces los agentes río abajo podrán compensar a la planta de acero para disminuir sus actividades contaminantes.

Supongamos que el valor que la planta obtiene de tirar su basura en el río es mayor que el coste que impone en los residentes río abajo. Entonces, en equilibrio, las negociaciones terminarán en un acuerdo donde el vertimiento de basura tomará lugar. Nótese que este equilibrio se alcanzará sin importar quién tiene los derechos de propiedad sobre el uso del río. Si la fábrica tiene los derechos, los residentes no tendrán incentivos para comprar los derechos de la fábrica. Si, por lo contrario, los residentes río abajo tienen los derechos de propiedad sobre el río, entonces la fábrica efectuará una propuesta que no podrán rechazar. Si, por lo contrario, el beneficio que la planta deriva del vertimiento de basura es menor que el coste impuesto en los residentes río abajo, entonces en equilibrio las negociaciones terminarán con un resultado donde no hay vertimiento de basura. Una vez más, este resultado no depende de quién tiene en propiedad los derechos sobre el uso del río.

El razonamiento detrás del Teorema de Coase nos sirve como ilustración adicional de la diferencia entre eficiencia y justicia. El Teorema Fundamental y el Teorema de Coase tratan de eficiencia: una asignación de recursos que maximiza las ganancias del comercio (excedente total). Estos teoremas tienen poco a decir sobre justicia. Desde un punto de vista de eficiencia, da igual quién tiene los derechos sobre el agua limpia del río (fábrica o residentes). Esto no quiere decir, sin embargo, que ambas asignaciones de derechos de propiedad son igualmente justas.

He aquí otro ejemplo de la diferencia entre eficiencia y justicia: muchas ciudades en el mundo prohíben fumar en lugares públicos, incluso bares. Pero supongamos que una persona increíblemente rica llegara a una ciudad y realmente quisiera fumar en un bar, hasta el punto de que estuviera dispuesta a pagar $1 millón a cada persona que estuviera en el bar. ¿Sería eficiente dejar que lo hiciera? ¿Sería justo?

Esta sección puede ser resumida afirmando que:

> **Las externalidades de mercado causan el fallo del mercado. Los impuestos pigouvianos y otros mecanismos pueden restablecer la eficiencia en equilibrio.**

En el resto del libro nos encontraremos varios ejemplos de externalidades. En particular, son importantes las externalidades en competencia (ver capítulo 8) y externalidades en la relación entre empresas dentro de la cadena de valor (ver capítulo 13).

5.2 Información imperfecta

Supongamos que tú quieres comprar un Honda Accord de 2010. Tras consultar internet y otras fuentes, descubres que el valor de un coche de este tipo bien conservado es de unos $20.000. En la práctica, sabes que algunos propietarios no tienen mucho cuidado, por lo que el valor real podría ser entre $20.000 y cero (cero siendo un mal limón de verdad). Por simplicidad, supongamos que, desde el punto de vista de un comprador desinformado (tú), el valor podría estar en cualquier punto entre 0 y $20.000. Esto significa que, en promedio, tú deberías estar dispuesto a pagar $10.000 (o menos, si eres averso al riesgo, un factor que ignoramos por el momento aquí).

Supongamos que los vendedores, a diferencia de ti, conocen perfectamente el valor real del coche que venden. Si tú no estás dispuesto a pagar más de $10.000 por un coche, entonces los vendedores con coches en las mejores condiciones (y por lo tanto los más valiosos) no querrán vender. Por ejemplo, supongamos que todos los vendedores con coches que valen más de $12.000 deciden no vender. Si ese es el caso, y tú te enteras de esta circunstancia, entonces no deberías querer pagar más de $6.000. Pero cuidado: si es eso exactamente lo que estás dispuesto a pagar, entonces más vendedores decidirán no vender, otra vez aquellos con los coches en mejores condiciones.

Este proceso de **selección adversa** continúa, posiblemente hasta la situación extrema donde el mercado se colapsa completamente.[3] Ese es un resultado muy desafortunado. Como vimos en la sección 4.4, bajo competencia perfecta todas las transacciones beneficiosas toman lugar. En el contexto presente, puede que haya muchas transacciones que son socialmente deseables y beneficiosas (donde el valor de un coche específico es mayor para el comprador que para el vendedor) que no acaban dándose. La desviación clave del Teorema Fundamental (sección 4.4) es que la competencia perfecta asume información perfecta, mientras que en el caso presente tú (el comprador) no estás bien informado sobre la calidad del producto del vendedor. Si no hubiera **asimetría de información**, el precio de cada coche reflejaría su calidad y una transacción se daría si la disposición a pagar del consumidor es mayor que la disposición a vender del vendedor.

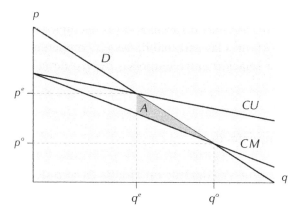

Figura 5.2. Equilibrio y óptimo social en el mercado de seguros médicos.[4]

Desafortunadamente, este problema no se limita al mercado de coches usados. Un caso particularmente importante de información asimétrica y selección adversa es el mercado de seguros médicos. La situación es ilustrada en la figura 5.2. Supongamos que podemos ordenar los consumidores (es decir, los pacientes) en términos de su riesgo de salud (de muy sanos a muy enfermos). Las personas más sanas están dispuestas a pagar menos por un seguro médico. Así, para un precio dado, únicamente los consumidores con un riesgo más alto que cierto umbral contratarán el seguro médico.

Hasta aquí no hay nada nuevo en cuanto a seguros médicos. Por ejemplo, solo consumidores con una disposición a pagar por patatas fritas más alta que su precio comprarán patatas fritas. Una importante característica de los seguros médicos, no obstante, es que el *coste* de los vendedores depende del *tipo* de los compradores. Específicamente, el coste de servir a un consumidor en concreto es mayor cuan más alto sea el riesgo de caer enfermo del consumidor. Consecuentemente, los consumidores que compran un seguro son precisamente aquellos con un coste más alto del seguro.

Esto implica que el coste marginal de servir al consumidor número q es decreciente, como se ve en la figura 5.2. También implica que el coste medio de servir a los primeros q consumidores (es decir, los q consumidores con más riesgo) disminuye y es mayor que el coste medio, como se aprecia en la figura 5.2.

El equilibrio competitivo corresponde al punto donde, mediante la entrada y salida de empresas, el precio llega al punto donde el precio es igual al coste medio (y las empresas ganan beneficios cero). Este equilibrio es (q^e, p^e) en la figura 5.2. Por lo contrario, el nivel óptimo social de q corresponde al punto donde el precio es igual al coste marginal. Ese punto es (q^o, p^o) en la figura 5.2. Como se puede ver, $(q^e < q^o)$, así el equilibrio competitivo implica una carencia de seguro médico. Específicamente, la ineficiencia social del equilibrio competitivo se puede medir mediante el área del triángulo en sombra A. Esto corresponde a todas las transacciones tal que la disposición a pagar es mayor que el coste (marginal), las transacciones que hubieran sido eficientes pero que no se llevan a cabo.

Selección adversa: un análisis formal. Supongamos que el tipo del consumidor (el paciente) viene dado por el parámetro θ, que está uniformemente distribuido entre 0 y 1. Un consumidor de tipo θ está dispuesto a pagar θ por su seguro médico: $\theta = 0$ corresponde al consumidor que es tan sano que él o ella no están dispuesto a pagar nada por su seguro médico; $\theta = 1$, por el contrario, corresponde a personas muy enfermas que, debido a su pobre estado de salud, están dispuestas a pagar 1 por su seguro médico. Finalmente, supongamos que el coste de ofrecer seguro médico al consumidor de tipo θ viene dado por $c_0 + c_1\theta$, donde ambos c_0 y $c_0 + c_1$ son mayores que 0 y menores que 1.

Si el precio del seguro es p, entonces los consumidores con $\theta > p$ compran un seguro. Debido a que θ está uniformemente distribuido entre 0 y 1, se deduce que $1 - p$ consumidores compran un seguro, es decir, la curva de demanda viene dada por $q = 1 - p$.

El más sano de los consumidores que compran seguro es tal que $\theta = p$, así que cuesta $CM = c_0 + c_1\theta = c_0 + c_1p$ servir a este consumidor. Ya que $q = 1 - p$, tenemos que $p = 1 - q$, y así $CM = c_0 + c_1(1 - q)$. El coste de servir al cliente menos sano es $c_0 + c_1$. Por lo tanto, en promedio, el coste de servir a los clientes que compran seguro cuando el precio es p viene dado por la expresión

$$CU = c_0 + c_1 \frac{1}{2}(1 - q + 1) = c_0 + c_1\left(1 - \frac{1}{2}q\right).$$

La solución socialmente eficiente corresponde a ofrecer seguro médico hasta que la curva de demanda se cruce con el coste marginal, es decir, hasta que $1 - q = c_0 + c_1(1 - q)$. Esto es verdad cuando:

$$q = q^o = \frac{1 - c_0 - c_1}{1 - c_1}$$

El equilibrio de mercado competitivo, a su vez, corresponde al punto donde la curva de demanda se cruza con la curva de coste medio, es decir, $1 - q = c_0 + c_1 \left(1 - \frac{1}{2} q\right)$, que corresponde a:

$$q = q^e = \frac{1 - c_0 - c_1}{1 - \frac{c_1}{2}}$$

Comparando las dos expresiones anteriores, se puede apreciar que $q^e < q^o$: en el equilibrio competitivo, el valor de q es menor que el valor óptimo desde un punto de vista social.

Deberíamos recalcar que lo contrario a la selección adversa –**selección ventajosa**– es también posible, aunque no tan común. Estimaciones del mercado de seguros del automóvil en Israel sugieren que los conductores con más riesgo (es decir, aquellos conductores que son más proclives a tener un accidente) suelen ser aquellos conductores con menor aversión al riesgo (es decir, la probabilidad de comprar un seguro es menor para cada nivel de riesgo que afrontan).[5] Si la variación en aversión al riesgo es suficientemente grande –como es el caso en Israel– entonces, para cada nivel de precios dado, los conductores que están dispuestos a pagar por un seguro son en promedio menos riesgosos que la población de conductores en su totalidad. Esto implica que el coste medio de un seguro para los conductores de coches *aumenta* con q, lo contrario de la figura 5.2. También implica que el coste marginal es mayor que el coste medio y la cantidad de equilibrio es mayor que el óptimo social: $q^e > q^*$.

Finalmente, deberíamos mencionar otra implicación de la información asimétrica en un mercado: el **riesgo moral**. Consideremos el mercado de un teléfono inteligente caro. Algunos consumidores son aversos al riesgo y compran seguro contra robo. El problema con esto es que, una vez estás asegurado, tus incentivos de tener cuidado de que no te roben el teléfono son menores. Las compañías de seguros saben esto, por supuesto, y ajustan sus primas en consecuencia. Podemos intuir entonces cómo el proceso de revelación que vimos en mercados con selección adversa (como, por ejemplo, en el mercado de limones) también podría darse en el contexto del riesgo moral.[e]

---

[e] Los problemas de riesgo moral aparecen en varios puntos en este libro, incluyendo la sección 3.3 (aunque no he mencionado explícitamente el término riesgo moral, el problema de agencia es en parte un problema de riesgo moral); sección 9.1 (la colusión es, en cierta medida, un problema de riesgo moral); y sección 13.1 (la integración vertical plantea problemas de riesgo moral).

5.3 Monopolio

En el capítulo previo analizamos el equilibrio de un mercado donde había muchos compradores y muchos vendedores. Ahora consideramos el extremo opuesto, concretamente el caso cuando hay únicamente un vendedor: un monopolista (continuamos asumiendo que hay muchos compradores).

Los monopolios existen por varias razones. Primero, puede que sean otorgados por el gobierno. Por ejemplo, por un decreto del gobierno Electricité de France (EdF) mantuvo el monopolio de la generación de electricidad en Francia hasta 1999, cuando una Directiva Europea forzó a abrir hasta un 20 % de su negocio a la competencia. Una manera común del gobierno de otorgar derechos que resultan en un monopolio es una **patente**. Por ejemplo, hasta noviembre de 2011 Pfizer tuvo una patente del medicamento Atorvastatin que reduce el colesterol, y que se vende bajo el nombre de Lipitor. De forma similar a las patentes, los **derechos de autor** conceden al autor derechos exclusivos sobre la expresión de trabajo creativo. Por ejemplo, el uso de la imagen de Mickey Mouse es propiedad exclusiva de Disney (al menos por ahora).

Una segunda fuente de monopolio es la naturaleza de la función de costes de producción o de la demanda. Por ejemplo, debido a grandes **efectos de red** indirectos (que discutiremos en detalle en el capítulo 16), la grabadora de cintas de vídeo (VCR por *video cassette recorder*), por la que existían varios diseños alternativos, acabó en un monopolio *de facto* en términos de diseño (con VHS ganando la batalla a Betamax y otras alternativas).

Frecuentemente, un monopolio o una posición de casi monopolio es el resultado de más de un factor. Consideremos por ejemplo el caso de Intel. Una razón de su éxito es que, a lo largo de los años, ha liderado la industria en cuanto a calidad de producto y eficiencia productiva (capítulo 15). También ayuda que los costes de instalación necesarios para crear una fábrica son tan altos que sería difícil para otra compañía ser un rival serio de Intel por el tamaño; es decir, las economías de escala juegan un papel importante (capítulos 3, 10). AMD es en efecto un rival de Intel, pero tiene un tamaño mucho menor. De hecho, se podría decir que una de las razones por las que AMD no crece en tamaño para convertirse en un competidor directo de Intel son las agresivas estrategias de precios de Intel (capítulo 12).

■ **Poder de monopolio e ineficiencia.** Los equilibrios competitivo y de monopolio se contrastan en la figura 5.3. Supongamos que tenemos dos industrias con las mismas curvas de demanda y coste marginal de mercado. La diferencia entre las dos industrias es que, en la primera (izquierda) hay muchos vendedores pequeños, así que el mercado es competitivo; mientras que en la segunda (derecha) hay solo un vendedor (el monopolista).

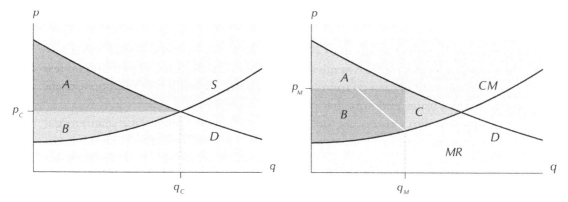

Figura 5.3. Equilibrios competitivo y de monopolio de mercado.

Bajo competencia perfecta, el precio de equilibrio viene dado por la intersección de las curvas de demanda y oferta. Ya que la curva de demanda (inversa) mide la disposición a pagar del consumidor y la curva de oferta (inversa) mide el coste marginal, el punto de equilibrio es el punto en que la disposición a pagar es exactamente igual al coste marginal. Todas las transacciones en el mercado competitivo (puntos a la izquierda de q_c) son tales que la disposición a pagar es mayor que el coste marginal; y no hay transacción donde la disposición a pagar es más alta que el coste marginal y que no sucedan. Esta es la esencia del Teorema Fundamental: todas las transacciones eficientes toman lugar (ver sección 4.4).

No es lo mismo en el caso del monopolio (véase sección 3.2). Como se puede ver en el panel de la derecha en la figura 5.3, la cantidad de equilibrio bajo monopolio, q_M, es menor que el nivel eficiente, q_c. Dicho de otro modo, todas las transacciones correspondientes a $q_M < q < q_c$ no suceden bajo monopolio. Estas transacciones serían eficientes, es decir, la disposición a pagar del comprador es mayor que el coste marginal. Tarifas aéreas altas, por ejemplo, se deben a que hay pasajeros en potencia que deciden no comprar billetes aun cuando el coste de transportarlos es bajo. Desde un punto de vista social, sería eficiente transportar a muchos de estos pasajeros potenciales: aunque el valor que derivan de volar es menor que el precio (y por lo tanto no vuelan), su valor es todavía mayor que el coste de volar (que es mucho menor que el precio). En resumen, el monopolio implica una pérdida de eficiencia. Esta pérdida se mide por el área en sombra C, que suma todo el excedente perdido $p - CM$ de las transacciones eficientes «que faltan». (A menudo llamamos a esta área el **triángulo de Harberger**, aunque como se puede ver es solo un triángulo si tanto la demanda como el coste marginal son líneas rectas.)

Mientras que los economistas suelen centrarse en la **eficiencia de asignación** implícita en la fijación de precios de un monopolio (es decir, el área C, también conocida como **pérdida de eficiencia**), muchos políticos y diseñadores de políticas públicas se centran en otras consecuencias del poder de mercado: en la medida en que el precio de monopolio es mayor que el coste marginal, el poder de mercado implica una transferencia de consumidores a empresas. Esto se puede apreciar mejor comparando los tamaños de las áreas *A* y *B* en los dos paneles de la figura 5.3: el cociente *A/B* es mucho mayor en monopolio que en competencia perfecta. En la medida en que la sociedad valora más el bienestar del consumidor que el bienestar empresarial, el poder de mercado se ve como un factor problemático.

Pero hay más, como vimos en las secciones 1.2 y 4.4: aislados de la competencia, los monopolistas suelen «avanzar por inercia» e incurrir en menos esfuerzo para reducir sus costes (un fenómeno conocido como ineficiencia X). De hecho, la evidencia sugiere que las empresas en mercados más competitivos son también más productivas; y que gran parte de esta variación viene explicada por la presencia de la ineficiencia X.[6] El poder de mercado también implica una pérdida de **eficiencia productiva**, es decir, la producción total no es producida a su coste más bajo posible. En cambio, bajo competencia perfecta (como vimos en la sección 4.4) las empresas ineficientes no sobreviven en un equilibrio donde el precio es igual al mínimo del coste medio de la tecnología más eficiente disponible.

Finalmente, en la medida en que los derechos de monopolio generan rentas, también inducen comportamiento en que se malgastan recursos para obtener dichas rentas. Por ejemplo, muchos países en vías de desarrollo que exportan bienes primarios sufren de un significante cambio en recursos invertidos en las industrias exportadoras y provenientes de otras industrias donde el valor marginal de esos recursos puede que sea más alto. Dicho de otro modo, debemos añadir la **búsqueda de rentas** al coste social del monopolio.

No todo lo que concierne a los monopolios es malo: en el capítulo 15 veremos cómo la tasa de innovación puede ser mayor cuando la industria es dominada por empresas grandes casi monopolistas (aunque este resultado es debatible). En el capítulo 16 veremos cómo la estructura de mercado del monopolio puede ser beneficiosa en mercados con fuertes efectos de red (es mejor tener un solo sistema operativo que una infinidad de sistemas operativos cada uno con una pequeñísima cuota de mercado).

■ **Empresas dominantes.** Los monopolios puros son bastante excepcionales. Servicios públicos aparte, cuesta encontrar un buen ejemplo de una empresa que controle el 100 % de su mercado (para una definición razonable de mercado). Sin embargo, no es raro encontrar industrias donde una de las empresas controla una cuota de mercado del 50 % o más, mientras que un conjunto de empresas mucho más pequeñas se divide el resto del mercado entre ellas. Ejemplos incluyen la industria de ordenadores centrales en los sesenta y setenta, siendo IBM la empresa dominante; microprocesadores de ordenador, desde la década de 1980, siendo Intel la empresa dominante; y sistemas operativos de ordenadores de escritorio desde la década de 1980, con Microsoft (Windows) como la empresa dominante. Normalmente, la empresa dominante mantiene alguna ventaja competitiva con respecto a sus rivales, ya sea por razones de tener costes más bajos u ofrecer una calidad más alta (o mejor reputación de calidad alta).

Consideremos un tercer ejemplo, el de la industria de telecomunicaciones de larga distancia en EE. UU. en la segunda mitad de los años ochenta. AT&T competía contra dos rivales más pequeños: MCI y Sprint. Hasta principios y mediados de los noventa, había dos diferencias significativas entre AT&T y sus competidores. Primero, la mayoría de los rivales tenían menor capacidad productiva que AT&T. Segundo, los rivales no estaban sujetos al mismo tipo de regulación que el antiguo monopolista.[f] Como consecuencia, los competidores de AT&T podían cambiar sus precios más rápidamente y más fácilmente.

Cuadro 5.1. Tarifas de telefonía de larga distancia: AT&T, MCI y Sprint[8]

AT&T		MCI		Sprint	
Fecha tarifa	Nueva tarifa	Meses después	Nueva tarifa	Meses después	Nueva tarifa
Enero 87	0,298	2	0,289	2	0,289
Enero 88	0,265	2	0,256	2	0,259
Enero 89	0,254	0	0,244	0	0,250
Enero 90	0,233	1	0,223	1	0,228
Enero 91	0,228	1	0,222	5	0,228
Julio 91	0,227	5	0,223	1	0,227
Enero 92	0,228	0	0,224	2	0,228
Junio 92	0,227	0	0,225	5	0,227
Febrero 93	0,228	1	0,225	2	0,228
Agosto 93	0,229				
Septiembre 93	0,235	0	0,234	1	0,235
Enero 94	0,256	0	0,255	0	0,256

Por esta razón, AT&T era, en cierto sentido, un líder en precios. Cualquiera que fuera el precio fijado, sus competidores fijarían su precio a continuación al mismo nivel o ligeramente por debajo. El cuadro 5.1 ilustra este punto: la gran

---

[f] En 1996, AT&T dejó de estar sujeto a la regulación de precios. Además, la capacidad de los rivales y su cuota de mercado aumentó considerablemente.

mayoría de los cambios de precios llevados a cabo por MCI y Sprint en el periodo 1987-1994 vinieron a continuación de cambios de precios efectuados por AT&T; y los precios fijados por los rivales de AT&T solían estar justo por debajo de los precios del monopolista.[g]

Supongamos que los consumidores escogen la empresa con los precios más bajos y que las empresas pequeñas están restringidas por su capacidad, teniendo una capacidad total de K. Esta situación está representada en la figura 5.4. Cualquiera que sea el precio de AT&T (por encima de su coste marginal), las empresas pequeñas fijarán un precio un poco por debajo y venderán toda su capacidad. En la práctica, esto implica que AT&T se enfrenta a la **demanda residual** D_R, obtenida de la demanda de mercado D y moviéndola K unidades a la izquierda, donde K es la capacidad total de los competidores menores.

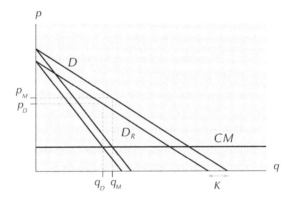

Figura 5.4. Precio óptimo de la empresa dominante.

Dada la demanda residual D_R, el precio óptimo de AT&T se puede derivar de la manera tradicional, igualando ingreso marginal y coste marginal (CM). Esto nos da como resultado el precio óptimo p_D y la cantidad q_D. Notemos que, mientras K sea pequeño, p_D es parecido a p_M, el precio de monopolio. Esto sugiere que una empresa dominante se comporta de manera muy similar a un monopolista.

En realidad, las cosas son un poco más complicadas. Las telecomunicaciones de larga distancia no son una industria de productos homogéneos, o al menos no son percibidos como tal por los consumidores. De hecho, la ventaja de AT&T es primariamente una consecuencia de una gran base de clientes leales que consideran el servicio de AT&T como superior. A pesar de esta advertencia, el modelo anterior presenta la idea de que:

---

[g] MCI cambió sus tarifas en el mismo mes que AT&T en 5 de los 12 cambios de precios. Sprint fijó las mismas tarifas que AT&T de 1991 a 1994 (aunque reaccionó a los cambios del primero con un poco de retraso).

El modelo de monopolio proporciona una buena aproximación al comportamiento de las empresas dominantes.

■ **Monopolio y poder de monopolio.** ¿Existe algún monopolio? Al principio del capítulo, sugerí el ejemplo de servicios públicos (electricidad, telefonía, etc.). Pero una gran mayoría de ellos han sido privatizados, desregulados y/o liberalizados para permitir la entrada de competencia en muchos países occidentales, así que parece más y más difícil encontrar un ejemplo de un monopolio puro. ¿Cierto?

Consideremos el caso de Apple. Apple es el único fabricante de la línea Apple MacIntosh de ordenadores personales.[h] Es decir, Apple es un monopolista de MacIntosh PC. Pero llamar monopolista a Apple sería el resultado de una definición de mercado muy restrictiva. Seguramente tendría mucho más sentido hablar del mercado de ordenadores personales, en cuyo caso una variedad de ordenadores con el sistema operativo Windows deberían ser incluidos, dejando a Apple con un modesto 10 % de cuota de mercado.

Tan simple como parece que es, este ejemplo ilustra el punto que definir un monopolio según su cuota de mercado está destinado a acarrear problemas de definición de mercado. Diferentes definiciones de mercado llevan a significativamente diferentes cuotas de mercado. ¿Pero por qué deberíamos darle tanta importancia a la cuota de mercado cuando evaluamos un monopolio? Consideremos los dos gráficos en la figura 5.5. En ambos casos tenemos, por definición, un monopolio, es decir, una empresa con una cuota de mercado del 100 %. Sin embargo, el grado de **poder de monopolio**, definido como la habilidad de vender a un precio sustancialmente por encima del coste, es mucho menor en el caso de la derecha, el caso cuando la demanda es más elástica. El punto general a recordar aquí es que:

El grado de poder de monopolio es inversamente proporcional a la elasticidad de la demanda del producto del vendedor.

Esta definición del poder de monopolio parece más razonable que una basada únicamente en la cuota de mercado. Por ejemplo, supongamos que la empresa en el gráfico de la izquierda de la figura 5.5 controla una cuota de mercado del 90 %,

---

[h] Durante un tiempo, Apple dejó que otras empresas fabricaran el MacInstosh –o «Mac clones»–, pero esto ya no es así.

mientras que la del gráfico derecho es un monopolio puro (cuota de mercado de 100%). Aunque, en términos de cuota de mercado, la empresa de la derecha es más un monopolio, en términos de poder de monopolio, la empresa de la izquierda parece comportarse más como un monopolio.

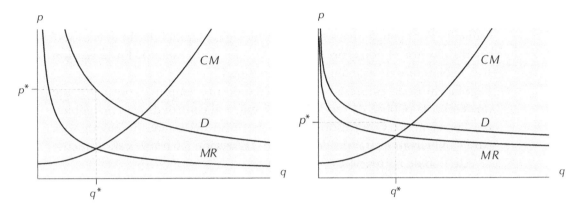

Figura 5.5. Elasticidad de demanda y margen óptimo.

El valor de la elasticidad de demanda depende de muchos factores, algunos estáticos, algunos dinámicos. Esto dificulta evaluar la magnitud del poder de monopolio en situaciones reales. Tomemos por ejemplo Microsoft en el mercado de sistemas operativos. En términos de cuota de mercado, no hay duda de que Microsoft está cerca de ser monopolista (una empresa dominante). ¿Pero tiene realmente poder de monopolio? La Caja 5.3 aborda esta cuestión en gran detalle.

5.4 Regulación

En la sección 5.1 sugerimos la idea del impuesto pigouviano como medio para «arreglar» una externalidad de mercado. Un impuesto pigouviano es un ejemplo de regulación gubernamental. En general, podemos definir **regulación** como una *intervención gubernamental en actividad económica usando autoridad, mecanismos de control e incentivos.*[7]

Hay muchos tipos de regulaciones gubernamentales que afectan a empresas y mercados (hay quien dice que demasiadas). Ejemplos incluyen la aprobación de medicamentos previa a la comercialización, requerimientos de divulgación de información de tarjetas de crédito, límites a la propiedad de medios de comunicación, licencias profesionales, salario mínimo y precios máximos. Dada esta variedad, parece útil clasificar los diferentes tipos de regulaciones gubernamentales en categorías. Una posible clasificación es la siguiente:

- Regulación de mercado afecta directamente al mecanismo de precios. Un impuesto pigouviano es un ejemplo de una regulación de mercado. Otro ejemplo es la política de la Unión Europea de comprar mantequilla para estabilizar su precio.

- Regulación de entrada se refiere a las reglas que determinan la entrada de empresas en un mercado (por ejemplo, el requerimiento de obtener una licencia). Por ejemplo, para trabajar como agente inmobiliario debes estar certificado por el gobierno (en EE.UU., por cada estado). En la sección 10.5 hablaremos de este tema en profundidad.

- Regulación de la empresa es el caso cuando una empresa –normalmente una empresa pública de servicios– está sujeta al control directo del gobierno. Por ejemplo, ConEdison necesita permiso del estado de Nueva York para cambiar sus tarifas de electricidad. La sección 5.6 trata explícitamente de este tipo de regulación.

- Regulación social corresponde a reglas que se aplican a empresas, consumidores, empleadores, etc. Ejemplos incluyen los criterios de seguridad del automóvil, criterios laborales de igualdad de oportunidad, y criterios de etiquetado de productos. Este tipo de regulación, tan importante como es, queda fuera del alcance de los objetivos de este libro.

¿Por qué existe la regulación gubernamental, en particular la regulación económica? La pregunta parece obvia o estúpida –o ambas. Sin embargo, entender los orígenes de la regulación puede ayudar a entender su naturaleza. En el mejor de los casos, la regulación de mercado puede ser vista como un intento de un gobierno bien intencionado para restablecer optimalidad en la presencia de fallos de mercado; los fallos de mercado, a su vez, pueden ser la consecuencia de externalidades (que cubrimos en la sección 5.1), de poder de mercado (que cubriremos en las secciones 5.1-5.3), o de información imperfecta (que cubriré en el capítulo 6). Bajo esta perspectiva, conocido como la **teoría normativa** de la regulación, consumidores (y votantes), sufriendo los efectos negativos de los fallos de mercado, «demandan» (como si así se tratara) regulación de sus líderes políticos.

Una perspectiva más escéptica –y posiblemente más realista– es que la regulación no es demandada por consumidores sino por empresas. Consideremos por ejemplo el programa cacahuete de EE.UU. Desde 1949, el gobierno de EE.UU. limita el número de granjeros que pueden vender cacahuetes en el país; las importaciones están también muy restringidas. Además, hay mecanismos de apoyo que garantizan un precio mínimo recibido por cada granjero. En conjunto, estas regulaciones resultan en un precio doméstico un 50 % más alto que el del resto del mundo. Claramente, esta regulación no está al servicio del consumidor. Más probablemente, este es un ejemplo de la llamada **teoría de captura** de la regulación, según la cual la regulación de mercado es una herramienta usada por las empresas para servir mejor sus propios intereses.

¿Cómo puede ser que las empresas se salgan con la suya con este tipo de políticas? En parte, la razón es que los beneficios de las regulaciones como el programa cacahuete están altamente concentrados en unos pocos agentes (los granjeros), mientras que los costes se reparten entre un gran número de agentes (los consumidores). Estimaciones de la década de 1980 indican que el programa cacahuete tenían un coste anual de \$1,23 por consumidor y un beneficio anual de \$11.100 por granjero. Los incentivos de los granjeros para presionar por el mantenimiento del programa son tan fuertes como los incentivos de los consumidores para escandalizarse son débiles.

La captura regulatoria es facilitada por el llamado problema de «puertas giratorias», la habitual rotación de personal entre agencias regulatorias y las empresas reguladas. Por ejemplo, en 2011 Meredith Attwell Baker dejó la agencia de Federal Communications Commission en los EE. UU. (donde era comisaria) para trabajar para Comcast, uno de los objetivos regulatorios principales de la FCC; Linda Fisher fue Deputy Administrator de la agencia de EE. UU. llamada Environmental Protection Agency entre 2001 y 2004, entre trabajos en Monsanto y DuPont, ambas compañías con mucho que perder por regulaciones medioambientales; y Henry Paulson, antiguo CEO de Goldman Sachs, trabajó para el gobierno de EE. UU. como Treasury Secretary bajo la Administración Bush. Muchos países tienen reglas que limitan la magnitud e incidencia del fenómeno de las «puertas giratorias», pero uno debe sopesar los costes en contra de los beneficios obvios: los reguladores mejor informados son precisamente los gerentes y directores de las empresas que se supone que deben regular.

¿Cuál es la perspectiva correcta: la normativa o la teoría de captura de la regulación? Claramente, muchas regulaciones como el programa cacahuete parecen proteger a empresas más que al consumidor; pero hay muchas otras regulaciones –las regulaciones medioambientales me vienen a la mente– que son abiertamente opuestas a los intereses de las empresas y son favorecidas por el público en general. Después de todo, parece seguro decir que la regulación es como la política: un acto de equilibrio entre intereses e influencias.

5.5 Política de competencia y de antimonopolio

En el capítulo 4 establecimos que, en industrias perfectamente competitivas, el equilibrio de mercado es eficiente. Desafortunadamente, no hay tal cosa como un mercado perfectamente competitivo. El supuesto que menos se cumple de forma obvia en muchos mercados del mundo real es el supuesto de que hay un gran número de empresas, así pues garantizando que ninguna de ellas puede influenciar el precio de mercado.

En la sección 5.3 consideramos el extremo opuesto en términos de la estructura de mercado: el monopolio (y una situación parecida, la empresa dominante). En esta sección, proporciono una introducción a los instrumentos de políticas públicas que enderezan los fallos de mercado causados por el poder de monopolio. El título de esta sección, «política de competencia y de antimonopolio», sugiere que hay dos tipos de estas políticas. De hecho, la política de competencia y de antimonopolio son esencialmente lo mismo; **política de competencia** es el término comúnmente más usado en Europa, mientras que **antimonopolio** (*antitrust* en inglés) es el término comúnmente más usado en EE. UU.[i]

El tipo de política de competencia más antiguo y más comúnmente aceptado tiene que ver con acuerdos horizontales, en particular la **fijación de precios**. Consideremos por ejemplo el mercado de las subastas de arte. Conjuntamente, Christie's y Sotheby's controlan cerca de 100 % del mercado. Aunque la industria no es un monopolio, la tentadora posibilidad es que las empresas se comporten como un monopolio, principalmente mediante la fijación de precios conjuntamente (por ejemplo, comisiones de compradores y vendedores) como si ambos fueran un solo monopolista. Esto no es solo un supuesto teórico: sucede muy a menudo, como veremos en el capítulo 9.

CAJA 5.3 Microsoft: monopolio y poder de monopolio[8]

La batalla legal entre Microsoft y el Departamento de Justicia de EE. UU. es un ejemplo interesante de los conceptos de monopolio y poder de monopolio. Nadie duda de que Microsoft tiene una posición de casi monopolio en el mercado de sistemas operativos. El sistema operativo Windows es usado por casi un 80 % de los ordenadores personales del mundo. El gerente de operaciones de Hewlett-Packard afirma que «no hay ninguna otra opción» al escoger un sistema operativo para sus ordenadores Pavillon. El mundo depende de Windows.

Aun así, Microsoft afirma que «no puede fijar un precio de monopolio porque tiene competencia de otros sistemas operativos rivales, entrantes en potencia, su propia base de clientes y *software* pirata». Dicho de otro modo, Microsoft tiene una cuota de mercado de (casi) monopolio sin virtualmente ningún poder de monopolio, según dice. Richard Schmalensee, uno de los principales testigos de Microsoft en su caso de antimonopolio entre 1998 y 2001, calcula

---

[i] En otros países, como China, Japón y Rusia, el término *antimonopolio* es también comúnmente usado.

que el precio que maximiza beneficios de un monopolio sin competencia alguna estaría en el intervalo de \$900 a \$2.000. Debido a que Microsoft maximiza beneficios y fija un precio menor que el intervalo dado, el argumento sigue, se deduce que Microsoft no debe tener poder de monopolio.

Sin embargo, parece difícil negar que Microsoft ha usado su poder de monopolio en sistemas operativos para extender su posición dominante a otras áreas de negocio. Presuntas prácticas anticompetitivas incluyen acuerdos excluyentes con fabricantes de PC y proveedores de contenido y servicios de internet. Por ejemplo, en 1997 Microsoft forzó un acuerdo con Intuit Inc. que prohibía al diseñador de *software* financiero promocionar el navegador de Netscape. Este tipo de acuerdos, junto con su estrategia de vender en paquete Windows con el Internet Explorer de Microsoft, arañó la cuota de mercado de Netscape en el mercado de navegadores de internet en una magnitud que no hubiera sido posible si Microsoft no controlara el mercado de sistemas operativos.

Muchos monopolios son creados mediante fusiones y adquisiciones. Un papel importante de la **política de fusiones** es precisamente la de prevenir concentración excesiva de cuota de mercado. A lo largo de las últimas décadas, EE. UU., la UE y otros países han desarrollado series de directrices sobre qué fusiones deberían ser permitidas y qué fusiones deberían ser bloqueadas (o si la fusión debería ser permitida si las empresas fusionándose hacen concesiones). En el capítulo 11 trataremos este tema en gran detalle.

Finalmente, en muchos casos un monopolio o una empresa dominante puede que sean inevitables. Aunque un monopolio no es ilegal por sí, el abuso de tal posición de monopolio o de empresa dominante sí lo es. Grandes empresas como IBM, Microsoft, Intel o Google están constantemente en el ojo de las autoridades antimonopolio que quieren asegurarse de que estas empresas gigantes son justas con sus competidores (es decir, se abstienen de usar **prácticas abusivas**) y de que la competencia entre empresas es tan justa como sea posible. Más sobre esto en el capítulo 12.

En resumen,

> **Las principales áreas de política de la competencia son fijación de precios, políticas de fusiones y abuso de la posición dominante de mercado.**

Las instituciones de la política de antimonopolio son diferentes de país a país. En EE. UU., las agencias más relevantes son el Departamento de Justicia y la Federal Trade Commission. Además, reguladores específicos de sector como la Federal Communications Commission, el Department of Transportation o la Federal Reserve Board tienen algo que decir, por ejemplo, en asuntos relacionados con fusiones. Finalmente, los juzgados (especialmente las Cortes de Distrito y la Corte Suprema) también juegan un papel central.

En Europa, la competencia política está en gran parte centralizada en la Agencia de la Competencia de la Comisión Europea, conocida como DG Comp. Además, cada país tiene su propia agencia de política de la competencia. La asignación de casos a los reguladores nacionales o europeos está determinada por el tamaño de la operación en cuestión (es decir, la rotación de empresas relevante) y si el caso es de carácter internacional.

5.6 Regulación de empresa[9]

Si los costes fijos son muy grandes –o, por lo general, si las economías de escala son significativas– entonces la competencia puede que no sea una opción viable. Una situación extrema viene dada por un **monopolio natural**, el caso cuando la estructura de costes es tal que los costes son mínimos con una sola empresa. En estos casos, la **regulación de empresa** directa del monopolista (o empresa dominante) puede ser la solución óptima.

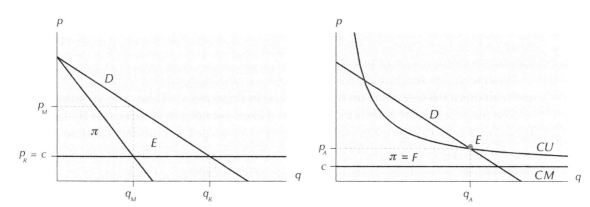

Figura 5.6. Monopolio desregulado y regulado.

Empecemos considerando el caso más simple de regulación de monopolio. Hay una empresa con una función de costes tal que $C = F + cq$, donde F es el coste fijo (capital) y c el coste marginal (por simplicidad, asumimos que el coste marginal es constante). Sin regulación, el monopolista fija el precio al nivel de monopolio, p_M, como se ve en el panel izquierdo de la figura 5.6. Dado que el óptimo social sería fijar el precio igual al coste marginal, el precio de monopolio supone que la cantidad es menor que el óptimo social; y que el excedente total es menor que el valor máximo posible por un área igual al triángulo E. En lo que concierne al monopolista, este recibe un beneficio *variable* $\pi = q_M(p_M - c)$, así que su beneficio neto viene dado por $\pi - F$.

Una primera solución natural para el regulador es la de forzar al monopolista a que fije el precio igual al coste marginal: $p_R = c$, donde R significa «regulado». En este caso, la cantidad es q_R y tenemos máxima eficiencia de asignación (es decir, el área E es igual a cero). Un problema con fijar el precio igual al coste marginal es que esto conlleva beneficios negativos para la empresa. Este es ciertamente el caso cuando el coste marginal es constante: el beneficio variable, π, es cero, y por lo tanto el beneficio total es $-F$.

Claramente, una empresa que pierde F no puede sobrevivir. Para solucionar este problema, el regulador podría darle a la empresa un subsidio de F. Sin embargo, esto seguramente crearía problemas adicionales. Primero, el regulador deberá aumentar los impuestos sobre otros agentes en la economía para obtener el valor F; y el coste de eficiencia que estos impuestos acarrearían, E', puede ser incluso mayor que el coste de eficiencia de fijar el precio igual al coste marginal que se supone que el subsidio debe eliminar, E. Segundo, la posibilidad de transferencias del regulador a la empresa regulada da al primero mayor discreción, y abre la posibilidad de captura regulatoria (ver sección 5.4). Por **captura regulatoria** queremos recoger la situación donde las empresas invierten recursos para influenciar en las decisiones del regulador, hasta el punto de que el regulador toma en cuenta el objetivo de maximización de beneficio en lugar de la maximización de excedente. De hecho, aun cuando el regulador no está realmente influenciado, el uso de recursos con este propósito es despilfarrador desde un punto de vista social.[j]

Dados los problemas asociados con la fijación del precio igual al coste marginal, una alternativa interesante es la de **fijar el precio igual al coste medio**. Bajo este sistema, la empresa debe fijar su precio al nivel más bajo posible donde no incurra pérdidas; es decir, fijar el precio igual al coste medio. Esta situación aparece representada en el panel derecho de la figura 5.6, donde $p_A = CU(q_A)$ y $q_A = D(p_A)$. Como se puede ver, esta es una solución intermedia entre fijar el precio igual al coste marginal y la del monopolio desregulado.

En EE. UU., el mecanismo usado en el pasado más frecuentemente es el de **regulación de la tasa de rendimiento**. Este es un mecanismo donde los precios son fijados para permitir a la empresa ganar una tasa de retorno justa sobre el capital invertido. Esto corresponde, más o menos, a fijar el precio igual al coste medio.[k]

---

[j] Véase también la discusión sobre búsqueda de rentas presentada en el capítulo 1.

[k] Con solo un insumo, este mecanismo es exactamente equivalente a la fijación de precio igual al coste medio.

Uno de los mayores problemas de la regulación de tasa de retorno es que no da incentivos a la empresa para reducir sus costes. De hecho, reducir costes implica reducir el precio también, dejando a la empresa con la misma tasa de rendimiento. En la práctica, hay un lapso de tiempo entre el momento cuando la empresa reduce su coste y el momento cuando el nuevo precio regulado entra en efecto –lo que viene a llamarse un **retraso regulatorio**– y esto viene a dar a la empresa la oportunidad de ganar cierto beneficio transitorio; pero el mecanismo de la tasa de rendimiento es fundamentalmente deficiente en cuanto a la provisión de incentivos para la reducción de costes.

En la terminología de la teoría de la regulación, decimos que la regulación de tasa de rendimiento es un **mecanismo de incentivos de baja potencia**: el precio varía en la misma medida que el coste, un hecho que minimiza los incentivos a la reducción de costes. En el extremo opuesto, tenemos el máximo estándar de **mecanismo de incentivos de alta potencia**: el precio se fija de antemano y no cambia cuando el coste cambia. En líneas generales, este mecanismo representa la esencia del mecanismo de la **regulación de limitación de precios**. Este mecanismo proporciona incentivos máximos para la reducción de costes: un ahorro de un dólar implica un aumento en el beneficio de un dólar.[10]

¿Es esto cierto? Imaginemos que el regulador fija un precio, o una serie de precios, para un periodo de cinco años. Durante ese periodo, la empresa invierte de forma intensa en la reducción de costes. Al final del periodo de cinco años, el coste de la empresa es, por ejemplo, la mitad de lo que era inicialmente. Es difícil imaginar que el regulador ignorará la magnitud de esta reducción de costes cuando fije el precio del contrato que regirá el siguiente periodo de cinco años. De hecho, cuanto mayor sea la reducción de costes lograda por la empresa regulada durante los primeros cinco años, menor será el precio fijado en el segundo periodo de cinco años.

Siguiendo esta línea argumental, una valoración algo extrema de la regulación de limitación de precios es una que combina la regulación de la tasa de rendimiento con un retraso regulatorio largo (cinco años en el ejemplo previo). Entonces, el debate gira alrededor de la extensión del periodo en que el regulador se compromete a una limitación de precio (o evolución de precios). Diez años parece un periodo razonable, suficientemente largo para hacer la regulación de limitación de precios suficientemente diferente de la regulación de tasa de rendimiento. Pero la experiencia de varios países –incluso el Reino Unido, donde el mecanismo se puso primero en uso– sugiere que las revisiones de la limitación de precios se hacen en intervalos de tiempo más pequeños. Esto a su vez pone en duda la efectividad de la regulación de limitación de precios como sistema de incentivos a la reducción de costes.

Otro problema con la regulación de limitación de precios es que no da incentivos apropiados para la provisión de calidad en los servicios o productos producidos, un aspecto que hemos ignorado hasta ahora. Si la empresa no puede aumentar el precio, la empresa regulada puede que tenga incentivos incluso a reducir la calidad, y por lo tanto efectivamente aumentando el precio «por unidad de calidad».

Finalmente, la implementación de una regulación de limitación de precios plantea el problema de determinar el límite del precio de la regulación. Un precio máximo muy alto tiene como consecuencia la ineficiencia de asignación de un precio mayor que el coste marginal (además de la transferencia de los consumidores al monopolista regulado). Un precio muy bajo puede que no sea sostenible, ya que la empresa regulada incurre en pérdidas. En general, un sistema de incentivos de alta potencia –de los cuales la regulación de limitación de precios es un caso extremo– implica un grado de alto riesgo para la empresa regulada. En este sentido, la regulación de la tasa de rendimiento es un mecanismo mejor: el riesgo para la empresa regulada es mínimo. En resumen:

> **Un mecanismo regulatorio de alta potencia proporciona fuertes incentivos para la reducción de costes, pero pocos incentivos para la provisión de calidad. Además, tiene como implicación un nivel alto de riesgo de la empresa regulada y requiere un compromiso férreo por parte del regulador.**

■ **Infraestructura esencial y precios de acceso.**[11] La competencia es la mejor manera de recuperar la ineficiencia de asignación perdida bajo el precio de monopolio. La regulación, a su vez, es la mejor alternativa cuando, debido a condiciones de monopolio natural, la competencia no es posible. La pregunta es entonces cuándo y en qué medida estamos en una situación de monopolio natural.

En décadas recientes, la clasificación de muchas industrias como monopolios naturales ha sido cuestionada. Tomemos por ejemplo la electricidad. Por lo general estamos de acuerdo en que la red básica y esencial para la transmisión de energía eléctrica es un monopolio natural: los costes de mantener dos redes paralelas serían demasiado altos. No obstante, hay poca evidencia de que haya un monopolio natural en el tramo de la generación eléctrica. El gas natural y los ferrocarriles son también ejemplos de industrias donde solo un segmento de la cadena de valor está sujeta al monopolio natural (la red de transporte de gas y la red ferroviaria, respectivamente). Y otro ejemplo vendría dado por las telecomunicaciones, donde el monopolio natural sería la red local.[1]

---

[1] El último ejemplo es parte de un debate activo. Algunos afirman que la red local no es un monopolio natural, y que no tiene ninguna importancia en esta época de telefonía móvil.

Supongamos que la entrada de competencia se permite en aquellas partes de las industrias donde el monopolio natural no es un problema (generación de electricidad, telecomunicaciones de larga distancia, etc.). El problema que aparece normalmente es que estas partes no pueden existir independientemente de la parte que es un monopolio natural: un generador de electricidad necesita de una red de distribución para vender su electricidad; un operador de larga distancia necesita recibir y enviar sus llamadas a través de la red local; y así otros muchos casos. Específicamente, lo que tenemos es un monopolista (por ejemplo, el operador de telecomunicaciones local) vendiendo servicios a empresas en el segmento competitivo (es decir, las telecomunicaciones de larga distancia) que a su vez venden al consumidor final. En estos casos, decimos que el monopolista es un **cuello de botella** ascendente y que los activos del monopolista o producción son **infraestructura esencial**.

Visto desde esta perspectiva, la lista de ejemplos va más allá que la de los servicios públicos (considerados antes). Un aeropuerto, por ejemplo, es un insumo esencial para los servicios de transporte para una ciudad. Aunque haya competencia entre varias aerolíneas (las empresas descendentes), normalmente hay un único aeropuerto en cada ciudad, el propietario del cual es la empresa ascendente. En resumen, las infraestructuras esenciales son una situación muy común.

La regulación de infraestructura esencial comparte los mismos problemas que la regulación de monopolio (que abordamos en la primera parte de esta sección). Además, con frecuencia el propietario de la infraestructura esencial ascendente también compite en el segmento descendente. Por ejemplo, France Telecom tiene en propiedad la infraestructura esencial (la red local) y compite en el mercado de telecomunicaciones de larga distancia. Este tipo de situaciones da lugar a varios problemas adicionales.

Un problema potencial es que la empresa ascendente use su poder de monopolio para extenderlo al segmento descendente, y consecuentemente creando poder de monopolio en el segmento descendente también. Por la razón que sea, la empresa ascendente puede ser incapaz de capturar rentas de monopolio de los competidores en el segmento descendente en la cadena de valor. Al excluir del mercado a sus competidores en el segmento descendente, la empresa ascendente es entonces capaz de capturar su nivel máximo de beneficios.

Desde un punto de vista del excedente social, la exclusión parecería disminuir el excedente del consumidor (y el excedente total): los consumidores pagan precios más altos y tienen menor variedad de producto de donde escoger. Una manera de evitar esto es forzando a la empresa ascendente a vender sus activos e intereses en el segmento de mercado descendente. Por ejemplo, AT&T fue partida por la mitad en 1984, resultando en una operadora de larga distancia (la nueva AT&T) y una serie de operadoras de telecomunicaciones regionales (las llamadas

«Baby Bells»). La competencia se abrió a los mercados descendentes (larga distancia), mientras que el monopolio perseveró en el mercado local ascendente.[m]

Sin embargo, como vimos en el capítulo 3, puede que haya importantes ganancias de eficiencia provenientes de la integración vertical. Por ejemplo, si el gobierno de EE. UU. hubiera prohibido la fusión entre GM y Fisher Body en la década de 1920, es probable que la industria se hubiera vuelto menos eficiente, debido a la dificultad de contratar la inversión en activos específicos. Como en muchas otras ocasiones en la organización industrial, tenemos un intercambio entre eficiencia y poder de mercado.

CAJA 5.4 Una historia de dos desregulaciones de mercado[12]

Francia y Alemania nos ofrecen un interesante contraste del camino hacia la desregulación del mercado de las telecomunicaciones. Ambos países empezaron de una situación inicial similar, con un operador doméstico de gran tamaño y propiedad del Estado que controlaba virtualmente la totalidad de las telecomunicaciones de sus respectivos países. Ambos países permitieron que nuevos competidores entraran en sus mercados casi durante el mismo periodo. Más allá de esto, las diferencias son más llamativas que las similitudes entre ambos casos.

Uno de los pasos más importantes en el proceso de desregulación es el de la «decisión de interconexión», es decir, determinar la cantidad de dinero que un competidor debe pagar para usar la red local de la empresa activa. En Francia, se hizo la distinción entre nuevos competidores que construyeron sus propias redes y aquellos que no: los que no debían pagar una tasa de acceso más alta. Esa distinción no se hizo en Alemania. Esto dio una ventaja a vendedores puros en Alemania, al menos durante el primer año. De hecho, estas empresas no tuvieron que hacer ninguna inversión de antemano y aun así podían tener acceso a la red de Telekom al mismo precio que los otros entrantes.

El trato recibido por los nuevos competidores en Alemania es más favorable en muchos aspectos. Por ejemplo, consumidores alemanes deseando probar un nuevo operador de larga distancia pueden hacerlo simplemente marcando un código de acceso y el número deseado. Su pago final es consolidado en una sola factura por Deutsche Telekom, que entonces transfiere las sumas correspondientes a cada uno de los competidores. Esta opción de «llamada-por-llamada» no existía en Francia.

---

[m] Posteriormente, la Telecommunications Act de 1996 también permitió la posibilidad de que operadores locales entraran en el mercado de las telecomunicaciones de larga distancia.

La diferencia más notable entre Alemania y Francia es, sin embargo, el *nivel* de las tasas de acceso. Antes de que la decisión de interconexión fuera tomada en Alemania, Deutsche Telekom pidió una tasa de 6,5 pfennigs por minuto. Los competidores pidieron una tasa de 1 pfennig por minuto. El regulador alemán siguió un procedimiento inesperado: tomó la media de la tasa de acceso en 10 países y llegó a un valor de 2,7 pfennigs. Que este valor fue más bajo de lo esperado viene probado por el hecho de que el precio de las acciones de Deutsche Telekom bajó un 7,7 % en un solo día y un 6 % más unos días más tarde. Tras un año de competencia, los 51 nuevos rivales entraron en el mercado y capturaron cerca de un tercio del negocio de larga distancia de Deutsche Telekom. Durante ese mismo periodo de tiempo, France Telecom solo perdió un 3 % de su cuota de mercado.

El CEO de Deutsche Telekom afirma que sus competidores no son nada más que «profesionales del arbitraje» que simplemente usan las bajas tasas de acceso para aprovecharse de la red de Telekom. De hecho, pocas operadoras invirtieron en su propia red durante el primer año tras la desregulación. En diciembre de 1998, el regulador alemán reaccionó a este problema permitiendo a Deutsche Telekom fijar una tasa de acceso más alta a los vendedores que no construyeron su propia red, una distinción que el regulador francés había hecho desde el principio.

La importancia de la decisión de interconexión se puede apreciar en las cifras. Mientras las acciones de Deutsche Telekom tuvieron sus altas y bajas, las acciones de France Telecom subieron un 103 % durante el primer año de competencia plena. En cambio, precios de larga distancia en Alemania han disminuido cerca de un 90 % en un año, y competencia local existe en más de una docena de ciudades. Las tarifas en Alemania han pasado de ser unas de las más altas en el mundo a estar entre las más bajas del mundo. Las tarifas en Francia también han disminuido, pero no tanto como en Alemania.

Una alternativa regulatoria a la venta de activos consiste en permitir que la empresa ascendente compita en el segmento descendente de la industria, pero impedirle la discriminación en contra de sus competidores en el mercado descendente. En muchos países europeos, esta fue la solución escogida en el caso de las telecomunicaciones.[n] Uno de los aspectos centrales de esta alternativa es la

---

[n] La Caja 5.4 describe los casos de Francia y Alemania.

regulación del **precio de acceso**, el precio pagado por las empresas en el mercado descendente para ganar acceso a la infraestructura esencial.

La **Regla de Precios de los Componentes Eficientes** (RPCE) ha sido propuesta como medio para lograr este objetivo.[13] Esta regla sostiene que el precio al por mayor ofrecido a las empresas independientes en el segmento descendente no puede ser más alto que la diferencia entre p, el precio final fijado por la empresa integrada, y el coste marginal de la empresa integrada en el segmento descendente del mercado.

Para motivar estas ideas, consideremos una operadora de cable europea que posee derechos de emisión de televisión de la liga nacional de futbol. En muchos países europeos, esto es considerado una infraestructura esencial: sería difícil atraer a un abonado de TV por cable si la operadora no incluye el canal de deportes que emite los partidos de liga. Potencialmente, esto pone a la operadora de cable en ventaja respecto a los operadores competidores que no poseen el canal de deportes específico. Llamemos c_i, $i = 1, 2$, el coste marginal del operador de TV por cable O_i (pensemos que O proviene de la palara «operador»). Llamemos p_1 el precio de suscripción de TV por cable cobrado por el operador de cable integrado (el que posee el canal de deportes). La RPCE sostiene que el precio al por mayor máximo que O_1 (la empresa integrada) puede cargar a O_2 (el operador independiente de cable) viene dado por $w = p_1 - c_1$. La idea es que, a este precio al por mayor, el margen precio-coste de O_2 es:

$$p_2 - (c_2 + w) = (p_2 - p_1) + (c_1 - c_2)$$

(Nótese que el coste marginal de O_2 ahora incluye dos componentes: el coste marginal directo c_2 y el precio al por mayor w.)

De la ecuación anterior, concluimos que, si O_2 fijara un precio competitivo con respecto al rival, digamos, $p_2 = p_1$, entonces recibiría un *margen positivo si $c_2 < c_1$*. Esta es la idea de la RPCE: permite sobrevivir a las empresas independientes del mercado descendente si son competitivas con respecto a la empresa verticalmente integrada. El punto es que, *si se aplica la RPCE, entonces se maximiza la eficiencia productiva*.

No obstante, no queda claro que la RPCE beneficiara a nadie. Supongamos que los operadores de cable son igualmente eficientes, es decir, $c_1 = c_2$. Se puede ver que el precio óptimo de O_1 es $p_1 = p^M$, el precio de monopolio. Consistentemente con la RPCE, el precio de acceso puede fijarse a $w_2 = p^M - c_1$. A este precio intermedio, lo mejor que la empresa descendente puede hacer es vender a p^M con un margen de cero. Cualquiera que sea la cantidad vendida por M_2, el fabricante recibe beneficios de monopolio; y los consumidores pagan precios de monopolio. Dicho de otro modo, aunque la RPCE implica eficiencia productiva, no tiene consecuencias para los niveles de precios. De hecho, los precios se fijan al mismo nivel que en un monopolio sin restricciones.[o][14]

A pesar de estas limitaciones, la RPCE es popular entre reguladores. Uno de los ejemplos más claros de una aplicación de la RPCE es el mercado de las telecomunicaciones de Nueva Zelanda en la década de 1990. La Telecom Corporation of New Zealand (TCNZ) era el principal operador de telecomunicaciones, manteniendo un monopolio sobre la red local. El operador rival Clear Communications desafió a TCNZ en los tribunales, argumentando que el precio pagado por acceso era predatorio (ver sección 12.3), es decir, que estaban injustamente forzando a Clear Communications a dejar la industria. Clear Communications argumentó que Telecom debía fijar un precio de acceso en consonancia con el coste de proporcionar acceso. Por su parte, Telecom quería aplicar la regla RPCE, que, como hemos visto arriba, puede conllevar un precio de acceso significativamente más alto que el coste de proporcionar acceso. Al final, el caso se decidió en Londres, donde los Lords del Judicial Committee del Privy Council tomaron el punto de vista de Telecom.[15]

Sumario

- Las externalidades de mercado causan el fallo del mercado. Los impuestos pigouvianos y otros mecanismos pueden restablecer la eficiencia en equilibrio.
- El modelo de monopolio proporciona una buena aproximación al comportamiento de las empresas dominantes.
- El grado de poder de monopolio es inversamente proporcional a la elasticidad de la demanda del producto del vendedor.
- Las principales áreas de política de la competencia son fijación de precios, políticas de fusiones y abuso de la posición dominante de mercado.
- Un mecanismo regulatorio de alta potencia proporciona incentivos para la reducción de costes, pero pocos incentivos para la provisión de calidad. Además, tiene como implicación un nivel alto de riesgo de la empresa regulada y requiere un compromiso férreo por parte del regulador.

---

[o] Para evitar este problema, algunos autores han propuesto una solución donde el propietario de las infraestructuras esenciales está sujeto a una limitación del índice de precios. El índice de precios incluye ambos: el precio final fijado por la empresa integrada y el precio de acceso pagado por los competidores descendentes. Esto implica que, si la empresa integrada quiere aumentar el precio final, deberá disminuir el precio de acceso, y viceversa.

Conceptos clave

- problema del polizón
- externalidad
- tragedia de los comunes
- congestión
- bienes públicos
- impuesto pigouviano
- regulación
- Teorema de Coase
- derechos de propiedad
- selección adversa
- información asimétrica
- selección ventajosa
- riesgo moral
- patente
- derechos de autoría
- efectos de red
- triángulo de Harberger
- ineficiencia de asignación
- pérdida de eficiencia
- eficiencia productiva
- búsqueda de rentas
- demanda residual
- poder de monopolio
- teoría normativa

- teoría de captura
- política de la competencia
- antimonopolio
- fijación de precio
- política de fusiones
- prácticas abusivas
- monopolio natural
- regulación de la empresa
- captura regulatoria
- fijación de precios de coste medio
- regulación de la tasa de rendimiento
- retraso regulatorio
- mecanismo de incentivos de baja potencia
- mecanismo de incentivos de alta potencia
- regulación de límites de precios
- cuello de botella
- infraestructura esencial
- precio de acceso
- regla de precios de los componentes eficientes

Ejercicios de práctica

■ **5.1. Patios delanteros.** Los patios delanteros, si bien cuidados, generan externalidades positivas para las casas de los vecinos. ¿Crees que esta es una externalidad importante? ¿Es la solución de mercado ineficiente?

■ **5.2. AT&T.** Se ha estimado que la elasticidad de demanda de largo plazo de AT&T en el periodo 1988-1991 está alrededor de –10.[16] Asumiendo que esta estimación es correcta, ¿qué implica esto en términos del poder de mercado de AT&T en ese momento?

■ **5.3. Poder de monopolio.** «El grado del poder de monopolio está limitado por la elasticidad de demanda». Comenta.

■ **5.4. Windows.** ¿Es el sistema operativo Windows una infraestructura esencial? ¿Y los microprocesadores Pentium de Intel? ¿En qué medida los argumentos presentados en la sección 5.6 sobre infraestructuras esenciales (integración vertical, precios de acceso) se pueden aplicar a los ejemplos anteriores?

Ejercicios complejos

■ **5.5. Impuesto al carbono.** Consideremos una industria con una demanda $q = 1 - p$ y una oferta $q = p$. Supongamos que cada unidad de producto implica una unidad de CO_2 añadida a la atmósfera y un coste marginal social de e, donde e es el nivel total de emisiones.

   a) ¿Cuál es el nivel de emisión de CO_2 en el equilibrio de mercado?
   b) ¿Cuál es el nivel óptimo de emisiones de CO_2?
   c) Determina el impuesto pigouviano que logra el óptimo social.

■ **5.6. Infraestructura común.** Divisiones diferentes en una misma empresa compiten frecuentemente por los mismos recursos. Supongamos que las divisiones 1 y 2 de una misma empresa comparten una misma infraestructura F. Llamemos y_i el nivel de servicio usado por la división i ($i = 1, 2$). El beneficio bruto de la división i en términos de ganancias mejoradas de la división viene dado por $y_i - 0{,}25y_i^2 - 0{,}1(y_1 + y_2)$.

   a) ¿Cuáles son los niveles de equilibrio de y_i si las divisiones actúan por separado?
   b) ¿Cuáles son los niveles óptimos de y_i desde el punto de vista de la empresa en su conjunto?
   c) Explica la diferencia entre los resultados en (a) y (b).
   d) ¿Cómo podemos reconciliar equilibrio y optimalidad?

Ejercicios aplicados

■ **5.7. Externalidad.** Escoge un mercado o una industria (u otra situación de vida económica). Encuentra qué externalidades puede que haya en consumo o producción. Haz propuestas para que estas externalidades sean corregidas («internalizadas»). Compara tus soluciones propuestas con la realidad y explica las diferencias.

Notas

1. Véase Gneezy, U., E. Haruvy y H. Yafe (2004), «The Inefficiency of Splitting the Bill: A Lesson in Institution Design», *The Economic Journal* 114, 265-280.
2. Coase, Ronald H (1960), «The Problem of Social Cost», *Journal of Law and Economics* 3, 1-44.
3. Véase Akerlof, George A (1970), «The Market for "Lemons": Quality Uncertainty and the Market Mechanism», *Quarterly Journal of Economics* 84 (3), 488-500.
4. Si el coste marginal es menor que el coste medio, entonces el coste medio es decreciente, y viceversa.
5. Véase Cohen, Alma, y Liran Einav (2007), «Estimating Risk Preferences from Deductible Choice», *American Economic Review* 97 (3), 745-788.
6. Backus, Matt (2012), «Why is Productivity Correlated with Competition?», Cornell University.
7. Baron, David (2010), *Business and Its Environment (Sixth Edition)*, Prentice Hall.
8. Adaptado de «Big friendly giant», *The Economist*, 30 de enero de 1999; y Mark Boslet, «Economist Calls Microsoft a Monopoly», *The Wall Street Journal Europe*, 6 de enero de 1999.
9. Esta sección está basada en parte en Armstrong, Mark, Simon Cowan y John Vickers (1994), *Regulatory Reform: Economic Analysis and British Experience*, Cambridge, Mass.: MIT Press.
10. Cabral, Luís, y Michael H. Riordan (1989), «Incentives for Cost Reduction Under Price Cap Regulation», *Journal of Regulatory Economics* 1, 93-102.
11. Esta sección está basada en parte en Rey, Patrick, y Jean Tirole (1997), «A Primer in Vertical Foreclosure», University of Toulouse.
12. Adaptado de varios artículos en *The Wall Street Journal Europe*, 28 de diciembre de 1998; 8-9 de enero de 1999.
13. Willig, Robert (1979), «The Theory of Network Access Pricing», en Trebing (Ed.), *Issues in Public Utility Regulation*, Michigan State University Public Utilities Papers. Baumol, William (1983), «Some Subtle Issues in Railroad Regulation», *Transport Economics* 10, 341-355.
14. Laffont, Jean-Jacques, y Jean Tirole (1996), «Creating Competition through Interconnection: Theory and Practice», *Journal of Regulatory Economics* 10, 227-256.
15. Armstrong, Mark, Chris Doyle y John Vickers (1996), «The Access Pricing Problem: A Synthesis», *Journal of Industrial Economics* 44, 131-150.
16. Ward, Michael R. (1995), «Measurements of Market Power in Long Distance Telecommunications», Federal Trade Commission, Bureau of Economics Staff Report.

6. Discriminación de precios

Un pequeño consejo para aquellos de vosotros que viajáis en avión: nunca preguntéis a vuestros vecinos de asiento en el avión qué precio pagaron por su billete de avión, uno de los dos seguramente se enfadará bastante. De hecho, a menos de que dos pasajeros compraran sus billetes juntos y al mismo tiempo, seguramente los pasajeros pagarán precios diferentes por el mismo vuelo. Hablando estrictamente, lo que cada pasajero compra no es *exactamente* el mismo bien. Por ejemplo, un billete puede incorporar una penalización adicional si se cambia la fecha de retorno del billete, mientras que otro billete quizás no tenga estas restricciones. Sin embargo, cuesta justificar grandes diferencias en precios con estas diferencias tan pequeñas en restricciones y términos de las ventas.

La práctica de *fijar precios distintos para el mismo producto*, donde el precio relevante en cada caso depende de la cantidad comprada, las características del comprador, o de las cláusulas en el contrato de venta, se conoce como **discriminación de precios**. Además de aerolíneas, otros ejemplos de discriminación de precios son la pasta de dientes, *software* informático y la venta de electricidad, por nombrar unos pocos.

En este capítulo, explicamos por qué las empresas quieren discriminar precios –y por qué puede que sean incapaces de hacerlo. Entonces clasifico los varios tipos de políticas de discriminación de precios y estudio las diferentes maneras para implementarlas. Concluyo con un análisis de varios aspectos legales relacionados con la discriminación de precios.

■ **¿Por qué discriminar precios?** La figura 6.1 debería resultar familiar del capítulo 5. Dada una curva de demanda (lineal), y coste marginal constante, la figura representa el precio óptimo de un monopolista vendiendo su producto. El nivel óptimo de producción q^M viene dado por la intersección del ingreso marginal y el coste marginal, y el óptimo precio p^M es el resultado de encontrar el valor de la curva de demanda consistente con el nivel óptimo de cantidad q^M. A este precio y esta cantidad, el vendedor gana un beneficio igual a $(p^M - c)q^M$ (si ignoramos los costes fijos).

El precio óptimo es una cuestión de equilibrio: si vendemos a un precio más alto, el vendedor recibe un margen mayor, $p - c$, por unidad vendida; pero al vender a un precio más alto, el vendedor venderá menos unidades. Los valores p^M, q^M son el resultado del equilibrio perfecto entre ambas fuerzas –el que maximiza beneficios. No obstante, en esta situación el vendedor está «dejando dinero sobre la mesa»: primero, hay consumidores que pagan p^M pero que estarían dispuestos a pagar más que ese precio. Segundo, hay consumidores que están dispuestos a pagar más que el coste c pero no compran porque su disposición a pagar es menor que el precio p^M.

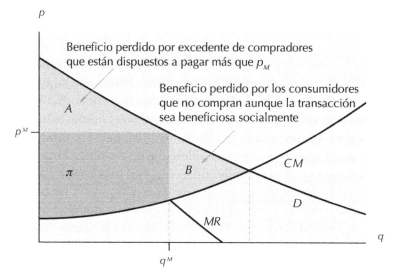

Figura 6.1. Ingresos perdidos con un precio único.

El objetivo de la discriminación de precios es hacerse con una parte de esta fuente de ingresos no explotada: vender a un precio mayor a aquellos consumidores que están dispuestos a pagar más; y vender a un precio menor a aquellos con una disposición a pagar menor.

Del dicho al hecho hay un trecho, como veremos a continuación. Pero supongamos que el vendedor (a) sabe el valor del producto para cada consumidor y (b) es capaz de fijar y cobrar un precio distinto para cada consumidor. Un ejemplo clásico es el de un doctor en un pueblo pequeño que conoce muy bien a los habitantes del pueblo, incluso su estatus financiero. Basándose en su conocimiento, el doctor puede evaluar la capacidad de pago de cada paciente antes de cada visita y fijar el precio en consecuencia. Otro ejemplo viene dado por los aviones: aunque muchos fabricantes anuncian listas de precios para cada tipo de avión, en la práctica cada aerolínea paga un precio distinto por cada avión. Ambos ejemplos corresponden a **mercados de clientes**, es decir, mercados donde los términos de las ventas son ajustados a las características de cada cliente.[a]

La situación cuando el vendedor tiene información perfecta sobre el valor que cada consumidor está dispuesto a pagar y es capaz de fijar un precio distinto a pagar por cada comprador es conocida como **discriminación de precios perfecta**. Aunque relativamente infrecuente, la discriminación de precios perfecta es una referencia útil para entender los efectos de la discriminación de precios de forma más general. Bajo los supuestos de la discriminación de precios perfecta, la política de precios óptima es vender a un precio igual a la disposición a pagar de cada consumidor cuya valoración es mayor que el coste marginal del vendedor. Esto resulta en un equilibrio nuevo donde el vendedor gana más dinero que bajo un precio único; específicamente, el beneficio del vendedor viene dado por el área del triángulo entre las curvas de demanda y del coste marginal. Dicho de otro modo, el vendedor aumenta efectivamente su beneficio por una cantidad igual a las áreas con sombra en la figura 6.1, es decir, áreas *A* y *B*.

■ **Arbitraje y discriminación de precios.** Supongamos que eres un vendedor de coches e intentas vender el Hyundai Sonata por $18.000 a clientes normales y por $13.000 a estudiantes. Ya te puedes imaginar lo que sucedería: un estudiante con iniciativa empresarial empezaría un negocio a tiempo parcial de comprar coches a precio de estudiante y revenderlos a precio normal. El punto es que, cuando segmentamos un mercado y fijamos precios diferentes a diferentes segmentos, uno debe tener en cuenta la posibilidad de **reventa**.

Con frecuencia, en un mercado perfectamente competitivo, la **ley de un precio** debe prevalecer, es decir, no puede haber dos precios distintos para un mismo bien. Si hubieran dos precios distintos, entonces el arbitraje emergería, justo como en el ejemplo del Hyundai Sonata.[b] En cambio, en el mundo real es muy común observar más de un precio fijado por lo que es aparentemente un mismo producto, mientras que poco o ningún arbitraje ocurre. Esto es así porque una mayoría de mercados en el mundo real no son perfectamente competitivos.

Concluimos que, para que únicamente un precio prevalezca en equilibrio, debe haber algún tipo de fricción en el mercado. Ejemplos de fricciones de mercado incluyen:

a) Imposibilidad física de reventa. Esta es la razón por la cual la discriminación de precios es más frecuente en servicios que en productos físicos: ¿has visto alguna vez a alguien revender un corte de pelo?

---

[a] Ver también sección 6.4 para otras características de mercados de clientes.
[b] El arbitraje se refiere a la práctica de comprar y vender para beneficiarse de una diferencia de precios; un arbitrajista es un agente que utiliza esta estrategia.

b) Costes de transacción. Si RiteAid ofrece tres tubos de pasta de dientes por el precio de dos, podrías potencialmente comprar múltiples de 3 y entonces venderlos individualmente al precio de un tubo individual; pero esto sería tan engorroso que quizás no vale la pena.

c) Información imperfecta. Los consumidores quizás no sepan que hay precios distintos. Más sobre este tema en el capítulo 14.

d) Restricciones legales. Por ejemplo, en muchos países es ilegal revender electricidad, así que los vendedores pueden discriminar precios sin temor a la reventa. Más sobre este tema en la sección 6.5.

Para resumir los puntos expuestos anteriormente:

> **La discriminación de precios permite al vendedor crear excedente del consumidor adicional y capturar excedente de mercado existente. Su éxito requiere que la reventa sea costosa o imposible.**

Una dimensión adicional de la discriminación de precios es la **justicia**. Para bien o para mal, con frecuencia los consumidores perciben la práctica de fijar y cobrar precios distintos a diferentes consumidores como injusto. Aun cuando una empresa puede material y legalmente llevar a cabo una estrategia de segmentación de mercado y discriminación de precios, la percepción negativa del consumidor puede que no lo haga factible. La Caja 6.5 aborda un ejemplo representativo de los escollos de la discriminación de precios y su justicia: precios de DVD en Amazon. Volveré a este tema en la sección 6.5.

■ **Diferencias en costes y discriminación de precios.** En la definición de discriminación de precios indicamos «precios diferentes por el mismo producto». Pero entonces, ¿es un BMW en EE. UU. el mismo producto que un BMW en Alemania? Aun desde el punto de vista del consumidor, ya que no es la perspectiva del productor, cuesta más vender un coche alemán en EE. UU. que venderlo en Alemania, debido a los costes de transporte y los aranceles de importación. Por esta razón, el hecho de que el precio de un BMW en EE. UU. es más alto que Alemania no constituye suficiente evidencia de discriminación de precios.

Una prueba alternativa de discriminación de precios es que *el cociente de precios en diferentes mercados es diferente del cociente de costes marginales*. Por ejemplo, si un libro de tapa dura se vende por $30 y su correspondiente libro de tapa blanda se vende por $10, entonces tenemos un caso de discriminación de precios, ya que el coste de la tapa dura no justifica la diferencia de $20 entre las dos versiones de libro.[1] Aunque las versiones de tapa dura y de tapa blanda no son (*exactamente*) el mismo producto, son suficientemente *parecidas,* de modo que la prueba del cociente debería ser un indicador suficiente de la presencia de discriminación de precios.

■ **Tipos de discriminación de precios.** Hay muchas formas diferentes por las que vendedores pueden discriminar precios; por lo tanto, algún tipo de clasificación es útil. La cuestión principal es cuánto saben las empresas de los consumidores. Por ejemplo, la New York Metropolitan Opera puede fijar un precio especial para estudiantes y para ello requiere mostrar un carnet de estudiante en la entrada. En este caso, el vendedor puede determinar exactamente si el comprador pertenece a cierto segmento de mercado (los estudiantes en este caso) y cobrar un precio en consecuencia. Nos referimos a esta situación como **selección por indicadores**. Además de descuentos estudiantiles, ejemplos de selección por indicadores incluyen precios específicos por países (por ejemplo, unos Levis en Bulgaria son más baratos que el mismo modelo de Levis vendido en Inglaterra); descuentos por afiliación; y tarifas ferroviarias reducidas para la tercera edad.

En otros casos, el vendedor tiene alguna información acerca de las preferencias de los compradores, pero no puede observar las características de cada comprador en particular. Incluso en estas condiciones, es posible discriminar precios efectivamente entre compradores diferentes mediante la oferta de un menú opciones de venta que incluyen varias cláusulas además del precio. Consideremos, por ejemplo, billetes descontados de aerolíneas. Estos son billetes de precio rebajado que imponen una serie de restricciones en el comprador (por ejemplo, compra por avanzado y penalizaciones por cambio de billete). Frecuentemente, los viajes de negocios son reservados con menor antelación y requieren de mayor flexibilidad con respecto a la hora de los vuelos. Por esta razón, billetes descontados permiten al vendedor indirectamente discriminar entre pasajeros que viajan por negocios y aquellos que viajan por ocio. En este caso decimos que hay **autoselección** por parte de los compradores.

> **Los vendedores pueden discriminar por precios basándose en características observables de los compradores o mediante la inducción de los compradores a autoseleccionarse entre la oferta de diferentes productos.**

Hagamos una anotación de carácter semántico. Tradicionalmente, la discriminación de precios ha sido clasificada entre discriminación de precios de primer, segundo y tercer grado.[2] Bajo la definición original, la discriminación de precios de primer grado corresponde a la discriminación de precios perfecta (introducida anteriormente en este capítulo); la discriminación de precios de segundo grado es el caso cuando el precio depende de la cantidad comprada pero no de la identidad del consumidor; y la discriminación de precios de tercer grado ocurre cuando precios distintos se fijan en diferentes segmentos de mercado (aunque el precio por unidad no depende de la cantidad). Yo prefiero la terminología «selección por indicadores» y «autoselección» y así la continuaré usando en el resto del capítulo.

6.1 Selección por indicadores

Como he indicado anteriormente, la selección por indicadores corresponde a la situación cuando el vendedor divide a los compradores en grupos, fijando un precio distinto para cada grupo. Esta práctica también es conocida como **segmentación de mercado**. Una forma común de segmentación de mercado está basada en localización geográfica. Por ejemplo, en 2012 una suscripción digital de 51 semanas a *The Economist* costaba $126,99 en EE. UU. y $209,99 en China. Otro ejemplo, analizado en la Caja 6.1, es la fijación de precios de coches en Europa.

Sin embargo, la segmentación de mercado no tiene por qué estar basada en la localización geográfica; por ejemplo, muchos productos y servicios se venden a precios especiales para estudiantes y la tercera edad. Así otro ejemplo: las suscripciones a la revista *American Economic Review* varían según los ingresos anuales del suscriptor.

CAJA 6.1 Discriminación de precios en el mercado europeo de coches[3]

Una serie de estudios del European Bureau of Consumers Unions demuestra que los precios antes de impuestos para modelos idénticos pueden variar más de un 90 % entre países. La tabla siguiente presenta estimaciones de los márgenes de algunos modelos en algunos países.

Márgenes relativos de automóviles seleccionados en países europeos seleccionados (en %)					
Modelo	Bélgica	Francia	Alemania	Italia	RU
Fiat Uno	7,6	8,7	9,8	21,7	8,7
Nissan Micra	8,1	23,1	8,9	36,1	12,5
Ford Escort	8,5	9,5	8,9	8,9	11,5
Peugeot 405	9,9	13,4	10,2	9,9	11,6
Mercedes 190	14,3	14,4	17,2	15,6	12,3

Estas diferencias se pueden interpretar de diferentes maneras: puede ser que el nivel de colusión sea mayor en algunos países que en otros; o que las cuotas de importaciones varíen según el modelo de coche y el país; o simplemente que la discriminación geográfica juega un papel relevante.

La evidencia econométrica sugiere que la discriminación de precios es en efecto bastante importante: las elasticidades de demanda son diferentes en países distintos, y así los fabricantes fijan diferentes precios en consecuencia. Específicamente, un patrón evidente en los datos del cuadro es que los márgenes son mayores en el país donde cada coche es producido (por ejemplo, Fiat en Italia). Esto corresponde a un sesgo doméstico que es la causa de una elasticidad de demanda más baja (por ejemplo, a los italianos les gustan tanto los coches Fiat que su demanda es muy inelástica).

No todo es discriminación de precios geográfica: la disparidad de márgenes por los coches japoneses (por ejemplo, el Nissan Micra) probablemente es el resultado de cuotas de importación muy restrictivas impuestas en Francia e Italia.

El modelo más simple de segmentación de mercados consiste en un monopolista vendiendo su producto en dos mercados distintos. La función de beneficio del vendedor es tal que

$$\Pi(p_1, p_2) = p_1 D_1(p_1) + p_2 D_2(p_2) - C\big(D_1(p_1) + D_2(p_2)\big)$$

donde p_i es el precio en el mercado i, D_i la demanda en el mercado i y $C(\cdot)$ el coste de producción. La maximización de beneficio implica que $MR_1 = MR_2 = CM$ (¿por qué?), donde MR_i es el ingreso marginal en el mercado i y CM es el coste marginal. Esto a su vez implica la conocida **regla de la elasticidad**:

$$p_1 \left(1 + \frac{1}{\varepsilon_1}\right) = p_2 \left(1 + \frac{1}{\varepsilon_2}\right) = CM$$

donde $\varepsilon_i = \frac{\partial q_i}{\partial p_i} \frac{p_i}{q_i}$ es la elasticidad precio de la demanda. Así, se deduce que:

Bajo discriminación por segmentación de mercados, un vendedor debería fijar un precio más bajo en aquellos segmentos de mercado con una elasticidad de demanda mayor.

Un modelo como este explica, entre otras cosas, por qué el precio de exportación sea más bajo que el precio para un bien en el mercado doméstico. Por ejemplo, los vinos chilenos son más baratos en Nueva York que en Santiago de Chile, aunque el coste de vender sea más alto en Nueva York que en Santiago (hay costes adicionales de transporte, impuestos de importación y otros costes). Esto será óptimo cuando la elasticidad de demanda en el mercado de exportación sea suficientemente mayor que la elasticidad de la demanda en el mercado doméstico hasta el punto de que la diferencia de precios compensa por los costes más altos de vender en el mercado de la exportación. Este fenómeno no es único del mercado de vino o de Chile: en general, las elasticidades de la demanda suelen ser más bajas (en valor absoluto) en el mercado doméstico, una característica de la función de demanda conocida como **sesgo doméstico**.

Ejemplo. En el campus de una universidad en una pequeña ciudad, Joe's Pizza sirve tanto a profesores como a estudiantes. Al mediodía solo estudiantes van a Joe's, mientras que por la noche solo profesores van. Los estudiantes tienen una elasticidad de demanda constante de -4, mientras que los profesores tienen una elasticidad de demanda constante de -2. Finalmente, el coste marginal es $6 por pizza. ¿Cuáles son los precios óptimos al mediodía y por la noche?

Será beneficioso fijar un precio p_L a la hora de comer al mediodía y un precio diferente P_D a la hora de cenar por la noche. Para determinar exactamente los precios debemos recordar la regla de la elasticidad para un monopolista, lo que implica que los precios a fijar son:

$$p_L(1 - \frac{1}{4}) = 6$$

$$p_D(1 - \frac{1}{4}) = 6$$

Al solucionar estas ecuaciones obtenemos $p_L = \$8$ y $p_D = \$12$.

Ahora supongamos que tanto profesores como estudiantes visitan Joe's Pizza al mismo tiempo durante el día. ¿Qué desafíos encontrarás ahora para mantener los mismos ingresos que antes? El menú de precios anterior no funcionaría en este segundo contexto: los profesores pagarían un precio menor a la hora de comer y se perderían estudiantes como clientes a la hora de cenar. ¿Qué estrategia alternativa podrías tomar?

CAJA 6.2 La demanda de entradas de los Mets

En 2002, el equipo de béisbol de los New York Mets decidieron cambiar de precios uniformes a precios escalonados. Hasta ese momento, todas las entradas para un asiento determinado se vendían al mismo precio sin importar el partido a jugarse. Sin embargo, no todos los partidos son iguales: no es lo mismo jugar con los Yankees o los Royals en miércoles –sin querer ofender a ninguno de los dos equipos o días alternativos de la semana.

En el nuevo sistema, los partidos se clasificaban por escalón: oro, plata, bronce y descuento; poco después se añadió el escalón platino. Este nuevo esquema plantea dos cuestiones importantes sobre la fijación de precios: primero, cómo asignar partidos a escalones; y segundo, cómo fijar precios para cada escalón. La segunda pregunta fue difícil de responder: no existía variación histórica en precios y por lo tanto era imposible estimar la elasticidad de la demanda (ver sección 2.3).

La primera pregunta se podría reformular como: ¿qué hace que los aficionados al béisbol vayan a ver un partido al estadio? Claramente tener un buen equipo ayuda –pero no es el único factor a tener en cuenta. Basándose en las ventas de entradas en el Shea Stadium de los New York Mets durante las temporadas de 1994 a 2002, se puede correr una regresión estadística donde la variable dependiente es el número de entradas vendidas. La tabla siguiente muestra los coeficientes estimados de tal regresión para una sección específica del estadio de los Mets: Reservado Superior.*

Fin de semana	1.078,63	Septiembre	1.555,44
Tarde/noche	–905,58	Octubre	3.774,67
Inicio de temporada	8.196,82	Yankees	9.169,82
Julio	2.410,27	Constante	401,53
Agosto	1.425,13		

Cada variable independiente es una variable dicotómica o variable indicador, que toma un valor 0 o 1. Por ejemplo, si el partido se juega en fin de semana, entonces –*ceteris paribus*– se venden 1.078,63 más entradas en promedio. Considerando que la capacidad del Reservado Superior es de cerca de 17.000 asientos, estos son económicamente hablando coeficientes significativos: por ejemplo, jugar con los New York Yankees está asociado con un aumento en la venta de entradas equivalente a más de la mitad de la capacidad. Por lo tanto, no es ninguna sorpresa que se deben pagar precios platino para ver a los Mets jugar con los Yankees.

---

* Todos los coeficientes estimados son estadísticamente hablando significativos a un nivel del 2 %; se incluyeron también variables dicotómicas para cada año, aunque no aparecen aquí; $N = 651$, $R^2 = 0,44$.

Como hemos mencionado en la sección 3.2, la regla de la elasticidad es una manera útil de encontrar los precios óptimos cuando la elasticidad de demanda es constante en todos los puntos de la curva de demanda. Si la elasticidad de demanda no es constante, entonces necesitamos solucionar «manualmente» el problema de maximización de beneficios para encontrar los precios óptimos. Esta es la regla tanto para encontrar el precio único óptimo como el precio óptimo para cada segmento de mercado. El ejemplo a continuación muestra cómo hacer esto.

Ejemplo. BioGar ha desarrollado Xamoff, un medicamento que reduce la ansiedad relacionada con los exámenes y de venta sin prescripción. En la actualidad, una patente protege Xamoff de la competencia. BioGar está ahora pensando en entrar en el mercado europeo, pero se plantea si debería fijar el mismo precio en ambos mercados. BioGar estima que la curva de demanda tiene la forma

$q_i = a_i - b_i p_i$

En EE. UU. (mercado $i = 1$), los parámetros son $a_1 = 12$ y $b_1 = 2$. En la UE (mercado $i = 2$), los parámetros son $a_2 = 4$ y $b_2 = 1$. El coste marginal (y medio) por unidad es $c = 1$. Todas las unidades son medidas en millones.

Una primera pregunta de interés es saber cuánto ganaría BioGar si fija precios distintos en los dos mercados. Para responder a esta pregunta, consideremos primero el problema de fijar un único precio. La demanda total a un precio $p_1 = p_2 = p$ es:

$Q = q_1 + q_2 = (a_1 + a_2) - (b_1 + b_2)\, p = A - B\, p$

(La idea es ahorrarnos algo de tiempo escribiendo si definimos $A = a_1 + a_2$ y $B = b_1 + b_2$.) Para encontrar el beneficio como función de la cantidad total Q, solucionamos por el precio $p = (A - Q)/B$ y sustituimos:

$$\pi(Q) = pQ - cQ = \frac{A - Q}{B}\, Q - cQ = \frac{A}{B}\, Q - \frac{1}{B}\, Q^2 - cQ$$

Para maximizar, diferenciamos con respecto a Q e igualamos a cero, lo que da como resultado:

$$Q = \frac{A - cB}{2} = 6,5$$

El precio es:

$$p = \frac{A - Q}{B} = 3,17$$

Finalmente, las cantidades son $q_1 = 5,67$ y $q_2 = 0,83$, y un beneficio $\pi = 14,08$.

A continuación, encontramos los mejores precios en los dos mercados por separado. El supuesto es que podemos evitar importaciones «paralelas» de Europa (que suponemos será la localización barata) hacia EE. UU. Siguiendo una lógica similar como en el caso del precio único, tenemos:

$$\pi(q_1, q_2) = \frac{a_1 - q_1}{b_1} q_1 + \frac{a_2 - q_2}{b_2} q_2 - c(q_1 + q_2)$$

Diferenciamos con respecto a q_1 y q_2 (cada uno por separado) e igualamos cada derivada a cero. El resultado es:

$$q_i = \frac{a_i - cb_i}{2}$$

o $q_1 = 5$, $q_2 = 1,5$. Los precios son ahora $p_1 = 3,5$ y $p_2 = 2,5$, y un beneficio $\pi = 14,75$. Concluimos que, al fijar precios diferentes en Europa y en EE. UU., los beneficios aumentan de 14,08 a 14,75, un aumento de casi 4,76 %.[c]

Por tu propio bien: verifica que la regla de la elasticidad se aplica a cada mercado.

━━

■ **Los límites de la segmentación de mercados.** Como el previo ejemplo sugiere, fijar precios distintos en dos segmentos de mercado distintos proporciona al vendedor un mayor beneficio que fijar el mismo precio para ambos segmentos de mercado. ¿Por qué no entonces continuar segmentando el mercado en partes más y más pequeñas? Específicamente, supongamos que el mercado es segmentado geográficamente (una de las fuentes más comunes de segmentación de mercado).

---

[c] Con ánimo de exhaustividad, también necesitamos confirmar que BioGar gana más dinero vendiendo en ambos mercados. El precio máximo al que los consumidores comprarán –el punto de intersección de la curva de demanda inversa con el eje vertical– es a_i/b_i. Este valor es más alto en EE. UU. que en la UE. Es teóricamente posible que el óptimo es fijar un precio tal que la demanda en EE. UU. es cero. Véase el Ejercicio 6.8 para más detalle.

Empezamos con las regiones este y oeste de EE. UU. Entonces seguimos con una división por estados; y entonces por condado; y así sucesivamente. El problema con tal segmentación puede que sea que (a) la elasticidad en cada submercado es muy similar a la de los submercados vecinos, en cuyo caso no se gana mucho de la segmentación de mercado adicional; o que (b) las elasticidades varían mucho entre submercados vecinos, en cuyo caso la reventa y el arbitraje resurgirán como problema. Por ejemplo, supongamos que los concesionarios de Hyundai en Fairfield, CT, fijan un precio que es 5 % más bajo que en el condado vecino de New Haven, CT. Esto viene a ser una diferencia de unos $1.000 –vale la pena hacer el viaje al condado de al lado.

■ **Internet, «big data» y la discriminación de precios.** Es un cliché decir que internet ha cambiado la forma en que hacemos las cosas, y la discriminación de precios no es una excepción. En la era anterior a internet, los vendedores usaban principalmente indicadores demográficos y geográficos para segmentar mercados. Hoy día, los vendedores que tienen acceso a *cookies* de internet, por ejemplo, son capaces de reunir considerablemente más información sobre cada consumidor; estamos ahora mucho más cerca de la discriminación de precios perfecta extrema que hemos comentado anteriormente, cuando el vendedor sabe la valoración de cada consumidor y en consecuencia fija un precio distinto para cada consumidor.

Por ejemplo, un estudio analizó las compras del servicio de DVD de Netflix en 2005 en EE. UU.[4] (Antes de que la transmisión por internet se volviera tan común, el alquiler de DVD predominaba. Netflix permitía a sus suscriptores prestar un cierto número de DVD de su colección; Blockbuster era el competidor principal de Netflix en este mercado.) Al correlacionar compras de consumidores con características individuales, observamos que las características demográficas pueden explicar en cierta medida las decisiones de compra de cada consumidor. Sin embargo, características como el uso de internet (número de páginas visitadas) o acceso a servicio de banda ancha explican una mayor proporción de las decisiones de cada consumidor (casi una orden más de magnitud).

Otro ejemplo es Orbitz.com, una página web de contratación de viajes conocida por dirigir a sus clientes hacia las ofertas más caras (por ejemplo, los hoteles más caros) si se conectan desde un ordenador Mac. Los ordenadores Mac cuestan más dinero que los ordenadores con un sistema operativo Windows; también se da la circunstancia de que en promedio los usuarios de Mac tienen mayores ingresos que los usuarios de Windows. Por lo tanto, deberíamos esperar que la disposición a pagar de un consumidor que es usuario de Mac es mayor, lo que a su vez justifica este tipo de estrategia.

Pero internet es una calle de dos sentidos: si los vendedores saben más sobre los compradores, los compradores también saben más sobre los vendedores. Los portales de comparación de precios como Google Shopping permiten a compradores acceso fácil a los precios fijados por varios vendedores para cada bien. Esto dificulta para los vendedores el poder personalizar sus precios. De forma similar, en la era anterior a internet vendedores por catálogo como L.L.Bean eran capaces de enviar diferentes catálogos con diferentes precios a diferentes consumidores. Ahora que los consumidores pueden buscar los precios en internet, la personalización de catálogos es más difícil de implementar.

6.2 Autoselección

Hay muchos ejemplos en los que el vendedor sabe que la población de consumidores potenciales se puede dividir en grupos, pero no puede identificar los grupos a los cuales cada consumidor pertenece. Por ejemplo, las aerolíneas saben que sus pasajeros viajan por negocios o por ocio, y que su disposición a pagar es más alta para aquellos que viajan por trabajo. Sin embargo, es difícil identificar directamente a aquellos que viajan por trabajo, especialmente si las tarifas que deben pagar son más caras que las tarifas de los viajeros ociosos. Imagínate un agente de viajes preguntando, «¿Viaja usted por trabajo? La razón por la cual pregunto es que si usted dice que sí, entonces el billete le costara más caro». Claramente, esto no va a funcionar.

Con frecuencia, la discriminación de precios por autoselección es la situación cuando el vendedor no identifica directamente al consumidor como perteneciente a un grupo particular. El vendedor *indirectamente* clasifica consumidores mediante el ofrecimiento de diferentes «tratos» o «paquetes». Estos pueden ser combinaciones de tarifas variables y fijas, combinaciones diferentes de precio y calidad, diferentes combinaciones de precio y cantidad, y así sucesivamente. Los consumidores a su vez se autoseleccionan según el grupo al que pertenecen.

■ **Versiones y bienes dañados.** Las tarifas aéreas de descuento son un ejemplo de discriminación de precios por autoselección. Debido a que estas tarifas implican cierto número de restricciones –por ejemplo, la pernoctación en el lugar de destino la noche del sábado– los viajeros por trabajo probablemente no comprarán estas tarifas. Así, las aerolíneas son capaces de clasificar viajeros de ocio de bajo valor (y muchos académicos), quienes cambiarán su calendario para beneficiarse de las tarifas de descuento.

Un fenómeno parecido toma lugar en los productos electrónicos. Consideremos por ejemplo el Kindle Fire. En 2012, las cuatro búsquedas más populares en Amazon.com correspondían a cuatro versiones con precios desde $115 (Kindle Fire Full Color 7'' Multi-Touch Display Wi-Fi) a $299 (Kindle Fire HD 8.9'', Dolby

Audio, Dual-Band Wi-Fi, 16GB). Si Amazon ofreciera solo una versión –digamos a un precio de $150 y con una gama media de funciones– entonces perdería ventas tanto en los segmentos de los consumidores con demanda alta de calidad (dispuestos a pagar más de $150), como ventas de los segmentos con demanda de la gama más baja de calidad (reacios a comprar el producto a $150). Así pues, la discriminación de precios por versiones genera un ingreso más alto para el vendedor.[d]

Una forma extrema de versionar un producto ocurre cuando las empresas reducen la calidad de algunos de sus productos existentes para discriminar precios, es decir, las empresas producen **bienes dañados**. Por ejemplo, las tarifas aéreas Pex y Apex son tarifas normales en clase turista con restricciones adicionales, como el requerimiento de la pernoctación en sábado. Estas restricciones no generan ningún beneficio a las aerolíneas; simplemente son una manera de reducir la calidad de su servicio. Otro ejemplo son las versiones para estudiantes de paquetes estadísticos y *software*: durante un tiempo, la versión para estudiantes de Mathematica consistía en el paquete de *software* estándar con una restricción en el uso del coprocesador matemático (incluso si el ordenador tenía uno). Otro ejemplo viene dado por Office Home and Business 2010 Suite de Microsoft, que venía en dos versiones: una se podía transferir a un ordenador portátil con un precio de $279,99; una segunda versión corresponde al mismo *software*, pero solo se podía usar en un ordenador y se vendía al precio de $199,99.

Dupuit, un economista e ingeniero francés del siglo XIX, comenta sobre la práctica del sistema de tres clases en el transporte ferroviario:

> *No es por unos pocos miles de francos que costaría poner un techo sobre los vagones de la tercera clase o tapizar los asientos de tercera clase que algunas compañías tienen vagones a techo abierto con bancos de madera [...] Lo que la compañía trata de hacer es prevenir que los pasajeros que pueden pagar la tarifa de segunda clase viajen en tercera clase; esta práctica perjudica al pobre, no porque la compañía quiere perjudicarlos, sino para asustar al rico [...] Y es de nuevo que por la misma razón las compañías, habiendo sido crueles con los pasajeros de tercera clase y tacañas con los pasajeros de segunda clase, se vuelven lujosas cuando tratan a los pasajeros de primera clase. Habiendo negado a los pobres lo esencial y necesario, dan a los ricos lo que es superfluo.[5]*

La Caja 6.3 proporciona ejemplos adicionales de bienes dañados.

---

[d] Estos precios se obtuvieron en octubre de 2012. Evidentemente, tanto los precios como las características de las diferentes versiones quedaron desfasados poco después –como es normal en el mundo de la tecnología. No obstante, los principios básicos de este sistema de precios seguirán siendo válidos durante mucho tiempo.

Para que la oferta de diferentes versiones sirva para discriminar precios, el vendedor debe tener en cuenta una restricción importante: el vendedor debe tener cuidado de no fijar precios tan dispares que los consumidores de alta gama prefieran consumir el producto de baja gama. Eso haría fracasar la estrategia de producir diferentes versiones de un mismo producto como método para discriminar precios. Para entender cómo funciona esta estrategia, consideremos el siguiente ejemplo numérico.

CAJA 6.3 Intel, IBM y Sony dañan sus productos[6]

La práctica de vender bienes de menos calidad, de hecho, «dañados», para discriminar precios entre consumidores de menor y mayor valoración es común entre varias empresas de alta tecnología.

- La generación 486 de Intel de microprocesadores fue introducida en el mercado bajo dos versiones: el 486DX y el 486SX. Aunque había diferencias significativas en rendimiento, «el 486SX es una réplica exacta del 486DX, con una importante diferencia –su coprocesador matemático interno está desactivado [...] [El 486SX] se vendía en 1991 por $333 en lugar de $588 por el 486DX».

- «En mayo de 1990, IBM anunció la introducción de la impresora LaserPrinter E, una alternativa a su popular LaserPrinter de bajo coste. La LaserPrinter E era virtualmente idéntica a la original LaserPrinter, con la excepción de que el modelo E imprimía texto a 5 página por minuto (ppm), en lugar de 10 ppm de la LaserPrinter [...] La LaserPrinter usa el mismo "motor" y virtualmente idénticas partes, con una excepción: [...] [incluye] *firmware* [que] en efecto inserta estados de espera para ralentizar la velocidad de impresión».

- «Sony recientemente introdujo un nuevo formato digital de grabación y reproducción que debía reemplazar al audio casete análogo, pero con mayor conveniencia y durabilidad: [el MiniDisc]. Los Minidiscs son similares en apariencia a los discos de ordenador de 3,5 pulgadas, y venían en dos variedades: pregrabados y grabables. Los segundos, a su vez, «venían en dos versiones: discos de 60 minutos y discos de 74 minutos. Los precios fijados para estos discos son actualmente $13,99 y $16,99. A pesar de las diferencias en precio y duración de grabación, los dos formatos son físicamente idénticos [...] Un código en la tabla de contenidos identifica un disco de 60 minutos e impide grabar más allá de esta duración, aunque haya espacio en el disco».

Ejemplo. Teníamos el «baby Mac», entonces el iMac; es la hora del «baby iMac». Como jefe de *marketing* de Apple Computer, decidiste que la situación actual se podía mejorar. El año pasado, la compañía vendió 1 millón de iMacs por $1.500 la unidad. Esto es lo máximo que puedes obtener del segmento de mercado que ya ha comprado el iMac. Según un estudio de mercado, hay un segundo segmento de mercado de 2 millones de personas que están dispuestas a pagar hasta $500 por una versión simplificada del iMac. Tus investigadores de mercado también te informan de que (a) el primer segmento estaría dispuesto a pagar hasta $800 por la versión simplificada, (b) el segundo segmento estaría dispuesto a pagar un máximo de $600 por la versión completa del iMac. Finalmente, tu departamento de producción afirma que cuesta $300 producir un iMac, sin importar si es la versión completa o simplificada.

¿Cuál es la política de precios óptima? Una primera estrategia posible (como referencia) es la de únicamente vender la versión completa a un precio de $1.500. Esto llevaría a la venta de 1 millón de unidades, y un beneficio total de $(1.500 – 300) \times 1$ m = $1,2milm. Una segunda estrategia posible sería vender en ambos segmentos la versión simplificada por un precio de $500 y la versión completa a un precio de $1.500. ¿Funcionaría esta estrategia? No: los consumidores de gama alta obtienen cero excedente al comprar la versión completa (su precio es exactamente igual a su disposición a pagar), pero $800 – 500 = $300 por la versión simplificada. Entonces comprarán la versión simplificada. Una estrategia alternativa es la de fijar un precio de $1.200 por la versión completa (un poco menos de $1.200 para ser exactos) y un precio de $500 por la versión simplificada. Este esquema de precios hará que los usuarios de gama alta pagarán $1.200 por la versión completa y los usuarios de gama baja pagarán $500 por la versión simplificada. El beneficio total es ahora $(500 – 300) \times 2$ m $+ (1.200 – 300) \times 1$ m = $1,3milm, que es mayor que el beneficio actual.

¿Qué sucedería si el coste de producción fuera $400?

La pauta mostrada en el ejemplo es una pauta general en mecanismos de autoselección (lo que, por cierto, surge también en otras partes de la economía). ¿Cómo obtenemos el valor de $1.200 para la versión completa? Básicamente, debemos asegurarnos de que el consumidor de gama alta no tiene incentivo alguno a comprar la versión diseñada para el consumidor de gama baja. Esto se llama la **restricción de incentivos**. Al escoger la versión simplificada, un consumidor de gama alta obtiene un excedente de $300 = 800 – 500. Al escoger la versión completa, obtienen un excedente de $1.500 – p. La restricción de incentivos es que $1.500 – p \geq 800 – 500$, o simplemente $p \leq 1.200$. Debido a que el beneficio es mayor cuanto mayor sea p (manteniendo todos los demás factores constantes), escogemos $p = 1.200$. ¿Cómo llegamos al valor de \$500 para la versión simplificada? Básicamente, dado que esta versión está diseñada para el consumidor de baja gama, el precio no puede ser mayor que la disposición a pagar del consumidor de baja gama por la versión simplificada. Esto se llama la **restricción de participación**.

En general, los precios son tales que el «tipo menor» obtiene un excedente neto de cero (lo que haga falta para que ese tipo de consumidor «participe», es decir, que compre). El «tipo alto», a su vez, obtiene un excedente estrictamente positivo, el mínimo valor que es consistente con la restricción de incentivos. El excedente obtenido por los tipos altos es a veces referido como **renta de información**. De hecho, si el vendedor pudiera identificar el tipo de cada comprador, podría fijar precios tales que podría extraer la totalidad del excedente del consumidor (como en la discriminación de precios perfecta). Como el vendedor no conoce el tipo del consumidor, el vendedor debe dejar algunas rentas del consumidor, una renta de información.

■ **Paquetes.** Los distribuidores de películas frecuentemente fuerzan a los cines a adquirir películas «malas» si quieren también poner en programa las películas «buenas» del mismo distribuidor. Los fabricantes de fotocopiadoras ofrecen paquetes que incluyen la fotocopiadora y el mantenimiento correspondiente; también dan la opción de comprar la fotocopiadora y el mantenimiento aparte. Estos son ejemplos de **ventas condicionadas**, o **paquetes**, que son una estrategia alternativa para clasificar a consumidores y discriminar precios entre ellos. Podemos hacer una clara distinción entre **paquetes puros**, donde los compradores deben comprar el paquete o comprar nada (como en el caso de los distribuidores de películas) y **paquetes mixtos**, donde los compradores tienen la opción de comprar el paquete o una de las partes por separado (como en el caso de la fotocopiadora y el servicio de mantenimiento).

Como ejemplo motivador del análisis que sigue, consideremos el precio de Microsoft Office Home and Business 2012. Este es un «paquete» de *software* que está compuesto de varias aplicaciones: Word, Excel, Powerpoint, OneNote y Outlook. En 2012, Excel, Outlook y Powerpoint costaban \$139,99 si se compraban por separado; OneNote costaba \$79,99; y Word se distribuía gratis. El precio del paquete entero era, a su vez, de \$199,99.

¿Cómo puede ser esta estrategia beneficiosa para Microsoft? Para responder a esta pregunta, consideremos un simple ejemplo numérico.

Ejemplo. ACME Software posee dos aplicaciones distintas: un procesador de texto y una hoja de cálculo. Algunos usuarios están principalmente interesados en el procesador de texto («escritores»), algunos trabajan exclusivamente con hojas de cálculo («calculadores»), y un tercer grupo usa tanto el procesador de texto como la hoja de cálculo («generalistas»).

La tabla de abajo resume la disposición a pagar por cada aplicación de cada tipo de usuario. También indica el número de usuarios de cada tipo. Basándonos en esta tabla, podemos determinar la política de precios óptima de la compañía de *software*.

Tipo de usuario	Número de usuarios	Disposición a pagar por	
		Procesador de texto	Hoja de cálculo
Escritor	40	50	0
Calculador	40	0	50
Generalista	20	30	30

Ya que los costes de producir *software* son todos fijos (es decir, no dependen del número de copias vendidas), la compañía de *software* está de verdad interesada en maximizar ingresos.

Una estrategia posible para maximizar ingresos es vender cada aplicación por separado. Si esta fuera la estrategia a seguir, el precio óptimo sería $50. A este precio, la compañía vende 40 copias de cada aplicación y genera ingresos de $2.000 por aplicación, o un total de $4.000. El precio alternativo bajo la estrategia de vender por separado las aplicaciones es $p = 30$. En este caso, las ventas serían de $60 por aplicación con unos ingresos de $1.800 por aplicación, que es menos que 2.000.

Consideremos ahora una estrategia alternativa: además de vender cada aplicación por separado (a un precio de $50), la compañía de *software* vende un paquete (el «suite») por un precio de $60 que contiene ambas aplicaciones. Desde la perspectiva de los tipos de «escritor» y «calculador» esto no implica ninguna diferencia. Todavía preferirán comprar su aplicación preferida por $50. Es verdad que por $10 adicionales podrían adquirir una segunda aplicación; pero la utilidad adicional que obtienen de hacer esa compra es básicamente cero.

La principal diferencia con respecto al caso inicial es que el paquete será comprado por los tipos «eclécticos» que, a $50 por aplicación, no estarían dispuestos a comprar; pero, a $60 por el paquete completo, sí lo están. Como resultado, el vendedor ahora recibe un ingreso total de $4.000 de ventas individuales de aplicaciones más $1.200 (20 por 60) de las ventas de paquetes enteros, un aumento del 30 % en ingreso respecto al caso sin paquete.

■ **Discriminación de precios intertemporal.** Los bienes no duraderos, como comestibles o viajes en autobús, se caracterizan por un flujo de demanda: en cada periodo, los consumidores deben comprar cierta cantidad. En cambio, la decisión de comprar un **bien duradero** es una donde cuándo comprar es esencial. Yo puedo comprar un ordenador hoy o esperar unos meses (y mientras tanto quedarme con el que tengo en la actualidad). Un razonamiento similar se aplica a comprar coches u otros productos relacionados.

La fijación de precios de bienes duraderos supone una dimensión adicional de discriminación de precios: el tiempo. Al fijar diferentes precios ahora y en el futuro, un monopolista es capaz de practicar diferenciación de precios: vender tanto a los compradores de alta valoración a un precio alto como a los compradores de baja valoración a un precio bajo –el sueño de todo monopolista (como vimos cuando presentamos la figura 6.1). La idea es que la valoración y la impaciencia están a menudo correlacionadas. Supongamos que yo lanzo al mercado un nuevo teléfono inteligente hoy a un precio de $600; y que seis meses más tarde bajo el precio a $400. Con suerte este menú de precios provocará que los compradores de alta valoración compren ahora y que los compradores de baja valoración se esperen a consumir en seis meses.

Desafortunadamente, la esperanza de que los compradores de alta valoración comprarán ahora es sencillamente eso –esperanza. De hecho, un comprador racional debería ponerse en el lugar del vendedor y darse cuenta de que estará en el interés del vendedor bajar los precios en el futuro. Ya que incluso los consumidores de alta valoración prefieren pagar precios más bajos, el rendimiento de la estrategia de precios altos hoy y precios bajos mañana puede acabar resultando en que la mayoría de los compradores se esperen a comprar cuando los precios bajen en el futuro. La estrategia del vendedor de discriminar precios habrá entonces fracasado en varias dimensiones: primero, las ventas han sido más lentas; y segundo, el precio medio es mucho más bajo de lo que hubiera sido si el vendedor hubiera impuesto el precio de monopolio en ambos periodos. Dicho de otra forma, la posibilidad de fijar precios diferentes en cada periodo, una ventaja para el vendedor a primera vista, se puede volver en su contra, ya que los beneficios totales son entonces más bajos.[e,7]

---

[e] Del *Wall Street Journal*: comentando sobre el triste estado de la industria del ordenador personal, alguien declaró que «la industria ha caído en su propia trampa». «Todos nos cruzamos de brazos y decimos "Me voy a esperar a que bajen los precios", dice un consultor de la industria.»

> **Al vender un bien duradero, los vendedores quizás prefieran comprometerse a no discriminar precios mediante la fijación de diferentes precios en periodos distintos. De hecho, debido a retrasos «estratégicos» en la compra, los beneficios son ahora más bajos si se discriminan precios.**

En el límite, el juego de la espera se puede desarrollar hasta el punto que el vendedor se ve forzado a bajar precios desde el principio, una posibilidad que es conocida como la **conjetura de Coase**.[8]

Hay varias maneras con las que el vendedor puede evitar la «maldición» de los bienes duraderos. Una es la de comprometerse a no bajar el precio en el futuro. Chrysler, por ejemplo, ofreció durante un tiempo una «garantía de precio más bajo:» si, en un futuro, disminuía el precio de un modelo de coche, devolvería la diferencia en precios a todos los compradores anteriores. El incentivo a no bajar precios en el futuro era entonces tan fuerte que los compradores tenían pocas razones para esperar que los precios bajarían en un futuro; y por lo tanto tenían pocos incentivos a retrasar la compra.[f]

Alternativamente, el vendedor puede decidir no vender el bien duradero, solo alquilarlo. Esto es lo que Xerox hacía con sus fotocopiadoras al final de la década de 1960 y principios de la de 1970, cuando tenía un poder de mercado sustancial en la industria. Una política oficial de no vender y solo alquilar efectivamente convierte un bien duradero en un bien no duradero: los compradores necesitan pagar el alquiler cada periodo que quieran usar la fotocopiadora; no hay entonces ninguna ganancia de retrasar la adquisición de una fotocopiadora bajo la esperanza de que el precio de compra baje.

Aun así, otra manera de evitar retrasos estratégicos de compra es la de introducir algún tipo de diferenciación de producto que ayude aún más a separar compradores de alta y baja valoración. Por ejemplo, los editores de libros suelen empezar con una versión de tapa dura, que se vende a un precio alto en el primer periodo; y entonces, dos años más tarde, una edición de tapa blanda sale al mercado a un precio mucho menor.

Finalmente, el vendedor puede simplemente ganarse una reputación de nunca bajar precios de modo «arbitrario». En los noventa, Apple Computer disfrutaba de una reputación de vendedor de alta calidad a precios altos. Esperarse a encontrar un ordenador Mac barato no era una estrategia viable desde el punto de vista del

---

[f] Nótese la ironía de la «garantía» del precio más bajo: aunque parece a primera vista que esta proteja al consumidor, el resultado es que el consumidor acaba pagando un precio más alto que si tal garantía no existiera.

comprador. La introducción de las líneas de producto del iPod y del iPhone en la década de 2000 generó nuevas fuentes de ingresos para Apple –y nuevos desafíos en sus estrategias de precios también. La Caja 6.4 examina un caso particular: el precio de la primera generación de iPhone.

CAJA 6.4 Apple compensa a sus primeros compradores de iPhone

El iPhone de Apple fue lanzado en junio de 2007. Uno de los aparatos electrónicos más esperados de la década, su precio inicial era de $599. A pesar de su alto precio, consumidores en todo el país hicieron cola el primer día de ventas para adquirir este producto revolucionario: en las primeras 30 horas, Apple vendió 270.000 unidades.

En septiembre, Steve Jobs anunció una disminución del precio del iPhone de $200, de $599 a $399. AT&T, entonces el operador inalámbrico que ofrecía el iPhone de modo exclusivo, declaró: «Estamos satisfechos con la respuesta del consumidor al iPhone hasta ahora, y esperamos que el nuevo precio aumente su popularidad aún más». Sin embargo, la disminución de precio enfadó a muchos de sus consumidores que habían pagado el precio alto en los tres meses anteriores.

Respondiendo a la reacción de los consumidores, Steve Jobs publicó una carta abierta ofreciendo un vale de $100 a gastar en tiendas Apple a cualquier cliente que hubiera comprado el iPhone al precio original. Al mismo tiempo, Jobs explicó las razones de la compañía para bajar el precio, se disculpó, y reconoció su necesidad de «hacer lo correcto para nuestros apreciados clientes del iPhone».

Siempre hay cambios y mejora, y siempre hay alguien que compró un producto antes de una fecha límite y se pierde el precio nuevo o el nuevo sistema operativo o el nuevo producto sea lo que sea. Así es la vida en la era tecnológica […] Aunque estemos tomando la decisión correcta de bajar el precio del iPhone, y aunque el camino de la tecnología esté lleno de baches, necesitamos hacer un mejor trabajo cuidando de nuestros primeros clientes del iPhone cuando vayamos agresivamente en busca de nuevos clientes con un precio más bajo. Nuestros primeros clientes confiaron en nosotros, y nosotros debemos estar a la altura de esa confianza con nuestras acciones en momentos como estos.

6.3 Precios no lineales

Normalmente, los consumidores deciden tanto si deben comprar un producto determinado como la cantidad del producto que deben comprar. Ejemplos van desde los servicios públicos como la electricidad, agua y servicio telefónico, al tamaño del vaso de refresco o el número de bolas de helado en un cucurucho. Si Häagen Dazs, por ejemplo, vende una bola por $2 y dos bolas por $3, entonces el precio por bola es, respectivamente, $2 y $1,5. En casos como este decimos que el vendedor fija **precios no lineales**. La idea de precios lineales es la de la figura 6.1, que inicialmente presenté como motivación para fijar precios distintos a diferentes consumidores; también se aplica a consumidores individuales, en la medida en que los consumidores eligen la cantidad a consumir de un producto. Si este es el caso, entonces el precio lineal puede estar «dejando dinero en la mesa»; y los precios no lineales son una estrategia para capturar parte de ese dinero.

Además, en la medida en que diferentes consumidores compran diferentes cantidades del mismo producto, los precios no lineales también generan la posibilidad de fijar diferentes precios a diferentes consumidores. Esto efectivamente corresponde a un sistema de discriminación de precios por autoselección, igual que ofrecer diferentes versiones o paquetes –pero es suficientemente importante como para tener su propia subsección.

Antes de ir al caso más general y más realista, es útil considerar el caso más simple de cuando todos los consumidores tienen la misma curva de demanda.

■ **Consumidores homogéneos.** Consideremos el problema de fijar precios del dueño de un club de golf. Supongamos que todos los jugadores de golf tienen la misma curva de demanda, llamémosla D en la figura 6.2. El caso más simple de precios no lineales, en el que nos centraremos en esta sección, es uno de **tarifa de dos partes**: una parte fija f, que cada consumidor debe pagar sin importar la cantidad comprada, y una parte variable p, proporcional a la cantidad comprada.[g]

Siguiendo con el ejemplo del club de golf, pensemos en f como la cuota de miembro pagada anualmente y p la tarifa pagada cada vez que se juegan 18 hoyos. ¿Se beneficiaría el dueño del club de golf si fija una tarifa de dos partes? Si es así, ¿cuál serían los valores óptimos de f y p?

Si el coste marginal es constante en c (el coste adicional de mantenimiento cada vez que un socio juega en el campo de golf) y si el dueño del club fijara un precio uniforme, es decir, independientemente de la cantidad, entonces el precio óptimo sería P^M. Este es el precio de monopolio derivado en la sección 3.2, el

---

[g] Hablando estrictamente, la suma pagada, $f + pq$, es una función lineal de la cantidad comprada. El punto esencial es que el precio por unidad, $p + f/q$, no es constante.

punto donde el ingreso marginal es igual al coste marginal. Bajo esta solución, los beneficios son A (es decir, el área del rectángulo A).

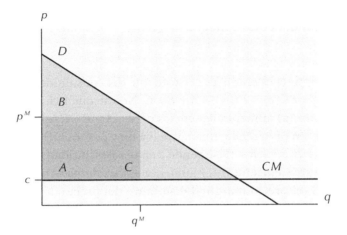

Figura 6.2. Tarifa de dos partes.

Ahora supongamos que el dueño del club fija una tarifa de dos partes. Cualquiera que sea el valor de p (la tarifa por jugar al golf), el vendedor fijaría f (la cuota anual para miembros) al valor máximo al cual los jugadores de golf todavía están dispuestos a unirse al club; cualquier otro valor dejaría dinero en la mesa. Este máximo viene dado por el excedente del consumidor, $EC(p)$, el aérea bajo la curva de demanda y por encima del precio. Por ejemplo, para $p = p^M$, el excedente del consumidor es el área del triángulo B, es decir, $EC(p^M) = B$. Nótese que si, en lugar de p^M, el precio es igual al coste marginal c, entonces tenemos $EC(c) = A + B + C$.

Definamos $\pi(p)$ como el beneficio variable del club de golf que es una función del precio fijado, es decir, $\pi(p) = (p - c)D(p)$. El beneficio total viene dado por el beneficio variable, $\pi(p)$, más la tarifa fija, f:

$$\Pi(p) = \pi(p) + f$$

Es óptimo para el club establecer una tarifa fija (cuota anual) igual al excedente del consumidor correspondiente al precio p, es decir, $f = EC(p)$. Por lo tanto, tenemos:

$$\Pi(p) = \pi(p) + EC(p)$$

Pero esto es exactamente el excedente total $W(p)$, es decir, $\Pi(p) = W(p)$. Esto tiene como implicación un resultado importante:

> **Si el vendedor puede fijar una tarifa de dos partes y todos los consumidores tienen demandas idénticas, entonces el precio (variable) que maximiza beneficios totales es el mismo que maximiza el excedente total, es decir, un precio igual al coste marginal.**

La parte fija óptima es entonces el excedente del consumidor correspondiente a $p = c$, es decir, $f = EC(p) = EC(c) = A + B + C$. Nótese que la introducción de una tarifa de dos partes (a) aumenta beneficios de A a $A + B + C$ (el vendedor no gana dinero en el margen pero recibe una parte fija muy grande); (b) aumenta el excedente total de $A + B$ a $A + B + C$ (se vende una mayor cantidad, como se esperaría de una situación más eficiente); (c) aumenta el excedente bruto del consumidor de B a $A + B + C$ (el precio marginal disminuye del precio de monopolio, p^M, al coste marginal, c); (d) pero disminuye el excedente neto del consumidor (neto de la parte fija) de B a cero (todo el excedente bruto del consumidor es capturado por el monopolista mediante la parte fija de la tarifa). Dicho de otro modo, la eficiencia total aumenta, pero el bienestar del consumidor disminuye como resultado de fijar precios no lineales. En la sección 6.5, cuando examinamos asuntos de política pública generados por la discriminación de precios, demostraré que el intercambio entre eficiencia social y el bienestar del consumidor es uno de los principales asuntos a considerar.

Ejemplo. La demanda individual mensual por horas en el gimnasio NPNG («no pain no gain») es $q = 15 - 2{,}5p$, donde p es precio por hora. (Todos los clientes tienen la misma curva de demanda.) El coste marginal es cero.

Supongamos primero que el vendedor está restringido a fijar un precio por hora de gimnasio usada; ¿cuál es el precio óptimo? La curva inversa de demanda viene dada por $p = 6 - q/2{,}5$. El ingreso marginal es por lo tanto $MR = 6 - q/1{,}25$. Dado que el coste marginal es cero, el precio óptimo viene de $MR = 0$, lo que nos lleva a $q = 7{,}5$, que a su vez corresponde a un precio $p = 3$. El beneficio por cliente es entonces $3 \times 7{,}5 = 22{,}5$ (notemos que esto es el beneficio variable y que no tiene en cuenta ningún coste fijo en que se haya incurrido).

Supongamos ahora que el gimnasio puede empezar a fijar una tarifa anual. Siguiendo la lógica de las tarifas de dos partes, debería fijar una tarifa por hora igual al coste marginal, $p = 0$, en cuyo caso la demanda será igual a 15; y una tarifa fija igual al excedente del consumidor a ese precio, es decir,

$$f = \frac{1}{2}(15 \times 16) = 45$$

Ahora el beneficio por cliente es de 45, una clara mejora respecto al caso de precios lineales.

Aunque los resultados de arriba son derivados de un modelo y conjunto de supuestos específicos (todos los consumidores son idénticos), podemos hacer esta observación general:

> **La tarifa de dos partes óptima de un monopolista consiste en una tarifa fija positiva y una tarifa variable que es más baja que el precio de monopolio. Por lo tanto, el excedente total es mayor que en el caso de precio uniforme.**

■ **Múltiples tipos de consumidores y múltiples tarifas de dos partes.** Dado que hay varios tipos de consumidores, es natural asumir que el vendedor fija diferentes tarifas de dos partes. Si el vendedor pudiera identificar directamente el tipo de cada consumidor, entonces la solución sería bien simple: el vendedor fijaría $p = c$ y $f = EC_i(c)$, donde $EC_i(p)$ es el excedente del consumidor para cada tipo de consumidor i. El problema es que en muchos casos del mundo real el vendedor no puede observar directamente el tipo del consumidor; y, aunque eso fuera posible, la discriminación de precios de este tipo (imponiendo diferentes tarifas de dos partes a consumidores diferentes) sería básicamente considerado ilegal.

Pero supongamos que el vendedor ofrece a los consumidores un menú a *escoger* de diferentes tarifas de dos partes. Continuando con el ejemplo de un operador de telecomunicaciones, esto correspondería a ofrecer diferentes *planes de llamadas* opcionales, una práctica muy común alrededor del mundo. ¿Podría esta práctica mejorar el beneficio del vendedor? Consideremos el conjunto de tarifas de dos partes sugerido anteriormente: un plan con $p = c$ y $f = EC_1(c)$, diseñado para ser escogido por los consumidores de tipo 1; y otro plan con $p = c$ y $f = EC_2(c)$, diseñado para ser escogido por los consumidores de tipo 2. Este menú de planes de llamadas no funcionaría bien. Ambos tipos de consumidores prefieren estrictamente adoptar el primer plan: el precio marginal es el mismo y la tarifa fija es menor en el primer plan.

Si el vendedor quiere clasificar a los consumidores por planes, entonces tiene que asegurarse de que los consumidores de tipo 2 no tienen incentivos para adoptar el primer plan. Además, el vendedor debe asegurarse de que cada tipo de consumidor prefiere pagar una tarifa fija y consumir su cantidad óptima a no consumir en absoluto. En la jerga de la economía, que introduje en la página 186, el vendedor debe tener en cuenta (a) la restricción de incentivos (el tipo i prefiere el plan i al plan j); y (b) la restricción de participación (cada consumidor prefiere algún plan en contra de ningún plan en absoluto). De hecho, este análisis generaliza los principios presentados en la sección previa. Por ejemplo, cuando se ofrecen versiones, el vendedor debe asegurarse de que el comprador de alta gama no prefiere la versión simplificada (restricción de incentivos); y de que el comprador de baja gama prefiere comprar a no comprar (restricción de participación).

Volvamos al problema de fijar un menú de planes de llamadas. Se puede mostrar que el menú óptimo de planes de llamadas consiste en $f_1 = EC_1(p_1)$, $p_1 > c$; y $f_2 > f_1$, $p_2 = c$. Dicho en palabras, los tipos de alto consumo pagan una tarifa fija relativamente alta pero una tarifa marginal baja, $p_2 = c$. Los tipos de bajo consumo, a su vez, pagan una tarifa fija más baja, $f_1 = EC_1(p_1)$, pero una tarifa marginal más alta, $p_1 > c$. El valor óptimo de f_2 es el valor más alto de f_2 tal que la restricción de incentivos se satisface:

$$EC_2(p_2) - f_2 = EC_2(p_1) - f_1$$

El lado izquierdo es el valor neto que un tipo 2 obtiene al escoger el plan 2, mientras que el lado derecho es el valor que un tipo 2 obtiene al escoger el plan 1.

Finalmente, el valor de p_1 se obtiene al maximizar el beneficio del vendedor, sabiendo que los ingresos son obtenidos tanto de las tarifas fijas como de las tarifas marginales. El Ejercicio 6.15 considera un ejemplo numérico específico (y complejo).

Es importante entender que los consumidores de tipo i escogen el plan de llamadas (f_i, p_i) porque quieren. Es decir, dado el menú de planes de llamadas (f_1, p_1), (f_2, p_2), los consumidores de tipo 1 prefieren el plan 1 y los consumidores de tipo 2 prefieren el plan 2. Por esta razón, el vendedor no necesita identificar el grupo al que cada consumidor pertenece: los consumidores se clasifican por autoselección.

En comparación con el caso de un solo tipo, esta solución difiere de dos maneras. Primero, los tipos de bajo consumo pagan un precio mayor al coste marginal ($p_1 > c$), lo que implica que la solución es menos eficiente que si el vendedor pudiera identificar directamente los tipos de los compradores. Segundo, los compradores de alto consumo pagan una tarifa fija que es menor que su disponibilidad a pagar, es decir, $f_2 = EC_2(p_1) < EC_2(p_2)$, donde $EC_2(p_2)$ es la disponibilidad a pagar. Como consecuencia, el beneficio del vendedor es menor de lo que sería si fuera capaz de diferenciar a los consumidores directamente. La pérdida de beneficios es el precio que el vendedor debe pagar para clasificar a los compradores mediante la autoselección. La pérdida se puede dividir en dos partes. Primero, al fijar $p_1 > c$, se genera una pérdida de excedente potencial –el triángulo formado por la curva de demanda y la curva de coste marginal, entre $q_1(p_1)$ y $q_1(c)$. Segundo, al fijar $f_2 < EC_2(c)$, el vendedor deja una parte del excedente con el consumidor de alto consumo. Sin embargo, a diferencia del caso de $p_1 > c$, esto es simplemente una transferencia, y no es una pérdida de eficiencia social.

Finalmente, notemos que, si el comprador puede identificar directamente los tipos de consumidores, entonces los consumidores reciben un beneficio neto de cero. Bajo la discriminación de precios por autoselección, sin embargo, los consumidores de consumo alto disfrutan de beneficios estrictamente positivos. Los economistas algunas veces se refieren a este pago como la renta de información ganada por estos consumidores (la parte de los consumidores que está mejor informada).

6.4 Subastas y negociaciones

En años recientes, con eBay y otros vendedores en internet, mucha gente se ha familiarizado con las subastas. Sin embargo, la práctica de subastas no es para nada nueva: por ejemplo, tras una victoria militar los soldados romanos a menudo subastaban el botín de guerra.

¿Por qué alguien se molestaría en subastar un objeto (una botella de vino, un coche usado o una corporación, por dar una lista con unos pocos ejemplos) en vez de venderlo por un precio fijo? Supongamos que yo sé que hay dos compradores interesados y que sus valoraciones por el bien son de $100 o $150, con igual probabilidad. Por simplicidad, supongamos que sus valoraciones son *ambas* $100 o *ambas* $150. Finalmente, supongamos que ellos saben sus propias valoraciones, mientras que yo, el vendedor, no; todo lo que sé es que cada valor es igual de probable.

Si escojo fijar un precio fijo, entonces hay dos candidatos: 100 o 150. Si fijo un precio de $p = 100$, entonces obtengo 100 con certeza. Si pongo un precio de $p = 150$, entonces obtendré 150 con probabilidad 50 % y cero con probabilidad 50 %. Esto viene a ser un valor esperado de 75, lo que es menor que 100. Por lo tanto, concluyo que, si voy a poner un precio fijo, más vale que sea $p = 100$.

Ahora supongamos que corro una subasta, específicamente una subasta ascendente. Yo empiezo llamando el número 100. Si la valoración de los compradores es 100, uno o ambos me harán la señal de aceptación. Al pedir por una puja más alta, ambos se mantendrán en silencio y la subasta terminará con una puja ganadora de 100. Si la valoración de los compradores es 150, entonces continuarán presentando mejores ofertas el uno por encima del otro y viceversa, hasta que el precio llegue a 150. El balance final: con una probabilidad del 50 %, obtendré 100, y con una probabilidad del 50 % obtendré 150, lo que resulta en un valor esperado de 125, claramente mejor que la mejor política posible de precio fijo.

Este ejemplo se basa en una variedad de supuestos simplificadores, pero se puede apreciar cómo y por qué las subastas pueden ser una buena idea. En cierto modo, una subasta es el máximo exponente de las estrategias para discriminar precios mediante autoselección: sé la distribución de las valoraciones de los compradores, pero no sé el valor exacto de la valoración de cada comprador en particular; por lo tanto, quiero crear un mecanismo donde las acciones de los compradores les llevan a pagar un precio relacionado con su valoración.

■ **Tipos de subastas.** Las subastas vienen en muchas formas y tamaños. Quizás uno de los tipos de subastas con el que estés más familiarizado sea la **subasta de precio ascendente** (también conocida como la subasta inglesa).[h] Christie's y Sotheby's, por ejemplo, usan este tipo de subasta para vender arte. Se empieza a un precio bajo, se pide una puja más alta y se continúa hasta que ningún participante de la subasta quiere subir más el precio del bien subastado.

Alternativamente, uno podría empezar con un precio alto y bajarlo gradualmente hasta que un pujador da la señal, y consecuentemente es declarado el ganador y paga el precio existente en el momento en que se hizo la señal. Este mecanismo alternativo es conocido como –lo habrás adivinado– la **subasta de precio descendente**. Se usa en Holanda para vender flores, por ejemplo. Quizás por esta razón, también es conocida como la subasta holandesa. Sin embargo, se pueden encontrar subastas descendentes en otros países y para otros productos.

Pero hay muchas otras. Por ejemplo, durante mucho tiempo países como Francia y España han otorgado licencias de monopolio para el suministro de agua mediante subastas. Normalmente, estas subastas requieren que los pujadores presenten sus ofertas en un sobre cerrado. La puja más alta es entonces seleccionada y el pujador paga la cantidad especificada en su oferta. Este tipo de subasta se conoce como la **subasta de primer precio**. Seguramente estás pensando, «es obvio que el pujador pague la cantidad especificada en su oferta», pero en verdad esto no es obvio en absoluto: por ejemplo, en la década de 1990 los derechos de uso del espectro radioeléctrico fueron subastados en Nueva Zelanda usando una **subasta de segundo precio**: los pujadores presentaron sus ofertas en un sobre cerrado; la puja más alta ganó; pero el precio pagado por el ganador fue la segunda oferta más alta.[i]

---

[h] El término «subasta» viene del verbo en latín *augeo* («yo aumento» o «yo subo»).

[i] La lógica detrás del mecanismo de hacer pagar al ganador la segunda oferta más alta es que propicia que los pujadores presenten ofertas que reflejan su valoración verdadera por el objeto, derecho o licencia por el que está pujando. ¿Puedes ver por qué es así?

Dada esta variedad de formatos de subastas, una pregunta normal es cuál es el mejor formato, en términos de generar ingresos para el vendedor. Como es a menudo el caso en economía, la respuesta es: depende. Si las valoraciones de los compradores son independientes, resulta que muchos formatos de subasta distintos dan *en promedio* el mismo nivel de ingreso: subastas ascendente, descendente, primer precio y segundo precio.[j] Esto sugiere que la elección de formato de subasta puede ser influenciada por otros factores más allá del ingreso generado. Por ejemplo, una ventaja de las subastas de precio descendente es que las subastas ocurren más rápidamente y a un ritmo constante. Quizás por esta razón este formato es usado en la venta de bienes como flores o pescado.[k]

■ **Estrategias para pujar.** Ya hemos hablado de las estrategias del vendedor, básicamente de su elección de mecanismo de subasta. ¿Qué hay de la estrategia del comprador? Una estrategia de puja resulta en un equilibrio similar al que se deriva de un vendedor monopolista. En la sección 3.2, demostré que, al subir el precio, un vendedor gana un mayor margen por venta, pero vende a menos clientes. La regla de la elasticidad (o la regla de $MR = CM$) indica que el equilibrio óptimo se encuentra entre ambos factores. De forma parecida, una puja más alta aumenta la probabilidad de ganar una subasta, pero disminuye el margen que se obtendrá, es decir, la diferencia entre mi valoración y la puja a pagar. La puja óptima consigue el equilibrio correcto entre estos dos objetivos, tal y como lo hacía el precio de monopolio. Véase el Ejercicio 6.17 para más detalle.[l]

Antes he mencionado el caso de cuando las valoraciones son independientes. En la mayoría de los casos del mundo real, sin embargo, hay una correlación positiva en las valoraciones de los pujadores. Por ejemplo, supongamos que el gobierno italiano subasta los derechos de uso de su espectro radioeléctrico para propósitos de telecomunicaciones inalámbricas; y supongamos además que hay solo dos pujadores: un operador de telecomunicaciones italiano y otro extranjero. Parece razonable asumir que el pujador italiano tiene mejor conocimiento del valor de poseer una licencia para operar en el espectro que el operador extranjero. Además, la incertidumbre alrededor de la valoración está seguramente correlacio-

---

[j] Por valoraciones independientes quiero decir estadísticamente independientes; es decir, si yo conozco la distribución de valoraciones, entonces saber la valoración de uno de los pujadores no me aporta ningún conocimiento adicional de la valoración de otros pujadores.

[k] Sin embargo, en el famoso mercado de pescado de Tokio se usan subastas ascendentes, no subastas descendentes.

[l] Este ejercicio da por dado que cada pujador tiene ciertas creencias acerca de las estrategias de puja de los demás pujadores. El papel de las creencias en un contexto estratégico será estudiado en el capítulo 7. Específicamente, su aplicación en el contexto de subastas y pujas es ilustrado por el Ejercicio 7.11.

nada entre pujadores: por ejemplo, si el mercado resulta ser menor de lo esperado, entonces es menor para ambos pujadores. En este contexto, el pujador menos informado debe tener cuidado de lo que los expertos teóricos en subastas llaman la **maldición del ganador**: si yo (el pujador desinformado) gano la subasta, es porque mi rival (el pujador informado) ha presentado una puja más baja que la mía. Si mi rival ha presentado una puja baja, es porque el valor del objeto o licencia es seguramente bajo; en resumen, si yo gano la subasta, es probablemente debido a que el valor es menor de lo que yo esperaba.

Los pujadores experimentados aprenden a tener este efecto en cuenta. Esto acaba generando pujas más bajas relativamente de pujadores desinformados y, como consecuencia, una probabilidad menor de ganar la subasta. Por ejemplo, cuando los EE.UU. subasta los derechos de explotación petrolífera en un área determinada, muy a menudo el ganador de la subasta es una empresa que ya tiene los derechos en áreas adyacentes. Esto puede ser debido a consideraciones de costes, pero un cuidadoso análisis económico sugiere que las asimetrías de información también juegan un papel muy importante: si una empresa ha estado trabajando en un área cercana, está destinada a tener mejor información sobre la cantidad de petróleo en el área.[9]

■ **Subasta de objetos múltiples.** En el mundo entero, los departamentos de tesorería de cada gobierno emiten deuda vendiendo millones de bonos valorados en más de \$4 billones.[10] Estas ventas de bonos pueden darse de dos formas distintas. Una es una subasta donde cada pujador declara cuánto está dispuesto a pagar por un número dado de títulos de deuda. Las pujas más altas son recogidas hasta llegar al punto donde el total demandado es igual al total ofrecido a la venta. Finalmente, los ganadores obtienen las cantidades de deuda demandadas y pagan los precios que han pujado. Esto es conocido como una **subasta discriminatoria** (cada pujador paga un precio distinto). Alternativamente, el mismo conjunto de pujadores obtiene el mismo número de títulos de deuda, pero al precio de la puja ganadora más baja. Esto es conocido como la **subasta de precio uniforme**.

A primera vista es tentador concluir que la subasta discriminatoria es mejor para los intereses del vendedor: después de todo, en la subasta de precio uniforme todos los pujadores excepto uno pagan un precio menor que su puja. Sin embargo, debemos tener en cuenta que los pujadores ajustarán sus pujas cuando el vendedor cambia las reglas de subasta discriminatoria a subasta de precio uniforme. De hecho, la investigación aplicada a subastas de tesorería en Turquía y la República Checa sugiere que las subastas de precio uniforme tienen mayor rendimiento, aunque sea ligeramente mejor.[11]

El problema de vender múltiples objetos se complica cuando, en lugar de bonos del gobierno, los objetos son diferentes los unos de los otros, pero dependientes en su valor. Tomemos por ejemplo las licencias del espectro radioeléctrico. Tanto la emisión de radio como la telefonía móvil requieren de porciones exclusivas dentro del espectro radioeléctrico. Desde la década de 1990, varios países iniciaron la práctica de asignar licencias para usar el espectro mediante subastas. Por ejemplo, en 1994 la Federal Communications Commission de EE. UU. ofreció vender 99 licencias correspondientes a 48 regiones del territorio de EE. UU. La complejidad de este tipo de subastas viene del hecho que el valor de la licencia para usar el espectro de radio en la ciudad de Nueva York, por ejemplo, puede depender también de tener otra licencia en Nueva Jersey. ¿Cómo se debería tener esto en cuenta al diseñar la subasta adecuadamente? Diferentes países optan por diferentes diseños, y en consecuencia la puja media difiere considerablemente, de un mínimo de $2,6 por habitante (Suiza, noviembre de 2000) a un máximo de $107,2 por habitante (Reino Unido, abril de 2000).[12]

Un mecanismo que ha resultado ser razonablemente bueno es el de la **subasta simultáneamente ascendente**.[13] En cada ronda, los pujadores pueden presentar nuevas pujas por cada objeto en el paquete subastado. Cada nueva puja debe ser más alta que la previa puja más alta por un incremento mínimo adicional. La subasta en total termina cuando, tras un periodo, no hay nuevas pujas por ninguno de los objetos subastados.

■ **Negociaciones.** Hasta ahora hemos considerado dos posibles extremos en el proceso de la formación de precios: precios anunciados, donde el vendedor fija el precio; y subastas, donde los compradores, a través de sus estrategias de puja, efectivamente fijan los precios. ¿Qué hay del caso cuando tanto el comprador como el vendedor fijan precios conjuntamente? Supongamos que el vendedor fija un precio al cual está dispuesto a vender. El comprador escoge no comprar, pero ahora hace una contraoferta. En ese punto, el vendedor puede aceptar la contraoferta o, si rechaza la contraoferta, hacer una nueva oferta al comprador; y así sucesivamente. Este es un ejemplo donde el precio es determinado por una negociación bilateral entre un vendedor y un comprador.

Aunque las subastas existen desde hace mucho tiempo, es justo decir que, hasta recientemente, no eran un método de transacción común. En cambio, negociar sobre precios es tan antiguo como el mismo comercio. Si visitas un bazar en Estambul o un mercado callejero en Pekín, aún puedes encontrar compradores y vendedores discutiendo sobre precios de forma rutinaria. En la economía de hoy, no obstante, las negociaciones entre comprador y vendedor son especialmente comunes en mercados de clientes (véase página 173), incluyendo en particular transacciones entre empresas («business-to-business» o B2B). Por ejemplo, si Singapore Airlines quiere comprar un Airbus 380, el comprador no va simplemente a la página web de Airbus y comprueba la lista de precios. Alternativamente, un proceso largo de negociaciones toma lugar hasta que los términos de la venta son finalmente acordados entre ambas partes.

Algunas veces, los precios fijados, subastas y negociaciones coexisten en un mismo mercado. Por ejemplo, eBay, que originalmente empezó como un portal de subastas en internet, en la actualidad permite al vendedor fijar un precio («compra ahora») o a un vendedor y comprador negociar por el precio mediante la presentación secuencial de ofertas y contraofertas.

Una combinación que es particularmente frecuente es la de subastas seguidas de negociaciones y precios fijos: supongamos que un propietario de vivienda quiere renovar su cocina. Él puede pedir a tres contratistas presentar sus pujas y así escoger la puja más baja. Sin embargo, entre el tiempo que el contratista es escogido y el momento en que el proyecto es terminado, múltiples cambios de tareas serán requeridos. En algunos casos, esto se reflejará en un precio total nuevo que es calculado basándose en precios fijados. Por ejemplo, si el comprador quiere añadir una parte estándar adicional a los armarios de cocina, entonces el contratista cobrará el coste adicional basado en el precio fijado de esa nueva parte. Si, no obstante, el comprador pide por cambios más complejos, entonces ambas partes deberán renegociar los términos generales del acuerdo.

Así pues, cuál es mejor: ¿precios fijados, subastas o negociaciones? Consideremos un ejemplo específico: en 1993, el consejo directivo de Paramount decidió vender la compañía a Viacom mediante un proceso de negociación directa y exclusiva. Era bien sabido por todos que había al menos otro pujador interesado, QVC. Sin embargo, el consejo de Paramount decidió dejar a QVC fuera de las negociaciones y afirmaron que los accionistas de Paramount estarían mejor con esta estrategia. Muchos economistas estarían en desacuerdo: se puede demostrar que, si un vendedor tiene múltiples potenciales compradores interesados, entonces las subastas son por lo general la mejor manera de vender un objeto. Así, si el consejo de Paramount quería maximizar el valor de los accionistas, probablemente debería haber utilizado una subasta con Viacom y QVC como pujadores mejor que cerrarse a una negociación con únicamente uno de los compradores potenciales.[14]

Por el contrario, si hay un solo comprador, entonces un precio fijado o un proceso de negociaciones pueden ser mejores. Además, puede haber razones adicionales que inclinen la balanza en favor de un método u otro. Por ejemplo, la mayoría de los compradores de coches son reacios a negociar. Por esta razón, algunos concesionarios prefieren comprometerse a una política de precios fijados por encima de precios negociados según el caso –si un compromiso creíble es posible.[m]

---

[m] Vuelvo a este asunto de la reticencia a negociar en la sección 6.5. El asunto del compromiso es tratado formalmente en la sección 7.2.

6.5 ¿Es la discriminación de precios ilegal? ¿Debería serlo?

He mencionado anteriormente que el caso extremo de discriminación de precios perfecta nos proporciona un marco útil para el análisis de bienestar de la discriminación de precios. La figura 6.2, que ilustra los efectos de una tarifa de dos partes, también presenta la diferencia entre la fijación de precios ordinaria y la discriminación de precios perfecta. Un monopolista que no puede discriminar precios fija un precio p^M, y vende una cantidad q^M. Bajo esta solución, los beneficios vienen dados por A y el excedente del consumidor por B; por lo tanto, el excedente total es $A + B$. Consideremos ahora el caso cuando el vendedor puede discriminar entre diferentes compradores. El precio fijado para cada comprador viene dado por la disposición a pagar de cada comprador. El monopolista entonces venderá a todos los compradores con una disposición a pagar mayor que el coste marginal, es decir, a todos los compradores de 0 a q^D. El beneficio del monopolista es ahora $A + B + C$, mientras que el excedente del consumidor es cero; por lo tanto, el excedente total es $A + B + C$.

Existen varios puntos relevantes que surgen de la comparación entre las soluciones con y sin discriminación de precios:

a) *El bienestar total es mayor bajo la discriminación de precios* ($A + B + C$ frente a $A + B$).

b) *El excedente del consumidor es menor bajo la discriminación de precios* (cero frente a B).

c) *Diferentes consumidores pagan precios diferentes bajo la discriminación de precios.*

d) *Más consumidores son servidos bajo la discriminación de precios* (específicamente, todos los consumidores entre q^M y q^D son servidos bajo la discriminación de precios pero no bajo precios uniformes).

Aunque este es un ejemplo muy simple y extremo, sirve para ilustrar los principales costes y beneficios asociados con la discriminación de precios. Primero, el intercambio entre eficiencia (punto (a), que favorece la discriminación de precios) y el bienestar del consumidor (punto (b), que favorece los precios uniformes). Segundo, el intercambio entre «justicia» (punto (c), que favorece los precios uniformes) y el objetivo de hacer el bien accesible a cuanta más gente mejor (punto (d), que favorece la discriminación de precios).[n]

Si los problemas de distribución son de poca importancia, entonces podemos argumentar a favor de la discriminación de precios, porque aumenta la eficiencia

---

[n] No hay un término simple para denominar este fenómeno. En el mundo de las telecomunicaciones, se usa la expresión «servicio universal».

total. No obstante, si la distribución entre empresas y consumidores, así como entre consumidores, es importante, entonces podemos argumentar a favor de la prohibición de la discriminación de precios.

Este análisis es simplista, y aun así necesitamos varios supuestos. Primero, *puede suceder que la eficiencia total disminuya como resultado de la discriminación de precios.* Por ejemplo, si la discriminación de precios es costosa, debe ocurrir que las ganancias del vendedor no compensan por las pérdidas impuestas sobre los consumidores. Del mismo modo, se puede demostrar que la discriminación de precios espacial disminuye la eficiencia cuando las curvas de demanda son lineales, por ejemplo.

Segundo, *hay casos cuando la discriminación de precios son sinónimo de una mejora en el sentido de Pareto:*[o] vendedor y consumidores están mejor (más específicamente, algunos están igual de bien y otros están estrictamente mejor como resultado de la discriminación de precios). Los ejemplos de bienes dañados y paquetes, presentados en la sección 6.2, son prueba de este punto.

Tercero, los efectos de la discriminación de precios van más allá del excedente del consumidor y del productor. En particular, la evidencia sugiere que, en promedio, *los consumidores detestan pagar precios distintos* (de ahí el consejo con el que he empezado este capítulo). Algunos concesionarios de coches prometen «no negociar» los términos de sus ventas, en parte porque los consumidores detestan el proceso de la negociación, en parte porque no les gusta la idea de pagar un precio distinto al que han pagado otros consumidores. En este sentido, la idea central de la **teoría prospectiva** del comportamiento del consumidor se aplica bien a este respecto: los consumidores aprecian pagar un precio menor que los demás, pero mucho más que eso detestan pagar un precio más alto que los demás.[p] O, para ponerlo de otra manera, los consumidores perciben la discriminación de precios como una cuestión de **justicia**. El caso de la política de precios en los DVD de Amazon, descrito en la Caja 6.5, ilustra un ejemplo de este concepto.

CAJA 6.5 Experimentos de precios en Amazon.com[15]

En el verano de 2000, un cliente de Amazon.com pidió el DVD de *Titus* de Julie Taymor, pagando $24,49. A la semana siguiente volvió a Amazon.com y comprobó que el precio había aumentado hasta $26,24. Así pues, decidió hacer un experimento: borró todos los identificadores de su ordenador personal (es decir, sus *cookies*) y lo volvió a probar: el precio disminuyó a $22,74.

---

[o] Una mejora en el sentido de Pareto es un cambio que no perjudica a nadie y favorece al menos a una persona o agente.

[p] Véase sección 2.4 para más información al respecto de la teoría prospectiva.

No mucho después, una agitada discusión tuvo lugar en la página web DVD-Talk.com. Un portavoz de Amazon admitió que los precios variaban estratégicamente, pero añadió que «se hizo para determinar las respuestas de los consumidores a diferentes niveles de descuento. Esto era una pequeña y simple prueba». Sin embargo, muchos consumidores no quedaron convencidos con esta explicación y adoptaron la postura de que este era un caso claro de discriminación de precios «injusta».

Un analista plasmó la situación muy bien cuando declaró que «Amazon sabe quién tiene la habilidad y quizás el incentivo para pagar más basándose en sus características demográficas, su historia de compras previas, sus ingresos y la urgencia. La variable que todavía Amazon no tiene por la mano es saber qué clientes estarían abiertos a la posibilidad de pagar más. No conocen el nivel de indignación».

Eventualmente, Amazon.com admitió su gestión. Un portavoz afirmó que «la utilización de precios dinámicos [es decir, la discriminación de precios] es estúpida, porque la gente se dará cuenta. Afortunadamente, solo nos ha costado dos instancias para aprender esto».

■ **Asuntos legales.** El análisis se complica más por el hecho de que, tanto en EE. UU. como en Europa, las políticas públicas en lo que se refiere a la discriminación de precios responden a consideraciones que difieren de los principios de eficiencia económica mencionados anteriormente. En EE. UU., la principal preocupación ha sido la de impedir que la discriminación de precios perjudique a la competencia. En particular, la **Robinson-Patman Act** declara que:

> Será ilegal para cualquier persona dedicada al comercio [...] discriminar en precio entre diferentes compradores de productos de similares grados y calidad [...] donde el efecto de tal discriminación puede ser sustancialmente para disminuir la competencia o tender a crear un monopolio en cualquier línea de comercio.

No obstante, durante décadas ningún caso ha sido llevado a los tribunales en EE. UU. basándose en la Robinson-Patman Act.

En la Unión Europea, un caso clásico de discriminación de precios es el de United Brands, que vendían plátanos en diferentes países en Europa. Aunque los costes de transporte a cada país no varían mucho, los precios de venta al por mayor en cada país eran muy distintos. En cierto momento, el precio en Dinamarca era más de dos veces el precio en Irlanda. United Brands argumentó que solo adaptaba sus precios a lo que cada mercado podía pagar –la esencia de la segmentación de mercados. La Comisión Europea decidió que tal gestión incumplía el **Artículo 102** del Tratado de Roma, que prohibía el **abuso de posición dominante**.[q] En general, afirmó que:

> *La Comisión tiene la firme intención de aplicar sistemáticamente el Artículo 86 [más tarde llamado Artículo 102] contra acciones en una posición dominante que directa o indirectamente imponen precios discriminatorios o injustos, [...] [por razón de] el daño que estas prácticas pueden causar al usuario y al consumidor.*

En última instancia, uno sospecha que el objetivo real detrás de la prohibición de la discriminación de precios espaciales es el de lograr un mercado único, donde ninguna «diferencia significativa entre precios de bienes o servicios idénticos [...] persiste durante un largo periodo de tiempo». Una decisión tomada más tarde por la corte europea de justicia acabó de confirmar esta perspectiva. Silhouette, un fabricante austriaco de monturas de gafas, rechazó vender gafas a Hartlauer, una cadena de tiendas de descuentos. Hartlauer compró 21.000 monturas de gafas Silhouette en Bulgaria a un precio bajo y anunció su venta en Austria. La corte europea sentenció que los derechos de marca de Silhouette se extienden al punto de limitar las importaciones de sus productos provenientes de otros países (también conocido como comprar en el mercado gris). Esta fue una importante decisión por varias razones. Las cadenas de supermercados del Reino Unido, por ejemplo, han vendido productos Levi's, Adidas y Nike importados de países donde los precios eran más bajos.[16] Esta es una aplicación del punto mencionado al principio del capítulo: si la reventa es fácil, entonces la discriminación de precios es difícil de llevar a cabo efectivamente. Al permitir a los fabricantes limitar las importaciones de sus productos dentro de la Unión Europea, la decisión de Silhouette facilitaba esencialmente la discriminación de precios entre países de la Unión Europea y países de fuera de la Unión.

En resumen, parece ser que la Unión Europea está muy preocupada por la discriminación de precios dentro de Europa, pero no tanto cuando se da entre Europa y el resto del mundo. De hecho, la Ley de la Unión Europea dicta que un fabricante no tiene el derecho a restringir la venta posterior de ningún producto de marca registrada dentro de la Unión Europea después de la venta inicial.

A diferencia de la Unión Europea, la Corte Suprema de EE. UU. es de la opinión de que, una vez una compañía vende su producto, no tiene ningún derecho a restringir su reventa posterior a menos que el producto sea alterado en alguna

---

[q] Esta sentencia fue importante, entre otras cosas, porque el «abuso de posición dominante» es un concepto bien impreciso para el cual no existe una definición clara.

manera que pueda engañar a los consumidores. Dicho de otro modo, importaciones paralelas son permitidas. Por lo tanto, la discriminación de precios entre EE. UU. y el resto del mundo es relativamente más difícil.

■ **La neutralidad de la red.** Una cuestión de actualidad pública sobre internet es el asunto de la neutralidad de la red. Aun sabiendo que vamos a simplificar este contexto demasiado, internet se puede dividir entre su eje principal («backbone») –una red de conexiones de fibra óptica que cubre cada país– y una serie de proveedores de servicios de internet (Internet Service Providers o ISP), algunos proveedores como Google o iTunes conectando contenido al internet (ISP particulares). En EE. UU., el «backbone» pertenece a compañías de telecomunicaciones como AT&T. La definición precisa de la neutralidad de la red depende de quién la defina. Sin embargo, la mayoría estaría de acuerdo en que se refiere al principio de que los ISP y gobiernos correspondientes traten todos los datos e información en internet por igual, es decir, sin discriminar o fijar precios distintos por usuario, contenido, portal, plataforma, aplicación, etc.

Como he mostrado anteriormente, permitir la discriminación de precios puede ser bueno o malo: fijar precios diferentes para usos distintos puede causar una asignación más eficiente de los recursos escasos (por ejemplo, una conversación por Skype en lugar de descargar una película). No obstante, la discriminación puede empeorar la situación de algunos consumidores –y puede ser una forma de facilitar un comportamiento anticompetitivo. Como ocurre a menudo en la economía, la solución gira alrededor de costes y beneficios.

Así pues, no sorprende a nadie que los ISP se opongan a la neutralidad de la red. A menudo argumentan a favor de la discriminación de precios el que proporciona los incentivos apropiados para seguir invirtiendo en la infraestructura de internet, si pueden fijar precios más altos a usuarios con una disposición a pagar más alta (como Google). Este es un asunto al que volveré en la sección 15.4.

En cambio, algunos de los mayores beneficiados por la neutralidad de la red son proveedores de contenido como Netflix, un servicio de distribución por internet de películas basado en EE. UU. Ellos temen –seguramente con razón– que la discriminación les ponga en desventaja competitiva. Por ejemplo, Comcast, uno de los mayores ISP, es el propietario de un tercio de Hulu, uno de los principales competidores de Netflix en cuanto a la oferta de contenido. Aunque Comcast es solo partícipe sin voto en Hulu, nadie se sorprendería si ofrecieran a Hulu mejores términos que a Netflix por el acceso a consumidores de Comcast. Pero aún hay más: permitir a los ISP fijar precios sin límite por el uso de su infraestructura a los proveedores de contenido provocará probablemente un aumento en los precios medios, lo que a su vez se pasará en cierta medida al consumidor final. Estos y otros asuntos relacionados son el tema principal a tratar en el capítulo 13.

■ **Privacidad.** Otra cuestión de actualidad pública sobre internet es el asunto de la privacidad. Hay muchos aspectos relevantes sobre la privacidad; y la discriminación de precios es uno de ellos. Consideremos el caso de Orbitz al que hemos hecho referencia en la sección 6.1. Su investigación de mercado concluye que la gente que usa computadores Mac gastan alrededor de un 30 % más en hoteles que otra gente. Dada esta información, el buscador de Orbitz muestra a usuarios de Mac hoteles más caros que a usuarios de Windows.

Orbitz defiende esta estrategia de la siguiente forma: dado que tú tienes un Mac, tu probabilidad de estar interesado en un hotel relativamente más caro es más alta; por lo tanto, te damos un servicio de mejor calidad al identificar el sistema operativo del consumidor. Aun así, algunos usuarios de Mac podrían enfadarse con esta estrategia y preferirían permanecer anónimos (en cuanto a lo que su sistema operativo se refiere).

Una amenaza potencialmente más seria a la privacidad es el uso de *cookies*, pequeños archivos colocados por una página web en el navegador de internet de un usuario que recogen información sobre la visita del usuario a la página web. Comprensiblemente, muchos consumidores temen que alguna organización acabe poseyendo la información de su entera historia navegando por internet, clic a clic. En consecuencia, la Unión Europea y otros países actualmente tienen varias restricciones sobre el uso de *cookies* (por ejemplo, los usuarios deben ser notificados y tienen la opción de autoexcluirse). No obstante, las *cookies* permiten a los vendedores tener mejor conocimiento de las preferencias de cada usuario, lo que a su vez puede generar aumentos significativos de eficiencia. Por ejemplo, la precisión de los dispositivos de búsqueda como el de Amazon depende en gran medida de su capacidad de observar el patrón de navegación por internet de los usuarios. En resumen, tal y como sucede frecuentemente en economía con muchos otros temas, el asunto del uso de *cookies* es una colección de costes y beneficios.

Sumario

- La discriminación de precios permite al vendedor crear excedente del consumidor adicional y capturar excedente de mercado existente. Su éxito requiere que la reventa sea costosa o imposible.
- Los vendedores pueden discriminar por precios basándose en características observables de los compradores o mediante la inducción de los compradores a autoseleccionarse entre la oferta de diferentes productos.
- Bajo discriminación por segmentación de mercados, un vendedor debería fijar un precio más bajo en aquellos segmentos de mercado con una elasticidad de demanda mayor.

- Al vender un bien duradero, los vendedores quizás prefieran comprometerse a no discriminar precios mediante la fijación de diferentes precios en periodos distintos. De hecho, debido a retrasos «estratégicos» en la compra, los beneficios son ahora más bajos si se discriminan precios.
- Si el vendedor puede fijar una tarifa de dos partes y todos los consumidores tienen demandas idénticas, entonces el precio (variable) que maximiza beneficios totales es el mismo que maximiza el excedente total, es decir, un precio igual al coste marginal.
- La tarifa de dos partes óptima de un monopolista consiste en una tarifa fija positiva y una tarifa variable que es más baja que el precio de monopolio. Por lo tanto, el excedente total es mayor que en el caso de precio uniforme

Conceptos clave

- discriminación de precios
- mercados de clientes
- discriminación de precios perfecta
- reventa
- ley de un precio
- justicia
- selección por indicadores
- autoselección
- segmentación de mercado
- regla de la elasticidad
- sesgo doméstico
- bienes dañados
- restricción de incentivos
- restricción de participación
- renta de información
- ventas condicionadas
- paquetes
- paquetes puros
- paquetes mixtos

- bien duradero
- conjetura de Coase
- precios no lineales
- tarifa de dos partes
- subasta de precio ascendente
- subasta de precio descendente
- subasta de primer precio
- subasta de segundo precio
- maldición del ganador
- subasta discriminatoria
- subasta de precio uniforme
- subasta simultáneamente ascendente
- teoría prospectiva
- Robinson-Patman Act
- Artículo 102
- abuso de posición dominantes
- neutralidad de la red
- cookies

Ejercicios de práctica

■ **6.1. Discriminación de precios perfecta.** Consideremos un monopolista con una demanda $D = 120 - 2p$ y un coste marginal $CM = 40$. Encuentra el beneficio, excedente del consumidor y bienestar social en los dos casos siguientes: (a) monopolista de precio uniforme; (b) discriminación de precios perfecta.

■ **6.2. *The Economist*.** Suscriptores nuevos de la revista *The Economist* pagan una cuota más baja que suscriptores que continúan su suscripción. ¿Es esto discriminación de precios? ¿De qué tipo?

■ **6.3. Cemento.** El cemento en Bélgica se vende a un precio uniforme a destino en todo el país, el mismo precio para cada consumidor, incluyendo costes de transporte, sin importar dónde el cliente está localizado. La misma práctica es también común en la venta de cartón yeso en el Reino Unido.[17] ¿Son estos casos de discriminación de precios?

■ **6.4. El mercado de pescado de Fulton.** Un estudio del mercado de pescado de Nueva York (cuando todavía se llamaba el mercado Fulton de pescado) sugiere que el precio medio pagado por la pescadilla por compradores asiáticos es significativamente menor que el precio pagado por compradores blancos.[18] ¿A qué tipo de discriminación de precios corresponde este resultado, si es que se corresponde con alguno? ¿Qué información adicional necesitarías para poder responder a esta pregunta?

■ **6.5. Cupones.** Los supermercados emiten frecuentemente cupones que dan el derecho a los consumidores a descuentos en productos seleccionados. ¿Es esto una estrategia promocional, o simplemente una forma de discriminación de precios? La evidencia empírica sugiere que el papel de cocina es significativamente más caro en mercados ofreciendo cupones que en mercados sin cupones.[19] ¿Es este hecho consistente con tu interpretación?

■ **6.6. GetGoing.com.** En 2013, el portal de internet de reserva de viajes llamado GetGoing tenía una oferta de «Escoge Dos, Llévate Uno»: los clientes podían seleccionar dos vuelos –a ciudades distintas– y hacer una compra antes de saber dónde irían. Entonces GetGoing seleccionaría una de las dos destinaciones. Explica cómo este tipo de oferta es una estrategia beneficiosa para GetGoing.

■ **6.7. Coca-Cola.** En 1999, Coca-Cola anunció que estaba desarrollando una máquina expendedora «inteligente». Estas máquinas son capaces de cambiar precios según la temperatura exterior.[20] Supongamos, para el propósito de este problema, que la temperatura puede ser «Alta» o «Baja». En días de temperatura «Alta», la demanda viene dada por $Q = 280 - 2p$, donde Q es el número de latas de Coca-Cola cada día y p es el precio por lata medido en céntimos. En días de temperatura «Baja», la demanda es solo $Q = 160 - 2p$. Hay un mismo número de días con temperatura «Alta» y «Baja». El coste marginal de una lata de Coca-Cola es 20 céntimos.

a) Supongamos que Coca-Cola instala una máquina expendedora «inteligente», y por lo tanto puede fijar precios distintos en días de temperatura «Alta» y «Baja». ¿Qué precio debería fijar Coca-Cola en días de temperatura «Alta»? ¿Qué precio debería fijar Coca-Cola en días de temperatura «Baja»?

b) Alternativamente, supongamos que Coca-Cola continúa usando sus máquinas normales, que están programadas con un precio fijo, independiente de la temperatura. Asumiendo que Coca-Cola es neutral al riesgo, ¿cuál es el precio óptimo de una lata de Coca-Cola?

c) ¿Cuáles son los beneficios de Coca-Cola bajo precios constantes o precios variables según el clima? ¿Cuánto debería estar Coca-Cola dispuesto a pagar por la máquina expendedora que varía precios según el clima, es decir, para tener la máquina expendedora «inteligente»?

■ **6.8. TV por satélite Sal.** La compañía de TV por satélite Sal emite TV a suscriptores en LA y NY. Las funciones de demanda vienen dadas por:

$$Q_{NY} = 50 - \frac{1}{3} P_{NY}$$

$$Q_{LA} = 80 - \frac{2}{3} P_{LA}$$

donde Q está en miles de suscriptores por año y P es la cuota de suscripción por año. El coste de producir Q unidades de servicio viene dado por:

$$TC = 1{,}000 + 30Q$$

donde $Q = Q_{NY} + Q_{LA}$.

a) ¿Cuáles son los precios y cantidades que maximizan beneficios para los mercados de NY y LA?

b) Como consecuencia de un nuevo satélite desarrollado por el Pentágono, suscriptores en LA son ahora capaces de obtener emisiones de NY y viceversa, así que Sal solo puede fijar un único precio. ¿Qué precio debería fijar?

c) ¿Qué situación beneficia más a Sal? En términos del excedente del consumidor, ¿qué situación prefiere la gente de LA? ¿Y la gente en NY? ¿Por qué?

■ **6.9. Precios en el estadio.** Stanford Stadium tiene una capacidad de 50.000 (50k) personas y se usa exactamente para siete partidos de futbol americano al

212 | Introducción a la organización industrial

año. Tres de estos partidos son partidos OK, con una demanda de entradas igual a $D = 150k - 3p$ por partido, donde p es el precio de la entrada. (Para simplificar, asumimos que solo hay un tipo de entrada.) Tres de los otros partidos no son tan importantes, con una demanda de $D = 90k - 3p$ por partido. Finalmente, uno de los partidos es realmente popular, con una demanda de $D = 240k - 3p$. Los costes de operar el estadio son esencialmente independientes del número de entradas vendidas.

a) Encuentra el precio óptimo de una entrada para cada partido, asumiendo que el objetivo es la maximización de beneficios.

Dado que el estadio está frecuentemente lleno, ha surgido la idea de ampliar su capacidad.[r] Un estudio preliminar sugiere que el coste de la expansión sería de $100 por asiento por año.

b) ¿Recomendarías a Stanford llevar a cabo el proyecto de la expansión de capacidad del estadio?

■ **6.10. SpokenWord.** Tu compañía de *software* ha completado recientemente la primera versión de SpokenWord, un procesador de texto activado por voz. Como director comercial, debes decidir el precio del nuevo *software*. Has encargado un estudio a determinar la demanda potencial de SpokenWord. Gracias a este estudio, sabes que hay esencialmente dos segmentos de mercado de igual tamaño, profesionales y estudiantes (un millón cada uno). Los profesionales están dispuestos a pagar hasta $400 y los estudiantes hasta $100 por la versión completa del *software*. Los estudiantes estarían dispuestos a pagar hasta $50 por una versión sustancialmente más sencilla, y los profesionales no pagarían nada por esta versión simplificada del *software*. Las dos versiones cuestan lo mismo de producir. De hecho, además del coste inicial de desarrollo del producto, los costes de producción son cero. Aunque sabes que hay dos mercados segmentados, no puedes realmente distinguir si un consumidor pertenece a uno u otro.

a) ¿Cuáles son los precios óptimos de cada versión de *software*?

Supongamos que, en lugar de una versión simplificada, la empresa hace una versión intermedia que es valorada en $200 por los profesionales y $75 por los estudiantes.

---

[r] Ignora el hecho de que Stanford Stadium solía tener 90.000 asientos y que se llegó a la conclusión de que era demasiado grande.

b) ¿Cuáles son los precios óptimos de cada versión de *software*? ¿Se beneficia la empresa al vender la versión intermedia en lugar de la simplificada?

■ **6.11. SoS.** SoS (Sounds of Silence, Inc.) se prepara para lanzar un sistema revolucionario de auriculares canceladores de ruido con bluetooth. Es estimado que cerca de 800.000 consumidores estarían dispuestos a pagar hasta $450 por los auriculares; otros 1.500.000 consumidores estarían dispuestos a pagar hasta $250 por los auriculares. Aunque SoS conoce esta información de mercado, no puede identificar si un consumidor pertenece al primer o segundo grupo.

SoS está considerando el lanzamiento de una versión de menor calidad de los auriculares (usa cables en lugar del bluetooth). Los 800.000 consumidores de alta valoración solo estarían dispuestos a pagar $325 por esta versión de menor calidad. Al resto de consumidores no le importa no tener bluetooth, así que están dispuestos a pagar lo mismo, $250 por ambas versiones.

Ambas versiones cuestan lo mismo de producir: $100 por unidad.

a) Encuentra la política de precios óptima asumiendo que SoS solo vende auriculares con bluetooth.
b) Encuentra la política de precios óptima asumiendo que SoS ofrece dos versiones.
c) Supongamos que SoS averigua que el número estimado de usuarios de baja valoración es demasiado optimista. De hecho, solo hay 300.000 consumidores dispuestos a pagar $250. ¿Cómo cambiarías tu respuesta en (a) y (b)?

■ **6.12. RawDeal.** RawDeal es un restaurante nuevo de sushi en el barrio. Su estimado coste marginal es de 10 céntimos por unidad de sushi. RawDeal estima que cada consumidor tiene una demanda de sushi dada por $q = 20 - 10p$, donde q es el número de unidades de sushi y p es el precio en dólares por unidad.

a) Encuentra el precio óptimo por unidad de sushi.
b) RawDeal está considerando cambiar a un sistema de bufet libre (todo el sushi que puedas comer). Encuentra el precio óptimo por cliente. ¿Cómo se compara el beneficio con el caso del precio por unidad?
c) ¿Qué otras ventajas y desventajas tienen cada una de estas opciones?
d) Si ignoramos los costes de implementación, indica cuál es la tarifa de dos partes óptima para sushi (es decir, una tarifa fija al entrar y un precio por unidad de sushi).

Ejercicios complejos

■ **6.13. Precios óptimos con capacidad limitada.** Consideremos el modelo de un monopolista con dos mercados presentado anteriormente en el capítulo. Supongamos que el vendedor tiene una capacidad limitada y un coste marginal bajo hasta llegar a su capacidad. Un ejemplo de esto podría ser una aerolínea con dos tipos de pasajeros o un estadio de futbol americano con dos tipos de asistentes.

Deriva las condiciones de precio óptimo. ¿Cómo están relacionadas con el caso cuando no hay restricciones de capacidad?

■ **6.14. BlackInk.** Printing Solutions, el fabricante de la impresora *BlackInk*, se enfrenta a un importante dilema acerca del diseño de su producto: la decisión de la velocidad de su popular impresora por láser. Hay dos segmentos de mercado: los profesionales están dispuestos a pagar hasta \$800 $(a - 0,5)$ por la impresora, donde a es la velocidad de la impresora. Los estudiantes, a su vez, están dispuestos a pagar hasta \$100 a. La velocidad máxima de una impresora corresponde a $a = 1$, mientras que $a = 0$ corresponde a una impresora sin valor. Hay un millón de profesionales y un millón de estudiantes. Cuesta lo mismo de producir una impresora con cualquier nivel de a. De hecho, los costes de producción son cero una vez los costes de desarrollo han sido incurridos.

¿Cuántas versiones de la BlackInk debería Printing Solutions vender? ¿Qué versiones? ¿Cuáles son los precios óptimos de cada versión?

■ **6.15. Tarifas múltiples de dos partes.** Consideremos el modelo de precios no lineales introducidos en la sección 6.2. Supongamos que hay dos tipos de consumidores, el mismo número por tipo: el tipo 1 tiene demanda $D_1(p) = 1 - p$, y el tipo 2 tiene demanda $D_2(p) = 2(1 - p)$. El coste marginal es cero.

a) Demuestra que, si el vendedor no usa precios no lineales, entonces el precio óptimo es $p = 1/2$ y el beneficio (por consumidor) $3/8$.
b) Demuestra que si el vendedor quiere fijar una tarifa de dos partes, entonces los valores óptimos son $f = 9/32$ y $p = 1/4$, para obtener un beneficio de $9/16$.
c) Demuestra que, si el vendedor puede fijar múltiples tarifas de dos partes, entonces los valores óptimos son $f_1 = 1/8$, $p_1 = 1/2$, $f_2 = 7/8$, $p_2 = 0$, con un beneficio de $5/8$.
d) Demuestra que, igual que los beneficios, el excedente total aumenta de (a) a (b) y de (b) a (c).

■ **6.16. Rebajas.** Muchas tiendas comerciales fijan precios por debajo de lo normal durante unas pocas ocasiones al año (las rebajas). Una interpretación de esta práctica es que permite la discriminación de precios entre compradores pacientes e impacientes.

Supongamos que cada comprador quiere comprar una unidad por periodo. Cada periodo se divide en dos subperiodos, la primera y la segunda parte de un periodo. Supongamos que hay dos tipos de compradores, $i = 1, 2$. Cada tipo de comprador se subdivide según la parte del periodo que ellos querrían hacer la compra si pudieran escoger. Una mitad de los compradores preferiría comprar durante la primera parte del periodo, la otra mitad preferiría hacer la compra en la segunda parte del periodo. Un comprador de tipo i está dispuesto a pagar $\bar{v}_i$ por la compra durante su parte preferida del periodo; y $\underline{v}_i$ por la compra si es efectuada en otra parte del periodo.

Los compradores de tipo 1, que constituyen una fracción α de la población, son de alta valoración e impacientes; es decir, $\bar{v}_h$ es muy alto y $\underline{v}_h$ muy bajo. Una valoración alta implica que $\bar{v}_h$ es muy alto; la impaciencia implica que $\underline{v}_h$ es muy bajo: los compradores de tipo 1 no están dispuestos a comprar a menos que sea en su periodo favorito. Los compradores de tipo 2, en cambio, son muy pacientes: $\bar{v}_l \approx \underline{v}_l$. Asumamos que α es relativamente bajo; específicamente, $\alpha < \bar{v}_l / \bar{v}_h$. Para recapitular: $\bar{v}_h > \bar{v}_l \approx \underline{v}_l > \alpha\bar{v}_h > \underline{v}_h \approx 0$.

a) Demuestra que, bajo una estrategia de precio uniforme, el vendedor fija un precio óptimo $p = \bar{v}_l$.

b) Encuentra los beneficios de la empresa cuando fija precios $p = \bar{v}_h$ y $p = \underline{v}_l$ en las primeras y segundas partes de cada periodo, respectivamente. Demuestra que los beneficios son mayores bajo la estrategia de «rebajas».

■ **6.17. Estrategia óptima de pujar.** Consideremos una subasta de primer precio con dos pujadores. Supongamos que el pujador 1 cree que la puja del pujador 2 es algún número entre 0 y $\frac{1}{2}$, con todos los números igualmente probables. Demuestra que la puja óptima del pujador 1 es $b_1 = v_1/2$.

Ejercicios aplicados

■ **6.18. Experimento de campo de mecanismos de venta.** Crea una identidad de vendedor en un portal de internet comercial (eBay, Taobao, Alibaba, etc.). Adquiere una serie de objetos de calidad uniforme (por ejemplo, cromos de deportes, memorias de disco USB u otros parecidos). Vende diferentes unidades del objeto usando diferentes mecanismos de venta: precio fijo, subasta, negociación. Compara el precio obtenido con cada método y describe cómo la teoría económica puede explicar las diferencias en precios.

Notas

1. Stigler, George (1987), *Theory of Price*, Nueva York: McMillan.
2. Pigou, A C (1932), *The Economics of Welfare*, 4.ª edición, Londres: McMillan & Co.; Varian, Hal (1989), «Price Discrimination», en Schmalensee y Willig, *Handbook of Industrial Organization*, Ámsterdam: North-Holland, p. 600; Tirole, Jean (1989), *The Theory of Industrial Organization*, Cambridge, Mass: MIT Press, p. 137-143.
3. Verboven, Frank (1996), «International Price Discrimination in the European Car Market», *Rand Journal of Economics* 27, 240-268.
4. Benjamin Reed Shiller (2014), «First-Degree Price Discrimination Using Big Data», Brandeis University.
5. Ekelund, R B (1970), «Price Discrimination and Product Differentiation in Economic Theory: An Early Analysis», *Quarterly Journal of Economics* 84, 268-278.
6. Deneckere, Raymond J, y R Preston McAfee (1996), «Damaged Goods», *Journal of Economics and Management Strategy* 5, 149-174.
7. *The Wall Street Journal*, 5 de septiembre de 1985.
8. Coase, Ronald (1972), «Durability and Monopoly», *Journal of Law and Economics* 15 (1), 143-49.
9. Hendricks, Kenneth, y Robert Porter (1988), «An Empirical Study of an Auction with Asymmetric Information», *American Economic Review* 78 (5), 865-883.
10. Bartolini, Leonardo y Carlo Cottarelli (1997), «Treasury Bill Auctions: Issues and Uses», en Mario I. Blejer y Teresa Ter-Minassian, eds., *Macroeconomic Dimensions of Public Finance: Essays in Honour of Vito Tanzi*, Londres: Routledge, 1997, 267-336.
11. Hortacsu, Ali y David McAdams (2010), «Mechanism Choice and Strategic Bidding in Divisible Good Auctions: An Empirical Analysis of the Turkish Treasury Auction Market», *Journal of Political Economy* 118 (5), 833-865; Kastl, Jacob (2011), «Discrete Bids and Empirical Inference in Divisible Good Auctions», *Review of Economic Studies* 78 (3), 974-1014.
12. Cramton, Peter (2002), Spectrum Auctions, en Martin Cave, Sumit Majumdar e Ingo Vogelsang, eds., *Handbook of Telecommunications Economics*, Ámsterdam: Elsevier Science B.V., Capítulo 14, 605-639.
13. Milgrom, Paul (2000), «Putting Auction Theory to Work: The Simultaneous Ascending Auction», *Journal of Political Economy* 108 (2), 245-272.
14. Bulow, Jeremy, y Paul Klemperer (1996), «Auctions Versus Negotiations», *American Economic Review* 86 (1), 180-194.
15. David Streitfeld, «On the Web, Price Tags Blur», *Washington Post*, 27 de septiembre de 2000.
16. *The Wall Street Journal Europe*, 17 y 18 de julio de 1998.
17. Phlips, Louis (1983), *The Economics of Price Discrimination*. Cambridge: Cambridge University Press, pp. 23-30.
18. Graddy, Kathryn (1995), «Testing for Imperfect Competition at the Fulton Fish Market», *Rand Journal of Economics* 26, 75-92.
19. Levedahl, J.W. (1986), «Profit-Maximizing Pricing of Cents-Off Coupons: Promotion or Price Discrimination?», *Quarterly Journal of Business and Economics* 25, 56-70.
20. *Financial Times*, 28 de octubre de 1999.

PARTE II
OLIGOPOLIO

7. Juegos y estrategias

Supongamos que estamos a principios de 2010. Dos conocidos estudios de Hollywood, Warner Bros. y Fox, están considerando la fecha de estreno de sus películas más exitosas de la temporada para los públicos más jóvenes: *Harry Potter* de Warner Bros. y *The Chronicles of Narnia* de Fox.[a] Hay dos posibilidades: noviembre y diciembre. Igualando todos los demás factores, diciembre es un mes mejor para estrenar; pero si ambas películas se estrenan al mismo tiempo ambos estudios lo pasarán mal.

El dilema para Warner Bros. y Fox ilustra el problema de la *toma de decisiones interdependiente*: el beneficio de Warner Bros. depende no solo de su propia decisión sino también de la decisión del otro jugador, Fox. Los economistas estudiamos este tipo de situaciones como si Warner Bros. y Fox estuvieran jugando un *juego*.[b]

Un juego es un modelo estilizado que representa situaciones de comportamiento estratégico, donde los pagos de un agente dependen de sus propias acciones *tanto como* de las acciones de otros agentes.[c] La aplicación de juegos al análisis económico no solo consiste en las fechas de estreno de las películas. Por ejemplo, en un mercado con un número pequeño de vendedores los beneficios de una empresa en particular dependen del precio fijado por esa empresa *y de los precios fijados por las empresas rivales*. De hecho, la competencia de precios con un número

---

[a] Específicamente, *Harry Potter and the Deathly Hallows: Part I*; y *The Chronicles of Narnia: The Voyage of the Dawn Treader*.

[b] En EE. UU., el juego resultó en que Warner y Fox escogieron el 19 de noviembre y el 10 de diciembre como fechas de estreno, respectivamente.

[c] El análisis económico se basa en la utilización de modelos. Los modelos son representaciones estilizadas de la realidad, destacando los aspectos particulares de interés al analista. El ser estilizado no es un defecto para los modelos, más bien debería ser un requisito: un modelo completamente realista sería tan útil como una descripción llena de detalles de la realidad, tan completo que sus características más esenciales se confundirían enterradas entre tanto detalle. Por esa misma razón, un mapa estilizado puede ser más útil que una foto tomada desde un satélite, aunque en cierta medida sea menos realista. Es necesario tener esto en cuenta cuando juzguemos la esencia estilizada de algunos de los juegos y modelos presentados en este libro.

pequeño de empresas es un ejemplo habitual del mundo de los juegos y el comportamiento estratégico.

Este tipo de situación introduce un número de factores a tener en cuenta. La elección óptima para un jugador –su estrategia óptima– depende de lo que esta espera que las demás escojan. Como otros jugadores actúan de forma similar, cuando yo como empresa haga la conjetura de lo que otro jugador hará, yo necesito hacer la conjetura de cuál es la conjetura de otros sobre mi comportamiento; y así sucesivamente. Además, si la interacción estratégica se extiende a varios periodos, también deberé tomar en cuenta que mis acciones hoy tendrán un impacto en las creencias de los otros jugadores y sus acciones en el futuro. En resumen, la interdependencia de pagos introduce una variedad de posibilidades de comportamiento estratégico –el objeto de la teoría de juegos.

■ **Elementos de la teoría de juegos.** El elemento básico de la teoría de juegos y la teoría de juegos aplicada es un juego. Un **juego** consiste de un conjunto de jugadores; un conjunto de reglas y acciones (quién puede hacer qué y cuándo); y un conjunto de funciones de pagos (la utilidad que cada jugador obtiene como resultado de cada combinación posible de estrategias). La figura 7.1 presenta un juego sencillo que ejemplifica estas ideas. Hay dos jugadores, Jugador 1 y Jugador 2. El Jugador 1 tiene dos posibles opciones, T y B, que representamos como si el Jugador 1 escogiera una fila en la matriz representada en la figura 7.1. El Jugador 2 también tiene dos posibles opciones, L y R, que representamos por la elección de una columna en la matriz en la figura 7.1. Finalmente, los Jugadores 1 y 2 toman sus decisiones simultáneamente.

Para cada combinación de estrategias de cada jugador, la celda respectiva de la matriz muestra los pagos recibidos por cada jugador. En la esquina inferior izquierda, vemos el pago recibido por el Jugador 1; en la esquina superior derecha, vemos el pago recibido por el Jugador 2. Un aspecto crucial de un juego es que el pago de cada jugador es una función de la elección estratégica de *ambos* jugadores. En la figura 7.1, esto es representado por una matriz, donde cada celda corresponde a una combinación de opciones estratégicas tomadas por cada jugador. Esta manera de representar un juego es conocida como la **forma normal**. Posteriormente consideraremos formas alternativas de representar un juego.[d]

■ **Decisiones simultáneas versus decisiones secuenciales.** Un último punto sobre el juego en la figura 7.1 es acerca de la «regla» de que ambos jugadores esco-

---

[d] Normalmente, en juegos representados por una matriz (forma normal) asumimos que los jugadores se mueven o deciden simultáneamente. Sin embargo, esto no tiene por qué ser el caso. Más detalle sobre este tema en el capítulo 12.

gen sus estrategias simultáneamente. Mantendremos esta regla a través de varios ejemplos en este capítulo –de hecho, a través de la mayoría del libro. Así, debería clarificar su significado de manera precisa. En la vida real, muy pocas veces agentes económicos toman decisiones *exactamente* al mismo tiempo. Una empresa hará inversiones estratégicas esta semana, su rival las hará dos o tres semanas más tarde. Así que, ¿cómo de realista es el supuesto de que los jugadores de un juego escogen sus estrategias al mismo tiempo? Supongamos que hay un retraso de observación de las acciones de otros, es decir, supongamos que el Jugador 2 tarda algún tiempo en observar la elección del Jugador 1; y viceversa, supongamos que el Jugador 1 tarda algún tiempo en observar la elección del Jugador 2. En este contexto, es totalmente posible que los jugadores tomen decisiones en momentos distintos y aun así, cuando se tomaron las decisiones, ningún jugador conozca la elección del otro. Dicho de otro modo, *es como si los jugadores escogieran estrategias simultáneamente.*[e] Naturalmente, el supuesto de que el retraso de observación es suficientemente prolongado no siempre se ajusta a la realidad. Más tarde en este capítulo, encontraremos ejemplos donde el supuesto de secuencialidad de la toma de decisiones es más adecuado.

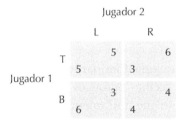

Figura 7.1. Juego del dilema del prisionero.

7.1 Equilibrio de Nash

Un juego es un modelo, una descripción estilizada de una situación del mundo real. El objetivo de formular un modelo es el de entender (y predecir) pautas de comportamiento. Dicho de otro modo, nos gustaría «resolver» el juego, es decir, determinar las estrategias que esperamos que cada jugador siga. Esto puede ser importante para un análisis descriptivo (entender por qué un jugador escoge una estrategia determinada) y para un análisis normativo (aconsejar a un jugador qué

---

[e] Dicho de otro modo, podemos distinguir dos conceptos del tiempo: tiempo de calendario y tiempo de la teoría de juegos. Las elecciones de jugadores pueden ser secuencias en tiempo de calendario y simultáneas en tiempo de teoría de juegos.

estrategia escoger). En esta sección, considero varias maneras posibles de «resolver» un juego.

■ **Estrategias dominantes y dominadas.** Consideremos de nuevo el juego en la figura 7.1. ¿Qué estrategias esperas que los jugadores escojan? Por ejemplo, tomemos los pagos del Jugador 1. Si el Jugador 1 espera que el Jugador 2 escoja *L*, entonces el Jugador 1 obtendrá un pago más alto si escoge *B* en lugar de *T*. De hecho, *B* obtendría un pago de 6, que es más que el pago de escoger *T*, 5. Del mismo modo, si el Jugador 1 espera que el Jugador 2 escoja *R*, entonces el Jugador 1 obtendrá un pago más alto si escoge *B* en lugar de *T*. En este caso, los pagos del Jugador 1 son 3 y 4, respectivamente. En resumen, la elección óptima del Jugador 1 es *B*, *sin importar lo que el Jugador 2 escoja.*

Cuando un jugador tiene una estrategia que es mejor que cualquier otra estrategia sin importar las estrategias escogidas por los demás jugadores, decimos que ese jugador tiene una **estrategia dominante**.

> **Una estrategia dominante da a un jugador el beneficio más alto sin importar las elecciones de los otros jugadores.**

Si un jugador tiene una estrategia dominante y si ese jugador es racional –es decir, maximizador del pago que recibe– entonces esperaríamos que el jugador escoja la estrategia dominante. Nótese que únicamente necesitamos suponer que el jugador es racional. En particular, no necesitamos asumir que el otro jugador sea racional. De hecho, ni tan solo necesitamos asumir que el primer jugador sabe los pagos de los otros jugadores. El concepto de estrategia dominante es sin duda robusto.

La estructura del juego presentado en la figura 7.1 es muy común en economía, y en concreto en la organización industrial. Por ejemplo, las estrategias *T* y *L* podrían corresponder a fijar un precio alto, mientras que *B* y *R* corresponderían a fijar un precio bajo. Lo que es interesante acerca de este juego es que (a) ambos jugadores están mejor escogiendo (*T*, *L*), que da un pago a cada jugador de 5, que escoger (*B*, *R*), que da a cada jugador un pago de 4; sin embargo, (b) la estrategia dominante del Jugador 1 es jugar *B* y la estrategia dominante del Jugador 2 es jugar *R*; (c) por esta razón, los jugadores escogen (*B*, *R*) y reciben (4, 4), que es menos que el resultado beneficioso conjunto de (5, 5).

Dicho de otro modo, el juego en la figura 7.1, que es conocido comúnmente como el **dilema del prisionero**, representa el *conflicto entre incentivos individuales y conjuntos*. Conjuntamente, los jugadores preferirían moverse de (*B*, *R*) a (*T*, *L*), subiendo sus pagos de (4, 4) a (5, 5). No obstante, los incentivos individuales son tales que el Jugador 1 escoge *B* y que el Jugador 2 escoge *R*. En los capítulos 8 y 9, demostraré que muchas situaciones de mercados de oligopolio tienen una estructura parecida a la del «dilema del prisionero». También mostraré maneras con las que las empresas pueden escapar de la predicción de pagos bajos con el «mal» resultado de (4, 4) y conseguir alcanzar el «buen» resultado de (5, 5).

Jugador 2

		L	C	R
	T	1 / 2	1 / 0	1 / 1
Jugador 1	M	0 / 0	0 / 3	0 / 0
	B	2 / 0	−2 / 1	2 / 2

Figura 7.2. Estrategias dominantes.

Consideremos el juego en la figura 7.2. No hay estrategias dominantes en este juego. De hecho, muy pocos juegos tienen estrategias dominantes. Por lo tanto, debemos encontrar otras maneras de «resolver» el juego. Consideremos la decisión del Jugador 1. Aunque el Jugador 1 no tiene una estrategia *dominante*, el Jugador 1 tiene una **estrategia dominada**, que es *M*. De hecho, si el Jugador 2 escoge *L*, entonces el Jugador 1 está mejor escogiendo *T* que *M*. Lo mismo ocurre para los casos cuando el Jugador 2 escoge *C* o *R*. Es decir, *M* está dominada por *T* desde el punto de vista del Jugador 1. En general,

> **Una estrategia dominada da a un jugador un pago que siempre es inferior al de cualquier otra estrategia, sin importar lo que los otros jugadores escojan.**

La idea es que, si un jugador dado tiene una estrategia dominada y ese jugador es racional, entonces deberíamos esperar que ese jugador no escoja jamás esa estrategia.

Debemos notar que la definición de una estrategia dominada demanda la existencia de otra estrategia que domine la estrategia en cuestión. Una estrategia no está necesariamente dominada aun en el caso de que, para cada estrategia alternativa, podamos encontrar una elección que dé un pago mayor. Consideremos la figura 7.2 otra vez y supongamos que los pagos del Jugador 1 de la combinación de estrategias (T, R) es -3 en lugar de 1. Entonces, para cada posible elección del Jugador 2, podemos encontrar una elección del Jugador 1 que es mejor que M: si el Jugador 2 escoge L, entonces T es mejor que M; si el Jugador 2 escoge C, entonces T y B son mejores que M; y si el Jugador 2 escoge R, entonces B es mejor que M. Además, M *no* es una estrategia dominada en este juego alternativo: no existe otra estrategia para el Jugador 1 que garantice un pago mayor que M *sin importar* la elección del Jugador 2.[f]

El concepto de estrategias dominadas es menos «incisivo» que el de estrategias dominantes. Si el Jugador 1 tiene una estrategia dominante, sabemos que un Jugador 1 racional escogerá esa estrategia; mientras que si el Jugador 1 tiene una estrategia dominada lo único que sabemos es que no escogerá esa estrategia; en principio, podría haber todavía un gran número de otras posibles estrategias que el Jugador 1 podría escoger. Algo más se puede saber, sin embargo, si eliminamos sucesivamente estrategias «dominadas». (La justificación por las comillas en la palabra «dominadas» quedará clara pronto.)

Supongamos que el Jugador 2 conoce los pagos del Jugador 1 y, además, sabe que el Jugador 1 es racional. Mediante el razonamiento anterior, el Jugador 2 debería esperar que el Jugador 1 no escoja M. *Dado que el Jugador 1 no escoge M*, el Jugador 2 ve la estrategia C como «dominada» por R. Nótese que, estrictamente hablando, C no es una estrategia dominada: si el Jugador 1 escoge M entonces C es mejor que R. Sin embargo, C es dominada por R *dado* que el Jugador 1 no juega la estrategia M.

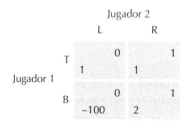

Figura 7.3. Aplicación dudosa de estrategias dominadas.

Tomemos ahora este proceso un paso más lejos. Si el Jugador 1 es racional, cree que el Jugador 2 es racional, y cree que el Jugador 2 cree que el Jugador 1 es racional, entonces el Jugador 1 debería tomar la estrategia T como estrategia «domina-

---

[f] De hecho, si el Jugador 1 cree que el Jugador 2 escoge C con probabilidad 2/3 o R con probabilidad, entonces el pago esperado de escoger T o B es negativo, mientras que el pago esperado de escoger M es cero.

da» (además de *M*). De hecho, si el Jugador 2 no escoge *C*, entonces la estrategia *T* está «dominada» por la estrategia *B*: si el Jugador 2 escoge *L*, el Jugador 1 está mejor con *B*; si el Jugador 2 escoge *R*, de nuevo, el Jugador 1 está mejor con *B*. Finalmente, si tomamos el proceso un paso más lejos, concluimos que *L* es una estrategia «dominada» para el Jugador 2. Esto nos deja con el par de estrategias (*B, R*).

Como en el primer ejemplo, hemos alcanzado un único par de estrategias, una «solución» al juego. No obstante, los supuestos necesarios para que la eliminación iterada de estrategias «dominadas» funcione son más exigentes que en el caso de las estrategias dominantes. Mientras que en el primer ejemplo lo único que necesitábamos era que los jugadores fueran racionales, agentes maximizadores de pagos, ahora debemos asumir que cada jugador cree que el otro jugador es racional.

Para entender la importancia de estos supuestos sobre racionalidad, consideremos el sencillo juego en la figura 7.3. El Jugador 2 tiene una estrategia dominada, *L*. De hecho, tiene una estrategia dominante también (*R*).[g] Si el Jugador 1 cree que el Jugador 2 es racional, entonces el Jugador 1 debería esperar que el Jugador 2 evite *L* y escoja en su lugar *R*. Dadas estas creencias, la estrategia óptima del Jugador 1 es jugar *B*, con un pago de 2. Supongamos, no obstante, que el Jugador 1 cree que existe cierta posibilidad, aunque poco probable, de que el Jugador 2 no sea racional. Entonces *B* no puede ser su elección óptima, porque hay una posibilidad de que el Jugador 2 escoja *L*, resultando en un pago de –100 para el Jugador 1. Una conclusión más general es que, al analizar juegos,

No solo cuenta si los jugadores son racionales: es también importante el hecho de si los jugadores creen que los otros jugadores son racionales.

■ **Pagos absolutos y relativos.** El juego en la figura 7.3 también pone de relieve la cuestión de lo que la racionalidad realmente significa. En la teoría de juegos, este concepto implica que los jugadores maximizan sus pagos. No obstante, muchos estudiantes de la teoría de juegos, cuando se les presenta el juego de la figura 7.3, esperan que el Jugador 2 escoja *L*: aunque implica un pago menor para el Jugador 2 (0 en lugar de 1) también da al Jugador 1 un pago muy negativo. Dicho de otro modo, el resultado (*B, L*) parece favorable al Jugador 2 en el sentido de que el Jugador 2 «gana» por un margen muy favorable. Dado que el Jugador 1 escoge *B*, el Jugador 2 obtendría un pago mayor al escoger *R*, pero «empataría» con el Jugador 1, en el sentido de que recibiría el mismo pago que el Jugador 1.

----

[g] En un juego de 2x2, si un jugador tiene una estrategia dominante, también tiene una estrategia dominada.

Aunque esta sea una interpretación frecuente de juegos como el de la figura 7.3, esta es distinta del planteamiento de la teoría de juegos. En cambio, asumimos que el objetivo de cada jugador racional es el de maximizar su pago. Es muy posible que uno de los componentes del pago de cada jugador sea el éxito (o carencia) de los jugadores rivales. Si ese es el caso, entonces deberíamos incluir esa característica explícitamente como parte del beneficio personal del jugador. Por ejemplo, supongamos que los valores en la figura 7.3 corresponden a pagos monetarios; y que el pago de cada jugador es igual a la suma del pago monetario más un componente de rendimiento relativo calculado como sigue: ganar un dólar adicional más que el rival es equivalente a ganar 10 céntimos adicionales en pago monetario. Entonces los pagos en el juego relevante, dado que el Jugador 1 escoge B, serían (–110, +10) (si el Jugador 2 escoge L) y (2,1, 0,9) (si el Jugador 2 escoge R).[h]

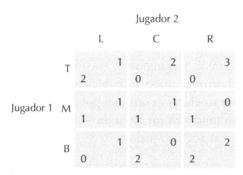

Figura 7.4. Un juego con estrategias dominantes y no dominantes.

■ **Equilibrio de Nash.** Consideremos ahora el juego en la figura 7.4. No hay estrategias dominantes o dominadas en este juego. ¿Podemos decir algo al respecto de lo que esperamos que los jugadores escojan? En este juego, más que en juegos analizados previamente, es aparente que la estrategia óptima de cada jugador depende de lo que los otros jugadores escogen. Así pues, debemos proponer una conjetura como Jugador 1 acerca de la estrategia a seguir por el Jugador 2 y una conjetura como Jugador 2 acerca de la estrategia a seguir por el Jugador 1. Un candidato natural a «solución» para el juego es una situación donde (a) los jugadores escogen una estrategia óptima dadas sus conjeturas sobre lo que los otros jugadores hacen y (b) tales conjeturas son consistentes con la elección de estrategia de los otros jugadores.

---

[h] Así, concluiríamos que en este caso R ya no sería la estrategia dominante para el Jugador 2 y como resultado el Jugador 1 estaría mejor si escogiera T.

Supongamos que el Jugador 1 conjetura que el Jugador 2 escoge *R*; y el Jugador 2 conjetura que el Jugador 1 escoge *B*. Dadas estas especulaciones, la estrategia óptima del Jugador 1 es *B*, mientras que la estrategia óptima del Jugador 2 es *R*. De hecho, si el Jugador 1 conjetura que el Jugador 2 escoge *R*, entonces *B* es la elección óptima del Jugador 1; cualquier otra elección daría un pago menor. Lo mismo sería verdad para el Jugador 2. Debemos resaltar que, basándonos en estas estrategias, las conjeturas de los jugadores son consistentes: el Jugador 1 espera que el Jugador 2 escoja lo que de hecho el Jugador 2 decide que es su estrategia óptima, y viceversa. Esta situación es conocida como un **equilibrio de Nash**.[1]

Aunque el concepto de equilibrio de Nash puede ser definido en términos de conjeturas, es más sencillo –y más común– definirlo en términos de estrategias.

> **Un par de estrategias constituye un equilibrio de Nash si ningún jugador puede unilateralmente cambiar su estrategia de modo que mejore su propio pago.**

Se puede comprobar que el juego de la figura 7.4, (*B*, *R*) es un equilibrio de Nash y que no hay otra combinación de estrategias que sea un equilibrio de Nash. Por ejemplo, (*M*, *C*) no es un equilibrio de Nash porque, dado que el Jugador 2 escoge *C*, el Jugador 1 preferiría escoger *T*.

Estrategia del Jugador 2	Mejor respuesta del Jugador 1
L	T
C	B
R	B

Estrategia del Jugador 1	Mejor respuesta del Jugador 2
T	R
M	{L,C}
B	R

Jugador 2

Jugador 1	L	C	R
T	2^* / 1	0 / 2	0 / 3^*
M	1 / 1^*	1 / 1^*	1 / 0
B	0 / 1	2^* / 0	2^* / 2^*

Figura 7.5. Mejores respuestas.

■ **Mejores respuestas.** Una manera práctica de encontrar el equilibrio de Nash de un juego es derivar las mejores respuestas de cada jugador. La **mejor respuesta** del Jugador 1 es un sistema de asignación que indica la mejor estrategia del Jugador 1 para cada posible estrategia del Jugador 2. Los paneles izquierdos de la figura 7.5 muestran las mejores respuestas del Jugador 1 (panel superior) y del Jugador 2 (panel inferior). Por ejemplo, si el Jugador 2 escoge L, entonces el Jugador 1 obtiene 2 si escoge T, 1 si escoge M y 0 si escoge B. Es fácil ver que la mejor respuesta del Jugador 1 a la elección L del Jugador 2 viene dada por T; y así sucesivamente. Al respecto de la mejor respuesta del Jugador 2, debemos notar que, si el Jugador 1 escoge M, entonces L y C son opciones igualmente buenas para el Jugador 2 (y mejores que R). Por esta razón, la mejor respuesta del Jugador 2 corresponde al conjunto (L, C).

¿Qué tienen que ver las mejores respuestas con el equilibrio de Nash? Supongamos que $MR_1(S_2)$ y $MR_2(S_1)$ son las funciones de asignación de las mejores respuestas del Jugador 1 y Jugador 2, respectivamente. Así, un equilibrio de Nash es un par de estrategias s_1^* y s_2^* tal que s_1^* es la mejor respuesta a s_2^* y viceversa. Siguiendo con el juego descrito en la figura 7.4, una manera útil de representar estas funciones de asignación de mejores respuestas es volviendo a la matriz del juego y marcar con un asterisco (u otro símbolo) los valores de los pagos que corresponden a una mejor respuesta. Esto aparece en la matriz de la derecha de la figura 7.5. Entonces un equilibrio de Nash corresponde a una celda donde ambos pagos están marcados con un asterisco. Como se puede ver en la figura 7.5, en nuestro ejemplo esto corresponde al par de estrategias (B, R) –lo que confirma nuestro resultado anterior.

Variables continuas. En el capítulo introductorio, solo considero juegos donde los jugadores escogían entre un número finito de acciones y estrategias posibles. No obstante, consideremos la estrategia de precios de una gasolinera. Hay muchos valores de precios que la gasolinera puede escoger. Si asumimos que únicamente puede escoger entre unos pocos valores –por ejemplo, \$2, \$3 y \$4 por galón– podemos estar limitando artificialmente las opciones de los jugadores. En cambio, si asumimos que cada precio medido al céntimo es posible, entonces acabaremos operando con enormes matrices.

En situaciones como esta, la mejor solución es la de modelar la estrategia de los jugadores como escoger un número dentro de un conjunto continuo. Esto quizás parezca poco realista en que permite considerar valores que no observamos en la realidad (por ejemplo, vender gasolina a \$$\sqrt{2}$ por galón). Sin embargo, nos proporciona un mejor balance entre realismo y manejabilidad de cálculo.

Supongamos que el jugador i escoge una estrategia x_i (por ejemplo, un nivel de precio) de un conjunto S (posiblemente un conjunto continuo). El pago del jugador i es una función de su elección tanto como la de sus rivales: $\pi_i\,(x_i, x_j)$. En este contexto, un par de estrategias (x_i^*, x_j^*) constituye un equilibrio de Nash si y solo si, para cada jugador i, no existe una estrategia x_i' tal que $\pi_i\,(x_i', x_j^*) > \pi_i\,(x_i^*, x_j^*)$.

Una definición equivalente se puede dar en términos de la función de asignación de mejores respuestas. Llamemos $MR_i(x_j)$ la mejor respuesta del jugador i a cada opción del jugador j. Entonces un equilibrio de Nash es un par de estrategias (x_i^*, x_j^*) tal que, para cada jugador i, $x_i^* \epsilon\, MR_i(x_j^*)$.

En el capítulo 8 usaremos esta metodología para determinar el equilibrio de algunos juegos de oligopolio.

Figura 7.6. Equilibrios múltiples de Nash.

■ **Equilibrios múltiples y puntos focales.** Al contrario de la elección de estrategias dominantes, la aplicación del concepto de equilibrio de Nash siempre produce un equilibrio.[i] De hecho, puede que existan más de un equilibrio. Un ejemplo de esto viene dado por el juego en la figura 7.6, donde ambos (T, L) y (B, R) son equilibrios de Nash. Un posible ejemplo de este juego es el proceso de estandarización. Las estrategias T y L, o B y R, corresponden a combinaciones de estrategias que conllevan la compatibilidad. Ambos jugadores están mejor cuando hay compatibilidad. No obstante, el Jugador 1 prefiere la compatibilidad bajo el estándar $(B - R)$, mientras que el Jugador 2 prefiere la compatibilidad bajo el otro estándar. Con frecuencia, este ejemplo es representativo de una clase de juegos en el que (a) los jugadores quieren coordinarse, (b) hay más de un punto de coordinación, (c) los jugadores están en desacuerdo sobre cuál de los dos puntos de coordinación es mejor.[j]

---

[i] Para ser rigurosos, debemos mencionar dos posibles reservas: primero, la existencia de un equilibrio de Nash es aplicable a todos los juegos con muy pocas excepciones en casos muy especiales. Segundo, los equilibrios a veces requieren que los jugadores aleatoricen al escoger una de las opciones (estrategias mixtas), mientras que solo he considerado el caso de que una acción es escogida con certeza (estrategias puras).

[j] Los problemas de estandarización son discutidos en más detalle en las secciones 16.3 y 16.4.

La multiplicidad de equilibrios puede ser problemática para un analista: si el equilibrio del juego es una predicción natural de lo que sucederá cuando los jugadores interactúan, entonces la multiplicidad hace la predicción más difícil. Este es particularmente el caso para juegos que tienen más de dos equilibrios diferentes. Consideremos el siguiente ejemplo: dos personas deben escoger independientemente y sin comunicación dónde y cuándo se van a encontrar la una con la otra en la ciudad de Nueva York. Si escogen el mismo lugar, entonces ambos reciben $100; si no, no reciben nada.[2] A pesar del sinfín de posibles lugares y horas de encuentro, lo cual corresponde a un sinfín de equilibrios de Nash, la gran mayoría de los sujetos escoge normalmente Grand Central Station al mediodía: es el lugar con más tráfico de gente de New York City y la hora del día más concurrida.

Aunque hay un número incontable de equilibrios de Nash en el juego de «nos vemos en Nueva York», algunos son más «razonables» que otros. Aquí, no nos referimos a «razonable» como tal en un sentido de la teoría de juegos: todos los equilibrios satisfacen las condiciones que un equilibrio de Nash debe satisfacer. Más bien, nos referimos a un sentido en que, basándonos en información que va más allá del propio juego, existen **puntos focales** con los que los jugadores se coordinan incluso sin comunicación alguna.[k]

La teoría de juegos y el concepto del equilibrio de Nash son herramientas muy útiles para entender la toma de decisiones interdependiente; pero no son la única fuente de información útil para predecir el comportamiento en equilibrio.

7.2 Juegos secuenciales[l]

En la sección previa, justifiqué la elección de juegos de decisiones simultáneas como una forma realista de modelar situaciones donde el retraso de observación era lo suficientemente largo para asumir que los jugadores escogían estrategias de un modo simultáneo. Cuando el tiempo entre elecciones de estrategias es suficientemente largo, sin embargo, el supuesto de la toma secuencial de decisiones es más realista. Consideremos el ejemplo de una industria que está monopolizada en la actualidad. Una segunda empresa debe decidir si quiere entrar o no en la industria. Dada la decisión de entrar o quedarse fuera, la empresa ya activa en el mercado debe decidir si fija un precio agresivo o no. La decisión de la empresa activa es *una función* de la decisión de la empresa entrante. Es decir, primero la

---

[k] Un teórico de juegos definió en una instancia un punto focal como «la expectativa de cada persona de lo que el otro espera que ella haga» (véase referencia a Schelling (1960) en la nota 2).

[l] Esta sección y la sección que sigue cubren material relativamente más avanzado que puede ser omitido en una primera lectura del libro.

empresa activa observa si la entrante ha decidido entrar o quedarse fuera, y entonces decide si fijar un precio agresivo o seguir con su política habitual de precios. En tal situación, tiene mucho más sentido considerar un modelo con una toma secuencial de decisiones que decisiones simultáneas. Específicamente, el modelo debería tener un entrante –Jugador 1– que decide primero y la empresa ya activa –Jugador 2– que decide en segundo lugar.

La mejor manera de modelar juegos con toma de decisiones secuencial es la de usar un árbol de juego. Un **árbol de juego** es como un árbol de decisión solo que hay más de un agente tomando decisiones. Un ejemplo viene dado por la figura 7.7, donde las estrategias y los pagos ilustran el caso del entrante y la empresa activa descrito anteriormente. En la figura 7.7, un cuadrado representa un **nodo de decisión**. El juego empieza con el nodo de decisión 1. En este nodo, el Jugador 1 (el entrante) toma la decisión entre e y $\bar{e}$, que puede ser interpretada como «entrar» y «no entrar», respectivamente. Si la segunda es escogida, entonces el juego termina con pagos $\pi_1 = 0$ (pago del entrante) y $\pi_2 = 50$ (pago de la empresa activa). Si el Jugador 1 escoge e, en cambio, entonces nos movemos al nodo de decisión 2. Este nodo corresponde al Jugador 2 (la empresa ya activa) tomando la decisión entre r y $\bar{r}$, que pueden ser interpretadas como «represalias contra el entrante» o «sin represalias al entrante», respectivamente. Los juegos que, como en la figura 7.7, están representados por árboles también son conocidos como juegos en **forma extensiva**.[m]

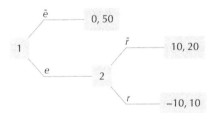

Figura 7.7. Representación en forma extensiva: juego de entrada secuencial.

Este juego tiene dos equilibrios de Nash: $(e, \bar{r})$ y $(\bar{e}, r)$. Comprobemos primero que $(e, \bar{r})$ es en verdad un equilibrio de Nash, es decir, ningún jugador tiene ningún incentivo para cambiar su estrategia dado lo que el otro jugador escoge.

---

[m] De esta sección y otras anteriores, uno podría concluir erróneamente que juegos con decisiones simultáneas deben ser representados en forma normal y juegos con decisiones secuenciales en forma extensiva. De hecho, tanto juegos de decisiones simultáneas como juegos de decisiones secuenciales pueden ser representados en ambas formas normal y extensiva. Sin embargo, para juegos sencillos como los considerados en este capítulo, la elección de representación considerada de cada juego en el texto es la más apropiada.

Primero, si el Jugador 1 escoge e, entonces la mejor opción para el Jugador 2 es la de elegir $\bar{r}$ (obtiene 20, obtendría –10 si escoge la otra opción). Del mismo modo, dado que el Jugador 2 escoge $\bar{r}$, la elección óptima del Jugador 1 es e (obtiene 10, obtendría 0 con la otra opción).

Comprobemos ahora que $(\bar{e}, r)$ es un equilibrio. Dado que el Jugador 2 escoge r, el Jugador 1 está mejor escogiendo $\bar{e}$: esto daría un pago al Jugador 1 de valor 0, mientras que $\bar{e}$ daría –10. En cuanto al Jugador 2 se refiere, dado que el Jugador 1 escoge $\bar{e}$, su pago es de 50, sin importar la estrategia que escoja. Es obvio que r es una elección óptima (aunque no la única).

Aunque las dos soluciones son en verdad dos equilibrios de Nash, el segundo equilibrio no tiene mucho sentido. El Jugador 1 decide no entrar por la «amenaza» de que el Jugador 2 escogerá tomar represalias en su contra. Pero cabe preguntar, ¿es esta amenaza creíble? Si el Jugador 1 fuera a entrar, ¿tomaría represalias el Jugador 2? Claramente, la respuesta es «no»: al tomar represalias, el Jugador 2 obtiene –10, comparado con un pago de 20 sin represalias. Concluimos que $(\bar{e}, r)$, aunque sea un equilibrio de Nash, no es una predicción razonable de lo que deberíamos esperar que sucediera.

Una manera de resolver este tipo de equilibrios «poco razonables» es resolviendo el juego hacia atrás; es decir, aplicar el principio de **inducción hacia atrás**. Primero, consideramos el nodo 2, y concluimos que la decisión óptima es $\bar{r}$. *Entonces*, resolvemos la decisión en el nodo 1 *dada la decisión óptima previamente encontrada en el nodo 2*. Dado que el Jugador 2 escogerá $\bar{r}$, ahora está claro que la decisión óptima en el nodo 1 es e. Por lo tanto, seleccionamos el primer equilibrio de Nash como el único que es intuitivamente «razonable».

Resolver un juego hacia atrás no es siempre así de fácil. Supongamos que, si el Jugador 1 escoge e en el nodo de decisión 1, entonces nos dirigimos no a un nodo de decisión del Jugador 2 sino a un juego completamente nuevo, digamos, un juego de decisiones simultáneas como en las figuras 7.1 a 7.6. Dado que este juego es una parte de un juego mayor, lo llamamos un **subjuego** del juego entero. En este contexto, resolver el juego hacia atrás se llevaría a cabo mediante primero la resolución del equilibrio de Nash (o equilibrios) del subjuego; y entonces, dada la solución del subjuego, resolver el juego entero. Los equilibrios derivados de esta manera son llamados **equilibrios perfectos en subjuegos**.[3]

Para árboles de juegos sencillos como en la figura 7.7, los equilibrios perfectos en subjuegos se obtienen mediante la resolución del juego hacia atrás, es decir, la inducción hacia atrás o invertida coincide con la perfección en subjuegos.

■ **El valor del compromiso creíble.** En el juego de la figura 7.7, el equilibrio $(\bar{e}, r)$ fue desestimado basándonos en que requiere que el Jugador 2 se comprometa de forma «increíble» a jugar r en caso de que el Jugador 1 escoja e. Tal amenaza no es creíble porque, *dado* que el Jugador 1 ha escogido *e*, la mejor elección del Jugador 2 es $\bar{r}$. Pero supongamos que el Jugador 2 redacta un contrato ejecutable que no se puede renegociar *a posteriori* donde, si el Jugador 1 escoge *e*, entonces el Jugador 2 debe escoger *r*. El contrato es tal que, si el Jugador 2 no escogiera *r* y escogiera $\bar{r}$ en su lugar, el Jugador 2 debería pagar una multa de 40, bajando su pago total a –20.[n]

Presentamos esta situación en la figura 7.8. La primera decisión pertenece aho-ra al Jugador 2, que puede escoger entre escribir un contrato como el descrito anteriormente (estrategia *b*) y no hacer nada (estrategia $\bar{b}$). Si el Jugador 2 escoge $\bar{b}$, entonces se juega el juego en la figura 7.7. En cambio, si el Jugador 2 escoge *b*, entonces se juega un juego distinto, un juego en el que se toman en cuenta las implicaciones de escribir tal contrato.

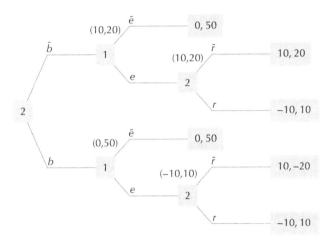

Figura 7.8. El valor del compromiso.

Comparemos ahora ambos subjuegos empezando por los nodos de decisión del Jugador 1. El juego superior es el mismo que en la figura 7.7. Como vimos entonces, concentrándonos en el equilibrio perfecto en subjuegos, el pago del Jugador 2 es 20. El subjuego en la parte inferior es idéntico al superior excepto por los pagos del Jugador 2 siguiendo $(e, \bar{r})$. El valor es ahora –20 en lugar de 20. A primera vista, parecería ser que esto hace al Jugador 2 peor: los pagos son los mismos en los demás casos excepto uno; y en ese caso el pago es de hecho menor

---

[n] Este es un supuesto muy fuerte, ya que la gran mayoría de los contratos son renegociables. Sin embargo, y de acuerdo con el objetivo del argumento aquí, lo que es importante es que el Jugador 2 tiene la opción de autoimponerse un coste en el caso de no escoger *r*. Este coste puede provenir de la desviación de la letra del contrato o de cualquier otra fuente.

que inicialmente. Sin embargo, como mostraré a continuación, el Jugador 2 estará mejor jugando el subjuego inferior que el superior.

Resolvamos el subjuego inferior hacia atrás, como hemos hecho antes. Cuando se trata del Jugador 2 escogiendo entre r y $\bar{r}$, la elección óptima es r. De hecho, esto da al Jugador 2 un pago de –10, mientras que la alternativa daría –20 (el Jugador 2 debería pagar para romper el contrato). Dado que el Jugador 2 escoge r, es óptimo para el Jugador 1 elegir $\bar{e}$: es mejor recibir un pago de cero que recibir –10, el resultado de e cuando es seguido por r. En resumen, el subjuego inferior da al Jugador 2 un pago en equilibrio de 50, el resultado de la combinación de $\bar{e}$ y r.

Finalmente podemos movernos hacia atrás una etapa más y mirar la elección del Jugador 2 entre b y $\bar{b}$. Por lo que hemos visto anteriormente, la elección óptima del Jugador 2 es la de escoger b y eventualmente recibir un pago de 50. La alternativa, $\bar{b}$, al final lleva a un pago de solo 20.

Este ejemplo resalta dos puntos importantes. Primero, demuestra que:

Un compromiso creíble puede tener un valor estratégico significativo.

Al firmar un contrato que impone una penalización considerable cuando se juega $\bar{r}$, el Jugador 2 se compromete de forma creíble a jugar r cuando llega el momento de elegir entre r y $\bar{r}$. Al hacer esto, el Jugador 2 induce al Jugador 1 a escoger $\bar{e}$, que a su vez favorece al Jugador 2. Concretamente, al introducir este **compromiso creíble** el Jugador 2 aumenta su pago de 20 a 50. Por lo tanto, el valor del compromiso en este ejemplo es 30.

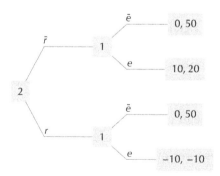

Figura 7.9. Modelar la capacidad del Jugador 2 para comprometerse previamente.

El segundo punto demostrado en el ejemplo es uno metodológico. Si creemos que el Jugador 2 está comprometido de forma creíble a escoger r, entonces deberíamos modelar esto mediante el cambio de los pagos del Jugador 2 o mediante un cambio en el orden de movimientos. Esto se puede hacer como en la figura 7.8, donde modelamos todos los movimientos que acaban con el Jugador 2 efectivamente comprometiéndose *a priori* a elegir *r*. Alternativamente, esto también se puede hacer como en la figura 7.9, donde modelamos al Jugador 2 escogiendo entre *r* o $\bar{r}$ «antes» de que el Jugador 1 escoja su estrategia. La elección entre *r* o $\bar{r}$ puede ocurrir después de que el Jugador 1 escoja entre *e* o $\bar{e}$. No obstante, si el Jugador 2 se compromete anteriormente a jugar *r*, podemos modelar eso mediante el supuesto de que el Jugador 2 decide primero. De hecho, al resolver el juego en la figura 7.9 hacia atrás, obtenemos la misma solución que en la figura 7.8, concretamente el segundo equilibrio de Nash del juego considerado inicialmente.

■ **Corto plazo y largo plazo.** Para finalizar esta sección, debería mencionar otro ejemplo donde la secuencia de movimientos juega un papel importante. Esto sucede cuando el juego considerado representa una situación a largo plazo donde los jugadores escogen tanto variables de largo plazo como variables de corto plazo. Por ejemplo, las decisiones sobre capacidad son normalmente decisiones de largo plazo para una empresa, para capacidad productiva (edificios, máquinas) normalmente duran varios años. La fijación de precios, por otra parte, es normalmente variable de corto plazo, ya que las empresas pueden modificarlos frecuentemente a un coste relativamente bajo.

Cuando modelamos este tipo de interacción estratégica, deberíamos asumir que los jugadores escogen las variables de largo plazo primero y las variables de corto plazo en segundo lugar. Las variables de corto plazo son aquellas que los jugadores escogen *dado* el valor de las variables de largo plazo. Y es precisamente eso lo que obtenemos al colocar las elecciones de corto plazo en la segunda etapa.

Figura 7.10. Un juego con estrategias de elección a corto y largo plazo: secuencia de movimientos.

Esta secuencia de movimientos aparece representada en la figura 7.10. Esta figura ilustra una tercera manera de representar juegos: una línea temporal de la secuencia de movimientos. Esto no es tan completo y riguroso como las representaciones de forma normal y forma extensiva vistas anteriormente, pero resulta ser una manera útil de analizar ciertas variedades y tipos de juegos.

En una situación real, a medida que el tiempo avanza, las empresas alternan las decisiones de escoger su capacidad y fijar sus precios, la segunda más frecuentemente que la primera. Si queremos modelar esto en un modelo sencillo de dos etapas, entonces la manera correcta de hacerlo es la de ubicar la decisión de capacidad en la primera etapa y la decisión del precio en la segunda etapa. El mismo principio se aplica con frecuencia cuando hay variables estratégicas de corto y largo plazo. En los capítulos que siguen, encontraremos ejemplos de esto en relación a decisiones de capacidad y precios (capítulo 8), decisiones de entrada y producción (capítulo 10) y decisiones de posicionamiento de producto y precios (capítulo 14).

7.3 Juegos repetidos

Muchas situaciones de comportamiento estratégico en el mundo real se repiten durante mucho tiempo. Algunas veces, esto se puede modelar con un modelo estático apropiado. Por ejemplo, en la sección previa vimos cómo un juego de dos etapas podía ser usado para modelar competencia en variables de corto y largo plazo. Consideremos, sin embargo, el fenómeno estratégico de **tomar represalias**, es decir, la situación donde un jugador cambia su acción como respuesta a una acción de un rival. Claramente, esto no se puede conseguir en un modelo puramente estático de decisiones simultáneas, ya que en este tipo de juegos no se incluye un periodo de tiempo para que un jugador reaccione a las acciones de otro jugador.

Una manera efectiva de modelar una situación donde los jugadores reaccionan a los movimientos de otros jugadores es considerando un juego con repetición. Consideremos un juego de decisiones simultáneas como el de la figura 7.1. Dado que en este juego cada jugador escoge una acción solo una vez, nos referimos a este como un **juego de una sola ronda**. Un **juego repetido** se define como un juego de una sola ronda –también conocido como **juego de una etapa**– que se repite un número de veces. Si la repetición se da un número finito de veces, entonces tenemos un juego con repeticiones finitas; si no, tenemos un juego con repeticiones indefinidas o infinitas.

En juegos de una sola ronda, las estrategias son fáciles de definir. De hecho, las estrategias se identifican con acciones. En juegos repetidos, sin embargo, es importante distinguir entre acciones y estrategias. Consideremos de nuevo el juego representado en la figura 7.1, una versión del «dilema del prisionero». Como vimos anteriormente, es una estrategia dominante para el Jugador 1 escoger B y es una estrategia dominante para el Jugador 2 escoger R; por lo tanto, el único equilibrio de Nash implica un pago de 4 para cada jugador.

Ahora supongamos que este juego de una sola ronda se repite indefinidamente. Específicamente, supongamos que, después de que en cada periodo se tomen acciones y los consecuentes pagos sean distribuidos, el juego termina con una probabilidad $1 - \delta$. Por simplicidad, supongamos que los jugadores asignan el mismo peso a los pagos ganados en todos los periodos. Ahora el conjunto de *estrategias* es distinto del conjunto de acciones disponible para jugadores en cada periodo. En cada periodo, el Jugador 1 debe elegir una acción del conjunto $\{T, B\}$, mientras que el Jugador 2 debe escoger una acción del conjunto $\{L, R\}$; estos conjuntos son los conjuntos de las acciones de los jugadores. Las estrategias, sin embargo, pueden ser combinaciones complejas de afirmaciones del tipo «si-entonces» donde la decisión en el periodo t se hace dependiendo de lo que sucedió en los periodos previos; dicho de otro modo, las estrategias dependen de la historia previa de decisiones. Dada la naturaleza condicional de las estrategias, el número posible de estrategias disponibles para un jugador es considerablemente mayor que el número de acciones que se pueden elegir en un periodo dado.

Específicamente, consideremos las estrategias siguientes para el Jugador 1 y el Jugador 2: si en el pasado el Jugador 1 escogió T y el Jugador 2 escogió L, entonces continuamos haciendo lo mismo en el periodo actual. Si en cualquier momento del pasado uno de los jugadores tomó una decisión distinta, entonces el Jugador 1 escoge B y el Jugador 2 escoge R en el periodo actual.

¿Puede este par de estrategias formar un equilibrio de Nash? Calculemos primero el pago en equilibrio que el Jugador 1 obtiene jugando las estrategias de equilibrio. Recordemos que (T, L) induce un pago de 5 para el Jugador 1. El pago total esperado entonces viene dado por:

$$V = 5 + \delta 5 + \delta^2 5 + \ldots = \frac{5}{1 - \delta}$$

Nótese que multiplico sucesivamente los pagos por δ ya que esta es la probabilidad de que el juego continuara (es decir, después de que cada periodo se juegue, el juego termina con una probabilidad $1 - \delta$). Ahora consideremos la posibilidad de desviarse de las estrategias de equilibrio. Si en un periodo dado el Jugador 1 escoge B en lugar de T, entonces el pago esperado viene dado por:

$$V' = 6 + \delta 4 + \delta^2 4 + \ldots = 6 + \frac{4\delta}{1 = \delta}$$

Para que el conjunto propuesto de estrategias sea un equilibrio de Nash, debe ser verdad que $V \geq V'$, es decir,

$$\frac{5}{1 - \delta} \geq 6 + \frac{4\delta}{1 - \delta}$$

que es equivalente a $\delta \geq \frac{1}{2}$. Dada la simetría de la función de pagos, los cálculos del Jugador 2 son idénticos a los del Jugador 1. Por lo tanto, debemos concluir que, si la probabilidad de que el juego continúe en el periodo siguiente, δ, es lo suficientemente alta, entonces existe un equilibrio de Nash donde los jugadores escogen T y L en cada periodo (mientras el juego todavía tenga lugar).

Intuitivamente, la diferencia entre el juego de una sola ronda y el juego repetido indefinidamente es que, en el segundo, podemos crear un sistema de recompensas y castigos que conllevan los incentivos apropiados para que los jugadores escojan T. En un juego de una sola ronda, la tentacion del Jugador 1 de jugar B es demasiado alta: es una estrategia dominante, da un pago más alto sin importar lo que el otro jugador escoja. En juegos repetidos, sin embargo, la ganancia en el corto plazo adquirida al escoger B debe ser sopesada relativamente a los pagos de continuación que cada elección conlleva. Las estrategias de equilibrio son tales que, si el Jugador 1 escoge B en el periodo actual, entonces obtiene 4 en cada periodo posterior. Por lo tanto, tenemos una ganancia de 1 en el corto plazo $(6 - 5)$ frente a una pérdida de 1 en cada periodo en el futuro $(5 - 4)$. La medida en que periodos futuros importan depende del valor de δ. Si δ es muy alto, entonces la pérdida de 1 en cada periodo futuro cuenta mucho, y el Jugador 1 prefiere adherirse a la estrategia T y renunciar a las ganancias de corto plazo de escoger B.

Así, concluimos que:

> **Dado que los jugadores pueden reaccionar a las acciones en el pasado de otros jugadores, los juegos repetidos permiten la existencia de resultados en equilibrio que no serían un equilibrio en el juego de una sola ronda correspondiente.**

Como mostraré en el capítulo 9, esta idea de «acuerdos» entre jugadores que son certificados y cumplidos mediante la toma mutua de represalias juega un papel importante en el entendimiento de cómo funcionan los carteles y el comportamiento colusorio. A menudo, muchos acuerdos en varios contextos y situaciones sociales están basados no en contratos formales sino en la confianza que surge de relaciones estables y reiteradas. Por ejemplo, en los distritos de diamantes en Amberes, Nueva York y Tel-Aviv muchas transacciones de alto calibre se llevan a cabo basándose en contratos de palabra, algunas veces referidos como **contratos relacionales**.

Aun de forma más general, el fenómeno de cooperación en sociedad es frecuentemente explicado como el equilibrio del dilema del prisionero: individualmente y en el corto plazo, cada miembro de la sociedad tiene un incentivo para aprovecharse de los demás. En la práctica, sin embargo, la gente se contiene porque los costes de ser rechazado por otros en el futuro son demasiados altos y sobrepasan las ganancias en el largo plazo.

Para concluir, una nota sobre conceptos y metodología. Hay dos posibles interpretaciones diferentes sobre el papel jugado por el parámetro δ introducido anteriormente. Uno es que el juego terminará en tiempo finito pero que el periodo concreto en el que terminará es desconocido para los jugadores; lo único que se sabe es que, después de cada periodo, el juego termina con una probabilidad $1 - \delta$. Esta es la interpretación considerada aquí en esta sección y correspondiente al término juego repetido *indefinidamente*. Una interpretación alternativa es que el juego dura un número infinito de periodos y que los jugadores descuentan pagos en el futuro con un factor de descuento de δ: un dólar en el periodo siguiente vale δ dólares en el periodo actual. Esta es la interpretación correspondiente al término juego repetido *infinitamente*.[o] Formalmente, si los jugadores son neutrales al riesgo, entonces las dos interpretaciones conducen al mismo cálculo de equilibrio. Yo prefiero la interpretación y terminología del juego repetido indefinidamente. No obstante, se usa raramente.

7.4 Información

Consideremos el dilema de fijación de precios asumido por una compañía de seguros médicos: un precio bajo conlleva márgenes pequeños, pero un precio alto acarrea el riesgo de solo atraer a pacientes de alto riesgo. ¿Qué debería hacer la compañía de seguros? En concreto, consideremos el juego secuencial siguiente entre una compañía de seguros y un paciente. Primero la compañía de seguros decide entre fijar una prima de riesgo o cuota alta o baja; entonces, el paciente decide aceptar o rechazar la oferta de la compañía.

Hasta ahora, esto parece un juego secuencial como los considerados en la sección 7.2. Pero ahora añadimos un detalle especial: el paciente puede ser de riesgo bajo o alto; además, el paciente sabe su tipo, pero la compañía de seguros desconoce el tipo del paciente. Específicamente, la compañía de seguros cree que el paciente es de alto riesgo con una probabilidad del 10 %. Para un paciente de alto riesgo, el seguro médico tiene un valor de $20.000 por año, mientras que, para un paciente de bajo riesgo, el valor es de $3.000. Para la compañía de seguros, el coste de ofrecer seguro médico es de $30.000 para un paciente de alto riesgo y de $1.000 para pacientes de bajo riesgo.

Notemos que, basándonos en las probabilidades previas de que el paciente sea de riesgo alto o bajo, el asegurador estima que el valor esperado viene dado por $10\,\% \times 20 + 90\,\% \times 3 = 4,7$, mientras que el coste medio de asegurar un paciente viene dado por $10\,\% \times 30 + 90\,\% \times 1 = 3,9$. Basándonos en estos cálculos medios,

---

[o] Las dos interpretaciones no son incompatibles entre sí.

la compañía de seguros está considerando dos precios posibles: \$4,500 (un precio que está por debajo del valor medio pero por encima del coste medio) o \$30 (un precio que cubre el coste sin importar el tipo de paciente asegurado).[p]

¿Cómo modelamos esta situación como un juego? Primero, notemos que, en la medida en que las acciones son secuenciales, lo más fácil será modelar la interacción entre asegurador y paciente como un árbol de juego (como hice en la sección 7.2). Una diferencia importante con respecto a los juegos secuenciales básicos considerados anteriormente es que ahora debemos considerar la incertidumbre: específicamente, el paciente puede ser de alto riesgo (probabilidad de 10 %) o bajo riesgo (probabilidad de 90 %). Además, el asegurador y el paciente están informados de manera diferente en cuanto al riesgo: específicamente, considero el caso extremo donde el paciente sabe exactamente su tipo, pero el asegurador solo dispone de sus creencias basadas en las probabilidades predeterminadas de cada tipo de paciente.

Para modelar juegos donde hay **incertidumbre** e **información asimétrica**, introducimos la figura de un «jugador» nuevo en el juego; llamamos a este jugador **Naturaleza**. La Naturaleza no es un jugador como los otros: no tiene consideraciones estratégicas, y sus acciones se limitan a escoger entre diferentes ramas de un árbol de juego de acuerdo con probabilidades predeterminadas. Esto puede parecer un poco extraño, pero el ejemplo que estamos considerando puede ayudar a clarificarlo.

La figura 7.11 muestra el árbol del juego entre el asegurador y el paciente. Primero, el asegurador decide si debe fijar un precio de 4,5 o 30. Sin importar lo que el asegurador escoja, el siguiente paso corresponde a la Naturaleza, la cual «decide» si el paciente es de alto o bajo riesgo de acuerdo con las probabilidades consideradas anteriormente. Finalmente, dada la elección del asegurador y la elección de la Naturaleza, el paciente acepta o rechaza la oferta de la compañía de seguros. Para leer el árbol más fácilmente, uso dos nombres distintos para el paciente, dependiendo de su tipo: *PH* o *PL* para pacientes de alto o bajo riesgo, respectivamente.

Como en la sección 7.2, procedo a resolver el juego hacia atrás. Si $p = 4{,}5$, entonces el paciente acepta la oferta si es de alto riesgo pero la rechaza si es de bajo riesgo. Si $p = 30$, a su vez, ninguno de los dos tipos de paciente acepta la oferta.

Moviéndonos un paso atrás, calculamos el valor esperado del jugador l dada la elección de la Naturaleza: si $p = 4{,}5$, entonces el pago esperado de l viene dado por $-25{,}5 \times 10\% + 0 \times 90\% = -2{,}5$; si $p = 30$, entonces el pago esperado es simplemente 0. Finalmente, dados los pagos esperados podemos encontrar la estrategia óptima de l, que es $p = 30$.

---

[p] Consideramos otras posibilidades más tarde en esta misma sección.

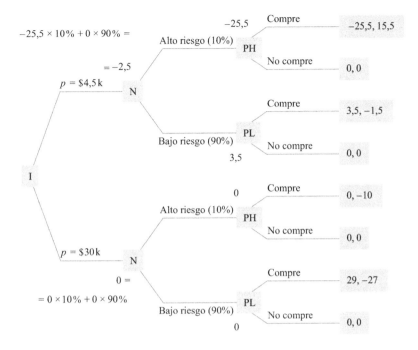

Figura 7.11. Juego secuencial con información asimétrica.

En resumen, las estrategias de equilibrios son las siguientes: el asegurador escoge $p = 30$; el paciente acepta la oferta $p = 4,5$ si es alto riesgo y rechaza la oferta si $p = 4,5$ y es de bajo riesgo o si $p = 30$ (sin importar el tipo de riesgo del paciente).

Hay mucha intuición económica interesante en este juego, pero por ahora me centraré en los elementos de la teoría de juegos.[q] Primero, modelamos incertidumbre mediante la figura del jugador referido como Naturaleza. Segundo, modelamos información asimétrica con los nodos de decisión de los jugadores informados *después* de la elección de la Naturaleza y los nodos de los jugadores no informados *antes* de la elección de la Naturaleza. Esta es una elección importante a la hora de modelar este problema. Consideremos una posibilidad alternativa: ni el asegurador ni el mismo paciente conocen el nivel de riesgo; únicamente conocen las probabilidades de riesgo *a priori*, en concreto que la probabilidad de ser alto riesgo es de 10 %. La figura 7.12 representa el árbol correspondiente a este juego alternativo. Ahora el orden de movimientos es diferente: primero, *l* escoge el precio; a continuación, *P* decide aceptar o rechazar la oferta; y finalmente, *N* determina si *P* es de alto o bajo riesgo.

---

[q] En la sección 5.2, presento el tema de equilibrio en el mercado de seguros, aunque sin usar el mecanismo formal de la teoría de juegos.

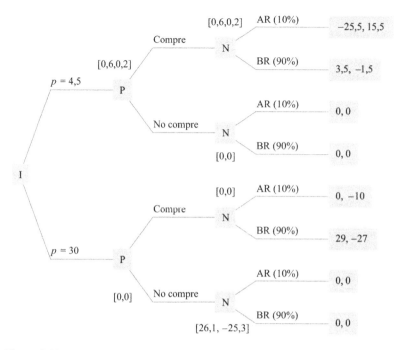

Figura 7.12. Juego secuencial con incertidumbre pero sin información asimétrica.

Resolviendo el juego hacia atrás, vemos que el equilibrio corresponde a: I ofrece un precio $p = 4,5$; P acepta la oferta si $p = 4,5$ pero rechaza la oferta de $p = 30$ (y la Naturaleza escoge tipo de paciente como antes). Este es un resultado muy diferente al encontrado en el juego considerado en la figura 7.11. Como vimos en la sección 7.2, el orden de movimientos importa, en concreto cuando el compromiso importa; ahora tenemos una razón adicional por la cual el orden de movimientos importa: si la Naturaleza es parte del proceso, entonces cambiar el orden de movimientos cambia la esencia de la información, es decir, quién sabe qué y cuándo.

■ **Juegos ordinarios con información asimétrica.** El juego entre asegurador y paciente corresponde a una situación típica de información asimétrica, en concreto al caso cuando un jugador desinformado (aquí, el asegurador) debe tomar una decisión (aquí, ofrecer unos términos de póliza de seguros) antes de que el jugador informado (aquí, el paciente) tome su decisión (es decir, acepte o rechace la oferta). El equilibrio de este tipo de juegos normalmente contiene lo que los economistas llamamos **selección adversa**. Volvamos ahora al juego en la figura 7.11. Al fijar un precio bajo $p = 4,5$, el asegurado ofrece un trato que es aceptable para el paciente medio. No obstante, ningún paciente es medio: en la práctica, los pacientes de bajo riesgo rechazan la oferta, y lo único que el asegurador obtiene son pacientes de alto riesgo, en cuyo caso los ingresos no alcanzan a cubrir los costes.

Hay muchos ejemplos del mundo real que se caracterizan por la selección adversa. Por ejemplo, un comprador que hace una oferta por un coche usado debería tener en cuenta que la oferta solo será aceptada por aquellos vendedores que venden coches de calidad baja (la cual conocen mejor que el comprador). En un tono más distendido, en la autobiografía de Groucho Marx aprendemos que, en respuesta a la carta de aceptación de un club, «Envié un telegrama al club diciendo, POR FAVOR ACEPTEN MI RENUNCIA. NO QUIERO PERTENECER A NINGÚN CLUB QUE ACEPTARA COMO MIEMBROS A GENTE COMO YO». ¿Puedes ver por qué Groucho estaba jugando un juego de selección adversa? ¿Cómo está la afiliación a un club relacionada con los seguros médicos?

Como he mencionado anteriormente, la selección adversa proviene de modelos donde la parte desinformada es la primera en decidir. Consideremos ahora el caso opuesto, es decir, el caso cuando la parte informada es la primera en tomar una decisión. Como ejemplo motivador, pensemos en una empresa que entra en el mercado de equipaje de lujo. La empresa querría reducir su precio para ganar cuota de mercado, pero le preocupa que esto sea interpretado por los clientes como un indicio de baja calidad. La palabra clave aquí es «indicio o señal». De hecho, los juegos de información asimétrica donde la parte informada decide primero son referidos frecuentemente como **juegos de señalización**. En la sección 12.3 presento un juego de señalización particularmente importante: el juego de crear una reputación, donde las acciones de un jugador en el primer periodo proporcionan indirectamente información sobre su tipo, lo que a su vez tiene un efecto en cómo se desarrolla el juego en el segundo periodo. En el capítulo 14 considero una aplicación diferente de los mismos principios, y desarrollo un modelo de publicidad como señal de calidad.

Finalmente, el **problema de principal-agente** nos proporciona un ejemplo adicional de un juego con información asimétrica. Consideremos un empresario que quiere alentar a su equipo de ventas a trabajar duro pero no puede observar si el equipo está haciendo todo lo que puede. ¿Qué pasos puede tomar para asegurarse de que trabajen duro? Un problema similar ocurre en la relación entre el consejo de administración de una empresa y su director general (sección 3.3). Otro ejemplo viene dado por la relación entre un regulador y una empresa regulada (sección 5.6). Lo que tienen en común estos ejemplos es un principal (empresario, accionista, regulador) que querría inducir un comportamiento específico de un agente (empleado, gerente, empresa regulada) pero no puede observar directamente las acciones del agente o el tipo del agente. En el primer caso, conocido como **riesgo moral** (o acción escondida) el agente tiene mejor información solo con respecto a la decisión o acción que él ejecuta pero que el principal no observa. La clave en juegos de riesgo moral es que, aunque el principal no pueda observar las acciones del agente, debería poder observar los resultados derivados de tales acciones (por ejemplo, la producción, una variable observable, es una función del esfuerzo, una variable inobservable). Entonces el principal puede poner en funcionamiento un sistema de compensación basado en variables observables.

Sumario

- Una estrategia dominante da a un jugador el beneficio más alto sin importar las elecciones de los otros jugadores.
- Una estrategia dominada da a un jugador un pago que siempre es inferior al de cualquier otra estrategia, sin importar lo que los otros jugadores escojan.
- No solo cuenta si los jugadores son racionales: también es importante el hecho de si los jugadores creen que los otros jugadores son racionales.
- Un par de estrategias constituye un equilibrio de Nash si ningún jugador puede unilateralmente cambiar su estrategia de modo que mejore su propio pago.
- Un compromiso creíble puede tener un valor estratégico significativo.
- Dado que los jugadores pueden reaccionar a las acciones en el pasado de otros jugadores, los juegos repetidos permiten la existencia de resultados en equilibrio que no serían un equilibrio en el juego de una sola ronda correspondiente.

Conceptos clave

- juego
- forma normal
- estrategia dominante
- dilema del prisionero
- estrategia dominada
- equilibrio de Nash
- mejor respuesta
- puntos focales
- árbol de decisión
- nodo de decisión
- forma extensiva

- inducción hacia atrás
- subjuego
- equilibrio perfecto en subjuegos
- compromiso creíble
- tomar represalias
- juego de una ronda
- juego repetido
- juego de etapas
- contratos relacionales
- incertidumbre

- información asimétrica
- naturaleza
- selección adversa

- juegos de señalización
- principal-agente
- riesgo moral

Ejercicios de práctica

■ **7.1. Estrategias dominantes y dominadas.** ¿Cuáles son los supuestos implícitos sobre racionalidad a la hora de resolver un juego por eliminación de estrategias dominadas? Compáralo con el caso de las estrategias dominantes.

■ **7.2. El juego de estreno de una película.** Consideremos el ejemplo al principio del capítulo. Supongamos que solo hay dos superproducciones compitiendo por la mejor posición: *Harry Potter* de Warner Bros. y *Narnia* de Fox. Supongamos que las superproducciones estrenadas en noviembre comparten un total de $500 millones en ventas de taquilla, mientras que las superproducciones estrenadas en diciembre comparten un total de $800 millones.

  a) Formula el juego jugado por Warner Bros. y Fox.
  b) Determina el equilibrio de Nash del juego en (a).

■ **7.3. Ericsson versus Nokia.** Supongamos que Ericsson y Nokia son los competidores principales en el mercado de telefonía móvil 4G. Cada empresa debe decidir entre dos niveles de precios posibles: $100 y $90. El coste de producción es $40 por teléfono móvil. La demanda de la empresa es la siguiente: si ambas empresas fijan un precio de 100, entonces Nokia vende 500 y Ericsson 800; si ambas empresas fijan un precio de 90, las ventas son 800 y 900, respectivamente; si Nokia fija un precio de 100 y Ericsson de 90, entonces las ventas de Nokia bajan a 400, mientras que las de Ericsson aumentan a 1,100; finalmente, si Nokia fija un precio de 90 y Ericsson de 100 entonces Nokia vende 900 y Ericsson 700.

  a) Supongamos que las empresas deciden precios simultáneamente. Describe el juego y resuélvelo.
  b) Supongamos que Ericsson tiene una capacidad limitada de producción a 800k unidades por trimestre. Además, toda la demanda no satisfecha por Ericsson es transferida a Nokia. ¿Cómo cambiaría el análisis?
  c) Supongamos que trabajas para Nokia. Tu CIO (Chief Intelligence Officer) no está seguro de cuál es la restricción de capacidad de Ericsson. ¿Cómo valorarías esta información?

■ **7.4. *E.T.*** En la película *E.T.*, un rastro de Reese's Pieces, una de las marcas del chocolate Hershey, es usado para atraer al pequeño alien fuera del bosque. Como consecuencia de la publicidad creada por esta escena, las ventas de Reese's Pieces se triplicaron, permitiendo a Hershey alcanzar a su rival Mars. El plan original de Universal Studio era usar un rastro de M&Ms de Mars, pero Mars rechazó la oferta. Los creadores de *E.T.* entonces acudieron a Hershey, que aceptó el trato.

Supongamos que la publicidad generada al incluir M&Ms en la película hubiera aumentado los beneficios de Mars por $800.000 y disminuido los beneficios de Hershey por $100.000. Supongamos además que el aumento de Hershey en cuota de mercado le cuesta a Mars una pérdida de $500.000. Finalmente, dejemos que sea b el beneficio de Hershey al ser la marca escogida.

Describe los eventos anteriores como un juego en forma extensiva. Encuentra el equilibrio como una función de b. Si el equilibrio difiere de los sucesos acontecidos, ¿cómo puedes reconciliar las diferencias?

■ **7.5. *E.T.* (continuación).** Volvamos al Ejercicio 7.4. Supongamos ahora que Mars no conoce el valor de b, y cree que este toma valores $b = \$1.200.000$ o $b = \$700.000$, con una probabilidad del 50 % cada una. A diferencia de Mars, Hershey conoce el valor de b. Dibuja el árbol de este juego nuevo y encuentra el equilibrio.

■ **7.6. Hernán Cortés.** En un mensaje del rey de España al llegar a México, el marinero y explorador español Hernán Cortés informaba que, «con el pretexto que [nuestras] naves no eran navegables, las hice hundir; por lo tanto, toda esperanza de huir se perdió y pude actuar con más seguridad». Comenta el valor estratégico de esta acción sabiendo que los colonos españoles encontraron potencialmente resistencia de los nativos mexicanos.

■ **7.7. Estándares HDTV.** Consideremos el siguiente juego representando el proceso de adopción de estándares en televisión de alta definición (HDTV).[4] EE. UU. y Japón deben decidir simultáneamente si invertir un valor alto o bajo en investigación de HDTV. Si ambos países escogen un valor bajo los pagos son (4,3) para EE. UU. y Japón, respectivamente; si EE. UU. escoge un nivel bajo y Japón un nivel alto, entonces los pagos son (2,4); si, en cambio, EE. UU. escoge un valor alto y Japón un valor bajo, los pagos son (3,2). Finalmente, si ambos países escogen un nivel alto los pagos son (1,1).

a) ¿Hay alguna estrategia dominante en este juego? ¿Cuál es el equilibrio de Nash de este juego? ¿Cuáles son los supuestos de racionalidad implícitos en este equilibrio?

b) Supongamos ahora que EE. UU. tiene la opción de comprometerse a una estrategia antes de la decisión de Japón. ¿Cómo modelarías esta nueva situación? ¿Cuáles serían los equilibrios de Nash en el juego nuevo?

c) Comparando las respuestas en (a) y (b), ¿qué puedes decir sobre el valor de compromiso de EE. UU.?

d) «Cuando el compromiso tiene valor estratégico, el jugador que toma el compromiso termina "lamentando" sus acciones, en el sentido de que, dadas las decisiones de los rivales, podría obtener un pago más alto si pudiera escoger una acción distinta». Viendo tu respuesta a (b), ¿cómo comentarías esta afirmación?

■ **7.8. Juego repetido un número de veces finito.** Consideremos un juego de una sola ronda con 2 equilibrios y supongamos que el juego se repite dos veces. Explica intuitivamente por qué puede que haya equilibrios en el juego de dos periodos que son distintos de los equilibrios en el juego de una sola ronda.

■ **7.9. La venta de Shearson por American Express.** En 1993, American Express vendió Shearson a Primerica (ahora parte de Citigroup). En aquel momento, el *Wall Street Journal* escribió lo siguiente:

Entre los puntos más controvertidos en la adquisición de las operaciones de corretaje de Shearson estarían los costes judiciales de la empresa. Más que la mayoría de las empresas de corretaje, Shearson ha sido condenada con grandes demandas legales por inversores que dicen haber sido maltratados, aunque la empresa haya progresado en limpiar sus casos pendientes de inversores. Solo en el último trimestre del año 1992, Shearson tomó reservas de $90 millones antes de impuestos para lidiar con «provisiones legales adicionales».[5]

Cuando el trato de venta concluyó, Primerica compró la mayoría de los activos de Shearson pero dejó las obligaciones legales con American Express. ¿Por qué crees que el trato se estructuró de esta manera? ¿Fue justo para American Express?

7.10. Venta de un negocio. Supongamos que una empresa posee una unidad de negocio que quiere vender. Los compradores potenciales saben que el vendedor valora la unidad de negocio en $100 millones, $110 millones, $120 millones, [...] $190 millones, con igual probabilidad para cada valor. El vendedor sabe el valor preciso, pero el comprador solo conoce la distribución. El comprador espera ganar sinergias y complementariedades con su negocio ya operativo, así que su valoración es igual al valor del vendedor más $10 millones. (Dicho de otro modo, hay excedente neto generado por esta transacción.) Finalmente, el comprador debe hacer una oferta automática de tómelo o déjelo a algún precio p. ¿Cuánto debería el comprador ofrecer?

Ejercicios complejos

■ **7.11. Subasta de primer precio.** Consideremos el siguiente juego de subasta. Hay dos pujadores que presentan pujas b_i simultáneamente para un objeto dado. El pujador i valora el objeto en v_i; sabe su propio valor, pero no el valor del otro pujador. Es conocido por todos que las valoraciones v_i están uniformemente tomadas del intervalo unitario, es decir, $v_i \sim U[0,1]$.

   a) Supongamos que el pujador 1 espera que la puja del pujador 2 sea distribuida uniformemente entre 0 y $\frac{1}{2}$. ¿Cuál es la óptima función de puja del pujador 1 (es decir, puja como función de la valoración v_1)?
   b) Si el pujador 2 espera que el pujador 1 siga la estrategia derivada en la parte (a), ¿cuál es la creencia del pujador 2 con respecto a la puja del pujador 1?
   c) Encuentra el equilibrio de Nash en el juego de subasta (asumiendo que haya uno).

■ **7.12. Juegos de publicidad.** Dos empresas deben escoger simultáneamente sus presupuestos de publicidad; sus opciones son H o L. Los pagos son como siguen: si ambos escogieran H, entonces cada uno obtiene 5; si ambos escogen L, entonces cada uno obtiene 4; si la empresa 1 escoge H y la empresa 2 escoge L, entonces la empresa 1 obtiene 8 y la empresa 2 obtiene 1; en cambio, si la empresa 2 escoge H y la empresa 1 escoge L, entonces la empresa 2 obtiene 8 y la empresa 1 obtiene 1.

   a) Encuentra los equilibrios de Nash del juego de una sola ronda.
   b) Supongamos que el juego se repite indefinidamente y que el factor de descuento relevante es $\delta = .8$. Encuentra el equilibrio simétrico óptimo.
   c) (pregunta desafío) Ahora supongamos que, los primeros 10 periodos, los pagos de la empresa son dos veces los valores presentados en la tabla anterior. ¿Cuál es el equilibrio simétrico óptimo?

■ **7.13. Juego repetido un número de veces finito.** Supongamos que el juego presentado en la figura 7.1 se repite T veces, donde T es conocido por todos. Muestra que el único equilibrio perfecto en subjuegos es que los jugadores escojan (B, R) en cada periodo.

■ **7.14. Ciempiés.** Consideremos el juego en la figura 7.13.[6] Demuestra, por inducción invertida o hacia atrás, que jugadores racionales escogen *d* en cada nodo del juego, dando un pago de 2 al Jugador 1 y 0 al Jugador 2. ¿Es este equilibrio razonable? ¿Cuáles son los supuestos de racionalidad implícitos en el equilibrio?

■ **7.15. Niveles de publicidad.** Consideremos una industria donde la competencia de precios no es muy importante: toda la acción está en los presupuestos de publicidad. En concreto, el valor total *S* (en dólares) del mercado se divide entre dos competidores de acuerdo con sus cuotas de publicidad. Si a_1 es la inversión en publicidad de la empresa 1 (en dólares), entonces su beneficio viene dado por

$$\frac{a_1}{a_1 + a_2} S - a_1$$

(Lo mismo aplica a la empresa 2.) Ambos a_1 y a_2 deben ser no negativos. Si ambas empresas invierten cero en publicidad, entonces se dividen el mercado a partes iguales.

a) Encuentra el equilibrio de Nash simétrico del juego donde las empresas escogen a_i independiente y simultáneamente.
b) Encuentra el nivel óptimo conjunto de publicidad, es decir, el nivel a^* que maximiza los beneficios agregados.
c) Dado que la empresa 2 fija $a_2 = a^*$, determina el nivel óptimo de publicidad de la empresa 1.
d) Supongamos que las empresas compiten indefinidamente en cada periodo $t = 1, 2,...$, y que el factor de descuento viene dado por $\delta \in [0,1]$. Encuentra el valor más bajo de δ tal que, al jugar con estrategias gatillo, las empresas pueden sostener un acuerdo tal que fijan a^* en cada periodo.

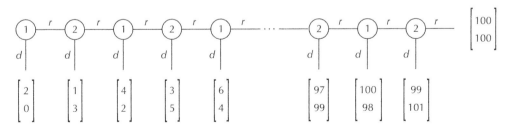

Figura 7.13. El juego del ciempiés. En los vectores de pago, el número superior es el pago del Jugador 1 y el inferior el del Jugador 2.

Ejercicios aplicados

■ **7.16. Experimento en el laboratorio.** Organiza y lleva a cabo un experimento de laboratorio para probar una predicción específica de la teoría de juegos. Primero, reúne a un grupo de sujetos dispuestos a participar (puede que necesites obtener la aprobación del experimento por parte del comité de revisión de sujetos humanos de tu institución). Segundo, escribe instrucciones detalladas para explicar a los sujetos qué es lo que deben hacer. En la medida de lo posible, proporciona un incentivo monetario al rendimiento de los sujetos en el experimento. Tercero, haz el experimento y toma nota con cuidado de todas las decisiones de todos los sujetos. Finalmente, compara los resultados obtenidos con las predicciones teóricas, y discute cualquier diferencia que exista entre ambas. (Si un laboratorio dedicado a este tipo de experimentos no existe en tu institución, usa la clase y tus colegas como sujetos.)

Notas

1. Nash, John (1951), «Non-Cooperative Games», *Annals of Mathematics* 54, 286-295.
2. Una versión de este experimento fue publicada primero en Schelling, Thomas (1960), *The Strategy of Conflict*, Cambridge, MA: Harvard University Press.
3. Selten, Reinhard (1965), «Spieltheoretische Behandlung eines Oligopolmodells mit Nachfragetragheit», *Zeitschrift für die gesamte Staatswissenschaft* 121, 301-324 y 667-689.
4. Este ejercicio es una adaptación de Dixit, Avinash K., y Barry J. Nalebuff (1991), *Thinking Strategically*, Nueva York: W W Norton.
5. *The Wall Street Journal*, 9 de marzo de 1993.
6. Este juego fue propuesto por primera vez por Rosenthal, Robert (1981), «Games of Perfect Information, Predatory Pricing and the Chain-Store Paradox», *Journal of Economic Theory* (25), 92-100.

8. Oligopolio

Hasta ahora, hemos estudiado estructuras de mercado extremas como el monopolio y la competencia perfecta. Estos son marcos de referencia útiles. Sin embargo, la evidencia empírica sugiere que la mayoría de los mercados en el mundo real se encuentran entre estos dos extremos. Normalmente, vemos que las industrias tienen unas pocas (más de una) empresas, pero ciertamente menos que el «gran número» asumido por el modelo de competencia perfecta. La situación donde hay unos pocos competidores es referida como **oligopolio** (**duopolio** si el número es dos).

Una cosa que los extremos de monopolio y competencia perfecta tienen en común es que cada empresa no debe tener en cuenta las reacciones de sus rivales. En el caso del monopolio, esto es trivial porque tal rival no existe. En el caso de la competencia perfecta, la idea es que cada empresa es tan pequeña que sus acciones no tienen un impacto significativo en los rivales. Esto no es así en el caso del oligopolio. Consideremos el siguiente pasaje de un artículo de prensa:

> En un giro estratégico en EE. UU. y Canadá, Coca-Cola Co. se prepara para aumentar precios alrededor de un 5 % para sus clientes de refrescos. Este aumento de precios podría facilitar un aumento en los beneficios de la compañía.
>
> Para entender el posible éxito de la estrategia de Coca-Coala, es importante analizar primero cómo Pepsi-Cola responde a este giro estratégico. Algunos analistas han indicado que la compañía de refrescos N.º 2 podría sacrificar algún margen de beneficio a cambio de aumentar su cuota de mercado con respecto a Coca-Cola.[1]

Como este ejemplo sugiere, a diferencia de los extremos de monopolio y competencia perfecta, una característica importante de los oligopolios es la interdependencia estratégica entre competidores: una acción de la Empresa 1, llamémosla Coca-Cola, probablemente afecte a los beneficios de la Empresa 2, llamémosla Pepsi, y viceversa. Por esta razón, el proceso de decisión de Coca-Cola debería tener en cuenta cómo espera que Pepsi reaccione, en concreto, cómo Coca-Cola espera que su decisión tenga un efecto en los beneficios de Pepsi y, en consecuencia, cómo espera que Pepsi reaccione. La Parte II de este libro está dedicada al análisis formal de la competencia en oligopolio. Empezamos este capítulo con algunos modelos simples que caracterizan el proceso de toma de decisiones estratégicas interdependientes en un oligopolio: el modelo de Bertrand y el modelo de Cournot.

8.1 El modelo de Bertrand

Fijar un precio es probablemente la estrategia más básica de entre todas las decisiones que toman las empresas. La demanda recibida por cada empresa depende del precio fijado. Además, cuando el número de empresas es pequeño, la demanda también depende de los precios fijados por las empresas rivales. Es precisamente esta interdependencia entre las decisiones de empresas rivales la que marca la diferencia entre la competencia en duopolio (y más generalmente la competencia en oligopolio) y los extremos de monopolio y competencia perfecta. Cuando Lenovo, por ejemplo, decide qué precios fijar para sus PC, la compañía debe especular acerca de los precios fijados por Dell (así como otros rivales); y basándose en esa conjetura determinar su precio óptimo, teniendo en cuenta cómo la demanda de ordenadores Lenovo depende tanto del precio de Lenovo como del precio de Dell.[a]

Para analizar la interdependencia de las decisiones de precios, empezamos con el modelo más simple posible de competencia en duopolio: el modelo de Bertrand.[2] El modelo consiste en dos empresas en un mercado de un producto homogéneo y con el supuesto de que las empresas escogen precios simultáneamente. También asumimos que ambas empresas tienen el mismo coste marginal, $CM = c$.[b]

Dado que los productos de los duopolistas son sustitutivos perfectos (el producto es homogéneo), y dado que las empresas no tienen restricción de capacidad productiva, se puede deducir que la empresa que fije el precio más bajo se apropiará de toda la demanda del bien. En concreto, si p_i, el precio fijado por la empresa i, es más bajo que p_j, el precio fijado por la empresa j, entonces la demanda de la empresa i viene dada por $D(p_i)$ (la demanda total de mercado), mientras que la demanda de

---

[a] Además, en un contexto dinámico, Lenovo también debe tener en cuenta que las decisiones en precio en la actualidad afectarán probablemente a las decisiones de precios de sus rivales en el futuro. Nos centraremos en este aspecto en el capítulo 9.

[b] El modelo de Bertrand es más general que la versión simplificada presentada aquí, pero las principales ideas son exactamente las mismas.

la empresa j es cero. Si ambas empresas fijan el mismo precio, $p_i = p_j = p$, entonces cada empresa recibe la mitad de la demanda de mercado, $\frac{1}{2}D(p)$.

■ **El juego discreto de Bertrand.** Consideremos primero el caso cuando los vendedores se ven limitados a escoger entre un conjunto predeterminado de niveles de precios. Específicamente, supongamos que la demanda de mercado es $q = 10 - p$, el coste marginal es constante e igual a 2, y los vendedores pueden fijar únicamente precios enteros: 3, 4 y 5. La figura 8.1 describe el juego en forma normal (como en los juegos presentados en el capítulo 7): La Empresa 1 escoge una fila (5, 4 o 3), mientras que la Empresa 2 escoge una columna (5, 4 o 3). Para cada combinación posible, los beneficios están derivados de acuerdo con las reglas descritas en el párrafo anterior. Por ejemplo, si ambas empresas fijan $p = 5$, entonces la demanda total es $q = 10 - 5 = 5$; y el beneficio de cada empresa viene dado por $\pi = \frac{1}{2}5(5-2) = 7,5$. Si la Empresa 1 fija $p_1 = 4$ mientras que la Empresa 2 fija $p_2 = 5$, entonces la Empresa 1 captura toda la demanda de mercado, que es ahora $q = 10 - 4 = 6$. Entonces calculamos que $\pi_1 = 6(4-2) = 12$, y que $\pi_2 = 0$. El resto de las celdas de la matriz del juego se obtienen de forma similar. (Comprueba estos resultados.)

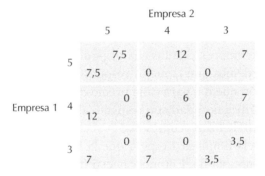

Figura 8.1. Juego de Bertrand con un número limitado de opciones de precios.

¿Cuál es el equilibrio del juego? Primero debemos tomar nota de que no hay estrategia dominante. No obstante, puedo encontrar la mejor respuesta de cada empresa y con esto encontrar el equilibrio de Nash del juego. La función de mejor respuesta de la Empresa 1 es como sigue: si la Empresa 2 fija $p_2 = 5$, entonces el precio óptimo de la Empresa 1 es $p_1 = 4$; si la Empresa 2 fija $p_2 = 4$, entonces el precio óptimo de la Empresa 1 es $p_1 = 3$; y finalmente, si la Empresa 2 fija $p_2 = 3$ entonces el precio óptimo de la Empresa 1 es $p_1 = 3$. Dicho de otra manera, la mejor respuesta de la Empresa 1 es siempre la de fijar su precio por debajo del precio de la Empresa 2 –a menos que la Empresa 2 ya esté fijando el precio más bajo posible.

Como resultado, el equilibrio de Nash corresponde a ambas empresas fijando el precio más bajo posible: $\hat{p}_1 = \hat{p}_2 = 3$.

Notemos que, aunque el juego no sea, estrictamente hablando, un dilema del prisionero, sí comparte alguna de las características del juego del dilema del prisionero (sección 7.1). En concreto, (a) ambas empresas están mejor fijando un precio alto; (b) sin embargo, dado que ambas empresas fijan un precio alto, ambas empresas tienen un incentivo para fijar su precio por debajo del precio del rival.

El juego anterior está basado en una serie de supuestos que simplifican el problema. En particular, estoy limitando a las empresas a escoger precios entre valores enteros (3, 4 o 5). ¿Y si la Empresa 1 pudiera fijar su precio por debajo de $p_2 = 5$ en un nivel $p_1 = 4{,}99$? En los párrafos siguientes, considero el caso más general de cuando las empresas pueden escoger cualquier valor de p_i, de hecho cualquier valor de número real. Como demostraré, los principales resultados e intuición permanecerán válidos de forma cualitativa. De hecho, en cierto sentido el resultado será aún más extremo.

■ **El caso continuo.** Supongamos que las empresas pueden fijar cualquier valor de p entre 0 y $+\infty$, incluso valores no enteros. Ahora no podemos describir el juego como una matriz de estrategias (hay un número infinito de estrategias). No obstante, podemos derivar, como antes, la función de asignación de mejores respuestas para cada empresa, de las cuales podemos entonces derivar el equilibrio de Nash. Recordemos que la mejor respuesta de la empresa i $p_i^*(p_j)$ es una función de asignación que da, para cada precio de la empresa j, el precio óptimo de la empresa i. La única novedad con respecto al caso discreto es que los valores de p_j y p_i ahora varían de forma continua.

Supongamos que la Empresa 1 espera que la Empresa 2 fije su precio por encima del precio de monopolio. Entonces la estrategia óptima de la Empresa 1 es la de fijar el precio al nivel de monopolio. De hecho, al hacerlo así la Empresa 1 obtiene toda la demanda y recibe beneficios de monopolio (el nivel de beneficio máximo). Si la Empresa 1 espera que la Empresa 2 fije su precio por debajo del precio de monopolio pero por encima del coste marginal, entonces la estrategia óptima de la Empresa 1 es fijar su precio por debajo del precio de la Empresa 2:[c] fijar un precio por encima conllevará una demanda de cero y beneficio cero; fijar

---

[c] ¿Qué significa «justo por debajo»? Si p_1 pudiera ser cualquier número, entonces «justo por debajo» no estaría bien definido: no hay ningún número real «justo por debajo» de otro número real. En la práctica, los precios deben fijarse dentro de una tabla métrica finita (en céntimos de dólar, por ejemplo), en cuyo caso «justo por debajo» significaría un céntimo menos. Esto nos lleva a un supuesto importante del modelo de Bertrand: la Empresa 1 robará toda la demanda de la Empresa 2 incluso cuando su precio es solo un céntimo más bajo que el precio del rival.

un precio por debajo da a la empresa i toda la demanda de mercado, pero menores beneficios cuanto más bajo sea el precio. Finalmente, si la Empresa 1 espera que la Empresa 2 fije un precio por debajo del coste marginal, entonces el precio óptimo de la Empresa 1 es fijar un precio por encima del precio de la Empresa 2, digamos, igual al coste marginal.

La figura 8.2 representa la función de mejor respuesta de la Empresa 1, $p_1^*(p_2)$, en un gráfico con la estrategia de cada empresa en cada eje. Consistente con la derivación anterior, para valores de p_2 menores que CM, la Empresa 1 escoge p_1 = CM = c. Para valores de p_2 mayores que CM pero por debajo de p^M, la Empresa 1 escoge p_1 justo por debajo de p_2. Finalmente, para valores de p_2 mayores que el precio de monopolio, p^M, la Empresa 1 escoge $p_1 = p^M$.

Debido a que la Empresa 2 tiene el mismo coste marginal que la Empresa 1, su función de mejor respuesta es idéntica a la de la Empresa 1, es decir, simétrica con respecto a la línea de 45°. En la figura 8.2, la función de mejor respuesta de la Empresa 2 viene dada por $p_2^*(p_1)$.

Como vimos en la sección 7.1, un equilibrio de Nash es un par de estrategias –un par de precios, en este caso– tal que ninguna empresa puede aumentar su beneficio cambiando su precio de forma unilateral. En términos de la figura 8.2, esto viene dado por la *intersección de las funciones de mejores respuestas*, es decir, el punto N. De hecho, este es el punto en que $p_1 = p_1^*(p_2)$ (porque el punto está en la función de mejor respuesta de la Empresa 1) y $p_2 = p_2^*(p_1)$ (porque el punto está en la función de mejor respuesta de la Empresa 2). Como se puede ver en la figura 8.2, el punto N corresponde a ambas empresas fijando un precio igual al coste marginal, $\hat{p}_1 = \hat{p}_2 = CM = c$.

Otra manera de llegar a la misma conclusión es pensar acerca de un precio de equilibrio posible p' mayor que el coste marginal. Si ambas empresas fijaran ese precio, cada una de ellas ganaría $\frac{1}{2}D(p')(p' - CM)$. Sin embargo, fijando un precio ligeramente más bajo, una de las empresas sería capaz de casi doblar sus beneficios al nivel de $D(p' - \epsilon)(p' - \epsilon - CM)$, donde ϵ es un número pequeño. Este argumento es válido para cada precio candidato a equilibrio p' mayor que el coste marginal. Por lo tanto, concluimos que el único precio de equilibrio es $p = c$. En resumen,

> **En un contexto de competencia de precios con productos homogéneos y un coste marginal simétrico y constante (competencia *à la* Bertrand), las empresas fijan su precio igual al coste marginal.**

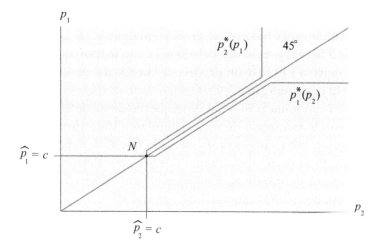

Figura 8.2. Modelo de Bertrand: mejores respuestas y equilibrio.

CAJA 8.1 Páginas amarillas digitales: de monopolio a duopolio a oligopolio[3]

En 1987, Nynex empezó a ofrecer en formato digital el directorio telefónico entero para el área de las compañías que servía en ese momento (Nueva York y Nueva Inglaterra). Con un precio oficial de $10.000, el producto en formato CD tenía como principal cliente en mente a establecimientos comerciales, agencias gubernamentales y operadores de servicios financieros.

Poco después, Jim Bryant, el ejecutivo en Nynex encargado de desarrollar el nuevo producto de Nynex, decidió dejar la compañía y fundar Pro CD, una compañía dedicada exclusivamente a la publicación de directorios de páginas amarillas y blancas en formato electrónico.

Temiendo la competencia, Nynex decidió no ofrecer la información necesaria para que Pro CD recopilara sus listados. Sin dejar que este obstáculo lo desviara de su objetivo, Bryant envió copias físicas de los directorios a Asia, donde subcontrató la tarea de escribir la información desde cero (y reescribirla, para comprobar que no había errores). Después de todo, Pro CD creó un directorio de grandes dimensiones con más de 70 millones de entradas.

Enfrentándose a la competencia en el mercado de directorios en formato electrónico, Nynex se vio forzada a bajar su precio. Al principio de la década de 1990, los precios de venta se habían reducido hasta llegar a los centenares de dólares, partiendo del precio original de $10.000. Mientras tanto, varios entrantes adicionales se unieron a Pro CD en el desafío al monopolio inicial de Nynex. Ya en el año 2000, un directorio entero se podía comprar por unos escasos \$20.[d]

Debemos destacar que este resultado es válido incluso con solo dos competidores (como hemos considerado anteriormente). Este es un resultado bastante radical: como el número de competidores cambia de uno a dos, el precio de equilibrio cambia del precio de monopolio al precio de competencia perfecta. Dos competidores son suficientes para garantizar competencia perfecta en el mercado.

Desde el punto de vista del bienestar del consumidor, la competencia a la Bertrand es una auténtica bendición. Desde el punto de vista de un vendedor, no obstante, es una situación bastante desagradable: la **trampa de Bertrand**, como algunos la llaman. Consideremos por ejemplo el caso de las enciclopedias.[4] La *Encyclopedia Britannica* ha sido, por más de dos siglos, una obra de referencia estándar. Hasta la década de 1990, el conjunto de tapa dura con 32 volúmenes se vendía por \$1.600. Entonces Microsoft entró en el mercado con *Encarta*, que se vendía en formato CD por menos de \$100. *Britannica* respondió vendiendo su propia versión en CD también. Hacia el 2000, *Britannica* y *Encarta* se vendían por \$89,99. Aunque este caso está lejos del equilibrio de Bertrand (precio igual al coste de los CD), está ciertamente más cerca de Bertrand que el precio inicial, casi de monopolio, de \$1.600. La Caja 8.1 describe otro ejemplo de cómo un solo competidor puede disminuir los precios de un mercado enormemente.

Otro ejemplo de precios a niveles de coste marginal viene dado por la industria aerolínea en varios momentos de su tumultuosa historia. Por ejemplo, en la primavera de 1992 American Airlines anunció un nuevo plan de «precio con valor añadido». Este plan reemplazaba un complejo sistema de descuentos con una simple estructura de precios con 4 categorías; y bajaba las tarifas considerablemente. AA esperaba que sus competidores siguieran su liderazgo en cambiar la estructura de precios, y así conseguir un necesitado periodo de estabilidad. Sin embargo, TWA y USAir anunciaron rebajas en sus tarifas aún mayores. American igualó estas rebajas, y en algunos casos incluso rebajó sus tarifas aún más. El resto de la industria no tuvo otra opción más que seguir la estela marcada por American. La industria se encontró a sí misma en una guerra de precios, el coste colectivo de esta (en unos pocos meses) fue de 4 mil millones de dólares.[5]

---

[d] Al cabo de un tiempo, Pro CD se convirtió en la primera compañía en compilar todas las direcciones de teléfono publicadas en EE. UU. y Canadá. En 1996, se fusionó con Acxiom, una compañía que integraba datos, servicios y tecnología para crear y ofrecer soluciones de gestión de información a sus clientes.

■ **Evitando la trampa de Bertrand.** Hay muchos mercados del mundo real donde el número de empresas es pequeño –dos o unas pocas más– y donde las empresas compiten en precio, y aun así los beneficios de las empresas son positivos –algunas veces incluso muy altos. (¿Se te ocurre algún ejemplo?) Esto parece contradecir la predicción del modelo de Bertrand. ¿Cómo podemos explicar esta contradicción aparente entre teoría y evidencia? Dicho de otro modo: si trabajaras como consultor para una empresa compitiendo en precios en un mercado de duopolio, ¿cómo ayudarías a tu cliente a evitar la trampa de Bertrand? A continuación, considero cuatro soluciones distintas, dos de las cuales desarrollo más tarde en otros capítulos, y las otras dos que cubro en el resto de esta sección.

1. Diferenciación de producto. El modelo de Bertrand asume que ambas empresas venden el mismo producto. Si por el contrario las empresas vendieran productos diferenciados, entonces la competencia en precios del duopolio no reduce precios necesariamente hasta el coste marginal tal y como predice el modelo de Bertrand. De hecho, bajar el precio por debajo del nivel del rival no garantiza que la empresa obtendrá el total de la demanda de mercado. Pensemos, por ejemplo, en el mercado de refrescos de cola. En EE. UU. y muchos otros países, Pepsi y Coca-Cola son los dos competidores principales. La lealtad de marca suele ser muy fuerte y la elasticidad cruzada de precio suele estar cerca de cero. Al bajar su precio, Coca-Cola puede aumentar sus ventas un poco, pero ciertamente no capturará toda la demanda del mercado (como viene supuesto en la competencia a la Bertrand). Examino la diferenciación de producto y la lealtad de marca en el capítulo 14.

2. Competencia dinámica. El modelo de Bertrand asume que las empresas compiten en un solo periodo; es decir, el precio es escogido una vez y para el resto de periodos. Una de las consecuencias más probables de rebajar el precio por debajo del precio del rival es que el rival reaccionará mediante una rebaja también, posiblemente iniciando una guerra de precios. Por ejemplo, si la gasolinera BP disminuye su precio hoy, puede atraer a clientes adicionales que previamente usaban la gasolinera Exxon localizada al cruzar la calle; pero no pasará mucho tiempo antes de que la gasolinera Exxon responda. En ese caso, bajar los precios por debajo de los precios rivales no garantiza el total de la demanda de mercado, excepto quizás en un corto plazo inmediato. El modelo de Bertrand no considera la posibilidad de represalias porque es un modelo estático en su esencia básica. En el próximo capítulo, consideraré juegos dinámicos y mostraré que, incluso cuando las empresas fijan precios y el producto es homogéneo, existen equilibrios donde el precio es estrictamente mayor que el coste marginal.

3. Costes asimétricos. Un supuesto importante en la versión más simple del modelo de Bertrand considerado aquí es que ambas empresas tienen el mismo coste marginal. Como mostraré más tarde, si una de las empresas tiene un coste marginal más bajo (un «líder en costes») entonces no es verdad que ambas empresas ganan un beneficio cero.

4. Restricciones de capacidad. Al reducir el precio por debajo del precio del rival, un duopolista de Bertrand recibe toda la demanda del mercado. ¿Pero para qué sirve esto si la empresa no tiene suficiente capacidad productiva para satisfacer toda la demanda del mercado? Dicho de otro modo, un supuesto importante del modelo de Bertrand es que las empresas no tienen restricciones de capacidad en su producción. Más tarde demuestro que en el caso de que existan restricciones de capacidad, entonces la naturaleza de la competencia cambia considerablemente.[e]

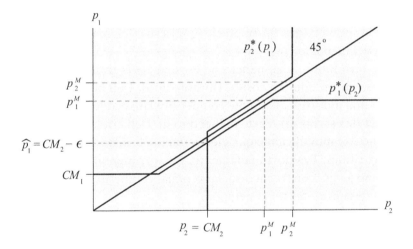

Figura 8.3. Equilibrio de Bertrand con diferentes costes marginales.

■ **Competencia en precios con costes distintos.** Consideremos el mercado de gasolina portugués al por mayor. Hay esencialmente dos vendedores (es decir, dos fuentes de oferta): Galp, que posee todas las refinerías del país; e importaciones. Normalmente, el precio de las importaciones es más alto que el coste de Galp. Como resultado, Galp suministra a todos los vendedores minoristas al precio de las importaciones y efectivamente mantiene una cuota de mercado del 100 % en el

---

[e] Con frecuencia, si el coste marginal aumenta con la producción, entonces el equilibrio de Bertrand tal que el precio es igual al coste marginal ya no es válido. Podemos interpretar el caso de restricciones de capacidad como un extremo del caso de costes marginales crecientes.

mercado mayorista de venta de gasolina (es decir, las importaciones representan una cuota de mercado muy pequeña respecto a las ventas totales). En resumen, aunque el producto es relativamente homogéneo y la competencia está basada en el precio, Galp vende con un margen positivo, siendo la razón que Galp tiene un coste marginal menor que sus competidores.

La versión simple del modelo de Bertrand considerada antes asumía que ambas empresas tenían el mismo coste marginal. Supongamos ahora que una de las empresas, digamos la Empresa 1, tiene un coste marginal más bajo que su rival. La situación aparece representada en la figura 8.3. Las curvas de mejores respuestas son derivadas como antes: la empresa i baja su precio por debajo del precio del rival hasta llegar al coste marginal del rival —es decir, hasta bajar al coste marginal de la empresa i. En este caso, dado que la Empresa 1 tiene un coste marginal más bajo, su función de mejor respuesta se extiende a valores más bajos que el coste marginal de la Empresa 2. En consecuencia, el punto donde las dos curvas de mejores respuestas se cruzan —el equilibrio de Nash del juego— viene dado por $p_2 = CM_2$ y $p_1 = CM_2 - \epsilon$; es decir, la Empresa 1 reduce su precio justo por debajo del precio de la Empresa 2 (que fija su precio igual a su coste marginal) y obtiene toda la demanda del mercado.

Dicho de otro modo, una manera de escapar de la trampa de Bertrand es la de convertirse en un líder en costes. Durante años, Dell alcanzó niveles altos de beneficio en una industria altamente competitiva con productos casi homogéneos (ordenadores de escritorio). Parte del secreto de Dell era la creación de un sistema de producción muy eficiente que efectivamente le daba un coste marginal más bajo que sus rivales. Desafortunadamente, otros competidores también pueden jugar el mismo juego: con frecuencia, las ventajas competitivas basadas en liderazgo de costes desaparecen con el tiempo.

Para concluir esta sección, debería mencionar que el modelo de Bertrand se extiende fácilmente al caso cuando hay más de dos empresas (como es el caso en la industria de los ordenadores de escritorio y otras industrias). Básicamente, toma las dos empresas con los costes marginales más bajos y aplica el análisis anterior. Por ejemplo, si la Empresa 1 tiene un coste marginal $c_1 = 53$, mientras que las Empresas 2 y 3 tienen un coste marginal de $c_2 = c_3 = 55$, la Empresa 1 fija $p_1 = 55$ y captura el mercado entero. Si en cambio la Empresa 2 tuviera un coste marginal $c_2 = 53$, entonces las Empresas 1 y 2 fijan $p_1 = p_2 = 53$ y comparten el mercado. Y así sucesivamente.

■ **Competencia en precios con restricciones de capacidad.** Supongamos ahora que cada empresa está limitada en su capacidad, k_i. Es decir, la empresa i no puede vender más que k_i: si su demanda resulta ser mayor que k_i, entonces sus ventas son solo k_i. Si no, los supuestos anteriores se mantienen: las empresas fijan precios simultáneamente, el coste marginal es constante (cero, por simplicidad) y el producto es homogéneo.

En la competencia a la Bertrand, si la Empresa 2 fija un precio más alto que la Empresa 1, su demanda será cero. Lo mismo no es verdad si la Empresa 1 está limitada en su capacidad productiva. Supongamos que $p_2 > p_1$ y que $D(p_1) > k_i$, es decir, la Empresa 1 está limitada en su capacidad. Las ventas de la Empresa 1 vendrán dadas por k_1: venderá tanto como pueda. La demanda de la Empresa 2, a su vez, vendrá dada por $D(p_2) - k_1$ (o cero, si esta expresión es negativa). $D(p_2)$ sería la demanda de la Empresa 2 si no tuviera competencia. Teniendo un precio rival por debajo, parte de esa demanda desaparecerá, específicamente, k_1. No obstante, si k_1 es suficientemente pequeña, le quedará una demanda residual positiva.[f,6]

La situación de competencia en precios con restricciones de capacidad está representada en la figura 8.4. $D(p)$ es la curva de demanda. Las dos líneas verticales representan la capacidad de cada empresa. En este ejemplo, la Empresa 2 es aquella con una capacidad mayor: $k_2 > k_1$. La tercera línea vertical, $k_1 + k_2$, representa la capacidad total de la industria.

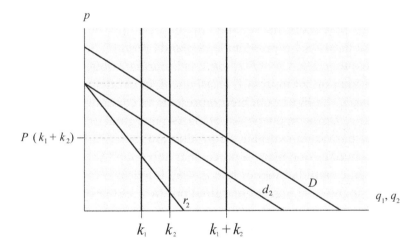

Figura 8.4. Restricciones de capacidad.

Llamemos $P(Q)$ la curva inversa de la demanda, es decir, la inversa de $D(p)$.[g] Además, llamemos $P(k_1 + k_2)$ al nivel de precio tal que, si ambas empresas fijan su precio $p = P(k_1 + k_2)$, la demanda total es exactamente igual a la capacidad total de la industria. Este nivel de precio es simplemente derivado de la intersección de la curva de demanda con la curva de capacidad total. Ahora argumentaré que el equilibrio del juego de fijación de precios consiste en que ambas empresas fijan un precio $p_i = P(k_1 + k_2)$. Dicho de otro modo, las empresas fijan sus precios tal que la demanda total es igual a la capacidad total de la industria.

Consideremos el problema de optimización de la Empresa 2 asumiendo que la Empresa 1 fija $p_1 = P(k_1 + k_2)$. ¿Puede la Empresa 2 mejorar su beneficio al fijar un precio distinto de $p_2 = p_1 = P(k_1 + k_2)$? Una estrategia alternativa es la de fijar $p_2 < P(k_1 + k_2)$. Al disminuir el precio por debajo del precio del rival, la Empresa 2 recibe toda la demanda del mercado. Sin embargo, dado que la Empresa 2 ya está limitada por su capacidad cuando fija $p_2 = P(k_1 + k_2)$, fijar un precio más bajo no va a mejorar sus beneficios: al contrario, la Empresa 2 disminuirá sus beneficios al fijar un precio más bajo (misma cantidad de unidades vendidas a precio menor).

¿Qué hay de fijar un precio más alto que $P(k_1 + k_2)$? La idea es que, dado que la Empresa 1 está limitada por su capacidad cuando $p_1 = P(k_1 + k_2)$, la Empresa 2 recibirá demanda positiva incluso cuando fija su precio por encima del precio de la Empresa 1. La figura 8.4 representa la demanda residual de la Empresa 2, d_2, bajo el supuesto que $p_2 > p_1$ y $p_1 = P(k_1 + k_2)$: la Empresa 2 obtiene $D(p_2)$ menos la cantidad producida por la Empresa 1, k^1, así que d_2 es paralela a D, siendo la diferencia entre ellas k_1. La figura también representa la curva de ingreso marginal de la Empresa 2, r_2. Como se puede ver, el ingreso marginal es mayor que el coste marginal (cero) para cada cantidad de producción menor a la capacidad de la Empresa 2. Esto implica que fijar un precio más alto que $P(k_1 + k_2)$, que es lo mismo que vender una cantidad menor que $q_2 = k_2$, implicaría un beneficio menor: una pérdida de ingreso (el ingreso marginal positivo) es mayor que el ahorro en coste (el valor del coste marginal, que es cero).

Un argumento parecido sería válido para la Empresa 1 también: dado que $p_2 = P(k_1 + k_2)$, la estrategia óptima de la Empresa 1 es fijar $p_1 = P(k_1 + k_2)$. Por lo tanto, concluimos que $p_1 = p_2 = P(k_1 + k_2)$ es efectivamente un equilibrio. Nótese que, si los niveles de capacidad fueran muy altos, entonces el argumento anterior no sería válido; es decir, sería óptimo para una empresa reducir su precio por debajo del precio del rival. Sin embargo, si las capacidades son relativamente pequeñas,

---

[g] $D(p)$, la curva de demanda directa (o simplemente la curva de demanda), corresponde a tomar el precio como variable independiente, es decir, la cantidad como función del precio; $P(Q)$, la curva inversa de demanda, corresponde a tomar la cantidad como la variable independiente, es decir, el precio como función de la cantidad. Véase la sección 2.1.

entonces el resultado obtenido es tal que los *precios de equilibrio son aquellos que igualan la demanda total a la capacidad total.*[7] En resumen:

> **Si la capacidad total de una industria es baja respecto a la demanda de mercado, entonces los precios de equilibrio son mayores que el coste marginal.**

En cambio, si la capacidad de la industria es muy alta, entonces un equilibrio con márgenes positivos puede convertirse en la trampa de Bertrand que vimos anteriormente. La Caja 8.2 resume el caso de WorldCom y la industria de telecomunicaciones de larga distancia: un exceso de capacidad de fibra óptica disminuyó los precios hasta niveles de coste marginal, llevando a muchas empresas a la quiebra y plantando las semillas para el fracaso eventual de WorldCom.

CAJA 8.2 WorldCom y las guerras de precios en telecomunicaciones en EE. UU.[8]

Tras la fusión con MCI en 1998, WorldCom se convirtió en uno de los líderes en la industria global de las telecomunicaciones. Así, el elemento central de la estrategia de WorldCom fue el de participar en el rápido auge de internet mediante la expansión de su capacidad de fibra óptica. El mantra de la compañía –compartido por muchos analistas de la industria– era tal que su tráfico en internet debía doblarse cada 100 días.

Desafortunadamente, WorldCom no era el único participante en este juego: «En 1998 toda empresa que anunciara planes de instalar fibra podía obtener $1.000 millones de Wall Street, sin tener que responder a muchas preguntas». Y así muchos lo hicieron. Además, las estimaciones de crecimiento del tráfico en internet resultaron ser exageradas: lo que sucedió a principios de la década de 1990 dejó de ser verdad a finales de los noventa.

Como resultado, la industria de las telecomunicaciones se desmoronó. El exceso de capacidad dio lugar a duras guerras de precios. Muchas *startups* declararon la quiebra, vertiendo su capacidad en el mercado a precios regalados. Mientras tanto, el mercado de llamadas de voz a larga distancia tan seguro y estable durante tanto tiempo perdió cuota de mercado al servicio inalámbrico. WorldCom no fue inmune a estos sucesos, y sus acciones cayeron hasta un 70 % durante el año 2000.

Un analista resumió estos sucesos de la siguiente manera: «El mayor error de WorldCom fue verter gasolina en el fuego de internet. La revolución tecnológica ya era poderosa por sí sola, pero WorldCom la hizo mucho peor de lo que hubiera podido ser».

8.2 El modelo de Cournot

En la sección previa, concluimos que, si las ventas de las empresas están limitadas por la capacidad que construyeron de antemano, entonces en equilibrio las empresas fijarán precios de modo que la demanda total es igual a la capacidad total. Lo mismo es verdad para el nivel de producción, en la medida en que las empresas deben primero producir una cierta cantidad y luego fijan precios para vender las unidades previamente producidas. Este análisis se puede llevar un paso atrás: ¿qué niveles de producción deberían las empresas escoger en primer lugar? Supongamos que las decisiones de producción son tomadas simultáneamente antes que los precios son escogidos. Basándonos en el análisis anterior, las empresas saben que, para cada par de elecciones de cantidades (q_1, q_2), los precios de equilibrio serán $p_1 = p_2 = P(q_1 + q_2)$. Esto implica que el beneficio de la empresa i viene dado por $\pi_i = q_i \, (P(q_1 + q_2) - c)$, asumiendo, como antes, coste marginal constante.

El juego donde las empresas escogen niveles de producción simultáneamente es conocido como el modelo de Cournot.[9] Específicamente, supongamos que hay dos empresas en un mercado de producto homogéneo. Las empresas escogen simultáneamente la cantidad que quieren producir. Entonces el precio de mercado es fijado en un nivel tal que la demanda es igual a la cantidad total producida por ambas empresas.

Como en la sección 8.1, nuestro objetivo es derivar el equilibrio del juego jugado entre las dos empresas. También como en la sección 8.1, hago esto en dos pasos. Primero, derivo la elección óptima de cada empresa dada su conjetura de lo que el rival hace, es decir, la función de mejor reacción de la empresa. Segundo, junto ambas funciones de mejor respuesta y encuentro una combinación de acciones y conjeturas consistentes de forma mutua.

Supongamos que la Empresa 1 cree que la Empresa 2 está produciendo una cantidad q_2. ¿Cuál es la cantidad óptima producida por la Empresa 1? La respuesta viene dada por la figura 8.5. Si la Empresa 1 decide no producir nada, entonces el precio viene dado por $P(0 + q_2) = P(q_2)$. Si la Empresa 1 en cambio produce q_1', entonces el precio viene dado por $P(q_1' + q_2) = 0$. Por lo general, para cada cantidad que la Empresa 1 decida producir, el precio viene dado por la curva

$d_1(q_2)$, que es conocida como la **demanda residual** de la Empresa 1: da todas las combinaciones posibles de cantidad producida por la Empresa 1 y precio *dado un valor de* q_2.

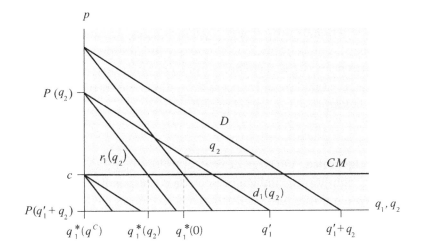

Figura 8.5. Óptimo de la Empresa 1.

Habiendo derivado la demanda residual de la Empresa 1, la tarea de encontrar el óptimo de la Empresa 1 es ahora parecida a encontrar el óptimo bajo monopolio, lo que ya hemos hecho en la sección 3.2. Básicamente, debemos encontrar el punto donde el ingreso marginal iguala el coste marginal. Supongamos que el coste marginal es constante e igual a c. El ingreso marginal es una línea con una pendiente dos veces mayor que $d_1(q_2)$ y el mismo punto de intersección en el eje vertical.[h] El punto en el que las dos líneas se cruzan se corresponde a la cantidad $q_1^*(q_2)$, la mejor respuesta de la Empresa 1 a la estrategia de la Empresa 2.

Nótese que el óptimo de la Empresa 1, $q_1^*(q_2)$, depende de sus creencias de lo que la Empresa 2 escoge. Para encontrar un equilibrio, estoy interesado en derivar el óptimo de la Empresa 1 para cada valor posible de q_2. La figura 8.5 considera dos valores posibles alternativos de q_2. Si $q_2 = 0$, entonces la demanda residual de la Empresa 1 es efectivamente la demanda de mercado: $d_1(0) \equiv D$. La solución óptima, no es de extrañar, es para la Empresa 1 escoger la cantidad óptima de monopolio: $q_1^*(0) = q^M$, donde q^M es la cantidad de monopolio. Si la Empresa 2, fuera a escoger la cantidad correspondiente a la competencia perfec-

---

[h] Esto resulta de nuestro supuesto que la demanda es lineal. En general, la curva del ingreso marginal tiene el mismo punto de intersección en el eje vertical y una pendiente mayor (en valor absoluto), aunque no necesariamente dos veces mayor que la pendiente de la curva de demanda.

ta, es decir, $q_2 = q^C$, donde q^C es tal que $P(q^C) = c$, entonces el óptimo de la Empresa 1 sería el de producir cero: $q_1^*(q^C) = 0$. De hecho, este es el punto en el cual el coste marginal se cruza con el ingreso marginal correspondiente a $d_1(q^C)$.

Se puede demostrar que, dada una demanda lineal y coste marginal constante, la función $q_1^*(q_2)$ –la función de mejor respuestas de la Empresa 1– es también lineal. Dado que tenemos dos puntos, podemos trazar la función entera $q_1^*(q_2)$. Esta función aparece en la figura 8.6. Nótese que los ejes son ahora distintos de los ejes de las figuras previas. En el eje horizontal, continuamos teniendo cantidades, específicamente, cantidad de la Empresa 2, q_2. En el eje vertical, ahora medimos la cantidad de la Empresa 1, q_1, no el precio.

Derivación algebraica. A lo largo de este capítulo, en paralelo con la derivación gráfica de los equilibrios, también presento la correspondiente derivación algebraica. Exceptuando algunos resultados en la sección siguiente, el álgebra no es necesaria para la derivación de los resultados principales; pero puede ayudar, especialmente si ya estás familiarizado con álgebra básica y cálculo.

Empecemos con la derivación algebraica de la mejor respuesta de la Empresa 1. Supongamos que la demanda (inversa) viene dada por $P(Q) = a - bQ$, mientras que el coste viene dado por $C(q) = cq$, donde q es la cantidad producida por la empresa y $Q = q_1 + q_2$ es la cantidad total producida.

El beneficio de la Empresa 1 es:

$$\pi_1 = Pq_1 - C(q_1) = \left(a - b(q_1 + q_2)\right)q_1 - cq_1$$

La condición de primer orden de la maximización de π_1 con respecto a q_1, $\delta\pi_1/\delta q_1 = 0$, es:

$$-bq_1 + a - b(q_1 + q_2) - c = 0$$

o simplemente

$$q_1 = \frac{a - c}{2b} - \frac{q_2}{2}$$

Dado que esta expresión nos da la cantidad óptima q_1 para cada valor de q_2, acabo de derivar la función de mejor respuesta de la Empresa 1, $q_1^*(q_2)$:

$$q_1^*(q_2) = \frac{a - c}{2b} - \frac{q_2}{2} \tag{8.1}$$

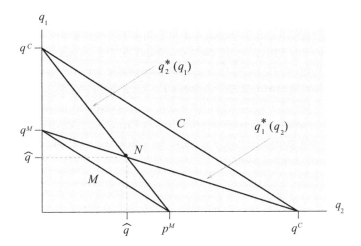

Figura 8.6. Modelo de Cournot: mejores respuestas y equilibrio.

Ahora ya estamos preparados para la última parte de nuestro análisis, la de encontrar el equilibrio. Un equilibrio es un punto en el que las empresas escogen las cantidades óptimas dadas sus conjeturas de las acciones de las otras empresas; y dado que esas conjeturas con correctas. En concreto, un equilibrio corresponderá a un par de valores (q_1, q_2) tal que q_1 es la mejor respuesta de la Empresa 1 dado q_2 y, a la inversa, q_2 es la respuesta óptima de la Empresa 2 dado q_1.

No he derivado la mejor respuesta de la Empresa 2. No obstante, dado nuestro supuesto de que ambas empresas tienen la misma función de costes, concluimos que la mejor respuesta de la Empresa 2, $q_1^*(q_1)$, es simétrica a la de la Empresa 1. Por lo tanto, puedo proceder con el trazado de las dos funciones de mejores respuestas en el mismo gráfico, como en la figura 8.6.

Como en el caso del modelo de Bertrand (ver sección 8.1), el punto de equilibrio en el modelo de Cournot viene dado por la intersección de las funciones de mejores respuestas, el punto N. De hecho, este es el punto en que $q_1 = q_1^*(q_2)$ (porque el punto está en la función de mejores respuestas de la Empresa 1) y $q_2 = q_2^*(q_1)$ (porque el punto está en la función de mejores respuestas de la Empresa 2).[i]

---

[i] El concepto de equilibrio usado aquí es el de equilibrio de Nash, o equilibrio de Nash en Cournot, de ahí nuestra notación N. En general, puede existir más de un equilibrio. Sin embargo, cuando la curva de demanda es lineal y los costes marginales constantes, solo existe un equilibrio.

Derivación algebraica (continuación). Procedo ahora con nuestra derivación algebraica. En equilibrio, debe ser que la Empresa 1 escoge una cantidad que es óptima dado lo que espera que sea la cantidad de la Empresa 2. Si la Empresa 1 espera que la Empresa 2 produzca q_2^e, entonces debe ser que $\hat{q}_1 = q_1^*(q_2^e)$. Además, en equilibrio la conjetura de la Empresa 1 acerca de la elección de la Empresa 2 debe ser correcta: $q_2^e = \hat{q}_2$. Conjuntamente, estas condiciones implican que $\hat{q}_1 = q_1^*(\hat{q}_2)$. Las mismas condiciones se aplican a la Empresa 2, es decir, en equilibrio también debe ser cierto que $\hat{q}_2 = q_2^*(\hat{q}_1)$. Así pues, un equilibrio viene definido por el sistema de ecuaciones:

$$\hat{q}_1 = q_1^*(\hat{q}_2)$$

$$\hat{q}_2 = q_2^*(\hat{q}_1)$$

La ecuación (8.1) es la mejor respuesta de la Empresa 1. Así, puedo escribir la primera ecuación del sistema de ecuaciones como:

$$\hat{q}_1 = \frac{a-c}{2b} - \frac{\hat{q}_2}{2}$$

Dado que las dos empresas son idénticas (la misma función de costes), el equilibrio también será simétrico, es decir, $\hat{q}_1 = \hat{q}_2 = \hat{q}$.[j] Por lo tanto, tenemos:

$$\hat{q} = \frac{a-c}{2b} - \frac{\hat{q}}{2}$$

Resolviendo por $\hat{q}$, acabamos obteniendo:

$$\hat{q} = \frac{a-c}{3b}$$

■ **Monopolio, duopolio y competencia perfecta.** Un duopolio es una estructura de mercado intermedia, entre el monopolio (concentración máxima de cuotas de mercado) y competencia perfecta (mínima concentración de cuotas de mercado). Es de esperar que el precio y la cantidad de equilibrio en un duopolio se encuentren también en un lugar intermedio entre los extremos del monopolio y la competencia perfecta.

Este hecho se puede comprobar usando la figura 8.6. Recordemos que la mejor respuesta de cada empresa se cruza con los ejes en los valores q^M y q^C. Por lo tanto,

---

[j] Para los aficionados: en general, el hecho de que un juego sea simétrico no implica que su equilibrio sea simétrico también. Sin embargo, cuando las funciones de mejores respuestas son lineales como es nuestro caso aquí, la simetría del modelo implica un equilibrio simétrico (y único).

una línea con pendiente –1 cruzando los ejes en los extremos más lejanos de las funciones de mejores respuestas une todos los puntos tales que $\hat{q}_1 + \hat{q}_2 = q^C$ (línea C en la figura 8.6). Del mismo modo, una línea con pendiente –1 cruzando los ejes en los extremos más cercanos de las funciones de mejores respuestas une todos los puntos tales que $\hat{q}_1 + \hat{q}_2 = q^M$ (línea M en la figura 8.6). Se puede comprobar que el punto de equilibrio de Cournot, N, se encuentra entre esas dos líneas. Eso implica que la cantidad total en Cournot es mayor que la cantidad de monopolio y menor que la cantidad en competencia perfecta.

Para resumir,

> **En un contexto de competencia en cantidades (Cournot), la cantidad de equilibrio es mayor que la cantidad en monopolio y menor que la cantidad en competencia perfecta. Asimismo, el precio en duopolio es menor que el precio en monopolio y mayor que el precio en competencia perfecta.**

Véase Ejercicio 8.18 para una versión analítica de esta idea.

Para concluir esta sección, debería mencionar que el equilibrio de Cournot se extiende al caso de empresas con costes marginales distintos, así como el caso con más de dos competidores, ambos casos muy relevantes en el mundo real. Aquí debajo considero el caso con n empresas cuando todas las empresas tienen los mismos costes. En la sección 8.4 derivo el equilibrio de un duopolio de Cournot con costes marginales distintos. Finalmente, el Ejercicio 8.15 aborda el caso más general con un oligopolio de Cournot con n empresas asimétricas.

El caso con n empresas. Supongamos, como antes, que la demanda (inversa) viene dada por $P(Q) = a - bQ$, mientras que el coste viene dado por $C(q) = cq$, donde q es la cantidad producida por una empresa dada y $Q = q_1 + q_2 + \ldots + q_n$ es la cantidad total en un oligopolio de Cournot con n empresas.
El beneficio de la Empresa 1 es

$$\pi_1 = Pq1 - C(q_1) = (a - bQ)q_1 - cq_1$$

La condición de primer orden de la maximización de π_1 con respecto a q_1, $\delta \pi_1 / \delta q_1 = 0$, es

$$-bq_1 + a - bQ - c = 0$$

En un equilibrio simétrico, $q_1 = q_2 = \ldots = q$, mientras que $Q = nq$. Por lo tanto, la ecuación anterior se reescribe como:

$$-bq + a - bnQ - c = 0$$

o simplemente:

$$q = \frac{a - c}{(n + 1)b}$$

Sustituyendo de vuelta en la curva de demanda inversa obtenemos:

$$p = \frac{a + nc}{n + 1}$$

que muestra que, cuando $n \to \infty$, $p \to c$, es decir, cuando el número de competidores aumenta, el precio de equilibrio en competencia a la Cournot converge al nivel de precio en competencia perfecta (que es también el precio de equilibrio en competencia a la Bertrand).

■ **Una interpretación «dinámica» del equilibrio de Cournot.** Es fácil ver por qué el equilibrio de Cournot es una solución estable: ninguna empresa tiene incentivo alguno para escoger una cantidad distinta. Dicho de otro modo, cada empresa escoge una estrategia óptima dada la estrategia escogida por su rival. Pero la pregunta es entonces, ¿es el equilibrio de Cournot una predicción realista de lo que sucede en realidad?

El concepto de equilibrio usado es el de equilibrio de Nash, primero presentado en la sección 7.1. En esa sección, presentamos una variedad de posibles justificaciones del concepto de equilibrio de Nash. Aquí presento un argumento, propuesto primero por el mismo Cournot, que es similar a la idea de la eliminación de estrategias dominadas.

Aunque el modelo de Cournot es un juego estático, consideremos la siguiente interpretación dinámica. En el periodo $t = 1$, la Empresa 1 escoge un nivel de producción. Entonces, en el periodo $t = 2$, la Empresa 2 escoge su nivel de producción óptimo dada la cantidad de la Empresa 1. En el periodo $t = 3$, es ahora de nuevo el turno de la Empresa 1 de escoger la cantidad óptima dada la cantidad actual de la Empresa 2; y así sucesivamente: la Empresa 1 escoge cantidad en periodos impares, y la Empresa 2 en periodos pares.

La figura 8.7 nos ofrece una idea de lo que este proceso dinámico puede llegar a parecer. Empezamos de un punto en el eje horizontal (q_2^o, la cantidad de la Empresa 2 en el periodo cero). En el periodo $t = 1$, nos movemos verticalmente hacia la función de mejores respuestas de la Empresa 1 (la Empresa 1 está optimizando su respuesta). En el periodo $t = 2$, nos movemos horizontalmente hacia la función de reacción de la Empresa 2 (la Empresa 2 está optimizando). En el periodo $t = 3$, nos movemos otra vez verticalmente hacia la función de reacción de la Empresa 1. Y así sucesivamente. Como se puede ver en la figura, el proceso dinámico converge al equilibrio de Cournot. De hecho, *no importa cuál es la situación inicial, siempre convergemos al equilibrio de Nash*. Este resultado es tranquilizador, pues nos proporciona una motivación adicional para usar la idea del equilibrio de Cournot.

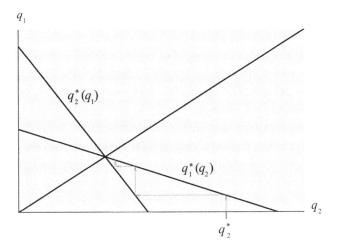

Figura 8.7. Convergencia al equilibrio de Cournot.

8.3 Bertrand versus Cournot

Los dos modelos de competencia en duopolio presentados en las secciones previas, aunque similares en algunos supuestos, son radicalmente distintos en cuanto a predicciones de comportamiento. El modelo de Cournot predice que el precio bajo duopolio es menor que el precio de monopolio, pero mayor que el precio en competencia perfecta. El modelo de Bertrand, por otro lado, predice que la competencia en duopolio es suficiente para reducir los precios al nivel del coste marginal, es decir, dos empresas son suficientes para disminuir los precios al nivel de precios en competencia perfecta.

Este contraste plantea dos cuestiones: ¿Qué modelo es más realista? ¿Por qué deberíamos considerar más de un modelo en lugar de escoger el «mejor» de ellos? La respuesta a ambas cuestiones es que las industrias son distintas entre ellas; y algunas industrias son descritas mejor por el modelo de Cournot, mientras que otras industrias son descritas de un modo más realista por el modelo de Bertrand.

Específicamente, supongamos que las empresas deben tomar decisiones sobre su capacidad (o cantidad) además de las decisiones sobre sus precios. En este contexto, el aspecto crucial que inclina la balanza entre Cournot o Bertrand como el modelo adecuado es la sincronización relativa de cada decisión (cantidad y precios). Como mostré en la sección 7.2, los juegos con dos decisiones estratégicas son modelados de mejor manera como juegos de dos etapas, con la toma de decisiones de largo plazo en la primera etapa y la toma de decisiones de corto plazo en la segunda etapa. La idea es que las decisiones de corto plazo (segunda etapa) sean tomadas *dados* los valores de las decisiones de largo plazo (primera etapa).

Supongamos que la capacidad o cantidad es una decisión de largo plazo respecto a la decisión de precios. Dicho de otro modo, supongamos que es más fácil ajustar el precio que ajustar la capacidad o la cantidad producida. Entonces, el modelo «correcto» es uno donde las empresas fijan primero su capacidad y cantidad; y entonces sus precios. Del análisis en secciones anteriores, sabemos que esto corresponde al modelo de Cournot.

Por el contrario, supongamos que la cantidad es una decisión de corto plazo con respecto a los precios, es decir, es más fácil ajustar el nivel de producción que los precios. Entonces, el modelo «correcto» es uno donde las empresas primero ajustan precios y entonces niveles de producción. Aunque no hemos presentado el modelo de Bertrand como tal, esto es esencialmente a lo que se corresponde. En el modelo de Bertrand, las empresas fijan precios simultáneamente y reciben demanda basada en esos precios. Implícitamente, esto asume que las empresas pueden producir una cantidad exactamente igual a la cantidad demandada, es decir, pueden ajustar perfectamente su cantidad producida a la cantidad demandada a los precios (inicialmente) fijados por las empresas.

En resumen:

> **Si la capacidad y cantidad pueden ser ajustadas fácilmente, entonces el modelo de Bertrand describe mejor la competencia en duopolio. Si la capacidad y la cantidad son difíciles de ajustar, entonces el modelo de Cournot describe mejor la competencia en duopolio.**

La mayoría de las industrias en el mundo real parecen estar más cerca del caso en que la capacidad es difícil de ajustar. Dicho de otro modo, la capacidad y cantidad de producción son normalmente variables de largo plazo, mientras que los precios son fijados en el corto plazo. Ejemplos son el trigo, cemento, acero, coches y computadoras. Consideremos, por ejemplo, el mercado de consolas de videojuegos. En agosto de 1999, Sony redujo el precio de su sistema de $129 a $99. *Una hora* más tarde del comunicado de prensa informando del cambio de precio de Sony, Nintendo publicó su propio comunicado de prensa anunciando una disminución de precios que igualaba la rebaja de Sony.[10] Otro ejemplo viene dado por los servicios de transporte de coche en la ciudad de Nueva York: en el verano de 2014, Gett empezó a ofrecer transporte a sus clientes en cualquier lugar de Manhattan por $10. Uber, un rival en este servicio, rápidamente bajó sus tarifas un 20 %. Lyft, una tercera compañía, empezó a ofrecer transporte gratis a clientes nuevos.[11] En ambos ejemplos los precios parecen ajustarse más fácilmente que las cantidades. Entonces, el modelo de Cournot parece una mejor aproximación al comportamiento observado en la industria.

Sin embargo, existen situaciones donde capacidades –o al menos niveles de producción– se ajustan más rápidamente que los precios. Ejemplos incluyen *software*, seguros o servicios bancarios. Una compañía de *software*, por ejemplo, puede producir fácilmente copias adicionales de su *software* casi por petición inmediata; algunas veces, de hecho, simplemente enviará una copia electrónica. En este sentido, el modelo de Bertrand proporcionaría una mejor aproximación a esta situación que el modelo de Cournot.[k]

■ **Estimando equilibrios de oligopolio.** ¿Podemos estimar de alguna manera el tipo de competencia en una industria con datos de mercado? La respuesta en versión corta es: sí, pero puede ser complejo. A continuación, presento la versión larga de la respuesta a esa pregunta.

Consideremos el modelo de Bertrand con costes marginales iguales y constantes. Como mostré en la sección 8.1, en equilibrio el precio es igual al coste marginal. Esto implica que, si el coste cambia por $1, entonces el precio también cambia por $1. Dicho de otro modo, el modelo de Bertrand sugiere una **tasa de traspaso** de 1. Supongamos alternativamente que tenemos un duopolio de Cournot con costes marginales iguales y constantes, y con una demanda inversa dada por $P(Q) = a - bQ$. Como mostré en la sección 8.2, en equilibrio la cantidad producida por cada empresa viene dada por $\hat{q} = \frac{a-c}{3b}$. A su vez, esto sugiere un precio de equilibrio de $\hat{q} = \frac{a+2c}{3}$. (Comprueba este resultado.) Por lo tanto, un aumento de $1 en el coste implica un aumento del precio de equilibrio de 2/3; dicho de otro modo, la tasa de traspaso es ahora 2/3.

Si tenemos datos de precios y cantidades para diferentes niveles de costes –ya sea por diferencias regionales o diferencias entre años– entonces podemos en principio poner a prueba estos dos modelos (asumiendo que la demanda sea lineal). De hecho, podríamos también añadir colusión al montón: si las dos empresas fijaran sus precios y cantidades como si fueran un monopolio único, entonces el precio óptimo sería $p = \frac{a+c}{2}$, como se mostró en la sección 3.2. Esta vez predeciría una tasa de traspaso del 50 %.

---

[k] No obstante, hay otros aspectos que deben tenerse en cuenta en una industria como la del *software*: diferenciación de producto (capítulo 14) y efectos de red (capítulo 16).

El problema con este método es que depende del supuesto hecho sobre la curva de demanda. Supongamos que, en lugar de una demanda lineal, tenemos una demanda de elasticidad constante. Como se mostró en la sección 3.2, un monopolista (o un duopolio actuando como monopolio) fijaría un precio $p = c/(1 + 1/\epsilon)$, donde ϵ es la elasticidad precio de la demanda. Supongamos por ejemplo que $\epsilon = -2$. Entonces tenemos $\delta p/\delta c = 2$. (Comprueba este resultado.) Dicho de otro modo, la tasa de traspaso de un monopolista es ahora 2. Con frecuencia, mientras que la tasa de traspaso en Bertrand (o en competencia perfecta) es siempre 1, en Cournot o monopolio la tasa de traspaso depende de la forma de la curva de demanda.

Si tenemos información sobre costes, entonces nuestro trabajo es mucho más sencillo. Si el equilibrio de Bertrand es una mejor descripción de la interacción de mercado –y si los costes marginales son parecidos entre empresas– entonces deberíamos ver que los precios están muy cerca del coste marginal; mientras que, en competencia a la Cournot o comportamiento monopolista, deberíamos observar que el precio es mayor que el coste marginal. Aun así, tenemos un problema importante de inferencia: un margen precio-coste positivo es el resultado de cierto grado de poder monopolista y de cierta elasticidad de demanda; ¿cuál es la contribución relativa de cada una de estas fuerzas para explicar los datos observados?

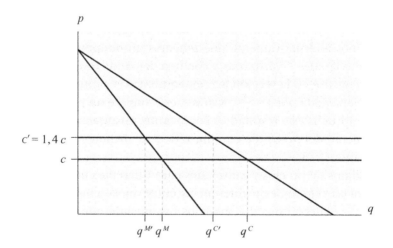

Figura 8.8. Solución óptima tras el aumento del coste marginal.

8.4 Los modelos en acción: estática comparativa

¿De qué sirve resolver modelos y derivar equilibrios? Los modelos son descripciones simplificadas de la realidad, una manera de entender una situación particular. Una vez entendemos cómo un mercado determinado funciona, podemos usar el modelo adecuado para analizar un **contrafactual**, es decir, predecir cómo el mercado cambia en función de cambios en varias condiciones exógenas, por ejemplo, el precio de un insumo o de un producto sustitutivo. Este ejercicio se conoce en economía como la **estática comparativa**: el significado de la expresión viene de comparar dos equilibrios, con dos conjuntos de condiciones exógenas, y predecir cómo un cambio en una variable influenciará las otras variables. La palabra «estática» implica que no estamos prediciendo el proceso dinámico que nos lleva de un equilibrio al otro, sino más bien contestando la pregunta, «una vez todos los ajustes han tomado lugar y estamos de vuelta en equilibrio, como parecerán las cosas».

En esta sección, analizo algunos ejemplos de cómo los modelos de Cournot y Bertrand puede ser utilizados para llevar a cabo estática comparativa. Algunos de los ejercicios de práctica y ejercicios complejos al final del capítulo llevan la idea de estática comparativa un poco más lejos.

■ **Costes de insumos y precio del producto final.** Supongamos que el mercado de vuelos transatlánticos entre Londres y Nueva York está servido por dos empresas, American Airlines (AA) y British Airways (BA). Ambas empresas tienen el mismo coste marginal, que se puede dividir entre costes laborales (50 %) y gasolina (50 %), y que es inicialmente de $300. Supongamos que el coste de la gasolina sube un 80 %. ¿Qué pasará con las tarifas de los vuelos transatlánticos entre Londres y Nueva York?

Supongamos que AA y BA compiten a la Cournot. Esta asunción podría justificarse, de acuerdo con la discusión en la sección previa, por el hecho de que las empresas deben decidir de antemano cuánta capacidad (aviones) asignan al mercado.

Mirando de nuevo a la derivación gráfica del equilibrio de Cournot (pág. 265), vemos que la mejor respuesta de cada empresa depende de su coste marginal.[1] Así, deberíamos calcular una nueva función de reacción basándonos en el nuevo

---

[1] La función de reacción de la Empresa 1 depende de la cantidad producida por el rival pero no del coste marginal del rival. En equilibrio, la cantidad del rival dependerá de su coste marginal, así que, indirectamente, la cantidad de la Empresa 1 dependerá del coste marginal de la Empresa 2. Sin embargo, cuando hablamos de la función de reacción, lo que es importante es saber si la cantidad de la Empresa 1 depende directamente del coste marginal de la Empresa 2, lo cual no es el caso.

valor más alto del coste marginal. En la figura 8.8, calculamos el nuevo $q_1^*(0)$ (es decir, $q^{M'}$), y el nuevo valor $q^{C'}$ tal que $q_1^*(q^{C'}) = 0$, los dos extremos de la función de reacción.

Basándonos en los dos puntos extremos, podemos trazar la nueva función de mejores respuestas. Esto se muestra en la figura 8.9. Notemos cómo, en competencia a la Cournot, un aumento en el coste marginal implica un desplazamiento hacia abajo de la función de mejores respuestas. Esto es un hecho importante que volverá a aparecer en otras aplicaciones.

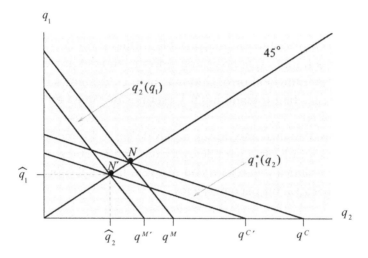

Figura 8.9. Equilibrio de Cournot tras el aumento del coste marginal (N').

Por simetría, sabemos que ambas empresas experimentarán el mismo desplazamiento en sus funciones de reacción. Por lo tanto, tenemos todo lo que necesitamos para determinar el nuevo equilibrio, que es representado en la figura 8.9. El nuevo punto de equilibrio aparece denotado por N'. Para más fácil comparación, también conocemos el equilibrio previo, N. Como era esperado, la cantidad producida por cada empresa y la cantidad total son más bajas en el equilibrio nuevo; de ahí deducimos que el precio es más alto.

Derivación algebraica. Resolvamos ahora el problema algebraicamente. Como vimos en la sección 8.2, la cantidad de equilibrio en un equilibrio (simétrico) de Cournot viene dado por:

$$\hat{q} = \frac{a - c}{3b}$$

La cantidad total es entonces:

$$\hat{Q} = 2\frac{a-c}{3b}$$

Sustituyendo en la función de demanda, obtenemos el precio de equilibrio:

$$\hat{p} = a - b\hat{Q}$$

$$= a - b2\frac{a-c}{3b} \qquad\qquad\qquad (8.2)$$

$$= \frac{a+2c}{3}$$

Así, obtenemos:

$$\frac{d\hat{p}}{dc} = \frac{2}{3}$$

En vocabulario económico, decimos que la tasa o grado de traspaso es $\frac{2}{3} \approx 66\,\%$. Para darle un valor en dólares a este cambio de precios, notemos que un aumento del 80 % en costes de gasolina implica un aumento del $80\,\% \times 50\,\% = 40\,\%$ en el coste marginal, o un aumento de $40\,\% \times 300 = \$120$. Este aumento en coste marginal es sufrido por ambas empresas. Se deduce que el precio aumenta $\frac{2}{3} \times 120 = \$80$.

■ **Fluctuaciones del tipo de cambio y cuotas de mercado.** Consideremos un duopolio con dos empresas distintas de dos países distintos. Por ejemplo, dos productores de microchips, uno en Japón (Empresa 1) y uno en EE. UU. (Empresa 2). El mercado de microchips es en dólares americanos (es decir, todas las ventas se hacen en $). Sin embargo, los costes de la empresa japonesa son en yenes japoneses. (Los costes de la empresa americana son en dólares americanos.)

Supongamos que las empresas compiten *à la* Cournot. De hecho, este es un caso donde la interpretación reducida del modelo de Cournot parece apropiada: las empresas fijan capacidades de producción y luego fijan precios (dadas las capacidades), siendo el resultado del juego de dos etapas idéntico a la competencia de Cournot.

En un equilibrio inicial, ambas empresas tienen el mismo coste y el mercado se divide por igual entre las dos. Además, el precio de equilibrio es $p = \$24$. Un asunto donde la estática comparativa puede ayudar a dar una respuesta es: ¿cuál es el impacto en cuotas de mercado de una devaluación del 50 % del yen?

Dado que el mercado es en dólares americanos, un cambio en los tipos de cambio modificará el coste marginal de la empresa japonesa *en dólares*, mientras que mantendrá intacto el coste marginal de la empresa americana. Específicamente, supongamos que ambas empresas empiezan con un coste marginal c. Entonces el coste marginal de las empresas japonesas cambiará a c/e como resultado de la devaluación, donde e es el tipo de cambio en yen/\$.

Por ejemplo, supongamos que el coste marginal era inicialmente \$12 para la empresa americana y Y1.200 para la empresa japonesa; y que el tipo de cambio inicial era de 100 Y/\$. Esto implica que el coste marginal de la empresa japonesa *en dólares americanos* era 1.200/100 = \$12. Una devaluación del yen del 50 % significa que \$1 vale ahora Y150. El coste marginal de la empresa japonesa *en dólares americanos* es ahora 1.200/150 = \$8. Por lo tanto, tenemos que calcular el nuevo equilibrio donde el coste marginal de una de las empresas es ahora menor.

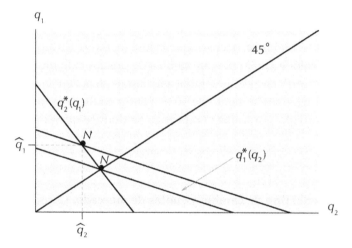

Figura 8.10. Equilibrio de Cournot después de la devaluación
del tipo de cambio.

En la aplicación previa, vimos que un aumento del coste marginal implica un desplazamiento hacia abajo de la función de reacción. Análogamente, deducimos ahora que la función de reacción de la empresa japonesa se desplazará hacia arriba como resultado de la reducción en su coste marginal (en dólares americanos). Dado que solo cambia la función de reacción de la empresa japonesa, podemos ahora determinar los cambios en equilibrio debidos a una devaluación del yen. Hacemos esto en la figura 8.10, donde la cantidad de la empresa japonesa aparece en el eje vertical y la cantidad de la empresa americana está en el eje horizontal. Como se puede ver, el nuevo punto de equilibrio N' está por encima de la línea de 45°, es decir, la cantidad de la empresa japonesa es ahora mayor que la cantidad de la empresa americana. Esto no debería sorprender a nadie, ya que la empresa japonesa ha reducido sus costes (en dólares americanos), mientras que el coste de la empresa americana no ha cambiado.

Cálculo algebraico. El análisis gráfico tiene la limitación de que es difícil determinar el valor preciso de las cuotas de mercado. Así, la mejor estrategia es resolver el modelo algebraicamente, lo que hago a continuación. Lo primero que hago es encontrar el equilibrio de Cournot por el caso asimétrico. De la sección 8.2, sabemos que la mejor respuesta de una empresa viene dada por:

$$q_1^*(q_2) = \frac{a-c}{2b} - \frac{q_2}{2}$$

donde c es el coste marginal. Llamemos al coste marginal de la Empresa 1 y 2 c_1 y c_2, respectivamente. Las dos funciones de reacción vienen dadas por:

$$q_1^*(q_2) = \frac{a-c_1}{2b} - \frac{q_2}{2}$$

$$q_2^*(q_1) = \frac{a-c_2}{2b} - \frac{q_1}{2}$$

Sustituyendo la primera ecuación por q_1 en la segunda e imponiendo la condición de equilibrio $q^2 = q_2^*(q_1)$, obtenemos:

$$q_2 = \frac{a-c_2}{2b} - \frac{\dfrac{a-c_1}{2b} - \dfrac{q_2}{2}}{2}$$

Resolviendo por q_2, obtenemos:

$$\hat{q}_2 = \frac{a-2c_2+c_1}{3b}$$

Asimismo,

$$\hat{q}_1 = \frac{a-2c_1+c_2}{3b} \tag{8.3}$$

(La segunda expresión se obtiene por simetría; todo lo que debemos hacer es intercambiar los subíndices 1 y 2.) La cantidad total viene dada por:

$$\hat{Q} = \hat{q}_1 + \hat{q}_2 = \frac{2a-c_1-c_2}{3b} \tag{8.4}$$

Finalmente, la cuota de mercado de la Empresa 1, s_1, viene dada por:

$$s_1 = \frac{q_1}{q_1 + q_2} = \frac{a - 2c_1 + c_2}{2a - c_1 - c_2} \tag{8.5}$$

Se puede demostrar que $s_1 > s_2$ si y solo si $c_1 < c_2$. (¿Puedes demostrarlo?) Se deduce que, al disminuir el coste por debajo del coste de su rival, la cuota de mercado de la empresa japonesa es mayor que la cuota de mercado de la empresa americana.

Calibración. Me gustaría ir más allá de la expresión en el lado derecho de (8.5) y poner un número real al valor de s_1. Hasta ahora, todo lo que sé es que, inicialmente, $c_1 = c_2$, mientras que, después de la devaluación, c_2 continúa siendo \$12, mientras que c_1 disminuye a $12/1,5 = \$8$. Como se puede ver de (8.5), necesito obtener el valor de a para poder derivar el valor numérico exacto de s_1. El proceso para obtener valores específicos de parámetros del modelo basándose en información observable sobre el equilibrio se llama **calibración del modelo**.

Anteriormente, encontré que, en un duopolio de Cournot simétrico,

$$p = \frac{a + 2c}{3}$$

donde c es el valor del coste marginal y a la intersección de la curva de demanda inversa con el eje vertical. Resolviendo con respecto a a y sustituyendo los valores observados por las variables en el equilibrio inicial, obtengo:

$$a = 3p - 2c = 3 \times 24 - 2 \times 12 = 48$$

Dado este valor de a y dado que $c_1 = 8$ y $c_2 = 12$, ahora puedo utilizar (8.5) para calcular la cuota de mercado de la empresa japonesa:

$$s_1 = \frac{48 - 2 \times 8 + 12}{2 \times 48 - 8 - 12} \approx 58\%$$

En resumen, una devaluación del yen del 50 % aumenta la cuota de mercado de la empresa japonesa de un 50 % inicial a un 58 %.

■ **Tecnología nueva y beneficios.** Consideremos la industria de un producto químico, un producto básico y homogéneo producido por dos empresas. La Empresa 1 usa una tecnología vieja y tiene un coste marginal de \$15. La Empresa 2 utiliza una tecnología moderna y tiene un coste marginal de \$12. En el equilibrio actual, el precio es de \$20 por tonelada y la cantidad es de 13 millones de toneladas. ¿Cuánto estaría dispuesta a pagar la Empresa 1 para adquirir la tecnología moderna?

Simplemente, la cantidad que la Empresa 1 debería estar dispuesta a pagar por la tecnología es la diferencia entre sus beneficios con costes marginales más bajos y sus beneficios en la actualidad. Así pues, tenemos que encontrar los beneficios de equilibrio de la Empresa 1 en los dos equilibrios posibles y calcular la diferencia. De alguna manera, este problema es el caso completamente opuesto al examinado anteriormente. En el caso de la devaluación del tipo de cambio, empezamos de un duopolio simétrico y nos movimos a un duopolio asimétrico. Ahora, empezamos de un duopolio asimétrico (la Empresa 2 tiene un coste marginal menor) y queremos analizar el cambio a un duopolio simétrico, donde la Empresa 1 produce al mismo coste marginal que su rival.

Derivación algebraica. De (8.4), sabemos que la cantidad total viene dada por:

$$\hat{Q} = \hat{q}_1 + \hat{q}_2 = \frac{2a - c_1 - c_2}{3b}$$

Sustituyendo en la función de demanda, obtenemos:

$$\hat{p} = a - b\hat{Q} = \frac{a + c_1 + c_2}{3} \tag{8.6}$$

(Nótese que, en el caso particular cuando $c_1 = c_2 = c$, obtenemos (8.2), el precio de equilibrio en el caso de duopolio simétrico.)

Dadas las expresiones de cantidad de la Empresa 1 (8.3) y del precio en equilibrio (8.6), puedo calcular los beneficios de equilibrio de la Empresa 1:

$$\pi_1 = pq_1 - c_1 q_1$$

$$= \frac{a + c_1 + c_2}{3} q_1 - c_1 q_1$$

$$= \left(\frac{a + c_1 + c_2}{3} - c_1 \right) q_1$$

$$= \left(\frac{a + c_1 + c_2}{3} - c_1 \right) \frac{a + c_2 - 2c_1}{3b}$$

$$= \frac{a + c_2 - 2c_1}{3} \cdot \frac{a + c_2 - 2c_1}{3b}$$

$$= \frac{1}{b} \left(\frac{a + c_2 - 2c_1}{3} \right)^2$$

Finalmente, el valor que la Empresa 1 estaría dispuesta a pagar por la tecnología moderna sería la diferencia en el valor de la expresión anterior con $c_1 = 15$

y $c_1 = 12$. Para determinar el valor preciso, necesitamos, una vez más, calibrar el modelo.

Análogamente a la aplicación previa, podemos invertir la ecuación del precio (8.6) para obtener:

$$a = 3p - c_1 - c_2$$

Dado que $p = 20$, $c_1 = 15$, $c_2 = 12$, esto implica que $a = 3 \times 20 - 15 - 12 = 33$. Además, (8.4) puede ser invertida para obtener:

$$b = \frac{2a - c_1 - c_2}{3Q}$$

Dado que $Q = 13$, se deduce que $b = (2 \times 33 - 15 - 12)/(3 \times 13) = 1$. Por lo tanto, en el equilibrio inicial, los beneficios de la Empresa 1 vienen dados por:

$$\hat{\pi}_1 = \left(\frac{33 + 12 - 2 \times 15}{3} \right)^2 = \left(\frac{15}{3} \right)^2 = 25$$

mientras que, con la nueva tecnología, los beneficios vienen dados por:

$$\hat{\hat{\pi}}_1 = \left(\frac{33 + 12 - 2 \times 12}{3} \right)^2 = \left(\frac{21}{3} \right)^2 = 49$$

Concluyo que la Empresa 1 debería estar dispuesta a pagar $49 - 25 = 24$ por la tecnología moderna. Dadas las unidades monetarias usadas (precio en \$ por tonelada y cantidades en millones de toneladas), este resultado sería de \$24 millones.

Volvamos donde empezamos esta sección. ¿De qué sirve realizar estática comparativa? Tomemos por ejemplo la última aplicación considerada anteriormente. La pregunta que nos hicimos era: ¿cuánto estaría dispuesto a pagar la Empresa 1 (la empresa ineficiente) por una innovación que reduce su coste marginal a 12 (el nivel de coste de la empresa eficiente)? Nuestro análisis nos proporcionaba una respuesta a esta pregunta: la Empresa 1 ganaría 24 si adoptara la tecnología eficiente.

¿Vale la pena hacer toda el álgebra que hemos hecho para llegar a esta respuesta? Un valor estimado más simple de esta ganancia puede ser el siguiente: tomemos la cantidad inicial de la Empresa 1 como dado y calculemos la ganancia de la reducción del coste marginal. Debido a que la cantidad inicial es 5 (comprueba este resultado), el cálculo nos daría el número $5 \times (15 - 12) = 15$. Este número subestima en gran medida la ganancia de verdad de 24. ¿Por qué? La principal razón es que, cuando reducimos el coste marginal, la Empresa 1 se vuelve más competitiva: no solo aumenta su margen, también aumenta su cantidad producida.

Así, consideremos un cálculo alternativo bien simple. Dado que la Empresa 1 tendrá un coste marginal a la Empresa 2, podemos estimar la ganancia por la diferencia entre los beneficios iniciales de la Empresa 2 y de la Empresa 1. La cantidad de la Empresa 2 (en el equilibrio inicial) es 8 (comprueba este resultado), mientras que el precio es 20; su beneficio es por tanto $8 \times (20 - 12) = 64$. La Empresa 1, a su vez, empieza con un beneficio de $5 \times (20 - 15) = 25$. Entonces estimaríamos una ganancia de $64 - 25 = 39$. Esta vez estamos sobreestimando en gran medida el valor verdadero. ¿Por qué? La principal razón es que, cuando la Empresa 1 reduce su coste marginal, la competencia en duopolio aumenta y el precio disminuye. Como resultado, el beneficio de la Empresa 2 (que es ahora igual al beneficio de la Empresa 1) también disminuye. Dicho de otro modo, el número $\pi_2 - \pi_1$ sobreestima la ganancia derivada de la adopción de la tecnología porque omite el impacto del aumento en el grado de competencia.

La ventaja del análisis de equilibrio –es decir, la estática comparativa– es que toma en cuenta los efectos que se derivan de un cambio exógeno, como la reducción en el coste marginal de una de las empresas. Tomar los valores del equilibrio inicial como constantes puede conllevar un grave error de estimación del impacto del cambio exógeno, especialmente si el cambio es significativo en magnitud (como en el ejemplo actual).

■ **Tipos de cambio y margen de ventas.** Una empresa farmacéutica francesa es el único fabricante doméstico de un medicamento genérico antidepresivo. Su coste marginal es €2 por dosis. La demanda en Francia viene dada por $Q = 400 - 50p$ (Q en millones de dosis, p en €). Un segundo productor existe en India con un coste marginal de INR 150 (incluyendo coste de transporte a Francia). El regulador francés da a entender que las empresas deben comprometerse a un nivel de precios una vez por año. La capacidad de producción puede ajustarse fácilmente, dado que las empresas producen muchos otros tipos de medicamentos. Supongamos que la rupia india se devalúa un 20 % de su valor inicial de INR 50/€. ¿Qué impacto tiene esta devaluación en el beneficio de la empresa francesa?

Dada la naturaleza de la toma de decisiones de precios y cantidades, el modelo de Bertrand parece ser el más apropiado para modelar competencia entre la empresa francesa y la empresa india (Empresas 1 y 2, respectivamente). Inicialmente, el coste marginal de la empresa india en € viene dado por $150/50 = €3$. Dado que esto es mayor que el coste marginal de la empresa francesa, concluimos que la empresa francesa fija un precio $p_1 = €3$ (o quizas un poco menor), que a su vez implica un beneficio total de:

$$\pi_1 = (400 - 50 \times 3) \times (3 - 2) = 250 \text{ (millones de €)}$$

Cuando la rupia se devalúa un 20 %, el nuevo tipo de cambio es ahora $50 \times (1 + 20\%) = 60$. Se deduce que el coste marginal de la empresa india expresado en € es ahora $150/60 = €2,5$. Esto es todavía mayor que €2, así que la empresa francesa todavía tiene el monopolio del mercado. Su nuevo nivel de beneficio es ahora:

$$\pi_1 = (400 - 50 \times 2,5) \times (2,5 - 2) = 137,5$$

que corresponde a una reducción de beneficios del 45 %.

■ **Costes laborales y beneficios.** Concluyo con un ejemplo que, usando el argot de Hollywood, está «inspirado» por hechos reales en la industria del automóvil de EE. UU. («inspirado» normalmente quiere decir que una parte de los hechos son de creación propia).[12] Primero, los hechos: al principio de la década de 1990, Ford inició un programa de inversión de capital que causó la sustitución de robots en lugar de trabajadores. En 1993, United Auto Workers (UAW, el sindicato principal de trabajadores) inició negociaciones de salarios con Ford. La predicción era que, cualquiera que fuera el acuerdo alcanzado entre UAW y Ford, un acuerdo similar sería también alcanzado con GM y Chrysler, los rivales americanos de Ford.[m] En este contexto, las negociaciones entre Ford y UAW tienen varios efectos en los beneficios de Ford: determinan directamente el coste de Ford, que a su vez determina su competitividad; pero también determinan indirectamente los costes de los rivales de Ford, que a su vez tienen un efecto en los beneficios de Ford.

¿Se beneficia Ford de negociar un salario más bajo? En términos del efecto directo, la respuesta es sí: un salario más bajo implica un coste marginal más bajo, que a su vez provoca una cantidad producida más alta, una cuota de mercado más alta y beneficios mayores. Sin embargo, un salario más bajo implica que GM y Chrysler se benefician también de un salario más bajo. Esto a su vez aumenta la competitividad de sus rivales y disminuye la cantidad producida por Ford, una menor cuota de mercado y un beneficio menor. ¿Cuál de estos dos efectos domina al otro?

Supongamos que los costes marginales de GM y Chrysler vienen dados por $c_i = z + w$, donde w es la tasa de salario y z denota costes marginales no laborales (donde $i = G, C$, que son GM y Chrysler, respectivamente). El coste marginal de Ford, a su vez, viene dado por $c_F = z + (1 - \alpha)w$, donde α, un valor entre 0 y 1, refleja ahorro en costes laborales como consecuencia de la inversión en robótica. En los

---

[m] El sistema de negociación de UAW todavía se utiliza hoy día. En septiembre de 2015, cerca de 36.000 miembros de UAW negociaron un acuerdo con Fiat Chrysler. Se esperaba que el mismo acuerdo sería utilizado por General Motors y Ford.

tres casos, uso el mismo valor w, que corresponde al supuesto que la negociación de Ford con UAW fija el nivel estándar de salario para toda la industria.

Así, podemos replantear la pregunta anterior como sigue: ¿cómo el beneficio en equilibrio de Ford depende del valor de w? A continuación mostraré que, si α es suficientemente alto, entonces los beneficios de Ford *aumentan* con w, es decir, cuanto más alto sea el salario acordado con UAW, más alto será su beneficio de equilibrio. La idea es que, al hacer una gran inversión en robótica (α alto), los beneficios de Ford son menos sensibles a aumentos de w que los beneficios de sus rivales. Esto a su vez implica que el efecto indirecto de **aumentar los costes de sus rivales** domina el efecto directo de disminuir el margen de Ford.[n]

Análisis formal. La ventaja del análisis de equilibrio es que toma en cuenta tanto el efecto directo como el indirecto del cambio exógeno (por ejemplo, un cambio en w). Supongamos que el modelo de Cournot describe adecuadamente la competencia en esta industria. Supongamos también que la demanda (inversa) viene dada por $p = a - bQ$, donde Q es la cantidad total. Entonces se puede demostrar (Ejercicio 8.15) que el beneficio de equilibrio de Ford viene dado por:

$$\hat{\pi}_F = \frac{1}{b}\left(\frac{a + c_G + c_C - 3c_F}{4}\right)^2$$

Sustituyendo las funciones del coste marginal encontradas anteriormente, obtenemos:

$$\hat{\pi}_F = \frac{1}{b}\left(\frac{a - z - w(1 - 3\alpha)}{4}\right)^2$$

Se deduce que $\hat{\pi}_F$ aumenta con w si y solo si $w(1 - 3\alpha)$ decrece con w, lo que a su vez es verdad si y solo si $\alpha > \frac{1}{3}$. Dicho de otro modo, si la inversion de Ford en robótica disminuye su dependencia en los trabajadores por un tercio o más, entonces el beneficio de equilibrio de Ford aumenta cuando los salarios crecen.

Volviendo a los hechos: en 1993, Ford llegó a un acuerdo con UAW que consistía en un paquete de salarios y prestaciones que se consideraban bastante liberales. Esto parece consistente con el hecho de que α era significativamente mayor que cero, hasta el punto de que la rentabilidad de Ford no cambió, o incluso aumentó, como resultado del incremento en w.

---

[n] En la sección 12.2 volveré a tratar el asunto de aumentar los costes de los rivales.

Sumario

- En un contexto de competencia de precios con productos homogéneos y un coste marginal simétrico y constante (competencia a la Bertrand), las empresas fijan su precio igual al coste marginal.
- Si la capacidad total de una industria es baja relativamente a la demanda de mercado, entonces los precios de equilibrio son mayores que el coste marginal.
- En un contexto de competencia en cantidades (Cournot), la cantidad de equilibrio es mayor que la cantidad en monopolio y menor que la cantidad en competencia perfecta. Asimismo, el precio en duopolio es menor que el precio en monopolio y mayor que el precio en competencia perfecta.
- Si la capacidad y la cantidad pueden ser ajustadas fácilmente, entonces el modelo de Bertrand describe mejor la competencia en duopolio. Si la capacidad y la cantidad son difíciles de ajustar, entonces el modelo de Cournot describe mejor la competencia en duopolio.

Conceptos clave

- oligopolio
- duopolio
- trampa de Bertrand
- demanda residual
- contrafactual

- estática comparativa
- tasa de traspaso
- calibración de un modelo
- aumentar los costes de los rivales

Ejercicios de práctica

■ **8.1. Bertrand en el mundo real.** El modelo de Bertrand de competencia en precios sugiere que, bajo un conjunto dado de condiciones, las empresas ganan un nivel cero de beneficio económico incluso cuando hay solo dos empresas. Sin embargo, hay muchos ejemplos de industrias con un número pequeño de competidores donde las empresas ganan un nivel de beneficio económico mayor que cero.

Da un ejemplo de una industria dominada por un par de empresas donde los beneficios son significativos. Explica por qué las predicciones de Bertrand no se cumplen en tu ejemplo.

■ **8.2. Bertrand y beneficios cero.** De acuerdo con la teoría de Bertrand, la competencia en precios conduce los beneficios de las empresas a niveles de cero incluso cuando hay solo dos competidores en el mercado. ¿Por qué no observamos esto a menudo en el mundo real?

■ **8.3. El comercio electrónico.** El comercio electrónico representa una fracción creciente de las transacciones económicas llevadas a cabo en muchas industrias de diferente calibre. ¿Está el comercio electrónico generando una trampa de Bertrand? ¿Qué es tan especial acerca del comercio electrónico (y, con frecuencia, la nueva economía) que hace que la trampa de Bertrand sea una trampa peligrosa? ¿Cómo puede el comercio electrónico evitar esta trampa?

■ **8.4. Discriminación de precios.** Un monopolista está generalmente mejor cuando puede discriminar precios. ¿Y un duopolista? Considera el caso especial cuando el Mercado A es el mercado «fuerte» de la Empresa 1, mientras que el Mercado B es el mercado «fuerte» de la Empresa 2.

■ **8.5. Los supuestos del modelo de Cournot.** El modelo de oligopolio de Cournot suele levantar tres críticas: (i) las empresas normalmente escogen precios, no cantidades; (ii) las empresas normalmente no toman decisiones simultáneamente; (iii) las empresas a menudo ignoran los costes de los rivales; de hecho, no usan el concepto de equilibrio de Nash cuando toman sus decisiones estratégicas. ¿Cómo responderías a estas críticas? (Pista: además de este capítulo, quizás quieras buscar información en el capítulo 7.)

■ **8.6. Cournot versus Bertrand.** Qué modelo (Cournot, Bertrand) crees que proporciona una mejor aproximación a cada una de las siguientes industrias: refinerías de petróleo, acceso a internet, seguros. ¿Por qué?

■ **8.7. ByeByeCold.** En la actualidad, eres el único vendedor de ByeByeCold, un medicamento revolucionario que elimina los síntomas del resfriado casi instantáneamente. Aunque el coste de producción es solo de $0,10 por dosis, tú vendes ByeByeCold a $1,39 por dosis, con un beneficio total de $900m por año. Estás considerando vender licencias de ByeByeCold a un segundo productor. Ni tú ni tu competidor tenéis restricciones significativas de capacidad. Uno de tus gerentes sugirió, dado que la empresa estaría compartiendo el mercado con un competidor, que sería apropiado establecer una tarifa fija que cubra la mitad de los beneficios actuales además de un margen generoso; se ha sugerido un valor de $700m. Una propuesta alternativa sería la de fijar una tarifa de licencia de $0,50 por dosis. ¿Qué opinas?

■ **8.8. Fabricante francés de medicamentes genéricos.** Consideremos el último problema en la sección 8.4. Supongamos que se espera que una campaña comercial que cuesta €80m aumente la demanda un 40%. Supongamos que el tipo de cambio rupia/€ es 50 INR/€. ¿Debería la empresa francesa financiar la campaña? Un experto en macroeconomía te dice que «puede ser que la rupia se aprecie en un futuro próximo». ¿Cómo influenciaría esto tu decisión?

■ **8.9. Automóviles Karmania.** Hay dos fabricantes de automóviles en Karmania, F1 y F2. Los coches producidos son básicamente idénticos. La curva de demanda de mercado inversa viene dada por $p = a - bQ$, donde p es el precio (en miles de dólares); Q es la cantidad de mercado (en miles de unidades); y a y b son parámetros. Se estima que $a = 25$ y $b = 0,1$. Tanto F1 como F2 tienen un coste marginal de $10.000 por coche.

La competencia en el mercado de coches de Karmania funciona de la manera siguiente. Al principio del año, ambas empresas deciden cuántos coches van a producir simultánea e independientemente. Entonces el precio de mercado se ajusta para que la oferta sea igual a la demanda.

a) Encuentra la función de reacción óptima de F1.
b) Encuentra el equilibrio del juego jugado entre F1 y F2.
c) Supongamos que un aumento en la renta desplaza la demanda a $p = 28 - 0,1Q$. ¿Qué esperas que sucederá en el precio y el número de coches vendidos?

■ **8.10. Etanol.** En la industria del etanol, cada empresa escoge qué cantidad producir y el precio se determina por la producción agregada. La demanda de mercado viene dada por $Q = 1.500 - 2p$, donde Q está medida en millones de toneladas y p en $/tonelada. Hay dos fabricantes y sus costes marginales son constantes y vienen dados por $c_1 = 340$, $c_2 = 420$ (ambos en $/tonelada).

a) Encuentra el precio, cantidad y cuotas de mercado de equilibrio.

La Empresa 2 está considerando dos posibles estrategias corrientemente: (a) una campaña de opinión pública que costaría $1,15 mil millones y desplazaría la curva de demanda hasta $Q = 1.520 - 2p$; (b) una inversión de capital de $4,9 mil millones que reduciría el coste marginal c_2 a 400 $/tonelada.

b) ¿Vale la pena llevar a cabo las inversiones en (a) y (b) independientemente? ¿Y si se llevan a cabo conjuntamente? Justifica tu respuesta.

■ **8.11. Gas natural.** Supongamos que hay solo dos productores de gas natural en Kabralkstan. En cada periodo, las empresas determinan cuánto gas natural van a vender; el precio de mercado es entonces determinado por la demanda total y la oferta total. El coste marginal viene dado por 77 para la Empresa 1 y 74 para la Empresa 2. En la actualidad, las Empresas 1 y 2 producen 170 y 200, respectivamente, mientras que el precio de mercado es 94.

Con un descubrimiento importante en el proceso de fracturación hidráulica (o «fracking»), la Empresa 2 ha conseguido bajar su coste marginal de 74 a 68.

a) ¿Qué impacto esperas que tenga la reducción de coste de la Empresa 2 en su cuota de mercado?

Algunos estudios sugieren que el nuevo proceso de producción de la Empresa 2 no es bueno para el medioambiente.

b) ¿Cuánto debería estar dispuesta a pagar la Empresa 1 en apoyo de una campaña que (efectivamente) evite que la Empresa 2 no utilice su nuevo proceso de «fracking»?

Ejercicios complejos

■ **8.12. Wolframio.** Supongamos que hay dos productores de wolframio en el mundo. Wolframio es un producto homogéneo. Productores fijan precios simultáneamente y sus restricciones de capacidad no son vinculantes a los niveles actuales de demanda. Ambos productores tienen un coste marginal de $900 por tonelada métrica. Un productor está localizado en EE. UU., el otro en México. La demanda de wolframio se encuentra exclusivamente en EE. UU. Se estima que, a un precio $p = \$1.000$, la demanda mundial de woframio es 130.000 toneladas métricas por año, y que la demanda de elasticidad es $\epsilon = -0,5$.

a) Supongamos que el gobierno impone un impuesto de importación del 20 % en importaciones de wolframio. ¿Cuáles son el precio y beneficios de equilibrio?

b) Supongamos que un tercer productor entra en la industria del wolframio. Está localizado en China y tiene un coste marginal de $600 por tonelada métrica. ¿Qué impacto tiene sobre los precios y beneficios en equilibrio?

■ **8.13. Construcción naval.** La industria global de construcción naval está dominada por tres países o regiones: Japón, Europa y China. La demanda de barcos es $p = a - bQ$, donde los agentes de la industria han estimado que b es igual a 0,42. Antes de 2006, la producción global trimestral de barcos era de 19 barcos cargueros por trimestre. El precio medio de un carguero era $17,8 millones de dólares. Las cuotas de mercado por país eran las siguientes: China 24 %, Europa 8 %, Japón 68 %.

a) Asumiendo que la industria está bien descrita por un juego de Cournot jugado entre países, estima el coste marginal de cada país antes de 2006.

En 2006, el gobierno de China introdujo un plan para mejorar el desarrollo de la industria de construcción naval. Después de 2006, el número de astilleros chinos aumentó dramáticamente. Lo mismo sucedió con la tasa de producción de navíos en China: su cuota de mercado aumentó al 50 %, mientras que la cuota de mercado de Europa disminuyó al 5 % y la de Japón al 45 %. Los acuerdos de la Organización Mundial del Comercio (World Trade Organization o WTO) prohíben subsidios del gobierno a la industria. Por lo tanto, quejas de miembros de la WTO provocaron una investigación para averiguar si el gobierno chino subsidiaba la construcción naval y, si lo hacía, por cuánto.

b) Supongamos que un subsidio de producción z implica un descenso del coste marginal de producción de China de c a $c - z$. Usa los datos antes y después de 2006 para estimar z.

c) Calcula el excedente del consumidor y beneficios por país. ¿Quién salió malparado y quién ganó con los subsidios a la producción en China?[13]

■ **8.14. Política de comercio internacional estratégica.** Supongamos que el mercado doméstico de un país es abastecido por dos empresas compitiendo a la Cournot: Empresa 1, una empresa doméstica, y Empresa 2, una empresa extranjera. La demanda viene dada por $p = a - Q$, donde Q es la cantidad total, y los costes marginales por c_1 y c_2, donde asumimos que $c_i < a (i = 1,2)$. Supongamos que el gobierno doméstico impone un impuesto de importación t que debe ser pagado por la Empresa 2 por cada unidad vendida en el mercado doméstico.

a) Encuentra los valores de equilibrio de q_i para cada valor de t.

b) Muestra que un impuesto pequeño a la importación aumenta el bienestar doméstico, donde este es definido como la suma de excedente del consumidor, el beneficio de la empresa doméstica y los ingresos de impuestos por las importaciones.

c) Muestra que, cuanto más eficiente sea la empresa extranjera, mayor será el aumento en bienestar doméstico de un impuesto a la importación. Explica tu resultado.

d) Muestra que, si c_1 no es muy distinto de c_2, entonces un impuesto pequeño a la importación disminuye el bienestar global, donde este es la suma del excedente del consumidor, y los beneficios de las empresas doméstica y extranjera.

   e) Ante los resultados anteriores, ¿cuál es un papel importante a desempeñar por la Organización Mundial del Comercio (World Trade Organization o WTO)?

■ **8.15. Cournot con n empresas asimétricas.** Considera una industria con n empresas fijando su cantidad, cada una con un coste marginal constante c_i y un coste fijo F_i. La demanda de mercado viene dada por $p = a - bQ$, donde $Q = \sum_{i=1}^{n} q_i$.

   a) Demuestra que la función de reacción de la empresa viene dada por $q^{*}_{1}(Q_{-i})$ $= \frac{a-ci}{2b} - \frac{1}{2}Q_{-i}$, donde $Q_{-1} \equiv \sum_{j \neq i} qj$.

   b) Muestra que, en equilibrio, la cantidad total viene dada por $\hat{Q} = (na - \sum_{i=1}^{n} c_i)/$ $\left(b(n+1)\right)$. (Pista: suma todas las condiciones de primer orden de maximización de beneficio.)

   c) Muestra que el precio de equilibrio viene dado por $\hat{p} = (a + \sum_{i=1}^{n} c_i)/(n+1)$.

   d) Muestra que, en equilibrio, la cantidad de la empresa viene dada por $\hat{q}_i =$ $(a - nc_i + \sum_{j \neq i} cj)/\left(b(n+1)\right)$.

   e) Muestra que, en equilibrio, el beneficio de la empresa i viene dado por $\hat{\pi}_i =$ $(a - nc_i + \sum_{j \neq i} c_j)^2/(n+1)^2/b - F_i$.

   f) Muestra que, en equilibrio, el excedente del consumidor viene dado por EC $= \frac{1}{2b} (na - \sum_{i=1}^{n} c_i)^2/(n+1)^2$.

■ **8.16. La regla de la elasticidad (repetición).** Demuestra que la regla de la elasticidad derivada en el capítulo 3, que es $(p - CM)/CM = -1/\epsilon$, es válida en competencia a la Cournot con demanda y costes lineales, donde CM es el coste marginal de la empresa i y ϵ su elasticidad de demanda (no la elasticidad del mercado).

■ **8.17. Pérdida de eficiencia en Cournot.** Consideremos un mercado donde dos empresas fijan simultáneamente cantidades de un producto homogéneo con demanda dada por $Q = 37,5 - P/4$. Cada empresa tiene un coste marginal constante e igual a 30.

   a) Encuentra la cantidad y precio en equilibrio.

   b) Calcula la pérdida de eficiencia como porcentaje de la pérdida de eficiencia en monopolio.

■ **8.18. Precio de equilibrio en Cournot.** Muestra analíticamente que el precio de equilibrio en Cournot es mayor que el precio en competencia perfecta pero menor que el precio de monopolio.

■ **8.19. Cournot con coste marginal creciente.** Consideremos un duopolio en un mercado de un producto homogéneo con demanda $Q = 10 - P/2$. La función de coste de cada empresa viene dada por $C = 10 + q(q + 1)$.

a) Encuentra el equilibrio de Cournot.
b) Recalcula el equilibrio asumiendo que una de las empresas –digamos, Empresa 2– tiene una función de costes que viene dada por $C = 10 + q(q + 1)$.

■ **8.20. Cemento.** Dos empresas compiten (a la Cournot) en el mercado de cemento. La demanda de cemento viene dada por $Q = 450 - 2P$. El coste marginal de la Empresa 1 es constante e igual a 50, el de la Empresa 2 es igual a 40. Una innovación tecnológica permite a las empresas reducir sus costes marginales por 6.

a) ¿Cuánto debería cada empresa estar dispuesto a pagar por la innovación si fuera el único competidor en adquirirla?

Supongamos que la innovación cuesta 600. Consideremos ahora un «metajuego» donde las empresas primero simultáneamente deciden si deben adquirir la innovación y entonces compiten a la Cournot con el coste marginal determinado en la primera etapa del juego.

b) ¿Cuál es el equilibrio del juego 2 × 2 jugado por las empresas en la etapa de elección de la tecnología?

Ejercicios aplicados

■ **8.21. Calibración de un modelo.** Escoge una industria para la que puedas encontrar información a nivel de empresa sobre precios y cuotas de mercado, y para la que el modelo de Cournot parezca ser una buena aproximación.

a) Tras hacer los supuestos necesarios, estima los costes marginales y márgenes de beneficio de cada empresa.
b) Usa el modelo estimado para analizar la situación hipotética donde una de las empresas reduce su coste un 5%.

Notas

1. *The Wall Street Journal*, 16 de noviembre de 1999.
2. El modelo de Bertrand fue introducido inicialmente por J. Bertrand, «Théorie Mathématique de la Richesse Sociale», *Journal de Savants* (1883), 499-508.
3. Fuentes: Shapiro, Carl, y Hal Varian (1999), *Information Rules*, Harvard Business School Press. *Computer Business Review*, 16 de noviembre de 1987. Véase http://www.cbronline.com/news/nynex_puts_phone_book_on_cd (visitado en octubre 2012). Walter R. Baranger, *Taking In the Sites; Number, Please? 3 Routes to Phone Listings, The New York Times*, 7 de agosto de 1995.
4. Este ejemplo está adaptado de Shapiro, Carl, y Hal Varian (1998), *Information Rules: A Strategic Guide to the Network Economy*, Cambridge, Mass.: Harvard Business School Press.
5. James Surowiecki, «Priced to Go», *The New Yorker*, 9 de noviembre de 2009.
6. Ver Davidson, Carl, y Raymond Deneckere (1986), «Long-run Competition in Capacity, Short-run Competition in Price, and the Cournot Model», *Rand Journal of Economics* 17, 404-415; y Herk, Leonard F. (1993), «Consumer Choice and Cournot Behavior in Capacity-constrained Duopoly Competition», *Rand Journal of Economics* 24, 399-417.
7. Si los costes de capacidad son suficientemente altos, entonces los niveles de capacidad de las empresas serán seguramente suficientemente bajos de modo que el resultado anterior es válido. Sin embargo, se puede demostrar que, incluso si los costes de capacidad son bajos, lo mismo debería ser verdad. Véase Kreps, David M. y José A. Sheinkman (1983), «Capacity Precommitment and Bertrand Competition Yield Cournot Outcomes», *Bell Journal of Economics* 14, 326-337.
8. Fuentes: Andy Kessler, «Bernie Bites the Dust», *The Wall Street Journal*, 1 de mayo de 2002. Ken Belson, «WorldCom's Audacious Failure and Its Toll on an Industry», *The New York Times*, 18 de enero de 2005.
9. Cournot, Agustin, *Recherches sur les Principes Mathématiques de la Théorie des Richesses* (1838). Traducción inglesa editada por N. Bacon, Nueva York: Macmillan, 1897.
10. Fuente: *The Wall Street Journal*, 17 de agosto de 1999.
11. *The Wall Street Journal*, 10 de octubre de 2014.
12. Weisman, Dennis L (2007), «An Instructional Exercise in Cost-Raising Strategies, and Perfect Complements Production», *Journal of Economic Education* 38 (2), 215-221.
13. Myrto Kalouptsidi proporcionó datos e información institucional para este ejercicio. Véase también Kalouptsidi, Myrto (2014), «Detection and Impact of Industrial Subsidies: The Case of World Shipbuilding», NBER Working Paper 20119.

9. Colusión y guerras de precios

Uno de los fragmentos más citados de Adam Smith en su libro *La riqueza de las naciones* afirma que:

> Rara vez se verán juntarse los de una misma profesión u oficio, aunque sea con motivo de diversión o de otro accidente extraordinario, que no concluyan sus juntas y sus conversaciones en alguna combinación o concierto contra el beneficio común, conviniéndose en levantar los precios de sus artefactos o mercaderías.[1]

Hay una razón para que esto sea así: en toda estructura oligopolística que hemos considerado hasta ahora, el beneficio total, en equilibrio, es más bajo que el beneficio en monopolio. Esta disminución en beneficio es el resultado de la **externalidad** intrínseca en el proceso de la competencia imperfecta: por ejemplo, cuando una empresa escoge su cantidad en competencia a la Cournot, maximiza su propio beneficio, pero no tiene en cuenta el hecho de que parte del aumento en beneficio de una cantidad mayor viene a costa del beneficio de la empresa rival. Por lo tanto, es natural que las empresas intenten establecer acuerdos entre ellas con el objetivo de aumentar su **poder de mercado**. De hecho, en general es posible encontrar soluciones alternativas tales que todas las empresas mejoran su beneficio (normalmente a costa de los consumidores). Este tipo de comportamiento es conocido por lo general como **colusión** y es el objetivo principal de este capítulo.

Los acuerdos de **cartel** son un tipo institucional específico de colusión. El aumento en los precios del petróleo en octubre de 1973, decretado por la OPEC (el cartel del petróleo), es un ejemplo clásico de comportamiento de cartel. Sin embargo, el comportamiento colusorio no tiene que estar basado en acuerdos públicos e institucionales. A menudo, la colusión es el resultado de **acuerdos secretos** –secretos como mínimo ya que son ilegales (en Europa, por el artículo 101 del Tratado de Roma; en EE. UU., por la Sherman Act).

Un ejemplo clásico de colusión mediante el uso de acuerdos secretos es la industria de bienes electrónicos en EE. UU. durante la década de 1950 –especialmente con respecto a aquellos bienes, como los generadores de turbina, que son vendidos mediante subastas «competitivas». Como resultado de una investigación penal, una serie de detalles del acuerdo se hicieron públicos: existía un proceso complejo para determinar qué empresa debía ser el ganador de cada subasta y a qué precio, los precios que las empresas perdedoras debían fijar, y otros detalles.[2]

Finalmente, la colusión puede resultar simplemente de **acuerdos tácitos** que se alcanzan por alguna razón histórica o simplemente porque son puntos de coordinación naturales. Por ejemplo, en el Reino Unido y en diciembre de 1996, un modelo particular de televisión Sony se vendía por £499,99 en la mayoría de los vendedores de la calle Oxford (uno de ellos, Harrods, lo vendía por £500). Este precio es significativamente mayor que el coste marginal (dado el precio fijado por los vendedores a descuento en otras partes de la ciudad). El precio de £499.99 puede ser el resultado de un acuerdo entre comercios (con Sony posiblemente actuando como coordinadora entre comercios) o simplemente porque £499.99 es el precio descontado «natural» de un número natural «redondo» –un punto de coordinación.[a]

En gran parte de este capítulo, consideraré acuerdos con el objetivo de restringir la oferta (o aumentar el precio). No obstante, la colusión puede aludir también a otras decisiones: disminuir el gasto en publicidad, fijar el nivel de calidad de servicio (aerolíneas europeas hasta los noventa), o limitar el territorio de cada empresa. Un buen ejemplo de esta última dimensión es el cartel de la industria química en la década de 1920. De acuerdo con el acuerdo –declarado ilegal hacia el año 1930–, ICI se concentraría en el Reino Unido y los países integrantes de la Commonwealth, empresas alemanas en Europa y DuPont en América.

9.1 La estabilidad de acuerdos colusorios

Consideremos un duopolio en un mercado con productos homogéneos donde las empresas fijan precios simultáneamente y los costes marginales son constantes (es decir, no hay limitaciones a la producción). Si las empresas fijaran precios una vez y para siempre, entonces esta industria correspondería al modelo de Bertrand. Del capítulo previo, sabemos que el equilibrio en tal industria consistiría en que ambas empresas fijaran un precio igual a su coste marginal.

Un modelo más realista debería considerar la posibilidad de que las empresas cambiaran sus precios en el tiempo. Específicamente, supongamos que dividimos el tiempo en una serie de periodos $t = 1, 2,...$, y que, en cada periodo, las empresas

---

[a] Véase la discusión sobre puntos de coordinación en la teoría de juegos en la sección 7.1. Volveré a este tema en la sección 9.5.

simultáneamente fijan precios. Dicho de otro modo, supongamos que jugamos el juego de Bertrand en cada uno de una serie infinita de periodos. En el argot de la teoría de juegos, se dice que las empresas juegan un **juego con repetición**, un concepto introducido en la sección 7.3.

¿Cuál es el equilibrio de un juego dinámico como este? Claramente, un equilibrio posible consiste en que las empresas escogen el equilibrio de Nash a la Bertrand en cada periodo, ignorando en cada periodo la historia precedente de los periodos anteriores. De hecho, si la Empresa 1 sabe que la Empresa 2 fijará un precio igual al coste marginal en cada periodo, sin importar lo que haga la Empresa 1, entonces la respuesta óptima es fijar un precio igual a su coste marginal también.

Sin embargo, puede haber otros equilibrios. Supongamos que las empresas juegan la **estrategia gatillo** siguiente.[3] En el primer periodo, ambas empresas fijan el precio a nivel de monopolio, p^M, y comparten beneficios de monopolio a partes iguales ($\frac{1}{2}\pi^M$). En cada periodo posterior, las empresas observan el historial de precios antes de fijar sus propios precios. Si los precios históricos han sido todos al nivel de monopolio, es decir, si ambas empresas han «respetado» el acuerdo colusorio, entonces cada empresa fija p^M en el periodo actual. Si no es así, fijan su precio igual al coste marginal. Dicho de otro modo: la Empresa 1 fijará $p = p^M$ mientras la Empresa 2 fije $p = p^M$ también. En el momento en que la Empresa 1 observe que su rival fija un precio distinto, esta «castiga» la desviación mediante la vuelta (para siempre) al precio igual al nivel del coste marginal.[b]

Para comprobar si este tipo de estrategias forman un equilibrio debemos asegurarnos de que se satisfacen las **restricciones de conformidad** de las empresas. Si ambas empresas se ciñen a la estrategia de equilibrio, entonces el valor presente del beneficio de la Empresa 1 viene dado por:

$$\frac{1}{2}\pi^M + \delta\frac{1}{2}\pi^M + \delta^2\frac{1}{2}\pi^M + \dots \tag{9.1}$$

donde δ es el **factor de descuento**, es decir, el valor de \$1 en el periodo siguiente comparado con el valor de \$1 en el periodo actual. Simplificando (9.1), obtenemos:

$$V = \frac{1}{2}\pi^M\frac{1}{1-\delta} \tag{9.2}$$

donde V se refiere al valor o beneficio descontado (valor presente neto) de equilibrio.

---

[b] Nótese que, dado que la Empresa 2 sabe que su desviación implica que la Empresa 1 volverá a fijar un precio igual al coste marginal, la Empresa 2 también fijará su precio igual al coste marginal después de su propia desviación. Por tanto, esta estrategia pide que las empresas fijen su precio de vuelta al coste marginal siempre y cuando alguna empresa fije un precio distinto en el pasado al del precio de monopolio.

Si la Empresa 1 reniega del acuerdo fijando $p_1 \neq p^M$ en algún periodo t, entonces su beneficio futuro es cero porque, dado nuestro supuesto, ambas empresas convergen desde ese momento a un precio igual al coste marginal. Dado que el beneficio futuro no es una función de *cuál* fue la desviación, pero solo de *si* ha habido una desviación, se deduce que la mejor desviación para la Empresa 1 es una que maximice su beneficio en el corto plazo. El precio que maximiza el beneficio en el corto plazo de la Empresa 1 es $p^M - \epsilon$, donde ϵ es un número muy pequeño: al reducir el precio ligeramente por debajo del nivel de precio de la Empresa 2, la Empresa 1 obtiene toda la demanda y un beneficio total aproximado de π^M.[c] Se deduce que el beneficio de la desviación óptima es:

$$V' = \pi^M \tag{9.3}$$

(Beneficio de monopolio de corto plazo más beneficio futuro cero.) La condición por la cual las estrategias propuestas forman un equilibrio son tales que $V \geq V'$. Juntando (9.2) y (9.3), obtenemos:

$$\frac{1}{2}\,\pi^M\,\frac{1}{1-\delta} \geq \pi^M$$

o simplemente

$$\delta \geq \frac{1}{2} \tag{9.4}$$

Es decir, si el factor de descuento es suficientemente alto, entonces existe un equilibrio de Nash del juego repetido donde las empresas fijan un precio de monopolio en cada periodo bajo la «amenaza» de que, si cualquier empresa se desvía jamás de este nivel de precios, entonces ambas empresas convergen a un precio igual al coste marginal para siempre.

■ **El factor de descuento.** Como hemos mencionado anteriormente, el factor de descuento mide cuánto vale \$1 de un periodo en el futuro comparado con \$1 hoy. Normalmente, $0 < \delta < 1$. Existen varias razones por las que esperaríamos que $\delta < 1$. Una de ellas es el coste de oportunidad del tiempo: dado un periodo de tiempo, un inversor puede usar \$1 para ganar $\$(1 + r)$ en el periodo siguiente, donde r es el tipo de interés por periodo. De este modo, podríamos calcular δ como:

$$\delta = \frac{1}{1 + r}$$

---

[c] El valor exacto del beneficio de la Empresa 1 sería un poco menor que π^M, porque el precio es más bajo que el de su rival. Pero dado que ϵ puede ser infinitamente pequeño, asumo que el beneficio de la desviación es igual a π^M.

En la ecuación anterior, el tipo de interés relevante es aquel que corresponde al intervalo de tiempo entre dos decisiones consecutivas. Específicamente, supongamos que r es el tipo de interés anual y que la frecuencia con la que las empresas cambian sus precios viene dada por f (veces por año). Entonces, tendríamos:

$$\delta = \frac{1}{1 + r/f}$$

Otro factor importante a tener en cuenta en el cálculo de δ es la probabilidad de recibir el pago esperado en el periodo siguiente. Por ejemplo, si dos empresas farmacéuticas conspiraran para aumentar el precio, tendrían que tener en cuenta la posibilidad de que, antes del periodo siguiente, una tercera empresa descubra un medicamento mejor que eliminaría esencialmente la demanda del medicamento de estas dos empresas. En otras industrias (cemento, por ejemplo), la probabilidad de que algo así suceda es muy pequeña. Específicamente, dejemos que h sea la probabilidad (o la tasa de riesgo) de que la industria deje de «existir» en el periodo siguiente. Entonces, calculamos el factor de descuento como:

$$\delta = \frac{1 - h}{1 + r/f}$$

El efecto contrario de la desaparición de una industria es el crecimiento de una industria. Supongamos que la demanda crece a una tasa g. Esta tasa de crecimiento implica que, si nada más cambia, los beneficios son mayores en el periodo $t + 1$ que en el periodo t por un factor $1 + g$. Una manera de representar esto formalmente es la de asumir una función «constante» de beneficio, pero con un factor de descuento tal que un \$ un periodo en el futuro vale *más* que un \$ en el presente, por un factor $1 + g$, debido al crecimiento de la industria. El factor de descuento entonces sería:

$$\delta = \frac{(1 + g)(1 - h)}{1 + r/f} \tag{9.5}$$

Notemos que el valor de δ aumenta en f, g; y decrece en h, r.

Dado este cálculo del valor de δ, la Condición (9.4) se puede interpretar de la siguiente forma:

La colusión es normalmente más fácil de sostener cuando las empresas interactúan frecuentemente y cuando la posibilidad de la continuación de la existencia y crecimiento de la industria es alta.

Así pues, por ejemplo, en cuanto a lo que se refiere al valor de f: es más probable observar la colusión entre dos gasolineras que fijan sus precios diariamente que la colusión entre dos parques veraniegos de vacaciones donde los precios se fijan una vez al año. Y en cuanto al parámetro h: es más probable que la colusión entre dos farmacéuticas en un mismo mercado terapéutico se vuelva obsoleta a un ritmo más rápido que la colusión en el mercado de cemento, donde el mercado permanece sin cambios en el siguiente periodo.

CAJA 9.1 El cartel del diamante

DeBeers Consolidated Mines Ltd. fue establecida en la década de 1870. Desde entonces, la empresa, propiedad de la familia Oppenheimer, ha mantenido un control admirable de la industria mundial del diamante. DeBeers es el dueño de todas las minas de diamantes en Sudáfrica y también tiene otras propiedades y participaciones en otros países. Sin embargo, en lo que concierne a la minería, su cuota en el mercado mundial es relativamente pequeña, especialmente desde el descubrimiento de enormes minas en Rusia. La clave del éxito de DeBeers en su alta cuota de mercado es la Central Selling Organization (CSO), su oficina de ventas basada en Londres.

La CSO sirve de intermediario entre las minas y los joyeros y diamantistas. Más del 80 % de los diamantes del mundo son procesados por la CSO, aunque solo una fracción de estos vengan de origen de las propias minas de DeBeers. El personal de la CSO clasifica los diamantes por categoría (hay literalmente miles de tipos de diamantes). Esta es una tarea que necesita del uso intensivo de talento y conocimiento específico de esta industria para el cual DeBeers no tiene rival. La CSO también regula el mercado para conseguir estabilidad en el precio, acumulando existencias durante periodos de demanda baja y poniéndolas de vuelta en el mercado durante periodos de demanda alta.

Los altos márgenes ganados por DeBeers son una tentación constante para las compañías mineras, que creen que podrían conseguir los mismos márgenes si vendieran su producción directamente a diamantistas. ¿Por qué no lo hacen? Primero, muchos productores de diamantes ven la estructura actual del cartel como un beneficio para la industria en su totalidad. Además de estabilizar precios, DeBeers juega un papel crucial en la publicidad de diamantes. Tanto la estabilización de precios como la publicidad son «bienes públicos» a nivel de industria: cada productor se beneficia, aunque solo DeBeers paga por ellos.

Una segunda razón para la conformidad del dominio de DeBeers es el miedo a las represalias que seguirían a un posible abandono del cartel. En 1981, el

Presidente Mobutu anunció que el Zaire, el mayor país proveedor de diamantes industriales en el mundo, dejaría de vender diamantes a través de la CSO. Al mismo tiempo, establecieron contactos con dos vendedores en Amberes y uno británico. Dos meses más tarde, casi un millón de quilates de diamantes industriales inundaron el mercado, y el precio cayó de \$3 a menos de \$1,80 por quilate. Aunque la fuente de este exceso de oferta permanece desconocida al público, muchos analistas creen que esta acción se debe a una manera de DeBeers de demostrar quién tiene el control del mercado de diamantes.

Para DeBeers, esta fue una operación cara; pero era un caso «de principios, y no de dinero». Y así el punto quedó claro: en 1983, el Zaire pidió renovar su contrato con DeBeers. De hecho, acabó con un contrato de términos menos favorables que el que tenía originalmente.

■ **¿Por qué las empresas no conspiran en colusión más a menudo?** En la sección 8.1 demostré que, bajo los supuestos de la competencia a la Bertrand, dos empresas son suficientes para que los precios de equilibrio bajen hasta el nivel del coste marginal –la trampa de Bertrand. Anteriormente en esta sección también he demostrado que, cuando hay interacción repetida y los tipos de interés son suficientemente bajos (y no hay limitación a la producción), es posible mantener precios de monopolio incluso cuando las empresas fijan precios simultáneamente.

Dicho de otro modo, si llegábamos a un enigma sin repetición (márgenes de cero aun con solo dos empresas), ahora tenemos el rompecabezas opuesto: el modelo predice que las empresas pueden casi siempre conspirar para fijar precios de monopolio. ¿Por qué las empresas no conspiran más a menudo en el mundo real, dado que, como sugiere el análisis anterior, tal tipo de estrategia sería un equilibrio y aumentaría los beneficios de las empresas? De hecho, supongamos que el tipo de interés es 10 % y supongamos que las empresas fijan precios una vez al mes. Entonces se puede demostrar que, incluso teniendo *centenares* de empresas fijando sus precios de forma simétrica, ¡existe un equilibrio tal que todas las empresas fijan precios de monopolio en cada periodo! ¿Por qué esto no sucede más a menudo?

Una explicación posible es que la política antimonopolio es una restricción vinculante en las decisiones de las empresas. Por un lado, acuerdos de cartel explícitos son ilegales. Pero incluso acuerdos colusorios tácitos también pueden ser declarados ilegales por las autoridades antimonopolio, como mostraré en la sección 9.5.

Una segunda explicación proviene del análisis anterior. El factor de descuento que debería utilizarse para determinar las condiciones de equilibrio incluye, además del valor del tiempo, la probabilidad de prolongación o sobrevivencia. Consideremos una industria con una tasa muy alta de rotación, es decir, una tasa alta de entrada y salida de empresas. En este contexto, la probabilidad de que una empresa dada salga del mercado en cada periodo es alta, y en consecuencia su factor de descuento será pequeño. Esto a su vez implica que solo para valores muy bajos del tipo de interés alcanzaríamos un equilibrio donde las empresas fijan el precio de monopolio. Dicho de otro modo, si una empresa espera cerrar su negocio y salir de la industria con una probabilidad alta, entonces sus incentivos para desviar del acuerdo colusorio son también muy altos, porque tiene poco que perder, en términos de beneficios futuros, cuando «reniega» hoy del acuerdo colusorio.

Una tercera explicación por la que los acuerdos colusorios del tipo presentado anteriormente no son comunes es que no son realmente un equilibrio. Para estar seguros, forman un equilibrio de Nash. Sim embargo, el punto es que tal equilibrio es poco razonable y poco realista. Supongamos que renegar del acuerdo de precio de monopolio se castiga con una guerra de precios infinita, como hemos asumido anteriormente. Supongamos que una de las empresas efectivamente reniega y se revierte a una guerra de precios. Uno se puede imaginar que la empresa que se desvía del acuerdo tendría un incentivo para dirigirse a su rival y tratar de convencerlo de que existe un beneficio mutuo de abandonar la guerra de precios y volver al precio colusorio. Pero si las empresas acordaran volver al acuerdo de colusión –y parece razonable esperar que así lo hicieran– entonces la amenaza de empezar una guerra de precios en primer lugar dejaría de ser creíble. Y por lo tanto desviarse del acuerdo de fijar precio de monopolio podría ser, después de todo, la estrategia a seguir.

Una cuarta razón por la cual la colusión puede ser en la práctica más difícil que el modelo anterior predeciría es que los precios no siempre se observan con precisión. En un mundo de observabilidad imperfecta, la posibilidad de descuentos secretos debe tenerse en cuenta. Y, como mostraré, en la siguiente sección, esta posibilidad hace que los acuerdos colusorios sean aún más difíciles de mantener.

Para resumir, pocos acuerdos de colusión en el mundo real funcionan exactamente como en el modelo presentado aquí. No obstante, la intuición principal, en concreto que la decisión de cada empresa tiene costes y beneficios que tienen que ver con las ganancias de corto plazo y las pérdidas de medio y largo plazo, es la esencia del problema de la estabilidad de los carteles. La Caja 9.1 presenta el ejemplo de la industria del diamante. Aunque esto sea, en muchos sentidos, una industria muy peculiar, recoge los puntos principales desarrollados en esta sección.

9.2 Guerras de precios

En comparación con los modelos del capítulo previo (Cournot y Bertrand), la introducción de precios dinámicos añade cierta cantidad de realismo al análisis de competencia en duopolio. Por ejemplo, márgenes de cero no son el único resultado posible cuando hay dos competidores fijando precios. Aun así, el modelo presentado en la sección previa es demasiado sencillo para entender los distintos patrones seguidos por los precios en una industria. En particular, una observación común es que los precios en una industria oscilan entre niveles altos (cerca del nivel de precio colusorio descrito en la sección previa) y niveles bajos (cerca del nivel competitivo de precios descrito en el capítulo anterior). Por ejemplo, el mercado de envío de mercancías por ferrocarril, discutido en la Caja 9.2, parece (al menos históricamente) presentar este patrón, tal y como se puede ver en la figura dentro de la caja. No obstante, el modelo presentado en la sección previa predice que, a lo largo de la trayectoria de equilibrio, los precios son siempre los del nivel de monopolio. En esta sección, considero extensiones de ese modelo en un intento de entender los patrones observados en la evidencia empírica.

CAJA 9.2 Colusión y guerra de precios: el Joint Executive Committee, 1880-1886[4]

«El Joint Executive Committee (JEC) fue un cartel que controlaba los envíos de carga en dirección este de Chicago a la costa atlántica en la década de 1880. Se formó en abril de 1879 con un acuerdo de los ferrocarriles en el mercado. Las empresas participantes reconocieron el acuerdo, anterior a la Sherman Act (1890) y la formación de la Interstate Commerce Commission (1887)» que formalmente prohibían este tipo de acuerdos (sección 9.5). «Se alcanzó un acuerdo distinto en los envíos de carga en dirección oeste en las mismas líneas de ferrocarril, principalmente porque había diferencias significativas esenciales en la naturaleza de los productos transportados».

El mecanismo de cumplimiento interno adoptado por el JEC era una variante de la estrategia de gatillo presentada en la primera parte de la sección 9.2. «Había varios momentos en que el cartel creyó que había desviaciones del acuerdo, bajando los precios durante un tiempo, y volviendo a los precios colusorios más tarde». La figura de la página siguiente muestra la evolución del precio en el periodo entre 1880 y 1886.

«El supuesto que se vendía un bien homogéneo parece cumplirse [...] las máquinas de vapor del lago y los veleros fueron la principal fuente de competencia de los ferrocarriles, pero nunca entraron en el acuerdo colusorio del JEC. Las fluctuaciones previsibles en demanda que resultaban de la apertura y clausura anual de los grandes lagos a la industria del envío no alteraron el comportamiento de la industria. De hecho, los precios se ajustaban automática y sistemáticamente con la temporada de navegación de los lagos».

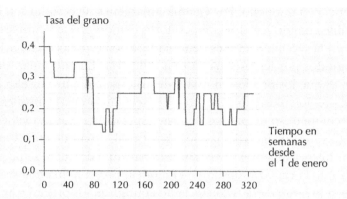

Por lo tanto, el comportamiento del JEC de 1880 a 1886 es consistente en gran medida con el primer modelo de equilibrio colusorio descrito en la primera parte de la sección 9.2, «ya que las guerras de precios eran consecuencia de trastornos impredecibles, más que de la entrada de empresas o fluctuaciones predecibles en la demanda».

■ **Descuentos secretos de precios.**[5] El hormigón y el transporte marítimo son ejemplos de **mercados de clientes**. Estas son industrias donde cada cliente es suficientemente grande como para negociar los precios caso por caso.[d] Por esta razón, los acuerdos de colusión son difíciles de supervisar: aunque las empresas estén de acuerdo en qué precios fijar, la tentación de bajar precios de forma secreta para un cliente en concreto es significativa. De hecho, lo que disuade a las empresas de desviarse del acuerdo colusorio es la amenaza de volver al «mal» equilibrio. Pero si las desviaciones del equilibrio prescrito no son observadas directamente, entonces el efecto disuasorio disminuye mucho.

Supongamos que la demanda fluctúa y que estas fluctuaciones no se pueden observar. Lo único que cada empresa observa es el precio que ella misma fija y la demanda recibida. Si una empresa recibe una demanda más baja de lo esperado, se encuentra ante una adivinanza: su demanda baja puede ser el resultado de una demanda global baja, o puede ser el resultado de algún rival bajando su precio con respecto al precio acordado en el cartel. ¿Deberían las empresas castigar a los rivales cuando reciben un nivel de demanda bajo? ¿No sería esto castigar a un competidor «inocente»?

Supongamos que la empresa i decide no castigar a la empresa j, bajo el supuesto que su nivel bajo de demanda fue el resultado de una demanda baja en el mercado,

---

[d] Véase el capítulo 6 para más información sobre los mercados de clientes.

y no una posible desviación de la empresa *j.* ¿Puede esto ser un equilibrio? Claramente no: si esa fuera la estrategia de la empresa *i,* entonces la empresa *j* mejoraría su beneficio bajando su precio de forma secreta y culpando la baja demanda de la empresa *i* en las condiciones de mercado. Supongamos alternativamente que cada vez que la empresa *i* recibe una demanda baja esta empieza una guerra de precios infinita en duración, bajo el supuesto de que la demanda baja es consecuencia directa de una desviación de la empresa *j.* Este castigo tan extremo sería suficiente con seguridad para disuadir a la empresa *j* de reducir su precio de forma secreta. Pero esta solución ofrece poco consuelo, ya que más tarde o más temprano el mercado sufrirá una bajada de la demanda para la empresa *i* sin importar el comportamiento de la empresa *j.* La industria regresará a una guerra de precios infinita aun cuando no hay desviación del acuerdo.

Finalmente, consideremos una solución intermedia: cada vez que la empresa *i* o la empresa *j* recibe una demanda baja, la industria entra en un periodo de guerra de precios de *T* periodos de duración, una vez finalizado el cual se vuelve a los precios del acuerdo colusorio. Dejemos que *T* sea suficientemente largo tal que ninguna empresa tiene incentivo alguno para bajar su precio. De hecho, si el futuro es suficientemente importante para cada empresa (es decir, si el factor de descuento δ está suficientemente cerca de 1), entonces una solución de *T* existe. Así pues, tenemos un equilibrio con fases de colusión alternándose con fases de guerra de precios, tal y como la evidencia empírica sugiere. Notemos que, *aunque las guerras de precios ocurren en equilibrio, ninguna empresa se desvía del acuerdo en equilibrio.* Es decir, las guerras de precios son un «mal» necesario para que exista colusión: si las empresas nunca se enfrentaran en guerras de precios, los incentivos para desviarse del acuerdo colusorio serían demasiado grandes para que el acuerdo de colusión fuera estable.

> **Si los descuentos de precios son difíciles de observar, entonces las guerras de precios ocasionales son necesarias para asegurar la disciplina en los acuerdos de colusión.**

El Ejercicio 9.19 (uno bastante duro) formaliza esta idea.

■ **Fluctuaciones de demanda.** El modelo previo está basado en el supuesto algo extremo de que las fluctuaciones de demanda (o de demanda recibida por las empresas rivales) no son observables. Supongamos alternativamente que la demanda fluctúa periódicamente pero que, en cada periodo, el estado de la demanda es observado por todas las empresas. Si las empresas se coordinan entre ellas, ¿cómo fluctuarán los precios con la demanda? Un equilibrio colusorio, como vimos anteriormente, debe ser tal que las empresas no tienen incentivos para bajar los precios por debajo de los de sus rivales. Dicho de otro modo, la diferencia entre el beneficio futuro colusorio y los beneficios futuros en un caso de guerra de precio infinita debe ser suficientemente grande como para disuadir a cualquier empresa de buscar las ganancias de corto plazo de desviarse del acuerdo colusorio.

Supongamos que los cambios en demanda son independientes entre periodos. Esto implica que, en términos de niveles de demanda futura, el futuro parece el mismo en cada periodo, sin importar el estado actual de la demanda. Consecuentemente, los beneficios futuros esperados de colusión (o castigo) son los mismos sin importar el actual estado de la demanda. Los *beneficios actuales*, no obstante, dependen del estado actual de la demanda. En concreto, las ganancias de desviarse del acuerdo del cartel son mayores cuando la demanda actual es mayor.[e] Esto implica que la restricción que impone que ninguna empresa quiere desviarse del acuerdo colusorio es más seria cuando la demanda es alta. Para llegar a un equilibrio, puede ser necesario reducir el precio durante los periodos de alta demanda. De hecho, si el precio es menor, las ganancias de la desviación también son menores.[f] En un número de escenarios, esto puede resultar en un equilibrio donde *los precios son menores en periodos cuando la demanda es más alta*. El Ejercicio 9.20 (uno bastante duro) formaliza esta idea.

El modelo anterior implica que los precios se mueven de forma contracíclica, es decir, las guerras de precios suceden durante expansiones de la economía. El primer modelo presentado en esta sección predice que las empresas entran en guerras de precios después de un periodo de baja demanda. El contraste entre ambas predicciones de los dos modelos demuestra la importancia de los diferentes supuestos. En el primer modelo, asumí que los cambios en demanda no eran observables, mientras que en el segundo asumí que, antes de escoger precios en cada periodo, las empresas observaban el estado de la demanda en el periodo actual.

La evidencia empírica sugiere que ambos conjuntos de supuestos son aproximaciones realistas de diferentes industrias; y que diferentes industrias producen evidencia distinta con patrones de cambios de precios tanto procíclicos como contracíclicos. Basándonos en datos anuales entre 1947 y 1981, se puede demostrar que el precio del cemento varía contracíclicamente: un aumento en el PIB del 1 % está asociado con una disminución del precio relativo del cemento entre 0,5 y 1 %.[6] Esta evidencia es consistente con el segundo modelo. En cambio, el merca-

---

[e] Recordemos que, en competencia de duopolio con productos homogéneos y un coste marginal constante, una empresa que reduce el precio dobla su beneficio. Si la demanda es más alta, entonces la ganancia de desviarse es también más alta.

[f] El argumento es similar al de la nota anterior.

do de envío de carga en dirección este de Chicago a la costa atlántica, durante el periodo 1880-1886, nos proporciona un buen ejemplo del primer modelo y de su predicción empírica.[7]

■ **Heterogeneidad entre empresas.** Los dos modelos presentados anteriormente, aun con todas sus diferencias, tienen una cosa en común: las guerras de precios son una acción coordinada por todas las empresas en la industria como parte de un equilibrio colusorio. Dicho de otro modo, las guerras de precios son necesarias para mantener la colusión en el largo plazo en la industria. No obstante, muchas guerras de precios observadas en la práctica no cumplen los requisitos de este tipo de comportamiento. Consideremos, por ejemplo, la industria de las aerolíneas. Los analistas de esa industria sugieren que la principal causa para una guerra de precios son los problemas financieros de aerolíneas individuales: «Las tarifas vienen dictadas no por los más fuertes, sino por los que más sufren financieramente hablando», afirma un ejecutivo de una aerolínea.[8]

Un simple modelo que explicaría un comportamiento de este tipo estaría basado en alguna forma de asimetría entre las empresas. Supongamos que, por ejemplo, el factor de descuento de cada empresa empieza siendo $\bar{\delta}$. Sin embargo, con alguna probabilidad, el factor de descuento de una empresa puede cambiar a un valor menor, digamos, $\underline{\delta}$. Un valor menor de δ significa que el futuro es ahora menos importante para la empresa. Como he mostrado en la sección 9.1, uno de los elementos incluido en el factor de descuento de una empresa es la probabilidad de que el futuro no exista (la tasa de salida h en la Ecuación 9.5). Una empresa que se encuentra en una situación difícil (ya sea financiera o de otro tipo) tiene un factor de descuento menor que una empresa que está rindiendo bien. Esto se atribuye a una mayor probabilidad de dejar la industria.

Si la diferencia entre $\bar{\delta}$ y $\underline{\delta}$ es suficientemente grande, puede que la colusión sea posible entre empresas «pacientes» ($\delta = \bar{\delta}$) pero no entre empresas «impacientes» ($\delta = \underline{\delta}$). Nótese que, en equilibrio, ninguna empresa puede tener un incentivo para desviarse si se quiere mantener un precio alto: por lo tanto, todas las empresas deben tener $\delta = \bar{\delta}$. Tan pronto como una empresa ve su δ cambiar de $\bar{\delta}$ a $\underline{\delta}$, esa empresa se desviará e iniciará una guerra de precios: aunque las ganancias de corto plazo de la desviación no hayan cambiado, las ganancias esperadas de largo plazo de honrar el acuerdo de colusión son ahora mucho más bajas.

Sin embargo, las guerras de precios no tienen por qué ser iniciadas por las empresas más débiles. Consideremos el caso de la industria británica de los periódicos. En julio de 1993, Rupert Murdoch redujo el precio del *Times* de 45p a 30p. Diez meses más tarde, el precio volvió a bajar a 20p, menos que la mitad del precio inicial. Esta estrategia tan agresiva lanzó al mercado entero de periódicos a una guerra de precios que duró más de 18 meses. Aunque muchos periódicos aumentaron sus ventas (especialmente el *Times*), la guerra de precios tuvo un gran impacto negativo en la rentabilidad media de la industria.

La razón más probable por la cual Murdoch redujo el precio del *Times* en 1993 es que la circulación se había deteriorado rápidamente, cayendo por debajo de 360.000. En mayo de 1995, la circulación estaba bien por encima de 650,000. En ese momento, Murdoch envió la señal de poner fin a la guerra de precios: en una conferencia de prensa, afirmó que los precios «tendrán que ser corregidos probablemente» en respuesta a un aumento en los costes de impresión entre 30 y 40% que «han cambiado la economía de la industria».[9] Fue el aumento en costes, ¿o fue el hecho de que el *Times* había recuperado una cuota de mercado cómoda tras dos años de precios reducidos?

Aun cuando esta guerra de precios reflejó la débil cuota de mercado del *Times* en 1993, Murdoch no hubiera tomado la iniciativa si su posición financiera no hubiera sido tan fuerte como lo era. De hecho, una explicación alternativa de esta estrategia es que, al reducir precios, simplemente estaba intentando provocar que algunos de sus rivales dejaran el mercado.[g]

Un ejemplo más reciente viene dado por los servicios en la nube. En marzo de 2014, Google redujo sus precios entre 30% y 85%, lanzando a todo el mercado de computación en la nube a una guerra de precios. Aunque estas acciones pueden reflejar la debilidad de Google en este mercado comparado con otros tipos de servidores y centros de datos, está claro que Google no hubiera tomado la iniciativa si su posición financiera no fuera tan sólida como lo es.[10]

En resumen, los ejemplos de aerolíneas, periódicos y computación en la nube muestran que las guerras de precios pueden ser iniciadas de forma unilateral por una empresa sola. Sin embargo, mientras que en el caso de las aerolíneas es la empresa más débil la que empieza la guerra de precios, en los demás casos es el jugador más fuerte el que reduce precios primero.

9.3 Factores que facilitan la colusión

En la sección 9.1, encontré algunas de las condiciones que hacen que una industria sea más proclive a acuerdos de colusión. En particular, mencioné la frecuencia de interacción y el crecimiento de mercado. Además, algunos de los casos considerados –la industria del diamante, por ejemplo– sugieren que la gravedad y credibilidad del castigo también juegan un papel importante. La sección 9.2 introdujo otro factor importante, en concreto la probabilidad de detección de

---

[g] En la sección 12.3 investigo esta estrategia en más detalle.

una desviación del acuerdo colusorio. En esta sección, continúo la discusión de factores que facilitan la formación y estabilidad de acuerdos de colusión.

■ **La estructura de mercado y la colusión.** En las secciones previas, mantuve (por simplicidad) el supuesto de duopolio simétrico. Este supuesto no es probable que se satisfaga en ejemplos de la vida real. Normalmente, hay más de dos empresas con una distribución asimétrica de las cuotas de mercado. ¿Cómo influencia el número de empresas y su distribución de las cuotas de mercado en la probabilidad de comportamiento colusorio?

Una idea es que la colusión es más probable en industrias concentradas que en industrias fragmentadas. Primero, es más fácil *establecer* un acuerdo colusorio cuando hay pocos competidores que cuando hay muchos competidores. De hecho, tanto la teoría de la negociación como la evidencia anecdótica sugieren que los acuerdos son más difíciles de alcanzar cuanto mayor sea el número de partes interesadas. Además, es más fácil *mantener* un acuerdo colusorio con menos competidores. Consideremos el caso de competencia en precios con repetición, presentado en la sección 9.1 para el caso de dos empresas. Si hubiera $n > 2$ competidores, el beneficio por empresa sería menor. Sin embargo, el beneficio que una empresa reduciendo precios podría obtener sería el mismo. En consecuencia, la tentación de bajar precios es relativamente mayor cuando hay más competidores, y la colusión es más difícil de mantener. Desarrollo este punto con más detalle en el Ejercicio 9.17.

Un segundo aspecto relacionado con la estructura de mercado es la simetría entre empresas. Normalmente es más fácil mantener colusión entre empresas similares que entre empresas asimétricas.[h] Para entender por qué, consideramos un duopolio donde las empresas fijan precios y una de las empresas tiene una ventaja de coste sobre la otra. Por ejemplo, el coste marginal constante de la Empresa 1 es $\underline{c}$, mientras que el de la Empresa 2 viene dado por $\bar{c}$, el cual es mayor que $\underline{c}$ pero menor que el precio de monopolio de la empresa con menor coste. El acuerdo colusorio eficiente es que la Empresa 1 fije su precio de monopolio y que la Empresa 2 fije un precio más alto y venda cero. De hecho, este es el precio y la asignación de cuotas de mercado que maximiza los beneficios conjuntos. No obstante, tal acuerdo no es estable, porque la Empresa 2 tendría un incentivo para disminuir su precio por debajo del precio de la Empresa 1 y ganar un beneficio positivo en el corto plazo. Nótese que esto es verdad sin importar el valor del fac-

---

[h] La industria del diamante es una excepción importante a esta regla. Dadas las características peculiares del producto (diamantes), el liderazgo de una de las empresas (DeBeers) ha jugado un papel esencial en el mantenimiento de precios altos, básicamente mediante la percepción sostenida –a través de publicidad y gestión de inventario– de que los diamantes son escasos (aunque no lo sean).

tor de descuento, ya que en la solución eficiente la Empresa 2 gana un beneficio de cero. Se deduce que *no existe un nivel de castigo tal que la Empresa 2 es disuadida de desviarse* ya que no tiene nada que perder.

Una solución alternativa podría ser que ambas empresas fijaran un precio al mismo nivel (alto). Esto atenuaría el problema de la Empresa 2 queriendo desviarse, pero podría crear un problema nuevo: la Empresa 1 ahora quiere desviarse. Primero, los beneficios de la Empresa 1 al desviarse son muy grandes, porque vende a un margen mayor. Segundo, el castigo que la Empresa 2 podría ser capaz de imponer a la Empresa 1 es probablemente menor: aun cuando la Empresa 2 fija su precio igual al coste marginal, la Empresa 1 todavía puede ganar beneficios positivos.[i]

La industria del bromuro durante los inicios del siglo XX nos proporciona un ejemplo interesante de este punto. Entre 1885 y 1914, un periodo cuando la industria estaba dominada por un cartel, seis guerras de precios tuvieron lugar. Dos de esas guerras tuvieron lugar justo después de anuncios públicos de violaciones del acuerdo de cartel. Claramente, estas no eran guerras de precio en equilibrio en el sentido explicado en la sección anterior. Seguramente, fueron el resultado de desacuerdos entre miembros del cartel acerca de la distribución de beneficios. Si todas las empresas fueran simétricas, entonces la distribución de beneficios sería un asunto simple de resolver: la solución natural es la de distribuir los beneficios de forma igual. Si las empresas son asimétricas, sin embargo, entonces el cartel está sujeto a un tipo de tensión adicional, en concreto el acuerdo de la distribución de beneficio.[11]

> **La colusión es normalmente más fácil de mantener entre pocas y parecidas empresas.**

■ **Contacto multimercado.**[12] El análisis teórico y la evidencia empírica sugieren que las empresas que compiten entre ellas en varios mercados tienen una mayor propensión a conspirar en colusión, y conspirar en mayor medida. Por ejemplo, se ha estimado que el contacto multimercado tiene un impacto positivo en el precio de los billetes de avión (véase la Caja 9.3).

---

[i] Hablando estrictamente, la Empresa 2 puede imponer un castigo de igual tamaño a la Empresa 1: si fija $p_2 = c$, la Empresa 2 fuerza a la Empresa 1 a ganar cero beneficios. El problema es que en este proceso la Empresa 2 tiene pérdidas, lo que en muchas situaciones de la vida real sería difícil de sostener.

CAJA 9.3 Contacto multimercado entre aerolíneas en EE. UU.[13]

En el transporte aéreo, un mercado se define como el vuelo de conexión entre dos ciudades. En este sentido, las aerolíneas compiten en varios mercados, y las aerolíneas competidoras se solapan en los mercados que cada una de ellas cubre. Consideremos, por ejemplo, las 1.000 rutas más importantes en EE. UU. Definamos el contacto medio en cada mercado como el número medio de otros mercados en los que las aerolíneas compiten las unas con las otras.

Por ejemplo, consideremos una ruta particular que, en 1988, estaba servida por American, Delta y Northwest. Durante ese año, American y Delta aparecen conjuntamente en 527 de las 1.000 rutas más importantes, mientras que American y Northwest estaban presentes en 357 rutas y Delta y Northwest en 323 rutas. Así, el contacto medio entre rutas era de $(527 + 357 + 323)/3 = 402,3$.

La evidencia estadística muestra que esta variable tiene un impacto positivo significativo en tarifas aéreas, una vez controlamos por una serie de factores. A su vez esto sugiere que las aerolíneas usan la competencia en otras rutas como medio de colusión en una ruta dada. Bajar el precio en una ruta puede conllevar un aumento de beneficio en el corto plazo. Sin embargo, no solo empezaría una guerra de precios en esa ruta, también aumentaría la competencia en precios en otras rutas.

¿Cómo puede el contacto multimercado aumentar la probabilidad de colusión? Quizás la mejor manera de abordar esta pregunta es viendo por qué el contacto multimercado podría *no* mejorar la probabilidad de colusión. Consideremos un duopolio de productos homogéneos donde las empresas fijan precios y el coste marginal es constante e idéntico para ambas empresas. Si las empresas fijan precios a nivel de monopolio, p^M, entonces cada empresa recibe $\frac{1}{2}\pi^M$, donde π^M es el beneficio de monopolio. Si una de las empresas fijara un precio ligeramente más bajo, entonces recibiría todos los beneficios de monopolio, es decir, el doble. La peor guerra de precios para castigar tal desviación consistiría en fijar el precio igual al coste marginal para siempre, es decir, un beneficio de cero. Por lo tanto, la colusión es posible si y solo si:

$$\frac{1}{1-\delta}\frac{1}{2}\pi^M \geq \pi^M$$

El lado izquierdo de la ecuación es el valor descontado del flujo de la mitad del beneficio de monopolio en cada periodo, mientras que el lado derecho de la expresión es el beneficio de monopolio en un solo periodo. Resolviendo esta ecuación obtenemos que $\delta \geq \frac{1}{2}$.

Consideremos ahora el caso cuando las empresas compiten en dos mercados idénticos, cada uno de los cuales descrito en el párrafo anterior. ¿Cuál es ahora el valor más bajo del factor de descuento para que la colusión sea estable? El coste futuro de una desviación es mayor: una guerra de precios en ambos mercados. Pero los beneficios de la desviación también son mayores: aumentar los beneficios en ambos mercados. De hecho, la nueva condición de estabilidad es:

$$\frac{1}{1-\delta}\frac{1}{2}\pi^M + \frac{1}{1-\delta}\frac{1}{2}\pi^M \geq \pi^M + \pi^M$$

lo que implica de nuevo que $\delta \geq \frac{1}{2}$. Dicho de forma más intuitiva, si los diferentes mercados son meras réplicas los unos de los otros, entonces el contacto multi-mercado parece tener poco efecto: el castigo por una desviación aumenta, pero también lo hace el beneficio, de hecho, lo hace de manera proporcional exacta.

Ahora supongamos que cada empresa tiene una ventaja en costes en uno de los mercados. Por ejemplo, en el Mercado 1 el coste de la Empresa 1 es $\underline{c}$, mientras que el coste de la Empresa 2 es $\overline{c} > \underline{c}$; y en el Mercado 2 el coste de la Empresa 2 es $\underline{c}$, mientras que el coste de la Empresa 1 es $\overline{c}$. Una posible interpretación es que cada empresa está localizada en un país distinto y $\overline{c} = \underline{c} + t$, donde t es el coste de transporte de un país al otro.

CAJA 9.4 Contacto multimercado en la industria de comida canina[14]

Con docenas de miles de perros por alimentar, la industria de la comida para mascotas acumula un valor en dólares significativo. En EE.UU., las ventas de comida para perros exceden los $3.000 millones anuales. Hay esencialmente cinco segmentos en el mercado de comida para perros: seca, húmeda, tentem-pié, en lata y suave-seco.

En 1986, Quaker Oats, una empresa dominante en el segmento húmedo, adquirió la empresa con problemas financieros llamada Anderson Clayton. Esta adquisición no fue totalmente pacífica. De hecho, la compra por parte de Quaker se anticipó a una oferta de Ralston Purina, un competidor de Quaker y una empresa dominante en el segmento de comida seca canina (una cuota de mercado del 49,7 %).

Quaker vendió todas las divisiones de Anderson Clayton excepto Gaines, propietaria de varias marcas en diferentes segmentos. Esta adquisición forta-leció la posición de Quaker en el segmento húmedo, aumentando su cuota de mercado del 27,9 % al 80,7 %. También aumentó la presencia de Quaker en el segmento seco, llegando a una cuota de mercado total del 19,8 %.

Como respuesta a las acciones de Quaker, Ralston Purina adquirió Benco Pet Food's Inc., el principal rival de Quaker en el segmento húmedo. Un analista de la industria comentó que esta compra «quería avisar a Quaker un poco; decir "Eh, podemos devolvértela en tu segmento fuerte si nos causas problemas en nuestro segmento fuerte"». Quaker respondió lanzando un producto semihúmedo llamado *Moist'n Beefy*, un claro ataque a la marca *Moist & Meaty* de Ralston (antes de Benco). Ralston Purina, a su vez, introdujo una comida canina seca llamada *Grrravy*, un claro golpe a la marca de Quaker llamada *Gravy Train*.

Como hemos visto en la sección previa, el acuerdo colusorio eficiente en el Mercado 1 es que la Empresa 1 fije su precio de monopolio y la Empresa 2 fije un precio más alto y venda cero. Lo contrario es cierto en el Mercado 2. Si examinamos ambos acuerdos aisladamente, tales acuerdos no son estables. Sin embargo, si consideramos los dos mercados juntos, entonces la situación cambia drásticamente. La Empresa 1 puede convencer a la Empresa 2 de no disminuir su precio por debajo de su precio de monopolio con la amenaza de bajar su propio precio en el Mercado 2 por debajo del precio de monopolio de la Empresa 2 si la Empresa 2 disminuye su precio en el Mercado 1. De hecho, supongamos que el castigo de la desviación fuera que las empresas se enzarzaran en una guerra de precios donde el precio es igual al coste marginal alto, $\bar{c}$.[j] Uno puede fácilmente mostrar que si el factor de descuento es suficientemente alto, entonces las empresas serán capaces de conspirar en colusión y fijar precios al nivel de monopolio (véase el Ejercicio 9.18). El contacto multimercado es importante.

La colusión es normalmente más fácil de mantener cuando las empresas compiten en más de un mercado.

Un ejemplo que ilustra este tipo de razonamiento es el de la industria química en la década de 1920 (descrita en la introducción). Según el acuerdo colusorio –que se declaró ilegal hacia 1930– ICI se concentraría en el Reino Unido y los países de la Commonwealth, las empresas alemanas en Europa y DuPont en América. Un ejemplo más reciente, discutido en la Caja 9.4, es el de la industria de comida canina, donde dos segmentos –comida canina seca y húmeda– están dominados por dos empresas distintas.[k]

---

[j] Se puede demostrar que esto constituye un equilibrio del juego de precios estático.
[k] En realidad, la Caja 9.4 ilustra las consecuencias de la ruptura de un acuerdo multimercado.

CAJA 9.5 El mercado de generadores de turbina grandes[15]

Los generadores de turbina (o turbogeneradores) son complicadas piezas de equipamiento usadas para convertir vapor en energía eléctrica. Los compradores típicos son empresas de generación eléctrica; los principales vendedores son General Electric y Westinghouse. Los generadores de turbina de gran tamaño son fabricados por encargo. Los vendedores son escogidos mediante negociación directa (proceso típico de empresas privadas eléctricas) o mediante subastas a sobre cerrado (proceso típico de empresas públicas de electricidad).

Como mencionamos en la página 295, en la década de 1950 se descubrió y desmanteló un acuerdo colusorio secreto entre los competidores principales en la industria de bienes eléctricos (incluidos los generadores de turbina). Como resultado de la ruptura del cartel, los precios de los generadores de turbina disminuyeron un 50 % entre 1958 y 1963.

En mayo de 1963, GE anunció una nueva política de precios para sus generadores de turbina. Esta nueva práctica se basaba en un *libro de precios* que contenía reglas objetivas para determinar el precio de un generador de turbina. GE anunció que, a partir de ese momento, vendería a los precios publicados *sin excepción*. Además, estableció una *cláusula de cliente más favorecido*: en el caso de que GE vendiera a un precio menor que el precio del libro, cada cliente en los seis meses previos tendría derecho al mismo descuento. La credibilidad de la nueva política de precios de GE fue fortalecida por su decisión de contratar una empresa auditora para vigilar y certificar el cumplimiento de las nuevas reglas de fijación de precios.

En menos de un año, Westinghouse adoptó también la política de GE de publicar un libro de precios y ofrecer una cláusula de protección del precio estipulado. Con la excepción de un episodio breve de reducción de precios en 1964, los precios fijados por ambas compañías permanecieron estables e idénticos hasta 1975. En ese momento, el Departamento de Justicia de EE. UU. decidió que esas políticas de precios usadas por GE y Westinghouse solían estabilizar precios y por lo tanto violaban las leyes antimonopolio (la Sherman Act, en particular). Como resultado, propuso que GE y Westinghouse firmaran un decreto de consentimiento donde el segundo se abstendría de llevar a cabo prácticas como las de «ofrecer una política de protección de precios» o «revelar a toda persona [...] un libro de precios o lista de precios relacionados con los generadores de turbina de gran tamaño».

CAJA 9.6 Colusión en el mercado danés de hormigón premezclado[16]

La estructura de la industria del hormigón premezclado en Dinamarca puede ser descrita como una serie de oligopolios regionales aislados con unas pocas empresas activas en la gran mayoría de los mercados regionales y una gran mayoría de las empresas únicamente activas en uno o dos mercados regionales. Hasta 1993, los precios publicados estaban frecuentemente sujetos a descuentos confidenciales e individualizados de un tamaño considerable. Esta situación condujo a los analistas de la industria y las autoridades de política de la competencia a sugerir que el comportamiento a la hora de fijar precios en la industria estaba muy lejos del ideal en competencia perfecta.

Como respuesta, el Consejo Danés de la Competencia decidió, en octubre de 1993, recopilar y publicar frecuentemente los precios de transacción fijados por empresas individuales en tres mercados regionales para dos grados particulares de hormigón premezclado. Supuestamente, el propósito de estas publicaciones era el de mejorar la información en el lado del comprador (es decir, entre empresas de la construcción), donde la competencia entre vendedores sería estimulada y los precios medios por transacción disminuirían.

Sin embargo, el resultado del cambio en regulación fue distinto del esperado. En el mercado de Aarhus, por ejemplo, los precios evolucionaron como se muestra en la figura de abajo. Primero, la dispersión de los precios entre empresas disminuyó drásticamente (comparad enero de 1994 con noviembre de 1995). Segundo, el nivel medio de precios aumentó significativamente.

Los datos sugieren que el hecho de hacer pública la información de precios ayudó a las empresas a coordinar un equilibrio de colusión. El requisito de publicar precios cesó poco después del periodo presentado en la figura de abajo.

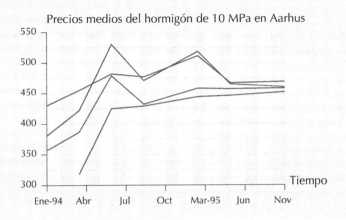

■ **Factores institucionales.** Además de los factores estructurales como el número de empresas y el número de mercados en que las empresas interactúan, existen una serie de factores institucionales que pueden particularmente facilitar la colusión (también conocidos como **prácticas facilitadoras**). Por factores institucionales nos referimos a normas o regulaciones impuestas por las mismas empresas o por el gobierno o agente regulador. Un ejemplo relevante de semejante tipo de regulación viene dado por las cláusulas de **cliente más favorecido**. Estas cláusulas vinculan a las empresas a no ofrecer un descuento a clientes particulares sin ofrecer el mismo descuento a todos los clientes servidos durante un mismo periodo de tiempo. En sentido literal, esto parece ser una cláusula que protege al cliente –en particular, protege al cliente de pagar un precio más alto que otros clientes. Sin embargo, un efecto importante de la cláusula es que disminuye el incentivo de una empresa a ser agresiva cuando fija precios: aunque disminuir su precio pueda permitir a la empresa capturar cuota de mercado de su rival, una disminución de precio ahora también implica el coste de reembolsar a clientes previos que pagaron un precio más alto. Finalmente, dado que las empresas tienen menos incentivos para rebajar sus precios, acuerdos colusorios en precios son más estables que si la cláusula no se hubiera impuesto. Dicho de otro modo, una práctica de gestión empresarial que a primeras podría ser interpretada de protección al cliente contra precios altos acaba implicando precisamente eso: precios altos. El mercado de los generadores de turbina de gran tamaño en las décadas de 1960 y 1970 nos proporciona un ejemplo interesante de esta idea: véase la Caja 9.5 para más detalle. Ver también el Ejercicio 9.16 para una cláusula parecida, en concreto las garantías de igualación de precios.

En los EE. UU. y hasta 1986, los ferrocarriles tenían la libertad de fijar sus propias tarifas y firmar acuerdos confidenciales con transportistas de grano. Una nueva ley aprobada en 1986 requería que algunos términos de estos acuerdos se hicieran públicos. La evidencia empírica sugiere que el impacto de esta nueva ley fue un aumento en los precios.[17] A primera vista, una legislación que aumenta la **transparencia** en el mercado parece proteger a los compradores. No obstante, el efecto de la transparencia puede ser el de facilitar la coordinación de precios. La idea es que, si los precios son conocimiento público, entonces la supervisión de un acuerdo de colusión es mucho más fácil que cuando los precios son información privada. Esto es consistente con el análisis en la sección previa, en concreto la situación de colusión con descuentos secretos en los precios.

Un ejemplo parecido, descrito en la Caja 9.6, viene dado por el hormigón premezclado en Dinamarca. En 1994, el gobierno danés mandó que todos los precios de transacciones de hormigón premezclado se hicieran públicos. Esto tuvo como consecuencia una menor varianza en precios, pero también unos niveles de precios medios más altos.

9.4 Análisis empírico de carteles y colusión

Hay varias fuentes de información con respecto al funcionamiento de carteles y, en general, acuerdos de colusión. Primero, durante un tiempo los carteles eran legales, y su *modus operandi* era razonablemente conocido por personas ajenas. Este es el caso, por ejemplo, del cartel de transporte ferroviario (sección 9.2) y del cartel del bromuro (sección 9.3). Segundo, muchos carteles ilegales son descubiertos y procesados por las autoridades de política de la competencia; y el proceso judicial revela un montón de información acerca de las operaciones del cartel. Finalmente, tal y como podemos comparar entre modelos distintos de competencia oligopolística (ver sección 8.3), también podemos usar datos de mercados histórica para estimar el grado de colusión. A continuación, reviso unos pocos ejemplos ilustrativos que, juntos, deberían proporcionar un mejor entendimiento de la colusión en la vida real.

• **El cartel del azúcar.**[18] En las décadas de 1910 y 1920, la industria de la caña de azúcar en EE. UU. experimentó una disminución en sus márgenes y un exceso de capacidad. En diciembre de 1927, se formó una asociación empresarial para facilitar la colusión entre las 14 empresas líderes (que conjuntamente poseían casi la totalidad de la capacidad refinadora de azúcar en el mercado). El acuerdo se mantuvo hasta 1936, cuando la Corte Suprema de EE. UU. declaró sus prácticas como ilegales.

El cartel del azúcar consistía en un «Código Ético» –complementado por una serie de «Interpretaciones del Código»– que cubría aspectos diversos de la distribución y mercadotecnia del azúcar. El objetivo era crear cuanta más transparencia como fuera posible, para poder detectar así cualquier desviación más fácilmente. Por ejemplo, los precios y otros términos de las ventas tenían que ser anunciados públicamente. En cambio, la colusión en guerras de precios estaba implícita más que explícita.

El cartel fue bastante exitoso: los márgenes aumentaron de un 5 % a un 10 %. Hubo algunas desviaciones de los niveles de precios acordados tácitamente; no obstante, castigos severos solo ocurrieron cuando hubo desviaciones en masa. Esta clemencia con respecto a desviaciones pequeñas puede haber sido una consecuencia del alto grado de comunicación entre los miembros del cartel.

• **Los carteles de la lisina y del ácido cítrico.**[19] La lisina es un producto añadido al alimento del ganado porcino y avícola. De 1990 a 1995, las cinco empresas líderes del mercado establecieron un acuerdo colusorio. La lisina es un mercado de clientes (ver capítulo 6, es decir, los precios se acuerdan normalmente por la vía de la negociación bilateral). Quizás por esta razón los términos del cartel se basaron en las cuotas de ventas: cada mes, informes de ventas se enviaban a la empresa japonesa Ajinomoto, que actuaba como coordinadora central del cartel. Las empresas que excedían su cuota debían (mediante la amenaza de la desmantelación del cartel) volver a «comprar» de las empresas con ventas por debajo de sus cuotas. Quizás no sorprenda a nadie que algunas empresas mintieran en sus informes para evitar el «castigo» («no hay honor entre ladrones», tal y como dicen).

El ácido cítrico es usado principalmente en la industria de la bebida y la comida (otros usos incluyen productos de limpieza casera, productos farmacéuticos, cosméticos y otros productos industriales). De 1991 a 1995, los cinco productores líderes –que conjuntamente sumaban dos tercios del mercado global– controlaban un cartel parecido al de la lisina: las asignaciones de mercado eran acordadas y ventas mensuales informadas al coordinador del cartel, que en este caso era la empresa suiza Hoffmann LaRoche.

Los carteles de la lisina y el ácido cítrico nos sugieren que, si disponer de información de empresas individuales es suficiente, entonces un sistema de castigos individuales puede funcionar mejor que una guerra de precios en el conjunto de la industria como se ha sugerido por los modelos presentados en la sección 9.2.

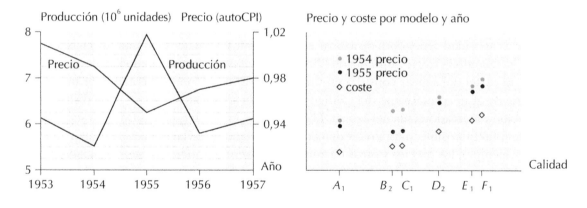

Figura 9.1. La guerra de precios de 1955 en la industria del automóvil de EE.UU.

• **Colusión en la industria del automóvil de EE. UU.**[20] El panel izquierdo de la figura 9.1 muestra la evolución del precio y la cantidad en la industria del automóvil de EE. UU. en los años cincuenta. Claramente, 1955 fue un año especial: los precios fueron menores y el nivel de cantidad fue considerablemente mayor que en los años adyacentes. Una posibilidad tentadora es que el cambio drástico en p y q fue el resultado de una ruptura temporal de la habilidad de la industria de conspirar en colusión (¿tácitamente?) para fijar precios altos. ¿Cómo podemos determinar, basándonos en los datos disponibles, si 1955 experimentó una «guerra de precios» del tipo considerado en la sección 9.2?

El panel derecho en la figura 9.1 describe una estrategia posible para la **identificación estadística** de un cambio en el grado de colusión. Supongamos que distintos modelos de coches pueden estar caracterizados por el nivel de calidad, lo que viene medido en el eje horizontal.[1] Supongamos que dos fabricantes, 1 y 2, ofrecen una serie de modelos: *A, C, E* y *F* por la Empresa 1; y *B* y *D* por la Empresa 2. En el eje vertical vienen representados los precios de 1954 y 1955 así como el coste medio, que asumo que es el mismo para ambos años.

La estrategia de identificación consiste en que, si dos modelos de coche compitiendo entre ellos están suficientemente lejos el uno del otro, entonces un cambio en el grado de colusión no debería tener efecto alguno en sus márgenes entre precio y coste. De modo similar, para dos modelos de coches que son suficientemente similares en el espectro de los productos de la industria, pero pertenecen al mismo fabricante, un cambio en el grado de colusión no debería tener ningún efecto. Una ruptura en el acuerdo colusorio debería ser detectada en el precio de modelos parecidos que compiten entre ellos: por ejemplo, los modelos B_2 y C_1 en el panel derecho de la figura 9.1. La evidencia empírica de los precios de 85 modelos de coches distintos es consistente con esta interpretación: en 1955, el grado de colusión era significativamente menor que en 1954 o 1956.

9.5 Políticas públicas

Como se ha mencionado al principio del capítulo, las empresas tienen un incentivo natural para juntarse y acordar la fijación de precios altos. Una fracción relevante de políticas públicas relacionadas con la competencia de mercado (políticas antimonopolio, política de competencia) está precisamente enfocada y dirigida hacia la lucha contra esta tendencia de los vendedores a «conspirar» contra el consumidor.[m]

Como hemos discutido en la sección 5.3, hay varias razones por las que conspirar en precios debería ser (y es) ilegal. Desde un punto de vista de la eficiencia de asignación, la solución óptima es que diferentes empresas fijen precios al nivel del coste marginal. Cualquier desviación de esta solución tiene como consecuencia directa una pérdida del bienestar general, una pérdida que crece con la diferencia entre precio y coste marginal a una tasa creciente.[n]

---

[1] Esto es obviamente un supuesto simplificador. En la sección 14.1 trataré el mismo asunto en mayor detalle.

[m] Los términos «antimonopolio» y «política de competencia» se usan aproximadamente con el mismo significado. El término «antimonopolio» se refiere normalmente a casos en EE. UU., mientras que el término «política de competencia» se refiere normalmente a casos europeos.

[n] Si la demanda es lineal y el coste marginal es constante, entonces la pérdida de eficiencia es una función cuadrática de la diferencia entre precio y coste marginal.

Además, aun cuando las pérdidas de eficiencia no son significativas, un aumento en el precio implica una transferencia de compradores a vendedores –lo que a menudo significa una transferencia de consumidores a empresas. De hecho, es apropiado decir que esta ha sido una de las razones principales por las que la política pública está en contra de la conspiración en la fijación de precios: aunque los economistas suelen enfatizar la importancia de la eficiencia de asignación –sin importar las consecuencias para la distribución de recursos– los políticos a su vez normalmente recalcan el bienestar del consumidor por encima del bienestar total. En el caso de la fijación de precios, la diferencia en su motivación no importa mucho, ya que ambos llevan a la misma conclusión. Lo mismo no es verdad, sin embargo, en otras áreas de la política pública (por ejemplo, las fusiones, como mostraré en la sección 11.3).

Conspirar en precios es ilegal en la mayoría de los países del mundo. En Europa, por ejemplo, la prohibición viene del Art. 101 del **Tratado de la Unión Europea**, que establece que

Serán incompatibles con el mercado interior y quedarán prohibidos todos los acuerdos entre empresas [...] que consistan en: a) fijar directa o indirectamente los precios de compra o de venta [...] b) limitar o controlar la producción [...] c) repartirse los mercados o las fuentes de abastecimiento [...]

En los EE. UU., la fijación de precios es ilegal por virtud de la **Sherman Act**, que fue aprobada en 1890:

Sección 1. Cada contrato, combinación en forma de organización u otro, en restricción de comercio [...] se declara ilegal.
Sección 2. Toda persona que monopolice, o intente monopolizar, o combinar o conspirar con otra persona o grupo de personas, para monopolizar una parte de una industria o tipo de comercio [...] será considerada culpable de un delito [...]

En la mayoría de los demás países, existen leyes similares. Cada compañía, aun cuando no opera en más de un país, está potencialmente sujeta a la supervisión de un número de guardianes de la conspiración de precios: en EE. UU., la Federal Trade Commission (FTC) y el Departamento de Justicia (DOJ); en Europa, la DG Comp de la Comisión Europea y otras varias agencias de política de la competencia con competencias a nivel de país, como la Office of Fair Trade (OFT) del Reino Unido y la Bundeskartellamt de Alemania. Esta lista se extiende a muchos otros países, incluyendo la Japan Fair Trade Commission en Japón, el Ministerio de Comercio de China, y el Conselho Administrativo de Defesa Econômica de Brasil.

■ **Colusión explícita y tácita.** Como hemos descrito en la Caja 9.5, en 1963 GE y Westinghouse iniciaron un periodo de más de una década de precios altos y estables. No hay evidencia alguna de que, durante este periodo, GE mantuviera ningún contacto directo con Westinghouse. Además, GE y Westinghouse negaron posteriormente que su intención fuera la de estabilizar precios. Más bien, justificaron sus precios idénticos como el resultado del paralelismo consciente o el ejercicio de liderazgo en precios por parte de GE, ninguno de los cuales es una violación de las leyes antimonopolio.°

Los economistas y abogados en el DOJ no se creyeron esta línea de argumentación, pero no fue fácil –ni obvio– crear un argumento anticompetitivo para condenar a los duopolistas. Se tardó más de una década antes de que el DOJ pudiera volver a abrir el caso. Bajo la amenaza de llevar a juicio a GE y Westinghouse, el DOJ fue capaz de forzar de manera efectiva que ambas compañías pararan sus prácticas de fijación de precios.

Hay un antes y un después en la manera de pensar en antimonopolio gracias al caso GE-Westinghouse. La nueva doctrina antimonopolio defiende que un acuerdo entre empresas no requiere una conspiración acordada en una habitación oscura llena de humo: el acuerdo también puede ser establecido a través de una «comunicación pública de sistemas de precios». Publicar un libro de precios y anunciar los cambios en precios con mucho tiempo de antelación puede ser interpretado como una invitación al rival para que haga lo mismo; y por lo tanto puede tener el mismo efecto que un encuentro cara a cara.

En este contexto, un trozo de evidencia consistente con esto viene del caso en 1994 de la publicación de tarifas de aerolíneas (airline tariff publishing o ATP).[21] Las aerolíneas principales interactúan a través del sistema computarizado de reservas de billetes. El DOJ de EE. UU. argumentó que tal sistema común a las aerolíneas les permitía «comunicarse» de modo efectivo y «coordinar» sus estrategias de precios mediante el anuncio de cambios de los precios de sus billetes. Por ejemplo, una aerolínea podía anunciar que sus precios iban a subir en una semana. Las otras aerolíneas podían entonces anunciar un aumento en sus precios efectivo en la misma fecha; o podían no hacerlo, en cuyo caso la primera aerolínea podía volverse atrás en su primer anuncio. El resultado, parecido al sistema de GE y Westinghouse, fue un patrón a través de las aerolíneas de precios uniformes y cambios paralelos en los precios.

° El paralelismo consciente es la situación en que, aun sin un acuerdo presente entre empresas, los precios se mueven en paralelo, típicamente con una empresa actuando como líder de precios y sus rivales siguiendo su ejemplo.

■ **Jurisdicción.** Un punto importante a tener en cuenta acerca de la legislación de la conspiración de fijar precios –y de política de competencia en general– es que su aplicación no está limitada a las empresas con sus oficinas centrales localizadas en una jurisdicción particular. Por ejemplo, en la década de 1980 la Comunidad Económica Europea (CEE, el predecesor de la Unión Europea) denunció a una serie de compañías en la industria de la celulosa por presunta conspiración de fijación de precios. Entre los acusados estaban varias compañías americanas que argumentaban que no podían ser procesadas por un organismo fuera de los EE. UU. A su vez, la CEE argumentaba que podía regular el comportamiento fuera de su territorio siempre y cuando tuviera consecuencias dentro de su territorio. En una decisión crucial en 1988, los tribunales decidieron a favor de la CEE, adoptando efectivamente una **doctrina de efectos.**[22]

Lo mismo es verdad en EE. UU., donde los fiscales no discriminan en el cumplimiento de las leyes de antimonopolio basándose en la nacionalidad de las partes implicadas.[23] De hecho, desde octubre de 2012, de 21 casos por violación de la Sherman Act procesados por el DOJ de EE. UU. que han acumulado más de $100 millones en sanciones, solo dos correspondían a empresas americanas (Archer Daniels Midland Co. en 1996 y UCAR International Inc. en 1998). Las 19 restantes son compañías de Taiwán, Suiza, Japón, Corea, Francia, Holanda, Reino Unido, Alemania, Luxemburgo, Chile y Brasil.[24]

En cuanto a lo que se refiere a la jurisdicción, un punto importante a mencionar es la posibilidad de extradición. El Departamento de Justicia de EE. UU. dictó que Romano Pisciotti, un ciudadano italiano y antiguo ejecutivo de Parker ITR, era culpable de licitación fraudulenta en la venta de mangueras marinas en EE. UU. y otros lugares. Cuando viajaba entre Nigeria e Italia en junio de 2013, el señor Pisciotti hizo una escala en Alemania. Allí fue arrestado y, en abril de 2014, extraditado a los EE. UU., donde fue sentenciado por un tribunal federal a 24 meses de cárcel y a pagar $50.000 de multa. En el pasado, muchos ejecutivos extranjeros eran formalmente acusados de violaciones de leyes antimonopolio. No obstante, al negarse a aparecer en los EE. UU. para enfrentarse a los cargos del cartel, se libraban de castigo alguno. El caso Pisciotti fue la primera extradición exitosa jamás basada en una acusación de antimonopolio (en este caso por licitación fraudulenta, que es tanto un crimen en los EE. UU. como en Alemania).

■ **Programas de indulgencia.** Los programas de indulgencia prometen un trato especial a infractores de conspirar en precios que ayudan a las autoridades antimonopolio –si son los primeros en colaborar. Aunque el programa original de indulgencia fue establecido en EE. UU., muchas otras jurisdicciones en el mundo han puesto en funcionamiento sus propios programas, incluyendo la CEE, el Reino Unido, Corea del Sur y Japón.

Consideremos el ejemplo de Virgin Atlantic (VA) y British Airways (BA).[25] En agosto de 2004, BA decidió aumentar su «tasa por combustible» al pasajero, una tarifa extra impuesta en los billetes para compensar por los precios altos del petróleo. BA quería tantear a VA sobre el aumento de precio. De hecho, las dos empresas intercambiaron información al menos seis veces entre agosto del 2004 y enero del 2006. Mientras tanto, la tasa por combustible aumentó paralelamente de £5 a £60 ($10 a $110).

En 2007, se abrieron una serie de investigaciones sobre las tasas por combustible en clientes de mercancías. Temiendo que la investigación se desarrollara hacia la tasa por combustible en los billetes a pasajeros, los abogados de Virgin decidieron que sería mejor anticiparse a este posible escenario. Tras una llamada anónima que estableció que VA tendría inmunidad bajo el programa de indulgencia del Reino Unido, Virgin proporcionó a la Office of Fair Trade (OFT) del Reino Unido una gran cantidad de información, incluyendo registros telefónicos y entrevistas con miembros del personal de BA. El caso tomó por sorpresa a BA y eventualmente fue sentenciada a multas por varios millones de dólares; VA a su vez fue agradecida por la información.

Los programas de indulgencia no son inmunes a la crítica. Por ejemplo, muchos expertos cuestionan el grado de justicia envuelta en un programa donde se deja a una de las partes culpables libre sin castigo mientras la otra es objeto de castigos múltiples –incluso tiempo en prisión– por el mismo delito. A pesar de esta y otras limitaciones, los programas de indulgencia han demostrado ser una herramienta efectiva y poderosa para descubrir y procesar carteles secretos. ¿Puedes entender por qué? (Pista: piensa sobre el dilema del prisionero.) Véase el Ejercicio 9.10 para más información.

■ **Acuerdos horizontales de factores que no son precios.** No todos los acuerdos entre empresas son conspiraciones contra consumidores. De hecho, muchos acuerdos pueden incluso favorecer al consumidor. Por ejemplo, en 1982 la Semiconductor Research Corporation (SRC) fue fundada por compañías como Intel, AMD, IBM y Texas Instruments para «dotar de ventajas competitivas a sus miembros», en concreto mediante programas de investigación aplicada. Aunque estos programas benefician a sus miembros, algunos de los beneficios son transferidos con una probabilidad alta a los consumidores. Por esta razón, entidades como la SRC son inmunes o casi inmunes a acusaciones antimonopolio. Por ejemplo, la National Cooperative Research and Production Act de 1984 en EE. UU. reduce las obligaciones potenciales de antimonopolio de cooperaciones en investigación (research joint ventures o RJV) y organizaciones de normalización de estándares (standards development organizations o SDO). El problema viene de que tal tipo de acuerdos también crean otro tipo de circunstancias que aumentan la posibilidad y condiciones de que las empresas conspiren para fijar precios.[p]

■ **Asociaciones sectoriales e intercambios de información.** Las asociaciones industriales y sectoriales permiten a las empresas intercambiar información acerca de costes, la demanda e incluso precios. El intercambio de información de por sí no viola ninguna ley de antimonopolio o en contra de la conspiración para fijar precios. Pero, como la Caja 9.6 sugiere, el intercambio de información puede facilitar la conspiración para fijar precios, o al menos la colusión implícita. Consideremos el caso del transporte marítimo. Las empresas transportistas afirman que el intercambio de información es necesario para estabilizar precios y la calidad del servicio. De hecho, estas empresas se benefician de una serie de excepciones de la aplicación de la ley antimonopolio en los EE. UU. basándose en esta misma línea de defensa. No obstante, los compradores argumentan que el intercambio de información permite a los vendedores fijar precios más altos que los que fijarían sin tener acceso a la información intercambiada.

■ **La política de competencia en países en desarrollo.** Si comparamos leyes antimonopolio en el mundo, encontramos cierto nivel de consenso en que la colusión es y debería ser ilegal. En la práctica, sin embargo, la intensidad con la que las autoridades de cada país hacen cumplir la ley varía considerablemente: por ejemplo, como regla general el cumplimiento de la ley antimonopolio en EE. UU. ha sido más estricto que en la gran mayoría de los países.

Llegados a este punto, cabe hablar de los países en desarrollo. Cuando un país experimenta un proceso de desregulación y crecimiento, los asuntos de política de la competencia ganan importancia relativamente hablando. Sin embargo, normalmente la «cultura» de la política de competencia llega con retraso tras el crecimiento económico. Consideremos el caso de Brasil, donde el Conselho Administrativo de Defesa Econômica (CADE) ha combatido el comportamiento de cartel durante años. Una lista de casos compilada por el CADE muestra los sectores que forman acuerdos de cartel con completo desconocimiento de la legislación de la competencia.

Los casos van desde comercios minoristas que registran sus acuerdos de colusión en precios en la notaría pública para garantizar que ninguna de las partes interesadas viole el acuerdo ilegal, a revendedores que publican tablas de aumentos de precios en los periódicos, alegando «transparencia», e incluso algunos que acuden al mismo CADE para quejarse de que algunos miembros de su

---

[p] Tratamos el caso particular de acuerdos de I+D más detalladamente en la sección 15.4.

cartel han violado ciertas partes del acuerdo y han causado «pérdidas» a otras compañías de la industria.[26]

Claramente, una política de la competencia sólida debe empezar por una educación sólida de esa misma política de la competencia. Por lo tanto, es reconfortante que agencias reguladoras recientemente creadas como la Competition Authority de Kenya incluyan como parte de su mandato el objetivo de «promover el conocimiento público, conciencia y entendimiento de las obligaciones, derechos y soluciones bajo las normas [de competencia]».

■ **Una selección de casos recientes.** La mayoría de las políticas de la competencia y legislación antimonopolio está basada en precedentes, es decir, decisiones tomadas en casos relacionados en el pasado. A continuación, describo una serie de casos que, conjuntamente, proporcionan una visión general de la orientación tomada por la política pública al respecto de la colusión.

• **Chocolate.** En una demanda legal conjunta en 2008 en Canadá, los abogados representando a los consumidores de chocolate argumentaron de forma exitosa que varios fabricantes conocidos conspiraron para aumentar sus precios. Durante los procedimientos judiciales se reveló que los fabricantes mantuvieron conversaciones al respecto en convenciones del sector y eventos de la asociación mercantil correspondiente. La suma total del acuerdo final fue de C$23,2 millones (dólares canadienses), con sumas que iban de C$3,2m pagados por Mars a C$9m pagados por Nestlé. Mars y Nestlé todavía se enfrentan a cargos criminales por un caso distinto iniciado por el Competition Bureau de Canadá. Como en EE. UU. y el Reino Unido, conspirar para fijar precios es un delito en Canadá. Al contrario de Mars y Nestlé, Hershey quedó fuera del caso y libre de cargos por cortesía de su participación en el programa de indulgencia canadiense.

Otra demanda legal conjunta fue también iniciada en los EE. UU. Aunque la evidencia en el caso canadiense era bastante sólida, el caso en los EE. UU. no avanzó. El juez decisivo opinó que «nada escandaloso o impropio ha sido descubierto dentro de nuestras fronteras, y no hay evidencia que permita una razonable inferencia de la existencia de un acuerdo para fijar precios».

Mientras tanto, en un caso independiente la German Cartel Commission determinó que un conjunto parecido de empresas era culpable de conspirar para fijar precios, debiendo pagar multas por un valor total por encima de €60 millones. Esta vez Mars fue capaz de escapar del castigo financiero con su papel de denunciante inicial.

Los casos de colusión de precios del chocolate nos proporcionan un buen ejemplo de los límites de utilizar el mismo tipo de evidencia en jurisdicciones distintas.

De forma parecida, demuestra que los programas de indulgencia son específicos de jurisdicciones particulares. Finalmente, tenemos aquí una representación de la diferencia y complementariedad entre casos iniciados por el gobierno (German Cartel Commission) y juicios privados. En un mismo país, como Canadá, es posible tener ambos tipos de juicios procediendo en paralelo.

• **Apple y la publicación de libros electrónicos.** Amazon se ha erigido como un líder en la venta de libros a precios descontados; los libros electrónicos (e-books) no son una excepción: normalmente, Amazon los vende por $9,99 (y una pérdida del precio al por mayor entre $10 y $15). Los editores de libros no están contentos con este sistema, que, dicho por ellos mismos, erosiona márgenes y destruye su negocio.

La entrada de Apple en el negocio de la venta de e-books, que esencialmente coincidió con el lanzamiento del iPad, fue recibido como una señal de esperanza. Apple prometió «liberar» a los editores de los «grilletes» de Amazon al introducir un sistema alternativo: el modelo de agencia. La idea era que los editores fijaran precios y el minorista (es decir, Apple) se llevara un porcentaje (30 % en el caso de Apple). Además, Apple impuso en los editores una cláusula de Nación Más Favorecida (Most Favored Nation o MFN): si vendían a un minorista alternativo (básicamente queriendo decir Amazon) a un precio menor, entonces el precio de venta de Apple debería ser reducido del mismo modo.

En abril de 2012, el Departamento de Justicia de EE. UU. denunció a Apple y los editores más importantes, argumentando que el modelo de agencia, combinado con la cláusula MFN, facilitaba colusión en el precio de e-books. De hecho, sencillamente eliminaba el incentivo de los editores a bajar sus precios por debajo del precio recomendado de Apple de $14,99; es como si Apple sirviera de «mecanismo de coordinación» para conspirar en la fijación de precios.

En diciembre de 2013, Hachette, HarperCollins, Simon & Schuster, Macmillan y Penguin llegaron a un acuerdo aun negando ningún tipo de culpa. Apple, en cambio, se negó a llegar a un acuerdo y el caso se llevó a juicio, donde se determinó que Apple violaba la ley antimonopolio al ayudar a aumentar el precio de venta minorista de los e-books. Al escribir este libro, la causa todavía está en la fase de apelaciones.

La decisión del caso de Apple *no* implica que el modelo de agencia o que las cláusulas MFN sean ilegales *de por sí*. Sin embargo, consolida la doctrina de que la colusión no solo se limita a escenarios de acuerdos en precios en una habitación oscura y llena de humo: prácticas de gestión que facilitan la colusión también pueden ser consideradas anticompetitivas (compara este ejemplo con el caso de GE y Westinghouse discutido en la Caja 9.5).

• **La fijación del Libor.** El Libor (London InterBank Offered Rate o LIBOR) es un tipo de interés de referencia que algunos de los bancos más importantes del mundo utilizan para cargarse un tipo de interés en préstamos a corto plazo entre ellos. Muchas instituciones financieras, prestamistas hipotecarios y agencias de tarjetas de crédito fijan sus propios tipos de interés en relación al Libor; se estima que más de $350 billones en instrumentos financieros están de algún modo pegados al Libor.

Para cada una de las divisas principales, un grupo de 11 a 18 bancos presenta (diariamente) una serie de tipos de interés al que estarían dispuestos a dejarse dinero los unos a los otros (de tipos de interés de 1 día a 1 año). Los cuatro tipos más altos y los cuatro tipos más bajos son eliminados de la muestra, se toma una media de los tipos restantes, y así se fija el Libor.

Empezando con un artículo corto en 2008 que luego se convirtió en un estudio más extenso, el *Wall Street Journal* informaba de un caso importante de manipulación de los tipos de interés: se había descubierto que los bancos estaban inflando o desinflando artificialmente sus tipos de interés para beneficiarse de sus transacciones. Como un experto afirmó sobre la noticia, «esta práctica hace parecer pequeña por varios órdenes de magnitud cualquier estafa financiera en la historia de los mercados financieros».

En diciembre de 2013, la UE multó a un grupo de instituciones financieras globales con un total de €1,7 mil millones ($2,3 mil millones) para levantar los cargos, la mayor multa combinada en la historia de la CEE. Mientras tanto, el Departamento de Justicia de los EE.UU. y el Competition Bureau de Canadá abrieron investigaciones penales sobre el delito de conspirar en la fijación de precios.

• **Contratos laborales en Silicon Valley.** A principios de 2013, el Departamento de Justicia de los EE.UU. presentó una demanda civil de antimonopolio contra Adobe, Apple, eBay, Google, Intel, Intuit, Lucasfilm y Pixar. La razón: que estas empresas habían llegado a una serie de acuerdos de «evitar llamadas no deseadas»: por ejemplo, los altos ejecutivos de eBay e Intuit habían acordado no reclutar empleados la una de la otra.

La sala del tribunal de justicia pertinente determinó que estos acuerdos, si se probaba su existencia, eran equivalentes a un acuerdo de mercado de asignación horizontal, y por lo tanto anticompetitivos de manera manifiesta e ilegales de por sí. Eventualmente, se alcanzaron una serie de acuerdos para no llevar el caso a juicio.

Estos casos son interesantes en la medida en que muestran que prácticas ilegales horizontales no conciernen solo a las acciones de vendedores. Colusión entre compradores –una forma de **poder monopsonista**– también constituye una violación de la Sherman Act. Además de que las prácticas horizontales ilegales no se limitan solo a la fijación de precios: cualquier acuerdo horizontal que limita el

grado de competencia –como un acuerdo de no reclutar a los clientes o empleados de un competidor– es de por sí ilegal.

• **Goma sintética.** En noviembre de 2006, la Comisión Europea (CE) multó a ENI
y Versalis con €272,25 millones por participar en el cartel de la goma (o caucho)
sintética. La multa incluye un aumento del 50 % por reincidencia: ambas empresas ya habían participado en los carteles del polipropileno (1986) y PVC II (1994).
En enero de 2008, Bayer y Zeon también fueron multados por cartelización. Las
multas de Bayer y de Zeon fueron reducidas un 30 % y un 20 %, respectivamente,
bajo el programa de indulgencia de la CE. Sin embargo, la multa de Bayer fue
aumentada un 50 % porque también había sido multado anteriormente por actividad de cartel en una decisión previa de la Comisión.

Este caso no es particularmente importante como precedente para establecer
una doctrina en el futuro. Sin embargo, ilustra el sistema de incentivos positivos y
negativos –«palos y zanahorias»– implícitos en el sistema europeo: multas adicionales por reincidencia, indulgencia por cooperación. En el momento de la decisión de Bayer, la comisaria europea entonces Neelie Kroes afirmaba

> Esta es la cuarta decisión de cartel en la industria de la goma sintética en solo
> tres años. Espero que esta sea la última.

Si me preguntas a mí, yo diría que esto es optimismo injustificado: los carteles
de bienes básicos abundan y seguramente nunca desaparecerán (recordad las frases
de Adam Smith que abrieron este capítulo). La afirmación de la comisaria Kroes
es particularmente optimista en vano si recordamos que, en la Unión Europea, la
conspiración para fijar precios es únicamente un delito civil. Quizás las cosas serían
muy distintas si, siguiendo la tradición en EE. UU., se consideraran una ofensa penal.

■ **Valoración general de las políticas públicas hacia la colusión de precios.** ¿Han
funcionado las políticas públicas diseñadas para reducir la colusión de precios?
La evidencia muestra claramente que las leyes tienen cierto impacto: muchas empresas son multadas por violar las leyes antimonopolio en contra de la colusión
de precios; y donde la colusión de precios es un delito penal (es decir, en los
EE. UU.), se dictan muchas sentencias de prisión.[q,27] ¿Pero han disminuido los
precios gracias a todas estas rupturas de carteles?

No es fácil responder a esta pregunta. Consideremos el ejemplo de Christie's y
Sotheby's. Su principal línea de negocio es la de subastar buen arte y otros bienes

---

[q] En los EE. UU., más del 50 % de los acusados por colusión de precios acaban cumpliendo
sentencias en la prisión.

de valor. Sus clientes son los compradores y los vendedores que llenan las casas de subastas. Los «precios» que las dos casas de subastas cobran son (esencialmente) una comisión de venta y una comisión de compra (también conocida como penalización al comprador). En la mitad de los años noventa, Christie's y Sotheby's llegaron a acuerdos secretos para fijar sus comisiones a los vendedores a niveles más altos y no negociables. Eventualmente, el cartel fue descubierto y desmantelado: juicios civiles y penales archivados en su contra; y los acusados declarados culpables y sentenciados en el año 2000. Queda bastante claro que no hay ningún tipo de cartel secreto entre Christie's y Sotheby's hoy día. No obstante, la tasa de comisión cobrada es en la actualidad más alta que nunca, ¡incluso más alta que el nivel alcanzado cuando un cartel existía!

Sin embargo, las subastas de arte no son el único cartel en el mundo: y en muchos otros casos la ruptura de un cartel sabemos que disminuyó los precios del mercado. Además, no nos debemos olvidar del efecto disuasorio de las políticas públicas en contra de la colusión de precios. Aunque es muy difícil medir este efecto, parece razonable pensar que muchas empresas son disuadidas de conspirar para fijar precios solo por el hecho de la amenaza latente de ser juzgadas y sentenciadas por ello. ¡Viva la política de competencia y las leyes de antimonopolio!

Sumario

- Colusión es normalmente más fácil de sostener cuando las empresas interactúan frecuentemente y cuando la posibilidad de la continuación de la existencia y crecimiento de la industria es alta.
- Si los descuentos de precios son difíciles de observar, entonces las guerras de precios ocasionales son necesarias para asegurar la disciplina en los acuerdos de colusión.
- La colusión es normalmente más fácil de mantener entre pocas y parecidas empresas.
- La colusión es normalmente más fácil de mantener cuando las empresas compiten en más de un mercado.

Conceptos clave

- externalidad
- poder de mercado
- colusión
- cartel
- acuerdos secretos
- acuerdos tácitos
- juego repetido
- estrategias de gatillo

330 | Introducción a la organización industrial

- restricción de conformidad
- factor de descuento
- mercados de clientes
- prácticas facilitadoras
- cliente-más-favorecido
- transparencia

- identificación estadística
- Tratado de la Unión Europea
- Sherman Act
- doctrina de efectos
- programas de indulgencia
- poder monopsonista

Ejercicios de práctica

■ **9.1. Colusión tácita.** Las industrias A y B se caracterizan por una serie de parámetros: n, el número de empresas, es 8 en ambas industrias; r, el tipo de interés anual, es 10 % en ambos países; f, la frecuencia con que las empresas interactúan (número de veces por año), es 1 en la industria A y 12 en la industria B; g, la tasa de crecimiento de la industria, es 10 % en la industria A y –30 % en la industria B; finalmente, h, la probabilidad de que la industria continúe existiendo en el siguiente periodo, es 80 % en la industria A y 100 % en la industria B.

¿En cuál de estas dos industrias crees que la colusión tácita será sostenible? Justifica brevemente tu respuesta.

■ **9.2. Oligopolio con n empresas.** Consideremos un oligopolio donde hay n empresas fijando precios, todas con un coste marginal constante c. Supongamos que la demanda de mercado viene dada por $D(p)$ y que el factor de descuento es 0,8. Encuentra el número máximo de empresas tal que un equilibrio de precio de monopolio existe.

■ **9.3. Interacción repetida.** Explica por qué la colusión en precios es difícil de sostener en competencia de un periodo y más fácil cuando las empresas interactúan más de un periodo.

■ **9.4. Airbus y Boeing.** Boeing y Airbus parecen tener un ciclo entre periodos de alta competencia en precios y promesas de que no empezarán otra guerra de precios. Basándote en el análisis de la sección 9.1, ¿por qué crees que es tan difícil para los fabricantes de aviones llegar a un acuerdo de colusión y evitar guerras de precios?

■ **9.5. Guerras de precios.** «Las guerras de precios son sinónimo de pérdidas para todas las empresas participantes. Por lo tanto, la simple observación de una guerra de precios es prueba irrefutable de que las empresas no se comportan de forma racional». ¿Verdadero o falso?

■ **9.6. Guerras de tarifas aéreas I.** La evidencia empírica de la industria aérea en EE. UU. sugiere que guerras de tarifas son más probables cuando las aerolíneas experimentan un exceso de capacidad, provocado por una caída del crecimiento del PIB por debajo de su predicción. Las guerras de tarifas son también más probables durante la primavera y el verano, cuando hay más viajeros ocasionales.[28] Explica cómo estas dos observaciones son consistentes con las teorías presentadas en la sección 9.2.

■ **9.7. Guerras de tarifas aéreas II.** Una noticia de 1998 informaba de lo siguiente:

Delta Air Lines y American Airlines han intentado aumentar tarifas para turistas un 4 % en la mayoría de los mercados domésticos, pero la estrategia se derrumbó el lunes cuando Northwest Airlines decidió no igualar los precios de las dos anteriores.

El aumento fallido de precios ilustra el impacto que los problemas de Northwest están teniendo en la industria. Meses de conflictos laborales [...] están llevando a los pasajeros a reservar sus viajes en compañías más allá de las cuatro aerolíneas principales.[29]

¿Qué implicación tiene esto sobre el dinamismo de precios en la industria aérea?

■ **9.8. Productos de papel.** En el tercer trimestre de 1999, la mayoría de las compañías norteamericanas de productos forestales y de papel experimentaron una mejora en su rendimiento. Los analistas dijeron que la industria estaba en un ascenso cíclico: no solo la demanda aumentaba a un ritmo moderado; aún más importante era que la industria era capaz de mantener niveles bajos de producción, y por lo tanto era capaz de mantener precios altos.[30] ¿Cómo interpretas estas circunstancias con la ayuda de los modelos presentados en la sección 9.2?

■ **9.9. Carteles de exportación.** En 1918, el Congreso de los EE. UU. aprobó una ley permitiendo a empresas americanas formar carteles de exportación. La evidencia empírica sugiere que la probabilidad de formar un cartel era más alta en industrias donde los exportadores americanos tenían una cuota de mercado más alta, en industrias intensivas en capital, en industrias vendiendo productos estandarizados, y en industrias donde las exportaciones crecían a buen ritmo.[31] Comenta esta evidencia.

■ **9.10. Indulgencia con los carteles.** Muchas autoridades antimonopolio en el mundo han puesto en marcha programas de indulgencia con el objetivo de descubrir carteles secretos. Estos programas ofrecen inmunidad del procesamiento judicial a las empresas que denuncien a sus compañeros de cartel. Estos programas han resultado tener mucho éxito: en los EE. UU., de 1993 a 2000 la suma total de sanciones y multas por comportamiento anticompetitivo se multiplicó por veinte.

Muestra cómo los programas de indulgencia introducidos primero por el Departamento de Justicia de los EE. UU. y replicados más tarde por muchos otros países cambian las reglas del juego jugado por las empresas integrantes del cartel secreto.

■ **9.11. Indulgencia con las corporaciones.** Un estudio del programa europeo de indulgencia con las corporaciones muestra que la probabilidad de que una empresa sea el testigo principal aumenta con su carácter reincidente, el tamaño esperado de la multa inicial, el número de países activos en un grupo, y también el tamaño de la cuota de mercado en la industria cartelizada.[32] ¿Son estos resultados consistentes con la discusión de estos programas en el texto?

■ **9.12. Ivy League.** Las dotaciones de las fundaciones de las universidades de la Ivy League han aumentado significativamente en décadas recientes. A pesar de esta riqueza, durante años las universidades han podido evitar el uso de incentivos financieros para competir por estudiantes: el manual del consejo de los presidentes de la Ivy League establecía que las escuelas deberían «neutralizar el efecto de la ayuda financiera para que un estudiante escoja entre instituciones de la Ivy League usando razones no financieras». En 1991, el Departamento de Justicia argumentó que esto era equivalente a la colusión de precios y mandó que este acuerdo terminara. Sin embargo, no se pudo apreciar competencia en precios de forma significativa hasta 1998, cuando Princeton University empezó a ofrecer becas completas para todos los estudiantes con ingresos por debajo de $40.000. Stanford, MIT, Dartmouth y Cornell siguieron su ejemplo. Supuestamente, Harvard envió una carta a todos los solicitantes aceptados en 1998 afirmando que «esperamos que algunos de nuestros estudiantes tendrán ofertas particularmente atractivas de otras instituciones con nuevos programas de ayuda financiera, y estos estudiantes no deberían suponer que no reaccionaremos a semejantes ofertas».[33]

¿Cómo interpretas estos acontecimientos según las teorías discutidas en este capítulo?

■ **9.13. Hoteles españoles.** Basándonos en datos de la industria hotelera española, se estima que el precio fijado por el hotel i en el mercado k está afectado positivamente por una variable que mide la intensidad de competencia multimercado entre el hotel i y sus competidores en el mercado k: cuantos más mercados $m \neq k$ en los que la empresa i y sus competidores se encuentran, mayor es la medida de contacto multimercado. También se observa que la medida de contacto multimercado está correlacionada positivamente con el tamaño de la cadena hotelera, es decir, cuanto mayor es la cadena hotelera del hotel i, mayor es la medida de contacto multimercado para la empresa i.[34]

Proporciona dos interpretaciones del coeficiente positivo de contacto de multimercado en precios de hotel, uno basado en colusión, otro basado en un efecto distinto.

■ **9.14. Ferrocarriles.** En 1986, el Congreso de los EE. UU. aprobó una regulación (PL99-509) que requería a los ferrocarriles publicar los términos de contratos con transportistas de granos. Tras la aprobación de la legislación, los precios aumentaron en corredores sin competencia directa de transporte por barco, mientras que los precios decrecieron en aquellos corredores con competencia directa significativa.[35] ¿Cómo interpretas estas observaciones?

■ **9.15. Contacto multimercado.** Consideremos el modelo de contacto multimercado presentado en la sección 9.3: la Empresa 1 tiene un coste $\underline{c}$ en el Mercado 1, mientras que la Empresa 2 tiene un coste $\bar{c}$. La situación se invierte en el Mercado 2. La demanda es la misma para ambos mercados: los consumidores están dispuestos a comprar q unidades por un precio de p^M (es decir, por $p \leq p^M$, la cantidad demandada no depende del precio). Supongamos que $\underline{c} < \bar{c} < p^M$. En cada periodo, las empresas fijan precios en ambos mercados simultáneamente.

Encuentra el valor mínimo del factor de descuento tal que la solución óptima de colusión es estable.

■ **9.16. Garantías de precios.** En algunas industrias, las empresas ofrecen garantías de igualación de precios (también conocidas como cláusulas de igual-que-la-competencia): si algún rival ofrece un precio menor que la empresa i, entonces la empresa i se ve forzada a ofrecer el mismo precio a todos sus clientes. Consideremos un oligopolio de productos homogéneos donde las empresas fijan sus precios, y supongamos que todas las empresas tienen un coste marginal c y ofrecen una garantía de igualación de precios. Específicamente, las empresas fijan simultáneamente precios (como en el modelo de Bertrand); y si alguna empresa fija un precio menos que las demás empresas, entonces todas las empresas deben igualar ese precio. Demuestra que cualquier precio entre coste y el precio de monopolio puede ser el resultado de jugar un equilibrio de Nash.

Ejercicios complejos

■ **9.17. Número de competidores.** Consideremos un oligopolio de bienes homogéneos con n empresas con un coste marginal constante, igual para todas las empresas. Dejemos que $\bar{\delta}$ sea el valor mínimo del factor de descuento tal que es posible mantener los precios de monopolio en un acuerdo colusorio. Demuestra que $\bar{\delta}$ disminuye con n. Proporciona una interpretación de este resultado.

■ **9.18. Dos mercados.** Consideremos el modelo de contacto multimercado presentado en la sección 9.3. Determina el valor mínimo del factor de descuento tal que la solución óptima de colusión es estable.

■ **9.19. Descuentos secretos de precios.** Este ejercicio formaliza el modelo de descuentos secretos de precios en la sección 9.2.[36]

Supongamos que todos los consumidores están dispuestos a pagar u por el producto (homogéneo) vendido por dos duopolistas. En cada periodo, la demanda puede ser alta (probabilidad $1 - \alpha$) o baja (probabilidad α). Cuando la demanda es alta, se pueden vender $h = 1$ unidades a un precio u (o cualquier precio menor). Cuando la demanda es menor, solo se venden $l = 0 < h$ unidades. La probabilidad de que la demanda sea alta o baja en cada periodo es independiente de lo que la demanda fue en el periodo anterior. Además, *las empresas son incapaces de observar el estado de la demanda de mercado*; lo único que pueden observar es si *su propia* demanda es alta o baja. Finalmente, y por simplicidad, asumimos que los costes de producción son cero.

Consideremos las siguientes estrategias en equilibrio. Las empresas empiezan fijando un precio $p = u$. Si reciben una demanda positiva (en concreto, $\frac{1}{2}$), entonces continúan fijando un precio $p = u$, es decir, permanecen en la «fase cooperativa». Sin embargo, si una de las empresas (o ambas) reciben demanda cero, entonces las empresas entran en una «guerra de precios»: fijan $p = 0$ durante T periodos y, tras ese periodo, vuelven de nuevo a $p = u$ (la fase cooperativa).[r] Dejemos que V sea el valor presente neto de una empresa en equilibrio (empezando en un periodo en que hay colusión).

---

[r] Nótese que, si una empresa recibe cero demanda, entonces es dominio público que una guerra de precios va a empezar, es decir, es sabido por todos que una de las empresas ha recibido demanda cero. De hecho, la demanda puede ser baja, en cuyo caso ambas empresas reciben cero demanda, o puede que una de las empresas se ha desviado de $p = u$, en cuyo caso la empresa que desvía sabe que la empresa rival recibe demanda cero.

a) Demuestra que:

$$V = (1 - \alpha) \left(\frac{u}{2} + \delta V \right) + \alpha \delta^{T+1} V$$

b) Demuestra que el beneficio mayor que una empresa puede obtener al desviarse viene dado por:

$$V' = (1 - \alpha) u + \delta^{T+1} V$$

c) Demuestra que la condición para que la estrategia descrita sea un equilibrio viene dada por:

$$1 \leq 2(1 - \alpha)\delta + (2\alpha - 1)\delta^{T+1}$$

d) ¿Cuál es entonces el equilibrio óptimo?

■ **9.20. Fluctuaciones de demanda.** Este ejercicio formaliza el modelo de fluctuaciones de demanda considerado en la sección 9.2.[37] El modelo nuevo es similar al modelo en el Ejercicio 9.19, con la diferencia de que ahora asumimos que en cada periodo, antes de fijar precios, las empresas observan el estado de la demanda.[s] También hacemos el supuesto (para simplificar) que $\alpha = \frac{1}{2}$, es decir, los estados de la demanda altos y bajos tienen la misma probabilidad.

a) Demuestra que, si el factor de descuento es suficientemente alto, específicamente, si $\delta > \frac{2h}{3h+1}$, entonces existe un equilibrio donde las empresas fijan un precio de monopolio en cada periodo (de modo similar a la sección 9.1).

b) Supongamos ahora que el factor de descuento δ es más bajo que, pero todavía cercano, al umbral derivado en la respuesta anterior. Muestra que, aunque no existe un equilibrio donde las empresas fijan el precio de monopolio en cada periodo, existe un equilibrio donde las empresas fijan un precio de monopolio durante periodos de demanda baja y un precio menor durante periodos de demanda alta.

Ejercicios aplicados

■ **9.21. Contacto multimercado.** Escoge un par de empresas de una industria. Encuentra el grado en que el contacto multimercado existe entre estas dos empresas y cómo puede ayudarlas a reducir el grado de competencia entre ellas.

---

[s] Las empresas también pueden observar las decisiones en el pasado de las empresas rivales.

Notas

1. Véase Libro I, Capítulo 10, párrafo 82 en Adam Smith (1776), «An Inquiry into the Nature and Causes of the Wealth of Nations», Londres: W. Strahan.
2. Véase la Caja 9.3 y Fuller, John (1962), *The Gentlemen Conspirators: The Story of the Price-Fixers in the Electrical Industry*, Nueva York: Grove Press, 1962.
3. Este tipo de equilibrio, al aplicarse a la competencia en oligopolio, fue propuesto primero por Friedman, James (1971), «A Noncooperative Equilibrium for Supergames», *Review of Economic Studies* 28, 1-12.
4. Adaptado y citado de Porter, Robert H. (1983), «A Study of Cartel Stability: the Joint Executive Committee, 1880-1886», *Bell Journal of Economics* 14, 301-314.
5. Esta subsección sigue el análisis propuesto por Green, Ed y Robert Porter (1984), «Noncooperative Collusion Under Imperfect Price Information», *Econometrica* 52, 87-100. Estos autores a su vez siguen el trabajo seminal de Stigler, George (1964), «A Theory of Oligopoly», *Journal of Political Economy* 72, 44-61.
6. Rotemberg, Julio, y Garth Saloner (1986), «A Supergame-Theoretic Model of Price Wars During Booms», *American Economic Review* 76, 390-407.
7. Véase la Caja 9.2 y la referencia a Porter. Véase también Ellison, Glenn (1994), «Theories of Cartel Stability and the Joint Executive Committee», *Rand Journal of Economics* 25, 37-57.
8. *Aviation Week and Space Technology*, 11 de enero de 1993. Para evidencia econométrica de esta afirmación, véase Busse, Meghan R. (1997), «Firm Financial Conditions and Airline Price Wars», Yale School of Management.
9. *Financial Times*, 1 de febrero de 1995.
10. *The Economist*, 30 de agosto de 2014.
11. Levenstein, Margaret C. (1997), «Price Wars and the Stability of Collusion: A Study of the Pre-World War I Bromine Industry», *Journal of Industrial Economics* 45, 117-137.
12. El análisis siguiente se beneficia en parte de Bernheim, B. Douglas y Michael D. Whinston (1990), «Multimarket Contact and Collusive Behavior», *Rand Journal of Economics* 21, 1-26.
13. Adaptado de Evans, W. N., e I. N. Kessides (1994), «Living by the "Golden Rule": Multimarket Contact in the US Airline Industry», *Quarterly Journal of Economics* 109, 341-366.
14. Adaptado de Toby Stuart, «Cat Fight in the Pet Food Industry», Harvard Business School Case No. 9-391-189.
15. Adaptado de Porter, Michael (1980), «General Electric Vs. Westinghouse in Large Turbine Generators», Harvard Business School Case No. 9-380-129.
16. Texto y datos adaptados de Albaek, Svend, Peter Møllgaard y Per B Overgaard (1997), «Government-Assisted Oligopoly Coordination? A Concrete Case», *Journal of Industrial Economics* 45, 429-443.
17. Véase Fuller, Stephen W, Fred J Ruppel y David A Bessler (1990), «Effect of Contract Disclosure on Price: Railroad Grain Contracting in the Plains», *Western Journal of Agricultural Economics* 15 (2), 265-271.
18. Adaptado de Genesove, David, y Wallace P. Mullin (2001), «Rules, Communication, and Collusion: Narrative Evidence from the Sugar Institute Case», *American Economic Review* 91(3), 379-398.
19. Adaptado de Harrington, Joseph E., y Andrzej Skrzypacz (2011), «Private Monitoring and Communication in Cartels: Explaining Recent Collusive Practices», *American Economic Review* 101 (6), 2425-2449.
20. Adaptado de Bresnahan, Timothy F (1987), «Competition and Collusion in the American Automobile Industry: The 1955 Price War», *Journal of Industrial Economics* 35 (4), 457-482.
21. Véase Borenstein, Severin, «Rapid Price Communication and Coordination: The Airline Tariff Publication Case (1994)», en J. Kwoka y L. White (Eds.), *The Antitrust Revolution*, 3.ª ed. 1999.
22. Ahlstrom Osakeyhtio y otros frente a la Commission of the European Communities (Juicio 27 de september).

23. Departmento de Justicia de EE.UU. y Federal Trade Commission, Antitrust Enforcement Guidelines for International Operations, abril de 1995; ver en http://www.justice.gov/atr/public/guidelines/internat.htm, visitado en octubre de 2012.
24. http://www.justice.gov/atr/public/criminal/sherman10.html, visitado en octubre de 2012.
25. Adaptado de Cabral, Luís (2009), «Leniency Programs: Virgin Atlantic and British Airways», estudio de caso.
26. Basile, Juliano, y Lucas Marchesini (2014), «Small Antitrust Cases Show How Widespread Violations in Brazil Are», *Valor Internacional*, 15 de septiembre.
27. Véase http://www.justice.gov/atr/public/criminal/264101.html.
28. Morrison, Steven A., y Clifford Winston (1996), «Causes and Consequences of Airline Fare Wars», *Brookings Papers on Economic Activity, Microeconomics*, 205-276.
29. *The Wall Street Journal Europe*, 12 de agosto de 1998.
30. *The Wall Street Journal*, 11 de octubre de 1999.
31. Dick, Andrew (1997), «If Cartels Were Legal, Would Firms Fix Prices?» Antitrust Division, US Department of Justice.
32. Hoang, Cung Truong, Kai Hüeschelrath, Ulrich Laitenberger y Florian Smuda (2014), «Determinants of Self-Reporting Under the European Corporate Leniency Program», University of St. Gallen y ZEW Centre for European Economic Research.
33. *The Economist*, 5 de diciembre de 1998.
34. Fernández, Nerea, y Pedro Marín (1998), Market Power and Multimarket Contact: Some Evidence from the Spanish Hotel Industry, *Journal of Industrial Economics* 46, 301-315.
35. Ver Schmitz, John, y Stephen W. Fuller (1995), Effect of Contract Disclosure on Railroad Grain Rates: An Analysis of Corn Belt Corridors, *The Logistics and Transportation Review* 31, 97-124.
36. Este modelo está adaptado de Tirole, Jean (1989), The Theory of Industrial Organization, Cambridge, Mass: MIT Press, que a su vez es una simplificación del modelo propuesto por Green y Porter, citado anteriormente.
37. Este modelo está adaptado de Rotemberg, Julio, y Garth Saloner (1986), A Supergame-Theoretic Model of Price Wars During Booms, *American Economic Review* 76, 390-407.

Parte III
Entrada y estructura de mercado

10. Estructura de mercado

¿Cuántas empresas esperarías encontrar en una industria determinada? ¿De qué tamaño esperarías que fueran esas empresas? Estas no son preguntas fáciles de contestar, y como vimos en la sección 4.2 el modelo de competencia perfecta tiene poco que ofrecer como respuesta: si hay rendimientos constantes a escala (es decir, el coste medio es constante), entonces *cualquier* número y distribución de tamaño de las empresas es posible (siempre y cuando cada empresa sea suficientemente pequeña para que el supuesto de empresas tomando los precios como dados sea válido).[1] No hay mucho poder de predicción en este caso.

Echemos una mirada a la evidencia empírica. El panel izquierdo en la figura 10.1 presenta datos de concentración de mercado (medido con C_4, la cuota de mercado total de las 4 empresas más grandes) en un número de sectores en Francia y Alemania. Es decir, para cada sector, marcamos un punto donde la coordenada horizontal es el valor del C_4 en Francia y la coordenada vertical es el valor del C_4 en Alemania. Por ejemplo, si en un sector dado las cuatro empresas más grandes francesas acumulan el 40 % del mercado, mientras que las 4 empresas más grandes alemanas suman el 60 % del mercado, entonces en el diagrama aparece un punto tal (0,4,0,6). El panel derecho en la figura 10.1 representa un diagrama similar, esta vez para Francia y Bélgica.

Si la distribución del tamaño de las empresas fuera tan impredecible como el modelo de competencia perfecta sugiere, entonces esperaríamos que los diagramas fueran una nube de puntos caótica. No obstante, el primer diagrama muestra una regularidad notable, con la mayoría de los puntos cerca de la línea de 45°. Dicho de otra manera, para cada industria, el valor del C_4 en Francia es muy parecido al valor del C_4 en Alemania. Esto sugiere que hay factores específicos de cada industria que determinan el tamaño de cada empresa.

A diferencia del panel izquierdo en la figura 10.1, el panel derecho muestra que la mayoría de los puntos están por encima de la diagonal. Es decir, para cada sector, el valor del C_4 suele ser mayor en Bélgica que en Francia. Una diferencia importante entre ambos paneles es que, mientras que el panel izquierdo compara dos economías del mismo tamaño (tanto en población como en PIB), el panel derecho compara dos países de tamaños muy diferentes (Francia es cinco veces más grande que Bélgica). Juntos, estos dos diagramas sugieren que el tamaño de un mercado, además de factores específicos de cada industria, es un factor determinante importante de la estructura de mercado.

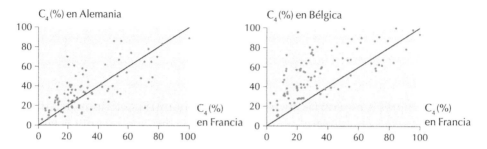

Figura 10.1. Concentración de la industria en Francia, Alemania y Bélgica.[2]

En este capítulo, centro mi atención precisamente en cómo la tecnología y el tamaño del mercado, así como la competencia y el poder de mercado, influencian el tamaño de la empresa y la concentración de la industria. No obstante, antes de eso, voy a tratar de asuntos de medición.

■ **Midiendo la concentración de mercado y el poder de mercado.** En el capítulo 8, consideramos mayoritariamente modelos de oligopolio simétricos. En este contexto, el número de empresas, n, es un buen indicador de la estructura de una industria: cuanto más bajo sea n, más concentrada es la industria. Específicamente, $1/n$ puede ser una buena medida de la concentración, una medida que varía entre 0 (concentración mínima) y 1 (concentración máxima, monopolio).

En la práctica, empresas diferentes tienen cuotas de mercado diferentes, y una simple suma del número de empresas deja de incorporar información importante sobre la estructura de mercado y la concentración de la industria. Por ejemplo, cinco empresas del mismo tamaño no es lo mismo que una con el 96 % y los cuatro restantes con un 1 % cada una. En este contexto, una alternativa para contar el número de empresas es medir el coeficiente C_m, la suma de las cuotas de mercado de las m empresas más grandes. En particular,

$$C_4 \equiv \sum_{i=1}^{4} S_i$$

donde las empresas se ordenan según su cuota de mercado (la Empresa 1 es la empresa más grande, y así sucesivamente). El valor del C_4 varía entre cero (mínima concentración) y uno (máxima concentración); o entre cero y 100, si medimos las cuotas de mercado en puntos de porcentaje (es decir, de 0 a 100).

Otra medida alternativa de concentración de mercado es el índice de Herfindahl-Hirschman (algunas veces referido como el **índice de Herfindahl**, algunas veces *HHI*, algunas veces *H*), la cual viene dada por:

$$H \equiv \sum_{i=1}^{n} S_i^2$$

El valor de *H* varía entre cero (mínima concentración) y uno (máxima concentración, es decir, monopolio). Si las cuotas de mercado se miden en puntos de porcentaje, entonces el valor de *H* varía entre cero y 10.000.

El índice de Herfindahl proporciona una mejor medida de concentración, como mostraré más tarde. No obstante, es más difícil de calcular: requiere el conocimiento de las cuotas de mercado de todas las empresas de la industria, mientras que el C_4, por ejemplo, solo requiere conocimiento de las cuotas de mercado de las cuatro empresas más grandes.[a]

También estamos interesados en medir el poder de mercado. Hasta ahora, hemos hecho esto calculando el margen entre precio y coste marginal: $p - CM$ o $(p - CM)/p$ o $(p - CM)/CM$. Esta medida es fiable si todas las empresas tienen los mismos costes. Si los costes varían de empresa a empresa, entonces los márgenes también lo harán (incluso cuando el precio de mercado es el mismo para todas las empresas, lo cual sería el caso cuando el producto es homogéneo). ¿Cuál es entonces el poder de mercado en la totalidad de la industria? La generalización natural del margen es el **índice de Lerner**, definido como la media ponderada de los márgenes de todas las empresas, con sus cuotas de mercados como los pesos a utilizar:

$$L \equiv \sum_{i=1}^{n} S_i \frac{p - CM_i}{p} \tag{10.1}$$

donde s_i es la cuota de mercado de la empresa i.[3,b] Obviamente, si todas las empresas tienen el mismo coste marginal, entonces el índice de Lerner es simplemente el margen (común) fijado por todas las empresas, como hemos considerado anteriormente.

---

[a] Sin embargo, aun cuando no tengamos información de las cuotas de mercado de algunas de las empresas, todavía podemos encontrar un límite inferior y superior del valor verdadero de *H*. Véase el Ejercicio 10.14.

[b] Primero introducimos el índice de Lerner en la sección 3.2. Entonces consideramos el caso de un único vendedor; en este caso el índice de Lerner corresponde al margen del vendedor. La ecuación (10.1) considera el caso general con *n* empresas, del cual (3.4) es el caso particular cuando *n* = 1.

10.1 Costes de entrada y estructura de mercado

Mi primer objetivo es definir la relación entre la tecnología, el tamaño del mercado y la concentración de la industria. Empiezo por considerar un modelo sencillo
en el que todas las empresas tienen el mismo tamaño. Por esta razón, encontrar
la concentración es equivalente a encontrar el número de empresas. C_4, por ejemplo, viene dado por $4/n$; es decir, si todas las empresas tienen el mismo tamaño,
entonces la cuota de mercado de las cuatro empresas más grandes es igual al cociente de 4 entre el número de empresas. Por lo tanto, los cambios en C_4 pueden
ser medidos con cambios en n.

Supongamos que una empresa genérica, la empresa i, tiene una función de
costes dada por $C = F + cq_i$ y la curva de demanda viene dada por $Q = (a - P)S$. En
esta ecuación, S representa el tamaño del mercado. Por lo tanto, estoy implícitamente asumiendo que dos países distintos (es decir, el mercado para un producto
dado en dos países distintos) son idénticos una vez se tienen en cuenta las diferencias en tamaño.

Se puede demostrar (Ejercicio 10.9) que, en un equilibrio de Cournot, el beneficio de cada empresa viene dado por:

$$\Pi(n) = S \left(\frac{a - c}{n + 1} \right)^2 - F \tag{10.2}$$

Un **equilibrio de entrada libre** es caracterizado por un conjunto de empresas
activas tal que (i) ninguna empresa activa quiere abandonar el mercado y (ii)
ninguna empresa inactiva desearía entrar en el mercado. En concreto, el número
de empresas en equilibrio, $\hat{n}$, debe ser tal que $\Pi(\hat{n}) \geq 0$ (ninguna empresa activa
quiere salir del mercado) y $\Pi(\hat{n} + 1) \leq 0$ (ninguna empresa inactiva quiere entrar).[c]
Al igualar el lado derecho de (10.2) a cero, y resolver por n, obtenemos:

$$n = (a - c) \sqrt{\frac{S}{F}} - 1 \tag{10.3}$$

De ahí, el valor de n en equilibrio viene dado por:

$$\hat{n} = \left[(a - c) \sqrt{\frac{S}{F}} - 1 \right] \tag{10.4}$$

donde $[x]$ (la expresión x en corchetes) denota el número entero más alto menor
que x (la función característica). Es decir, si (10.3) da $n = 32,4$, por ejemplo, entonces $\hat{n} = [32,4] = 32$.

---

[c] Nótese que si $\Pi(n') = 0$, entonces ambos $\hat{n} = n' - 1$ y $\hat{n} = n'$ forman un equilibrio. Ya que $\Pi(n')$
$= 0$ es solo verdad «por casualidad» (es decir, no genéricamente), a partir de ahora asumiré que
existe una única solución al sistema $\Pi(\hat{n} + 1) \leq 0 \leq \Pi(\hat{n})$.

■ **Tamaño de mercado y concentración.** La ecuación (10.4) establece que el número de empresas es una función creciente del tamaño de mercado (aquí medido directamente por S e indirectamente por a) y una función inversa de tanto el coste fijo como el variable (F y c). Nada de esto debería sorprendernos. Sin embargo, nótese que la relación entre S y $\hat{n}$ no es proporcional. De hecho, *para valores altos de $\hat{n}$, la relación entre S y $\hat{n}$ es aproximadamente cuadrática*: para doblar el número de empresas, el tamaño de mercado debe multiplicarse por cuatro; en cambio, si el mercado se dobla, el número de empresas aumenta únicamente un 40 % (específicamente, por $\sqrt{2} - 1$).

¿Qué explica que esta relación no sea proporcional? Si el precio de mercado fuera constante (respecto al número de empresas), entonces la relación entre el tamaño de mercado y el número de empresas sería proporcional: dobla el tamaño de mercado y doblas el número de empresas. Sin embargo, al aumentar el número de empresas, el mercado se hace más competitivo, es decir, el margen $p - c$ disminuye. Como resultado, el beneficio variable por unidad también disminuye, lo que a su vez limita el número de empresas que el mercado puede sostener.

> **Debido al aumento en competencia de precios, el número de empresas activas en equilibrio aumenta menos que proporcionalmente con el tamaño de mercado.**

■ **Escala mínima eficiente y concentración.** Como hemos mencionado anteriormente, uno de los factores determinantes de la estructura de mercado es la estructura de costes de la empresa. En concreto, el hecho de que la mayoría de las empresas tienen una curva de costes medio con forma de U es un factor importante a la hora de determinar la estructura de mercado. De una empresa que se encuentra en el lado izquierdo de la U, es decir, una empresa con costes medios decrecientes, se dice que está operando bajo **rendimientos crecientes de escala**. (El modelo considerado en esta sección, donde los costes vienen dados por $F + cq$, es un caso extremo en que el coste medio es siempre decreciente.)

Para establecer la relación entre los rendimientos crecientes a escala y la estructura de mercado, primero necesitamos medir el grado de intensidad de rendimientos crecientes a escala. Hay varias maneras de hacer esto. Una manera es la de usar el concepto de **escala mínima eficiente**, la escala mínima necesaria para que el coste medio de una empresa esté, digamos, dentro de un 10 % del mínimo.[d]

---

[d] Estrictamente hablando, la escala mínima eficiente («minimum efficient scale» o *MES*) se define como el nivel de producción menor necesario tal que el coste medio alcanza su nivel mínimo;

En el modelo considerado en esta sección, el coste total es $C = F + cq$. Por lo tanto, el coste medio es $CU = F/q + c$, coste por unidad. El coste medio mínimo es c. Llamemos la escala mínima eficiente (MES) a la escala mínima tal que el coste medio es igual a c. Igualando $CU = c$ y resolviendo por q, obtenemos:

$$MES = \frac{F}{c' - c}$$

Una interpretación natural de los cambios en *MES* es en cambios en el valor de F: un aumento en F por un factor λ implica un aumento en MES por el mismo factor λ. En ese sentido, la Ecuacion (10.4) muestra cómo la estructura de mercado cambia cuando cambia la MES (es decir, cuando F cambia). Si la MES aumenta por un factor de 2, entonces el número de empresas disminuye por un factor aproximado de $\sqrt{2}$. La intuición de este resultado es exactamente la inversa del aumento del tamaño de mercado por un factor de 2. De hecho, si tanto el tamaño de mercado como la *MES* aumentan por el mismo factor, entonces el número de empresas en equilibrio permanece constante. Por esta razón, cuando comparamos la estructura de industrias distintas, es común considerar como variable explicativa el tamaño del mercado dividido por la *MES*, o la *MES* dividida por el tamaño del mercado.

■ **Economías de escala y concentración.** Otra manera de medir rendimientos crecientes a escala es el coeficiente de economías de escala, definido como el cociente entre el coste medio y el coste marginal: $\rho \equiv CU/CM$. Si el cociente es mayor que uno, es decir, el coste medio es mayor que el coste marginal, entonces tenemos **economías de escala**; si el cociente es menor que uno, entonces hay **deseconomías de escala**. Se puede demostrar que el coste medio es mayor que el coste marginal si y solo si el coste medio disminuye. Por lo tanto, las economías de escala o los rendimientos crecientes a escala son la misma cosa.[e]

¿Cómo depende la estructura de mercado del grado de economías de escala? Al igual que con la escala mínima de eficiencia, esperaríamos que una industria sea más concentrada si el grado de economías de escala es mayor (o una MES más alta). Para la función de coste considerada anteriormente, $C = F + cq$, tenemos:

$$\rho \equiv \frac{CU}{CM} = \frac{\frac{F}{q} + c}{c} = 1 + \frac{F}{cq} \tag{10.5}$$

Si tomamos dos industrias que únicamente difieren en el valor de F, entonces la industria con el grado mayor de economías de escala estará más concentrada. De

---

una definición que yo considero ligeramente más general. Para el caso especial cuando $C = F + cq$ (coste marginal constante), $MES = \infty$ según la definición estricta.

  [e] Véase el Ejercicio 10.11. Véase también la definición de economías de escala en el capítulo 3.

hecho, de (10.5), la industria con un F mayor tiene un grado mayor de economías de escala; y, de (10.4), la industria con un F mayor tiene un número menor de empresas en un equilibrio de libre entrada.

> **La concentración es generalmente mayor cuanto mayor sea la escala mínima de eficiencia (o cuanto mayor sea el grado de economías de escala).**

Tanto la escala mínima de eficiencia como las economías de escala son ejemplos de **barreras de entrada**. Por lo tanto, una generalización del punto anterior es que la concentración es mayor cuanto mayores sean las barreras de entrada. (No obstante, debería añadir que la definición exacta de una barrera de entrada es un asunto lleno de controversia. No todos los autores estarían de acuerdo con la afirmación de que las economías de escala constituyen una barrera de entrada.)

■ **La historia importa.** El modelo presentado al principio de esta sección hace un número de supuestos implícitos acerca del proceso de entrada. Asume que (a) todas las empresas tienen acceso a la misma y única tecnología disponible (correspondiente a la función de costes $C = F + cq$); (b) las empresas tienen información completa y perfecta sobre el mercado (en concreto, todas conocen la función de demanda); (c) el proceso de entrada está en sí bien coordinado; en particular, asumimos que las empresas toman sus decisiones de entrada secuencialmente, sabiendo qué decisiones se tomaron con anterioridad por entrantes anteriores.

Basándonos en los supuestos anteriores, podemos predecir el número de empresas en equilibrio para un conjunto de valores de los parámetros que caracterizan la industria (es decir, los valores de a, c, F y otros posibles parámetros en un modelo más complejo). Además, el equilibrio previsto es simétrico, es decir, todas las empresas tienen el mismo tamaño.

Desafortunadamente, la evidencia de la mayoría de las industrias en el mundo real no coincide con estas predicciones. Podemos encontrar ejemplos de industrias que parecen compartir el mismo conjunto de parámetros pero exhiben diferentes estructuras de mercado. Consideremos por ejemplo la industria de sopas preparadas en EE. UU. y el Reino Unido. Aunque ambos mercados difieren en tamaño, son muy parecidos en cuanto al proceso de desarrollo, su composición de demanda en diferentes categorías (en lata y seco), y así sucesivamente. Campbell fue el primer entrante en los EE. UU., estableciendo operaciones en 1869. En el Reino Unido, Heinz estableció su liderazgo inicial en la década de 1930. Aunque Campbell intentó entrar en el mercado británico y Heinz en el mercado americano, la situación actual es una donde Campbell todavía domina el mercado americano (63 % cuota de mercado), mientras que Heinz tiene una cuota de mercado muy pequeña (vende principalmente mediante las marcas propias de los minoristas); y Heinz domina el mercado británico (41 % cuota de mercado), mientras que Campbell tiene una cuota de mercado bastante pequeña (9 %).[4]

También deberíamos añadir que la mayoría de las industrias incluyen empresas de diferente tamaño. Por ejemplo, el mercado del automóvil en EE. UU. incluye tres empresas domésticas de diferentes tamaños y una variedad de importadores de diferentes tamaños también. Y la industria europea del agua mineral está dominada por tres empresas de tamaños distintos.[f]

Para cerrar la distancia entre las predicciones del modelo teórico y las observaciones empíricas, debemos ir más allá de los supuestos enumerados anteriormente. Primero debemos considerar que a menudo no todas las empresas tienen acceso a la misma tecnología. Durante un periodo de tiempo, Dupont mantuvo una ventaja en el coste con relación a sus rivales fabricantes de dióxido de titanio. Esto se debió a que Dupont tenía derechos de patente exclusivos sobre un proceso de fabricación de bajo coste. Incluso después de que las patentes caducaran, Dupont mantuvo parte de esa ventaja porque había podido bajar sus costes temprano gracias a la **curva de aprendizaje**; dicho de otro modo, transformó su **ventaja de ser el primero** en una **ventaja competitiva sostenible**.

Aun cuando todas las empresas tienen acceso a la misma tecnología, si hay varias tecnologías disponibles, entonces puede haber varios equilibrios posibles de libre entrada. Por ejemplo, en la industria del acero hay (más o menos) dos diferentes procesos productivos: uno con una MES alta (acerías normales) y uno con una MES baja (minifundidoras de acero). En términos de la notación del modelo introducido anteriormente, las acerías normales tienen un coste fijo alto F y un coste marginal bajo c, mientras que las miniacerías tienen un coste fijo bajo F y un coste marginal alto c. A menos que una de las tecnologías domine claramente a la otra (F y c ambos más bajos), se pueden encontrar (en competencia a la Cournot) diferentes combinaciones de n_1 acerías normales y n_2 miniacerías que constituirán un equilibrio de libre entrada.[g] En la actualidad, las ganancias operativas por tonelada son aproximadamente las mismas para las minifundidoras que para las acerías normales, aunque estas últimas sean cuatro veces más grandes que las primeras. Esto sugiere que ninguna de las tecnologías domina a la otra, así que tal supuesto parece estar validado por los datos.

La información imperfecta acerca de las condiciones del mercado puede también influenciar la estructura del mercado de forma no considerada en el modelo anterior. Por ejemplo, varias compañías petrolíferas construyeron refinerías de

---

[f] Algunos se refieren a este tipo de estructura de mercado como un triopolio.
[g] Esta posibilidad está ilustrada en el Ejercicio 10.13.

gran tamaño a principios de los años setenta. Después de la crisis del petróleo de 1973 y los cortes de demanda posteriores, la industria de la refinería de petróleo tenía un claro exceso de capacidad; es decir, el valor de n era mayor que el valor dado por (10.4); o, dicho de otro modo, la capacidad era mayor que lo que hubiera sido si las empresas hubieran sabido por adelantado que la crisis del petróleo iba a suceder.

Además de errores de predicción, la estructura de mercado también puede estar influenciada por errores de coordinación. Consideremos el caso de los aviones comerciales. A finales de la década de 1960, Lockheed y McDonnell Douglas estaban considerando la entrada en el mercado de aviones comerciales de gran envergadura. Dado que Boeing acababa de entrar con su B747, el mercado solo tenía espacio para una empresa más ($\hat{n} = 2$, según la Ecuación 10.4), y tanto Lockheed como McDonnell Douglas lo sabían. Por lo tanto, la cuestión era cuál de los dos debería entrar en el mercado. Tras un largo «juego de espera» jugado entre las dos empresas, ambas decidieron entrar en el mercado, solo para perder un montón de dinero del que nunca pudieron recuperarse. Dicho de otro modo, el valor verdadero de n era mayor que el valor predicho de «equilibrio» por (10.4); un «error» de entrada creó un nivel de empresas excesivo en el mercado.[h]

Dentro de la misma industria, el ejemplo contrario viene dado por el «juego de espera» jugado por Boeing y Airbus en el segmento de mercado superjumbo. En 1988, los ingenieros de Airbus empezaron a estudiar la posibilidad de un avión de pasajeros con gran capacidad («ultra-high-capacity airliner» o UHCA). El proyecto fue anunciado en el Farnborough Air Show de 1990, prometiendo una disminución del 15 % en costes operativos con respecto al 747-400. Aunque había demanda para tal superjumbo, todas las partes interesadas estaban de acuerdo en que el mercado no podría sostener dos modelos; así que Boeing y Airbus empezaron a estudiar la posibilidad de un diseño conjunto. Sin embargo, en 1994 Airbus decidió que lo intentaría solo, mientras que Boeing cambió de opinión para dedicarse a la versión ampliada del B747. Entonces ambas empresas retrasaron su decisión de entrada, hasta que a finales del año 2000 Airbus decidió formalmente lanzar un programa de €8,8 mil millones para construir el entonces llamado A3XX.[i] Después de todo, el resultado del juego de espera fue que el A380 de Airbus fue desarrollado una década más tarde que cuando se hubiera desarrollado si no llega a ser por el «error» de coordinación que generó demasiada poca entrada (entrada demasiado lenta) con respecto al nivel de equilibrio predicho por (10.4).

---

[h] Para más detalle sobre este ejemplo, véase la sección 3.5.

[i] El primer A380 fue presentado en Tolosa en enero del 2005. El coste final estimado era de €11 mil millones.

Finalmente, la historia puede determinar la estructura de mercado a través del efecto de **economías de aglomeración**. ¿Por qué Silicon Valley está en Silicon Valley?; dicho de otro modo, ¿por qué hay tantas empresas tecnológicas en Palo Alto, California, y sus alrededores, comparado con otras partes de los EE. UU. y el mundo? Una explicación posible es que la concentración de compañías tecnológicas es el resultado de la aglomeración de la industria: primero, solo había Hewlett-Packard y unas pocas otras empresas; estas atrajeron nuevas empresas tecnológicas que querían estar cerca de otras compañías tecnológicas; estas atrajeron a otras nuevas empresas, y así sucesivamente, creando un efecto de «bola de nieve» que acabó generando una concentración de talento.[j] Volveré a este asunto en el capítulo 16.

En resumen,

> **Los detalles históricos particulares de la evolución de una industria pueden determinar en algunos casos la estructura de mercado a largo plazo de maneras que van más allá de los tradicionales factores tecnológicos.**

El capítulo 16 incluye ejemplos adicionales donde la historia tiene un papel importante en la evolución de la estructura de mercado.

Para finalizar esta sección, debería mencionar que, en la medida en que los factores exógenos cambian con el tiempo, lo mismo sucede con la estructura de la industria. La Caja 10.1 ilustra esta idea mediante la descripción de la evolución de la industria de la cerveza en EE. UU., donde una serie de cambios –particularmente cambios en tecnología– han causado cambios considerables en la estructura de la industria.

CAJA 10.1 Evolución de la industria de la cerveza en EE. UU.[5]

La estructura de la industria de la cerveza en EE. UU. ha experimentado cambios significativos desde la década de 1950. Inicialmente, el segmento más popular en la distribución de tamaño era el de 101-500.000 barriles. Medio siglo más tarde, observamos una distribución bimodal: hay un número mayor de fábricas de cerveza grandes (de 2 a 22 en el rango de 4.000+); y hay también un

---

[j] Debería añadir que este es un punto lleno de controversia: después de todo, tanto Hewlett Packard como otras empresas posteriores en Silicon Valley fueron fundadas por profesores o exalumnos de Stanford University, lo cual crea dudas sobre la afirmación de que la concentración es un fenómeno endógeno del tipo «bola de nieve».

número mayor de cerveceras artesanales, conocidas también como microcervecerías («microbreweries»), de 68 a 83 en el rango de 10-100.

Diversos factores han contribuido a esta evolución. Primero, el auge de la televisión nacional creó efectivamente un mercado nacional (la fracción de hogares en EE. UU. con un televisor aumentó de un 9 % en 1950 a 87 % en 1960 a un 95 % en 1970).

Segundo, la construcción del sistema interestatal de autopistas (que empezó durante la Administración del presidente Eisenhower) disminuyó los costes de transporte significativamente, permitiendo así el crecimiento de los «fabricantes de cerveza por envío».

Tercero, la tecnología evolucionó en la dirección del aumento de las economías de escala. Por ejemplo, en 1966 la escala mínima de eficiencia en embotellamiento era de 0,82 millones de barriles por año; ya en 1987, ese número había aumentado a 2,18 millones.

Cuarto, la demanda del consumidor por variedad aumenta con su nivel de ingreso. De 1959 a 1989, la renta per cápita en EE. UU. casi se dobló. Hasta los años setenta, las cervezas domésticas tradicionales eran cervezas rubias relativamente homogéneas. Desde entonces, han surgido una serie de cerveceras artesanales (estas son también conocidas como microcervecerías). El número de importaciones también ha aumentado (como también lo ha hecho el número de marcas ofrecidas por los mayores productores, Miller por ejemplo).

Fabricantes de cerveza sobrevivientes por capacidad (1959-2006)

Capacidad (10^3 barriles)	1959	1967	1975	1983	1989	1998	2001	2006
10-100	68	36	10	15	8	77	81	83
101-500	91	44	19	12	7	19	19	19
501-1.000	30	35	13	2	3	1	1	4
1.001-2.000	18	18	13	13	5	4	2	2
2.001-4.000	8	10	12	9	6	7	5	3
4.001+	2	4	15	23	20	20	20	22

■ **Evolución de nuevas industrias.** La evolución de nuevas industrias merece una mención aparte dado un número de regularidades observadas. Aun cuando hay diferencias de caso a caso, a menudo se observa un periodo de crecimiento rápido en el número de empresas seguido por un periodo de consolidación. Algunas veces, el segundo se manifiesta en la forma de un súbito «saneamiento» donde el número de competidores disminuye drásticamente incluso aunque la cantidad total en la industria vaya en aumento. Por ejemplo, a principios de la década de 1910 la industria del automóvil en EE. UU. se componía de más de 200 empresas; antes del final de la década, el número había bajado a menos de 130; a mediados de los veinte, era menos de 50; y ya en 1942 había menos de 10 fabricantes americanos.

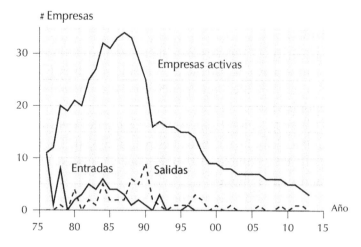

Figura 10.2. Evolución de la industria del disco duro de EE. UU.

Un ejemplo más reciente viene dado por una industria global de alta tecnología: unidades de disco duro («hard disk drives» o HDD).[6] La figura 10.2 ilustra cambios dramáticos en su estructura de mercado durante un periodo de cuatro décadas. La primera década fue testigo de una tasa de entrada alta, a cargo de la demanda creciente de la recién nacida industria el ordenador personal, que suponía la mayoría de la demanda de discos duros. Durante la segunda década, el número de empresas activas permaneció más o menos constante alrededor de 30. Nuevas empresas siguieron entrando en el mercado, pero el mismo número de empresas optaba por abandonar la industria, causando una gran tasa de reemplazo, pero una tasa baja de entrada neta. Esta fase coincidió con el cambio tecnológico del disco de 5,25 pulgadas al disco de 3,5 pulgadas.

La industria del disco duro maduró durante la década de 1990 y experimentó un saneamiento, donde el número de empresas activas disminuyó precipitadamente. La demanda de discos duros continuó aumentando cuando Microsoft lanzó su sistema operativo Windows 95 e internet crecía de forma exponencial. No obstante, muchos fabricantes de discos duros fueron incapaces de seguir el ritmo del incremento en el coste de la innovación de producto y no tuvieron otra opción que salir de la industria. Entradas nuevas cesaron a mediados de los años noventa. Hacia el año 2000, diez grandes empresas en el mundo superaron el saneamiento de la industria, pero solo tres todavía permanecían en el mercado en 2014. La fase final de la consolidación de la industria es diferente de la fase de saneamiento que la precedió en un aspecto muy importante: antes del 2000, aproximadamente una de cada cinco salidas era como consecuencia de una fusión; en cambio, todas las salidas a partir del 2000 eran consecuencia de fusiones en lugar de bancarrota o liquidación. Por lo tanto, la historia de la industria del disco duro recalca el papel del tamaño del mercado, los costes de innovación, así como las fusiones a la hora de moldear la evolución de la estructura de mercado en el largo plazo.[k]

10.2 Costes de entrada endógenos y exógenos

La estructura de la industria de la cerveza en Portugal no es muy diferente de la de EE.UU.: en Portugal, además de algunas empresas muy pequeñas, hay dos empresas de gran tamaño que controlan el mercado (Centralcer y Unicer). En los EE.UU., la industria está dominada por tres empresas (Anheuser Bush, Miller, Coors), una relativamente grande, una de tamaño medio y una relativamente pequeña.

Considerando que la economía de EE.UU. es 30 a 50 veces mayor que la economía portuguesa, y basándose en el modelo presentado en la sección previa, uno esperaría una diferencia mucho mayor en el número de empresas en equilibrio. Específicamente, deberíamos esperar que el número de empresas en EE.UU. fuera $\sqrt{30}$ a $\sqrt{50}$ veces mayor que en Portugal (5 a 7 veces mayor, respectivamente).

¿Por qué es el número de empresas en los EE.UU. tres, y no 10 (es decir, 2×5) o 14 (es decir, 2×7), como el modelo en la sección previa sugiere? Un aspecto importante de la industria de la cerveza que el modelo no consideraba es la *publicidad*. Los gastos de publicidad representan una fracción importante de las ventas, tanto en EE.UU. como en Portugal. De hecho, el valor de la publicidad *como porcentaje de las ventas* no es muy distinto entre ambos países. Pero dado que el volumen de ventas es mucho mayor en EE.UU. que en Portugal, también lo es el gasto de la publicidad. Para entrar en la industria de la cerveza en EE.UU. y competir con marcas como Budweiser y Miller Lite, un nuevo entrante necesitaría pagar un coste de entrada mucho mayor que un entrante en la industria de la cerveza portuguesa. Dicho de otro modo, cuando la publicidad es una parte importante de la estrategia de una empresa, los *costes de entrada son endógenos*, específicamente, endógenos con respecto al tamaño del mercado.

Las estáticas comparativas de industrias con costes de entrada endógenos son algo diferentes del modelo en la sección previa. La idea del modelo en la sección previa es que, debido a la competencia en precios, cuando el tamaño del mercado

---

[k] El capítulo siguiente está dedicado específicamente a las fusiones.

aumenta por un factor de dos habrá espacio para menos de dos veces las mismas empresas. (En el caso específico de competencia de Cournot, el número de empresas solo puede aumentar por la raíz cuadrada de dos cuando el tamaño del mercado se dobla.) Si los costes de entrada aumentan con el tamaño del mercado, entonces tenemos una razón *adicional* donde el número de empresas no aumenta tanto como el tamaño del mercado. Un mercado más grande induce una inversión mayor de cada empresa. Dado que estas inversiones son costosas, el «pastel» neto en términos de los beneficios de la industria crece menos que el tamaño de mercado. Como resultado, aun cuando la competencia no aumentara (como en la sección previa), el número de empresas aumentaría menos que el tamaño del mercado.

Consideremos un ejemplo que, aunque sea simplista y extremo, sirve para ilustrar este punto. Un cierto país decide desregular su sector de las telecomunicaciones. La principal fuente de ingresos en esta industria es (como supuesto) la telefonía móvil, para la cual una tecnología nueva ha sido desarrollada recientemente. El gobierno planea asignar una licencia exclusiva para el derecho de desarrollar esta tecnología nueva, cuyos ingresos se estiman en S. Una de las condiciones para obtener la licencia es que el candidato se establezca como compañía de telecomunicaciones; para hacer esto, las compañías deben pagar un coste de entrada F.

Consideraremos dos formas distintas de asignar la licencia. Primero, supongamos que el ganador de la licencia se decide mediante una lotería. (En EE. UU. y en otros muchos países este método se usaba hasta la década de 1990.) Si hay n candidatos potenciales, entonces cada uno obtiene la licencia en una lotería con una probabilidad $1/n$. Sabiendo esto de antemano, cada entrante potencial espera un ingreso de S/n (es decir, S con probabilidad $1/n$). Por analogía a la sección previa, el número de entrantes en equilibrio viene dado por la condición de beneficio cero, $\pi = S/n - F = 0$. Por lo tanto, obtenemos:

$$\hat{n} = \left[\frac{S}{F} \right]$$

Dicho de forma más intuitiva, el número de empresas es proporcional al tamaño de mercado, S. Esto es consistente con el resultado en la sección previa: si no hay competencia en precios, como estoy ahora suponiendo, entonces un mercado dos veces mayor implica el doble del número de empresas.

Consideremos ahora un modelo distinto de asignación de la licencia: una subasta. Desde finales de los años ochenta, diferentes variaciones de este método han sido utilizadas en diferentes países, empezando con Nueva Zelanda e incluyendo Australia, EE. UU., y muchos otros países europeos y sudamericanos. Supongamos que, tras pagar el coste fijo F, cada empresa debe pujar por el derecho de explotar comercialmente la licencia. Las pujas se presentan simultáneamente, y la puja más alta obtiene la licencia (y paga el precio propuesto).

Si hay más de un entrante, entonces el juego de la subasta entre las empresas participantes es parecido a la competencia de Bertrand, solo que ahora es la puja más alta, y no el precio más bajo, la que gana. En competencia a la Bertrand, el equilibrio viene dado por todas las empresas fijando sus precios igual al coste marginal. Por analogía, el equilibrio del juego de la subasta es que todas las empresas presenten una oferta igual al valor de la licencia, S. (Si todas las empresas pujan menos que S, entonces sería beneficioso para una empresa pujar un poco más alto.) Si solo hay un entrante, entonces la puja será cero (o cualquier valor mínimo de la puja) y recibirá la licencia con probabilidad uno.

Del mismo modo que en competencia a la Bertrand el beneficio de equilibrio es cero, el pago esperado de cada empresa en el juego de subasta es también cero (bruto del coste de entrada): si una empresa pierde la subasta, entonces su pago es claramente cero; si una empresa gana la licencia, entonces su pago es S, el valor de la licencia, menos S, la puja que debe pagar; cero beneficios de nuevo. Naturalmente, si solo hay un candidato para la licencia, entonces el pago esperado es S menos el valor de la mínima puja admisible.

Cuadro 10.1. Ratios de publicidad/ventas minoristas para una selección de industrias y países (Francia, Alemania, Italia, Japón, RU, EE. UU.)[7]

Industrias publicidad baja	P/V (%)	Industrias publicidad alta	P/V (%)
Sal	0,26-0,45	Comida congelada	1,2-7,1
Azúcar	0,06-0,24	Sopa	2,7-6,0
Harina	0,17-0,96	Margarina	2,3-0,2
Pan	0,02-0,42	Bebidas sin alcohol	1,2-5,4
Carne	0,30-0,70	Cereales de desayuno	8,34-12,9
Vegetales en lata	0,29-0,71	Agua mineral	1,5-5,0
		Artículos de confitería	1,4-6,0
		Dulces de chocolate	2,9-6,5
		Café para llevar	1,9-16,7
		Café instantáneo	2,2-11,1
		Galletas	1,9-8,0
		Comida de mascotas	4,0-8,4
		Comida de bebé	0,9-4,2
		Cervezas	1,0-5,43

Prediciendo el resultado anterior de antemano, ninguna empresa estaría dispuesta a entrar si espera que haya otro entrante, *sin importar cuál sea el tamaño del mercado*. Dicho de otro modo, el equilibrio del juego de entrada es para una empresa sola que entra, sin importar el valor de S. Si solo una empresa entra, entonces no tendrá que pujar hasta S para ganar la licencia, y un beneficio neto positivo resultará de la entrada.

La razón para el resultado que $\hat{n} = 1$, para cualquier valor de S, es el siguiente: mientras que el valor de ganar la licencia aumenta cuando S aumenta, también lo hacen las pujas presentadas por las empresas en la misma cantidad. Se deduce que el valor de estar en el mercado (cuando $n > 1$) no cambia cuando S aumenta: es siempre cero.

Esto contrasta con el caso considerado antes (asignación por lotería), donde el número de empresas fue proporcional al tamaño del mercado. La diferencia entre los dos casos está en el supuesto del modo de asignación de la licencia. Si se usa una lotería, entonces el único coste de entrada es F, un coste exógeno. Dado que no hay competencia en precios, obtenemos la ley de cambio proporcional (de número de empresas con respecto al tamaño del mercado). Sin embargo, si la licencia se subasta, entonces los costes totales de «entrada» vienen dados por $F + B$, donde B es la puja por la licencia, un coste endógeno de entrada. El hecho de que B aumenta proporcionalmente con S implica que el número de empresas permanece constante.

Aunque este es un ejemplo extremo, el punto general es que:

> **Si los costes de entrada son endógenos, entonces el número de empresas es menos sensible a cambios en el tamaño del mercado.**

El Ejercicio 10.17 ilustra este punto.

Finalmente, debería mencionar que puede haber varias fuentes de costes endógenos de entrada. En esta sección hemos considerado dos: la publicidad y el precio de la subasta por una licencia del gobierno. No obstante, cualquier situación donde las empresas participan en una «guerra de intensificación» por la captura de cuota de mercado (o del mercado entero) probablemente estará caracterizada por algún tipo de endogeneidad en los costes de entrada. Otra instancia importante de costes endógenos de entrada son las inversiones en I+D. Por ejemplo, si las empresas compiten para ser las primeras en patentar un nuevo medicamento que dará un monopolio sobre algún mercado terapéutico, entonces es probable que un aumento en el valor del mercado será consumido por el proceso competitivo de la obtención de la patente, así que el número de competidores no cambiará mucho. Ejemplos adicionales de este tipo se pueden encontrar en los capítulos 15 y 16.

■ **Evidencia empírica.** La hipótesis resultante del análisis anterior es que, cuando los costes endógenos de entrada son importantes, la relación entre el tamaño del mercado y la concentración de la industria es más plana que cuando los costes de entrada son exógenos. Por la misma razón, la relación entre la concentración (por ejemplo, $C4$) y el tamaño del mercado es más plana cuando los costes de entrada son endógenos. (Bajo simetría, $C4 = 4/n$; si n cambia menos que el tamaño del mercado, lo mismo sucede con $C4$.)

El método ideal para comprobar esta hipótesis consiste en obtener datos de una industria en diferentes mercados que estén separados (por ejemplo, países distintos). Sin embargo, esto conlleva la dificultad de obtener datos para suficientes mercados distintos y separados entre ellos. Una estrategia alternativa es la de recoger datos para unos pocos mercados y unas pocas industrias con un grado parecido de endogeneidad en los costes de entrada. El problema con este método alternativo es que implica mezclar manzanas y peras en la misma cesta. Sin embargo, si creemos que la principal diferencia entre industrias está en el grado de economías de escala (o el tamaño de MES), entonces podemos ajustar los datos y considerar el tamaño dividido por la MES (por ejemplo) como variable explicativa. Como he mostrado antes, el número de empresas en equilibrio es una función del cociente entre S y F, lo que sugiere que usar el tamaño del mercado ajustado cuando comparamos diferentes industrias puede ser una estrategia razonable.

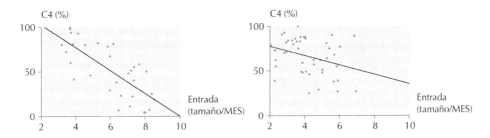

Figura 10.3. Tamaño de la industria y concentración de la industria: industrias de bienes homogéneos (izquierda) e industrias de bienes diferenciados (derecha).[8]

El cuadro 10.1 presenta datos para una serie de veinte industrias y cinco países. Basándonos en los valores de los cocientes de publicidad/ventas, podemos clasificar las diferentes industrias entre industrias de «productos homogéneos» y de «publicidad intensiva». Entonces podemos graficar los valores del cociente tamaño/MES y concentración, como en la figura 10.3, separando la muestra entre industrias de bienes homogéneos y de publicidad intensiva (paneles izquierdo y derecho, respectivamente). La hipótesis presentada antes implica que la relación entre concentración y tamaño es más plana en el segundo caso, es decir, cuando los costes de entrada son endógenos. En líneas generales, los datos parecen estar de acuerdo con esta predicción.

Sin embargo, notemos que lo que hemos presentado son modelos bastante específicos de entrada y competencia (Cournot, subasta por una licencia, etc.). La relación precisa entre el tamaño de mercado y la estructura de mercado dependerá de la precisa forma de entrada y competencia en cada mercado. Por lo tanto, no es sorprendente que no encontremos una relación precisa en el panel izquierdo de la figura 10.3. No obstante, lo que se puede demostrar es que la línea formada por los puntos más bajos en el diagrama con la concentración y el cociente tamaño/MES en los ejes es más plana cuando los costes de entrada son endógenos. En este sentido, la evidencia empírica es sorprendente: la línea de los puntos más bajos en el panel derecho de la figura 10.3 está cerca de ser una línea horizontal, mientras que la línea que forman los puntos más bajos en el panel izquierdo de la figura 10.3 es una línea de pendiente descendente.[9]

10.3 Intensidad de competencia, estructura de mercado y poder de mercado

En la sección previa y en los capítulos previos he considerado un ancho rango de modelos de competencia (por ejemplo, colusión, Cournot, Bertrand); un amplio rango de estructuras de mercado (de una a varias empresas grandes a muchas pequeñas); y un rango considerable de resultados de mercado (de margen nulo a márgenes altos). Una cuestión natural que nos debemos preguntar es: ¿están estos relacionados de alguna manera interesante? La respuesta corta a esta pregunta: sí, pero de formas que son suficientemente complicadas (si no imposibles) como para poder utilizar simples comparaciones entre industrias. A continuación, doy la respuesta en formato largo.

■ **La intensidad de competencia determina la estructura de la industria.** Hasta ahora he considerado heterogeneidad en tamaño de mercado y heterogeneidad en el tipo de tecnología (tal y como se refleja en la función de costes) como determinantes de la estructura de mercado. Dado nuestro propósito analítico, he supuesto que la competencia oligopolística tiene lugar en un modelo de Cournot. Claramente, no todas las industrias se corresponden al tipo de Cournot: en algunas industrias, el comportamiento es más cercano al del modelo de Bertrand, donde el equilibrio es igual a (el segundo más bajo) coste marginal, donde en otras industrias el comportamiento es más cercano al del modelo del monopolio, donde el precio de equilibrio maximiza los ingresos de la industria. Ahora mostramos que, además de la tecnología y el tamaño de mercado, el tipo de competencia juega un papel fundamental en moldear la estructura de mercado.

Consideremos la industria farmacéutica sueca. Cada mes, los vendedores pujan por el derecho de ser el único proveedor (durante un periodo de un mes) de cada medicamento genérico. Dependiendo de la rigurosidad de las reglas del gobierno, la cuota de mercado obtenida por el ganador de la subasta puede estar entre el 50 y 70 %. Dicho de otro modo, la competencia de mercado es parecida a la competencia de Bertrand: el precio más bajo se lleva la mayoría de la demanda del mercado. Claramente, el impacto inmediato de forzar la adopción del medicamento de menor coste es bajar el precio medio. No obstante, un efecto adicional de aumentar la intensidad de la competencia es la de reducir el número de competidores, tal y como la evidencia empírica sugiere.

Un ejemplo muy distinto viene dado por la industria bancaria keniana. En este contexto, la competencia en precios es bastante débil: los márgenes medios (la diferencia entre los tipos de interés de préstamos y de depósitos bancarios) son muy altos (incluso después de corregir por la inflación), y la experiencia de los últimos años sugiere que los tipos de interés no cambian con el número de competidores. Dado que los márgenes son tan altos, la entrada en la industria bancaria es muy atractiva: en la actualidad, hay más de 40 bancos en Kenia.

Estos dos ejemplos sugieren que la intensidad de competencia tiene un efecto en la estructura de mercado: si la competencia se parece a Bertrand (medicamentos genéricos en Suecia), entonces la tendencia es que el número de competidores disminuya; si la competencia se parece al monopolio (bancos en Kenia), entonces la tendencia es que el número de competidores aumente.

Regulación de precios y estructura de mercado. Como demostración formal de este punto, consideremos una cierta industria X y comparemos su estructura de mercado a través de países diferentes. Supongamos que la tecnología y el tamaño de mercado son los mismos en todos los países. Supongamos también que, en cada país, el precio de mercado se fija exógenamente por un regulador a un nivel p que varía de país a país: en algunos países, p está muy cerca del coste marginal, y decimos que la competencia es muy intensa; en otros países, p está cerca del precio de monopolio, y decimos que la competencia es débil. ¿Cómo depende la estructura de mercado en equilibrio del grado de competencia medido por el precio regulado p?

Para mayor simplicidad, supongamos que la función de costes de cada empresa viene dada, como antes, por $C = F + cq$. Si hay n empresas en la industria, entonces el beneficio de cada empresa viene dado por $\frac{1}{n}(p - c)D(p) - F$. Ignorando por un momento el hecho de que el número de empresas debe ser un número entero, esperamos que las empresas continúen entrando hasta que

$$\frac{1}{n}(p - c)D(p) - F = E$$

donde E es el coste de entrada. Dado que el valor de n debe ser un número entero, el número de entrantes en equilibrio viene dado por

$$\hat{n} = \left[\frac{1}{E + F}(p - c)D(p) \right] \tag{10.6}$$

donde, como antes, $[x]$ denota el número entero más alto por debajo de x (la función característica). Mientras p esté por debajo del precio de monopolio, los beneficios variables totales $(p - c)D(p)$ siguen aumentando en p, y lo mismo sucede con el valor de $\hat{n}$. Por lo tanto, concluimos que, cuanto más competitiva sea la industria –en el sentido de que está sujeta a un regulador «fuerte» que fija un precio p bajo– menor será el número de empresas en equilibrio.

En resumen, la evidencia empírica y el análisis formal sugieren que:

> **Cuanta mayor sea la intensidad en la competencia de mercado, menor será el número de empresas en equilibrio.**

El Ejercicio 10.5 ilustra algunos de estos problemas.

■ **La concentración de mercado determina el poder de mercado.** En la subsección previa, consideramos varios casos con diferentes grados de competencia (de Bertrand a colusión) y encontramos su efecto en la estructura de mercado. Ahora, fijo constante el tipo de competencia; específicamente asumo –como en la sección 10.1– que las empresas compiten a la Cournot; e investigo cómo los cambios en la estructura de mercado afectan al rendimiento de mercado de las empresas.

Consideremos un modelo general de Cournot con n empresas, cada una con una función de costes $C_i(q_i)$. Se puede demostrar (Ejercicio 10.10) que:

$$L = \frac{H}{-\epsilon} \tag{10.7}$$

donde ϵ es la elasticidad precio de la demanda de la industria y L y H son tal y como hemos definido anteriormente.

Esta no es únicamente una fórmula bonita (si es que te van estas cosas); es un resultado importante, ya que generaliza la idea de que cuanta mayor concentración haya (medida por H), mayor será el grado de poder de mercado (medido por L). Esta fórmula nos permite hacer preguntas como las siguientes:

Consideremos dos mercados con demandas idénticas. En un mercado, hay dos empresas con cuotas de mercado idénticas. En el otro mercado, hay una empresa con una cuota de mercado del 70 % y dos empresas más pequeñas con un 15 % cada una. Asumiendo que ambos mercados están en un equilibrio de Cournot, ¿dónde es el poder de mercado mayor?

La respuesta es, de (10.7), en el mercado que tenga la mayor concentración, medido por el índice de Herfindahl. En este ejemplo concreto, tenemos, en el primer mercado, $H = 50^2 + 50^2 = 5.000$, mientras que en el segundo $H = 70^2 + 15^2 + 15^2 = 5,350$. Dicho de otra manera, el poder de mercado es mayor en el segundo mercado (aunque n sea mayor); no obstante, la diferencia es muy pequeña.[1]

■ **Concentración y poder de mercado: estimación empírica.** Como he mencionado en el capítulo 1, durante décadas la organización industrial tradicional estuvo basada en el llamado **paradigma Estructura-Conducta-Rendimiento** (ECR). El paradigma ECR proporciona un sistema para analizar una industria dada. La industria se caracteriza por su estructura (es decir, su concentración), la conducta (es decir, el comportamiento de sus empresas), y el rendimiento (poder de mercado, eficiencia de asignación, y así sucesivamente). Además, el paradigma ECR propone que hay una relación causal entre estructura, conducta y rendimiento: la estructura influencia la conducta; y tanto la estructura como la conducta influencian el rendimiento.

1. Varias razones mediante las cuales la estructura puede influenciar la conducta han sido propuestas en capítulos previos. Por ejemplo, he argumentado que la colusión es más fácil entre un número pequeño de empresas; del mismo modo, es más fácil alcanzar un acuerdo colusorio para fijar precios cuando las empresas son parecidas las unas de las otras, y otras razones de índole parecida.
2. La relación entre conducta y rendimiento debería ser clara: cuando las empresas se comportan más competitivamente, el grado de poder de mercado

---

[1] La Ecuación (10.7) también generaliza la discusión de la elasticidad de la demanda y el poder de mercado, sobre el hecho de que L disminuya con el valor absoluto de ϵ. Véase la sección 5.3.

es menor y la eficiencia de asignación es mayor. Comparemos, por ejemplo, la solución de Bertrand con un contexto de colusión para fijar precios.

3. El argumento de que la estructura influencia el rendimiento es claramente ejemplificado por la Ecuación (10.7): fijando el comportamiento (Cournot), cuanto más alta sea la concentración de la industria, mayor será el grado de poder de mercado.

Durante mucho tiempo, los economistas que estudian la organización industrial se preocuparon de las implicaciones empíricas del paradigma ECR. En concreto, si el rendimiento es una función de estructura y conducta; y la conducta, a su vez, es una función de estructura; entonces podemos simplificar el argumento anterior como una relación entre rendimiento (digamos, poder de mercado) y estructura (digamos, concentración).

La relación directa entre concentración y poder de mercado es positiva, como derivamos en la sección previa (Ecuación 10.7). La relación entre concentración y comportamiento no competitivo es positiva, tal y como argumentamos en el capítulo previo. Finalmente, por definición, la relación entre comportamiento no competitivo y poder de mercado es positiva. Poniendo estas piezas juntas, deberíamos tener una relación positiva entre concentración y poder de mercado.

Por lo tanto, tenemos una predicción que podemos comprobar con datos, que podemos llamar la **hipótesis de estructura-rendimiento**, en concreto una relación positiva entre concentración y poder de mercado. Para comprobar la validez empírica de esta hipótesis, necesitamos datos de concentración y datos de poder de mercado. Lo primero es normalmente fácil de obtener (por ejemplo, cuotas de mercado basándose en datos de ventas). Medir el índice de Lerner, el índice del poder de mercado que hemos considerado, es más difícil; de hecho, es normalmente imposible. No obstante, si el coste marginal es constante e igual a c_i, entonces la tasa de beneficio de la empresa i, r_i, es igual al margen de la empresa i, m_i:

$$r_i = \frac{R_i - CV_i}{R_i} = \frac{pq_i - c_iq_i}{pq_i} = \frac{p - c_i}{p} = m_i$$

donde $CV_i = c_iq_i$ denota el coste variable de la empresa i. Consecuentemente, como aproximación el índice de Lerner (la media del m_i de cada empresa) puede medirse con la tasa media del beneficio variable.[m]

Consecuentemente, en el pasado los economistas han recogido datos de concentración y tasas de beneficio para varias industrias, y han estimado la relación estadística entre estas variables.[10] Es decir, supongamos que tenemos datos de la tasa media de beneficio en la industria i así como de la concentración en esa

---

[m] Si los costes fijos son cero, entonces esto es igual a la tasa media de beneficio.

industria. Entonces esperaríamos que industrias con una concentración mayor exhibieran tasas medias de beneficio más altas, es decir, un coeficiente positivo en la regresión de la tasa de beneficio en la concentración.

Desafortunadamente, el resultado de este ejercicio estadístico no es muy prometedor.[11] La mayoría de los estudios encuentran una relación muy débil entre estructura y rendimiento. No obstante, antes de desechar el análisis teórico que nos ha llevado a la hipótesis de estructura-rendimiento, debemos decir que hay problemas graves de medición de los datos que pueden al menos parcialmente explicar los pobres resultados obtenidos. Por ejemplo, las tasas de beneficio contable pueden llegar a ser una mala aproximación de los márgenes, especialmente donde las empresas operan en varias industrias simultáneamente (lo que requiere asignar costes variables a cada una de las industrias en las que se opera).

En términos de metodología, el ejercicio estadístico para comprobar la hipótesis de la estructura-rendimiento sufre una limitación importante. Básicamente, ignora la posibilidad de que existan vínculos inversos de causalidad en la relación entre estructura, conducta y rendimiento. Como la Ecuación (10.6) muestra, cuanto mayor sea la intensidad de la competencia (menor p), menor será el número de empresas en equilibrio (es decir, una mayor concentración de la industria). Esto implica la predicción opuesta de la Ecuación (10.7), que sugiere que, cuanto mayor sea la concentración de la industria (H), mayor será el poder de mercado (L).

La diferencia esencial entre estas dos perspectivas es que la Ecuación (10.7) toma la estructura de mercado como dada (es decir, como variable exógena) y el grado de competencia como variable endógena (es decir, como variable dependiente). En cambio, en la Ecuación (10.6) el grado de competencia es la variable exógena, mientras que se asume la estructura de mercado (el número de empresas) como endógena (la variable dependiente). Dicho de otro modo, en la Ecuación (10.7) la concentración es la causa del poder de mercado; en la Ecuación (10.6), el poder de mercado es la causa de la concentración.

En la práctica, es más que probable que tanto el efecto directo como el efecto inverso sean importantes en el paradigma ECR. Esto puede explicar por qué la relación estadística entre concentración y rentabilidad no sea muy significativa: puede ser que simplemente sea la suma de los dos efectos con signos opuestos.[n]

■ **Las hipótesis de la colusión y de la eficiencia.** Supongamos que el efecto de retro-alimentación del rendimiento sobre la estructura no es muy importante. Además, supongamos que la estimación estadística nos da un efecto positivo de

---

[n] Hay maneras de utilizar la estadística para poder separar los dos efectos, y se ha intentado en varias ocasiones. Sin embargo, los resultados empíricos no son muy prometedores, es decir, no proporcionan ningún claro apoyo para ninguno de los dos efectos.

estructura en el rendimiento (tal y como algunos estudios han encontrado en realidad). Aun así, todavía tenemos un problema de interpretación por resolver, como mostraré a continuación.

La **hipótesis de colusión** es que la concentración implica poder de mercado a través de un aumento en la colusión entre las empresas. Si este es el caso, entonces los políticos deberían estar preocupados por cualquier factor que aumenta la concentración –una fusión, por ejemplo. De hecho, como veremos en la sección 11.3, los índices de concentración juegan un papel importante en el análisis de la política de fusiones. Básicamente, una fusión que aumenta la concentración de manera significativa no es permitida normalmente porque aumentaría el poder de mercado en perjuicio de los consumidores.

Una interpretación alternativa de la relación positiva entre la estructura de mercado y el rendimiento es la **hipótesis de la eficiencia**, normalmente asociada con la escuela de Chicago.[12] Consideremos un oligopolio simétrico (todas las empresas tienen el mismo coste marginal), y supongamos que una de las empresas mejora su eficiencia productiva, por lo tanto, reduciendo su coste marginal. Un coste marginal menor por una de las empresas implica una redistribución de las cuotas de mercado, donde tanto la concentración como el poder de mercado aumentan, tal y como lo hacían en la hipótesis de colusión. Sin embargo, mientras que en la hipótesis de colusión el aumento en poder de mercado está asociado principalmente con una disminución en la eficiencia de asignación, en la hipótesis de eficiencia el aumento en poder de mercado está asociado principalmente a un aumento en la eficiencia productiva (una transferencia de cuota de mercado de empresas relativamente ineficientes a empresas más eficientes). Es bastante posible que la sociedad en su conjunto mejore con la nueva situación, a pesar de que tanto la concentración como el poder de mercado sean mayores. Las implicaciones políticas de esta hipótesis alternativa son casi las opuestas de las consecuencias de la hipótesis de colusión.

Los estudios empíricos basados en datos a nivel de la empresa muestran que las tasas de beneficio de las empresas están asociadas positivamente con las cuotas de mercado: empresas más grandes son más rentables –o, alternativamente, empresas más eficientes crecen para tener tamaños más grandes. Este hecho no prueba, pero es consistente con, la hipótesis de eficiencia de la relación entre concentración y rendimiento.

10.4 Entrada y bienestar

El modelo de competencia perfecta muestra que, si hay libre entrada y si una serie de otras condiciones se satisfacen, entonces el equilibrio es eficiente desde un punto de vista social. Si todas las otras condiciones se cumplen, entonces la falta de entrada libre (es decir, barreras de entrada) es sinónimo de ineficiencia. No obstante, si las otras condiciones del modelo de competencia perfecta fallan (por ejemplo, las empresas no toman los precios como exógenos), entonces no es necesariamente el caso de que la entrada libre es deseable desde el punto de vista de la eficiencia económica.[13]

Este punto viene ilustrado en la figura 10.4, que presenta una industria con un coste marginal agregado CM y demanda $D(p)$. Supongamos primero que hay n empresas activas, produciendo una cantidad total Q_n que se vende a un precio p_n. Supongamos ahora que una empresa adicional entra en la industria. La cantidad producida por el entrante es q_{n+1}, donde la cantidad total es ahora dada por Q_{n+1} y el precio por p_{n+1}. El cambio en excedente bruto (no incluyendo los costes de entrada) viene dado por las áreas B más C. El beneficio bruto ganado por el nuevo entrante viene dado por las áreas A más B (asumiendo que el entrante tiene el coste marginal más alto de todas las empresas en la industria).

De la manera que la figura está graficada, el aumento en excedente bruto (área $B + C$) es más pequeño que el beneficio bruto ganado por el último entrante (área $A + B$). Esto implica una divergencia potencial importante entre los incentivos privados y sociales a la entrada para la empresa $n + 1$. Supongamos que el coste de entrada, E, es tal que $B + C < E < A + B$. Entonces la entrada será rentable desde una perspectiva privada (beneficio neto positivo) pero no desde una perspectiva social (el aumento en excedente bruto no compensa el coste de entrada). Bajo esta circunstancia, *la libre entrada resulta en entrada excesiva*.

¿Cuál es la razón detrás de la divergencia entre incentivos de entrada privados y sociales? La clave es que parte de los beneficios ganados por el entrante son «robados» de las otras empresas activas. El área A mide (aproximadamente) este **efecto de robo de negocio**, una transferencia entre empresas que no significa ningún beneficio para la sociedad (aunque obviamente beneficia al entrante).

La banca comercial es un ejemplo donde podemos aplicar el argumento anterior. En algunos países europeos, debido a regulación o falta de competencia, los márgenes pueden llegar a ser muy altos (como en el ejemplo de Kenia en la sección previa). Además, dada la relativa homogeneidad de los servicios bancarios comerciales y la baja elasticidad de la demanda, es probable que el efecto de robo de negocios sea significativo. Por esta razón, uno esperaría que el número de bancos y sucursales bancarias fuera excesivo desde una perspectiva social. En Portugal, a finales de la década de 1980 y durante un periodo de tiempo, los bancos debían pagar una tasa para abrir una nueva sucursal. Aunque había diferentes motivos políticos tras la medida, una posible línea de defensa en términos de eficiencia económica es precisamente la externalidad del robo de negocio de los entrantes.

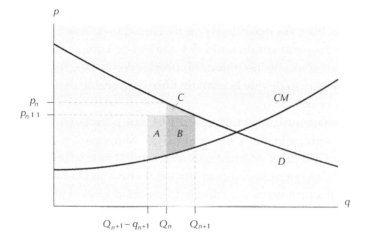

Figura 10.4. Entrada y bienestar.

Otro ejemplo viene dado por la radio en abierto.[14] En los EE. UU. y en otros países, una gran parte de las estaciones de radio se pueden clasificar como temáticas, es decir, dedicadas a un único tipo de música (o tipo de tertulias). La evidencia empírica sugiere que el efecto principal de abrir una estación nueva es la de atraer a oyentes de otras estaciones de radio.º Como resultado, el equilibrio de mercado presenta demasiadas estaciones de música *rock*, en detrimento de otros géneros como la música clásica.

Otro ejemplo viene dado por los servicios inmobiliarios en los EE. UU. Normalmente, los agentes cobran una comisión del 6 % sin importar el precio de la casa vendida. Dicho de otro modo, hay muy poca competencia en precios, lo cual implica que cualquier oportunidad de beneficio se manifiesta en forma de entrada adicional. La evidencia empírica muestra que, cuando el precio de la vivienda en una ciudad aumenta, más agentes inmobiliarios entran en el mercado local, lo que a su vez causa una disminución en el número de casas vendidas por agente. Sin embargo, el salario real medio de los agentes permanece constante, es decir, el aumento en comisiones compensa exactamente la disminución en el número de clientes.[15] Esto es consistente con la idea de que hay una entrada excesiva en estos mercados: lo único que la nueva entrada hace es competir por el excedente del mercado hasta disiparlo, es decir, el efecto de robo de negocios domina el resto de efectos.

º Estas son estaciones gratis: desde el punto de vista del oyente, el único precio es el coste de escuchar la publicidad. Aunque hay algo de competencia en esta dimensión, se puede demostrar que el efecto de robo de negocios entre estaciones es el efecto dominante.

CAJA 10.2 Desregulación y productividad en la industria del equipamiento de telecomunicaciones[16]

«A principios de la década de 1970, la industria de las telecomunicaciones de EE. UU. entró en un periodo de cambio fugaz. Hubo avances tecnológicos significativos en el equipamiento de las telecomunicaciones y una liberalización gradual del entorno normativo que regulaba la provisión de servicios en las telecomunicaciones [...]

Las condiciones restringiendo la entrada se debilitaron [significativamente] en 1975 cuando la FCC [Federal Communications Commission] estableció un programa de registro y certificación que permitía la conexión de equipamiento de suscriptores privados a la red [...] [Un segundo evento importante fue] el Decreto de Consentimiento de 1982, [...] ejecutado en enero de 1984, [que] mandó la venta de activos de AT&T de sus compañías regionales operativas». El decreto implicó que las compañías regionales vendidas ya no tenían que comprar «a la fuerza» equipamiento de la subsidiaria de AT&T, Western Electric, por lo tanto, creando un factor adicional que favorecía la entrada.

De 1963 a 1987 el número de empresas aumentó de 104 a 481. Además del rápido aumento en el número total de empresas, hubo una rotación considerable, con altas tasas de entrada y altas tasas de salida. Por ejemplo, casi el 90 % de las empresas activas en 1987 entraron después de 1972.

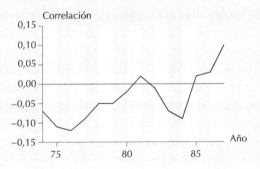

Esta rotación contribuyó a la reasignación de capacidad y producción entre empresas más eficientes y otras menos eficientes. Para medir la eficiencia con la que la capacidad se distribuía entre las empresas, podemos calcular la correlación entre capital y productividad. Una correlación alta significa que las empresas con mayores niveles de capital son más productivas. Para un conjunto dado de empresas, esto implica más eficiencia en la industria. Una correlación baja (o negativa) significa que empresas con niveles más altos de capital son menos eficientes, lo que llevaría a una eficiencia menor en la industria.

El gráfico de la página anterior muestra que, con la excepción del periodo 1981-1984, la correlación entre productividad y capital, medida al nivel de planta, aumentó. Esto es consistente con la interpretación de que la entrada y salida de empresas permitió una asignación más eficiente de capital entre empresas. Para confirmar esta interpretación, se puede mostrar que la probabilidad de que una empresa dejara la industria está negativamente correlacionada con su productividad. Dado que la desregulación aumentó la probabilidad de salida, se deduce que la desregulación aumentó la tasa de salida de las empresas con un nivel bajo de productividad.

■ **Diferenciación de producto, entrada libre y eficiencia.** El resultado de la entrada excesiva de empresas está sujeto a una importante calificación: si existe diferenciación de producto, entonces la entrada de empresas implica, además de una disminución en el precio, un aumento en la variedad de producto. El entrante normalmente es incapaz de capturar todo el precio de reserva generado por el nuevo producto. Esto es lo mismo que decir que existe una externalidad positiva del entrante a los consumidores. Por ejemplo, si un nuevo fabricante de coches entra en la industria con un nuevo diseño de coche innovador, muchos consumidores estarán dispuestos a pagar por el coche nuevo más que su precio. Dicho de otro modo, parte de los beneficios del nuevo diseño de coche no son capturados por el diseñador.

Un ejemplo extremo de la externalidad positiva de la entrada de nuevos productos viene dado por medicamentos para enfermedades relativamente raras, o enfermedades que se concentran en segmentos de la población que son relativamente pobres. Por razones de regulación u otros motivos, puede que sea difícil para el vendedor fijar el precio alto necesario para recuperar las inversiones en investigación efectuadas para alcanzar la innovación. Esto a su vez puede llevar a la empresa a decidir no entrar en el mercado en primer lugar. El medicamento en cuestión es denominado como un «medicamento huérfano». Por ejemplo, en el año 2005, científicos del Canadá y EE.UU. desarrollaron una vacuna contra el virus Ébola. Sin embargo, el proyecto permaneció parado sin comercializarse, principalmente porque, hasta el 2014, hubo muy pocos casos de ébola y la mayoría residían en países pobres.[17]

El análisis del problema general (teniendo explícitamente en cuenta la diferenciación de producto) es bastante complejo. Sin embargo, la conclusión es bastante simple e intuitiva:

Si la diferenciación de producto es muy importante, o si la competencia es muy intensa, entonces la entrada libre de empresas implica entrada insuficiente desde un punto de vista social. En cambio, si la diferenciación de producto no es importante y la competencia es débil, entonces el efecto de robo de negocios domina, donde el equilibrio de entrada libre supone entrada excesiva.

El Ejercicio 10.18 formaliza este punto.

■ **Heterogeneidad de empresas, entrada libre y eficiencia.** Otra calificación del resultado de entrada excesiva es que no tiene que ver con diferencias en la eficiencia entre empresas. La evidencia empírica muestra que hay una rotación de empresas significativa en la mayoría de las industrias, con empresas de menor productividad siendo reemplazadas por otras empresas de productividad más alta. En este contexto, un análisis *dinámico* de entrada libre tendría en cuenta los beneficios de entrada en términos del aumento de la productividad media.[18]

Por ejemplo, la productividad media en la industria del equipamiento de telecomunicaciones en EE. UU. aumentó drásticamente cuando la industria pasó por un periodo de desregulación en la década de 1980. Un cálculo contable minucioso y una estimación econométrica cuidadosa muestran que la mayor parte del aumento en productividad fue simplemente debido a la reasignación de producción de empresas menos eficientes a empresas más eficientes (en particular, empresas salientes y empresas entrantes). La Caja 10.2 explora este ejemplo en mayor detalle.

Otro ejemplo impresionante de la relación entre entrada y crecimiento en productividad viene dado por la industria del acero en EE. UU.[19] Entre 1972 y 2002, la productividad total de factores en el sector del acero aumentó un 28 %, mientras que el aumento medio en el resto de los sectores de la economía fue solo del 7 % (véase sección 3.1 para una definición de productividad total de factores). La cantidad total producida en 2002 estaba al nivel del año 1972; sin embargo, durante este periodo el empleo disminuyó un 80 %. En las últimas décadas, el crecimiento en la productividad del sector del acero ha sido únicamente superado por el del sector de la tecnología de la información (IT).

El principal determinante del milagro de la productividad del acero fue la entrada de nuevas empresas con una tecnología nueva: las minifundidoras de acero (pág. 348). No solo estas plantas nuevas reemplazaron a las antiguas empresas que eran menos productivas; también aumentaron su propia productividad con el tiempo. Conjuntamente, estos efectos fueron responsables de casi la mitad del aumento en productividad en las tres décadas desde 1972. En cierto sentido, esto es una estimación conservadora del efecto total de la entrada. De hecho, un componente importante de la mejora general experimentada en la industria es el aumento en productividad de las empresas antiguas usando la tecnología antigua. En la medida en que esta mejora fue una reacción al aumento de la competencia impuesto por las miniacerías, quizás podamos decir que el efecto completo de la entrada es responsable de más de la mitad del aumento drástico en productividad.

Los ejemplos del equipamiento en telecomunicaciones y el acero sugieren el punto general que:

> **La entrada y salida de empresas, así como la reasignación de capital entre empresas previamente activas, es un factor importante en el crecimiento de la productividad de una industria.**

CAJA 10.3 Mejor que el oro: medallones de taxi en la ciudad de Nueva York

¿Alguna vez te has preguntado –quizás en una tarde de lluvia en Manhattan– por qué no hay más taxis en la ciudad de Nueva York? Parte de la respuesta es que para conducir un taxi en la Gran Manzana se necesita una licencia, un medallón. En la actualidad, hay 13.237 medallones en la ciudad. Desde la década de 1950, la demanda de servicio de taxi en Manhattan ha crecido con el tamaño de la ciudad. No obstante, como la figura de abajo muestra, el número de taxis ha permanecido relativamente constante. Dado que raramente se emiten nuevos medallones, la única manera de entrar en esta industria es adquiriendo un medallón que ya existe. Como la figura muestra, el precio de mercado aumentó muy rápidamente en las últimas décadas. En 2011, un medallón se vendió por más de $1 millón por primera vez.[20]

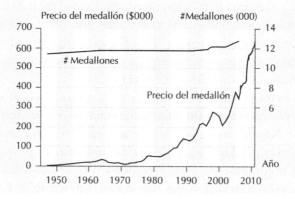

Al ser preguntado por los precios altos, el presidente de la Taxi and Limousine Commission, David S. Yassky, afirma que «Es mucho dinero, y es una inversión que nadie haría sin confiar en la industria y en el futuro de la ciudad». ¿Quiso decir confiar en la industria o confiar en la habilidad de la Comisión de presionar a las autoridades de la ciudad para que congelaran el número de medallones?

En enero del 2011, el alcalde Bloomberg anunció la emisión de 18.000 medallones de «taxis verdes», taxis que pueden recoger pasajeros en los barrios de las afueras de la ciudad de Nueva York (fuera de Manhattan). Otros 2.000 medallones adicionales de taxis amarillos fueron emitidos. Los precios de los medallones, que en algún momento habían superado $1 millón, disminuyeron hasta cerca de $800.000, tanto como resultado en el aumento de la oferta como por la entrada de servicios de coche como Uber.

10.5 Regulación de entrada

En la sección 5.4 he sugerido dos perspectivas sobre la naturaleza y orígenes de la regulación: una visión optimista es que, al encontrar un fallo de mercado concreto, una agencia gubernamental bien intencionada interviene directamente en el mecanismo de mercado para así restablecer el óptimo social. Una visión más escéptica –una que, a veces, es más realista– es que las empresas activas presionan a los gobiernos para poner en funcionamiento medidas que protejan de forma efectiva sus intereses propios.

La regulación económica de entrada nos proporciona una ilustración excelente de la dicotomía entre la teoría normativa de la regulación y la perspectiva de la captura regulatoria. Por ejemplo, poner una tasa por abrir una sucursal bancaria, especialmente en áreas de alta densidad donde el efecto de robo de negocio es significativo, puede ayudar a moderar la entrada excesiva. Además, en un mundo con información imperfecta requerir una calificación mínima para que los doctores médicos puedan practicar puede aliviar los costes sociales de la entrada libre de charlatanes y curanderos. Semejante tipo de regulaciones parecen motivadas por el interés público y de hecho parecen tener un impacto positivo en su conjunto.

Pero consideremos por el momento el programa del cacahuete en EE. UU., al que aludí en la sección 5.4. Se puede argumentar que las barreras de entrada creadas por el programa implican muchos más costes a los consumidores que beneficios a los fabricantes. Intereses especiales, más que los intereses públicos, son la principal fuerza detrás de las regulaciones proteccionistas de entrada como esta.

Lo mismo se aplica a muchas regulaciones de calificaciones: aunque requerir que los doctores médicos pasen un examen parezca tener mucho sentido, parece difícil justificar que más de 700 profesiones deben pasar el mismo proceso. En los años cincuenta, casi el 5 % de todas las profesiones estaban sujetas a licencias; hoy, casi un tercio de la fuerza de trabajo en EE. UU. tiene una licencia.[21] Consideremos el siguiente extremo ejemplo: el estado de Luisiana requiere que los floristas obtengan una licencia emitida por el gobierno antes de crear y vender arreglos florales. Esto significa que los aspirantes a floristas deben hacer un examen, un examen que es juzgado por floristas en activo (es decir, por los competidores potenciales de los aspirantes a floristas). Esto también significa gastarse $2.000 en un curso de 80 horas en dos semanas, y unos adicionales $150 en un curso de reciclaje antes del examen –sin mencionar las muchas horas de estudio. Quizás George Bernard Shaw sabía lo que decía cuando escribió que «todas las profesiones son conspiraciones contra el laicado».

Un ejemplo reciente que parece entrar en el campo de la captura regulatoria es el servicio de coche Uber. La compañía empezó en San Francisco en marzo del 2009 y ya en octubre del 2014 había lanzado sus operaciones en 215 ciudades en 45 países diferentes en el mundo. En junio del 2014 estaba valorado en $18,2 mil millones. Allá donde Uber ha intentado entrar, ha encontrado resistencia por parte de los intereses ya establecidos. En mayo del 2011, la San Francisco Transportation Authority declaró a Uber como servicio de taxi sin licencia y emitió una carta de cese y desista (C&D). Más tarde, Uber y la California Public Utilities Commission fueron capaces de crear una nueva categoría llamada «compañías de transporte en red» para poder trabajar a pesar del requerimiento de licencia. En Australia y Bélgica, los conductores de Uber deben ser conductores de taxi con licencia, lo que efectivamente es lo contrario al propósito de la creación de Uber en primer lugar. En Alemania, un juzgado de Fráncfort fue aún más allá: no solo declaró a Uber ilegal, también estableció una multa de €250.000 y una sentencia de prisión de 6 meses para violadores de la sentencia. Sin embargo, unas pocas semanas más tarde la orden judicial fue revocada.

A pesar de los contratiempos, Uber ha podido entrar en un número significativo de mercados, y lo ha podido hacer de manera exitosa. En la ciudad de Nueva York, donde los taxis son difíciles de encontrar durante la hora punta, Uber ha sido bien recibido por los consumidores, aunque quizás no tan bien por los propietarios de los taxis (véase la Caja 10.3).

Sumario

- Debido al aumento en competencia de precios, el número de empresas activas en equilibrio aumenta menos que proporcionalmente con el tamaño de mercado.
- La concentración es generalmente mayor cuanto mayor sea la escala mínima de eficiencia (o cuanto mayor sea el grado de economías de escala).
- Los detalles históricos particulares de la evolución de una industria pueden determinar en algunos casos la estructura de mercado a largo plazo de maneras que van más allá que los tradicionales factores tecnológicos.
- Si los costes de entrada son endógenos, entonces el número de empresas es menos sensible a cambios en el tamaño del mercado.
- Cuanta mayor sea la intensidad en la competencia de mercado, menor será el número de empresas en equilibrio.
- Si la diferenciación de producto es muy importante, o si la competencia es muy intensa, entonces la entrada libre de empresas implica entrada insuficiente desde un punto de vista social. En cambio, si la diferenciación de producto no es importante y la competencia es débil, entonces el efecto de robo de negocios domina, donde el equilibrio de entrada libre supone entrada excesiva.
- La entrada y salida de empresas, así como la reasignación de capital entre empresas previamente activas, es un factor importante en el crecimiento de la productividad de una industria.

Conceptos clave

- índice de Herfindahl
- índice de Lerner
- equilibrio de libre entrada
- rendimientos crecientes de escala
- escala mínima eficiente
- economías de escala
- deseconomías de escala
- barreras de entrada
- triopolio
- curva de aprendizaje
- ventaja de ser el primero

- ventaja competitiva sostenible
- economías de aglomeración
- costes endógenos de entrada
- paradigma estructura-conducta-rendimiento
- paradigma estructura- rendimiento
- hipótesis de colusión
- hipótesis de eficiencia
- efecto de robo de negocio

Ejercicios de práctica

■ **10.1. Tamaño de mercado y estructura de mercado.** Explica con palabras por qué el número de empresas en un equilibrio de libre entrada puede ser menos que proporcional al tamaño del mercado.

■ **10.2. Mercado único.** Supongamos que dos países, inicialmente en autarquía, deciden crear un mercado único. Por simplicidad, asumamos que, en ambas economías, hay solo un producto. La demanda de este producto es $D_i = S_i(a - p_i)$, $(i = 1, 2)$, donde S_i es una medida del tamaño del país i. Tras la creación del mercado único, la demanda total viene dada por la suma horizontal de las dos demandas iniciales.

Suponiendo que hay libre entrada y que las empresas compiten a la Cournot, encuentra el número de empresas en equilibrio en autarquía y después de la consumación del mercado único. Interpreta los resultados.

■ **10.3. California y Montana.** El número de automóviles importados en California es cuatro veces mayor que en Montana, per cápita. La población de californianos es principalmente urbana, mientras que la población de Montana es principalmente rural. ¿Cómo explican las diferencias demográficas y el modelo presentado en la sección 10.1 las diferencias en consumo?[22]

■ **10.4. Tamaño de mercado y estructura de mercado.** En algunas industrias, el número de empresas aumenta cuando el tamaño del mercado aumenta. En otras industrias, el número de empresas es estable sin importar cuál sea el tamaño del mercado. Comenta.

■ **10.5. Comercio minorista en Suiza.** El comercio minorista en Suiza está dominado por carteles altamente rentables. Las autoridades suizas predicen el colapso gradual de estos carteles cuando el país se integre mejor con el resto de Europa. En cambio, la OECD es mucho más escéptica al respecto, y afirma que el colapso de los carteles no conlleva necesariamente mercados más competitivos; más bien, la ruptura de carteles está frecuentemente asociada con un aumento de la concentración. ¿Qué predicción parece más razonable? ¿Son estas dos perspectivas inconsistentes?

■ **10.6. La definición de mercado y la estructura de mercado.** Considera los siguientes bienes: cemento, agua mineral, automóviles, servicios bancarios. En cada caso, encuentra los límites relevantes de cada mercado y presenta una estimación del grado de competencia.

■ **10.7. Reducción de costes y los índices de Herfindahl y de Lerner.** Consideremos una industria donde la demanda tiene una elasticidad precio constante y dos empresas compiten en niveles de cantidades. En un equilibrio inicial, ambas empresas tienen el mismo coste marginal, c. Entonces la Empresa 1, al invertir intensivamente en I+D, consigue reducir su coste marginal hasta $c' < c$; y llegamos a un equilibrio nuevo.

a) ¿Qué impacto tiene la innovación en los valores de H y L?
b) ¿Qué impacto tiene la innovación en el bienestar del consumidor?
c) ¿Qué tienen que decir las respuestas anteriores acerca de L como medida de rendimiento?

■ **10.8. Barreras de entrada y bienestar.** «Las barreras de entrada pueden aumentar el bienestar social». ¿Qué características concretas de una industria pueden validar esta afirmación?

Ejercicios complejos

■ **10.9. El número de competidores y el beneficio en equilibrio.** Deriva la Ecuación (10.2).

■ **10.10. Estructura de mercado y poder de mercado en Cournot.** Deriva la Ecuación (10.7).

■ **10.11. Economías de escala.** Demuestra que el coeficiente de economías de escala, CU/CM, es mayor que uno si y solo si el coste medio disminuye.

■ **10.12. Tecnología y estructura de mercado.** Considera una industria con demanda de mercado $Q = a - p$ y un número infinito de entrantes potenciales con acceso a la misma tecnología. Inicialmente, la tecnología viene dada por $C = F + cq$. Una tecnología nueva permite un coste marginal menor, $c' < c$, en detrimento de un coste fijo más alto, $F' > F$.

a) ¿Qué puedes decir acerca del efecto de la nueva tecnología en el precio de equilibrio?
b) Supongamos que $a = 10$, $F = 2$, $F' = 3$, $c = 2$, $c' = 1$. Encuentra el precio de equilibrio bajo cada tecnología.

■ **10.13. Tecnologías de producción alternativas.** Consideremos una industria con un producto homogéneo donde las empresas fijan cantidades (o su capacidad) y el precio viene determinado por la cantidad total (o la capacidad total). Supongamos que hay un número grande de entrantes potenciales y que cada empresa puede escoger una de dos posibles tecnologías, con funciones de coste $C_i = F_i + c_i q_i$ $(i = 1, 2)$.

a) Deriva las condiciones de un equilibrio de entrada libre.
b) Muestra, con un ejemplo numérico, que puede haber más de un equilibrio, con diferentes números de empresas grandes y empresas pequeñas.

■ **10.14. Límites del índice de Herfindahl.** Supongamos que únicamente sabes el valor de las cuotas de mercado de las empresas mayores de una industria dada. Aunque no poseas suficiente información para calcular el índice de Herfindahl, puedes calcular los limites inferiores y superiores de sus valores. ¿Cómo?

■ **10.15. Diferenciación de producto y estructura de mercado.** Considera el modelo de competencia monopolística, presentado en la sección 4.3. ¿Cuál es, según este modelo, la relación entre el grado de diferenciación de producto y la estructura de mercado?

■ **10.16. Doctores y fontaneros.** Considera la estructura de mercados geográficamente aislados en los EE. UU. (ciudades pequeñas) en las siguientes ocupaciones: doctores, dentistas y fontaneros. Se puede mostrar que el tamaño mínimo de una ciudad que justifica la entrada de un segundo doctor es aproximadamente 3,96 veces el tamaño necesario para que un primer doctor entre. Para fontaneros, el número es 2,12. ¿Cómo interpretas estos números?[23]

■ **10.17. Costes de publicidad.** Considera el siguiente modelo de entrada en una industria que utiliza la publicidad de forma intensiva. Para simplificar el análisis, y así concentrarnos en el impacto de la publicidad, supongamos que no hay competencia en precios. En concreto, el valor del mercado, en ventas totales, viene dado por S. (Podemos pensar en una curva de demanda $D(p)$ y un precio exógeno, donde $S = pD(p)$.) Por lo tanto, S es una medida del tamaño de mercado.

Cada empresa debe decidir si entra o no en la industria. El coste de entrada viene dado por F. Si una empresa decide entrar, entonces también debe escoger cuánto debe invertir en publicidad; definamos a_i como la cantidad de publicidad de la empresa i. Finalmente, la cuota de mercado de la empresa i, s_i, se asume igual a su fracción de gasto total de publicidad en la industria:

$$S_i = \frac{a_i}{\sum_{j=1}^{n} a_j} = \frac{a_i}{A}$$

donde n es el número de empresas en la industria y A $\equiv \sum_{i=1}^{n}$ es el gasto total en publicidad en la industria.

a) Muestra que el nivel óptimo de publicidad de cada empresa i es tal que $S(A - a_i)/A^2 - 1 = 0$.

b) Muestra que, en un equilibrio simétrico, $a = S(n-1)/n^2$, donde a es el nivel de publicidad de cada empresa.

c) Muestra que el beneficio en equilibrio viene dado por $\pi = S/n^2 - F$.

d) Muestra que el número de entrantes en equilibrio viene dado por el número entero más alto por debajo de $\sqrt{S/F}$.

e) Interpreta este resultado según la discusión de los efectos de costes endógenos de entrada.

■ **10.18. Entrada y bienestar.** Considera una industria de producto homogéneo con una función de demanda inversa $P(Q)$ donde cada empresa tiene la misma función de costes: $C(q)$. Supongamos que las empresas deciden secuencialmente si entran (o no) en la industria y que el número de empresas se puede aproximar con una variable continua n. Demuestra que, si (a) un aumento en n causa una disminución en q_n (la cantidad producida por empresa en equilibrio cuando hay n empresas); y (b) el precio de equilibrio es mayor que el coste marginal; entonces el número de empresas en equilibrio es demasiado alto desde un punto de vista de bienestar social. Pista: deriva la condición tal que una empresa es indiferente entre entrar y no entrar en la industria; entonces muestra que, en ese valor de n, la derivada del bienestar social con respecto a n es negativa.

Ejercicios aplicados

■ **10.19. Evolución de la industria.** Escoge una industria para la que puedas encontrar datos históricos. Describe la evolución de la industria en términos del número de empresas y de la distribución del tamaño de las empresas. Explica qué factores pueden haber marcado la evolución de esa industria y cómo estos se relacionan con el contenido de este capítulo.

■ **10.20. AirBnB.** Redacta un informe breve sobre el nacimiento y evolución de AirBnB. Haz especial hincapié en las dificultades legales experimentadas por el nuevo servicio y compara las teorías normativas y de captura de regulación de entrada como varias maneras de explicar los hechos.

Notas

1. Robert E. Lucas, «Adjustment Costs and the Theory of Supply», *Journal of Political Economy* (1967), 321-334.
2. Lyons, Bruce, Catherine Matraves, and Peter Moffatt (2001), «Industrial Concentration and Market Integration in the European Union», *Economics* 68 (269), 1-26.
3. Lerner, A. P. (1934), «The Concept of Monopoly and the Measurement of Monopoly Power», *The Review of Economic Studies* 1 (3), 157-175.
4. Sutton, John (1992), *Sunk Costs and Market Structure*, Cambridge, MA: MIT Press.
5. Adaptado de Tremblay, Victor J, y Carol H Tremblay (2005), *The U.S. Brewing Industry: Data and Economic Analysis*, Cambridge, MA: MIT Press; y Elzinga, Kenneth G (2009), «The Beer Industry», en J Brock (Ed.), *The Structure of the American Industry*, Upper Saddle River, NJ: Pearson Prentice Hall.
6. Igami, Mitsuru, y Kosuke Uetake (2014), «Shakeout with Merger: Consolidation of the Hard Disk Drive Industry (1976-2014)», Yale University.
7. Véase nota 4, idem.
8. Fuente: Cuadro 10.1.
9. Véase nota 4, idem.
10. Bain, Joe (1951), «Relation of Profit Rate to Industry Concentration: American Manufacturing, 1936-1940», *Quarterly Journal of Economics* 65, 293-324.
11. Schmalensee, Richard (1989), «Inter-Industry Studies of Structure and Performance», en Schmalensee y Willig, *Handbook of Industrial Organization*, Ámsterdam: Holanda.
12. Harold Demsetz, «Industry Structure, Market Rivalry, and Public Policy», *Journal of Law and Economics* 16 (1973), 1-9.
13. Mankiw, N. Gregory, y Michael D. Whinston (1986), «Free Entry and Social Inefficiency», *Rand Journal of Economics* 17, 48-58; Spence, Michael (1976), «Product Selection, Fixed Costs, and Monopolistic Competition», *Review of Economic Studies* 43 (2), 217-235.
14. Berry, Steven T, y Joel Waldfogel (1999), «Entry and Social Inefficiency in Radio Broadcasting», *Rand Journal of Economics* 30, 397-420.
15. Hsieh, Chang-Tai, y Enrico Moretti (2003), «Can Free Entry Be Inefficient? Fixed Commissions and Social Waste in the Real Estate Industry», *Journal of Political Economy* 111 (5), 1076-1122; Barwick, Panle Jia, y Parag Pathak (2014), «The Costs of Free Entry: An Empirical Study of Real Estate Agents in Greater Boston», aceptado en *Rand Journal of Economics*.
16. Olley, G. Steven, y Ariel Pakes (1996), «The Dynamics of Productivity in the Telecommunications Equipment Industry», *Econometrica* 64, 1263-1297.
17. Denise Gradyoct, «Ebola Vaccine, Ready for Test, Sat on the Shelf», *The New York Times*, 23/10/2014.
18. Vickers, John (1995), «Entry and Competitive Selection», Oxford University, diciembre.
19. Collard-Wexler, Allan, y Jan De Loecker (2014), «Reallocation and Technology: Evidence from the US Steel Industry», aceptado en *American Economic Review*.
20. Fuentes: New York City Taxi and Limousine Commision; Schaller Consulting.
21. Edlin, Aaron, y Rebecca Haw (2014), «Cartels by Another Name: Should Licensed Occupations Face Antitrust Scrutiny?», *University of Pennsylvania Law Review* 162 (5), 1093-1164.
22. Adaptado de un ejercicio escrito por T. Bresnahan. Véase también Bresnahan, Timothy F, y Peter C Reiss (1991), «Entry and Competition in Concentrated Markets», *Journal of Political Economy* 99, 977-1009.
23. Bresnahan, Timothy F, y Peter C Reiss (1991), «Entry and Competition in Concentrated Markets», *Journal of Political Economy* 99, 977-1009.

11. FUSIONES HORIZONTALES

Cemex, la empresa cementera mexicana, fue fundada en 1906. Su primera planta (en Hidalgo, en el norte de México) tenía una capacidad de 33.000 toneladas. Ya en 2013, Cemex era la 7.ª cementera más grande del mundo, con operaciones en más de 50 países y una capacidad total de 76 millones de toneladas. ¿Cómo fue Cemex del punto A al punto B? En parte, lo hizo construyendo nueva capacidad (crecimiento orgánico). Mayoritariamente, lo hizo adquiriendo otras compañías: en 1987, Cemex compró Cementos Anáhuac, una compañía rival mexicana; en 1992, empezó su expansión internacional con las adquisiciones de Valenciana y Sanson, las dos mayores cementeras en España. En poco tiempo, Cemex tenía presencia en cuatro continentes.

En el capítulo anterior, mostré cómo la entrada y la salida de empresas influencian la estructura de mercado. Como la historia de Cemex sugiere, el número de competidores –y con frecuencia la estructura de una industria– también es consecuencia directa de fusiones y adquisiciones. De hecho, una fusión puede interpretarse como la salida de una empresa: donde había dos empresas antes ahora solo hay una.

¿Por qué suceden las fusiones y adquisiciones? Una ojeada rápida a unos cuantos ejemplos nos dejará ver que las razones pueden ser varias.

- En la década de 1980 Sony compró el estudio cinematográfico Columbia con el objetivo de crear «sinergias» entre dos estudios complementarios. La biblioteca de películas de alta calidad de Columbia se percibía como una garantía de oferta mínima de *software* que complementaba el *hardware* de Sony (es decir, los reproductores de vídeo).
- Philip Morris y Kraft poseían un gran número de productos de comida que se vendían en supermercados. Crear una empresa de aún mayor tamaño permitiría a Philip Morris y Kraft aumentar su poder de negociación con los minoristas. Esto es significativo, por ejemplo, cuando hablamos de obtener espacio en los estantes para el lanzamiento de un producto nuevo.

- Cuando Nestlé adquirió Rowntree, su objetivo principal era entrar en el mercado británico del chocolate. Rowntree era el dueño de un gran número de marcas muy conocidas (Smarties, After Eight, Kit Kat, etc.). La compra de Rowntree permitió a Nestlé ahorrar los altos costes asociados con el lanzamiento de nuevas marcas.
- Otro ejemplo relacionado con Nestlé es su compañía de propiedad conjunta con General Mills para la producción y distribución de cereales para el desayuno en Europa. El objetivo principal de esa empresa conjunta era la de aprovechar las sinergias entre las dos empresas complementarias: la experiencia en distribución de Nestlé (especialmente en Europa) y el conocimiento de General Mills en la producción.
- En 2008, InBev acordó la compra de Anheuser-Busch por un valor total de $52 mil millones, lo que llevó a la nueva compañía Anheuser-Busch InBev, el mayor fabricante de cerveza del mundo, juntando bajo el mismo sello marcas como Budweiser, Michelob, Stella Artois, Bass y Brahma. InBev se había creado en 2004 de la fusión entre la compañía belga Interbrew y la compañía brasileña AmBev.

Además de estos ejemplos, donde razones de eficiencia o estrategia parecen jugar un papel, hay un número de casos donde las fusiones y adquisiciones fueron motivadas por razones financieras y fiscales. Por ejemplo, adquirir empresas de otras industrias es lo mismo que diversificar una cartera de inversiones, y así reducir el riesgo total de la compañía madre.

Cuadro 11.1. Transacciones de fusiones y adquisiciones más importantes hasta 2014[1]

Ranking	Año	Adquiridor	Objetivo	$milm	€milm
1	1999	Vodafone AirTouch PLC	Mannesmann AG	202,8	204,8
2	2000	America Online Inc.	Time Warner	164,7	160,7
3	2007	Shareholders	Philip Morris Intl. Inc.	107,6	68,1
4	2007	RFS Holdings BV	ABN-AMRO Holding NV	98,2	71,3
5	1999	Pfizer Inc.	Warner-Lambert Co.	89,2	84,9
6	1998	Exxon Corp	Mobil Corp.	78,9	68,4
7	2000	Glaxo Wellcome PLC	SmithKline Beecham PLC	76,0	74,9
8	2004	Royal Dutch Petroleum Co.	Shell Transport & Trading Co.	74,6	58,5
9	2000	AT&T Inc.	BellSouth Corp.	72,7	60,2
10	1998	Travelers Group Inc.	Citicorp	72,6	67,2

En este capítulo, nos centraremos en el estudio de las **fusiones horizontales**, es decir, fusiones o adquisiciones entre dos empresas de la misma industria. De los ejemplos mencionados anteriormente, los ejemplos de Phillip Morris-Kraft y Nestlé-Rowntree entrarían ambos dentro de la clasificación de fusiones horizontales; esto no sería así para el ejemplo de Sony-Columbia (o los ejemplos donde las fusiones fueron el resultado de razones financieras o fiscales). El cuadro 11.1, que presenta las mayores fusiones y adquisiciones hasta el año 2014, nos proporciona algunos ejemplos adicionales, de los que al menos cuatro corresponderían a fusiones horizontales (¿puedes ver cuáles?). En el capítulo 13, considero la posibilidad de **fusiones verticales**, es decir, fusiones entre empresas en diferentes etapas de una misma cadena de valor (por ejemplo, una refinería de gasolina y una gasolinera). Esto todavía deja fuera a un número considerable de fusiones y adquisiciones (por ejemplo, las fusiones de conglomerado). Aunque estas últimas son de gran interés para las finanzas corporativas y otras disciplinas académicas, son menos importantes desde el punto de vista de la organización industrial.[a]

11.1 Efectos económicos de las fusiones horizontales

La producción total disminuye (y el precio aumenta) como resultado de una fusión horizontal. En concreto, la producción conjunta de las empresas fusionadas suele disminuir (y consecuentemente aumentar el precio). ¿Por qué? Antes de la fusión, si la empresa i disminuyera su producción por una unidad, (a) perdería $p - CM$, su margen por venta; y (b) ganaría $q_i\Delta p$, donde q_i es su nivel de producción y Δp es el aumento en precio que resulta de la disminución en producción. Dado que empezamos (antes de la fusión) desde una situación de equilibrio, debe ser que ninguna empresa tiene un incentivo para disminuir (o aumentar) su producción. Dicho de otro modo, los efectos positivos o negativos de una reducción en la cantidad producida son exactamente iguales y se cancelan entre ellos.

Consideremos ahora la situación después de la fusión entre las empresas A y B. Partiendo de los mismos niveles de producción anteriores a la fusión, la nueva empresa $A\&B$ puede beneficiarse de una reducción en producción. De hecho, aunque la pérdida de disminuir la producción sigue siendo $p - CM$, la ganancia del incremento en precio es ahora $(q_A + q_B)\Delta p$. Dicho de otro modo, cuando la empresa A baja la producción, ahora tiene en cuenta el efecto de un precio más alto en sus beneficios y en los beneficios de la empresa B. Por lo tanto, a menos que la fusión

---

[a] Por simplicidad, en este capítulo simplemente usaremos a menudo la palabra «fusión» aunque queramos decir «fusión horizontal».

implique una reducción significativa en el coste marginal de la nueva empresa *A&B*, la producción total de las empresas fusionadas disminuirá.

El análisis anterior asume que el modo de competencia no cambia después de la fusión (es decir, Cournot antes y después de la fusión, aunque sea una industria más concentrada). Sin embargo, una de las consecuencias de la fusión puede ser precisamente un cambio en el modo de competencia de la industria: una industria más concentrada (como resultado de la fusión) puede permitir un mayor grado de colusión entre los competidores restantes. Por lo tanto, tenemos una segunda razón para que las fusiones aumenten los precios en un mercado.

Las fusiones también tienen un impacto en los costes, normalmente conocido como **eficiencias de costes**. Estos ahorros en costes pueden ser divididos en dos partes: costes variables y costes fijos. Los ahorros en costes fijos suelen venir de la eliminación de costes de duplicación en la nueva empresa fusionada. Por ejemplo, cada empresa solo necesita una administración. Aunque la empresa fusionada requiera un departamento de administración mayor que cualquiera de las dos empresas anteriores, es también probable que el tamaño del nuevo departamento de administración sea menor que la suma de los departamentos de las empresas antes de la fusión. Como ejemplo, la fusión en el año 2000 entre Daimler y Chrysler iba a proporcionar un ahorro en costes de \$3 mil millones anuales, la mayoría en ahorros de costes fijos.[b]

Los ahorros en costes variables pueden venir de varios factores distintos. Por ejemplo, supongamos que la empresa *A* tiene un buen sistema de producción, pero muy mal sistema de distribución, mientras que la ventaja de la empresa *B* es exactamente la contraria: poca eficiencia en producción y una gran red de distribución. Al fusionarse, las empresas combinan lo mejor de sus respectivas ventajas competitivas (algunos se refieren a esto como **sinergias de fusión**). Como ejemplo, la compañía conjunta entre Nestlé y General Mills, que introducimos anteriormente, combinaba habilidades complementarias que conllevaron a un coste marginal menor de producción y distribución de cereales de desayuno.

CAJA 11.1 La fusión Hyundai-Kia[2]

La industria del automóvil coreana no fue inmune a la crisis asiática de 1997: con la excepción de Hyundai, todos los fabricantes de coches –Kia, Daewoo, Sangyong, Samsung– experimentaron serios problemas financieros. Kia se declaró en bancarrota en 1997 y fue adquirido por Hyundai (pujando más alto que Samsung y Ford en la subasta).

---

[b] Al final, el ahorro en costes no se produjo, y la fusión nunca se llegó a realizar.

La fusión Hyundai-Kia (HK) prometía una serie de eficiencias en costes, y pronto los resultados empezaron a aparecer. Mong-Gu Chung, el hijo mayor de la familia propietaria de Hyundai en esos momentos, fue nombrado presidente y reestructuró los procesos internos de la compañía. El número de centros I+D se redujo de 8 a 2 (el Centro I+D Namyang para modelos de coches de pasajeros, y el Centro I+D Junju para vehículos comerciales). En el 2000, se creó una nueva unidad de negocio, Hyundai Mobis, con el propósito de estandarizar partes y módulos a través de las plantas de Hyundai y Kia. De esta manera, HK fue capaz de consolidar su producción y aprovecharse mejor de las economías de escala. Por ejemplo, el número de plataformas (la combinación entre los bajos y suspensiones con ejes) disminuyó considerablemente, como se puede apreciar en el panel izquierdo de abajo.

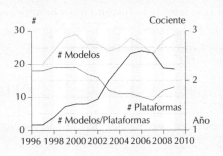 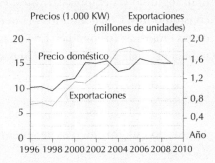

Cuando la fusión fue inspeccionada, la Korean Fair Trade Commission reconoció que existe un lado negativo de la fusión (mayor poder de mercado en el mercado doméstico) y un lado positivo (mayores eficiencias de costes y competitividad en el mercado de exportaciones). Los datos de precios y exportaciones (panel derecho) parecen ofrecer evidencia consistente con esta visión.

Las estimaciones del impacto de la fusión sobre el bienestar sugieren que los efectos del precio y el coste se compensaron casi mutuamente, así que el bienestar total permaneció relativamente estable. Sin embargo, el impacto no fue uniforme: los consumidores salieron perjudicados de la fusión, mientras que los accionistas de los fabricantes de coches se vieron beneficiados.

En resumen, hay dos efectos principales de una fusión:

Las fusiones normalmente tienen como consecuencia un aumento en precios y una reducción de costes.

La Caja 11.1 describe un ejemplo ilustrativo, la fusión entre los fabricantes de automóviles Hyundai y Kia en Corea del Sur. Como mostraré en la sección 11.3, estos efectos de precio y costes corresponden a diferentes aspectos que deben ser considerados por los políticos a la hora de analizar fusiones.

El efecto de las fusiones en el beneficio: un enfoque analítico. Supongamos que empezamos con una situación con 3 empresas, todas con un coste marginal $c_i = c$; y que las empresas 2 y 3 se fusionan, formando una nueva empresa 2 con una función de costes $C = F' + c' q$, donde $c' < c$. (Pensemos que la empresa 2 adquiere la empresa 3 y mantiene su nombre anterior a la fusión.)

Hay tres partes afectadas en la fusión: primero, las empresas que se fusionan; segundo las empresas rivales, en este caso la empresa 1; y finalmente, los consumidores. Consideremos primero el impacto de la fusión en los beneficios de las empresas fusionadas. En el capítulo 8 (Ejercicio 8.15), mostré que el beneficio de la empresa en competencia a la Cournot viene dado por:

$$\hat{\pi}_i = \left(\frac{a - nc_i + \sum_{j \neq i} Cj}{n+1} \right)^2 - F_i \tag{11.1}$$

Aplicando esta fórmula, el beneficio de cada empresa antes de la fusión viene dado por:

$$\pi_1 = \pi_2 = \pi_3 = \left(\frac{a-c}{4} \right)^2 - F$$

Después de la fusión, la nueva empresa 2 (que es el producto de la unión de las empresas 2 y 3) tiene un beneficio de:

$$\pi_2' = \left(\frac{a + c - 2c'}{3} \right)^2 - F'$$

(Nótese que, después de la fusión, $n = 2$, así que $n + 1 = 3$.) Se deduce que la suma de beneficios de las empresas fusionadas cambia por:

$$\pi_2' - (\pi_2 + \pi_3) = (2F - F') + \left(\frac{a + c - 2c'}{3} \right)^2 - 2 \left(\frac{a-c}{4} \right)^2 \tag{11.2}$$

Hay cuatro efectos a considerar. Primero, el ahorro en costes fijos: en la medida en que $F' < 2F$, la fusión implica eficiencia en el coste fijo.

El segundo efecto se encuentra en el numerador de la función de beneficio variable. Si $c' < c$, entonces $a + c - 2c' > a - c$. (Comprueba que esto es verdad.) Cuanto más eficiente es una empresa, mayor es su beneficio.

El tercer efecto se puede ver en el hecho de que el denominador de la función de beneficio variable disminuye de 4 a 3 (con frecuencia de $n + 1$ a n, donde n es el número inicial de empresas). Una fusión implica un número menor de competidores. Menos competidores implica menos competencia, lo que a su vez conlleva un beneficio mayor.

Hasta ahora, hemos tratado tres efectos que son favorables a las empresas fusionadas. Sin embargo, hay un efecto negativo significativo: al fusionarse, dos beneficios se convierten en uno. De hecho, el último término en (11.2) se multiplica por 2 (beneficios variables antes de la fusión), mientras que el penúltimo término no (beneficios variables después de la fusión). Este cuarto efecto es claramente negativo. De hecho, si $F = 0$ y $c = c'$, tal que no hay eficiencias en costes, entonces el cambio en beneficios de las empresas fusionadas viene dado por

$$\pi_2' - (\pi_2 + \pi_3) = \left(\frac{a - c}{3} \right)^2 - 2 \left(\frac{a - c}{4} \right)^2 = (a - c)^2 \left(\frac{1}{9} - \frac{2}{16} \right)$$

que es negativo. Así pues, a menos que haya redundancias en costes fijos que puedan ser eliminadas por la fusión ($F > 0$) o sinergias de costes variables ($c' < c$), las empresas fusionadas reducen su beneficio combinado como consecuencia de la fusión. Nótese que esto es verdad, aunque el mercado se vuelva menos competitivo, lo que beneficia a la empresa.

No todas las empresas disminuyen su producción como consecuencia de una fusión. De hecho, lo opuesto es cierto para las *empresas no fusionadas*. Antes de la fusión, si la empresa C disminuyera su producción por una unidad, (a) perdería $p - CM$, su margen de venta; y (b) ganaría $q_C \Delta p$. Tras la fusión, (b) no cambia, pero (a) es ahora mayor. Si la empresa C era indiferente entre disminuir y aumentar la producción antes de la fusión, ahora estrictamente prefiere aumentarla, lo que a su vez resulta en un aumento del beneficio (mayor margen y mayor cuota de mercado).

De hecho, en cierto modo las empresas que no se fusionan son las más beneficiadas de la fusión: sin incurrir en ningún coste, su número de competidores disminuye por uno. Las empresas que no forman parte de la fusión se benefician de la reducción de la producción (y aumento de precio) iniciada por las empresas fusionadas. Como un autor muy conocido dice, «el promotor de una fusión recibe el apoyo de todas las empresas –casi todo tipo de apoyo, con la excepción de la participación».[3]

Sin embargo, esto no es verdad por lo general. Por ejemplo, si la eficiencia de la empresa fusionada mejorara mucho, en concreto, si su coste marginal fuera sustancialmente menor que antes de la fusión, entonces podría darse el caso de que el beneficio de las empresas no fusionadas disminuyera. En términos del análisis anterior, recordemos que (implícitamente) hicimos el supuesto de que el coste marginal no cambia con la fusión. Si no fuera así, el efecto (b) de una reducción de la producción aumentaría y la empresa fusionada *A&B* ya no vería rentable reducir su producción. Por lo tanto, la situación se invierte: las empresas que no se fusionan disminuirían su cuota de mercado y sus beneficios como consecuencia de la fusión.

> **El valor de las empresas que no se fusionan puede disminuir**
> **o aumentar como resultado de una fusión, dependiendo de si**
> **la fusión genera eficiencias de costes.**

Los siguientes cuatro ejemplos muestran que ambas situaciones son posibles en la práctica:

- «British Petroleum PLC dijo que compraría Amoco Corp. en la mayor fusión industrial jamás llevada a cabo [...] El acuerdo ha sido el artífice de una subida de la cotización bursátil de la mayoría de las grandes compañías petrolíferas. Mobil Corp., por ejemplo, subió \$2,625 al final de la sesión del jueves a \$69,375».[4]

- En marzo de 2011, Western Digital anunció que compraría Hitachi, una fusión entre el primer y tercer mayores proveedores de unidades de disco de ordenadores. El precio de las acciones de Seagate –el segundo mayor proveedor– aumentó un 9 % hasta \$13,56.[5]

- Respondiendo al anuncio de la fusión propuesta entre British Airways y American Airlines, Virgin Atlantic –un competidor menor en las rutas entre Londres y EE. UU. –pintó sus aviones con el claro mensaje «BA/AA No».[c]

- En la industria militar europea, la fusión entre las empresas rivales GKN plc y Alvis plc aumentó la presión sobre Vickers, un tercer competidor. «Juntos, GKN y Alvis estarán en mejores condiciones para controlar la industria al mismo tiempo que Europa inicia un periodo de transición y consolidación en la industria de defensa y aeronáutica [...] Algunos analistas han avisado de que Vickers podría quedarse fuera de este proceso».[6]

---

[c] En el caso de Virgin Atlantic, una preocupación adicional con la fusión de BA/AA es que el tamaño relativo de Virgin Atlantic era mucho menor. Como mostraré en la sección 12.3, el comportamiento predatorio en esta industria no es una práctica nueva. Una mayor asimetría en tamaño entre competidores puede aumentar la probabilidad de observar semejante tipo de comportamiento.

Los dos primeros ejemplos parecen encajar en el perfil del «polizonte», donde los competidores que no se fusionan se benefician de la fusión.[d] Sin embargo, el tercer y cuarto ejemplos sugieren que las empresas que no se fusionan salen perjudicadas por la fusión.

El efecto de la fusión en empresas no fusionadas: un enfoque analítico. El beneficio de la empresa 1, después de la fusión, viene dado por:

$$\pi_1' = \left(\frac{a + c' - 2\,c}{3} \right)^2 - F$$

La diferencia con respecto al beneficio antes de la fusión viene dada por:

$$\pi_1' - \pi_1 = \left(\frac{a + c' - 2c}{3} \right)^2 - \left(\frac{a - c}{4} \right)^2 \tag{11.3}$$

Ahora tenemos dos efectos. Primero, en la medida en que $c' < c$, el numerador de la función de beneficio variable es menor después de la fusión: $a + c' - 2c < a - c$. Dicho de otro modo, la empresa que no se fusiona pierde beneficio debido a la mejora en eficiencia de las empresas fusionadas. Sin embargo, el denominador de la función de beneficio variable es mayor cuando el número de empresas decrece: la fusión implica una empresa menos, y menos competidores implica un beneficio mayor para todos, incluidas las empresas que no se fusionan.

Si $c = c^k$, es decir, si la fusión no tiene consecuencias para sinergias en costes variables, entonces $\pi_1' - \pi_1$ es positivo. Sin embargo, si por ejemplo c está cerca de $a/2$ y c'es casi cero (sinergias en costes muy sustanciales), entonces π_1' es casi cero, mientras que π_1 era positivo. Así, empresas ajenas a una fusión pueden salir muy perjudicadas de una fusión que crea una empresa muy eficiente.

Finalmente, consideremos el efecto de una fusión en el excedente del consumidor. Como he demostrado en los capítulos anteriores, el precio de equilibrio en competencia de Cournot disminuye (inequívocamente) con el número de empresas. Pasar de n competidores a $n - 1$ competidores implica un aumento en el precio. Con frecuencia, un aumento en la concentración implica un aumento en el precio. Dicho de otro modo, el precio de mercado aumenta como consecuencia directa de una fusión. Por lo tanto, si la diferenciación de producto no resulta ser importante –tal que el precio de mercado es la única preocupación de los consu-

---

[d] Una interpretación alternativa de los cambios en el mercado bursátil es que la demanda por la adquisición de otras compañías similares a las adquiridas ahora es más alta.

midores– y si las eficiencias de costes no son significativas, entonces las fusiones resultan en una disminución en el bienestar del consumidor. Sin embargo, si la ganancia en eficiencia de costes es significativa, es posible que los consumidores se acaben beneficiando de la fusión.

El efecto de la fusión en el excedente del consumidor: un enfoque analítico. En el Ejercicio 8.15, mostramos que el excedente del consumidor en competencia de Cournot viene dado por:

$$EC = \frac{1}{2}\left(\frac{na - \sum_{i=1}^{n} c_i}{n+1}\right)^2 = \frac{1}{2}\left(\frac{n}{n+1}\right)^2 \left(a - \frac{1}{n}\sum_{i=1}^{n} c_i\right)^2$$

Por lo tanto, la fusión implica un cambio en el excedente del consumidor tal que:

$$EC' - EC = \frac{1}{2}\left(\frac{2}{3}\right)^2 \left(a - \frac{1}{2}(c+c')\right)^2 - \frac{1}{2}\left(\frac{3}{4}\right)^2 (a-c)^2$$

Como en el caso de las empresas que no se fusionan, debemos considerar dos efectos. Primero, parte de las sinergias de la fusión son transferidas al consumidor: debido a que $c' < c$, sabemos que $a - \frac{1}{2}(c+c') > a - c$. Segundo, un número menor de empresas implica un aumento en poder de mercado: EC' incluye el factor $2/3$, que es menor que $3/4$. Si c' es mucho menor que c, entonces el efecto positivo domina al negativo y los consumidores se benefician de la fusión. Si $c' \approx c$, entonces el efecto del poder de mercado domina y los consumidores salen perjudicados de la fusión.

CAJA 11.2 La empresa conjunta Miller-Coors[7]

En octubre de 2007 Miller y Coors –la segunda y tercera mayores empresas de la industria de la cerveza en EE. UU.– anunciaron sus planes de combinar sus operaciones de negocio. Aunque la fusión aumentaba sustancialmente la concentración en una industria ya muy concentrada, también venía de la mano de grandes promesas de ahorros en costes. Antes de la fusión, Coors fabricaba su cerveza en dos lugares distintos, mientras que Miller lo hacía en seis lugares distintos. Moviendo la producción de la cerveza Coors a las plantas de Miller, la nueva empresa podría disminuir sus costes medios de transporte. Tomando estas eficiencias en cuenta, el Departamento de Justicia de los EE. UU. aprobó la empresa conjunta en junio de 2008. ¿Fue esta la decisión más apropiada?

El impacto de la fusión –tanto en términos de cambio de concentración como en términos de cambios en las distancias de transporte– variaba mucho de mercado a mercado. Estas diferencias entre mercados nos permiten estimar estadísticamente el impacto de la fusión. Controlando por una variedad de otros factores, se puede estimar que: (a) en mercados donde el índice de Herfindahl aumentó más, los precios aumentaron más; (b) en mercados donde la distancia media de transporte descendió más, los precios bajaron más.

Estos efectos estimados son consistentes con el análisis en la sección 11.1. Su impacto medio en los cambios de precios aparece en el gráfico de la figura de abajo, donde las dos líneas verticales representan las fechas en que la fusión fue anunciada y entonces aprobada, respectivamente.

Ya por el año 2011, tres años después de la fusión, los aumentos en concentración resultado de la fusión (cambio en H) habían causado un aumento del 2 % en precio (p). Sin embargo, disminuciones en los costes de distribución que resultaron de la fusión (cambio en la distancia de transporte d) habían causado un descenso del 2 % en el precio. Mientras estos valores estimados están sujetos a error estadístico, la conclusión general es consistente con la perspectiva de que, en cuanto a lo que a los precios del consumidor se refiere, el impacto de la empresa conjunta fue menor (es decir, el efecto neto en los precios fue muy cercano a cero).

■ **Evidencia empírica.** Como alguien dijo una vez, «es difícil hacer predicciones, especialmente sobre el futuro».[e] Una manera de evaluar los efectos de fusiones

---

[e] No sé quién es la fuente exacta de esta cita; hay gente que dice que proviene de Dinamarca en la década de 1930.

horizontales es examinando fusiones llevadas a cabo en el pasado y observar qué sucedió con los precios. Desafortunadamente, es difícil separar el efecto de la fusión de cambios que coincidieron con la fusión y que no sucedieron por la fusión. Dicho de otro modo, en la medida en que correlación y causalidad se pueden confundir fácilmente, es difícil «predecir» incluso el pasado.

Es difícil pero no imposible. La Caja 11.2 presenta brevemente la metodología y los resultados detrás de un caso particular, la fusión Miller-Coors. En este caso particular, se estima que la fusión tuvo un efecto insignificante en los precios. Sin embargo, una investigación de otros 15 estudios de fusiones que sucedieron en la industria aérea entre 1986 y 2009 presenta efectos en los precios que varían entre un negativo 19 % a un positivo 26 %.[8] No es tanto un caso donde los economistas no se ponen de acuerdo en lo que se debe medir como es el hecho de que diferentes fusiones tienen impactos distintos. Esto nos lleva a la pregunta de cuándo se deberían permitir las fusiones, una pregunta que discuto en la sección 11.3. Antes de ello, desarrollo el análisis en esta sección mediante la consideración de aspectos dinámicos en la estrategia de las fusiones.

11.2 La dinámica de las fusiones horizontales

En la sección previa, consideré el caso cuando una sola fusión horizontal sucede. Sin embargo, la realidad es que observamos oleadas de fusiones a través de los años. Por ejemplo, las fusiones en la economía global son muy procíclicas, de hecho ligeramente liderando el ciclo económico. A nivel de industria, observamos que muchas fusiones suceden como reacción a, o en anticipación de, otras fusiones. En esta sección, discuto varios aspectos dinámicos de las fusiones horizontales.

■ **Fusiones preventivas.** En algunas industrias, los mayores conglomerados compiten por adquirir objetivos. En este contexto, el objetivo primario de una adquisición puede ser el de prevenir que un rival haga lo propio.[f] Por ejemplo, algunos analistas afirman que:

> Google compró Waze no porque la compañía ofrece potencialmente un buen producto que Google puede enlazar a su servicio de map dominante, sino porque posiblemente su compra privaba a Waze de acabar con su rival Facebook, que según rumores tenía un interés en adquirirla.[9]

---

[f] En el siguiente capítulo, investigaremos en mayor detalle motivos para prevenir las acciones de otros.

Cuando los incentivos preventivos son fuertes, es incluso posible que una empresa se vea envuelta en una fusión que disminuye su valor –si la alternativa es sufrir una disminución mayor cuando el rival adquiere la empresa objetivo.[10]

■ **Oleadas de fusiones.** A menudo, las fusiones ocurren en oleadas: periodos de intensa actividad de fusiones en una industria dada que se alternan con periodos de relativa estabilidad. Hay varias explicaciones para este fenómeno, algunas basadas en causas exógenas, otras basadas en razones endógenas. Consideremos, por ejemplo, la industria de la radio. Entre otras muchas cosas, la regulación conocida como la Telecommunications Act de 1996 en EE. UU. aumentó las limitaciones de propiedad en mercados locales y eliminó restricciones de propiedad de estaciones de radio en diferentes mercados. Consecuentemente, entre 1996 y 2006 la industria de la radio en EE. UU. experimentó una oleada de fusiones sin precedente, como se puede ver en la figura 11.1. En el pico de tal oleada, más del 20 % de las estaciones cambiaron de propietario cada año y cerca del 14 % cambió su formato de programación.[11]

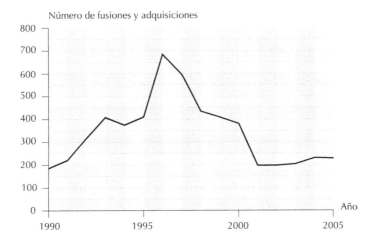

Figura 11.1. Fusiones y adquisiciones de estaciones de radio en EE. UU.[12]

Alternativamente, una oleada de fusiones en una industria puede ser causada por factores endógenos. Por ejemplo, el negocio del supermercado en EE. UU. sufrió un proceso de rápida consolidación durante la década de 1990. Algunos argumentan que esta oleada se debió principalmente a la necesidad de rebajar costes y permanecer competitivos con Wal-Mart, que inundaba la industria con su modelo de distribución de bajo coste. Al mismo tiempo que varias empresas se fusionaban, la presión de rebajar costes fue aún mayor, lo que llevó a la consumación de más fusiones en la búsqueda de alcanzar eficiencia de costes. Solo en septiembre de 1999,

«Kroger ha hecho una oferta de $13 mil millones por Fred Meyer; [...] Safeway ha anunciado planes de comprar los supermercados Dominick's por $1,8 mil millones; y Empire en Canadá ha afirmado que compraría la cadena rival, Oshawa, por $900m. [En el mes previo], Albertson's compró American Stores por $12 mil millones. Mientras tanto Kmart, un minorista de descuento, dijo esta semana que necesita encontrar una cadena de supermercados para ser su socio».[13]

Más recientemente, la megafusión de Madison Avenue en 2013 entre Publicis Groupe SA y Omnicom Group Inc. se esperaba que iniciase una nueva oleada de consolidación en la industria de la publicidad.[14]

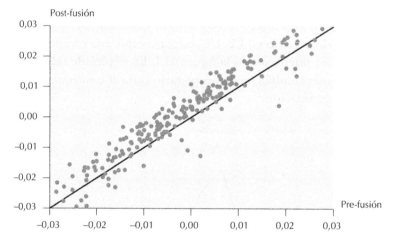

Figura 11.2. Entrada en los mercados de estaciones de radio de EE. UU. (tasas de entrada netas mensuales).[15]

Para entender los efectos de las oleadas de fusiones endógenas, debemos volver al escenario donde una gran empresa compra una empresa pequeña considerado anteriormente en el contexto de fusiones preventivas. Supongamos que el número de empresas potencialmente objetivo de una adquisición es limitado y que hay cierto valor en esperar y obtener mejor información sobre el valor de las empresas que son potencialmente objetivos de una adquisición. En este contexto, cuando uno de mis rivales adquiere una empresa, el número de empresas que son potencialmente un objetivo se reduce, lo que a su vez aumenta el valor relativo de adquirir una empresa (en lugar de seguir esperando). Consecuentemente, la adquisición de mi rival puede llevarme a la adquisición de una empresa –y así el inicio de una oleada de fusiones está en marcha.[16],g

---

g Véase el Ejercicio 11.6 para encontrar una representación de un enfoque alternativo a las oleadas de fusiones estratégicas.

Las oleadas de fusiones pueden resultar de sucesos exógenos
(por ejemplo, la liberalización de una industria) o de eventos endógenos
(es decir, una fusión entre dos empresas de gran tamaño).

■ **Fusiones y entrada.** Acabo de argumentar que una fusión entre las empresas *x* e *y* puede llevar a las empresas *v* y *w* a fusionarse. Sin embargo, aún más probable que eso, la fusión entre las empresas *x* e *y* puede inducir la entrada de la empresa *z*. Consideremos de nuevo la industria de la radio en EE. UU. Como he mencionado anteriormente, muchas fusiones han sucedido en las últimas décadas. Para cada uno de los 88 mercados en los que se divide los EE. UU., la figura 11.2 compara tasas de entrada en periodos después de una fusión con aquellos periodos anteriores a una fusión.[h] El cambio es notable: en la mayoría de los mercados (72 %), las fusiones vienen seguidas de altas tasas de entrada.[i] Por ejemplo, supongamos que dos estaciones de música adulta se fusionan y que en el año que sigue una estación de radio competidora que antes no emitía música ahora se convierte en una estación de radio de música adulta. Así, recogeríamos este suceso como una entrada en el mercado de música adulta.[j]

Si lo pensamos un poco más, esto no es realmente sorprendente: he mencionado anteriormente que una fusión puede ser interpretada como la salida de una empresa: cuando las empresas *x* e *y* se fusionan, es como si una de ellas saliera del mercado. (Esto queda particularmente claro cuando la empresa compradora es la empresa de mayor tamaño y conserva su nombre.) Pero si una salida sucede y si las barreras de entrada al mercado no son muy altas, entonces es muy posible que el equilibrio de libre entrada requiera la entrada de una nueva empresa.

Si las barreras de entrada no son muy altas, entonces las fusiones pueden
venir seguidas de entradas de nuevas empresas.

---

[h] El número de licencias de radio cambia muy poco (solo ocasionalmente la Federal Communications Commission emite nuevas licencias). La entrada no se refiere a la emisión de nuevas licencias, sino al formato de música escogido por una estación de radio que ya tiene una licencia en propiedad.

[i] Para una mejor visualización de este efecto, hemos omitido unos pocos mercados con valores muy altos o muy pequeños. Naturalmente, otros factores influencian la tasa de entrada limpia en el mercado de la radio; pero se puede demostrar que, aun considerando factores adicionales, el resultado persiste, es decir, las tasas de entrada son más altas después de una fusión.

[j] Alternativamente, una estación «oscura» —es decir, una estación con licencia que ha dejado de emitir— puede volver a empezar sus emisiones. Esto también debería ser recogido como una entrada.

Esta idea se puede reescribir de la siguiente manera: juntas, las fusiones y la entrada de empresas crean conjuntamente una dinámica de «autocorrección:» si una reduce el número de empresas, la otra lo corrige aumentando el número de empresas. Este sistema juega un papel importante en la política pública que concierne a las fusiones, lo cual es el enfoque de nuestra próxima sección.

11.3 La política de fusiones horizontales

Esencialmente hablando, hay tres partes interesadas en una fusión horizontal: las empresas fusionadas, las empresas que no forman parte de la fusión y los consumidores. En términos generales, la sección 11.1 sugiere que los consumidores normalmente salen perjudicados de una fusión; las empresas que no se fusionan pueden ganar o perder con la fusión; y finalmente, se espera que las empresas de la fusión salgan beneficiadas de la fusión, al menos es lo que esperan que pase (si no fuera así, la fusión no sucedería).

El papel de la política pública es el de evaluar la importancia relativa de cada ganancia y cada pérdida; y entonces determinar el signo del efecto de la fusión en su conjunto, teniendo en cuenta el peso relativo dado al bienestar de las empresas y de consumidores. Esta tarea es especialmente difícil cuando se trata de estimar el ahorro en costes. De hecho, mucha información necesaria para llevar a cabo tal evaluación es propiedad de las empresas que se fusionan; y las empresas que se fusionan tienen un incentivo estratégico para distorsionar tal información, con la esperanza de convencer a los políticos de que el efecto predominante de la fusión es positivo.

Una de las pocas reglas generales de política es que cuanto mayor sea el aumento en precio causado, menos deseable es una fusión. La idea es simple: un precio más alto implica una pérdida para el consumidor que no viene compensada por la ganancia experimentada por las empresas (siendo la distinción la eficiencia de asignación causada por la diferencia entre precio y coste marginal). Además, los políticos suelen dar más peso al bienestar del consumidor que al beneficio de las empresas. Así pues, aun cuando no haya pérdidas de eficiencia de asignación, un precio más alto implicaría una transferencia de consumidores a empresas, y por lo tanto un efecto negativo (desde el punto de vista del político).

¿Cómo puede estimar un político el aumento probable en precio causado por una fusión? En la sección 10.3 mostré que, para un modo de competencia dado, el precio de equilibrio es mayor cuanto más alta sea la concentración de mercado. Así, una fusión entre dos empresas grandes probablemente conllevará un aumento mayor en precio que una fusión entre dos empresas pequeñas. Además, la colusión es más probable que ocurra en industrias concentradas; así que un cambio hacia comportamiento colusorio es más probable como consecuencia de una fusión.

Es importante poder separar dos mecanismos distintos del aumento de precio. El primero, conocido como el **efecto unilateral** de la fusión, es esencialmente una función del aumento en la concentración. La idea es que la fusión implica una disminución en el número de posibilidades de compra disponibles para los consumidores. Esto es particularmente relevante si los productos están diferenciados (una posibilidad que considero en el capítulo 14), pero también en el caso de bienes homogéneos.

El segundo mecanismo de aumentos de precios causados por una fusión, el **efecto colusorio**, también depende de la *distribución* de las cuotas de mercado. Un ejemplo clarificará esta distinción: en febrero de 1992, el fabricante de productos de comida Nestlé quiso comprar Perrier S.A., el líder europeo en la producción de agua mineral. Las cuotas de mercado antes de la fusión eran las siguientes: Perrier, 35,9 %; BSN, 23 %; Nestlé, 17,1 %; otros, 24 %. Así pues, la fusión Nestlé/Perrier crearía un fabricante líder con un 53 % del mercado y una segunda empresa con solo 23 %. Nestlé anticipó que la Comisión Europea no estaría muy contenta con el aumento en concentración, en concreto con tener una única empresa con una cuota de mercado de semejante tamaño. Por lo tanto, propuso a la Comisión que, junto a la fusión, traspasaría Volvic, una de las fuentes de agua de Nestlé/Perrier, a su rival BSN. Teniendo esta transferencia de activos en cuenta, las cuotas de mercado en el marco predecible posterior a la fusión serían: Nestlé/Perrier, 38 %; BSN (con Volvic), 38 %; otras, 24 %.

La Comisión aprobó la fusión con la condición de la transferencia de activos. La idea es que las preocupaciones por comportamiento anticompetitivo son menos importantes en un duopolio dominante 38-38 que en un duopolio 53-23. Sin embargo, semejante presunción no es obvia: se podría argumentar que la colusión entre Nestlé/Perrier y BSN es más fácil con cuotas de mercado similares que en el caso de ser muy diferentes en tamaño.[17] Aunque el efecto unilateral de la fusión (aumento en concentración y precio) es probablemente mayor sin la transferencia de activos, el efecto colusorio (aumento en colusión) es probablemente mayor con la transferencia de activos.

¿Cómo puede uno estimar el efecto en el precio de una fusión? Una posibilidad es la de estimar el impacto de la fusión en la concentración y entonces aplicar una fórmula como la de la Ecuación 10.7, que relaciona concentración y precio. (Véase, por ejemplo, la Caja 11.2.) El problema práctico de esta metodología es que, para calcular el índice de concentración, uno primero necesita calcular cuotas de mercado; y, para calcular cuotas de mercado, uno debe definir el mercado, y esto último no es ni fácil ni trivial.

Por ejemplo, en 1996 Staples y Office Depot –las dos cadenas más grandes en EE. UU. de material de oficina– propusieron una fusión. La fusión fue en última instancia prohibida por los tribunales, fallando a favor de la Federal Trade

Commission (FTC), que argumentaba que una fusión aumentaría el poder de mercado en la industria, perjudicando así a los consumidores. De hecho, si la definición de mercado relevante es «grandes superficies de materiales de oficina», entonces Staples y Office Depot contaban con una cuota de mercado conjunta de más del 70%. Sin embargo, si la definición relevante de la industria es «tiendas que venden material de oficina», entonces la cuota de mercado conjunta de las dos empresas sería mucho menor.

El desacuerdo entre las empresas y las autoridades antimonopolio en cuanto a la definición del mercado relevante es muy común. Esto es prueba de la dificultad y ambigüedad en la ciencia utilizada para determinar la definición de un mercado. Por esto y otras razones, las autoridades antimonopolio como la FTC en los EE. UU. ven con buenos ojos el método más directo de estimación del impacto de una fusión en los precios al consumidor. Por ejemplo, al examinar la fusión propuesta por Staples/Office, la FTC concluyó que los precios en ciudades con poca competencia (o ninguna) entre estas cadenas serían un 15% más altos que en ciudades con más competencia. Esto proporciona un marco de referencia a la hora de estimar cuánto los precios aumentarían como resultado de la fusión en ciudades donde solo Staples y Office Depot operan (de las cuales resulta que hay un buen número).

Una segunda norma general de la política de fusiones es que cuanto más pequeño sea el tamaño relativo de las empresas que se fusionan, mayor es la probabilidad de que el impacto de la fusión sea positivo. Hay dos razones para esta regla. Primero, cuanto más pequeñas sean las empresas fusionadas, menor será el aumento en precios causado por la fusión. Por ejemplo, pasar de 20 a 19 empresas implica un menor aumento en precio que pasar de 3 a 2 empresas.

La segunda razón es que una fusión entre empresas pequeñas conlleva ganancias en eficiencias que probablemente son significativas. Hemos visto anteriormente que, en competencia de Cournot, las empresas no fusionadas se «benefician» sin coste alguno de la reducción de producción de la empresa fusionada. El hecho de que dos empresas pequeñas quieran fusionarse suele indicar que las ganancias de eficiencia son suficientemente grandes como para superar este efecto de «polizonte».[18]

> **Cuanto más pequeño sea el tamaño de las empresas que se fusionan, mayor será la probabilidad de que el efecto total de la fusión sea positivo.**

En los EE. UU., el Departamento de Justicia (DOJ) y la FTC siguen las directrices de fusiones horizontales que indican los umbrales de concentración en una industria, así como los cambios en la concentración de la industria, que determinan la postura esperada de estas agencias con respecto a una fusión.

La mayoría de las agencias gubernamentales responsables del análisis de fusiones tienen un conjunto de reglas o directrices que incluyen las ideas anteriores u otras cercanas a estas: las Directrices de Fusiones de los EE. UU. (recientemente revisadas en 2010) o la Regulación 89/90 de la Unión Europea, por ejemplo. En última instancia, lo que importa es el peso relativo dado a cada una de las partes involucradas, por lo que siempre habrá ganadores y perdedores en cada caso particular.

■ **Aspectos dinámicos de la política de fusiones.** En la sección previa, consideré la posibilidad de oleadas de fusiones estratégicas, donde la fusión de dos participantes en la industria supone presión en sus competidores para que sigan el mismo camino. Semejantes consideraciones dinámicas también deberían formar parte del proceso de decisión de un político: aprobar una fusión hoy puede tener un impacto en fusiones futuras también.

Demostré en la sección previa que las fusiones, que en cierta medida son equivalentes a la salida de una empresa, pueden ser seguidas por una ola de entrada compensatoria. Dicho de otro modo, si la entrada en una industria es relativamente fácil, entonces la entrada después de una fusión corregirá el efecto de la fusión en el poder de mercado de las empresas preexistentes a la fusión. Por esta razón, los políticos suelen ser más permisivos con fusiones en industrias donde la entrada es fácil: en esas industrias el efecto precio no puede ser significativo; de lo contrario, la entrada de empresas tendrá lugar y contrarrestará el efecto negativo de la fusión.

Un efecto adicional dinámico en política de fusiones es la reputación del regulador. Consideremos de nuevo la industria del automóvil coreana. Al aprobar la fusión Hyundai-Kia (véase la Caja 11.1), la Korean Fair Trade Commission (KFTC) implícitamente puso un peso mayor en las eficiencias de costes creadas por la fusión, así como su impacto posterior en las exportaciones. Otras agencias antimonopolio tienen diferentes tipos de prioridades; al contrario que los EE. UU., por ejemplo, las autoridades coreanas siguen una política que combina aspectos de política de la competencia con aspectos de política industrial (es decir, la creación de un «campeón nacional»). Si esto no le quedaba claro a los participantes de esa industria antes, seguramente quedó muy claro después de la decisión sobre la fusión de Hyundai-Kia en 1998.

Después de que la fusión Hyundai-Kia se consumara, hubo una serie de cambios adicionales: Renault adquirió Samsung en 2000; GM adquirió Daewoo en 2002; y Sangyong se fusionó con Shanghai Motors en 2005. Es bastante probable que esta oleada adicional de fusiones y adquisiciones se debiera al menos en parte a la percepción de que la KFTC sería indulgente en su revisión de cada una de las fusiones propuestas.

■ **La política de fusiones en la práctica.** En la mayoría de los países del mundo, las empresas que buscan fusionarse deben notificar sus intenciones al regulador o agencia gubernamental apropiados. Esto es especialmente verdad si el ingreso por ventas de las empresas en cuestión está por encima de cierto nivel. En EE. UU., tanto el DOJ como la FTC deben ser notificados. En Europa, las empresas que intentan fusionarse deben notificar la DG Comp de la Comisión Europea. En otros países, suele haber un departamento o agencia en el gobierno encargado de la política de competencia (a veces incluso uno especializado en fusiones). Por ejemplo, el Anti-Monopoly Bureau en China, parte del Ministerio de Comercio (Ministry of Commerce o MOFCOM), está al cargo de controlar las fusiones (pero no de, por decir algo, prácticas comerciales abusivas o la conspiración para fijar precios, que irían a cargo de otras partes del gobierno en otros ministerios).

Típicamente, la agencia tiene un periodo de tiempo para declarar si tiene alguna preocupación de antimonopolio con la operación. En muchos casos, la agencia en cuestión no dice nada y la fusión es aprobada. Por ejemplo, en EE. UU. y de 2002 a 2012, más de 15.000 fusiones fueron notificadas pero menos de 750 pasaron a la siguiente fase de inspección, y de esas solo 65 fueron evaluadas seriamente.[19] La siguiente fase normalmente consiste en una petición de más información que debe ser compartida con el regulador, lo que a su vez conlleva un escrutinio más cercano y detallado de la fusión propuesta.

Si hay «caso» –es decir, se considera que una fusión tiene potencialmente serias implicaciones de carácter anticompetitivo– entonces la agencia puede tratar de negociar remedios posibles para las partes interesadas. Estos remedios pueden ser **remedios de comportamiento** (por ejemplo, los precios no pueden aumentar más de un $x\%$ durante los próximos n años); o **remedios estructurales** (por ejemplo, vender activos y y z a un competidor). Algunas veces los remedios son inicialmente propuestos por las empresas que intentan fusionarse (anticipándose a posibles objeciones de la agencia). En otras ocasiones, las partes que se fusionan responden a la propuesta de la agencia con paquete de remedios como contraoferta.

Como resultado del caso, varios desenlaces son posibles. Si la agencia y las partes interesadas alcanzan un acuerdo en un conjunto de remedios, entonces la fusión es aprobada y tiene lugar. Si no llegan a un acuerdo, la fusión es bloqueada. El significado preciso de que una fusión sea bloqueada depende de cada jurisdicción particular. En los EE. UU., el DOJ y la FTC carecen de poder para prohibir unilateralmente que la fusión tenga lugar. Normalmente, la amenaza de ir a juicio es suficiente. A veces no lo es, y el caso se lleva a juicio. En Europa, tanto agencias nacionales como la Comisión Europea tienen la autoridad para bloquear unilateralmente una fusión. Las partes que intentan fusionarse pueden apelar la decisión a tribunales nacionales o europeos si lo desean. En otros países, el sistema de la autoridad suele ser más parecido al sistema europeo que al sistema americano.

■ **Una selección de casos.** En los EE. UU. –y cada vez más en la Unión Europea y otros países– la política de la competencia viene determinada en gran parte por precedentes legales. Por esta razón, vale la pena considerar algunas decisiones históricas importantes en relación con propuestas de fusiones.

• **Staples y Office Depot.** He mencionado este caso anteriormente, pero hay algunos aspectos adicionales que debería comentar. En 1996, Staples y Office Depot anunciaron sus planes de fusionarse. La FTC pidió que las compañías vendieran una serie de tiendas como remedio. Staples no estuvo de acuerdo con el remedio propuesto, y el caso se acabó llevando a juicio en 1997. El tribunal le dio la razón a la FTC, y la fusión fue bloqueada.

Este caso ilustra el hecho de que en EE. UU. –a diferencia de la Unión Europea y otros países– el regulador no tiene la autoridad de bloquear unilateralmente la fusión: si las partes que se quieren fusionar no están de acuerdo con la decisión del regulador, entonces el caso puede llevarse a juicio. Este caso también da un buen ejemplo de la disposición de la FTC a luchar hasta el final (este caso trajo una dura batalla en el juicio), así como de la disposición de los jueces y tribunales de aceptar argumentos basados en análisis económicos acerca de los efectos de una fusión (por ejemplo, el análisis estadístico al que nos hemos referido anteriormente).

• **BSkyB/ITV.** En 2006, British Sky Broadcasting Group (BSkyB), un grupo de televisión de pago del Reino Unido, anunció la adquisición del 17,9 % de ITV, un canal de televisión en abierto del Reino Unido. La Competition Commission (CC) del Reino Unido concluyó que tal adquisición disminuiría la competencia considerablemente, y ordenó que BSkyB redujera sus participaciones por debajo del 7,5 %. En concreto, la CC determinó que, basándose en votaciones anteriores (y considerando que BSkyB sería el accionista con mayor participación), la adquisición daba a BSkyB la habilidad de bloquear resoluciones especiales propuestas por el consejo directivo de ITV. Como tal, surgió una situación de fusión relevante.

Esta decisión es importante, entre otras razones, porque sugiere que incluso la propiedad de parte de las acciones puede ser considerada como condición suficiente para ver efectos anticompetitivos parecidos a los de una fusión completa.

• **Sirius y XM radio.** En 2001, Sirius y XM empezaron a emitir radio por satélites, ofreciendo servicios competidores sin anuncios por \$10/mes. Las suscripciones incluían múltiples canales temáticos (música, entrevistas de actualidad, deportes, etc.) y eran en su mayoría usados por conductores de coche. A finales del año 2006, las dos compañías tenían 17 millones de suscriptores, pero sin beneficio alguno. En febrero de 2007, Sirius y XM propusieron una fusión para formar un único proveedor de radio por satélite.

La fusión fue aprobada por el Departamento de Justicia (DOJ) de los EE. UU. en marzo de 2008, y por la FCC en julio de 2008. Más allá del tiempo que se tardó en llegar a una decisión (fue la investigación de una fusión más larga en la historia de EE. UU.), hay varios puntos que deberíamos recalcar. Primero, a veces, además de la agencia antimonopolio relevante (DOJ en este caso), una fusión puede tener que ser aprobada por otra agencia sectorial relevante (en este caso, la Federal Communications Commission). Segundo, las fusiones que crean monopolios son aprobadas en pocas ocasiones. Sin embargo, se puede argumentar que los consumidores tienen otras alternativas a su alcance aparte de la radio por satélite (es decir, la definición de mercado relevante puede que no sea únicamente radio por satélite). Además, esta fusión implicaba combinar dos diferentes tecnologías en una empresa, lo cual puede tener grandes implicaciones en cuanto a sinergias tanto en términos de costes menores como en términos de un mejor servicio. Por último, la alternativa a aprobar la fusión puede que sea que las dos empresas se declaren en la bancarrota, lo que puede que sea un peor resultado incluso desde la perspectiva del consumidor. Esto es lo que a veces se conoce como la **defensa de la fusión de las empresas en crisis**.

• **Ryanair y Aer Lingus.** En 2007, Ryanair intentó adquirir su rival irlandés Aer Lingus. La Comisión Europea (CE) bloqueó la adquisición basándose en el argumento de que implicaba un alto riesgo de aumentos de precios: hubiera ocasionado el solapamiento en más de 30 rutas hacia/fuera de Irlanda, por lo tanto, implicando una reducción en el número de opciones disponibles a los consumidores. Esta decisión fue una de las primeras decisiones de bloqueo de la CE que fue apoyada con datos cuantitativos y encuestas exhaustivas para demostrar un argumento económico básico.

Ryanair presentó una solicitud para anular la decisión de la Corte General de la Unión Europea. No obstante, en 2010 la Corte falló a favor de la Comisión. Sin dejar que esta derrota y otras le afectaran, en 2013 Ryanair reformuló su propuesta, incluyendo un «paquete de remedios» que, según ellos mismos, claramente solucionaba todas las objeciones de la Comisión. Sin embargo, la CE volvió a bloquear la adquisición.

• **Transporte marítimo con contenedores: la red P3.** En 2014, las tres compañías más grandes del mundo de transporte marítimo de contenedores (AP Moller-Maersk, Mediterranean Shipping Company y CMA CGM) propusieron una alianza (la llamada red P3). Al compartir sus 250 navíos, tenían la esperanza e intención de reducir costes y aumentar la demanda en varias rutas transatlánticas.

En junio de ese año, China bloqueó el acuerdo. En una declaración publicada en su portal de internet, el Ministerio de Comercio de China estimaba que la alianza controlaría el 47 % del tráfico de contenedores en las rutas Asia-Europa, «aumentando en gran medida la concentración de mercado».

El rechazo de China fue uno de los casos de mayor calibre en la historia de su sistema de evaluación de fusiones hasta ese momento. También es un ejemplo interesante de cómo la política de fusión (y más generalmente la política de competencia) se está convirtiendo en un asunto global dentro de un mundo global.

Sumario

- Las fusiones normalmente tienen como consecuencia un aumento en precios y una reducción de costes.
- El valor de las empresas que no se fusionan puede disminuir o aumentar como resultado de una fusión, dependiendo de si la fusión genera eficiencias de costes.
- Las oleadas de fusiones pueden resultar de sucesos exógenos (por ejemplo, la liberalización de una industria) o de eventos endógenos (es decir, una fusión entre dos empresas de gran tamaño).
- Si las barreras de entrada no son muy altas, entonces las fusiones pueden venir seguidas de entradas de nuevas empresas.
- Cuanto más pequeño sea el tamaño de las empresas que se fusionan, mayor la probabilidad de que el efecto total de la fusión sea positivo.

Conceptos clave

- fusiones horizontales
- fusiones verticales
- eficiencias de costes
- sinergias de fusiones
- efecto unilateral

- efecto de colusión
- remedios de comportamiento
- remedios estructurales
- defensa de la fusión de las empresas en crisis

Ejercicios de práctica

■ **11.1. Fusiones y nivel de salida.** «La cantidad producida por dos empresas fusionadas se reduce como resultado de la fusión». ¿Verdadero o falso?

■ **11.2. Fusiones en la industria del papel.** Una de las eficiencias creadas por las fusiones en la industria del papel resulta de la reorganización de la producción. Una máquina es más eficiente cuanto más estrecha sea la variedad de productos que produce, entre otras razones porque la duración de cada turno de producción es más larga.

La industria del papel experimentó una oleada de fusiones en la década de 1980. De las empresas que se fusionaron, unos dos tercios aumentaron su cuota de mercado como resultado de la fusión. Asumiendo que (i) las empresas compiten fijando su capacidad de producción y (ii) que los productos de papel son relativamente homogéneos a través de las empresas de la industria, explica cómo los párrafos anteriores pueden explicar los cambios en cuotas de mercado. ¿Qué empresas esperarías que aumentaran sus cuotas de mercado?[20]

■ **11.3. BAe & GE.** «La renovada posibilidad de una unión entre British Aerospace PLC y el brazo de defensa Marconi de la General Electric Co. PLC del Reino Unido ha llevado a revivir las conversaciones entre las compañías líderes de defensa militar de Alemania y Francia».[21] Comenta.

■ **11.4. La fusión HP-Compaq.** En 2001, HP adquirió Compaq. La fusión tuvo un impacto en dos mercados distintos: ordenadores personales de escritorio y servidores. Antes de la fusión las cuotas de mercado en el mercado de ordenadores personales de escritorio eran las siguientes: Dell, 13; Compaq, 12; HP, 8; IBM, 6; Gateway, 4. Las cuotas de mercado antes de la fusión en el mercado de servidores eran las siguientes: IBM, 26; Compaq, 16; HP, 14; Dell, 7.[22]

a) Encuentra el valor de *HHI* en cada mercado antes de la fusión.
b) Asumiendo que las cuotas de mercado de cada empresa permanecen constantes, calcula cuáles serán los valores de *HHI* después de la fusión.
c) Considerando los valores encontrados en tu respuesta y las directrices de fusiones del DOJ, ¿estuvo bien el DOJ dejando que la fusión tuviera lugar?

■ **11.5. Fusiones y el índice de Herfindahl.** Consideremos una industria con una demanda $Q = a - p$ donde hay 3 empresas idénticas que compiten a la Cournot. La función de coste de cada empresa viene dada por $C = F + cq$. Supongamos que dos de las empresas se fusionan y que la función de costes de la empresa fusionada viene dada por $C = F' + c'q$, donde $F < F' < 2F$.

a) Encuentra la cuota de mercado de cada empresa antes y después de la fusión.

b) Supongamos que $a = 10$ y $c = 3$. Encuentra el índice de Herfindahl después de la fusión cuando (i) $c' = 2$ y (ii) $c' = 1$. Compara esto con el índice de Herfindahl posterior a la fusión calculado basándose en las cuotas de mercado previas a la fusión. ¿Por qué son distintos estos valores?

■ **11.6. Ola de fusiones.** Considera una industria donde las empresas compiten fijando niveles de producción (Cournot). La demanda de mercado viene dada por $D = 150 - P$, el coste marginal es constante e igual a 50, y el coste fijo es 150 (los mismos valores para todas las empresas).

a) Muestra que los beneficios por empresa vienen dados por 961, 475 y 250 cuando el número de empresas es igual a 2, 3 o 4.

Supongamos que una fusión conlleva una nueva empresa con los mismos costes fijos y el mismo coste marginal.

b) Supongamos que el número inicial de empresas era cuatro. Muestra que una fusión entre las Empresas 1 y 2 no es beneficiosa.

c) Supongamos que las Empresas 3 y 4 deciden fusionarse, formando la Empresa 3&4. Muestra ahora que una fusión entre las Empresas 1 y 2 es beneficiosa.

Ejercicios complejos

■ **11.7. Entrada por adquisición.** Una parte importante de la entrada en una industria corresponde a la adquisición de empresas activas. Por ejemplo, de una muestra de 3.788 sucesos de entrada, cerca del 70 % fueron adquisiciones.[23] El análisis econométrico sugiere que la entrada por adquisición es más común en industrias más concentradas.[24] ¿Puedes explicar este hecho?

Sugerencia: considera un oligopolio de Cournot con n empresas simétricas. Encuentra el máximo que un entrante estaría dispuesto a pagar por cada una de las empresas ya activas en la industria. Encuentra también el mínimo que una empresa activa necesitaría de un comprador, *sabiendo que la alternativa a vender la empresa es que el entrante cree una empresa nueva*. Demuestra ahora que la diferencia entre los dos valores es mayor cuando la industria es más concentrada.[25]

¿Qué otros factores esperarías que influenciaran la decisión de «construir o comprar» a la hora de entrar en una industria?

Ejercicios aplicados

■ **11.8. Estudio de una fusión.** Encuentra datos longitudinales del mercado bursátil para todas las empresas en una industria donde una fusión (horizontal) ha sucedido. Determina si y cómo el precio de las acciones reacciona al anuncio de la fusión, así como a la fusión en sí. ¿Son estos cambios consistentes con la teoría presentada en este capítulo? ¿Cómo puedes usar los cambios después del anuncio de una fusión y los cambios después de la consumación de la fusión para separar los varios efectos de tal fusión? ¿Qué obstáculos crees que un estudio de un evento de este tipo tiene, en general y en la aplicación específica de la fusión que estás considerando? Puntos extra: encuentra datos de precios y costes antes y después de la fusión; úsalos para mejorar tu análisis del impacto de la fusión.

Notas

1. Fuente: Institute of Mergers, Acquisitions, and Alliances.
2. Ohashi, Hiroshi, y Yuta Toyama (2014), «Effects of Domestic Merger on Exports: The Case Study of the 1998 Korean Automobiles», University of Tokyo y Northwestern University.
3. George Stigler, «Monopoly and Oligopoly by Merger», *American Economic Review Proceedings*, mayo de 1950, 40, 479-489.
4. *The Wall Street Journal Europe*, 14 y 15 de agosto de 1998.
5. *The Wall Street Journal*, 8 de marzo de 2014.
6. *The Wall Street Journal Europe*, 16 de septiembre de 1998.
7. Adaptado de Ashenfelter, Orley, Daniel Hosken y Matthew Weinberg (2014), «Efficiencies Brewed: Pricing and Consolidation in the US Beer Industry», Princeton University, Federal Trade Commission y Drexel University.
8. Ashenfelter, Orley, Daniel Hosken y Matthew Weinberg (2014), «Did Robert Bork Understate the Competitive Impact of Mergers? Evidence From Consummated Mergers», NBER Working Paper 19939, aceptado para publicación en *Journal of Law and Economics*.
9. Steven Davidoff Solomon, «New Buying Strategy as Facebook and Google Transform Into Web Conglomerates», *New York Times*.
10. Molnar, Jozsef (2007), «Pre-Emptive Horizontal Mergers: Theory and Evidence», Research Discussion Papers 17/2007, Bank of Finland.
11. Jeziorski, Przemyslaw (2014), «Estimation of cost efficiencies from mergers: Application to US radio», aceptado para ser publicado en *Rand Journal of Economics*.
12. Jeziorski, Przemyslaw (2014), ibídem.
13. *The Economist*, 31 de octubre de 1998.
14. *The Wall Street Journal*, 30 de julio de 2013.
15. Jeziorski, Przemyslaw (2014), op. Cit.
16. Toxvaerd, Flavio (2008), «Strategic Merger Waves: A Theory of Musical Chairs», *Journal of Economic Theory* 140 (1), 1-26.

17. Compte, Olivier, Frederic Jenny y Patrick Rey (2002), «Capacity Constraints, Mergers and Collusion», *European Economic Review* 46, 1-29.
18. Esta afirmación fue formalizada por Farrell, Joseph, y Carl Shapiro (1990), «Horizontal Mergers: An Equilibrium Analysis», *American Economic Review* 80, 107-126.
19. Kwoka, John E. (2013), «Does Merger Control Work? A Retrospective on US Enforcement Actions and Merger Outcomes», *Antitrust Law Journal* 78, 629-634.
20. Pesendorfer, Martin (2003), «Horizontal Mergers in the Paper Industry», *Rand Journal of Economics* 34 (3), 495-515.
21. *The Wall Street Journal Europe*, 15 y 16 de enero de 1999.
22. Fuente: Bank of America report, octubre de 2001. Datos del segundo trimestre del 2001.
23. Porter, Michael (1987), «From Competitive Advantage to Corporate Strategy», *Harvard Business Review*, mayo-junio, 43-59.
24. Caves, Richard E., y Sanjeev Mehra (1986), «Entry of Foreign Multinationals into US Manufacturing Industries», en Porter (Ed.), *Competition in Global Industries*, Cambridge, MA: Harvard Business School Press.
25. Este ejercicio está adaptado de Gilbert, Richard, y David Newbery (1992), «Alternative Entry Paths: The Build or Buy Decision», *Journal of Economics and Management Strategy* 1, 127-150.

12. Exclusión de mercado

easyJet es una de las historias europeas más exitosas de las últimas décadas. Siguiendo (en gran medida) el ejemplo de Southwest Airlines, easyJet empezó operando servicios de transporte aéreo de bajo coste sin excesos entre diferentes ciudades europeas, usando inicialmente Londres-Luton como su aeropuerto principal. Poco después de entrar el segmento Londres-Ámsterdam, KLM, que tenía el 40 % del mercado, respondió igualando las bajas tarifas de easyJet. Para KLM, seguramente esto significó fijar su precio por debajo de su coste, e implicó pérdidas significativas para easyJet en esa ruta en particular. Aunque easyJet sobrevivió a la reacción de KLM, parece que la estrategia de KLM estaba enteramente diseñada para provocar la salida de easyJet de ese mercado. En ningún caso esta es la única amenaza para las aerolíneas de tamaño pequeño que empiezan sus operaciones. A principios de 1998, British Airways (BA) lanzó su propia aerolínea de bajo coste, llamada Go. Aunque la acción de BA se puede interpretar como una estrategia para aprovechar una oportunidad de negocio (existía un crecimiento en la demanda de vuelos de bajo coste), un explicación alternativa es que el principal objetivo de Go era «eliminar» en la medida de lo posible la competencia de las aerolíneas pequeñas de bajo coste.[1] Curiosamente, Go se separó de BA en 2001 mediante la compra de la empresa por sus directivos (management buyout o MBO), y fue adquirida por easyJet (que la fusionó con sus operaciones) el siguiente año.

En el capítulo 10, asumí que las decisiones de entrada y salida son tomadas de forma no estratégica: las empresas simplemente comparan los beneficios esperados de entrar en el mercado con los costes de entrar en el mercado. Es decir, las empresas realizan un simple estudio de viabilidad. Los ejemplos en los párrafos anteriores sugieren que las decisiones de entrada y salida son también el resultado de decisiones estratégicas: en industrias con un número pequeño de jugadores, los entrantes deben tener en cuenta posibles represalias de las empresas ya activas en el mercado. Del mismo modo, las empresas activas deberían hacer más que simplemente permanecer pasivas mientras esperan a que los entrantes potenciales decidan entrar o no en el mercado.

En este capítulo, analizo situaciones donde entrada y salida son el resultado de un comportamiento estratégico por parte tanto de las empresas ya activas como de las empresas entrantes. Primero, considero qué estrategias preventivas puede usar una empresa activa para prevenir la entrada de rivales potenciales. Entre estas estrategias de disuasión de entrada, considero expansión de capacidad, proliferación de productos y contratos de largo plazo. Segundo, yo analizo estrategias posibles de las empresas activas para provocar la salida de las empresas que ya han entrado, con especial atención a ventas por paquetes y precios predatorios. Finalmente, comentamos aspectos de políticas públicas relacionados con el comportamiento estratégico de entrada y salida.

12.1 Disuasión de entrada

A principios de la década de 1970, DuPont aumentó drásticamente su capacidad productiva de dióxido de titanio. Como explica en detalle la Caja 12.1, esta era una estrategia para intentar disuadir de la expansión de capacidad y entrada de empresas rivales, aunque supusiera una disminución de beneficios en el corto plazo. ¿Puede ser esta una estrategia óptima?

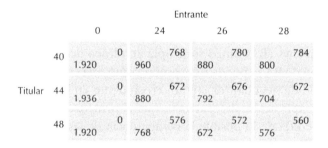

Figura 12.1. Juego de capacidad titular-entrante: recompensas.

Específicamente, considera el juego jugado por DuPont y un competidor potencial. Primero la empresa activa decide qué capacidad construir, sabiendo que más tarde ella misma producirá al nivel de su capacidad. A continuación, *habiendo observado la elección de la empresa activa*, la empresa rival (entrante) decide si entrar y, si lo hace, qué nivel de capacidad escoger. La figura 12.1 proporciona niveles de pagos en función de la estrategia de cada empresa. Considero únicamente tres niveles de capacidad posibles para la empresa activa: 40, 44, 48. En cuanto a lo que el entrante se refiere, considero tres niveles de capacidad también (24, 26, 28), además de la opción de no entrar, que denoto como la elección de una capacidad de 0. Una nota importante acerca de los valores en la figura 12.1 es que el beneficio del entrante es bruto del coste de entrada (es decir, el beneficio neto del entrante viene dado por el valor en la figura 12.1 menos el coste de entrada).

El juego que estamos considerando aquí es uno de elecciones secuenciales, es decir, el entrante escoge su capacidad tras observar la elección de la empresa activa. Como he mencionado en el capítulo 7, este tipo de juegos se representan normalmente con un árbol de juego. Sin embargo, con 3 opciones para un jugador y 4 opciones para el otro, se genera un árbol con 12 ramas. Por esta razón, en este y en otros juegos con más nodos de elección, podemos resolver el juego directamente examinando la matriz de pagos y teniendo en cuenta el hecho de que los jugadores deciden secuencialmente. En resumen, el hecho de que analizamos el juego como una matriz de pagos no implica que el juego sea uno de decisiones simultáneas.

CAJA 12.1 DuPont y la industria de dióxido de titanio[2]

El dióxido de titanio (TiO_2) es un colorante químico blanco usado en la fabricación de pintura, papel y otros productos para hacerlos más blancos u opacos. La materia prima principal para la producción de TiO_2 son los minerales ilmenita y rutilo.

Ya en 1970, había siete empresas en la industria: una empresa grande, DuPont, y seis empresas de menor tamaño. Durante los años sesenta, DuPont usó principalmente ilmenita, mientras que sus rivales utilizaban principalmente rutilo. En 1970, un aumento abrupto del precio del rutilo creó una ventaja en costes significativa para DuPont con respecto a sus rivales: en precios de minerales en 1968, DuPont tenía una ventaja de costes del 22 %; en precios de 1972, esta ventaja promedió 44 %. Además, una regulación medioambiental más rigurosa significó que varios competidores de DuPont tuvieron que incurrir en altos costes para continuar su producción.

DuPont se encontró con una ventaja competitiva en varias dimensiones. Primero, su proceso de producción usaba un insumo más barato que la mayoría de sus rivales. Segundo, su proceso de producción cumplía mejor con la regulación medioambiental. Tercero, debido a su ventaja en costes, la empresa estaba en mejor forma, y por lo tanto mejor posicionada para aumentar su capacidad.

DuPont creó un grupo de trabajo para estudiar cómo convertir estas ventajas en beneficio de la empresa. El resultado fue la estrategia de aumentar capacidad a un ritmo suficientemente alto para satisfacer el crecimiento en demanda en los años siguientes. La idea era tal que *al aumentar la capacidad rápidamente, DuPont disuadiría de la expansión (o entrada) de empresas rivales*. El grupo de trabajo estaba convencido de que la disuasión de la expansión competitiva era necesaria si DuPont quería establecer una posición dominante: según su plan, la cuota de mercado de DuPont aumentaría de un 30 % en 1972 a un 56 % en 1980 y quizás hasta un 65 % en 1985.

Capacidad de dióxido de titanio en EE. UU.: 1972-1982

	1972	1973	1974	1975	1976	1977	1982
DuPont	265	354	367	421	425	425	520
Empresas rivales	504	545	549	560	562	489	409

La demanda mundial, que había crecido a un ritmo impresionante de 7,7 % anual de 1962 a 1972, casi no cambió de 1972 a 1982. En parte por esta razón, en parte como consecuencia de la estrategia de DuPont, varias empresas rivales abandonaron sus planes de expansión o simplemente desecharon su capacidad existente. En 1985, cinco de las empresas compitiendo con DuPont en el mercado doméstico salieron del mercado: tres por adquisición, una por cese completo de sus operaciones y otra por cierre de sus plantas en EE. UU. DuPont nunca alcanzó su objetivo del 65 %, pero su cuota de mercado doméstica sobrepasó el 50 %, tal y como se ve en la tabla de arriba.

El lema de DuPont puede que sea «milagros de la ciencia». Sin embargo, su auge como empresa dominante en la industria de TiO_2 fue más cercano a un «milagro de la estrategia».

Teniendo en cuenta que estamos tratando con un juego de decisiones secuenciales, primero miramos a las decisiones óptimas del jugador que decide en segundo lugar para cada una de las posibles decisiones del jugador que elige primero; y así determinar la elección óptima del jugador que decide primero. Supongamos que el coste de entrada es bajo, digamos, 500. Entonces no importa lo que haga la empresa activa, el entrante se beneficiará al entrar, ya que sus beneficios son siempre más altos que 500. Específicamente, la cantidad óptima producida del entrante si la empresa activa fija su capacidad en 40, 44 o 48 viene dada por 28, 26 y 24, respectivamente. Anticipando esta reacción del entrante, la elección óptima de capacidad es 40. Nos referimos a este caso como **facilitar entrada**.

Supongamos ahora que el coste de entrada es 600. Ahora, si la empresa activa escoge una capacidad de 48, entonces el entrante estaría mejor escogiendo no entrar en el mercado. De hecho, da igual la capacidad escogida por el entrante, su beneficio bruto es siempre menor que el coste de entrada. Así, se deduce que la óptima elección de capacidad es 48. Nos referimos a este caso como **disuasión de entrada**.

Finalmente, supongamos que el coste de entrada es alto, digamos, 700. Ahora, si la empresa activa escoge una capacidad de 44 o 48, entonces el entrante prefiere no entrar: sin importar su elección de capacidad, su beneficio bruto no compensaría el coste de entrada. Se deduce que la óptima capacidad de la empresa activa es 44. Nos referimos a este caso como **entrada bloqueada**.

A continuación, llevaremos a cabo un análisis similar, pero de forma más general y formal. Si las matemáticas no son tu fuerte, deberías saltar a la siguiente página.

El modelo de Stackelberg. Considera una industria de productos homogéneos con una demanda inversa $p = a - bQ$, donde Q es la cantidad total. Hay dos empresas, 1 y 2, con un coste marginal constante c_1 y c_2, respectivamente. Al igual que en el modelo de Cournot, el precio es determinado por la cantidad total en la industria. A diferencia del modelo de Cournot, supongamos ahora que la Empresa 1 fija primero q_1 y entonces la Empresa 2, *habiendo observado la elección de la Empresa 1*, fija q_2. Este modelo, conocido como el modelo de Stackelberg, es apropiado para situaciones donde una asimetría natural entre empresas existe, de modo que una de las empresas actúa como «líder» natural del mercado.[3]

Como suele ser el caso, resolvemos juegos secuenciales con inducción o invertida, es decir, hacia atrás (sección 7.2). Teniendo en cuenta la cantidad elegida por la Empresa 1, la Empresa 2 maximiza:

$$\pi_2 = \left(a - b(q_1 + q_2)\right)q_2 - c_2 q_2$$

La condición de primer orden viene dada por:

$$a - c_2 - bq_1 - 2bq_2 = 0$$

lo que implica una función de reacción óptima:

$$q_2^*(q_1) = \frac{a - c_2}{2b} - \frac{1}{2}\,q_1$$

Sustituyendo este resultado en la función de beneficio de la Empresa 2 y simplificando obtenemos:

$$\pi_2^*(q_1) = \frac{1}{4b}\,(a - c_2 - bq_1)^2 \tag{12.1}$$

(Comprueba este resultado.) Anticipando la decisión de la Empresa 2, el beneficio de la Empresa 1 viene dado por:

$$\pi_1 = \left(a - b\left(q_1 + q_2^*(q_1)\right)\right)q_1 - c_1 q_1$$
$$= \frac{1}{2}\,(a + c_2 - 2\,c_1 - bq_1)\,q_1$$

(Comprueba este resultado.) Maximizando con respecto a q_1 obtenemos:

$$q_1^S = \frac{a + c_2 - 2c_1}{2b}$$

$$\pi_1^S = \frac{1}{8b} (a + c_2 - 2c_1)^2$$

Finalmente, sustituyendo este resultado en la cantidad y beneficio de la Empresa 2 tenemos:

$$q_2^S = \frac{a - 3c_2 - 2c_1}{4b}$$

$$\pi_2^S = \frac{1}{16b} (a - 3c_2 + 2c_1)^2$$

En las expresiones anteriores, el superíndice S significa Stackelberg. Notemos que, a diferencia del equilibrio de Cournot, donde dos empresas con el mismo coste generan el mismo beneficio en equilibrio, en el equilibrio de Stackelberg la Empresa 1 fija una cantidad más alta y gana más beneficio que la Empresa 2: ser líder tiene sus beneficios.

El modelo de Stackelberg caracteriza la estrategia óptima de la empresa activa dado que el entrante entra en el mercado. En terminología utilizada anteriormente, corresponde a la estrategia de facilitación de entrada. A continuación, considero la estrategia de disuasión de entrada.

Disuasión de entrada en juegos de fijación de capacidad. Supongamos por simplicidad que los niveles de capacidad y de producción son iguales. Supongamos también que, para poder entrar en el mercado, la Empresa 2 debe pagar un coste de entrada E. De la Ecuación (12.1), la Empresa 2 prefiere no entrar si:

$$E \leq \frac{1}{4b} (a - c_2 - bq_1)^2$$

Para prevenir la entrada del rival, la Empresa 1 debe fijar q_1 tal que la igualdad de arriba se cumple (o es más alta). Esta da la capacidad de la Empresa 1 que previene la entrada del rival:

$$q_1^D = \frac{1}{b} (a - c_2 - \sqrt{bE}) \tag{12.2}$$

(Niveles más altos también tendrían el mismo efecto, pero dado que el beneficio de la Empresa 1 disminuye con q_1 en esos niveles, la Empresa 1 preferiría este nivel de capacidad.) Sustituyendo q_1^D por q_1 y 0 por q_2 en la función de producción de la Empresa 1, y simplificando, obtenemos:

$$\pi_1^D = 2(a - c_2) \sqrt{\frac{E}{b}} - 4E$$

(Comprueba este resultado.) Si E es muy bajo, entonces π_1^D también es muy bajo, y la Empresa 1 se beneficia de facilitar entrada, es decir, fijar $q_1 = q_1^S$ para conseguir π_1^S. En cambio, si E es suficientemente alto, entonces $q_1^D < q_1^M = (a - c_1)/(2b)$, en cuyo caso la Empresa 1 se beneficia de fijar una cantidad de monopolio e ignorar la competencia potencial (si el entrante no entrara cuando $q_1 = q_1^D$, entonces no entrará tampoco cuando $q_1 = q_1^M > q_1^D$).

La figura 12.2 proporciona otro enfoque del problema de disuasión de entrada mediante un aumento de la capacidad. En el eje horizontal tenemos el nivel de capacidad de la Empresa 1. En el eje vertical, mido el beneficio de la Empresa 1 y de la Empresa 2. En particular, π_1^M es el beneficio de la Empresa 1 si no tiene competencia, es decir, si es un monopolista; π_1^S, a su vez, es el beneficio de la Empresa 1 si la Empresa 2 entra y escoge un nivel de capacidad que maximiza el beneficio de la Empresa 2 dado el nivel de capacidad de la Empresa 1. En cuanto a lo que la Empresa 2 se refiere, dibujo tres curvas de beneficio, cada una correspondiendo a un nivel distinto del coste de entrada de la Empresa 2: π_2^S, π_2^D y π_2^B, cada una correspondiendo a un nivel más alto de coste de entrada.

Consideremos ahora el problema de la elección de capacidad de la Empresa 1. Para que la Empresa 1 pueda prevenir la entrada de la Empresa 2, su elección de q_1 debe ser mayor que el punto de intersección de π_2 en el eje horizontal. Al escoger semejante valor de q_1, la Empresa 2 estaría considerando un beneficio negativo de la decisión de entrar, y por lo tanto escogería no entrar. La pregunta es: ¿quiere la Empresa 1 aumentar su capacidad para prevenir la entrada de la Empresa 2? Si la Empresa 1 previene la entrada, entonces sus beneficios vendrán dados por la curva π_1^M, mientras que, si la entrada ocurre, entonces el beneficio de la Empresa 1 viene dado por la curva π_1^S. Por lo tanto, si previniendo la entrada requiere que la Empresa 1 fije q_1 mayor que q_1^D, entonces la Empresa 1 prefiere escoger $q_1 = q_1^M$ y facilitar la entrada. Si prevenir la entrada requiere que la Empresa 1 fije una cantidad q_1 menor que q_1^M, entonces la Empresa 1 fijará de forma óptima $q_1 = q_1^S$, es decir, ignorará la amenaza de entrada y se comportará como un monopolista. Finalmente, si la disuasión de entrada requiere que la Empresa 1 fije un valor de q_1 mayor que q_1^M pero menor que q_1^D, entonces la Empresa 1 fija de manera óptima el valor mínimo de q_1 necesario para prevenir la entrada de la Empresa 2.

Las tres curvas π_2 (q_1) graficadas en la figura 12.2 corresponden a los tres posibles casos considerados antes: si el coste de entrada es muy bajo, tal que π_2 (q_1) $= \pi_2^S$, entonces tenemos entrada facilitada; si el coste de entrada es intermedio, tal que π_2 (q_1) $= \pi_2^D$, entonces tenemos disuasión de entrada; y finalmente, si el coste de entrada es muy alto, tal que $\pi_2(q_1) = \pi_2^B$, entonces tenemos entrada bloqueada.

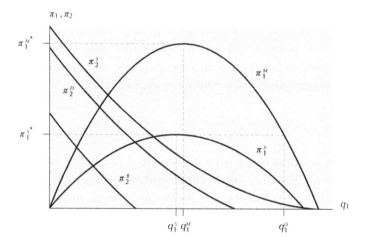

Figura 12.2. Disuasión de entrada por expansión de capacidad.

El ejemplo numérico inicial, el análisis formal matemático, y la figura 12.2 sugieren conjuntamente un punto importante en cuanto a la estrategia de una empresa:

> **La elección óptima de capacidad de una empresa activa depende del nivel de costes de entrada. Si los costes de entrada son muy altos, entonces la empresa activa debería fijar su capacidad de monopolio e ignorar la amenaza de entrada. Si los costes de entrada son muy bajos, entonces la empresa activa debería escoger un nivel de capacidad que tenga en cuenta la mejor respuesta del entrante. Finalmente, si los costes de entrada son intermedios, entonces la empresa activa debería escoger un nivel de capacidad suficientemente grande como para prevenir la entrada del entrante.**

Notemos que la capacidad óptima de la empresa activa no es monotónica con respecto al coste de entrada: volviendo al ejemplo numérico inicial, se puede ver que al aumentar el coste de 500 a 600 y entonces hasta 700, la capacidad óptima de la empresa activa primero aumenta de 40 a 48, entonces disminuye de 48 a 44. La razón de esta carencia de monotonicidad es que hay una discontinuidad fundamental en la estrategia del entrante: cuando la empresa activa aumenta su capacidad, el entrante gradualmente disminuye su capacidad; sin embargo, más allá de cierto nivel, la capacidad óptima del entrante disminuye directamente a cero. Como se detalla en la Caja 12.2, la industria de la sanidad en EE. UU. nos proporciona una ilustración interesante: la relación entre el esfuerzo de disuasión de la empresa activa y la intensidad de la competencia potencial tiene una forma de U-invertida: si no hay entrada potencial no hay disuasión de entrada (entrada bloqueada); y si hay mucha entrada potencial de competencia no hay esfuerzo de disuasión de nuevo (facilitación de entrada).

CAJA 12.2 Juegos de hospitales[4]

En 1988, Medicare (el sistema sanitario en EE. UU. para la gente mayor y los enfermos crónicos) anunció que probablemente aumentaría el reembolso ofrecido a los hospitales privados por estudios electrofisiológicos realizados (un procedimiento que identifica insuficiencias cardiacas). Un reembolso más alto hace que la industria de los estudios electrofisiológicos sea un mercado de entrada más rentable. Debido a que el anuncio se hizo con un año de antelación, también dio tiempo a las empresas ya activas para prepararse para la posible entrada de rivales.

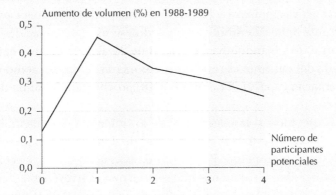

El gráfico de arriba representa el aumento en cantidad de los proveedores activos como función del número de competidores, es decir, el número de hospitales en el área que podrían empezar a ofrecer el procedimiento si así lo decidieran.

Intuitivamente hablando, la reacción de las empresas activas al anuncio de Medicare fue mayor donde había un entrante potencial y menor donde no había ninguno o había muchos entrantes potenciales –una observación que es consistente con la predicción de la teoría.

■ **Compromiso, optimalidad ex ante y optimalidad ex post.**[5] En el análisis anterior, fui impreciso sobre la naturaleza de la estrategia de cada empresa: afirmé que cada empresa escoge su nivel de capacidad y entonces fija una cantidad de producción igual al nivel de su capacidad. ¿Es razonable este supuesto? Si los costes de capacidad son muy altos y el coste marginal –dada su capacidad– muy bajo, entonces parece razonable que las empresas fijen niveles de capacidad que son bajos respecto al tamaño de la demanda total del mercado, y así su elección óptima es la de usar toda su capacidad disponible.

Pero aún hay más: implícitamente, también asumí que la empresa activa escoge un cierto nivel de capacidad y se aferra a esa decisión sean cuales sean las circunstancias *a posteriori*. En particular, la empresa activa no cambia su capacidad aun cuando el entrante potencial decide quedarse fuera del mercado. Esto resulta ser un supuesto muy importante. Para ver por qué, considera el caso de disuasión de entrada, lo cual en el ejemplo anterior se da cuando el coste de entrada es 600. Al fijar una capacidad de 48, la empresa activa hace que el entrante se quede fuera. El pago de la empresa activa es entonces $1.920. No obstante, *dado que el entrante se queda fuera*, la empresa activa se beneficia de escoger 44 en lugar de 48, dando un aumento en beneficio de $1.920 a $1.936. Pero si el entrante anticipa que la empresa activa cambiará a 44 (su nivel de capacidad óptima *a posteriori*), entonces el entrante debería entrar, ya que dado ese nivel de capacidad el entrante está mejor entrando y fijando una capacidad de 26. Bajo la misma regla, si la decisión de entrada del entrante es reversible, entonces la empresa activa encontraría óptimo aumentar la capacidad de nuevo a 48, provocando la salida del entrante; y así sucesivamente.

Ya te haces una idea: si las elecciones de los jugadores son fácilmente reversibles, entonces la premisa de la secuencialidad de decisiones con una decisión por jugador se deshace totalmente. Por lo tanto, es crucial que la elección de cada jugador sea irreversible –o al menos que se crea que es irreversible. La irreversibilidad como la base del compromiso es un principio general de la teoría de juegos. En el contexto actual (decisiones de capacidad), la irreversibilidad se corresponde aproximadamente con la «hundidez» de las decisiones de capacidad: una vez se construye una planta, no puedo «desmontarla» y recuperar la inversión inicial. Dicho de otro modo:

La disuasión por capacidad es una estrategia creíble solo si los costes de capacidad son altos y hundidos.

■ **Estrategias alternativas de disuasión.** La industria italiana de telecomunicaciones, como la de muchos otros países europeos, experimentó un proceso gradual de desregulación, principalmente desregulación de la entrada. Telecom Italia, en su momento un monopolio protegido, tuvo que lidiar gradualmente con competencia de nuevos entrantes como France Telecom. Esta situación parece similar a una considerada anteriormente: una empresa activa (el monopolista anteriormente protegido) y un entrante potencial (operadores de telecomunicaciones de diferentes países).

Sin embargo, al mirar a este caso y otros relacionados de más cerca nos damos cuenta de que existen dos importantes calificaciones sobre el modelo teórico de disuasión de la expansión de capacidad. Primero, no es una cuestión únicamente de disuadir o facilitar la entrada. Telecom Italia era probablemente consciente de que no iba a ser capaz de evitar la entrada en *cualquier momento* del futuro. No obstante, diferentes inversiones estratégicas hechas con anterioridad probablemente influenciaron el *momento* en que la entrada ocurrió; y diferentes momentos de entrada tienen diferentes implicaciones para la rentabilidad de Telecom Italia.

La segunda diferencia importante de muchas situaciones de la vida real con respecto al simple modelo presentado anteriormente es que las empresas activas tienen varias estrategias disponibles además de la expansión de capacidad. Continuando con la industria de telecomunicaciones, esta vez en EE. UU., observamos que AT&T fue capaz de ralentizar la entrada por virtud de la fortaleza de su propia marca. Aunque sus servicios fueran de calidad parecida a la de sus rivales (MCI y Sprint, principalmente), y sus precios fueran, por decir algo, más altos para AT&T, el antiguo monopolista mantuvo una cuota de mercado muy respetable, bien por encima del 50 %, durante mucho tiempo. Otro ejemplo de telecomunicaciones de disuasión de entrada –discutido en mayor detalle en la Caja 12.3– es el de PGNiG, la empresa líder de gas de Polonia.

CAJA 12.3 PGNiG y el mercado energético polaco[6]

Los mercados europeos están todavía fragmentados, en gran parte por las líneas fronterizas entre países. Uno de los objetivos en la actualidad de la Unión Europea (UE) es precisamente crear un mercado energético común en la UE. Al igual que otros antiguos miembros del bloque soviético, Polonia se ha quedado rezagada en cuanto a desregulación del mercado energético –y por tanto está sujeta a una presión continuada por parte de la UE para que se ponga al día.

PGNiG –la empresa líder de gas en Polonia– parece estar haciendo todo lo posible para aprovechar la transición económica. Primero, ha creado una subsidiaria alemana para ocuparse de las ventas energéticas y comercio energético. (Esto facilitará el comercio internacional de la empresa y proporcionará un mayor acceso al mercado europeo en su totalidad.) Segundo, reserva la mayoría de la capacidad de tuberías en la frontera en la República Checa y Alemania a través de la cual Polonia importa la mayoría de su gas. Finalmente, reserva capacidad adicional de una nueva terminal que se está construyendo en la costa báltica.

Estas acciones, junto con el control de la compañía de los depósitos de gas del país –un activo necesario para la provisión fiable de gas– servirán probablemente para disuadir a posibles competidores por algún tiempo.

A continuación, analizamos un ejemplo específico de una estrategia para disuadir de la entrada de competencia diferente pero parecida a la expansión de capacidad: la proliferación de productos.

■ **Proliferación de productos.**[7] La industria del cereal para desayunar puede ser caracterizada por relativamente escasas economías de escala y relativamente bajos niveles de tecnología. Dicho de otro modo, la entrada en esta industria es fácil, desde un punto de vista tecnológico. Entre las décadas de 1950 y 1970 básicamente no hubo entrada de ninguna empresa nueva, aunque todas las empresas activas (Kellogg, General Mills, General Foods y Quaker Oats) ganaron grandes beneficios. Finalmente, aunque el número de empresas no cambió, el número de marcas vendidas por las empresas activas aumentó de 25 a cerca de 80 (y sigue aumentando).

¿Por qué los beneficios son tan altos y aun así no observamos entrada alguna de empresas, sabiendo que la entrada es relativamente fácil? ¿Por qué el número de marcas aumentó tan rápidamente, mientras que el número de empresas permaneció constante?

Una explicación posible es que las empresas activas «llenaron» el mercado de productos para eliminar cualquier oportunidad de entrada rentable. Debido a que no hay mucha competencia en precios (tal y como sugiere la evidencia), los márgenes altos de beneficio son una invitación a la entrada a menos que los entrantes no puedan encontrar algún «agujero en el mercado» donde posicionar su producto. Dicho de otro modo, la **proliferación de productos** de las empresas activas disuade efectivamente de la entrada sin tener que bajar los precios.

La estrategia de aumentar la variedad no se limita a la densidad en el espacio de productos; también se puede aplicar a la densidad en el espacio geográfico. En este sentido, un ejemplo viene dado por Staples, la empresa líder en EE. UU. en la industria de las grandes superficies de material de oficina. Hablando de la estrategia de inversión de Staples, el director ejecutivo de la compañía afirmó que:

> Staples intentaba construir una masa crítica de tiendas en el noroeste para provocar la salida de competidores [...] Al construir estas redes [de tiendas] en los grandes mercados de Nueva York y Boston, hemos mantenido a los competidores fuera por mucho, mucho tiempo.[8]

En su conjunto, los ejemplos anteriores sugieren que:

Al aumentar la densidad de productos ofertados, una empresa activa puede prevenir la entrada de nuevos competidores aun cuando los márgenes de beneficio son altos.

El Ejercicio 12.2 ilustra este punto.

Otro ejemplo de disuasión por proliferación de productos viene dado por Unilever en la industria del helado de consumo impulsivo. En 2013, Unilever tenía una cuota de mercado del 66 % en el Reino Unido. Con una cartera de literalmente docenas de productos de helados, Unilever dificulta que sus rivales vean la entrada o una estrategia de expansión como beneficiosa. Además, las barras de helado están almacenadas en congeladores suministrados por Unilever bajo la obligación contractual de que solo se vendan marcas de Unilever (véase la sección 12.4). Esto me lleva al siguiente asunto, el uso de contratos de exclusividad como estrategia de disuasión.

12.2 Contratos exclusivos, paquetes y exclusión de mercado

En la sección previa, he mostrado cómo el aumento de la capacidad o de la densidad de productos ofrecidos pueden ser maneras efectivas de prevenir la entrada de un rival. En esta sección, considero un tipo diferente de estrategias de exclusión del rival: contratos.

■ **Exclusión directa.** En 1985, Monsanto adquirió los derechos de la patente de aspartamo, un edulcorante artificial usado en bebidas y refrescos de bajas calorías.

La patente del aspartamo, que Monsanto vendía bajo el nombre de marca Nutrasweet, debía caducar en 1992, por lo tanto, abriendo el camino a nuevos entrantes. Además de otras estrategias de disuasión de entrada, que describo en la Caja 12.4, Monsanto anticipó la caducidad de la patente mediante la firma de contratos de largo plazo con Coca-Cola y Pepsi-Cola. ¿Por qué los fabricantes de refrescos estaban interesados en firmar estos contratos? ¿No es mejor dejar que los nuevos entrantes empiecen a operar y beneficiarse de la competencia entre proveedores?

Una posibilidad es que, al firmar con un número suficientemente alto de compradores, la empresa activa hace que la entrada de nuevos competidores no sea beneficiosa, una estrategia que puede llamarse **exclusión directa**.[9] Supongamos que, debido a las economías de escala, la entrada es solo beneficiosa si el entrante espera capturar una fracción α del mercado. Entonces la empresa activa puede efectivamente excluir a sus rivales del mercado mediante una estrategia de **dividir y vencer**: se ofrece un contrato a una fracción $(1 - \alpha)$ de compradores con un precio un poco por debajo del precio de monopolio a cambio de aceptar exclusividad (es decir, no comprar el producto del entrante). Los demás compradores α, a su vez, deben pagar el precio de monopolio. Ambos grupos de compradores no tienen otra mejor opción que aceptar los términos impuestos por la empresa activa. En concreto, si cada comprador es pequeño respecto al tamaño del mercado, entonces la alternativa a aceptar el acuerdo de exclusividad es pagar un precio más alto. De hecho, en la trayectoria de equilibrio, la entrada nunca se materializa, y así los contratos exclusivos ofrecen un precio más bajo a cambio de una promesa que no conlleva ningún coste.

Este resultado extremo –todos los compradores pagan un precio cercano al precio de monopolio, casi como si no hubiera amenaza de entrada– depende de una serie de supuestos, incluyendo el supuesto de que los compradores son pequeños. Claramente, este no es el caso en el ejemplo del aspartamo: definitivamente Coca-Cola y Pepsi-Cola no son compradores pequeños. No obstante, se puede ver cómo una estrategia inteligente de «dividir y vencer» puede llevar a la empresa activa muy lejos.

CAJA 12.4 El mercado del aspartamo[10]

El aspartamo es un edulcorante de alta intensidad y bajo contenido calórico. Fue descubierto (por accidente) en 1965, por un científico en G. D. Searle & Co. que estaba trabajando en un medicamento antiúlcera. El uso del aspartamo en refrescos fue aprobado por la Food and Drug Administration (FDA) de los EE. UU. en 1983. Searle pudo extender su patente original hasta 1987 en Europa y hasta 1992 en los EE. UU.

En 1985 Monsanto adquirió Searle –y la patente del aspartamo con ella. Monsanto vende la versión de refresco del aspartamo bajo el nombre de marca Nutrasweet. El mercado potencial de este producto es enorme, especialmente considerando el volumen de ventas de Coca-Cola Light y Pepsi Light. Por lo tanto, no es sorprendente que, en 1986, Holland Sweetener Company (HSC), una empresa conjunta entre una compañía holandesa y una compañía japonesa, empezara a construir una planta de fabricación de aspartamo, en anticipación al final de la patente de Nutrasweet.

Cuando HSC empezó a vender su propia versión de aspartamo (aspartamo genérico, en lugar de la versión de la marca Nutrasweet), Monsanto disminuyó el precio de Nutrasweet de $70 a $22-$30 por libra. Esto significó pérdidas para HSC, pero también una enorme disminución en ingresos de Nutrasweet en Europa. La reacción de Monsanto puede verse como excesiva, especialmente considerando que la capacidad de HSC era de solo el 5 % del mercado global. No obstante, Europa es solo una pequeña fracción del mercado global: el mercado de EE. UU. solo es ya diez veces mayor que el mercado europeo. Así, una interpretación de la estrategia de Nutrasweet es que, al luchar con la entrada en un mercado pequeño, puede «convencer» a entrantes potenciales de no intentar entrar en otros mercados más grandes donde la misma empresa activa está presente. Además, la producción de aspartamo está sujeta a una curva de aprendizaje de gran pendiente (Monsanto rebajó sus costes en un 70 % en un periodo de diez años). Por lo tanto, el ataque de Nutrasweet sobre HSC tuvo el efecto de ralentizar el progreso de HSC en esa curva de aprendizaje.

En parte como consecuencia de la estrategia de Nutrasweet, HSC retrasó sus planes de expansión y no fue gran competencia cuando el mercado en EE. UU. finalmente se abrió. No obstante, Monsanto no se arriesgó: justo antes de la fecha de caducidad de la patente en EE. UU., tanto Coca-Cola como Pepsi firmaron contratos de largo plazo con Monsanto.

■ **Paquetes.** En 1994, cuando la world wide web empezaba a dar sus primeros pasos, Jim Clark y Marc Andreessen fundaron la Mosaic Communications Corporation, el creador del navegador de internet Netscape. Aunque Netscape fue distribuido gratis para algunos usuarios, era vendido con licencias a negocios. Junto con el desarrollo de una variedad de aplicaciones complementarias, Netscape fue capaz de generar una fuente de ingresos sólida y una salida al mercado bursátil (IPO) muy exitosa en agosto de 1995. Para entonces, Microsoft estaba lanzando la versión 1.0 de su Internet Explorer (IE) como parte de la distribución de Windows 95; es decir, el navegador se vendía en un mismo paquete con el sistema operativo.

La guerra de navegadores acababa de empezar. La cuota de mercado de Internet Explorer aumentó rápidamente. Según Microsoft, esto fue el resultado de una calidad superior de IE y sus características adicionales. Según Netscape, esto fue el resultado de una estrategia injusta de paquetes de Microsoft. En 1998, el Departamento de Justicia, junto con otros varios estados en EE. UU., denunció a Microsoft por abuso de posición dominante. Años más tarde, un caso similar fue iniciado por la agencia de política de competencia de la UE.

¿Cómo puede ser que la venta en **paquete** o las ventas **vinculadas** funcionen como estrategia de exclusión de mercado? Yo responderé la pregunta con un simple ejemplo numérico.[11] Supongamos que Windows es el único sistema operativo disponible y que todos los usuarios lo valoran a $50. Cada usuario de ordenador requiere como mucho un navegador de internet. Hay tres grupos de usuarios, cada uno con un número idéntico (por simplicidad, 1 millón en cada grupo): los admiradores de IE están dispuestos a pagar $25 por IE y $10 por Netscape; los admiradores de Netscape están dispuestos a pagar $10 por IE y $25 por Netscape; y los seguidores más acérrimos de Netscape están dispuestos a pagar $10 por IE y $38 por Netscape. Finalmente, todas las piezas de *software* tienen un coste marginal de cero.

Consideremos primero la situación cuando no hay venta en paquetes entre Windows e IE. Claramente, es óptimo para Microsoft vender Windows a $50. En cuanto a lo que se refiere a navegadores de internet, el equilibrio del juego donde las empresas fijan precios simultáneamente es que los navegadores se vendan a $25. A ese precio, los admiradores de Netscape compran Netscape y los admiradores de IE compran IE (y así Netscape captura dos tercios del mercado de navegadores). Microsoft gana un beneficio bruto de $175 millones, $150 del sistema operativo (3 millones de compradores, $50 por cabeza); y $25 millones del navegador (1 millón de compradores, $25 por cabeza). Netscape, a su vez, gana un beneficio bruto de $50 millones (2 millones de compradores, $25 por comprador del navegador).

Antes de continuar, confirmemos que el precio de $25 es de hecho un equilibrio de Nash. La mejor alternativa para Microsoft sería fijar un precio para su navegador a un poco menos de $10. Esto atraería a los admiradores de Netscape, pero no a los seguidores acérrimos de Netscape. (Los seguidores acérrimos de Netscape pagan $25 por algo que valoran en $38; esto es mejor –para ellos– que IE a cualquier precio positivo.) Microsoft entonces ganaría $20 millones de la venta de su navegador (2 millones de compradores, cada uno pagando $10). Esto es peor que fijar un precio de $25. Para Netscape, fijando un precio más bajo, digamos $10, implicaría un beneficio de $30 millones (3 millones de compradores, cada uno pagando $10 precio). Fijando un precio más alto, digamos $38, implicaría un beneficio bruto de $38 millones (1 millón de compradores, cada uno pagando un precio de $38). En cualquier caso, Netscape ganaría menos que el beneficio bruto de $50 millones al vender su navegador por $25.

Supongamos ahora que Microsoft se compromete exitosamente a solo vender el paquete de Windows e IE. Además, supongamos que fija un precio de $60 por el paquete. Notemos que incluso los admiradores de Netscape están dispuestos a pagar esa cantidad ($50 por Windows, $10 por IE). Esto pone a Netscape en una situación difícil: para atraer a admiradores de Netscape (y también a los seguidores acérrimos), Netscape debe fijar un precio de $15, la diferencia entre $25 y $10. La idea aquí es que los compradores de Windows ya tienen el navegador IE; por lo tanto, los seguidores de Netscape solo comprarán Netscape si el valor *adicional* de Netscape excede el precio a pagar. Alternativamente, Netscape puede fijar un precio por su navegador de $28, la diferencia entre la valoración de los seguidores acérrimos de Netscape por Netscape ($38) y su valoración de IE ($10). Se deduce que Netscape genera más beneficio a $15 con un beneficio bruto de $30.

Para Microsoft, $60 es el mejor precio. A este precio, vende 3 millones de paquetes, y consigue un beneficio bruto de $180 millones. Microsoft podría aumentar el precio de su paquete a $75. Sin embargo, a este precio más alto solo vendería el paquete a admiradores de IE, por lo tanto, generando un beneficio de $75 millones.

Es aquí donde está el problema de vender en paquete y aprovecharse del poder de mercado: si los bienes se venden por separado, Microsoft prefiere fijar un precio más alto por IE y conformarse con atraer únicamente a los admiradores de su navegador (1 millón). Sin embargo, si los bienes se venden en un paquete, el coste de oportunidad de Microsoft de aumentar el precio de su navegador es que pierde ventas del navegador y ventas del sistema operativo. Dicho de otro modo, al vender en paquete el sistema operativo con el navegador, Microsoft se compromete a ser más agresivo en el mercado del navegador.

Esto es un problema para Netscape. Si Microsoft cambia a la venta en paquete, los beneficios de Microsoft aumentan de $175 a $180 (millones) y los beneficios de Netscape disminuyen de $50 a $30. Netscape es una «víctima» del compromiso de Microsoft a fijar precios más agresivos. Supongamos que Netscape debe pagar un coste fijo mayor que $30 millones, pero menor que $50 millones. Entonces, en un régimen de precios separados Netscape puede cubrir sus costes fijos, pero no cuando Microsoft vende Windows e IE en un paquete. De este modo, la estrategia de Microsoft se puede interpretar como una manera de excluir a la competencia en el mercado de navegadores de internet. O, puesto de un modo distinto, Microsoft **aprovecha** su poder en el mercado de sistemas operativos para aumentar su dominancia en el mercado de navegadores.

Debería añadir que esta historia, aunque compartida por muchos analistas del caso Microsoft, está lejos de ser aceptada por todos. En concreto, notemos que, si Netscape no abandona el mercado, la estrategia óptima de Microsoft es la de vender el paquete Windows-IE por $60. Dicho de otro modo, no es obvio que la estrategia de paquetes de Microsoft haya sido motivada por el deseo de excluir a la competencia en el mercado de navegadores. De hecho, como mostré en la sección 6.2 las ventas en paquetes y vinculadas pueden ser un medio para la discriminación de precios. Más sobre este asunto en la sección 12.4.

> **Mediante las ventas en paquete o ventas vinculadas de dos productos, una empresa dominante puede aprovechar su poder en un mercado para aumentar su dominio en el otro mercado.**

■ **Aumentando los costes de los rivales.** Un ejemplo más reciente de exclusión de mercado parecido a la estrategia de ventas en paquetes viene dado por Intel y sus **descuentos en todas las unidades**. Además del sistema operativo, los ordenadores necesitan un procesador. Los ordenadores equipados con un sistema operativo Windows usan microprocesadores Intel o AMD. Intel es una compañía mucho mayor, tanto en términos de número de unidades vendidas como en términos de variedad de producto. Durante un periodo de tiempo, Intel ofrecía a los fabricantes de ordenadores un trato especial: los compradores reciben un descuento del 15 % si compran exclusivamente de Intel. Michael Capellas, entonces CEO de Compaq, describió esta situación como «Me apuntaron con una pistola a la cabeza», y una práctica que lo forzó efectivamente a parar de comprar chips de AMD. En las (relativamente pocas) categorías de producto donde AMD ofrecía un mejor trato en cuanto a precio y calidad, el descuento en todas las unidades propuesto por Intel hizo efectivamente que el precio relativo de AMD fuera excesivamente alto.

La estrategia de descuento en todas las unidades efectivamente aumentaba el coste que los fabricantes de ordenadores como Compaq debían pagar para comprar AMD. En cierto modo, el caso de Intel nos proporciona un ejemplo de la estrategia más general de **aumentar los costes de los rivales**.[12] Hay muchas estrategias por parte de las empresas activas que consiguen el mismo efecto. Por ejemplo, una interpretación alternativa de los contratos de exclusividad es que permiten a una empresa activa capturar el **excedente del entrante** mediante penalizaciones por incumplimiento de contrato.[13] Supongamos que hay un entrante potencial con una eficiencia incierta en costes. En la ausencia de contratos de exclusividad, si el coste del entrante es bajo entonces la entrada ocurre y el entrante genera un beneficio: un «excedente de entrada». La empresa activa y el comprador pueden entonces «conspirar» y fijar un «precio» de entrada. Este «precio» es la tarifa que el comprador debe pagar a la empresa activa para liberarse del contrato de exclusividad. Dada esta penalización por incumplimiento, el entrante se ve forzado a fijar un precio menor, suficientemente bajo para atraer a un comprador que esté contractualmente atado a la empresa activa. Esto es bueno para el comprador, que acaba pagando un precio más bajo; y para la empresa activa, que pierde un cliente, pero gana la penalización del incumplimiento de contrato. Finalmente, cuando el entrante es más eficiente que la empresa activa pero no por mucho, el contrato efectivamente disuade de la entrada que sucedería si no hubiera contrato de exclusividad.[a] El Ejercicio 12.4 formaliza esta intuición.

Otro ejemplo de aumentar los costes de los rivales es el uso de cláusulas de nación más favorecida (Most Favored Nation o MFN) en la industria de la sanidad. Las compañías de seguros médicos en EE. UU. acuerdan con los proveedores (es decir, hospitales) el precio a pagar por ciertos procedimientos. Normalmente, estos contratos incluyen la cláusula que otras aseguradoras no pueden ofrecer a un mejor precio –o, si ofrecen un mejor precio, la diferencia debe ser abonada por el primero. De hecho, algunas veces las cláusulas del contrato requieren que los proveedores cobren a las otras aseguradoras precios *más altos* por el mismo procedimiento. De esta manera, las cláusulas MFN efectivamente aumentan el coste pagado por las compañías rivales de seguros, lo que supone un beneficio para la aseguradora que impone la cláusula.

> **Contratos de exclusividad, descuentos selectivos y cláusulas de nación más favorecida pueden ser una manera de aumentar los costes de los rivales y, como tal, de exclusión de la competencia.**

Aumentar los costes de los rivales es generalmente bueno para las empresas: incluso cuando no provoca la salida del mercado de los rivales, disminuye la cuota de mercado de los rivales y aumenta los beneficios de la empresa propia. Por ejemplo, en la sección 8.4 demostré que un aumento en el coste de la empresa j aumenta el beneficio de la empresa i, tanto en competencia a la Bertrand como en Cournot. Incluso si mis costes aumentan también, mientras los costes de mis rivales aumenten también mi empresa se beneficiará. El caso de la negociación laboral en la industria del automóvil en EE. UU., descrito en la sección 8.4, ilustra esta posibilidad. ¿Es posible que Ford se beneficie de negociar salarios más altos con los sindicatos? Sí, en la medida en que el acuerdo de Ford también se aplica a

---

[a] Este nivel intermedio de eficiencia del entrante –que no acaba en entrada– es análogo al de ineficiencia de asignación del precio de monopolio, cuando hay un comprador potencial con una disposición a pagar mayor que el coste de producción, pero menor que el precio de monopolio, es decir, donde la venta eficiente no acaba realizándose.

GM y Chrysler; y en la medida en que Ford usa menos trabajadores y más capital que sus rivales.

Este es uno de los puntos esenciales de la teoría del oligopolio (y teoría de juegos, más generalmente): una empresa no solo se debe preocupar de «lo que significa esto para mis costes» sino también de «lo que significa esto para los costes de mis rivales». Así no es sorprendente que, en muchos casos de estrategias empresariales de éxito, estas estrategias se basan en los efectos que tienen en los costes de los rivales. Además de los ejemplos anteriores, uno que vale la pena mencionar es el efecto de regulaciones medioambientales. En la medida en que estas regulaciones incluyen cláusulas de «anterioridad» incluso parciales (es decir, cláusulas que excluyen las empresas activas), se puede ver cómo las empresas activas pueden tolerar –de hecho, favorecen– leyes restrictivas: en la medida en que estas regulaciones aumentan los costes de los rivales potenciales, la regulación medioambiental puede ser una manera muy barata de disuadir de la entrada de nuevos competidores.

12.3 Precios predatorios

Al inicio del capítulo, mencioné que la primera dificultad en el camino de easyJet tras entrar en la ruta Londres-Ámsterdam fue la igualación del precio por parte de KLM, que en ese momento transportaba casi la mitad de los pasajeros en esa ruta. Probablemente, KLM estaba fijando **precios predatorios**: precios por debajo de su coste para intentar provocar la salida de easyJet de ese mercado. Eventualmente, un juicio y una astuta campaña publicitaria por el presidente de easyJet, Stelios Haji-ioannou, pusieron fin a la agresiva estrategia de KLM.

Es posible que, si los precios bajos de KLM hubieran persistido, easyJet se hubiera visto forzada a salir de la ruta Londres-Ámsterdam. Tal y como es, la estrategia de KLM puede ser explicada como precios predatorios o simplemente por la reacción de una empresa activa a la llegada de un competidor. De hecho, en un mercado de productos homogéneos donde las empresas no conspiran en precios, pasar de uno a dos competidores implica una disminución en el precio del precio de monopolio al coste marginal (sección 8.1). ¿Cómo se puede estar seguro de que la disminución en el precio de KLM no es simplemente un cambio de un equilibrio a otro equilibrio (con la salida del entrante no siendo parte de la intención en absoluto)?

■ **La Escuela de Chicago y las teorías de grandes bolsillos de precios predatorios.** Una crítica más radical de la interpretación predatoria de la estrategia de KLM es que los jugadores racionales nunca deberían salir cuando están siendo depredados; y, consecuentemente, depredadores racionales nunca deberían participar en depredación. Este punto de vista, asociado con el pensamiento de la escuela de Chicago, va de la siguiente manera. Supongamos que hay dos periodos. En el primer periodo, la empresa activa debe decidir si fija precios bajos. Si lo hace, tanto la empresa activa como la presa recién llegada pierden L en el primer periodo. (El primer periodo se puede entender como, digamos, el primer año de operaciones del entrante.) Si la empresa activa no actúa agresivamente, entonces ambas empresas reciben beneficios de duopolio π_D. Al final del primer periodo, el entrante debe decidir si quedarse en el mercado o salir. En el segundo periodo, si el entrante ha salido, entonces la empresa activa recibe beneficios de monopolio π_M. Si no, la misma situación que al final del primer periodo se repite.

Si el entrante decide permanecer en el mercado para el segundo periodo, entonces la estrategia de la empresa activa es claramente no comportarse agresivamente: la decisión del entrante de no salir ya está tomada, y así, desde el punto de vista de la empresa activa, es una elección entre beneficios positivos π_D y pérdidas $-L$. Consideremos ahora el primer periodo. Supongamos que la empresa activa se comporta agresivamente. El entrante tendrá pérdidas. ¿Debería salir de la industria? La respuesta es claramente «no». La amenaza de la empresa activa de mantener precios bajos no es creíble: si el entrante permanece en el mercado, la empresa activa eventualmente encontrará que es óptimo no comportarse agresivamente. Así que el entrante no debería salir. Aun cuando no tenga suficientes fondos para aguantar las pérdidas de L, el entrante debería pedir prestado dinero de un banco: asumiendo que $\pi_D > L$, un banco debería ver también los incentivos de la empresa activa y concluir que permanecer en el mercado es la estrategia más beneficiosa para el entrante; las pérdidas del primer periodo son solo temporales. Finalmente, una empresa activa racional que sabe cómo se comporta un entrante racional debería evitar comportamientos agresivos: no provocará ninguna salida y pérdidas de L en el primer periodo, en lugar de una ganancia de π_D.

Por lo tanto, el argumento de Chicago es que ningún comportamiento predatorio debería ser observado en la práctica. Si una empresa activa responde a la entrada de un competidor bajando su precio, esto es simplemente el efecto competitivo de una disminución en la concentración; algo que deberíamos apreciar, no temer.

El problema con este argumento es que confía demasiado en la racionalidad y la información perfecta. Supongamos que el entrante no tiene suficiente dinero para sostener pérdidas en el primer periodo. Su única oportunidad para sobrevivir en caso de que la empresa activa se comporte agresivamente es la de pedir prestado al banco. Según la teoría de Chicago, un banco debería estar dispuesto a dejarle el dinero, habiendo entendido el equilibrio en el segundo periodo. Supongamos ahora, quizás de forma más realista, que el banco no siempre está dispuesto a prestar el dinero. Específicamente, las empresas competidoras estiman que el banco rechazará dar un préstamo con una probabilidad ρ.

Desde el punto de vista del entrante, quedarse en el mercado mientras la empresa activa fija un precio bajo es la decisión racional siempre y cuando la pérdida inicial, L, es menos que lo que el entrante espera ganar en el futuro: π_D por la probabilidad de que el banco preste el dinero necesario, $1 - \rho$. Es decir, el entrante debería estar dispuesto a permanecer en el mercado mientras sea verdad que $(1 - \rho)\pi_D > L$.

Desde la perspectiva de la empresa activa, el comportamiento agresivo en el primer periodo puede ser también la estrategia óptima. Al acomodar la entrada, la empresa activa recibe $\pi_D + \pi_D$, beneficios de duopolio en cada periodo. Al comportarse agresivamente, la empresa activa pierde L en el primer periodo; en el segundo periodo, con probabilidad ρ, obtendrá π_M, si el entrante deja el mercado al no haber obtenido fondos adicionales del banco; y con una probabilidad $1 - \rho$ el entrante permanecerá en el mercado, en cuyo caso la empresa activa recibiría solo π_D. Un simple cálculo muestra que comportarse agresivamente en el primer periodo es óptimo para la empresa activa si $\rho\pi_M > L + (1 + \rho)\pi_D$.

Según esta perspectiva alternativa, si las condiciones anteriores se satisfacen, entonces: (i) depredación se observa en la práctica; (ii) es racional para la empresa activa ser un depredador y para la presa resistir el comportamiento agresivo; (iii) un porcentaje de veces ρ la depredación consigue su objetivo de provocar la salida de la competencia del mercado.

En esta teoría de precios predatorios la diferencia importante entre empresas no es tanto que una de ellas sea la empresa activa y la otra sea un entrante reciente. Lo que es importante es que una empresa tenga limitaciones desde un punto de vista financiero, necesitando solicitar un préstamo bancario, mientras que la otra no tiene esta necesidad. Por esta razón, la teoría es conocida como la teoría de precios predatorios del **bolso grande** o de los **bolsillos profundos**.[14]

■ **Otras explicaciones de precios predatorios.** Hay al menos tres explicaciones adicionales de por qué una empresa activa pueda querer responder a la entrada de competidores fijando precios agresivamente. Ahora las discutimos.

Indicar costes bajos.[15] Para KLM, por ejemplo, fijar precios bajos puede ser una manera de enviar un «mensaje» a easyJet de que los costes de KLM son bajos y que, en consecuencia, no queda lugar en la industria para que otras empresas generen beneficios en el mismo mercado.

Un ejemplo de la teoría de «señalización» de depredación viene dado por la American Tobacco Company. Entre 1891 y 1906, American Tobacco adquirió 43 competidores de menor tamaño (la mayoría empresas regionales), estableciendo así casi un monopolio. En la mayoría de los casos, antes de intentar comprar un rival, American Tobacco participó (presuntamente) en precios predatorios, efectivamente imponiendo pérdidas en las empresas objetos de las adquisiciones. Se estima que el impacto de estas acciones predatorias fue el de bajar el coste de la compra de sus rivales hasta un 60 %.[16] Una interpretación de este número es que, al observar los bajos precios de American Tobacco, una empresa regional de menor tamaño se convencería de que los costes de American Tobacco eran bajos y así las perspectivas de competir contra ella no eran prometedoras: de ahí el efecto de fijar un precio de adquisición más bajo.

Otra regularidad derivada del análisis del ejemplo de American Tobacco es que los precios pagados por las empresas adquiridas más tarde fueron más bajos que el precio pagado por las empresas adquiridas más pronto por casi un 25 % (manteniendo otros factores constantes). Esto sugiere que uno de los efectos de la depredación (y adquisición) es el de crear una «reputación» que a su vez influencia el resultado de futuras disputas entre la empresa grande y las empresas pequeñas. A continuación, comentamos esta teoría alternativa.

Reputación de dureza.[17] Al fijar precios agresivamente, la empresa activa puede adquirir una reputación de ser «duro», para que así en el futuro (o en otros mercados) no haya entrada de competidores. El caso de la industria del aspartamo, que analizo en detalle en la Caja 12.4, es un buen ejemplo: Monsanto tomó represalias contra la entrada de Holland Sweetener en el mercado europeo mediante la fijación de precios sustancialmente más bajos. Una interpretación de esta estrategia es que Monsanto quería asegurarse de que nadie entraría en el mercado de EE. UU., su territorio más importante, donde la patente de aspartamo debía caducar más tarde que en Europa.

Otro ejemplo de la misma explicación viene dado por British Airways (BA). En la década de 1970, BA luchó con éxito (costosamente) contra la entrada de Laker Airways en el mercado transatlántico.[b] En los años ochenta, BA tomó medidas similares como reacción a la entrada de Virgin Atlantic, aunque con resultados peores. En los noventa, las «víctimas» fueron aerolíneas como easyJet y, de nuevo, Virgin. Un resultado posible de esta serie de acciones agresivas es que BA se ha ganado ya la reputación de ser un competidor muy duro, y así disuadir de la entrada futura en sus mercados.[c]

---

[b] Laker Airways quebró, no antes de denunciar a BA y otras aerolíneas por conspirar para apartarla del mercado. Las partes llegaron a un acuerdo eventualmente antes del juicio.

[c] Como afirmó una vez el presidente de Virgin Richard Branson, «la manera más fácil de convertirse en millonario es empezar como multimillonario e invertir en la industria aérea». Quizás este sentimiento es una reflexión después de competir durante varios años contra British Airways. Un ejemplo similar en el contexto de la industria de las aerolíneas viene dado por el caso de los presuntos precios predatorios de American Airlines contra sus competidores en el aeropuerto Dallas/Forth Worth: véase el capítulo 1.

Mercados en crecimiento.[18] Una tercera explicación de precios predatorios se aplica a los mercados en crecimiento donde el éxito a largo plazo requiere una cuota de mercado significativa desde el principio. Por ejemplo, en el mercado de sistemas operativos es importante empezar con una buena base instalada de adoptantes, de tal manera que los creadores de *software* independientes tienen incentivos para escribir *software* que funcione en el sistema operativo, para que nuevos usuarios se vean atraídos y así generar un efecto de bola de nieve. El efecto de bola de nieve también funciona en dirección opuesta: en la ausencia de una buena base instalada en el inicio, un sistema operativo está destinado a fracasar.[d] En este contexto, los precios predatorios al principio pueden ser exitosos en que pueden prevenir a los rivales de alcanzar la cuota de mercado necesaria para sobrevivir en el mercado.

Un ejemplo de este tipo de precios predatorios es la competencia en la televisión por cable en Sacramento, California.[19] En 1983, Sacramento Cable Televisión (SCT) fue dotada de una primera franquicia. En 1987, una segunda franquicia fue otorgada a CableAmerica. La segunda empezó por establecer un sistema de cable a través de 700 hogares, una pequeña fracción del mercado, pero planeando en la expansión a toda el área de Sacramento. La oferta inicial de CableAmerica era de 36 canales por una tarifa mensual de $10, que se comparaba favorablemente con los $13,50 de SCT por 40 canales. Sin embargo, SCT respondió rápidamente bajando sus precios selectivamente donde CableAmerica había entrado: la nueva oferta consistía en tres meses de servicio gratis y entonces servicio continuado por $5,75 al mes. Después de siete meses, CableAmerica decidió tirar la toalla, incapaz de crear una masa crítica de suscriptores que pudiera justificar más inversión en programación y la expansión de más cableado.

En resumen,

> **Los precios predatorios pueden ser una estrategia exitosa cuando (i) la presa está limitada financieramente, (ii) precios bajos indican costes bajos del depredador o la «dureza» del depredador, (iii) capturar una cuota de mercado mínima de inicio es crucial para la supervivencia en el largo plazo. En todos estos casos, precios bajos del depredador pueden causar que la presa acabe saliendo del mercado.**

---

[d] El dinamismo de los mercados de este tipo, es decir, mercados donde la base instalada es un factor importante en la determinación del éxito de largo plazo de las empresas, se examina en gran detalle en el capítulo 16. Otros ejemplos donde la cuota de mercado inicial es un objetivo importante son la curva de aprendizaje y los costes de cambios del consumidor. Los segundos están considerados en el capítulo 14.

12.4 Políticas públicas y la exclusión del mercado

A diferencia de la fijación de precios (sección 9.5) o incluso de las fusiones (sección 11.3), las políticas públicas dirigidas a las empresas dominantes –y el abuso del dominio de dichas empresas– es una tarea notablemente difícil. La sección 2 de la Sherman Act de EE. UU. y el Artículo 102 del Tratado de la Unión Europea prohíben prácticas anticompetitivas llevadas a cabo por empresas dominantes. Pero: ¿qué es exactamente una práctica anticompetitiva? Cuando se trata de fijar precios, el asunto queda bastante claro. Para otras estrategias empresariales, se pueden encontrar fácilmente explicaciones a favor y en contra de la competencia para cada estrategia de una empresa. Considera por ejemplo la práctica de la venta en paquetes. En la sección 12.2 argumenté que el paquete de Microsoft compuesto por Internet Explorer y el sistema operativo Windows estaba probablemente motivado por, y tuvo el efecto de, forzar a Netscape salir del mercado (o al menos rebajar su cuota de mercado). No obstante, en el capítulo 6, argumenté que la venta en paquetes puede ser una estrategia para hacer discriminación de precios –y por lo tanto una estrategia que aumenta el bienestar social como tal. ¿Cuál de las dos explicaciones es válida?

Y el problema no se limita a la venta en paquetes: descuentos por cantidad, contratos de exclusividad, expansión de capacidad, precios bajos. En todos estos casos, se pueden elaborar historias coherentes que justifican tales prácticas como estrategias de empresas dominantes que aumentan el bienestar. En esta amplia área incierta, los políticos deben encontrar el equilibrio entre falsos positivos (determinando como anticompetitiva una práctica que no es anticompetitiva) y falsos negativos (fracasando en determinar como anticompetitiva una práctica que es en verdad anticompetitiva). Una tarea nada fácil.

La incertidumbre de la política acerca de las empresas dominantes se refleja en –y a su vez está causada por– la enorme variación en precedente legal, tanto a través del tiempo como especialmente a través de las varias jurisdicciones. A continuación, presento unos pocos ejemplos de casos recientes en EE. UU., la UE y otros lugares que ilustran este punto.

• **Microsoft.** A principios de la década de 1990 Microsoft forzó a los fabricantes de ordenadores a aceptar un contrato de licencia por procesador que efectivamente excluía del mercado a los proveedores de DOS. En 1991, la Federal Trade Commission (FTC) de los EE. UU. inició una investigación de las prácticas de Microsoft, pero ese esfuerzo perdió fuelle hasta que el Departamento de Justicia de los EE. UU. se hizo cargo del caso. El esfuerzo del Departamento de Justicia fue coordinado de cerca con una investigación paralela por la Comisión Europea –la primera vez en el mundo– y llevó a Microsoft a firmar un decreto de consentimiento en 1995. En ese decreto, Microsoft aceptaba abstenerse de participar en licencias por procesador o prácticas similares en el futuro.

Dos años más tarde, el Departamento de Justicia de EE. UU. denunció a Microsoft por violar el decreto de consentimiento firmado en 1995 al vender en paquetes Internet Explorer (IE) con Windows (como está descrito en la sección 12.2). En el año 2000, el Juez Jackson, que inicialmente llevó el caso, le dio la razón al Departamento de Justicia, argumentando que Microsoft era culpable de una serie de prácticas anticompetitivas y recomendando que sea dividida en dos unidades (sistema operativo y aplicaciones). En 2001, la Corte del Circuito de Apelaciones confirmó la acusación de monopolización, pero fue en contra de otros fallos de otros tribunales menores, así como del remedio de la división en dos unidades. Eventualmente, Microsoft llegó a un acuerdo con todos los demandantes.

A diferencia de los EE. UU., el principal caso contra Microsoft en la Comisión Europea (CE) se centraba alrededor de asuntos de interoperabilidad: la habilidad de creadores de *software* independientes de crear aplicaciones que puedan «hablar» apropiadamente con Windows. De 2003 a 2012, Microsoft resistió repetidamente las demandas de la CE; fue penalizado con más de €1 millón; apeló y perdió su apelación en una serie de decisiones.

• **Intel.** Como Microsoft, Intel también ha sido el objeto de un número de demandas judiciales e investigaciones acerca del abuso de su posición dominante. Un aspecto interesante de los casos de Intel es la gran cantidad de demandantes y jurisdicciones involucradas. Como mencioné en la sección 12.2, la práctica en cuestión era la de ofrecer descuentos a clientes (fabricantes de ordenadores personales) que aceptaban no comprar del rival de Intel. AMD, el rival en cuestión, archivó demandas y quejas en los EE. UU., Corea, Japón y la UE. Hubo también varios casos iniciados por gobiernos, incluyendo uno por el fiscal general de Nueva York, así como una serie de demandas colectivas archivadas por varias partes privadas en varias jurisdicciones dentro de EE. UU.

Los resultados de todos estos casos son varios: un juicio del 2005 en los EE. UU. acabó en un acuerdo en 2009 donde Intel compensó a AMD con $1,25 mil millones; una investigación de 2007 por la CE acabó en la mayor multa jamás impuesta a una corporación: €1,44 mil millones; y una investigación en 2009 de la FTC acabó con un acuerdo donde Intel aceptaba parar de ofrecer descuentos para todas sus unidades.

• **Tetra Pak.** En julio de 2013, la Administración Estatal para la Industria y el Comercio (AEIC) en China anunció que lanzaba una investigación contra Tetra Pak por un presunto abuso de dominio de mercado mediante ventas vinculadas y discriminación. Tetra Pak fue fundada en Suecia y tiene su sede central en Suiza. Es el mayor fabricante del mundo de materiales de envasado aséptico (por ejemplo, usado en cartones de leche). La práctica en cuestión es la de vender materiales de envasado aséptico con bienes consumibles (un mercado donde Tetra Pak se enfrenta a mucha competencia).

Este caso no es especialmente importante por el asunto en juego. De hecho, Tetra Pak había sido previamente acusado y multado por la Comisión Europea por la misma razón. Además, la presunta práctica ilegal cae perfectamente dentro de la categoría de ventas por paquetes discutida en la sección 12.2, por la que tenemos otros ejemplos. Lo que es especial sobre este caso es que esa fue la primera investigación de abuso de dominio públicamente anunciada por la AEIC desde que la ley antimonopolio fue aprobada en China en 2008. La expresión «política antimonopolio global» dejó de significar simplemente los EE. UU. y la UE.

■ **Precios predatorios.** Dentro del amplio rango de políticas de la competencia dirigidas a las empresas dominantes, los precios predatorios juegan un papel particularmente importante dada la abundancia de casos y doctrinas legales. Primero, el debate teórico acerca de si los precios predatorios *existen* en la práctica está todavía por resolver. Como mostré en la sección 12.3, una reducción de precios por una empresa activa en respuesta a la entrada de un competidor nuevo puede ser interpretada como una respuesta competitiva a competencia nueva, en lugar de un intento de provocar la salida de los competidores del mercado.

No obstante, recientes hallazgos teóricos y empíricos están generando el consenso de que los precios predatorios existen.

CAJA 12.5 Gasolineras en el Reino Unido: ¿competencia o depredación?

Entre 1990 y 1998, unas 5.000 gasolineras de carretera fueron cerradas en el Reino Unido. La Office of Fair Trade (OFT) inició un análisis detallado de la industria y concluyó que no debía intervenir para proteger a los perdedores de la guerra de precios de la gasolina.

«Excluyendo obligaciones fiscales, el precio de la gasolina sin plomo ordinaria ha caído de 15,3p por litro en febrero de 1990 a 10,0p por litro en febrero de 1998 [...] La dinámica clave en el mercado es la intensa rivalidad entre los mayores productores de petróleo, como Shell y Esso, y las grandes cadenas de supermercados, [...] cuya cuota de mercado ha crecido de un 5 por ciento a cerca de un 23 por ciento desde 1990 [...]

Los supermercados pueden ofrecer precios atractivos debido a su alto volumen y su bajo coste [...] Las compañías de petróleo han respondido bajando sus precios para igualar a los supermercados [...] Como es de esperar, no todos los minoristas independientes han podido resistir el alto grado de competencia. Consecuentemente, hay cerca de 5.000 gasolineras menos en el Reino Unido hoy que en 1990 [...]

¿Constituye esta situación un comportamiento predatorio por parte de los líderes del mercado? El peso de la evidencia del mercado sugiere que no [...] Si una depredación exitosa hubiera ocurrido, habríamos visto márgenes mucho más altos ahora. De hecho, entre enero de 1991 y febrero de 1998, los márgenes brutos en el mercado cayeron de cerca de 6p a 4p por litro para gasolina con y sin plomo».[20]

Identificando comportamiento predatorio. Aun cuando estemos de acuerdo que los precios predatorios existen, todavía debemos encontrar la manera de distinguirlo del simple, fácil de entender, comportamiento competitivo: más competencia significa precios más bajos y posiblemente salida de algunas empresas, aunque ninguna empresa esté intentando a propósito que sus rivales dejen el mercado. Por ejemplo, unas 5.000 gasolineras de carretera cerraron sus puertas en el Reino Unido durante la década de 1990, mientras los precios medios de la gasolina disminuyeron significativamente. Una investigación de la Office of Fair Trade concluyó que la disminución de precio fue el resultado de un aumento en la competencia entre las grandes empresas activas y que no existía ninguna intención predatoria; ver la Caja 12.5.

En EE. UU., un paso crucial para distinguir competencia de la depredación es la llamada **prueba de Areeda-Turner**: los precios deberían ser caracterizados como predatorios solo si están por debajo del coste marginal. Pero esto no soluciona el problema: por ejemplo, una empresa podría fijar perfectamente su precio en el corto plazo por debajo de su coste marginal con el único propósito de rebajar sus costes dentro de la curva de aprendizaje (y sin ninguna intención anticompetitiva).

Alternativamente, podemos fijarnos en los aumentos de precios después de que la competencia deje el mercado. Si la intención predatoria existe, el depredador debe tener la razonable esperanza de recuperar sus pérdidas de corto plazo en el largo plazo, es decir, después de la salida de la competencia. En este sentido, el caso de Spirit Airlines versus Northwest Airlines, descrito con más detalle en la Caja 12.6, es ilustrativo. Cuando Spirit entró en uno de los mercados de Northwest, esta última respondió con una reducción drástica de sus precios. Poco después de la salida de Spirit de esos mercados, los precios volvieron a subir, de hecho, a precios incluso más altos que los que había antes de la entrada de Spirit.[e]

---

[e] Curiosamente, no mucho antes, Northwest (y Continental) habían denunciado a American Airlines por presuntos precios predatorios. Northwest y Continental afirmaron haber perdido un total de $1.000 millones cuando se vieron forzadas a igualar los bajos precios de American en la primavera de 1992. Los cargos en contra de American Airlines fueron retirados en el verano de 1993.

CAJA 12.6 Spirit Airlines versus Northwest Airlines[21]

En diciembre de 1995, Spirit Airlines empezó a volar una vez al día de Detroit a Filadelfia, con tarifas tan bajas como $49 por trayecto. Inicialmente, Northwest no respondió a la entrada de Spirit. Pero cuando Spirit introdujo su segundo vuelo diario en junio de 1996, Northwest bajó sus tarifas a $49 –y así igualándolas a las de Spirit– y añadió otro vuelo diario.

La estrategia de capacidad y precio de Northwest desplazó la demanda de Spirit, cuyo factor de carga disminuyó de un alto 88 % a un bajo 31 %. En agosto de 1996, Spirit canceló uno de sus vuelos diarios. En septiembre, dejó de operar en el mercado de la ruta Detroit-Filadelfia del todo.

Northwest respondió a la salida de Spirit con una subida de sus tarifas y reduciendo su capacidad.

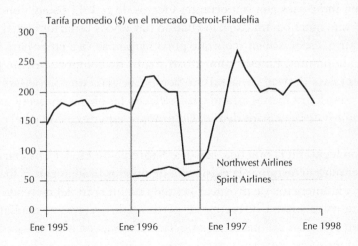

Tarifa promedio ($) en el mercado Detroit-Filadelfia

Efectos en el bienestar. Aunque pudiéramos identificar los precios que tienen el claro propósito de provocar la salida del mercado de los rivales, todavía debemos responder a la siguiente pregunta: ¿por qué deberían los precios predatorios ser ilegales? Incluso desde el punto de vista del consumidor, debemos tener en cuenta los beneficios y costes correspondientes: los precios predatorios implican que, con cierta probabilidad, la presa dejará el mercado, dejando al depredador con poder de monopolio o casi monopolio. Pero en contrapartida de posibles precios altos en el futuro debemos sopesar precios más bajos en el corto plazo. Estos precios más bajos no son muy relevantes cuando los recortes de precios del depredador son selectivos, como en el caso de la televisión por cable en Sacramento (solo se beneficiaron 700 clientes de los recortes del depredador). Pero consideremos en cambio el ejemplo al principio del capítulo: cuando easyJet entró en la ruta London-Ámsterdam, KLM tomó represalias mediante una disminución de sus precios. easyJet sobrevivió a este ataque. Al final, tanto easyJet como KLM perdieron con la guerra de precios. ¿Quién se benefició de este proceso? Claramente, los consumidores.

Volviendo al caso de Spirit Airlines (Caja 12.6): en 2000, Spirit denunció a Northwest, alegando que sus prácticas eran predatorias y que violaban la sección 2 de la Sherman Antitrust Act. Mark Kahan, vicepresidente ejecutivo de Spirit, afirmó que la «estrategia de Northwest únicamente tenía sentido si su objetivo era empujarlos a dejar el mercado».

A lo que Jon Austin, portavoz de Northwest, replicó: «Spirit Air se queja de que igualamos sus precios. Esa es la característica central de un mercado libre». En cierto modo, ambos tienen razón.

El escepticismo acerca de los (presuntos) efectos negativos es especialmente relevante en industrias con importantes efectos de red. El sistema operativo Macintosh no vale mucho a un usuario cuando hay pocos usuarios con el mismo sistema operativo, esencialmente porque poco *software* se va a crear para un sistema con pocos adoptantes. En este contexto, disuadir de comportamiento predatorio conlleva ventajas y desventajas al mismo tiempo: se gana un competidor para la industria, pero se logra menos estandarización, con las obvias consecuencias negativas en términos de beneficios de red. Continuaré esta discusión en el capítulo 16.

La tradición legal. En la práctica, la Corte Suprema de EE. UU. ha clarificado dos condiciones para determinar la existencia de precios predatorios:[22] fijar el precio bajo coste; y la intención de provocar la salida de un rival del mercado, junto con una expectativa razonable de recuperar pérdidas de corto plazo mediante precios más altos en el futuro. Al mismo tiempo, la Corte Suprema ha mostrado en repetidas ocasiones su escepticismo en los casos de precios predatorios: «Sistemas de precios predatorios son raramente llevados a juicio, y aún más raramente acaban siendo exitosos», escribió un juez.[23]

El análisis en la sección 12.3 sugiere que la perspectiva de la Corte Suprema es errónea cuando implícitamente asume que la depredación es un evento poco probable. No solo observamos depredación en la práctica, sino que también encontramos explicaciones convincentes y racionales de su incidencia. No obstante, distinguir depredación de comportamiento competitivo es difícil. Además, el análisis del impacto en el bienestar de la depredación revela que su efecto es ambiguo, incluso cuando limitamos nuestra atención al bienestar del consumidor. Por esta razón, los tribunales en EE. UU. pueden llevar razón en no dar demasiado peso a los casos de presunta depredación –aunque por diferentes razones que el citado escepticismo sobre su existencia.

La tradición legal europea al respecto de la depredación no es tan rica como la norteamericana. La depredación sería normalmente considerada un incumplimiento del Artículo 102 del Tratado de la Unión Europea (UE), que prohíbe el abuso de una posición dominante. A diferencia de los EE. UU., la Comisión Europea (CE) normalmente no requiere prueba de intención o de una probabilidad razonable de recuperación como parte de la prueba de precios predatorios. Además, mientras que en los EE. UU. los precios por debajo del coste son una condición necesaria pero no suficiente, la doctrina europea considera esencialmente que los precios por debajo del coste son una condición suficiente pero no necesaria.

En un caso importante, AKZO Chemie BV, una compañía química holandesa, fue multada por la CE por presuntas acciones predatorias dirigidas contra Engineering and Chemical Supplies Ltd. (ECS), una pequeña empresa británica. Deberíamos notar que, unos pocos años antes, AKZO había amenazado a ECS con que bajaría sus precios en el mercado de ECS a no ser que ECS dejara los mercados donde había entrado recientemente, mercados que estaban dominados por AKZO. La evidencia de estas amenazas era sólida: AKZO de hecho convocó un encuentro con ECS para comunicar sus intenciones. La CE parece haber puesto mucho peso en ese particular encuentro, así como en el hecho de que AKZO es una compañía mucho mayor que ECS. En cambio, no hubo apenas ninguna investigación acerca de si AKZO había fijado su precio por debajo de su coste o provocado daños significativos en ECS. Muchos analistas críticos afirman que este no fue el caso.

Sumario

- La elección óptima de capacidad de una empresa activa depende del nivel de costes de entrada. Si los costes de entrada son muy altos, entonces la empresa activa debería fijar su capacidad de monopolio e ignorar la amenaza de entrada. Si los costes de entrada son muy bajos, entonces la empresa activa debería escoger un nivel de capacidad que tenga en cuenta la mejor respuesta del entrante. Finalmente, si los costes de entrada son intermedios, entonces la empresa activa debería escoger un nivel de capacidad suficientemente grande como para prevenir la entrada del entrante.
- La disuasión por capacidad es una estrategia creíble solo si los costes de capacidad son altos y hundidos.
- Al aumentar la densidad de productos ofertados, una empresa activa puede prevenir la entrada de nuevos competidores aun cuando los márgenes de beneficio son altos.

- Mediante las ventas en paquete o ventas vinculadas de dos productos, una empresa dominante puede aprovechar su poder en un mercado para aumentar su dominio en el otro mercado.
- Contratos de exclusividad, descuentos selectivos y cláusulas de nación más favorecida pueden ser una manera de aumentar los costes de los rivales y, como tal, de exclusión de la competencia.
- Los precios predatorios pueden ser una estrategia exitosa cuando (i) la presa está limitada financieramente, (ii) precios bajos indican costes bajos del depredador o la «dureza» del depredador, (iii) capturar una cuota de mercado mínima de inicio es crucial para la supervivencia en el largo plazo. En todos estos casos, precios bajos del depredador pueden hacer que la presa acabe saliendo del mercado.

Conceptos clave

- facilitar la entrada
- disuadir de la entrada
- entrada bloqueada
- proliferación de productos
- exclusión directa
- dividir y vencer
- paquetes
- ventas vinculadas

- aprovechar el poder de mercado
- descuentos en todas las unidades
- aumentar los costes de los rivales
- excedente del entrante
- precios predatorios
- bolso grande
- bolsillos profundos
- prueba Areeda-Turner

Ejercicios de práctica

■ **12.1. Concentración de tiendas.** «Los turistas paseando por un tramo de media milla en la calle 23 en Nueva York pasan por delante de cinco tiendas de Starbucks. En Tokyo, 7-Eleven dispone de 15 tiendas en una distancia similar de la estación de Shinjuku».[24] ¿Qué sentido tiene una concentración de tiendas como esta?

■ **12.2. Hamburguesas LC y CS.** Hamburguesas LC es en la actualidad la única cadena de comida rápida en la Ciudad Lineal, una ciudad que tiene una milla de longitud y consiste únicamente en una calle, con un millar de consumidores distribuidos uniformemente a lo largo de la calle. El precio de la BigLC, el único producto vendido por la cadena Hamburguesas LC, es fijado a nivel nacional a $4, así que la del gestor local de Ciudad Lineal está limitada a escoger el número de tiendas y su ubicación.

Cada tienda cuesta $600.000 de abrir y tiene una duración indefinida. Cada consumidor compra una hamburguesa por semana al precio actual de $4. No obstante, ningún consumidor caminará más de un cuarto de milla para comprar una hamburguesa. Los costes operacionales son $1 por hamburguesa. El tipo de interés es 0,1 % por semana. Las condiciones de mercado no cambian, así que el valor presente descontado de los beneficios puede ser entendido como una perpetuidad de nivel.

a) Supongamos que Hamburguesas LC no tiene competencia ni tiene ninguna amenaza de entrada. ¿Cuántas tiendas debería abrir, y en qué lugares?

Hamburguesas CS está contemplando entrar en Ciudad Lineal. Los costes y precios de Hamburguesas CS son los mismos que los de Hamburguesas LC. Además, los consumidores ven los productos de ambas cadenas como igualmente buenos, así que, si ambas marcas operan en la ciudad, cada consumidor compra de la tienda más cercana.

b) ¿En qué ubicaciones debería CS abrir sus tiendas, dado que LC ubica su tienda donde era óptimo según la parte (a)?
c) Reconociendo la amenaza de entrada de CS, ¿en qué ubicaciones debería LC abrir tiendas?

■ **12.3 Telecomunicaciones alemanas.** En menos de un año después de la desregulación del mercado de telecomunicaciones alemanas al principio de 1998, las tarifas domésticas de larga distancia cayeron más de un 70 %. Deutsche Telekom, el monopolista anterior, acompañó algunos de estos descensos en precios con aumentos en tarifas mensuales o llamadas locales. MobilCom, uno de los principales competidores, temía que sería incapaz de igualar las reducciones en precios. Tras el anuncio de una reducción de precios de Deutche Telekom a finales de 1998, las acciones de MobilCom cayeron un 7 %. Otros dos competidores, O.tel.o y Mannesmann Arcor, dijeron que igualarían las reducciones de precios. Sin embargo, VIAG Interkom acusó a Telekom de «comportamiento distorsionador de la competencia», afirmando que la compañía está aprovechando su (todavía existente) poder de monopolio en el mercado local para subvencionar su negocio de llamadas de larga distancia.[25]

¿Es este un caso de precios predatorios? Presenta argumentos a favor y en contra de tal afirmación.

Ejercicios complejos

■ **12.4. Contratos exclusivos como barrera de entrada.** Supongamos que hay un comprador que está dispuesto a comprar hasta una unidad de un bien dado al precio de 1. Hay una empresa activa con un coste de producción de 1/2 (un valor que es conocimiento público). Supongamos que hay un competidor potencial para el vendedor. A diferencia del vendedor activo, el coste del entrante potencial es desconocido por el comprador y la empresa activa. Ambos esperan que sea un valor uniformemente distribuido en el intervalo [0,1]. En cambio, el entrante potencial es capaz de observar su coste y tomar una decisión de entrada condicional con el valor observado. Si entra en el mercado, entonces los vendedores juegan un juego de fijación de precios (con un producto homogéneo), donde la empresa con un coste menor fija un precio justo por debajo del coste de la empresa de coste alto.

a) Muestra que los beneficios esperados de antemano por la empresa activa y los consumidores son ambos 1/4.

Supongamos ahora que la empresa activa y el consumidor acuerdan la firma de un contrato exclusivo *antes* de que el entrante potencial tome su decisión de entrada. El contrato estipula que el consumidor compra el producto de la empresa activa (y solo de la empresa activa) a un precio de 3/4. Además, si el consumidor fuera a comprar el bien del entrante debería pagar a la empresa activa una penalización de 1/2 por incumplimiento de contrato.

b) Muestra que tanto el consumidor como la empresa activa se benefician de firmar este contrato de exclusividad.

Ejercicios aplicados

■ **12.5. Paquetes.** Encuentra ejemplos de estrategias de paquetes. Determina si la venta por paquetes favorece la competencia, es anticompetitiva o es relativamente neutral con respecto a la competencia.

Notas

1. Véase Sull, Don (1999), easyJet: «The $500 million gamble», *European Management Journal* 17, 20-38.
2. Adaptado de Ghemawat, Pankaj (1984), «Capacity Expansion in the Titanium Dioxide Industry», *Journal of Industrial Economics* 33, 145-163; y Hall, Elizabeth A (1990), «An Analysis of

Preemptive Behavior in the Titanium Dioxide Industry», *International Journal of Industrial Organization* 8, 469-484.

3. Von Stackelberg, H (1934), *Marktform und Gleichgewicht*, Viena: Springer.
4. Adaptado de Dafny, Leemore (2005), «Games Hospitals Play: Entry Deterrence in Hospital Procedure Markets», *Journal of Economics and Management Strategy* 14 (3), 513-542.
5. Para un análisis riguroso de las ideas en esta subsección, véase Dixit, A. (1980), «The Role of Investment in Entry Deterrence», *Economic Journal* 90, 95-106.
6. Véase *The Wall Street Journal*, 15/3/2013.
7. Véase Schmalensee, Richard (1978), «Entry Deterrence in the Ready-to-eat Breakfast Cereal Industry», *Bell Journal of Economics* 9, 305-327.
8. Stemberg, Thomas G. (1996), *Staples for Success: From Business Plan to Billion-Dollar Business in Just a Decade*, Santa Mónica, CA: Knowledge Exchange.
9. Véase Rasmusen, Eric B., J. Mark Ramseyer y John S. Wiley, JR (1991), «Naked Exclusion», *The American Economic Review* 81 (5), 1137-1145; y Segal, Ilya R., y Michael D. Whinston (2000), «Naked Exclusion: Comment», *The American Economic Review* 90 (1), 296-309.
10. Adaptado de Nalebuff, Barry J., y Adam M. Brandenburger (1996), *Co-opetition*, Londres: HarperCollinsBusiness.
11. El análisis a continuación está basado a grandes rasgos en Whinston, Michael D. (1990), «Tying, Foreclosure, and Exclusion», *American Economic Review* 80, 837-859.
12. Salop, Steven C., y David T. Scheffman (1983), «Raising Rivals' Costs», *American Economic Review* 73 (2), 267-271.
13. Véase Aghion, Philippe, y Patrick Bolton (1987), «Contracts as a Barrier to Entry», *American Economic Review* 77, 38-401.
14. Para un análisis riguroso de la teoría de la depredación basada en contratos financieros, véase Bolton, Patrick, y David S. Scharfstein (1990), «A Theory of Predation Based on Agency Problems in Financial Contracting», *American Economic Review* 80, 93-106.
15. Véase Saloner, Garth (1987), «Predation, Mergers, and Incomplete Information», *Rand Journal of Economics* 18, 165-186.
16. Véase Burns, Malcolm R. (1986), «Predatory Pricing and Acquisition Cost of Competitors», *Journal of Political Economy* 94, 266-296.
17. Véase Kreps, David M., y Robert Wilson (1982), «Reputation and Imperfect Information», *Journal of Economic Theory* 27, 253-279; y Milgrom, Paul R., y John Roberts (1982), «Predation, Reputation and Entry Deterrence», *Journal of Economic Theory* 27, 280-312.
18. Véase Cabral, Luís, y Michael H. Riordan (1994), «The Learning Curve, Market Dominance, and Predatory Pricing», *Econometrica* 62, 1115-1140; y Cabral, Luís, y Michael H. Riordan (1997), «The Learning Curve, Predation, Antitrust, and Welfare», *Journal of Industrial Economics* 45, 155-169.
19. Véase Hazlett, T. W. (1995), «Predation in Local Cable TV Markets», *Antitrust Bulletin* 609-644.
20. Office of Fair Trading, *Fair Trading*, Número 20 (1998).
21. Adaptado de Elzinga, Kenneth, y David Mills (2009), «Predatory Pricing in the Airline Industry: *Spirit Airlines* v. *Northwest*», en J Kwoka y L White (Eds.), *The Antitrust Revolution*, Oxford: OUP, 2009.
22. *Brook Group Ltd. v. Brown & William Tobacco Corp.*, 113 S. Ct. 2578 (1993).
23. *Matsushita Electric Industrial Co. v. Zenith Radio Corp.*, 106 S. Ct. 1348 (1986).
24. *The Economist*, 3/5/2014.
25. *International Herald Tribune*, 29/12/1998.

Parte iv
Estrategias no basadas en precios

13. RELACIONES VERTICALES

Aunque normalmente pensemos que las empresas únicamente venden productos y servicios a los consumidores, la verdad es que la mayoría de las empresas tienen como clientes a otras empresas, y no a lo que llamamos consumidores finales. Los fabricantes de cemento venden cemento a fabricantes de hormigón; los fabricantes de televisores venden televisores a tiendas de productos electrónicos, que a su vez los venden a los consumidores; y así muchos otros ejemplos.

Hay muchas razones por las que la relación entre un fabricante y un comercio minorista es sustancialmente distinta de la relación directa entre una empresa y un consumidor final. Primero, la empresa que vende directamente al consumidor normalmente mantiene el control de todos los factores que determinan la demanda del consumidor: precio, calidad, publicidad, servicio de ventas, y otros. Sin embargo, lo mismo no es verdad para un fabricante que vende a través de un comercio minorista: hay muchos detalles de la demanda final del producto que están fuera del alcance del control del fabricante. Por ejemplo, el nivel de servicio al cliente y publicidad local está normalmente controlado por el comercio minorista. En particular, el *precio de venta final*, un factor esencial de la demanda final, es fijado por el comercio minorista, y no por el fabricante. En resumen, *la demanda del fabricante depende del precio que fija (el precio intermedio o al por mayor) y de una variedad de otros factores, muchos de los cuales no controla directamente*.

Una segunda razón por la que vender a un comercio minorista es sustancialmente distinto a vender al consumidor final es que *los comercios compiten entre ellos* (y los consumidores no). En particular, cada comercio se preocupa del precio al por mayor que debe pagar al fabricante *y del precio que pagan los otros comercios por el mismo producto.* Esto se debe a que el precio al por mayor determina el coste marginal (el coste marginal del comercio), y el beneficio de equilibrio de cada comerciante es una función del coste marginal de todas las empresas.

Una tercera razón por la que vender a empresas intermedias es distinto a vender a consumidores es que el número de empresas intermedias es relativamente pequeño, mientras que el número de consumidores finales es muy grande; una empresa que vende a un consumidor final tiene mayor poder de mercado que una empresa que vende a otras empresas. De hecho, hay casos donde la mayoría del poder de mercado está en el lado del comprador: las cadenas grandes de supermercados, por ejemplo, tienen un relativamente alto grado de poder de mercado con respecto a sus proveedores.

Estas razones justifican el trato por separado de las **relaciones verticales** entre empresas. Por «relaciones verticales» quiero referirme a relaciones entre dos empresas consecutivas en la cadena de valor de una industria, como en los ejemplos anteriores. Normalmente, me referiré al caso de un fabricante vendiendo su producto a uno o varios comercios. No obstante, el análisis en este capítulo es aplicable a casos mucho más generales en los que una **empresa ascendente** (por ejemplo, fabricante de cemento, fabricante de harina) vende su producto a una **empresa descendente** (por ejemplo, fabricante de hormigón, panadería).

El capítulo consiste en tres secciones. Primero, considero la posibilidad de la integración vertical entre empresas ascendentes y descendentes. A continuación, discutiré restricciones verticales como una forma de conseguir resultados similares sin la necesidad de alcanzar integración completa. Finalmente, examino políticas públicas al respecto de la integración vertical y las restricciones verticales.

13.1 Integración vertical

Consideremos una estructura que consiste en una empresa ascendente (M) y una empresa descendente (R). Para ganar en concreción, la empresa R podría ser un comerciante que vende a consumidores finales, mientras que la empresa M podría ser el fabricante del producto, un comercio mayorista o el proveedor de un insumo importante para la empresa R. Por ejemplo, M podría ser una refinería de petróleo y R una gasolinera.

Supongamos que la demande del producto final (ofertado por R) viene dada por $D(p)$. Con respecto a la tecnología de producción, asumamos la función de producción más simple posible: para producir una unidad de producto, R necesita una unidad de insumo. De hecho, este es el supuesto correcto si pensamos en una relación entre fabricante y comercio minorista: para vender un aparato de televisión, el comercio minorista debe obtener exactamente un aparato de televisión de manos del fabricante. Supongamos que R no tiene costes adicionales además del precio intermedio pagado al fabricante o proveedor, w.[a] Finalmente, la empresa M tiene un coste marginal constante c.

---

[a] Más tarde, consideraré relaciones contractuales más complejas entre fabricante y comerciante; pero, por el momento, considero el caso más sencillo de precios lineales (sección 6.3).

La situación es ilustrada en la figura 13.1. Con el objetivo de generar un beneficio positivo, el mayorista fija w por encima del coste marginal c, es decir, tal que $w > c$. El comercio minorista, a su vez, fija su cantidad óptima tal que su coste marginal, w, es igual a su ingreso marginal. Esto resulta en un precio p^R. En este equilibrio, la empresa M gana un beneficio variable igual al área A, mientras que la empresa R gana un beneficio variable igual al área B. Juntos, la «cadena vertical» (las empresas M y R cojuntamente) ganan un beneficio de $A + B$.

Ahora supongamos que las empresas M y R están integradas en una sola empresa $M\&R$ con el único objetivo de maximizar sus beneficios conjuntos. El nuevo monopolista hereda la curva de demanda de la empresa R, $D(p)$, y el coste marginal c de la empresa M. Su punto óptimo es ahora la intersección entre el coste marginal y el ingreso marginal. Esto corresponde a un nivel de producción $q^{M\&R}$ y un precio de venta $p^{M\&R}$.[b]

En el equilibrio de integración vertical, la empresa $M\&R$ gana un beneficio igual a las áreas $A + C$ en la figura 13.1. Dado que C es mayor que B, concluimos que las empresas M y R aumentan su beneficio conjunto al integrarse verticalmente. La idea es que, con la integracion vertical, el precio intermedio es sencillamente un precio de transferencia interno a la empresa; por lo tanto, no tiene ningún efecto en la fijación del precio final para el consumidor. Por esta razón, la empresa $M\&R$ es capaz de fijar un precio a un nivel de p que maximice el valor total para la cadena vertical de producción en su conjunto. En cambio, cuando las empresas están verticalmente separadas, la empresa M fija un precio intermedio w por encima de su coste marginal c; y la empresa R determina su precio al consumidor p basándose en un coste (w) que es mayor que el coste marginal «real» (c).

Concluimos que:

> **Si un fabricante fija un precio al por mayor para un comercio minorista verticalmente separado, entonces sus beneficios conjuntos son más bajos, y el precio final al consumidor es mayor, que en el caso de estar verticalmente integrados.**

Este problema, conocido como el **problema de la doble marginalización**, nos proporciona una justificación a favor de la integración vertical.[1] Cuando hay separación vertical, tenemos efectivamente dos decisiones de precios de monopolio.

---

[b] El precio de venta al consumidor final es igual al precio de venta al por mayor de la empresa M en el caso de separación vertical. Esto es verdad cuando la curva de demanda es lineal, pero no es cierto en casos más generales.

Si el único instrumento contractual entre M y R es el precio al por mayor entre ellos, entonces los dos márgenes monopolistas serán añadidos al coste marginal, resultando en un precio mayor que el precio de monopolio. Consecuentemente, los beneficios conjuntos de M y R serán menores que si estuvieran integrados. El Ejercicio 13.7 ilustra este problema con más detalle.

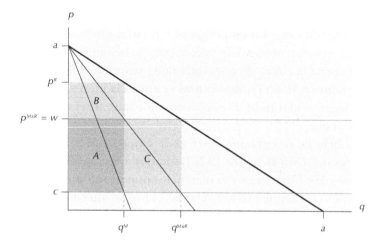

Figura 13.1. Doble marginalización. Si M y R son dos empresas distintas, entonces M fija un precio al por mayor w y R fija un precio final p^R. Si M y R forman parte de la misma empresa, entonces el precio final viene dado por $p^{M\&R}$ (el cual, si la curva de demanda es lineal, es igual a w).

Doble marginalización: un análisis formal. El problema del comercio minorista es idéntico al del monopolista con un coste marginal w. Supongamos que la demanda final viene dada por $D = a - p$. De la sección 3.2, sabemos que el precio óptimo viene dado por

$$p = \frac{a + w}{2}$$

lo que resulta en:

$$q = \frac{a - w}{2}$$

Para el fabricante, esto implica un beneficio de:

$$\pi_M = (w - c)\, q = (w - c)\, \frac{a - w}{2}$$

El problema del fabricante es idéntico al del monopolista con un coste marginal c y una demanda $q = \frac{1}{2}(a - w)$. De la sección 3.2, sabemos que el precio óptimo viene dado por:

$$w = \frac{a + c}{2}$$

La figura 13.1 considera el caso cuando $c = 1$ y $a = 9$. Esto resulta en $w = 5$, $p^R = 7$, $q^M = 2$ y $q^{M\&R} = 4$. En términos de niveles de beneficio, $A = 8$, $B = 4$ y $C = 8$. (Comprueba este resultado.) Así pues, se deduce que la integración vertical aumenta el beneficio total por $C - B = 4$ (un aumento del 33%).[c]

La industria del cine nos proporciona un ejemplo de los efectos de la doble marginalización: en las décadas de 1940 y 1950, los precios de las entradas del cine en EE.UU. eran más bajos en cines pertenecientes a estudios de producción.[2] Eventualmente, la Corte Suprema de EE.UU. forzó a los estudios a vender sus activos en el sector de la exhibición cinematográfica. Claramente, la Corte Suprema estimó que la doble marginalización no era el único elemento a tener en cuenta. Volveré a este tema en la sección 13.3.

La Caja 13.1 nos proporciona evidencia adicional, esta vez en la industria de la televisión por cable en EE.UU. Cuando el distribuidor (empresa R) y el proveedor (empresa M) pertenecen a la misma entidad (integración vertical), el precio pagado por los consumidores es menor. Esto es consistente con la idea de que la integración vertical alivia el problema de la doble marginalización. La evidencia también sugiere que la probabilidad de que el distribuidor tenga en propiedad un canal deportivo regional (es decir, la probabilidad de que el producto de la empresa M sea vendido por la empresa R) es mayor si están verticalmente integrados. Esto también corrobora la intuición del efecto de la doble marginalización, como se muestra en el Ejercicio 13.6.

CAJA 13.1 Canales deportivos regionales[3]

Cerca del 90% de los 116,4 millones de hogares con una televisión en EE.UU. está suscrito a una televisión multicanal. Los distribuidores como Comcast o TimeWarner negocian sus tarifas de afiliado con los proveedores de contenido

---

[c] De hecho, el excedente del consumidor es más bajo en separación vertical, porque el precio es mayor que en el caso de un solo monopolista integrado.

como Disney o ESPN. Estos son por lo general contratos lineales, es decir, el pago total corresponde a una tarifa por suscriptor.

Entre los $30 mil millones anuales en tarifas, unos $4,1 mil millones corresponden a canales deportivos regionales (regional sports networks o RSN). Los RSN son particularmente interesantes desde un punto de vista de la investigación empírica porque podemos observar diferentes formas de estructura de propiedad y de distribución. Por ejemplo, en 2007, Comcast Sports Northwest (subsidiaria de propiedad absoluta de Comcast) era distribuida por Comcast pero no por DirectTV o Dish; y la cadena independiente YES (Yankees Entertainment and Sports) era distribuida por TimeWarner y DirectTV pero no por Dish.

Este tipo de variación en los datos nos permite responder a la siguiente pregunta: ¿es importante si el distribuidor y el proveedor de contenido están verticalmente integrados? La evidencia sugiere que, cuando hay integración vertical, (a) el precio pagado por los consumidores es menor; (b) la probabilidad de que el RSN sea comercializado por el distribuidor es mayor; y (c) la probabilidad de que el RSN sea distribuido por un distribuidor rival es menor.

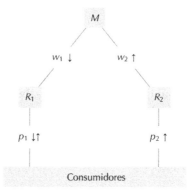

Figura 13.2. Integración vertical con competencia en el mercado descendente: las flechas indican el signo esperado de cambio en variables con la integración vertical entre M y R_1.

■ **Competencia en el mercado descendente.**[4] El análisis se complica un poco si hay más de una empresa descendente. La figura 13.2 representa el caso cuando una empresa ascendente (fabricante) vende a dos empresas descendentes (comercios minoristas) R_1 y R_2. Llamemos w_i al precio al por mayor pagado por el comercio minorista R_i y p_i al precio del consumidor final. Supongamos que la empresa M se fusiona con el comercio minorista R_i; ¿qué impacto esperaríamos que esto tuviera en los precios?

El primer efecto que esperaríamos sería una disminución en w_1. Esto se corresponde con el efecto de la doble marginalización considerado anteriormente: una vez M y R_1 tienen un objetivo único de maximización de beneficio, uno de los márgenes de intermediación, w_1, deja de existir. Puede que todavía exista un precio interno de transferencia w_1 usado para propósitos de contabilidad; pero como decisión de fijación de precios, la empresa $M\&R_1$ ya no considera dos márgenes de precios.

El segundo efecto que esperaríamos sería un aumento en w_2. La empresa R_2, que era un cliente de la empresa M, es ahora también un *rival* de la empresa $M\&R_1$. Un aumento en w_2 tiene un impacto en los ingresos de la empresa M, un efecto que previamente la empresa M no tenía en cuenta. Ahora que la empresa M se ha unido a la empresa R_1, un aumento en w_2 también tiene un impacto en la competencia en el mercado descendente: impone presión en R_2 para que aumente p_2, lo que ayuda a su vez a R_1, y consecuentemente acaba ayudando a $M\&R_1$. Dicho de otro modo, un aumento en w_2 es una manera de **aumentar el coste de los rivales**, una estrategia que presentamos en la sección 12.2.

Finalmente, cuando analizamos p_1 encontramos efectos contradictorios. La integración vertical elimina la doble marginalización, lo que a su vez conlleva una presión a la baja sobre p_1 (como vimos anteriormente en esta sección). No obstante, la integración vertical también tiene un efecto de **debilitamiento de la competencia** que tiende a aumentar el precio. Cuando R_1 considera un aumento en el precio, sopesa un aumento en el margen propio con una disminución en su cuota de mercado: este es la contrapartida básica de la fijación de precios que consideramos en la sección 3.2. Ahora que R_1 es parte de $M\&R_1$, debería considerar un efecto adicional: al incrementar su precio y perder cuota de mercado, R_1 está dando a R_2 cuota de mercado adicional. Esto a su vez implica que R_2 debe demandar más insumo; y en la medida en que $w_2 > c$, esta cantidad adicional de insumo demandada aumenta el beneficio de la empresa conjunta $M\&R_1$.

Por lo general, esperamos que el beneficio de $M\&R_1$ aumente y el beneficio de R_2 disminuya. Con respecto a los consumidores, tenemos efectos contradictorios: deshacerse de la doble marginalización es bueno, pero debilitar la competencia en el mercado descendente es malo; en principio, el efecto neto puede ir en cualquier dirección.[d]

---

[d] Todo el análisis anterior asume que las empresas compiten en precios. El caso cuando las empresas compiten en cantidades es analizado en el Ejercicio 13.9.

■ **Incentivos a la inversión.**[5] Hasta ahora hemos hablado de incentivos en la fijación de precios en la cadena de valor. En algunos casos los incentivos a la inversión son también importantes. Supongamos que la empresa M inventa un nuevo aparato electrónico valorado en v por los consumidores, pero los consumidores únicamente son conocedores del nuevo invento si la empresa R hace una inversión (por ejemplo, formando a su personal de ventas para vender el nuevo aparato). Alternativamente, supongamos que la empresa R inventa un nuevo modelo de coche valorado en v por los consumidores, pero la producción solo es posible si la empresa M hace una inversión (por ejemplo, diseñar y fabricar un molde necesario para la producción de una parte del coche). Supongamos además que estas inversiones son **activos específicos**, un concepto introducido en la sección 3.4: la formación del personal de ventas es únicamente útil para vender el aparato de la empresa M; y el molde es solo útil para fabricar la parte del coche de la empresa R.

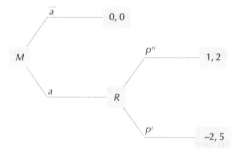

Figura 13.3. Activos específicos y oportunismo: La empresa ascendente, M, decide si debe hacer la inversión en un activo específico; a continuación, la empresa descendente, R, decide qué precio pagar por el activo.

Continuemos con el ejemplo del fabricante de coches R subcontratando una parte al fabricante M. A menudo hay muchas contingencias que son difíciles de predecir así como escribir un contrato especificándolas claramente (por ejemplo, cuánto costará producir la parte o la demanda futura de los coches a según qué nivel de precio). De acuerdo con esto, en algún momento del futuro los términos exactos de la transacción entre M y R deberán ser acordados; a diferencia de la decisión de inversión de M, que debe hacerse desde el principio. Entonces aquí tenemos un problema.

Específicamente, supongamos que el coste de la inversión es $c = 5$, mientras que el valor total creado de la inversión es $v = 8$ (un valor que es apropiado por la empresa R después de la venta). Claramente, esta inversión vale la pena. Sin embargo, una vez la inversión está hecha, esta se convierte en un coste hundido, lo que a su vez provoca comportamiento oportunista conocido como el problema de la **retención** (sección 3.4): supongamos que R hace una oferta de tipo tómelo o déjelo a M, de $p^H = 6$ o $p^L = 3$. La situación aparece representada por el juego en la figura 13.3. El único equilibrio perfecto en subjuegos de este juego (sección 7.2) es que R ofrezca p^L y que M escoja $\bar{a}$. Este equilibrio es ineficiente: el pago total es cero, mientras que la opción de a generaría un pago total de 3.

En este contexto, la integración vertical puede ayudar a solucionar el problema de la retención creado por las inversiones en activos específicos: supongamos que R adquiere M. Ahora las decisiones como el nivel de inversión, el número de partes, etc., son tomadas por R, mientras que el gerente de M simplemente ejecuta las órdenes recibidas. Tomando el grupo $M\&R$ como conjunto, el director de R ahora correctamente determina que la inversión a es rentable (cuesta 5 y genera un beneficio de 8); y, en consecuencia, escoge el nivel óptimo de inversión.

Si la integración vertical soluciona algunos problemas, también puede crear otros. Continuando con el mismo ejemplo: tras la adquisición por la empresa descendente, el gerente de M está ahora bajo las órdenes del gerente de R. Como vimos en la sección 3.3, esto genera un problema de **agencia**: el gerente de la empresa R quiere que la empresa M (ahora una división de $M\&R$) actúe en favor del beneficio de R; pero la empresa R puede que no sepa realmente qué pedir, ya que el gerente de la empresa M está mejor informado que el gerente de la empresa R.

En resumen,

> **Cuando inversiones en activos específicos están en juego, la integración vertical alivia el problema de retención, pero aumenta el problema de agencia.**

El análisis anterior del problema de retención está basado en un ejemplo muy sencillo. No obstante, las ideas básicas son mucho más generales. Por ejemplo, podríamos suponer que, en lugar de una oferta de tipo tómelo o déjelo por R, las empresas M y R negocian sobre pagos de transferencia entre ellos para así repartirse el valor total en juego. Si M escoge a, entonces un valor $v = 8$ está en juego. Si M y R se reparten el pago (es decir, el valor total), entonces R obtiene 4. Esto no es suficiente para compensar la inversión inicial de 5, así que el equilibrio perfecto en subjuegos es, de nuevo, que M no invierte.[e]

■ **Integración vertical: la evidencia y más teoría.** En muchas industrias, las últimas décadas del siglo xx fueron testigos de un aumento significativo en la práctica de la **subcontratación**, comprando insumos de un proveedor externo a la

---

[e] El Ejercicio 13.10 considera aún otras generalizaciones, en concreto el caso de un conjunto continuo de opciones.

empresa (aunque esos insumos estuvieran disponibles internamente). De hecho, en la actualidad en EE. UU. casi la mitad de los establecimientos en mercados ascendentes no hacen envíos internos de insumos a sus establecimientos internos en mercados descendentes.[6] Esta evidencia contradice la idea de que la integración vertical es un medio para aumentar la eficiencia en relaciones verticales (en concreto mediante la reducción de la doble marginalización).

Gran parte de este giro en la subcontratación ha sido dirigido a proveedores extranjeros (es decir, la subcontratación ha tomado la forma de deslocalización al extranjero). En este sentido, una de las explicaciones para esta tendencia es simplemente que las empresas estaban buscando proveedores más baratos. Sin embargo, recientemente una gran parte de esa subcontratación ha vuelto a EE. UU., y aun así la ausencia de flujo interno de insumos es todavía muy notable.

Si la propiedad común vertical no está asociada a flujos verticales, ¿entonces por qué las empresas se integran verticalmente? Una explicación es que la integración permite un mayor flujo interno de insumos intangibles como la habilidad de gestión, conocimientos de mercado, propiedad intelectual y capital I+D. Por tanto, esto sugeriría que los efectos de la integración vertical tienen menos que ver con la interacción estratégica en la fijación de precios y cantidades que con asuntos de eficiencia en la organización interna de las empresas.

Sin embargo, antes de descartar el comportamiento estratégico como un impulsor de la integración vertical, deberíamos enfatizar que, aunque la integración vertical no esté asociada con flujos internos de insumos, aún implica que la *opción* de flujos internos existe. Dicho de otro modo, la ventaja de estar verticalmente integrado con un proveedor potencial es que fuerza a los proveedores externos a ser más eficientes y pujar de modo más agresivo –o el comprador siempre puede cambiar a su fuente interna del insumo.[7]

13.2 Restricciones verticales

En la sección previa, vimos cómo la integración vertical puede aumentar la eficiencia de la fijación de precios dentro de la cadena vertical de valor. Pero: ¿es la integración vertical *necesaria* para conseguir precios eficientes? En muchos casos no lo es; en esta sección, muestro cómo una variedad de **restricciones verticales** también puede alcanzar los mismos objetivos.

■ **Precios no lineales.** Supongamos que, además de fijar un precio al por mayor, la empresa ascendente, M, puede también fijar una tarifa fija f que debe ser pagada por la empresa descendente, R, si quiere hacer negocio alguno con M. Como en la sección 6.3, llamamos al par (f, w) una **tarifa de dos partes**. A menudo, la tarifa fija es llamada la **tasa de franquicia** (aunque, en verdad, los contratos de franquicia sean mucho más complejos que la fijación de una tarifa fija). Por lo general, como en la sección 6.3, los contratos de este tipo son un ejemplo de **precios no lineales.**[f]

Supongamos que el fabricante fija $w = c$ y $f = \pi^M$, donde $\pi^M \equiv (p^M - c)D(p^M)$ es el beneficio de monopolio de una empresa verticalmente integrada. En términos de la figura 13.1, esto corresponde a fijar una tarifa fija igual al área $A + C$. Debemos recalcar tres puntos sobre este contrato no lineal: primero, desde el punto de vista de las empresas, este contrato es eficiente, es decir, maximiza beneficios conjuntos. Esto es así porque el coste marginal del comercio minorista (el precio al por mayor w) es igual al coste marginal verdadero (c); consecuentemente, el comercio minorista fija el precio óptimo, es decir, al nivel que el monopolista integrado fijaría (p^M). Segundo, al fijar el precio de esta manera, el comercio minorista recibe un beneficio bruto total $\pi = \pi^M$ (bruto de la tasa de franquicia); por lo tanto, está dispuesto a pagar hasta $f = \pi^M$ como tarifa fija. Finalmente, el fabricante recibe cero en términos de beneficio variable (porque vende a coste marginal) pero es capaz de recuperar todo el beneficio de monopolio mediante la tarifa fija.

Así concluimos que,

> **Si contratos no lineales son posibles, entonces la solución óptima bajo separación vertical es idéntica a la de la integración vertical.**

De hecho, un punto más general es que, *permitiendo el uso de tarifas fijas, el problema de maximización de beneficio de la empresa ascendente es esencialmente equivalente al de la maximización conjunta de beneficios de las empresas ascendente y descendente*, y entonces equivalente al de encontrar la tarifa fija máxima que la empresa descendente está dispuesta a pagar.

En la práctica, observamos muchas industrias en las que los precios lineales son la norma. Esto parece inconsistente con la perspectiva anterior de que los precios no lineales aumentan el beneficio total a lo largo de la cadena de valor. Esto sugiere que el resultado anterior (precios no lineales conllevan eficiencia) debe ser calificado en varios sentidos. Primero, asumo que no hay competencia en ninguna de las etapas. Si existen varias empresas descendentes compitiendo entre ellas, entonces el resultado de que la tasa de franquicia es suficiente para capturar

---

[f] Estrictamente hablando, la cantidad pagada, $f + wq$, es una función lineal de la cantidad comprada. El punto esencial es que el precio por unidad ($w + f/q$ en el caso de la tarifa de dos partes) no es constante.

los beneficios de monopolio puede no ser cierto. Una segunda calificación es que hemos considerado el caso de información completa. Si la empresa ascendente no conoce el coste de la empresa descendente, entonces puede ser óptimo fijar una tarifa variable que es mayor que el coste marginal medio.

Algunas veces el número de fabricantes es mucho mayor que el número de comercios minoristas. Esto parece especialmente verdad en el caso de los supermercados de alimentos: en la zona de Los Ángeles solamente, por ejemplo, hay 15 variedades de guisantes verdes, 19 tipos de mostaza y 12 marcas de pizza congelada.[8] Por lo tanto, la mayoría del poder de mercado se encuentra en el lado del comercio minorista, no en el lado del fabricante o proveedor de alimentos. El espacio limitado en los estantes de un supermercado significa que el coste de oportunidad de llevar un producto en concreto es muy alto. El análisis de la sección previa nos daría la predicción de que los fabricantes fijan un precio al por mayor alto y una tarifa fija igual al beneficio variable menos el coste fijo. Pero dado que el margen efectivo es bajo y los costes fijos son muy altos (el coste de oportunidad del espacio de estantería es muy alto), la tarifa fija pagada por el comercio minorista puede ser en verdad negativa. Dicho de otro modo, puede que sea el fabricante el que debe pagar al comercio minorista para obtener un espacio en la estantería del supermercado. De hecho, las **tasas por asignación de espacio**, tasas pagadas por los fabricantes para obtener el apoyo del comercio minorista, son una práctica común en estos mercados.[g]

■ **Fijación del precio de reventa.**[9] Consideremos el mercado de productos electrónicos: ordenadores personales, teléfonos inteligentes, etc. Estos son productos complejos por los que el esfuerzo en las ventas es importante: los consumidores se benefician mucho del servicio proporcionado en el punto de venta. Ahora supongamos que un comercio minorista invierte mucho dinero en mejorar el esfuerzo de las ventas, para poder atraer a un número mayor de consumidores a su tienda; y supongamos también que un segundo comercio minorista no hace ninguna inversión en su nivel de esfuerzo de ventas, pero vende a un precio menor que el precio del comercio descrito anteriormente. Un resultado posible es que los consumidores que son sensibles a los precios visiten primero el primer comercio para aprender y entender las características de los productos disponibles en el mercado; y entonces visiten el segundo comercio para comprar su producto preferido a un precio bajo.

Esta situación comporta una **externalidad** importante (sección 5.1): la inversión en esfuerzo de ventas realizada por el primer comercio beneficia a ambos comercios. De hecho, si la mayoría de los consumidores son sensibles al precio,

---

[g] Las tasas por asignación de espacio son también conocidas como *dinero callejero* o *compensación por ubicación*.

entonces la inversión beneficia mayoritariamente al segundo comercio, que explota el esfuerzo y la inversión del primero. Como consecuencia, los incentivos a la inversión en la calidad del servicio del minorista son muy bajos. Finalmente, el fabricante sale perjudicado con todo esto, porque la demanda final de su producto depende en gran medida del esfuerzo de ventas realizado en el mercado descendente.

La **fijación del precio de reventa** (resale price maintenance o RPM), la práctica por la cual el fabricante impone un precio mínimo en los comerciantes minoristas, nos proporciona una solución a este dilema. Si el precio mínimo es cumplido efectivamente, entonces cada comerciante lo sigue, es decir, cada comerciante fija su precio al nivel mínimo uniforme; y entonces el problema de explotación de la inversión de otros desaparece: ni los consumidores más sensibles a precios altos se benefician de comprar en un comerciante minorista distinto del primero que visitan. Por lo tanto, los beneficios del incremento de las ventas por la inversión realizada son acumulados por el comercio que realiza la inversión correspondiente.

■ **Territorios exclusivos y acuerdos de exclusividad.** La publicidad es otra dimensión por la que pueden existir externalidades entre comerciantes minoristas. Supongamos que un concesionario de coches invierte en publicidad en la televisión local. El gasto en publicidad aumenta la demanda, que a su vez beneficia a todos los concesionarios vendiendo el mismo modelo de coches, y no solo el concesionario que paga los costes de la publicidad. Esto significa que, si hay un segundo concesionario vendiendo el mismo coche en la misma área, entonces parte del aumento en ventas va al segundo concesionario. En este caso, probablemente la RPM no corregiría la externalidad, pero otras restricciones verticales puede que sí la puedan corregir. Una alternativa específica es la de otorgar **territorios exclusivos**. Esta es una restricción vertical donde cada comercio minorista tiene asignado un territorio concreto al cual otros comercios no tienen acceso. Por ejemplo, los fabricantes de coches tienen un concesionario exclusivo en cada país europeo. El concesionario Fiat en Alemania, por ejemplo, no puede vender coches en Francia. Los territorios exclusivos solucionan esta externalidad, si la campaña de publicidad del concesionario está confinada a su territorio exclusivo, y entonces ya no existe una externalidad entre concesionarios.

Las externalidades también pueden ocurrir entre fabricantes. Continuando con el ejemplo de los concesionarios de coches: a menudo sucede que los fabricantes invierten recursos en la formación del personal de ventas que trabaja en los concesionarios. Parte de esta formación es específica del fabricante de coches, pero hay otra parte que es más general (por ejemplo, el arte de vender un coche). Si los concesionarios trabajaran para más de un fabricante, entonces existiría una externalidad entre fabricantes: parte de la inversión en formación beneficiaría al fabricante rival. Una forma de solucionar esta externalidad es imponiendo en los comercios minoristas la restricción vertical de **acuerdos de exclusividad**, donde el comercio minorista únicamente puede trabajar con un solo fabricante.

> **Las restricciones verticales como la fijación del precio de reventa, los territorios exclusivos y los acuerdos de exclusividad permiten a las empresas ascendentes y descendentes internalizar los efectos de las inversiones que aumentan la demanda.**

13.3 Políticas públicas

En las secciones previas, he sugerido una variedad de razones por las que empresas relacionadas verticalmente deberían querer fusionarse o establecer contratos que regulan las transacciones entre empresas ascendentes y descendentes. ¿Son las fusiones verticales y las restricciones verticales buenas para los consumidores? ¿Deberían los políticos interesarse por esta cuestión?

Al contrario de las fusiones horizontales, donde la presunción es que la transacción causará precios de equilibrio más altos, el efecto de la integración vertical es ambiguo. Como vimos en la sección 13.1, el efecto de la doble marginalización sugiere que los precios pueden decrecer como resultado de una fusión vertical; pero el efecto del debilitamiento de la competencia sugiere que los precios también pueden aumentar; además, una fusión vertical puede causar la exclusión del mercado de algunas empresas, lo que a su vez puede conllevar precios más altos en el largo plazo. Las características particulares de cada industria probablemente determinarán cuál de estos efectos es el dominante. Consistente con esta perspectiva, las políticas no horizontales en EE. UU. y en la UE son por lo general más permisivas que las correspondientes políticas de fusiones horizontales.

De manera similar a la integración vertical, el efecto de las restricciones verticales en el bienestar del consumidor es ambiguo. Consideremos el caso de Unilever, la empresa dominante en el mercado europeo de helado de consumo impulsivo. A finales de la década de 1980, Mars, uno de los mayores pasteleros del mundo, decidió que si puedes vender chocolate también puedes vender helado de chocolate. Esto representó una gran amenaza para Unilever, que en ese momento decidió aumentar su presión en el cumplimiento de su política de exclusividad de refrigerador: básicamente, Unilever proporcionaba a los minoristas un refrigerador gratis o a un coste muy bajo; y el comercio minorista a su vez tenía que comprometerse a almacenar y vender únicamente productos Unilever en ese refrigerador. A lo largo de las dos décadas siguientes, Mars denunció a Unilever en varios países europeos; y tanto la Comisión Europea como varias autoridades de la competencia de diferentes ámbitos nacionales iniciaron sus propias investigaciones. Estos varios casos reconocen los costes y beneficios de los contratos con acuerdos de exclusividad: pueden dañar a la competencia, pero también pueden proporcionar mejores incentivos para que la empresa dominante invierta de forma óptima. El resultado efectivo de los diferentes casos e investigaciones variaron mucho: a veces Unilever ganó, a veces Mars ganó; y en algunos casos ambas partes pactaron un acuerdo extrajudicial. Esta variación en resultados refleja la ambigüedad de la política pública al respecto de restricciones verticales como la práctica de los acuerdos de exclusividad.

Otro ejemplo viene dado por la televisión por cable. Como he indicado en la Caja 13.1, cuando un distribuidor de cable es el dueño de un proveedor de contenido, ese distribuidor tiene una probabilidad más alta de distribuir ese contenido en cuestión, mientras que los distribuidores rivales tienen una probabilidad menor de distribuir el contenido. Si el primer efecto es consistente con la integración vertical y atenúa el problema de la doble marginalización, el segundo efecto indica que la exclusión de mercado también puede ser un producto de la integración vertical. En algunos mercados en EE. UU., el efecto adverso de la exclusión de mercado es evitado mediante la imposición de regulación de acceso a programas y contenido.

Además de la exclusión de mercado, otro problema de las restricciones verticales es la posibilidad de colusión. Consideremos por ejemplo una industria con varias empresas ascendentes y descendentes que compiten a la Bertrand. El precio al por mayor y el precio final de venta de equilibrio son fijados al nivel del coste marginal, $w = c$ y $p = w = c$. Supongamos ahora que los fabricantes imponen (o la industria acuerda) un precio mínimo de venta final igual al precio de monopolio p^M. Claramente, esto implica un cambio de precios de competencia perfecta a precios de monopolio.

Para resumir,

Las restricciones verticales pueden facilitar la colusión o causar la exclusión del mercado de competidores.

Para concluir: el número de efectos envueltos en las relaciones verticales es grande (doble marginalización, externalidades de inversión, exclusión de mercado, colusión, etc.). Además, el número de escenarios posibles también es muy grande (una o muchas empresas ascendentes y descendentes; contratos lineales o no lineales; integración vertical o separación vertical, etc.). Dada toda esta variedad, es probable que la política pública con respecto a las relaciones verticales continuará incorporando un componente importante de evaluación caso por caso.

Sumario

- Si un fabricante fija un precio al por mayor para un comercio minorista verticalmente separado, entonces sus beneficios conjuntos son más bajos, y el precio final al consumidor es mayor que en el caso de estar verticalmente integrados.
- Cuando inversiones en activos específicos están en juego, la integración vertical alivia el problema de retención, pero aumenta el problema de agencia.
- Si contratos no lineales son posibles, entonces la solución óptima bajo separación vertical es idéntica a la de la integración vertical.
- Las restricciones verticales como la fijación del precio de reventa, los territorios exclusivos y los acuerdos de exclusividad permiten a las empresas ascendentes y descendentes internalizar los efectos de las inversiones que aumentan la demanda.
- Las restricciones verticales pueden facilitar la colusión o causar la exclusión del mercado de competidores.

Conceptos clave

- relaciones verticales
- empresa ascendente
- empresa descendente
- problema de doble marginalización
- aumentar los costes de los rivales
- debilitamiento de la competencia
- activos específicos
- retención
- teoría de agencia

- subcontratación
- restricciones verticales
- tarifa de dos partes
- tasa de franquicia
- precios no lineales
- tasas por asignación de espacio
- externalidad
- fijación del precio de reventa
- territorios exclusivos
- acuerdos de exclusividad

Ejercicios de práctica

■ **13.1. McDonald's.** La evidencia empírica sugiere que los restaurantes McDonald's que son propiedad de la compañía fijan precios más bajos que los independientes franquiciados. ¿Cómo se explica esta diferencia?

■ **13.2. Fijación del precio de reventa.** Las industrias siguientes son conocidas por haber practicado la fijación del precio de reventa: ropa de moda, productos electrónicos, perfume. En cada caso, indica la razón más probable por la que la industria adoptó dicha práctica y detalla las consecuencias para el bienestar más probables.

■ **13.3. Vermont Castings.** Vermont Castings es un fabricante de estufas de combustión de madera, un producto un poco complejo. Uno de los distribuidores de Vermont Castings se quejó una vez de los términos de su relación contractual (entre fabricante y distribuidores), afirmando que «la peor decepción viene de perder el tiempo con un cliente para luego verlo comprar el producto en Applewood [un competidor] por el precio». Específicamente, el distribuidor se lamentaba de «la pérdida de 3 ventas de estufas V.C. […] a gente que hemos formado y con la que hemos pasado mucho tiempo».[10]

¿Cómo crees que se puede resolver este problema? ¿Cómo defenderías esta solución en un juicio por antimonopolio y defensa de la competencia?

■ **13.4. Territorio exclusivo en la Unión Europea.** ¿Debería la Unión Europea prohibir la práctica de territorios exclusivos en los contratos de concesionarios de coches? ¿Por qué o por qué no?

■ **13.5. Acuerdos de exclusividad en las ventas de cerveza.** Los fabricantes de cerveza acostumbran a imponer acuerdos de exclusividad en comercios minoristas. Discute los efectos de eficiencia y de poder de mercado de semejante práctica.

Ejercicios complejos

■ **13.6. TV por cable.** La evidencia de la industria de la TV por cable en EE. UU. sugiere que la probabilidad de que un canal sea ofertado por un distribuidor es mayor cuando el canal pertenece al distribuidor (véase Caja 13.1). Consideremos el análisis de doble marginalización en la figura 13.1. Supongamos que el distribuidor debe pagar un coste F para poder distribuir un canal determinado (esto podría corresponder al coste de oportunidad de añadir un canal a la serie del distribuidor, por ejemplo, el beneficio perdido de no poder distribuir un canal distinto). Muestra que existen valores F tales que el distribuidor llevará el canal si y solo si el canal es de su propiedad.

■ **13.7. Wintel.** Consideremos la siguiente situación extremadamente simplificada de la industria del ordenador personal. Un gran número de empresas que toman el precio como dado montan sistemas de ordenadores; los llamamos «fabricantes de equipos de ordenadores originales» (computer OEMs u Original Equipment Manufacturers). Cada una de estas empresas debe comprar tres insumos para cada sistema de ordenador que vende: (1) una variedad de componentes que son ofertados competitivamente y que conjuntamente cuestan al fabricante de equipos de ordenador original (OEM) \$500 por ordenador; (2) el sistema operativo Windows, disponible solo de Microsoft, a un precio p_M, que describimos más tarde; y (3) un microprocesador Pentium, disponible solo de Intel, a un precio p_I, que también describimos más tarde. Dado que cada sistema de ordenador requiere precisamente un sistema operativo y un microprocesador, el coste marginal de un ordenador a un OEM es $500 + p_M + p_I$. Asume que la competencia entre OEM reduce el precio de un sistema de ordenador a su coste marginal, así que tenemos que $p = 500 + p_M + p_I$, donde p es el precio del sistema de ordenador. La demanda de sistemas de ordenador viene dada por $Q = 100.000.000 - 50.000p$. Microsoft es el único proveedor del sistema operativo Windows de ordenadores personales. El coste marginal de Microsoft de vender Windows para un ordenador más es cero. Intel es el único proveedor del microprocesador Pentium para ordenadores personales. El coste marginal para Intel de un microprocesador Pentium para un sistema de ordenador adicional es \$300.

a) Supongamos que Microsoft e Intel simultánea e independientemente fijan los precios de Windows y de los chips Pentium, P_M y p_I. ¿Cuáles son los precios de equilibrio de Nash, $\hat{p}_M$ y $\hat{p}_I$?

Supongamos ahora que Microsoft e Intel se sientan a negociar un acuerdo para vender Windows y chips Pentium como un paquete conjunto a los OEM de ordenadores por un precio de paquete de p_{MI}.

b) ¿Qué precio de paquete maximizaría el beneficio conjunto de Microsoft e Intel? ¿Por cuánto aumentarían los beneficios conjuntos con semejante acuerdo entre Microsoft e Intel?

c) ¿Se beneficiarían los consumidores finales del acuerdo entre Microsoft e Intel, o saldrían perjudicados? ¿Y los OEM de ordenadores? Justifica tu respuesta con los cálculos efectuados en las partes (a) y (b), y explica en qué principios económicos basas tu respuesta.

■ **13.8. Tarifas de dos partes.** Supongamos que un fabricante vende su producto a n comercios minoristas mediante una tarifa de dos partes (f, w): una tarifa fija f y un precio al por mayor w. Explica la intuición del resultado de que cuanto más alto es el grado de competencia entre comercios minoristas, mayor el precio óptimo al por mayor.

■ **13.9. Competencia a la Cournot en el mercado descendente.** Consideremos una industria con una empresa ascendente y n empresas descendentes que compiten a la Cournot. Demuestra que el precio al por mayor óptimo está estrictamente entre el coste marginal y el precio de monopolio.

■ **13.10. Activos específicos y la integración vertical.** El valor creado por la colaboración entre las empresas M y R viene dado por $v = \sqrt{e_M} + \sqrt{e_R}$, donde e_M y e_R son inversiones (en \$) hechas por las empresas M y R. Una vez las inversiones son escogidas, M y R negocian la división de v, cada empresa manteniendo 50 %.

a) Encuentra el valor de equilibrio de e_i $(i = M, R)$.
b) Supongamos que las empresas M y R se fusionan. Encuentra el nivel óptimo de e_i de la nueva empresa $M\&R$.
c) Compara el pago total en separación vertical y en integración vertical.
d) Comenta tu respuesta a la pregunta anterior teniendo en cuenta la discusión en la sección 13.1, la Caja 13.1 y la sección 5.1.

Notas

1. Spengler, Joseph (1950), «Vertical Integration and Antitrust Policy», *Journal of Political Economy* 58, 347-352.
2. Gil, Ricard (2015), «Does Vertical Integration Decrease Prices? Evidence from the Paramount Antitrust Case of 1948», *American Economic Journal: Economic Policy* 7 (2), 1-1.
3. Adaptado de Crawford, Gregory S., Robin S. Lee, Michael D. Whinston y Ali Yurukoglu (2015), «The Welfare Effects of Vertical Integration in Multichannel Television Markets», *(working paper)*.
4. El análisis en esta sección está parcialmente adaptado de Chen, Yongmin (2001), «On Vertical Mergers and their Competitive Effects», *Rand Journal of Economic* 32 (4), 667-685.
5. Algunas de las ideas en esta sección tienen su origen en Williamson, Oliver (1975), *Markets and Hierarchies: Analysis and Antitrust Implications*, Nueva York: Free Press.
6. Atalay, Enghin, Ali Hortacsu y Chad Syverson (2014), «Vertical Integration and Input Flows», *American Economic Review* 104 (4), 1120-1148.
7. Loertscher, Simon, y Michael H. Riordan (2014), Outsourcing, «Vertical Integration, and Cost Reduction», *(working paper)*.

8. Shaffer, Greg (1991), «Slotting Allowances and Resale Price Maintenance: A Comparison of Facilitating Practices», *Rand Journal of Economics* 22, 120-135.
9. Esta subsección está basada parcialmente en Mathewson, Frank, y Ralph Winter (1984), «An Economic Theory of Vertical Restraints», *Rand Journal of Economics* 15, 27-38.
10. Mathewson, Frank, y Ralph Winter (1998), «The Law and Economics of Resale Price Maintenance», *Review of Industrial Organization* (13), 57-84.

14. Diferenciación de producto

La industria de las tarjetas de crédito en EE. UU. está compuesta por más de 4.000 empresas (normalmente, bancos que emiten tarjetas de crédito). El bien suministrado es, al menos a primera vista, casi homogéneo. El número de consumidores es alto (75 millones). Las diez empresas más grandes (emisores de tarjetas de crédito) mantienen un total del 20 % de la cuota de mercado. No existen barreras de entrada significativas, y un número sustancial de empresas operan a nivel nacional, así que asumir la totalidad de los EE. UU. como definición de mercado relevante parece razonable. No hay indicios de un acuerdo explícito para fijar precios entre los emisores de tarjetas de crédito.

Dada esta información, existe la tentación de identificar la industria de las tarjetas de crédito como un ejemplo de casi competencia perfecta. Sin embargo, la evidencia está mayoritariamente en contra de tal opinión. Primero, los tipos de interés parecen ser insensibles a cambios en el coste marginal (el tipo de interés del mercado monetario), lo cual no es consistente con competencia perfecta.[a] Segundo, entre 1983 y 1988 las tasas de rentabilidad en el negocio de las tarjetas de crédito fueron entre 3 y 5 veces más altas que las tasas de rentabilidad normales en otras líneas de negocio en la industria bancaria.

Una primera explicación posible para entender esta discrepancia es que los usuarios de tarjetas de crédito están sujetos a costes de cambio de tarjeta. Muchos consumidores obtienen su primera tarjeta de crédito a través del banco donde tienen una cuenta bancaria. Cambiar a otra tarjeta de crédito puede conllevar una serie de costes, por ejemplo, abrir una cuenta en un banco diferente. Además, antes de solicitar una tarjeta de crédito nueva, el consumidor necesita obtener información acerca de los términos y condiciones asociados con dicha tarjeta. Esto también supone un coste de obtener una nueva tarjeta de crédito (si no monetario, al menos del tiempo perdido en averiguar cuáles son los términos y

---

[a] Bajo competencia perfecta un cambio de un dólar en el coste marginal implica un cambio de un dólar en el precio.

condiciones). De forma parecida a los costes de cambio, los consumidores pueden no conocer la existencia de mejores precios y productos, quizás debido al coste de encontrar ofertas alternativas. Altos costes de búsqueda y de cambio pueden permitir al vendedor fijar precios altos sin llegar a perder clientes, y por lo tanto justificando la evidencia del mercado de las tarjetas de crédito.

Una segunda explicación es que el bien «tarjeta de crédito» no es en verdad un producto homogéneo, sino un **producto diferenciado**. Esto puede ser producto de las diferencias en calidad (algunas tarjetas de crédito ofrecen mejores servicios) o de las diferencias en la reputación asociada con ciertas tarjetas de crédito. Por ejemplo, los servicios y reputación asociados con una tarjeta American Express no son los mismos que los de una tarjeta Visa. Además, no todas las tarjetas Visa son idénticas, o percibidas como idénticas por los consumidores.[1] Por lo que se refiere a costes de cambio, la diferenciación de producto permite a los vendedores aumentar su precio sin sufrir las pérdidas sustanciales en ventas que sucederían seguramente en un escenario de productos homogéneos.

En este capítulo, considero casos donde los supuestos de productos homogéneos y competencia perfecta no se dan. La sección 14.1 introduce la caracterización y estimación de la demanda de productos diferenciados, mientras que la sección 14.2 se centra en la competencia en oligopolio en mercados de productos diferenciados. Con frecuencia, los productos son diferenciados no por sus características físicas sino por la percepción de los consumidores de cada producto. Esto motiva la sección 14.3, dedicada a la publicidad y las marcas. Como he mencionado antes en esta introducción, la búsqueda del consumidor y los costes de cambiar de producto pueden convertir una industria de productos homogéneos en una industria que efectivamente opera como si fuera una industria de productos diferenciados. Esto motiva la sección 14.4, donde la información y comportamiento del consumidor es la principal razón detrás de la desviación del modelo de productos homogéneos e información perfecta. Finalmente, la sección 14.5 trata de asuntos de políticas públicas relacionados con la publicidad y la diferenciación de producto.

14.1 La demanda por productos diferenciados

En capítulos previos –en particular en el capítulo 8– asumimos que la competencia en oligopolio ocurre en una industria de productos homogéneos. Este supuesto es razonable para industrias como el cobre, pero probablemente no lo es para industrias como la de la fabricación de coches: un Toyota no es el mismo objeto que un Volkswagen, e incluso dentro de la familia Toyota encontramos diferencias significativas entre modelos.

Cuadro 14.1. Determinantes de (logaritmo de) los precios de la vivienda en Madison, Wisconsin[2]

Variable	Unidades	[mín,máx]	Coeficiente	valor p
Área total	pies cuadrados	[336,9.145]	0,0003446	0,000
Área total al cuadrado	(pies cuadrados)^2	[112.896,8,36E+07]	−2.19e-08	0,000
Áire central	Sí = 1, No = 0	[0,1]	0,0365447	0,000
Índice de amperios	Amperio	[30,500]	0,0002067	0,000
...	...	...	...	...

Nota: N = 15.849; R^2 = 0,9246; ajustado R^2 = 0,9223.

Consideremos el mercado inmobiliario. En cierto modo, este es el extremo opuesto del mercado de bienes básicos: cada casa tiene características únicas; aun cuando dos casas distintas fueran construidas de la misma manera, sus distintas ubicaciones las hacen productos diferentes. A pesar de estas diferencias, cada casa puede ser descrita como el conjunto de unas características objetivas (y en gran parte cuantificables): ubicación, área total, número de pisos, estilo, etc. Supongamos que todos los consumidores están de acuerdo en cómo valoran cada característica; y que un vendedor único domina el mercado. Ambos supuestos son supuestos fuertes que relajaremos más tarde. Por ahora, notemos que bajo estas condiciones podemos estimar el valor de cada una de estas características simplemente corriendo una regresión estadística del precio de la vivienda como función de dichas características. De hecho, el precio de venta refleja la disposición a pagar de los compradores, y lo segundo es simplemente una función de la cantidad de cada característica de cada vivienda.

El cuadro 14.1 muestra el resultado de tal tipo de regresión para casas vendidas en Madison, Wisconsin.[3] La fila inferior con puntos suspensivos indica que la lista de variables explicativas excede las variables que aparecen en la tabla (de hecho, docenas de variables explicativas fueron consideradas). La variable dependiente es el logaritmo del precio (medido en $); por lo tanto, cambios en la variable dependiente se pueden interpretar como cambios porcentuales aproximados en el nivel de precios. Por ejemplo, si la variable «Aire central» cambia de 0 a 1 (es decir, si la casa tiene aire acondicionado central), entonces el logaritmo del precio cambia por 0,0365, es decir, el precio aumenta aproximadamente un 3,65 %. De forma similar, si el área total aumenta de 1.000 a 2.000 pies cuadrados, entonces el logaritmo del precio aumenta por $0,0003446 \times (2.000 - 1.000) - 2,19E - 08 \times (2.000^2 - 1.000^2) \approx 0,3446$, es decir, el precio aumenta un 34,46 %. Finalmente, notemos que el R^2 = 0,92. Esto significa que más de un 90 % de la variación en los precios de las viviendas puede ser explicado por sus características observables y cuantificables.

En casos como Coca-Cola Light y Pepsi Light, podemos estimar la demanda estimando directamente dos curvas de demanda y tomando explícitamente el hecho de que la demanda de cada producto depende de los precios de ambos productos. Este método funciona bien cuando el número de productos diferenciados es pequeño. Para el caso de las viviendas en Madison, este método no es factible: deberíamos tener miles de curvas de demanda y miles de elasticidades que estimar (por ejemplo, cómo la demanda de la casa #9.234 depende del precio de la casa #13.293). En este contexto, el **método de las características** de la demanda de un producto nos permite utilizar un método que es realista y factible: en lugar de estimar la demanda para cada casa, estimamos la demanda de cada característica. Los precios implícitos de cada característica (como el tamaño y el aire acondicionado), medidos por las regresiones aquí, son llamados **precios hedónicos**. Estimando la demanda para cada una de las características podemos estimar mejor la demanda de una casa en particular, es decir, una casa con un conjunto específico de características.

En verdad, esto es más fácil explicarlo que llevarlo a cabo. Tomemos el caso de los coches, por ejemplo. Primero, a diferencia del supuesto hecho anteriormente, los coches no son vendidos por un único monopolista (consideraré el asunto de la competencia en la sección siguiente). Más importante es el hecho de que no todos los consumidores coinciden en la valoración de las características de un coche. Un modelo más realista de la demanda del consumidor nos permite la posibilidad de que el coeficiente de utilidad de una característica dada −por ejemplo, el tamaño del coche− varíe de consumidor a consumidor: una familia de mayor tamaño valorará más el tamaño del coche que otra familia de menor tamaño.

Método de las características: análisis formal. Supongamos que la utilidad de un consumidor de tipo i al consumir el coche j viene dada por:

$$u_{ij} = b_{i1}\, v_{j1} + \ldots + b_{in}\, v_{jn} - p_j + \epsilon_{ij} \tag{14.1}$$

donde b_{ik} es la valoración del consumidor i de la característica k ($k = 1,\ldots, n$) y v_{jk} es la cantidad de la característica k que tiene el coche j. Finalmente, ϵ_{ij} mide preferencias específicas del consumidor y del modelo que no aparecen representadas por las características del producto.

Supongamos que cada consumidor compra como mucho un coche y que la opción de no comprar un coche da una utilidad $u_{i\ell}$. Dada la función de utilidad aquí, la probabilidad de que un consumidor de tipo i compre un coche j viene dada por

$$P(u_{ij} > u_{il}) \quad \forall\, l \neq j$$

donde P denota probabilidad.

Estimar la distribución de estos coeficientes de utilidad puede ser una tarea difícil. Si tenemos datos de compras individuales, esta tarea se hace relativamente más fácil: estimamos cómo las características demográficas de cada comprador influencian la elección de coche del comprador, y así estimamos la relación entre las características del comprador (por ejemplo, tamaño de la familia) y la valoración de las características del producto (por ejemplo, tamaño del coche). Finalmente, la distribución de las características del comprador nos lleva a observar una distribución de las demandas del comprador por las características del producto.

La tarea se complica más cuando solo disponemos de datos agregados de cuotas de mercado, pero aun así podemos usar información sobre las características del producto y las características medias demográficas para estimar la relación deseada. Por ejemplo, si la familia media tiene un tamaño mayor en Utah que en Nevada; y si –manteniendo los otros factores constantes– coches de mayor tamaño se venden más intensamente en Utah que en Nevada; entonces podemos concluir que, en promedio, familias de mayor tamaño prefieren coches más grandes.

Cuadro 14.2. Características del producto y valoraciones del consumidor

Característica	Mín v_{jk}	Máx v_{jk}	Promedio b_{ik}	Desv. est. b_{ik}
Caballos de potencia/peso	0,170	0,948	≈ 0	4,628
Aire cond.	0	1	1,521	0,619
Millas por $	8,46	64,37	0	1,050
Tamaño	0,756	1,888	3,460	2,056

El cuadro 14.2 muestra los resultados de este método de estimación de la demanda de automóviles en EE. UU.[4] La segunda y tercera columnas muestran los valores más bajos y más altos de cada característica encontrados entre los 997 modelos considerados. Por ejemplo, el coche con menor potencia en la muestra es el 1985 Plymouth Gran Fury (¡de verdad!), con 0.170 caballos de potencia/peso; mientras que el modelo con mayor potencia es el 1989 Porsche 911 Turbo, con 0,948 caballos de potencia/peso.

La cuarta y quinta columnas muestran la media y desviación estándar de los coeficientes de utilidad. Quizás sorprendentemente, los consumidores en promedio no parecen valorar demasiado la potencia de un coche o la eficiencia del consumo de gasolina. Sin embargo, un consumidor con una valoración de la potencia de una desviación estándar por encima de la media –es decir, un consumidor con $b_{ih} = 4{,}628$, donde h se refiere a la potencia en caballos– está dispuesto a pagar $(0{,}948 - 0{,}170) \times 4{,}628 = \$3.600$ más por un Porsche ($v_h = 0{,}948$) que por un Plymouth ($v_h = 0{,}170$) únicamente *por la potencia del coche*.

Si el valor medio de b_h está cerca de cero y la desviación estándar es positiva, entonces para algunos consumidores un valor más alto de potencia/peso disminuye su utilidad –quizás un padre preocupado en exceso al comprar un coche para su hijo adolescente. Con frecuencia, algunas características de producto son claramente consideradas como buenas características, mientras que para otras características de producto las percepciones individuales de cada consumidor varían radicalmente de persona a persona –como dice el dicho, «sobre gustos, no hay disputa».[b] Volveremos a este asunto en la sección siguiente.

Los resultados también nos permiten comparar la importancia relativa de cada característica. Por ejemplo, tener aire acondicionado en el coche se valora tanto como unas $1,521/3,460 = 0,44$ unidades adicionales de tamaño. (Esta es aproximadamente la diferencia en tamaño entre un coche de tamaño medio y un coche pequeño.)

Método de las características y la curva de demanda: análisis formal. Tras estimar los varios coeficientes de utilidad de distintas características, ahora podemos evaluar la demanda del consumidor. Específicamente, considera la demanda de un consumidor cuyas valoraciones vienen dadas por las medias en el cuadro 14.2: 0 para la potencia/peso y las millas por \$; 1,521 para el aire acondicionado; y 3,46 para el tamaño del coche. Supongamos que tal tipo de consumidor comparará un Nissan Sentra con un Ford Escort. Ninguno de ellos tiene aire acondicionado; en lo que se refiere al tamaño, el valor del Sentra es 1,092 y el del Escort es 1,116. En este caso tan simple, la utilidad del Sentra viene dada por $1,092 \times 3,46 = 3,778$, mientras que la utilidad del Escort viene dada por $1,116 \times 3,46 = 3,861$. (Omito la constante de la función de utilidad; para el propósito de comparaciones esta constante no implica ninguna diferencia.)

Supongamos, por ejemplo, que el valor de ϵ_{ij} en (14.1) tiene la función de distribución $exp(exp(\epsilon_{ij}/\sigma))$.[c] Supongamos también por simplicidad que el Sentra y el Escort son las únicas opciones disponibles de los consumidores. Entonces se puede mostrar que la cuota de mercado del Sentra *entre los consumidores con coeficientes de valoración medios* viene dada por:

$$S_S = \frac{exp(3,378/\sigma)}{exp(3,378/\sigma) + exp(3,861/\sigma)} \tag{14.2}$$

Si sumamos estas cuotas de mercado para todos los tipos de consumidores (y les damos un peso acorde con el número de cada tipo de consumidor), finalmente obtenemos la cuota de mercado total del Sentra.

---

[b] Para los aficionados al latín, *de gustibus non est disputandum*.
[c] Esta función se conoce como la distribución Weibull o de valor extremo de tipo *I*.

En el proceso de estimar la distribución de b_k (la valoración de los consumidores de la característica k), también podemos estimar la varianza del componente aleatorio ϵ_{it} (medido mediante σ).[d] Recordemos que ϵ_{it} mide la utilidad del consumidor que no puede ser explicada por las características cuantificables del producto. Cuando $\sigma \to \infty$, vemos por (14.2) que $s_S \to \frac{1}{2}$. Este es el caso cuando las características cuantificables del producto tienen poco que añadir sobre las cuotas de mercado (por ejemplo, en el caso de fragancias). En el extremo opuesto, cuando $\sigma \to 0$, incluso una ligera diferencia en características de los productos puede cambiar radicalmente la demanda de un producto a otro.

Cuadro 14.3. Elasticidades de precio de la demanda para modelos de automóviles seleccionados

	Nissan Sentra	Ford Escort	Toyota Lexus	BMW 735i
Nissan Sentra	−6,5282	0,4544	0,0008	0,0000
Ford Escort	0,0778	−6,0309	0,0008	0,0000
Toyota Lexus	0,0002	0,0010	−3,0847	0,0322
BMW 735i	0,0001	0,0005	0,0926	−3,5151

Notas: (i) cambio en cantidad en las filas, cambios en el precio en las columnas; (ii) la muestra incluye 77 modelos subcompactos y modelos compactos (incluyendo Sentra, Escort); y 24 modelos de lujo (incluyendo Lexus, 735i).

Finalmente, los resultados también se pueden usar para producir una matriz de elasticidades de precio para todos los 997 modelos en la muestra. Presentamos aquí una pequeña muestra selecta en el cuadro 14.3. No es sorprendente que los resultados indican que la elasticidad cruzada entre el Nissan Sentra y el Ford Escort es mayor que la elasticidad cruzada entre el Nissan Sentra y el Toyota Lexus. De forma más general, el método de las características nos proporciona una idea cuantitativa de la relevancia de los submercados dentro de un mercado dado.

14.2 Competencia con productos diferenciados

En la sección previa, he mostrado cómo modelar y cuantificar la demanda de un consumidor en un mundo con productos diferenciados. El siguiente paso es entender cómo las empresas compiten en mercados con diferenciación de produc-

---

[d] Para los aficionados a la estadística: la varianza de ϵ_{ij} viene dada por $\frac{6}{\pi}\sigma^2$, así que un σ más alto significa una varianza más alta.

tos. Aquí considero el caso cuando el precio es la principal variable estratégica, como en el modelo de Bertrand (sección 8.1); a diferencia del modelo de Bertrand, supongo que los productos no son homogéneos, por lo que no es suficiente fijar un precio más bajo que el rival para capturar toda la demanda del mercado.

Esta sección está esencialmente dividida en dos partes, una trata la diferenciación vertical y otra trata la diferenciación horizontal. La diferenciación vertical de producto corresponde al caso cuando los consumidores prefieren unánimemente más de una característica dada (aun cuando la intensidad de dicha preferencia varíe de consumidor a consumidor). Como ilustración, tomemos el ejemplo de las características de los coches de la sección anterior (en particular los resultados presentados en el cuadro 14.2). En promedio, compradores de coches están dispuestos a pagar hasta $1.521 adicionales por un coche con aire acondicionado. Diferentes compradores difieren en la cantidad que pagarían por su aire acondicionado (la desviación estándar es $619) pero la mayoría piensan que tener aire acondicionado en el coche es una buena cosa.

En cambio, la diferenciación horizontal se refiere al caso cuando las preferencias de diferentes compradores por una característica dada tienen diferentes signos, es decir, algunos creen que es una buena característica, otros piensan lo contrario. Consideremos, por ejemplo, la característica de la potencia en caballos por unidad de peso. En promedio, los compradores no parecen darle mucha importancia, pero a cada comprador individualmente parece importarle mucho: la desviación estándar del coeficiente es mayor que $4.000 por unidad de potencia/peso, lo que implica que algunos compradores tienen una preferencia muy fuerte por coches con potencia, mientras que a otros compradores realmente les desagradan los coches con potencia.

La distinción entre la diferenciación vertical y horizontal está lejos de ser clara. Volvamos al caso del aire acondicionado: con una valoración media de $1.521 y una desviación estándar de $619, es improbable que un comprador tenga una valoración negativa del aire acondicionado. Sin embargo, es posible –y quizás incluso hasta razonable– que una pequeña fracción de compradores prefiera de forma estricta los coches sin aire acondicionado.[e] Si uno lo piensa detenidamente es fácil encontrar razones por las cuales esto sea así. Hablando estrictamente, eso haría que tener aire acondicionado en el coche fuera una característica horizontalmente diferenciada. Sin embargo, el sentido común dicta que deberíamos pensar que el aire acondicionado es una característica verticalmente diferenciada.

---

[e] Si el coeficiente de preferencia tuviera una distribución normal, entonces la probabilidad de que eso sucediera sería aproximadamente medio por ciento. Para los aficionados a la estadística: esa es la probabilidad de que una distribución normal estandarizada tome un valor mayor que 1.521/619.

■ **Diferenciación vertical de producto.** La versión más simple del marco considerado en la sección previa consiste en un duopolio donde las empresas ofrecen productos que están diferenciados de acuerdo con una única característica –por ejemplo, la calidad del coche, para continuar con el mismo ejemplo de la sección anterior.[f] Además, *todos* los consumidores están de acuerdo en que más de esta característica (una calidad más alta) es mejor –aunque no todos estén de acuerdo en cuanto a que un aumento en calidad se deba valorar en términos monetarios (dólares, por ejemplo).

La secuencia temporal (las «reglas del juego») es similar a la del modelo de Bertrand (sección 8.1): las empresas fijan precios p_i simultáneamente; los consumidores escogen a qué empresa quieren comprar el producto; y finalmente las empresas producen la cantidad demandada, donde cada unidad tiene un coste de producción c.[g] Nos referimos a este modelo como el modelo de **diferenciación vertical de producto**, donde «vertical» se refiere al hecho de que todos están de acuerdo en que un valor más alto de v implica un producto mejor.

Llamemos v_j ($j = 1, 2$) a la cantidad de la característica relevante del coche de la empresa j. Por simplicidad, me referiré a v_j como la calidad de j. Sin pérdida de generalidad, supongamos que $v_2 > v_1$ (es decir, el coche de la empresa 2 es mejor). Llamemos b al valor (en \$) que un consumidor dado atribuye a la calidad de un coche. Consistentemente con la sección previa, supongamos que b varía de consumidor a consumidor (es decir, hay una distribución de valores de b, posiblemente correlacionada con las características del consumidor como la renta familiar). Finalmente, llamemos p_i al precio fijado por la empresa i.

Los consumidores compran un coche como máximo de una de las empresas. Hay tres posibles opciones: no comprar un coche, lo que da una utilidad neta de $u_0 = 0$; comprar un coche de la empresa 1, lo que da una utilidad neta $u_1 = bv_1 - p_1$; o comprar un coche de la empresa 2, lo que da una utilidad neta $u_2 = bv_2 - p_2$. Notemos que u_0 no es una función de b; en cambio, u_1 y u_2 aumentan con b: los consumidores que valoran la característica relevante *más* están dispuestos a pagar más por el producto en cuestión. Sin embargo, la tasa con la que la utilidad neta cambia con b es distinta en los diferentes productos: aunque consumidores con una b más alta valoran los coches más, este aumento es particularmente significativo para los coches de alta calidad (el coche de la empresa 2).

---

[f] Alternativamente, podemos pensar en el caso cuando hay varias características (aceleración, eficiencia en el consumo de combustible, etc.), mientras estas características estén correlacionadas a través de los modelos de coche considerados.

[g] Como vimos en la sección 8.3, escoger el precio como principal variable estratégica implica asumir que las cantidades se pueden ajustar fácilmente a los niveles de demanda, es decir, las restricciones de capacidad productiva no son importantes.

Por lo tanto, los consumidores pueden dividirse en tres categorías, como se muestra en la figura 14.1: (i) aquellos con $b < b_1$ prefieren no comprar un coche, ya que $u_1 < u_0$ y $u_2 < u_0$; (ii) aquellos con $b > b_1$ y $b > b_2$ prefieren comprar de la empresa 1, ya que $u_1 > 0$ y $u_1 > u_2$; (iii) finalmente, aquellos con $b > b_2$ prefieren comprar de la empresa 2, ya que $u_2 > u_0$ y $u_2 > u_1$.

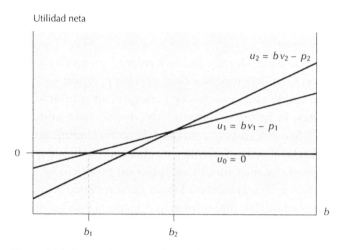

Figura 14.1. Demanda con productos diferenciados verticalmente.

Determinar el equilibrio de Nash del modelo gráficamente no es tan fácil como en el caso de Bertrand (sección 8.1). Sin embargo, la figura 14.1 muestra que, a diferencia del caso de Bertrand, un pequeño cambio en el precio no implica un cambio mayor en demanda. Además, no es suficiente para una empresa fijar un precio menor que su rival para así capturar toda la demanda del mercado.

Diferenciación de producto vertical: análisis formal. Supongamos que b está uniformemente distribuida en el intervalo $[\underline{b}, \overline{b}]$. Supongamos que $\overline{b}$ es suficientemente alto con respecto a los precios de tal modo que todos los consumidores prefieren efectuar una compra (en términos de la figura 14.1, esto significa $b_1 < 0$); y que el número total de consumidores viene dado por 1 (un millón, por ejemplo). En términos de la figura 14.1, la demanda de la empresa 1 viene dada por b_2, mientras que la demanda de la empresa 2 viene dada por $1 - b_2$. El valor de b_2 es el resultado de resolver $u_1 = u_2$. Esto resulta en:

$$q_1 = b_2 = (p_2 - p_1)/(v_2 - v_1)$$
$$q_2 = 1 - q_1$$

Asumiendo costes cero y resolviendo el sistema de condiciones de primer orden al maximizar $\pi_i = (p_i = c)\,q_i$ obtenemos:

$$\hat{p}_1 = \frac{1}{3}\,(\overline{b} - 2\,\underline{b})(v_2 - v_1)$$

$$\hat{p}_2 = \frac{1}{3}\,(2\,\overline{b} - \underline{b})(v_2 - v_1)$$

Sustituyendo en la función de beneficio y simplificando, obtenemos

$$\hat{\pi}_1 = \frac{1}{9}\,(\overline{b} - 2\,\underline{b})^2\,(v_2 - v_1)$$

$$\hat{\pi}_2 = \frac{1}{9}\,(2\,\overline{b} - \underline{b})^2\,(v_2 - v_1)$$

Hay varias cosas a subrayar del equilibrio de este modelo. Primero, la empresa con una mayor calidad fija un precio más alto. Esto tiene sentido: vivimos en un mundo donde el valor se premia con dinero. Segundo, como he mencionado anteriormente, consumidores con valoraciones más altas compran el producto de calidad más alta: todos los consumidores están de acuerdo en que la empresa 2 ofrece un producto mejor que la empresa 1; sin embargo, los consumidores con valoración más alta son más sensibles a cambios en la calidad que los consumidores de valoración más baja. Dicho de otro modo, en términos de valor por dinero, consumidores de baja y alta valoración alcanzan conclusiones distintas.

■ **Posicionamiento de producto.** Hasta ahora, he asumido las calidades de los productos como dadas. Supongamos sin embargo que las empresas pueden escoger el nivel de la calidad de sus productos. En particular, supongamos que v_2 viene dada y consideremos la elección de calidad v_1 de la empresa 1. La solución analítica del modelo sugiere que el beneficio de la empresa 1 *disminuye* cuando el nivel de su calidad aumenta. A primera vista, esto parece contraintuitivo: todos los consumidores prefieren productos de alta calidad a productos de baja calidad (es decir, todos los consumidores están de acuerdo con el hecho de que más v es bueno). Sin embargo, incluso cuando la empresa 1 no debe pagar nada para aumentar su calidad, sus beneficios disminuyen cuando su calidad aumenta.

Para resolver este rompecabezas, es preciso dividir el efecto de un aumento en v_1 en dos efectos: el efecto directo y el efecto estratégico. El **efecto directo** de un aumento en v_1 corresponde al cambio en π_1 que ocurre si los precios se mantienen constantes en su nivel de equilibrio inicial. El **efecto estratégico** corresponde al efecto de los ajustes en los precios de equilibrio como consecuencia del aumento en v_1.

Efecto directo y efecto estratégico (exigente). Matemáticamente, la distinción entre los efectos directo y estratégico corresponde a la distinción entre la derivada total y la parcial:

$$\frac{d\pi_1}{dv_1} = \frac{\partial\pi_1}{\partial v_1} + \frac{\partial\pi_1}{\partial\hat{p}_1}\frac{d\hat{p}_1}{dv_1} + \frac{\partial\pi_1}{\partial\hat{p}_2}\frac{d\hat{p}_2}{dv_1}$$

$$= \frac{\partial\pi_1}{\partial v_1} + \frac{\partial\pi_1}{\partial\hat{p}_2}\frac{d\hat{p}_2}{dv_1}$$

Nótese que el segundo término del lado derecho de la primera ecuación es cero: si $\hat{p}_1$ es el precio óptimo de la empresa 1, debe suceder que $\partial\pi_1/\partial\hat{p}_1 = 0$ (si no, $\hat{p}_1$ no sería óptimo porque la condición de primer orden no se satisfaría). Por lo tanto, nos quedan dos términos. El primer término, $\partial\pi_1/\partial v_1$, corresponde al efecto directo y es positivo: manteniendo los precios constantes, una mayor calidad v_1 conllevará un beneficio más alto π_1. El segundo término, $(\partial\pi_1/\partial\hat{p}_2)$ $(\partial\hat{p}_2/\partial v_1)$, corresponde al efecto estratégico: un v_1 más alto hace que la empresa 2 se vuelva más agresiva, es decir, $\partial\hat{p}_2/\partial v_1 < 0$; y semejante disminución de precio tiene un impacto negativo en el beneficio de la empresa 1, es decir, $\partial\pi_1/\partial\hat{p}_2 < 0$.

La intuición de que una calidad más alta es mejor para los consumidores y por lo tanto debería ser mejor también para el vendedor corresponde al efecto directo positivo: si los precios permanecieran constantes, los beneficios de la empresa 1 aumentarían si su calidad aumentara. Sin embargo, cuando la empresa de menor calidad aumenta su calidad implica hacer v_1 más cercana a v_2; y cuanto más cerca v_1 y v_2 estén, más competitivos serán los precios. En el límite cuando $v_1 = v_2$ estamos de nuevo en un modelo de competencia de Bertrand: las empresas fijan precios igual al coste marginal y ganan beneficios cero.

■ **Diferenciación horizontal.** Consideremos una playa de una milla de largo con dos vendedores de helado, uno en cada extremo. Ambos vendedores ofrecen el mismo producto, pero lo ofrecen en diferentes ubicaciones. Por esta razón, los consumidores valoran sus opciones de helado de forma distinta. Dado que el producto físico es el mismo, la elección de producto se reduce a comparar precio y ubicación del vendedor.

La situación descrita por el ejemplo del helado es de hecho mucho más general. Primero, se generaliza a cualquier situación donde los vendedores y los compradores están ubicados en diferentes lugares y un coste de transporte debe ser incurrido por los compradores para poder efectuar la compra del producto de un vendedor dado (gasolineras, restaurantes, acerías, etc.). Segundo, *por analogía*, esto también se puede aplicar a situaciones donde los vendedores ofrecen productos que difieren con respecto a algunas características y los compradores difieren entre ellos en la manera como valoran semejantes características.

Por ejemplo, consideremos el mercado de cereales de maíz tostado y supongamos que hay dos marcas que solo difieren en su dulzura: la marca 1 no tiene azúcar añadido, mientras que la marca 2 tiene grandes cantidades de azúcar añadido. Esto es análogo a tener dos vendedores en los dos extremos de una «playa», donde un extremo corresponde a un mínimo de dulzura y el otro extremo corresponde a un nivel máximo de dulzura. La «ubicación» de un consumidor indicaría su preferencia por el nivel de dulzura. Si el consumidor está ubicado cerca del extremo de la «playa» de la marca 1, entonces el consumidor tiene una preferencia fuerte por cereales sin azúcar añadido. Al contrario, un consumidor ubicado cerca del otro extremo de la «playa» claramente tendrá una preferencia intensa por productos dulces. Y un consumidor ubicado en el medio tiene una preferencia intensa por cereales con algo de azúcar, pero no mucho. Finalmente, el coste de «transporte» o «desplazamiento» mide la aversión del consumidor a comprar algo diferente de su nivel óptimo de dulzura. En resumen: aunque nos refiramos a ubicación y costes de transporte, las ideas desarrolladas en el contexto de diferenciación espacial de producto pueden ser aplicadas a la diferenciación de otras características de producto.

Volviendo a nuestro modelo, que es conocido como el **modelo de Hotelling**: la secuencia temporal de acciones (las «reglas del juego») son similares al modelo de Bertrand (sección 8.1): las empresas fijan precios p_i simultáneamente; los consumidores escogen en qué empresas comprar el producto; y finalmente las empresas producen y venden la cantidad demandada, donde cada unidad tiene un coste de producción c.

La figura 14.2 ilustra la demanda de los consumidores. En el eje horizontal medimos la «dirección» de cada consumidor, es decir, su nivel preferido de característica de producto. Específicamente, un consumidor de tipo x tiene una valoración v (el mismo valor para todos los consumidores) y debe pagar un coste total $p_i + t|x - a_i|$, donde p_i es el precio de la empresa i, a_i es la «dirección» de la empresa i (es decir, $a_1 = 0$ y $a_2 = 1$); $|x - a_i|$ es la «distancia» entre la preferencia del consumidor y el producto ofrecido por la empresa; y t es el coste de «transporte» del consumidor, es decir, la disminución en utilidad que resulta de una unidad de «distancia».

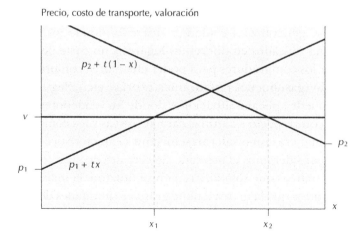

Precio, costo de transporte, valoración

Figura 14.2. Demanda con productos diferenciados horizontalmente.

Al igual que el caso de la diferenciación de producto vertical, cada consumidor escoge la mejor de sus tres opciones: no comprar de ninguna empresa, que da una utilidad cero $u_0 = 0$; o comprar de la empresa i ($i = 1, 2$), lo que da una utilidad $v - p_i - t|x - a_i|$. Tal y como sugiere la figura 14.2, los consumidores con valores bajos de x (es decir, los consumidores con una preferencia relativa por la empresa 1), compran el producto de la empresa 1. De hecho, para estos consumidores (a) $v - p_1 - t|x - a_1| > 0$ y (b) $v - p_1 - t|x - a_1| > v - p_2 - t|x - a_2|$. De modo similar, los consumidores con altos valores de x (es decir, consumidores con una preferencia relativa por los productos de la empresa 2), compran de la empresa 2; y finalmente, los consumidores con valores intermedios de x no compran de ninguna empresa.

Al igual que el modelo de diferenciación vertical de producto, determinar el equilibrio de Nash del modelo de Hotelling gráficamente no es tan fácil como en el caso de Bertrand (sección 8.1). Sin embargo, la figura 14.2 muestra que, a diferencia del caso de Bertrand, un pequeño cambio en el precio no implica un gran cambio en la demanda. Además, no basta para una empresa bajar el precio por debajo del precio de su rival para capturar la totalidad de la demanda de mercado.

Diferenciación horizontal de producto: análisis formal. Supongamos que v es suficientemente alto de modo que todos los consumidores siempre compran de una de las empresas (en términos de la figura 14.2, $x_1 = x_2$). Un consumidor con dirección x es indiferente entre la empresa 1 y la empresa 2 si:

$$tx + p_1 = t(1 - x) + p_2$$

Los consumidores a la izquierda de x compran de la empresa 1, mientras que aquellos a la derecha de la empresa 2. Supongamos que los consumidores están uniformemente distribuidos en el segmento $[0,1]$. Esto implica que la demanda de la empresa 1 viene simplemente data por x, mientras que la demanda de la empresa 2 viene dada por $1 - x$. Solucionando la ecuación anterior con respecto a x obtenemos:

$$q_i = \frac{1}{2} + \frac{p_j - p_i}{2t} \qquad (14.3)$$

(Comprueba este resultado.) La función de beneficios de la empresa i viene dada por:

$$\pi_i = q_i(p_i - c) = \left(\frac{1}{2} + \frac{p_j - p_i}{2t} \right)(p_i - c_i)$$

Tomando la derivada con respecto a p_i e igualando a cero, obtenemos la condición de primer orden de la empresa i de la maximización de beneficios:

$$\left(\frac{1}{2} + \frac{p_j - p_i}{2t} \right) - \frac{1}{2t}(p_i - c = 0$$

Solucionando con respecto a p_i obtenemos la función de reacción de la empresa i:

$$p_i = \frac{1}{2}(c_i + t + p_j) \qquad (14.4)$$

Supongamos que $c_i = c_j$. Por simetría, $p_i = p_j$, y de la ecuación anterior:

$$p = c + t \qquad (14.5)$$

Notemos que el modelo de Bertrand corresponde al caso particular del modelo de Hotelling con $t = 0$: cuando no hay coste de transporte, todos los consumidores acuden al vendedor con el precio más bajo. Por lo general, (14.5) sugiere que:

Cuanto mayor es el grado de diferenciación de producto, mayor es el grado de poder de mercado.

En otras palabras, la diferenciación de producto proporciona una solución a la «trampa de Bertrand» (sección 8.1): de hecho, a diferencia de la predicción del modelo de Bertrand, la competencia de precios no implica necesariamente fijar precios igual al coste marginal. Lo segundo solo es verdad bajo los supuestos (algo extremos) de productos homogéneos, ausencia de restricciones de capacidad productiva y sin repetición de interacción. En los capítulos 8 y 9, vimos que las restricciones de capacidad productiva y las interacciones repetidas pueden conllevar que las empresas fijen precios por encima del coste marginal. Ahora vemos que la diferenciación de producto es un motivo adicional para tener márgenes positivos en equilibrio.[h]

Al igual que el caso de diferenciación vertical de producto, podemos tomar el análisis un paso atrás en la fase donde las empresas escogen sus «ubicaciones» (es decir, la fase del posicionamiento de producto). Al igual que el caso de diferenciación vertical de producto, podemos distinguir un efecto directo y un efecto estratégico de mover la «dirección» de una de las empresas más cerca del centro. El efecto directo es positivo: manteniendo los precios constantes, moverse hacia el centro aumenta la demanda y los beneficios. El efecto estratégico es negativo: acercarse al rival provoca que el rival disminuya sus precios, lo que implica una disminución en los beneficios de la empresa.

El equilibrio entre estos dos efectos va a depender probablemente de las circunstancias particulares de cada industria. Consideremos, por ejemplo, la banca comercial en Europa. Normalmente, los precios (tipos de interés) vienen determinados a nivel de país (es decir, no al nivel de cada sucursal). Esto sugiere que el efecto estratégico de cambiar la ubicación de una sucursal es leve. Consecuentemente, esperamos que los bancos fijen la ubicación de sus sucursales más cercanas al centro (donde la demanda es más alta), aun cuando esto implica estar más cerca de las sucursales de otros bancos.[i]

En cambio, supongamos que los dos vendedores de helado en la playa de una milla de largo que hemos considerado anteriormente deciden moverse de los extremos de la playa al centro de la playa. Dado que ambos venden el mismo producto, ahora que están ambos localizados en el mismo lugar los consumidores los tratan como si fueran el mismo producto; es decir, escogerán entre ellos únicamente basándose en el precio. Como vimos en la sección 8.1, esto causa que el precio se fije igual al coste marginal y que los beneficios sean cero. En este contexto, esperamos que los competidores se ubiquen lejos los unos de los otros.

---

[h] Sin embargo, como vimos en la sección 4.3 (competencia monopolística) la diferenciación de producto es compatible con beneficios cero.

[i] Una razón adicional por la que los competidores pueden ubicarse cerca de sus competidores es que existen economías de aglomeración en el lado de la demanda. Volveré a tratar este asunto en el capítulo 16.

> **Si la competencia en precios es intensa, entonces las empresas suelen ubicarse lejos las unas de las otras (alto grado de diferenciación). Si la competencia de precios no es intensa, entonces las empresas suelen localizarse cerca las unas de las otras (bajo grado de diferenciación).**

El Ejercicio 14.6 considera una aplicación de estos principios.

■ **Poniendo el modelo a trabajar: políticas estratégicas de comercio internacional.** En 2005, los EE. UU. denunciaron a la UE ante la Organización Mundial del Comercio (World Trade Organization o WTO), acusando a los europeos de subsidiar ilegalmente a Airbus. Cuando se presenta una denuncia de este tipo, el denunciante debe argumentar que hubo daño, es decir, que las subvenciones de los gobiernos de Francia, Alemania, etc., tuvieron un efecto negativo en la rentabilidad de Boeing.

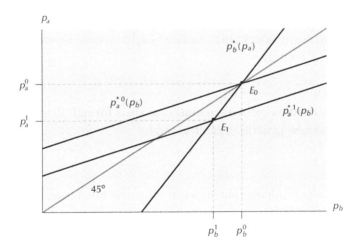

Figura 14.3. Subsidios gubernamentales y precios de equilibrio.

Supongamos, por razones de simplicidad, que los subsidios a Airbus fueron otorgados basándose en el número de aviones producidos.[j] Entonces podemos reformular la pregunta como sigue: ¿cómo cambia el beneficio de Boeing cuando el coste marginal de Airbus disminuye? La figura 14.3 ilustra este caso. Por simpli-

---

[j] De hecho, la mayoría de la ayuda gubernamental recibida por Airbus fue del tipo de «ayuda de despegue», una especie de mecanismo de seguro que protegía al fabricante de pérdidas cuando construía un nuevo tipo de avión. El supuesto de subsidio por unidad es más relevante para el tipo de subvención recibida por Boeing.

cidad, supongamos que Airbus y Boeing (empresas a y b) compiten en el contexto del modelo de Hotelling; que cada empresa vende un tipo de avión únicamente; y que inicialmente ambos tienen los mismos costes de producción ($c_a = c_b = c$). Se deduce que el equilibrio inicial es simétrico (punto E_0 en la figura 14.3), con $p_a^0 = p_b^0$ y $q_a^0 = p_b^0$ (el subíndice se refiere a la identidad de la empresa; el superíndice se refiere a la situación en cuestión, con 0 indicando el equilibrio inicial). Ahora Airbus recibe un subsidio del gobierno que efectivamente disminuye su coste marginal. Cuanto más bajo es el coste marginal de una empresa, más bajo será el precio que fije, manteniendo todos los otros factores constantes. En términos de la figura 14.3, esto corresponde al desplazamiento hacia abajo de la función de reacción de Airbus, de $p_a^{*0}(p_b)$ a $p_a^{*1}(p_b)$.

El desplazamiento en la función de reacción de Airbus provocará un cambio en el punto de equilibrio, de E_0 a E_1, con dos efectos sobre Boeing: primero, reaccionando al precio más agresivo de Airbus, Boeing baja su precio también; y segundo, en la medida en que Boeing baja su precio menos que Airbus (E_1 queda por debajo de la línea de 45°), la diferencia en precios $p_b - p_a$ aumenta, lo que a su vez implica una disminución en la cuota de mercado de Boeing. Así pues, concluimos que el beneficio de Boeing disminuye como resultado de una combinación de un margen menor (es decir, un menor $p_b - c_b$) así como una cuota de mercado menor (es decir, q_b menor).[k]

El efecto de subsidios gubernamentales: análisis formal. Resolviendo el sistema (14.4) en el caso general (asimétrico) da:

$$\hat{p}_i = \frac{2}{3}c_i + \frac{1}{3}c_j + t$$

(Comprueba este resultado; notemos que $p = c + t$ es la solución particular cuando $c_i = c_j$.) Sustituyendo este resultado en la función de beneficio y simplificando, obtenemos:

$$\hat{\pi}t = \frac{1}{18t}(3t + c_j - c_i)^2$$

Calculando la derivada $\partial\pi_b/\partial c_a$ y *entonces* sustituyendo $c_a = c_b$, obtenemos:

$$\left.\frac{d\hat{\pi}b}{dc_a}\right|_{c_a - c_b} = \frac{1}{3}$$

---

[k] Se podría argumentar lo mismo en el caso de Airbus. De hecho, a las pocas horas del primer caso de la Organización Mundial del Comercio, la UE denunció a los EE. UU. por daños a Airbus causados por subvenciones del gobierno a Boeing.

Dicho de forma intuitiva, por cada \$1 de subsidio por unidad que recibe Airbus, el beneficio de Boeing disminuye por \$$\frac{1}{3}$. Dado que Airbus vende $\frac{1}{2}$ unidades, un subsidio por unidad de \$1 implica un total de \$$\frac{1}{2}$ en subsidios. Si \$$\frac{1}{2}$ en subsidios conlleva una disminución en beneficio de \$$\frac{1}{3}$, finalmente concluimos que \$1 en subsidios a Airbus implica unas pérdidas para Boeing de \$$\frac{2}{3} \approx 66$ centavos de dólar.

Este caso Airbus-Boeing nos proporciona un ejemplo del poder de las **políticas estratégicas comerciales**: cuando los competidores en oligopolio pertenecen a diferentes países, los impuestos de importación de competidores extranjeros o los subsidios a los competidores domésticos pueden tener el efecto de aumentar los beneficios de la empresa doméstica en detrimento del beneficio de la empresa extranjera.[1]

14.3 Publicidad y marcas

En la sección 14.1, consideramos productos diferenciados según características objetivas y cuantificables (superficie de una casa, aceleración de un coche). En cambio, en este capítulo y el siguiente nos centramos en razones por las que, desde el punto de vista del consumidor, distintas empresas ofrecen productos distintos –incluso cuando, «objetivamente», no son tan diferentes. Como dice el dicho, «la belleza está en los ojos de quien mira».

En esta sección, nos centramos en la publicidad, un componente importante de la estrategia de una empresa en industrias como la farmacéutica y la de refrescos.[m] Algunos de los temas de interés incluyen el tipo y los efectos de la publicidad; y su interacción con la competencia y estructura de mercado.

■ **La naturaleza y los efectos de la publicidad.** Los economistas clasifican bienes y su publicidad en diferentes categorías. Los bienes pueden ser bienes de búsqueda o bienes experienciales. Un **bien de búsqueda** es un bien cuyas características puede medir bien el consumidor antes de la compra. Por ejemplo, las característi-

---

[1] En el capítulo 8, consideramos otros dos ejemplos en el contexto de la competencia en nivel de calidad (Cournot), en concreto los Ejercicios 8.13 y 8.14.

[m] La industria farmacéutica es conocida por sus altos presupuestos de I+D; pero los gastos de publicidad y de promoción son aún más altos que los gastos de I+D. Para ser justos, esto depende de cómo definamos publicidad y promoción; pero lo que es incuestionable es que los gastos de publicidad juegan un papel muy importante en esa industria.

cas de un ordenador personal (velocidad del microprocesador, capacidad del disco duro, etc.) pueden ser determinadas por inspección o leyendo acerca del producto. En cambio, un **bien experiencial** es uno cuyas características únicamente son reveladas después del consumo y disfrute del producto: da igual cuánto se escucha acerca de cierto vino tinto, uno no conoce realmente su calidad hasta que lo prueba y lo huele.[n]

La diferencia entre bienes de búsqueda y bienes experienciales nos lleva a una clasificación paralela de gastos en publicidad: la **publicidad informativa** describe la existencia del producto, sus características (es decir, peso, tamaño, velocidad) y términos de venta (es decir, precio, tipo de interés de financiamiento); en cambio, la **publicidad persuasiva** está diseñada para cambiar la percepción de los consumidores acerca del valor del producto («nuestros productos saben mejor», etc.).[o]

La distinción entre información y disuasión no está clara: la publicidad puede ser de disuadir a consumidores para que prueben un bien experiencial y por lo tanto informarse mejor de sus características. Por ejemplo, en 1984 Ford Motor Co. financió una campaña publicitaria que consistía en una serie de camiones Ford Ranger siendo lanzados desde aviones o en acantilados.[5] El anuncio contenía muy poca información más allá de anunciar la existencia del producto con una campaña por todo lo alto. Pero tal estrategia de «tirar dinero por la ventana» puede ser una **señal** de la calidad del producto: es como si el mensaje del vendedor fuera «Deberías creernos cuando te digo que este es un producto de alta calidad, uno que tú deberías comprar ahora y continuar comprando en el futuro; si nuestros productos no fueran de alta calidad, hacer que compres ahora no valdría la pena (no repetirías tu compra); por lo tanto, el simple hecho de gastarnos tanto dinero te debería convencer de que nuestro producto es de alta calidad».

En la práctica, la mayoría de los gastos publicitarios son efectivos de varias maneras. Tomemos por ejemplo el famoso anuncio de eTrade en la Super Bowl del año 2000, que mostraba un mono bailando la canción «La Cucaracha» y con un eslogan final «Bien, nos acabamos de gastar 2 millones de dólares». En parte este puede ser un caso de señalización como he mencionado anteriormente. En parte este anuncio informa de un nuevo servicio. O simplemente es una estrategia de emitir un anuncio tan diferente a los demás que algunos de nosotros todavía lo recordamos 20 años después.

---

[n] Una tercera categoría podría ser la de bienes de **credibilidad**, cuando la calidad no puede ser determinada incluso después del consumo. Ejemplos incluyen servicios legales y médicos.

[o] El Ejercicio 14.8 proporciona un ejemplo de cómo estimar la importancia relativa de la publicidad informativa y persuasiva.

■ **Marcas.** La fórmula de *Coca-Cola* ha sido uno de los secretos mejor guardados del mundo desde su invención por el Doctor John Pemberton en 1886. Considerando esta historia, es poco probable que la fórmula sea revelada en breve. Pero supongamos que este fuera el caso: ¿sería algo diferente? Sospecho que no: cuando bebo una lata de *Coca-Cola* no bebo simplemente 33 ml de un brebaje dulce de color oscuro con burbujas. Una lata de *Coca-Cola* es mucho más que un compuesto químico: es una experiencia de consumo; es una serie de memorias, de asociaciones psicológicas y sociales: es una **marca**.

Ejemplos como el de *Coca-Cola* sugieren una diferente visión de la publicidad: los consumidores derivan utilidad de un conjunto de (a) características cuantificables de producto y (b) de la imagen de marca. En algunos casos –como las viviendas o los ordenadores– el primer componente es relativamente más importante; en otros casos –como los refrescos y las fragancias– el segundo componente es relativamente más importante. Así los gastos publicitarios pueden ser vistos como una inversión que crea y mantiene un nivel de crédito comercial, al cual llamamos valor de marca. De la misma manera que la construcción de plantas y el mantenimiento de máquinas mejoran las existencias de capital de una empresa, los anuncios de televisión y otros tipos de publicidad mejoran la marca de una empresa; al igual que el paso del tiempo implica una disminución en las existencias de capital (mediante la depreciación), el paso del tiempo conlleva una depreciación en el valor de una marca (entre otras cosas, porque los consumidores se olvidan de la marca).

En la sección 14.2, discutimos el posicionamiento del producto en términos de la selección de características del producto. La creación de una marca proporciona una alternativa a la estrategia de posicionamiento de producto: define una serie de imágenes y expectativas que están «pegadas» a un producto físico (como en el ejemplo de *Coca-Cola*).

Las marcas también pueden estar asociadas con un **contrato implícito** entre comprador y vendedor. Por ejemplo, la marca *Hewlett-Packard* está asociada con productos de calidad. En este caso, el contrato implícito es que HP ofrece productos de alta calidad; y los consumidores, esperando recibir productos de alta calidad, pagan un precio alto por lo que es efectivamente un bien experiencial (es decir, la calidad solo se puede observar después de consumir). HP puede tener la tentación de rebajar su esfuerzo de ofrecer productos de alta calidad;[p] pero la marca ayuda a dar los incentivos apropiados: si HP no cumple las expectativas, quizás no pueda reconstruir su imagen de marca –o peor todavía, ni crear una nueva.

---

[p] En terminología de teoría de juegos, se diría que hay **riesgo moral** por el lado del vendedor.

La creación de una marca también ayuda a entender la práctica de vender varios productos bajo el mismo nombre: la **marca paraguas** (también conocida como extensiones de marca). Si las marcas son asociadas a productos físicos para producir utilidad del consumidor, entonces extensiones de marca de éxito deberían incluir productos que encajen. Por ejemplo, el enjuague bucal *Crest* y la barra de helado *Häagen Dazs* fueron evaluados por los consumidores como hipotéticas extensiones de marca de éxito, mientras que el procesador de fotografía de *McDonald's* y las palomitas de maíz de *Heineken* encajaban menos.[6]

Las marcas paraguas también son una buena manera de señalar calidad. Por ejemplo, Canon estableció su reputación como fabricante de cámaras fotográficas. A mediados de la década de 1970, entró en el mercado de las fotocopiadoras. Dado que lo necesario para producir una buena cámara es parecido a lo necesario para producir una buena fotocopiadora, los consumidores deberían esperar que la calidad de una fotocopiadora Canon sea aproximadamente del mismo nivel que el de las cámaras Canon. En este contexto, al añadir una fotocopiadora a su cartera de productos, Canon usa su reputación para beneficiarse de la venta del nuevo producto.

■ **Estimando el valor de la publicidad y de una marca.** John Wanamaker, uno de los pioneros de la mercadotecnia, dijo una vez: «La mitad del dinero que me gasto en publicidad es desperdiciado; el problema es que no sé qué mitad es». Estimar los efectos de la publicidad es tan complicado como estimar la demanda del consumidor (sección 2.3). El problema es que hay muchas variables en juego; y no todas las correlaciones corresponden a relaciones causales. Por ejemplo, supongamos que Mercedes lanza un nuevo modelo de coche fabuloso y aumenta su presupuesto de publicidad (si tienes un nuevo producto, deberías anunciarlo al mundo). Ese mismo año, observamos un aumento en el gasto publicitario y un aumento en ventas. Sin embargo, la mayoría del aumento en ventas se debe a mejoras en el producto (causalidad), y no a la publicidad (en gran parte correlación).

Dicho de otro modo, debemos resolver el problema de endogeneidad: en el ejemplo de Mercedes el cambio en niveles de publicidad fue probablemente creado por la mejora de producto (es decir, la variación fue determinada endógenamente); se deduce que la correlación entre publicidad y ventas nos da un estimado sesgado del efecto de la publicidad sobre las ventas (en este caso, claramente sobreestimaría el efecto de la publicidad en las ventas).

La solución a este problema pasa por correlacionar las ventas de producto con variaciones en niveles de publicidad que estén de por sí no relacionadas con las variables del producto relevante. Tomemos por ejemplo los anuncios de televisión durante la Super Bowl, el partido final de la temporada de futbol americano en EE. UU. (y el evento televisivo más importante del año). Los anuncios de la Super

Bowl son emitidos a nivel nacional, pero su impacto local depende de la audiencia local. Si los Cleveland Browns juegan en la Super Bowl, entonces más gente mira los anuncios de la Super Bowl en Cleveland que en el resto del país. Así, es razonable asumir que esta variación de ciudad a ciudad es independiente de las características del producto; y nos da un escenario óptimo para estimar el impacto de la publicidad en la demanda –asumiendo que también tenemos datos de demanda desagregados por región.[7] Por ejemplo, las películas anunciadas durante la Super Bowl entre 2004 y 2013 se gastaron un promedio de \$3 millones por sus anuncios y vieron un aumento del 50 % en sus ventas del fin de semana de estreno, lo que corresponde a un tasa de rentabilidad de la inversión aproximadamente del 3 %.

Dado que el valor de una marca es generado mediante la inversión en publicidad, también podemos estimar el impacto de una marca en la demanda. En este contexto, una fuente de variación exógena es la inmigración: parece razonable asumir que la decisión de mudarse a un estado diferente es básicamente independiente de la fortaleza de las marcas locales. Entonces la estrategia de identificación es la siguiente: algunas marcas son fuertes en algunas ciudades y estados; por ejemplo, la cerveza Sam Adams es particularmente fuerte en Boston. Entonces podemos hacernos la siguiente pregunta: si suficiente gente que creció en Boston (y por lo tanto estuvieron expuestos a la marca Sam Adams) se muda a Denver, ¿las ventas de Sam Adams en Denver aumentan? La respuesta es que las ventas aumentan, y que el efecto es tanto estadísticamente significativo como duradero (incluso 40 años más tarde).[8]

■ **Intensidad de publicidad.** Algunas industrias gastan más en publicidad que otras. Por ejemplo, en la industria de la sal, el **cociente publicidad-ingresos** a/R es del orden 0 a 0,5 % (a quiere decir publicidad y R ingresos por ventas). En cambio, en la industria de los cereales para desayunar, el cociente está en el intervalo 8 a 13 %.[9] ¿Qué determina la intensidad de la publicidad de una empresa o una industria? Se puede ver que una empresa que maximiza beneficios escoge:

$$\frac{a}{R} = \frac{\eta}{-\epsilon} \tag{14.6}$$

donde ϵ es la elasticidad precio de la demanda de la empresa (sección 2.2) y:

$$\eta = \frac{dq}{da}\frac{a}{q}$$

es la elasticidad de la demanda con respecto al gasto en publicidad, es decir, η mide cuánto aumenta la cantidad demandada (en porcentaje) cuando el gasto en publicidad aumenta por un 1 %. Dicho en palabras, la Ecuación 14.6 dice que:

> **El cociente entre el gasto publicitario y las ventas es mayor cuanto mayor sea la elasticidad de la demanda con respecto al gasto publicitario y cuanto menor sea la elasticidad precio de la demanda (o mayor sea el margen entre el precio y el coste).**

La última parte de la afirmación anterior se deduce de (3.3), la regla de la elasticidad derivada en la sección 3.2: el margen óptimo entre el precio y el coste (en valor absoluto) es la inversa de la elasticidad precio de la demanda.

Intensidad de la publicidad: análisis formal. El beneficio de la empresa viene dado por:

$$\pi = (p - c)\, q\,(p, a) - a$$

donde a es el gasto publicitario y donde la demanda depende del precio y del gasto publicitario. La condición de primer orden por un nivel óptimo de a viene dada por:

$$(p - c)\frac{\partial q}{\partial a} = 1$$

Multiplicando ambos lados de la ecuación por a/R, obtenemos:

$$\frac{p - c}{R}\frac{\partial q}{\partial a}\, a = \frac{a}{R}$$

Notando que $R = pq$ y moviendo términos en la ecuación,

$$\left(\frac{p - c}{p}\right)\left(\frac{\partial q}{\partial a}\frac{a}{q}\right) = \frac{a}{R}$$

Finalmente, la ecuación (14.6) se deduce de la regla de la elasticidad (3.3).

La relación entre a/R y las elasticidades de demanda η y ϵ no es sorprendente o particularmente asombrosa, pero ayuda a responder a una pregunta importante: ¿cómo la intensidad de publicidad depende de la estructura de mercado? Por un lado, cuando la estructura de mercado se acerca a la competencia perfecta, esperamos que la elasticidad precio de demanda aumente (en valor absoluto).^{q} Basándonos en (14.6), asumiendo que η permanece aproximadamente constante, esperamos que la intensidad de publicidad disminuya a cero; en el límite y extremo de la competencia perfecta (los mercados de bienes básicos), las empresas no tienen incentivos para invertir en publicidad.

Consideremos ahora un aumento en el número de competidores desde el punto de vista opuesto: el monopolio. ¿Qué efecto tiene esto en el valor de η, la elasticidad de demanda con respecto al gasto publicitario? Si el efecto primario de la publicidad es mover cuotas de mercado entre competidores, entonces deberíamos esperar que η aumentara cuando el número de competidores aumenta: en el extremo del monopolio, no hay competencia, y por lo tanto no hay cuota de mercado rival para capturar con la publicidad; en cambio, cuando el número de empresas aumenta, el impacto de la publicidad para ganar cuota de mercado de los rivales aumenta.

La evidencia empírica de muchas industrias sugiere una relación de U inversa entre la estructura de mercado y la intensidad de publicidad. Esto parece consistente con la discusión anterior de la Ecuación (14.6): cerca del extremo del monopolio, un aumento en la competencia incrementa los incentivos de las empresas para robar cuota de mercado mediante la publicidad; cerca del extremo de la competencia perfecta, un aumento en la competencia disminuye los beneficios de la publicidad, tanto porque los márgenes son bajos como porque el efecto de la publicidad es principalmente para aumentar la demanda de las empresas rivales.^{r}

■ **Publicidad y competencia en precios.** ¿Cómo es la interacción entre la competencia en publicidad y la competencia en precios? Consideremos primero el modelo de diferenciación horizontal de producto presentado en la sección 14.2. Como ilustración, supongamos que el producto en cuestión es vino blanco; que la única característica relevante es la dulzura; y que hay dos marcas: una con un nivel mínimo de dulzura, una con un nivel máximo de dulzura. Si los consumidores son conscientes de qué marca es cuál, entonces las empresas en equilibrio fijan

---

^{q} Una forma alternativa de ver este asunto es recordar la regla de la elasticidad (3.3): en equilibrio, el margen de una empresa es la inversa de la elasticidad precio de la demanda. Al acercarnos a la competencia perfecta, los márgenes se aproximan a cero y la elasticidad de demanda a nivel de la empresa se acerca a infinito (en valor absoluto).

^{r} Si en lugar de robar cuota de mercado el efecto principal de la publicidad fuera aumentar el volumen total de demanda, entonces tenemos un problema del polizonte (sección 5.1): la publicidad aumenta la demanda de todas las empresas; y cuantas más empresas haya, más significativa es la externalidad. Por lo tanto, esperaríamos que la intensidad de publicidad disminuyera a medida que la estructura de mercado se vuelve más fragmentada. La evidencia empírica sugiere que, en el extremo del monopolio como estructura de mercado, este efecto no es mayor que el efecto descrito en el párrafo anterior.

precios por encima de su coste marginal (y el margen es proporcional al coste de «transporte», es decir, la aversión del consumidor a un nivel de dulzura distinto a su nivel favorito).

Ahora supongamos que los consumidores saben que hay dos productos, pero no saben qué producto es cuál. Aunque los dos vinos son objetivamente distintos, desde el punto de vista de los consumidores son idénticos. Se deduce que efectivamente las empresas compiten en un modelo de Bertrand, y llegan al resultado de que el precio es igual al coste marginal.

En este contexto, la publicidad informativa –es decir, la publicidad que proporciona información sobre las características del producto– atenúa la competencia en precios: cuando los consumidores perciben las diferencias entre los productos, las empresas dejan de tener un incentivo para fijar su precio por debajo del precio del rival tal y como lo harían cuando los consumidores escogen su compra basándose únicamente en el precio. Un ejemplo interesante de esta estrategia viene dado por la campaña publicitaria de la pasta dental *Crest MultiCare* de P&G; véase en la Caja 14.1.

CAJA 14.1 Guerra de pasta de dientes: por qué la publicidad de P&G alaba a su rival Colgate[10]

En junio de 1998, P&G pagó por anuncios de página entera en casi 100 periódicos en los EE. UU. Los anuncios mostraban comparaciones vis a vis entre Crest MultiCare de P&G y Total de Colgate en varios beneficios de pasta dental. Ambas marcas eran adecuadas en un número de apartados, como «ayuda a combatir caries» y «ayuda a eliminar la placa». Sin embargo, en el apartado de «ayuda a reducir y prevenir gingivitis y reducir placas», solo Total de Colgate aparecía como apta. Por otro lado, solo Crest MultiCare aparecía como apta en las categorías «mejor sabor» y «aliento más fresco».

Es bastante raro que P&G –de hecho, para cualquier empresa– reconociera una ventaja de un competidor. P&G afirma que su «política es la de ser justos, así que nuestro anuncio reconoció la ventaja de la competencia en cuanto a la gingivitis». Sin embargo, uno puede argumentar que es mejor para P&G actuar de esta manera: primero, alabar el producto de la competencia para evitar que Colgate contradiga las afirmaciones en su anuncio; y segundo, un efecto importante del anuncio es el de aumentar la percepción del consumidor de las diferencias entre las dos marcas, y por lo tanto disminuir la competencia en precios.

Consideremos ahora un ejemplo diferente: son las 3 de la tarde del 6 de junio de 2015 cuando tú, un gran aficionado del futbol del Barcelona, llegas a Berlín para presenciar la final de la Champions League. Solo hay un problema: todavía necesitas comprar una entrada; hay dos lugares donde puedes comprar entradas, pero no sabes el precio que vas a tener que pagar; y solo tienes tiempo de visitar uno de los dos vendedores. En esta situación, también podrías seleccionar uno de los vendedores aleatoriamente y pagar el precio que te pidan (hasta cierto límite, digamos *v*, que viene determinado por tu riqueza y por tu nivel de apreciación del equipo del Barcelona).

Dado que aficionados de última hora compran, los vendedores de entradas son capaces de fijar precios altos (quizás tan altos como *v*) sin temer perder compradores. Sin embargo, supongamos que los vendedores anuncian sus precios en el aeropuerto (y hay una multa por mentir, es decir, hacer publicidad de un precio y vender a un precio distinto). Entonces podrías ir y comprar la entrada del vendedor más barato. Entonces estamos en una situación como el modelo de Bertrand, resultando en precios más cercanos al coste que a la valoración del comprador.[11]

La evidencia empírica de varias industrias parece consistente con esta predicción. Como he mencionado antes (secciones 2.3, 9.4, 14.1 y otras secciones anteriormente), cuando se trata de evidencia empírica es importante diferenciar correlación y causalidad. Por ejemplo, es conocido que los precios de gafas son más altos en estados en EE. UU. que prohíben la publicidad de precios. Sin embargo, podría haber una variable omitida que varía de estado a estado y que causa que los precios suban y que la regulación sea más estricta en algunos estados.[12] En este contexto, una estrategia de identificación mejor es la de examinar el **experimento natural** inducido por un cambio en la legislación. Por ejemplo, en 1996 la Corte Suprema de los EE. UU. invalidó una prohibición en el estado de Rhode Island sobre la publicidad de los precios de bebidas alcohólicas (el caso de *44 Liquormart*). Presumiblemente, el cambio en legislación fue exógeno a la industria. Entonces podemos efectuar un análisis de diferencia-en-diferencias para aislar su impacto: usando el estado vecino de Massachusetts (donde no hubo cambio alguno en la legislación) como control, hacemos la siguiente pregunta: ¿hay una diferencia entre estados en las diferencias entre periodos (antes y después de mayo de 1996) en los precios de las bebidas alcohólicas? La respuesta es afirmativa, pero solo por una pequeña cantidad.[13] Específicamente, aun cuando los precios son más bajos en estados que permiten la publicidad, el hecho de permitir la publicidad no parece implicar una disminución significativa en precios (es decir, la correlación no es lo mismo que la causalidad). Sin embargo, tras la publicidad en precios observamos un cambio significativo de clientes hacia aquellas tiendas con precios menores.

En general, concluimos que

> **La publicidad de características de un producto suele atenuar la competencia de precios. La publicidad de precios suele aumentar la competencia de precios.**

Los ejemplos anteriores dependen de una serie de supuestos simplificadores. Puede haber casos donde el efecto de la publicidad va en la dirección contraria. Por ejemplo, en algunos países las gasolineras deben anunciar sus precios cerca de las entradas de la autopista, para que los conductores puedan estar completamente informados antes de decidir dónde parar a rellenar el depósito de sus coches. La evidencia sugiere que esta práctica puede haber ayudado a las gasolineras a conspirar en fijar precios altos (véase un caso relacionado en la Caja 9.6); así, anunciar los precios puede atenuar la competencia en precios.

14.4 Comportamiento del consumidor y estrategia de la empresa

En la sección 14.3, mostré cómo la publicidad puede informar a los consumidores acerca de las características de un producto o del hecho de cambiar la percepción del consumidor de las características de un producto. En esta sección, examino características adicionales relacionadas con el consumidor que conllevan diferencias con el paradigma de productos homogéneos.

■ **Costes de búsqueda.** Supongamos que decides comprar una bicicleta nueva: una *Schwinn Rocket 7*. Hay dos tiendas en la ciudad que venden este modelo, pero no conoces sus precios. No hay otra manera de averiguar los precios de cada tienda que no sea visitar cada tienda. Visitar una tienda implica un coste s, lo que llamamos un **coste de búsqueda**. Aun cuando las dos tiendas venden el mismo producto, los costes de búsqueda –al igual que la diferenciación de producto– aumentan la posibilidad de que las empresas ejerciten su poder de mercado.

Específicamente, supongamos que todos los consumidores valoran la bicicleta en v y deben incurrir en un coste s para averiguar el precio dado por el vendedor. Entonces lo siguiente es un equilibrio: (a) ambas empresas fijan un precio v; (b) cada consumidor selecciona una de las tiendas aleatoriamente y no busca un segundo precio. Para comprobar que esto es un equilibrio de Nash, notemos que los consumidores no tienen ningún incentivo para seguir buscando: los precios son los mismos en ambas tiendas. Las empresas, a su vez, no tienen ningún incentivo para rebajar sus precios: los consumidores no buscan, y por lo tanto bajar los precios no atrae a nuevos consumidores.[14]

Sin duda, este es un ejemplo muy simple y extremo, pero es útil para dejar clara nuestra conclusión: si los consumidores no están informados sobre los precios, entonces las empresas son capaces de fijar precios altos sin perder clientes. De hecho, la intuición es la misma que en la sección anterior cuando vimos que la publicidad de precios suele aumentar la competencia en precios.

■ **Dispersión de precios.** En el modelo previo de búsqueda de precios del consumidor he asumido que todos los consumidores tienen los mismos costes de búsqueda. Consideremos un caso un poco más realista: algunos consumidores tienen un coste de búsqueda *s*, mientras que otros consumidores (compradores) no tienen coste alguno. Supongamos también que hay un gran número de vendedores. En este contexto, el siguiente resultado puede ser un equilibrio de Nash del juego de precios: algunas empresas fijan un precio alto y solo venden a consumidores que no son compradores (es decir, consumidores con un coste de búsqueda positivo); mientras que otras empresas fijan un precio bajo y venden a ambos tipos de consumidores, compradores y no compradores.[15] Los vendedores de precios bajos no tienen incentivos para subir sus precios porque esto implicaría perder todos los consumidores compradores; y los vendedores de precios altos no tienen incentivos para bajar sus precios porque eso rebajaría su margen sin atraer a ningún cliente nuevo. Por lo tanto, concluimos que la heterogeneidad en los costes de búsqueda en los consumidores puede generar **dispersión de precios** en equilibrio, la situación donde diferentes empresas fijan precios distintos para un mismo producto. El Ejercicio 14.7 explora la posibilidad de equilibrios con dispersión de precios.

■ **Atributos ocultos y ofuscación.** Con la difusión de internet, muchos predijeron que el comercio electrónico sería el portador de una era de comercio «sin fricciones», donde la competencia de tipo Bertrand reduciría los precios de bienes homogéneos al nivel de su coste marginal. La idea es que los consumidores pueden fácilmente acceder a información sobre los precios fijados por diferentes vendedores; y por lo tanto escoger el precio más bajo para un producto dado es fácil. Dicho de otro modo, los costes de búsqueda deberían ser considerablemente menores que en un mundo de comercio basado en tiendas físicas. Sin embargo, la evidencia sugiere que la dispersión de precios en mercados virtuales no es muy distinta de la de los mercados físicos.

Tomemos por ejemplo el mercado virtual asociado con el buscador de precios Pricewatch.com: este genera listas de precios de un gran número de vendedores pequeños y no diferenciados de ordenadores y partes de ordenadores (así como de otros productos electrónicos). Los vendedores invierten poco o nada en publicidad y reciben a sus clientes casi exclusivamente a través del buscador Pricewatch. com. Esto parece ser lo más cercano al modelo de Bertrand que uno podría esperar. Una razón es que los vendedores participan en prácticas de **ofuscación**, es decir, hacen que los términos de la venta no queden claros a propósito. En el pasado, era común encontrar situaciones donde las empresas anunciaban un precio muy bajo por cierto chip de memoria, digamos \$1, pero entonces, a la hora de pagar, cobraban una tasa de \$40 por gastos de «envío y procesamiento». En la actualidad Pricewatch.com fija máximos en las tasas de envío y procesamiento, pero el orden basado en el precio no parece tan claro como a uno le gustaría, dificultando así que los consumidores encuentren el precio más bajo. En resumen, la ofuscación puede ser interpretada como una estrategia del vendedor para aumentar los costes de búsqueda y por lo tanto atenuar el grado de competencia en precios.[16]

Un fenómeno relacionado es el de **precios adicionales** o **atributos ocultos**: características de un producto o de los términos de venta que permanecen ocultas para el consumidor hasta el momento de la venta. Por ejemplo, los hoteles anuncian el precio de la estancia de una noche, pero puede que también tengan un precio aparte por acceso a internet, uso de minibar, etc.

En cierto modo, los atributos ocultos conllevan un problema similar al problema de los costes de búsqueda considerado anteriormente: los consumidores tienen pocos incentivos para buscar (todas las empresas cobran precios adicionales de monopolio); y las empresas tienen pocos incentivos para bajar los precios adicionales (los consumidores no buscan). Pero ahora hay un problema adicional: ¿por qué las empresas no compiten en el precio básico, que es lo que todos los consumidores observan? Una respuesta posible viene dada por la selección adversa (sección 5.2). Supongamos que hay dos tipos de compradores: los de valoración alta y los «tacaños». Como ilustración, supongamos que los primeros están dispuestos a pagar \$14,99 por acceso internet cada noche, mientras que los segundos no; además, los tacaños son también muy sensibles al precio básico, mientras que los consumidores de alta valoración no lo son. En este contexto, rebajar el precio del rival ofreciendo un precio básico menor conlleva un aumento desproporcionado de clientes tacaños, lo que a su vez implica beneficios menores para los vendedores (los tacaños suelen no gastar en servicios adicionales). En resumen, los precios adicionales pueden proporcionar mecanismos añadidos para que los vendedores atenúen la competencia en precios.[17]

■ **Costes de cambio.** Tienes un ordenador portátil con un sistema operativo Windows pero tu amigo con un Mac te dice que deberías cambiar. ¿Cuánto te va a costar el cambio? Además del precio de un ordenador portátil Mac, es probable que tengas que pagar también por la versión Mac del *software* que utilizabas en tu ordenador Windows –y eso sin mencionar el coste de aprender cómo funciona el sistema operativo nuevo. La combinación de las barreras objetivas y subjetivas, monetarias y no monetarias de cambiar de una marca a otra es conocida como un **coste de cambio**.

El efecto de los costes de cambio en la competencia de mercado se puede dividir en dos partes. Consideremos por ejemplo el mercado de comunicaciones inalámbricas. Debido a los cambios de coste, las empresas pueden aumentar sus precios sin perder ninguno de sus clientes actuales; esto es conocido como el **efecto cosecha**. Sin embargo, cuando compiten por clientes nuevos, la expectativa de ingresos futuros de los clientes ya cautivos lleva a las empresas a fijar precios más agresivamente; llamamos a esto el **efecto inversión**. ¿Cuál de los dos efectos es el dominante? Como suele pasar en economía la respuesta es: depende. Si una industria dada es dominada por una empresa, entonces el efecto de los costes de cambio puede ser el de aumentar el poder de mercado de la empresa. Sin embargo, si una industria determinada es muy competitiva desde el principio –por ejemplo, dos empresas compiten directamente la una con la otra y tienen cuotas de mercado similares– entonces el efecto de los costes de cambio puede ser el de aumentar el grado de competencia entre las empresas existentes.

Para recapitular, hemos visto que los costes de búsqueda del consumidor y los costes de cambio (los cuales pueden aumentar como resultado de las estrategias de los vendedores) pueden generar un equilibrio con precios altos incluso cuando, objetivamente, no hay mucha diferenciación entre los vendedores. Dicho de otro modo,

> **Cuando los consumidores no son perfectamente racionales o no están perfectamente informados, las empresas tienen una oportunidad de aumentar su poder de mercado.**

14.5 Políticas públicas

La mayoría de los capítulos de este libro terminan con secciones dedicadas a las políticas públicas. Normalmente, la cuestión central es cómo la competencia imperfecta afecta a la eficiencia de mercado; y cómo la regulación puede prevenir o remediar los efectos negativos de los fallos de mercado. La diferenciación de producto introduce una nueva área de políticas públicas, en concreto la **protección del consumidor**. Desde un punto de vista general, la competencia es la mejor forma de protección del consumidor; pero, como la sección anterior sugiere, la información imperfecta acerca de la oferta de cada empresa puede causar poder de mercado y, con frecuencia, puede resultar en daño al consumidor. Teniendo esto en cuenta, ni la diagnosis ni el remedio están nada claros.

Consideremos el caso de la publicidad. F. Scott Fitzgerald es famoso por afirmar que su «contribución constructiva a la humanidad era exactamente menos cero», queriendo decir que todo lo que la publicidad hace es generar **diferenciación de producto espuria**: productos que son idénticos son percibidos por los consumidores como diferentes. Para un economista, este veredicto negativo es difícil de aceptar. Primero, a menudo la publicidad es informativa (Ejercicio 14.8). Segundo, incluso cuando la publicidad cae dentro de la categoría de «persuasión», un método de preferencias reveladas al consumo (si compras x en lugar de y es porque prefieres x por encima de y) sugeriría que los consumidores se benefician de la imagen creada por la marca (sección 14.3). Además, la interpretación de que la publicidad actúa como una señal (sección 14.3) sugiere que publicidad que parece persuasiva en primera instancia puede ser considerada también informativa. Finalmente, debemos considerar la interacción entre la publicidad y la competencia en precios. Por ejemplo, si el poder de mercado es importante, entonces es probable que el resultado en equilibrio esté por debajo del resultado óptimo. En la medida en que la publicidad aumenta la demanda del consumidor, la publicidad puede mejorar la eficiencia de asignación de la cantidad en el mercado.[18]

Una propuesta con la que los economistas y políticos parecen estar de acuerdo es que la publicidad debe ser verdadera. De acuerdo con esto, un componente importante de la actividad de las agencias que velan por la protección del consumidor es precisamente la de vigilar que la publicidad diga la verdad. Por ejemplo, solamente en los EE. UU., casi 5 millones de consumidores son víctimas de fraude por productos de pérdida de peso; y casi dos millones más son víctimas de seguros fraudulentos de tarjetas de crédito.

En muchos casos, juzgar si se dice la verdad en la publicidad no es fácil. Por ejemplo, los vendedores por internet que anuncian su precio pero no sus costes de procesamiento y envío no están mintiendo en un sentido estricto; pero en la medida en que estos costes adicionales están órdenes por encima del precio, su hacer puede tener un impacto que, a todos los efectos prácticos, es lo mismo que mentir: engaña a los consumidores haciéndoles creer que el coste total es bajo. Lo mismo se puede decir de precios adicionales en hoteles, bancos, etc. En este contexto, la regulación puede ser una manera de proteger los intereses de los consumidores. Por ejemplo, las plataformas de internet pueden ordenar a sus vendedores por el coste total (precios más costes de procesamiento y envío). Otro ejemplo viene dado por la Singapore Telecommunications Act del año 2000, que requiere que los hoteles fijen los precios de las llamadas internacionales de teléfono a coste marginal, más un máximo de 30 céntimos de dólar de Singapur (unos 20 centavos $EE. UU.), por lo tanto evitando precios explotadores por los hoteles en Singapur.

Sumario

- Cuanto mayor es el grado de diferenciación de producto, mayor es el grado de poder de mercado.
- Si la competencia en precios es intensa, entonces las empresas suelen ubicarse lejos las unas de las otras (alto grado de diferenciación). Si la competencia de precios no es intensa, entonces las empresas suelen localizarse cerca las unas de las otras (bajo grado de diferenciación).
- El cociente del gasto publicitario a las ventas es mayor cuanto mayor sea la elasticidad de la demanda con respecto al gasto publicitario y cuanto menor sea la elasticidad precio de la demanda (o mayor sea el margen entre el precio y el coste).
- La publicidad de características de un producto suele atenuar la competencia de precios. La publicidad de precios suele aumentar la competencia de precios.
- Cuando los consumidores no son perfectamente racionales o no están perfectamente informados, las empresas tienen una oportunidad de aumentar su poder de mercado.

Conceptos clave

- producto diferenciado
- método de las características
- precios hedónicos
- diferenciación de producto vertical
- efecto directo
- efecto estratégico
- modelo de Hotelling
- políticas estratégicas comerciales
- bien de búsqueda
- bien experiencial
- bien de credibilidad
- publicidad informativa
- publicidad persuasiva
- señalización
- marca

- contratos implícitos
- riesgo moral
- marca paraguas
- cociente publicidad-ingreso
- experimento natural
- coste de búsqueda
- dispersión de precios
- ofuscación
- precios adicionales
- atributos ocultos
- coste de cambio
- efecto cosecha
- efecto inversión
- protección del consumidor
- diferenciación de producto espuria

Ejercicios de práctica

■ **14.1. Servidores IBM.** La evidencia empírica sugiere que, durante la década de 1970, una empresa con un IBM 1400 tenía la misma probabilidad de comprar un IBM como compra nueva que cualquier otra empresa, mientras que una empresa con un IBM 360 tenía una probabilidad más alta de comprar un IBM como compra nueva que una empresa sin un IBM 360. El *software* de IBM 1400 no funcionaba en generaciones posteriores de modelos de IBM (360, 370, 3000 y 4300), mientras que el *software* de IBM 360 funcionaba en los modelos 370, 3000 y 4300.[19] ¿Cómo interpretas estos resultados?

■ **14.2. Dispersión de precios.** «La dispersión de precios es una consecuencia –y en efecto una medida– de la ignorancia del mercado».[20] ¿Estás de acuerdo? Compara esta explicación con explicaciones alternativas de la dispersión de precios.

■ **14.3. Publicidad no informativa y eficiencia de mercado.** Explica cómo los gastos en publicidad que no contienen información pueden aumentar la eficiencia del mercado.

■ **14.4. Publicidad y cambio de marca.** La evidencia empírica sugiere que la probabilidad de que una familia cambie a una marca nueva de cereales para desayunar aumenta con la intensidad de la publicidad de esa marca. Sin embargo, el efecto de la publicidad es significativamente menor para familias que han probado anteriormente esa marca.[21] ¿Qué sugiere esto acerca de la naturaleza de los gastos publicitarios (persuasión vs. información)?

■ **14.5. Intensidad de la publicidad.** Considera las siguientes industrias: productos farmacéuticos, cemento, perfumes, comida rápida, coches compactos. ¿Cómo esperarías que están ordenadas por su intensidad de publicidad? ¿Por qué?

■ **14.6. Posicionamiento de producto y competencia de precios.** Considera un duopolio donde la diferenciación de producto horizontal es importante. Las empresas primero escogen simultáneamente sus posiciones de producto, entonces fijan simultáneamente precios en una serie infinita de periodos. Supongamos que las empresas conspiran en la fijación de precios en la segunda parte del juego y anticipan lo que harán en la fase del juego donde posicionan su producto. En este contexto, ¿cuál esperas que sea el grado de diferenciación de producto?[22]

Ejercicios complejos

■ **14.7. Competencia en precios con costes de búsqueda.** Veinticinco tiendas diferentes venden el mismo producto en un área dada a una población de dos mil consumidores. Los consumidores tienen la misma probabilidad de visitar primero cualquiera de las veinticinco tiendas. La mitad de los consumidores no tienen costes de búsqueda y compran al precio más bajo si este es más bajo que $45. La otra mitad está dispuesta a pagar por una unidad de producto hasta un máximo de $70 y deben incurrir en un coste de $44 para poder conocer los precios fijados por otras tiendas. Cada tienda puede vender hasta 90 unidades y tiene un coste de $25 por unidad.

a) Muestra que, en equilibrio, existen dos precios como máximo.
b) Demuestra que, si existen dos precios diferentes en equilibrio, entonces el precio alto debe ser 70.
c) Demuestra que lo siguiente es un equilibrio: 5 empresas fijan un precio de 70 y las 20 empresas restantes fijan un precio de 45.

■ **14.8. Demanda del yogur.** Un análisis estadístico sugiere que la demanda por el yogur Yoplait 150 viene dada por un término constante + 1,85 × Exposición publicitaria − 0,24 × Exposición publicitaria × Número de compras previas, donde «exposición publicitaria» es el número de anuncios de 30 segundos por Yoplait 150 observado por cada consumidor durante la semana de la compra.[23] ¿Cómo pueden estos resultados informar del debate entre efectos de información y de persuasión de la publicidad?

Ejercicios aplicados

■ **14.9. Precios de gasolina.** Recoge datos de precios de gasolina vendida en diferentes lugares cerca de donde vives. Usa el marco teórico discutido en este capítulo para explicar cómo los precios varían según la localización de la gasolina, los servicios ofrecidos en la gasolinera, densidad de población, etc.

■ **14.10. Campaña de publicidad.** Considera una campaña de publicidad en particular. Basándote en la discusión de este capítulo, comenta sobre los gastos en publicidad (dicho de otro modo, qué teoría explica mejor la motivación y efectos de los gastos de publicidad observados).

Notas

1. Los hechos estilizados aquí presentados se pueden encontrar también en Ausubel, Lawrence M. (1991), «The Failure of Competition in the Credit Card Market», *American Economic Review* (81), 50-81, que también sugiere otras explicaciones adicionales.
2. Fuente: Hendel, Igal, Aviv Nevo y François Ortalo-Magné (2009), «The Relative Performance of Real Estate Marketing Platforms: MLS versus FSBOMadison.com», *American Economic Review* 99 (5) 1878-1898.
3. Hendel, Igal, Aviv Nevo y François Ortalo-Magné (2009), ibídem.
4. Adaptado de Berry, Steven, James Levinsohn y Ariel Pakes (1995), «Automobile Pries in Market Equilibrium», *Econometrica* (63), 841-890.
5. Véase Milgrom, Paul R., y John Roberts (1986), «Price and Advertising Signals of Product Quality», *Journal of Political Economy* 94, 796-821.
6. David A. Aaker y Kevin Lane Keller (1990), «Consumer Evaluations of Brand Extensions», *Journal of Marketing* 54 (1), 27-41.
7. Hartmann, Wesley R, y Daniel Klapper (2015), «Super Bowl Ads», Stanford and Humboldt Universities.
8. Bronnenberg, Bart J., Jean-Pierre H. Dubé y Matthew Gentzkow (2012), «The Evolution of Brand Preferences: Evidence from Consumer Migration», *American Economic Review* 102, 2472-2508.
9. Fuente: Sutton, John (1992), *Sunk Costs and Market Structure*, Cambridge, MA: MIT Press.
10. Adaptado de *The Wall Street Journal Europe*, 30 de junio de 1998.
11. Para un argumento más elaborado de que la publicidad de precios disminuye los precios, véase Butters, Gerard R (1977), «Equilibrium Distributions of Sales and Advertising Prices», *The Review of Economic Studies* 44, 465-491.
12. Benham, Lee (1972), «The Effect of Advertising on the Price of Eyeglasses», *Journal of Law and Economics* 15, 337-352.
13. Milyo, Jeffrey, y Joel Waldfogel (1999), «The Effect of Price Advertising on Prices: Evidence in the Wake of 44 Liquormart», *American Economic Review* 89 (5), 1081-1096.
14. Diamond, Peter (1971), «A Model of Price Adjustment», *Journal of Economic Theory* 3, 156-168.
15. Para un análisis formal de este equilibrio, ver Salop, Steven, y Joseph Stiglitz (1976), «Bargains and Ripoffs», *Review of Economic Studies* 44, 493-510.
16. Ellison, Glenn, y Sara Fisher Ellison (2009), «Search, Obfuscation, and Price Elasticities on the Internet», *Econometrica* 77 (2), 427-452.
17. Ellison, Glenn (2005), «A Model of Add-On Pricing», *The Quarterly Journal of Economics* 120 (2), 585-637.
18. Dixit, Avinash, y Victor Norman (1978), «Advertising and Welfare», *The Bell Journal of Economics* 9, 1-17.
19. Ver Greenstein, Shane M. (1993), «Did Installed Base Give an Incumbent Any (Measurable) Advantages in Federal Computer Procurement?», *Rand Journal of Economics* 24, 19-39.
20. Stigler, George (1961), «The Economics of Information», *Journal of Political Economy* 69, 213-225.
21. Shum, Matthew (2004), «Does Advertising Overcome Brand Loyalty? Evidence from the Breakfast-Cereals Market», *Journal of Economics and Management Strategy* 13 (2), 241-272.
22. Véase Friedman, James W., y Jacques-François Thisse (1993), «Partial Collusion Fosters Minimum Product Differentiation», *Rand Journal of Economics* 24, 631-645.
23. Adaptado de Ackerberg, Daniel A. (2001), «Empirically Distinguishing Informative and Prestige Effects of Advertising», *Rand Journal of Economics* 32 (2) 316-333.

15. Innovación

Imagina que la máquina del tiempo de H. G. Wells funciona de verdad. Recibes un premio de $500.000 y te dan la opción de permanecer en esta época, digamos el año 2015, o alternativamente viajar a 1815. Si decidieras volver a 1815, $500.000 te harían una persona muy rica: por ejemplo, podrías permitirte una gran mansión con muchos sirvientes. En cambio, $500.000 en 2015 no te daría para una mansión: como mucho un pequeño apartamento en Londres o Nueva York. ¿Quiere decir esto que vivirías mejor si volvieras 200 años atrás?

Hay muchos factores a tener en cuenta a la hora de decidir en qué siglo vivir. En concreto, el conjunto de bienes disponibles normalmente jugaría un papel importante en esa decisión. Por ejemplo, no importa cuánto dinero uno tenga en 1815, no serías capaz de comprar un reproductor mp3 o navegar por internet.

Estos ejemplos sugieren que el progreso técnico –y, en general, la innovación– es una parte importante del desarrollo económico. En el capítulo 12, enfatizamos el hecho de que las industrias cambian como resultado de la entrada de nuevas empresas y la salida de empresas previamente existentes. En cambio, en este capítulo el énfasis está en el hecho de que las industrias cambian con la introducción de nuevos productos y nuevos procesos de producción; y en el hecho de que los productos nuevos y los procesos de producción nuevos resultan en gran medida del esfuerzo de innovación a nivel de la empresa.

El efecto económico de la innovación se clasifica normalmente en productos nuevos y procesos de producción nuevos. Lo primero es más fácil de observar y entender: la imprenta, el automóvil, el teléfono inteligente –estos y muchos otros productos nuevos han cambiado radicalmente la vida de la gente. Pero las irrupciones de mejores procesos productivos son también muy importantes. Por ejemplo, por la introducción de las miniacerías (y otros factores) el coste de producción del acero ha disminuido cerca de un 40 % desde la década de 1960. Finalmente, muchas innovaciones se pueden contar como productos nuevos y como mejores procesos de producción; ejemplos incluyen el ordenador personal e internet.

Cuadro 15.1. Las empresas con mayores gastos en Investigación y Desarrollo en el mundo en 2013 (en valor absoluto y como porcentaje de los ingresos por ventas)[1]

Empresa	$ milm	%	Empresa	$ milm	%
Volkswagen	11,4	4,6	General Motors	7,4	4,9
Samsung	10,4	5,8	Google	6,8	13,6
Roche	10,2	21	Honda	6,8	5,7
Intel	10,1	18,9	Daimler	6,6	4,5
Microsoft	9,8	13,3	Sanofi	6,3	14
Toyota	9,8	3,7	IBM	6,3	6
Novartis	9,3	16,4	GlaxoSmithKline	6,3	15
Merck	8,2	17,34	Nokia	6,1	15,7
Pfizer	7,9	13,4	Panasonic	6,1	6,9
Johnson & Johnson	7,7	11,4	Sony	5,7	6,9

¿De dónde vienen todas estas cosas maravillosas? En parte de las empresas: el cuadro 15.1 presenta una lista de las empresas con mayores gastos en investigación y desarrollo (I+D), también indicando la importancia de los gastos de I+D como porcentaje del total de las ventas. Con $11,4 mil millones, el presupuesto de I+D de Volkswagen es más alto que el de la mayoría si no todas las universidades del mundo. Igual de impresionante, la inversión en I+D de Intel excede el 18 % de sus ventas. Es también importante recalcar que la importancia relativa del gasto en I+D varía considerablemente a través de empresas e industrias.

Desde el punto de vista económico, los valores en el cuadro 15.1 sugieren varias preguntas interesantes. ¿Por qué los gastos en I+D son mucho más altos en algunas industrias que en otras? ¿Tiene la estructura de una industria un efecto significativo en como las empresas innovan? ¿Cuál es la probabilidad de que los líderes de hoy en I+D permanezcan como los líderes en el futuro? En general, ¿cuál es el impacto de la competencia en I+D en la estructura de mercado y viceversa? ¿Qué papel juega la innovación en la estrategia general de una empresa? ¿Qué es una estrategia innovadora? ¿Cómo influencian las políticas públicas en la tasa y el tipo de estrategias de innovación de las empresas? Estas son algunas de las preguntas que examino en este capítulo.

■ **Midiendo la innovación.** Einstein dijo que «no todo lo que se puede contar cuenta; no todo lo que cuenta puede ser contado». ¿Cómo se aplica esto a la innovación? ¿Se puede medir el grado de innovación de alguna manera significativa? Algunas veces, hay una manera obvia mediante la cual podemos cuantificar el progreso. La figura 15.1 muestra la evolución del poder del microprocesador de un ordenador a través de los años. El panel izquierdo muestra el número de transistores por microprocesador, una medida de progreso técnico en el diseño y producción de componentes de menor y menor tamaño. Nótese que el eje vertical toma unidades en logaritmo: el crecimiento del rendimiento a través de los años es tan grande que sería difícil apreciarlo si mostráramos los valores en una escala lineal. Por ejemplo, en 1970 podríamos incluir entre 10^3 = 1.000 y 10^4 = 10.000 transistores en un microprocesador; en 2015 ese número es mayor que 10^9 = 1.000.000.000. Igual de impresionantes son los números observados en la velocidad procesadora de las Unidades Procesadores Centrales (Central Processing Unit o CPU) medida en millones de operaciones por segundo (MIPS), en el panel derecho de la figura 15.1.

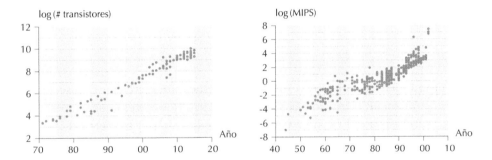

Figura 15.1. Rendimiento del microprocesador a lo largo del tiempo: número de transistores por microprocesador (panel izquierdo) y velocidad del microprocesador (panel derecho).

Desafortunadamente, para muchas o la mayoría de las industrias no existe una manera fácil de medir el rendimiento. Además, aunque MIPS es una medida muy objetiva, no está nada claro cuál es el *valor* de un aumento en MIPS. Por estas razones, una forma alternativa de medir el grado de innovación es medir el aumento en el valor de mercado debido a los procesos, productos y servicios que son fruto de la innovación. Tomemos por ejemplo la industria del escáner CAT (de tomografía computarizada).[a] En la década de 1970, un número de productos y procesos innovadores fueron desarrollados e introducidos en el mercado. Al estimar la curva de demanda de estos productos (sección 2.3) también podemos estimar el valor de mercado de cada innovación; es decir, el aumento en beneficios y excedente del consumidor resultado de la innovación.[2]

---

[a] Un escáner CAT combina una serie de imágenes de rayos X tomadas desde diferentes ángulos para producir una imagen 3D del objeto escaneado. En aplicaciones médicas, permite al usuario «ver» dentro de un cuerpo.

El valor de la innovación. Supongamos que la demanda de mercado de un producto viene dada por $Q = a - p$ (o la demanda inversa $p = a - Q$), mientras que el coste marginal es constante e igual a c. Llamemos a_0, c_0, p_0 a los valores anteriores a la innovación; y a_1, c_1, p_1 los valores correspondientes después de la innovación. El número de empresas puede ser 1 (monopolio) o $n > 1$, en cuyo caso asumimos que todas tienen el mismo coste. Entonces el valor social de la innovación viene dado por:

$$\left(\tfrac{1}{2}(a_1 - p_1)^2 + (a_1 - p_1)\,(p_1 - c_1)\right) - \left(\tfrac{1}{2}(a_0 - p_0)^2 + (a_0 - p_0)\,(p_0 - c_0)\right) \tag{15.1}$$

Una innovación que mejora un producto corresponde a $a_1 > a_0$ (la disposición a pagar aumenta); una innovación que reduce costes corresponde a $c_1 < c_0$ (coste marginal menor). El Ejercicio 15.3 extiende este análisis.

La figura 15.2 muestra los resultados de semejante ejercicio. Dos series temporales aparecen en el gráfico: costes y beneficios. Los costes consisten en gastos I+D en la industria del escáner CAT y son medidos en el eje vertical izquierdo (millones de dólares americanos de 1982). Los beneficios corresponden al valor social descontado de las innovaciones introducidas cada año y están medidos en el eje vertical derecho (millones de dólares americanos de 1982). Lo primero que debemos notar es la enorme diferencia entre costes y beneficios: los segundos son casi dos órdenes de magnitud mayores que los primeros (es decir, debemos añadir dos ceros para aparecer en el mismo gráfico): el beneficio social de la innovación puede ser de hecho muy grande; la tecnología CAT, introducida en hospitales americanos a lo largo de la década de 1970, es un buen ejemplo de ello. El segundo punto a notar es que, mientras que las innovaciones beneficiosas fueron mayoritariamente descubiertas de principio a mediados de los años setenta, los costes I+D permanecieron a un nivel alto durante toda la década y hasta bien entrados los años ochenta: la relación entre insumos y producción queda lejos de ser una relación lineal y predecible; la incertidumbre es parte integrante del proceso de innovación.

Medir la innovación por el valor de mercado tiene sus limitaciones. Por ejemplo, un medicamento nuevo que salva millones de vidas en países pobres podría no tener un valor alto de mercado, pero claramente debería ser considerado como de enorme valor social (ver sección 10.4). Además, los datos necesarios para medir innovación con este método pueden ser muy exigentes. Por esta razón, una solución alternativa es la de usar datos sobre patentes: normalmente las ideas nuevas son patentadas para proteger los derechos de propiedad sobre la innovación en cuestión (sección 15.4); una posibilidad tentadora es entonces la de contar el número de patentes como medida de innovación.

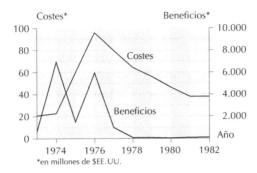

Figura 15.2. Esfuerzo de I+D y beneficios de la innovación en la industria de los escáneres de tomografía computarizada.

Un problema al contar patentes es que el valor de una patente varía mucho; es mejor ponderar el número de patentes con alguna medida de valor de las patentes. Por ejemplo, patentes de mayor valor suelen ser citadas más a menudo (al archivar una patente, los solicitantes deben presentar una lista de patentes relacionadas). Alternativamente, también se puede saber si cada patente es renovada: el simple hecho de que el dueño de una patente renueva la patente (a un precio) es un indicio de su valor monetario.[3]

Los datos de patentes nos dan una medida imperfecta del resultado de la innovación. Por ejemplo, la famosa fórmula de *Coca-Cola* o el algoritmo de búsqueda de Google no han sido patentados: los secretos de negocio son un camino alternativo a la protección de la propiedad intelectual. Winston Churchill una vez dijo que «la democracia es la peor forma de gobierno, con excepción de todas las demás». Teniendo todo en cuenta, lo mismo se puede decir sobre las patentes y la medición de la innovación.

15.1 Estructura de mercado e incentivos a la innovación

En la mayoría de los capítulos anteriores, examiné las causas y consecuencias del poder de mercado. En concreto, analicé las consecuencias del poder de mercado en términos del excedente del consumidor y del productor. Dicho de forma simple, el poder de mercado implica una pérdida de eficiencia productiva y de asignación. En este sentido, una estructura de mercado óptima es una que minimiza el grado del poder de mercado: la competencia perfecta (o, en ausencia de la competencia perfecta, una regulación del gobierno que disminuya el grado de poder de mercado).

Cuando tenemos en cuenta la innovación, la eficiencia productiva y de asignación no son las únicas preocupaciones: ¿qué estructura de mercado induce los mayores incentivos a la innovación? O, dicho de otro modo: es el esfuerzo de innovación mayor en industrias fragmentadas, donde cada empresa tiene un tamaño relativamente pequeño; o, alternativamente, ¿en industrias donde unas pocas empresas tienen un poder de mercado significativo? Uno de los grandes pensadores de la economía de la innovación, Joseph Schumpeter, escribió que:

> **[La iniciativa empresarial] reemplaza el óptimo de Pareto de hoy con una nueva cosa distinta del mañana [...] Llevar a cabo innovaciones es la única función que es fundamental en la historia.**[4]

Sin embargo, años más tarde afirmó que:

En cuanto vamos al detalle y preguntamos acerca de los componentes individuales en los cuales el progreso fue más visible, los indicios no nos llevan a las puertas de aquellas empresas que funcionan bajo condiciones parecidas a la libre competencia sino precisamente a las puertas de las grandes preocupaciones.

[...] La competencia perfecta no es solo imposible sino también inferior, y no puede ser puesta a punto como modelo ideal de eficiencia.[5]

Así, cuál de los dos es verdad: «Schumpeter I», la idea de que los empresarios pequeños son el motor principal de la innovación; ¿o «Schumpeter II», la idea de que las grandes compañías son las responsables de una gran mayoría de la innovación?

Si Schumpeter hubiera vivido unas pocas décadas más, hubiera tenido el placer de confirmar su perspectiva «Schumpeter II» en ejemplos como AT&T, un monopolista hasta la década de 1980: Bell Labs, la marca de investigación de AT&T, fue responsable de algunos de los descubrimientos más importantes del siglo XX, incluyendo el transistor y el láser. El cuadro 15.1 sugiere que, en la economía de hoy día, las empresas grandes siguen jugando un papel muy importante en el esfuerzo de innovación agregado.

Sin embargo, cuando leemos las biografías de innovadores sin estudios universitarios como Bill Gates, Steve Jobs o Mark Zuckerberg no podemos dejar de apreciar la sabiduría del «Schumpeter I» y predecir que no es una empresa grande, sino el empresario pequeño, trabajando desde su garaje, el que será responsable de la siguiente gran innovación.

La evidencia empírica de bases de datos de gran tamaño sugiere que la relación entre la estructura de mercado y las tasas de innovación tiene forma de U invertida: la tasa de innovación disminuye cuando la industria se acerca a la competencia perfecta (un lado de la U invertida) o al monopolio (el otro lado de la U invertida).[6]

Sin embargo, detrás de esta regularidad empírica, hay variación significativa de industria a industria. Además, la caracterización unidimensional de la estructura de mercado (con monopolio y competencia perfecta en extremos opuestos) esconde otras características importantes de la estructura de mercado, de las cuales destaco unas pocas en los siguientes párrafos.

■ **Destrucción creativa.** Más que competencia perfecta, «Schumpeter I» corresponde a un mundo de competencia dinámica con cierto grado (temporal) de poder de mercado. O, puesto al revés, un tipo de monopolio que cuenta con cierto grado de competencia dinámica: no competencia de empresas actualmente en el mercado, sino competencia potencial de nuevos productos o procesos productivos que pueden desplazar el producto o proceso productivo del monopolista actual. Esto es, en las palabras de Schumpeter, el proceso de **destrucción creativa**. Dicho de otro modo, siguiendo a Schumpeter, muchos economistas y políticos son de la opinión de que la competencia perfecta implica una asignación eficiente de recursos en un sentido estático, pero que la optimalidad falla cuando se considera la eficiencia dinámica. Esto no quiere decir que el monopolio es la estructura de mercado que lleva al máximo nivel de eficiencia dinámica. Más bien, implica que el sistema óptimo es uno de competencia dinámica donde, en el corto plazo, siempre existirá cierto grado de poder de mercado –poder de mercado temporal, sin embargo.

■ **Empresas dominantes.** Si miramos en industrias intensivas en innovación, vemos que ni el monopolio ni la competencia perfecta proporcionan una buena caracterización. Más bien, estas industrias están caracterizadas por una o dos empresas dominantes que compiten con una multitud de pequeñas empresas. Ejemplos de esto son aplicaciones de *software*, teléfonos inteligentes y publicidad por internet, donde empresas dominantes como Microsoft, Apple, Google y Facebook compiten con rivales pequeños e innovadores.

En cuanto a lo que se refiere a incentivos a la innovación, ¿qué estructura de mercado se parece más al monopolio, la competencia perfecta o la «destrucción creativa»? Sir Isaac Newton reconoció que, «Si he visto un poco más lejos es porque me he subido a los hombros de gigantes». Algunos analistas afirman que, en muchas industrias de alta tecnología, lo contrario es verdad: empresas grandes y dominantes se benefician de la innovación de las empresas más pequeñas. Una lista parcial de transferencias de innovación de empresas pequeñas a «gigantes» incluye Google adquiriendo Applied Semantics (Adsense), Android y YouTube; Microsoft adquiriendo Hotmail y Forethought (Powerpoint); y Yahoo adquiriendo Flickr e Instagram. ¿Es esto bueno?

> En algunos nichos del negocio del *software*, Google está proyectando el mismo tipo de sombra sobre Silicon Valley que Microsoft en el pasado. «Existen aquellos que no creen que pueden lanzar un producto nuevo por miedo a que Google lo haga también».[7]

Dicho de otro modo, algunos ven el paradigma de la empresa dominante como aquel del «gigantes subidos en los hombres de enanos». Sin embargo, en lo que se refiere al esfuerzo de innovación de los «enanos» (es decir, las empresas jóvenes tecnológicas), no está claro si los «gigantes» proporcionan un incentivo positivo o negativo. Algunas empresas jóvenes han conseguido miles de millones de dólares al ser vendidas a las empresas dominantes. ¿Habrían ganado la misma cantidad de dinero si no hubiera «gigantes» en la industria? Vuelvo a este asunto en la sección siguiente cuando discuto los mercados tecnológicos.

■ **Escala y alcance de la empresa.** La opinión de que las empresas grandes son la fuente principal de I+D y de progreso tecnológico está principalmente basada en la observación de que las empresas grandes tienen más recursos para invertir que las empresas pequeñas. ¿Pero por qué debería importar el tamaño? Si las ganancias de la innovación para una empresa pequeña son muy grandes, ¿por qué no la empresa pide prestado los fondos para invertir en I+D? La respuesta es que los mercados de capitales no son perfectos, especialmente en lo que se refiere a las inversiones en I+D. Supongamos que una empresa pequeña tiene una gran idea, pero no tiene dinero para financiarla; y un inversor de capital riesgo (*venture capitalist* o *VC*) tiene dinero para financiar ideas, pero no tiene ideas propias. Esto parece ser la combinación perfecta entre oferta y demanda. El problema es que, para convencer al VC de que la idea es buena, la empresa necesita revelarla, con el riesgo de perder la idea sin el financiamiento que eso conlleva.[8] Los acuerdos de confidencialidad (nondisclosure agreements o *NDA*) son una manera de resolver este problema, pero pocas veces funcionan con VC. Al firmar un NDA, un VC se compromete a no revelar o usar la información recibida del empresario. Pero muchos VC no están dispuestos a firmar tal tipo de acuerdo: afirman que examinan demasiadas ideas muy parecidas cada semana para tener sus labios sellados para cada una de ellas.[9] Y así el problema persiste. De hecho, este problema es una de las razones por las que una fracción importante del total de inversiones en I+D son financiadas internamente, e indirectamente explica por qué la mayoría de las inversiones I+D tienen su origen en empresas grandes. Otras razones por las que las empresas grandes están mejor posicionadas para hacer I+D incluyen economías de escala y economías de alcance al realizar I+D;[b] y el hecho de que las empresas grandes pueden repartir más fácilmente los riesgos asociados con proyectos de innovación más grandes.

15.2 Difusión del conocimiento y las innovaciones

El maíz híbrido es uno de los mayores inventos agrícolas del siglo xx: las semillas resisten el clima y las plagas mejor, permitiendo así a los granjeros aumentar el rendimiento de sus cosechas una media de un 20 %. Las primeras semillas comerciales fueron producidas en 1923. Sin embargo, se tardaron décadas hasta que el uso del maíz híbrido fue generalizado. Por ejemplo, en 1934 menos de un 0,5 % de las semillas de maíz en EE. UU. eran híbridas. Ya en 1944 el porcentaje había aumentado hasta el 59 %. La difusión del maíz híbrido tampoco fue uniforme geográficamente hablando: la media nacional del 59 % (en 1944) encubría considerable variación geográfica: en el medio oeste, el porcentaje estaba por encima del 90 %, mientras que no se empezó a usar en el sur hasta años más tarde. Desde 1956, con unas pocas excepciones casi todo el maíz plantado en EE. UU. ha sido maíz híbrido.

La figura 15.3 muestra la tasa de penetración del maíz híbrido en tres estados de los EE. UU. Un patrón común en los tres estados es el trayecto de difusión con forma de S: inicialmente, el crecimiento en el número de adoptantes es lento; entonces aumenta muy rápidamente hasta que la penetración alcanza niveles de 70 u 80 %; y entonces la tasa de crecimiento disminuye otra vez. Este patrón aparece en muchas otras industrias.

En la sección previa, asumo implícitamente que, cuando una empresa innova, sus productos nuevos son introducidos en el mercado inmediatamente y adoptados por los consumidores. Sin embargo, tal y como el ejemplo del maíz híbrido sugiere, la adopción de la innovación no es un proceso instantáneo. Aunque hay varios factores que explican la adopción gradual del maíz híbrido, la heterogeneidad en adoptantes parece haber jugado un papel central. No todas las granjas son iguales: en particular, varían en tamaño. Si el maíz híbrido promete un aumento proporcional en rendimiento y solo requiere el pago de un coste fijo de adopción, entonces las granjas más grandes ganan más al cambiar al maíz híbrido que las

---

[b] En cuanto a lo que se refiere a las economías de alcance, un aspecto importante es que los avances tecnológicos en un área son normalmente utilizados en un área diferente. Una empresa grande que tiene cubiertas ambas áreas está mejor posicionada para aprovechar los beneficios completos de sus esfuerzos de I+D.

granjas pequeñas.[10] Dado que el coste de adopción del maíz híbrido disminuye con el tiempo, más y más empresas deciden que ha llegado la hora de hacer el cambio, lo que resulta en una trayectoria de difusión como en la figura 15.3.

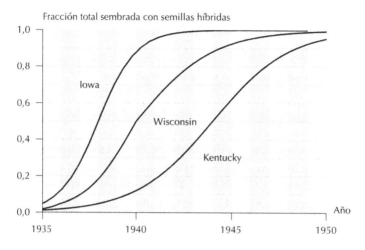

Figura 15.3. Tasa de adopción de maíz híbrido.[11]

Heterogeneidad del adoptante y difusión de las innovaciones. Supongamos que el coste de adoptar el maíz híbrido viene dado por c_t. El maíz híbrido aumenta el rendimiento por un factor de γ. Para una granja de tamaño s (medido en volumen de ventas), cambiar al maíz híbrido vale la pena si $\gamma s > c_t$, es decir, si el aumento en rendimiento es mayor que el coste de adopción. Dicho de otro modo, todas las granjas de un tamaño s mayor que el umbral c_t/γ adoptan el maíz híbrido. Llamemos $F(s)$ a la función de distribución cumulativa de s, es decir, la probabilidad de que el tamaño de una granja dada sea menor que s. Entonces la fracción de granjas adoptando el maíz híbrido viene dada por:

$$x_t = 1 - F\left(\frac{c_t}{\gamma}\right) \tag{15.2}$$

Si $F(s)$ es una distribución normal (con forma de campana) y si c_t disminuye con el paso del tiempo como una función lineal de t, entonces la ecuación anterior implica un trayecto x_t con forma de S. Intuitivamente, cuando c_t es alto, solo granjas con una s muy grande adoptan el maíz híbrido. Dado que la función de densidad normal tiene forma de campana, hay muchas granjas como esas, así que x_t crece a un ritmo lento. A medida que el valor de c_t disminuye a niveles medios, el número de granjas cruzando el umbral de adopción se vuelve muy grande (ahora estamos en el pico de la «campana»), así que x_t crece a un ritmo muy bajo. Finalmente, cuando el valor de c_t disminuye aún más, es ahora el turno de las granjas más pequeñas para adoptar el maíz híbrido. Dado que hay solo unas pocas de estas, x_t vuelve a crecer muy despacio.

Considera ahora una innovación más reciente: Gmail. En junio de 2012, había 425 millones de usuarios, así que puede ser que tú fueras uno de ellos. Quizás no recuerdes cuándo y por qué creaste tu primera cuenta, pero probablemente oíste hablar de Gmail a un colega, amigo o pariente. Seguramente te dijeron que funcionaba bien y que era gratis, y de ahí cambiaste de dirección de correo electrónico o añadiste Gmail a tu lista de cuentas de correos electrónicos.

Además de la heterogeneidad de los adoptantes, la comunicación boca a boca de este tipo también puede explicar la curva de difusión con forma de S. La idea es que, inicialmente, muy poca gente conoce Gmail, así que el número de «bocas» alabando el nuevo producto es pequeño. En cambio, si la mayoría ha adoptado Gmail, entonces quedan pocas «orejas» por oír las alabanzas de Gmail. En ambos casos, las «noticias» viajan a un ritmo lento. En cambio, en la sección del medio de la curva de difusión, muchos encuentros entre gente suceden donde una persona conoce el Gmail y la otra no. Como resultado, tenemos un proceso de difusión con crecimiento lento, seguido de crecimiento rápido, entonces crecimiento lento: una curva de difusión con forma de S.

Boca a boca y difusión de las innovaciones. Supongamos que el Gmail está disponible pero pocos usuarios potenciales saben lo que es: en el periodo t_0, solo una fracción x_0 de ellos. En cada periodo, dos usuarios de correo electrónico se encuentran, y una de tres cosas pueden ocurrir: (a) si uno de ellos tiene Gmail y el otro no, entonces un nuevo usuario se «convierte» a Gmail; (b) si ninguno de ellos conoce Gmail, entonces nada sucede; y (c) si ambos son usuarios de Gmail, nada sucede.

Llamemos x_t a la fracción de usuarios de Gmail en el periodo t. Se puede mostrar (Ejercicio 15.5) que, dado el proceso de boca a boca, x_t evoluciona de acuerdo a la función

$$x_t = \frac{1}{1 + \exp\left(-(t-\alpha)\right)} \tag{15.3}$$

donde $\alpha = t_0 + ln(1 - x_0) - ln(x_0)$. Además, (15.3) tiene una forma de S muy parecida a la de (15.2).

Los modelos anteriores de difusión de la innovación sugieren que la geografía juega un papel importante. De hecho, la evidencia de las citaciones de patentes sirve para confirmar que la geografía es muy importante: por ejemplo, citaciones de patentes americanas tienen una probabilidad más alta de aparecer en patentes americanas, y es más probable que vengan del mismo estado en EE. UU. que las patentes citadas; además, estos efectos se desvanecen a un ritmo más lento a lo largo del tiempo.[12] Esto sugiere que el conocimiento se difunde gradualmente no solo a lo largo del tiempo sino también en el espacio. También sugiere una dimensión adicional de la estrategia de innovación de una empresa: por ejemplo, una gran compañía farmacéutica puede beneficiarse de ubicar laboratorios en diferentes lugares de tal manera que se beneficia del conocimiento local y de los efectos indirectos tecnológicos.

15.3 Estrategia de innovación

Considera el destino de dos productos innovadores aparentemente equivalentes: Hipstamatic e Instagram.[13] Ambos empezaron como aplicaciones móviles para compartir fotos, vídeos y relacionarse socialmente. Básicamente, tomas una foto con tu teléfono inteligente, aplicas filtros digitales para dotar a la imagen de un estilo antiguo, y entonces compartes el producto final en internet con amigos. Dadas todas las similitudes en el diseño del producto, Hipstamatic e Instagram vivieron experiencias muy distintas en su camino al mercado. Hipstamatic («la fotografía digital nunca pareció tan analógica») se vendía en la Apple App Store por $1,99. Ya en noviembre del 2010, había vendido 1,4 millones de copias; en enero de 2012, 4 millones. Muchos desarrolladores de aplicaciones describirían esto como una historia de éxito. En cambio, Instagram –un entrante tardío– fue lanzado en octubre de 2010 como una aplicación gratis. Ganó popularidad rápidamente: en abril de 2012, tenía más de 100 millones de usuarios activos. Ese mes fue adquirida por Facebook por aproximadamente $1.000 millones de dólares en efectivo y en acciones.

El ejemplo de Hipstamatic e Instagram muestra que incluso ideas muy parecidas pueden seguir estrategias comerciales muy distintas. Con frecuencia, las empresas grandes y jóvenes por igual deben escoger su **estrategia de innovación**.[14] En esta sección, considero varios factores que influencian la estrategia de innovación de una empresa, incluyendo: la naturaleza de los mercados tecnológicos; la interacción entre el liderazgo de mercado y el liderazgo de tecnología (los efectos de prevención y reemplazamiento); la interacción entre riesgo y rendimiento; y la importancia de la organización interna.

■ **Defensa vs. ataque.** La imitación es la forma más sincera de halago, dice el dicho popular. Si eso es verdad, entonces hay muchos «halagos» en las industrias innovadoras: la amenaza de la imitación y la disipación de rentas es uno de los principales desafíos para un innovador. Una manera de prevenir la imitación es siguiendo una estrategia de establecer y defender derechos de propiedad sobre la innovación. Por ejemplo, el control de Microsoft sobre el sistema operativo Windows y muchas aplicaciones desarrolladas para él depende en gran parte de patentes de *software* y derechos de la propiedad intelectual.

Como alternativa a las patentes, una política de secretismo puede funcionar igual o mejor. En el siglo XIX, varios países europeos como Suiza y Dinamarca carecían de un sistema de patentes, pero esto no impedía a muchos inventores tener éxito: los relojeros suizos, por ejemplo, tenían algunas de las mejores invenciones (en varias Ferias Mundiales, normalmente dominaban el certamen). Se aseguraban de que nadie pudiera entrar en sus talleres y eran muy restrictivos a la hora de contratar aprendices. Los relojeros en otros países trataron de hacer ingeniería inversa de los relojes suizos, pero sin éxito.[15]

Las patentes y el secretismo tienen una cosa en común: son estrategias para proteger la propiedad intelectual (intellectual property o IP). Pero el ataque puede ser la mejor defensa: muchas empresas mantienen su liderazgo no tanto por proteger su propiedad intelectual sino por estar constantemente mejorando sus productos y sus procesos de producción. Por ejemplo, aunque Apple tiene y protege su cartera de patentes, se podría argumentar que su modelo de negocio depende fundamentalmente de liderar el mercado con la mejor combinación de calidad e innovación. A su vez, Intel depende principalmente de su eficiencia productiva, subiendo rápidamente por la curva de aprendizaje de la producción de microprocesadores. En ambos casos, el éxito en la innovación es más fruto de la ejecución que de la construcción de activos valiosos de propiedad intelectual.

■ **Mercados tecnológicos.** Desde las décadas de 1980 y 1990 hemos observado un número creciente de colaboraciones entre empresas, alianzas de investigación y desarrollo, acuerdos de licencia, u otros acuerdos de subcontratación con empresas, universidades o empresas jóvenes tecnológicas.[16] Dicho de otro modo, hemos observado la creación de mercados tecnológicos que efectivamente proporcionan una «división del trabajo» entre la creación y la difusión de la innovación.

La importancia de estos mercados no es uniforme en todas las industrias. En la industria de la biotecnología, es común observar la cooperación de empresas innovadoras jóvenes y empresas establecidas (innovación para comprar). En cambio, en la industria electrónica los innovadores capturan sus rentas frecuentemente mediante su entrada en la industria (destrucción creativa).[17] ¿Qué hace que una empresa joven escoja una opción o la otra? Primero, un mercado de tecnología que funciona bien (en concreto uno con derechos de propiedad bien definidos) hace que la transferencia de tecnología sea relativamente una mejor estrategia. Segundo, si los costes de entrada en el mercado de producto final son muy altos, entonces la transferencia de tecnología es de nuevo relativamente una mejor estrategia. La comparación entre biotecnología y electrónica es consistente a grandes rasgos con esta perspectiva: las patentes de *software* son más ambiguas que las patentes de biotecnología (un asunto al que vuelvo en la sección 15.4). Además, los costes de introducir un nuevo medicamento en el mercado son por lo general más altos que los costes de entrada de un producto nuevo en la industria electrónica.

■ **Liderazgo de mercado y liderazgo de tecnología.** Consideremos una industria con «líderes» tecnológicos y «rezagados» tecnológicos. ¿Qué empresas tienen una probabilidad más alta de innovar? ¿Contribuye la innovación a igualar la competencia (los rezagados alcanzan a los líderes), o, por lo contrario, hay una tendencia hacia una **dominancia creciente**, donde los líderes tienden a solidificar su posición?

Como es cierto a menudo en economía, la respuesta es «depende». Consideremos por ejemplo la industria de la insulina. Avances en biología durante la década de 1970, en particular el desarrollo de la tecnología genética, abrieron la posibilidad de producir nuevas sustancias médicamente útiles. Un obvio candidato fue la insulina, una proteína usada en el tratamiento y control de la diabetes. El mercado de la insulina en EE. UU. estaba dominado entonces por Eli Lilly & Co. Si una nueva empresa fuera a entrar en el mercado con una insulina humana sintética, competiría directamente con Eli Lilly. Se da el caso de que fue precisamente Eli Lilly la que hizo el mayor esfuerzo para asegurarse el dominio del nuevo proceso productivo. En mayo de 1996, el gigante farmacéutico convocó una conferencia con expertos en tecnología de ADN recombinante para evaluar la posibilidad de desarrollar la nueva tecnología. Desde ese momento, Eli Lilly mantuvo contratos con varios laboratorios trabajando en el proyecto. El 24 de agosto de 1978, Genentech finalmente completó todos los pasos necesarios para la síntesis de insulina humana (por delante de otros tres laboratorios rivales). Un día después del último experimento de Genentech, Eli Lilly firmó un acuerdo con la recientemente creada empresa de biotecnología.[18]

¿Por qué Eli Lilly, el líder tecnológico, hizo un mayor esfuerzo para innovar (es decir, adquirir una innovación) que sus rivales? Si Pfizer o Merck u otro gigante farmacéutico hubieran comprado la patente de insulina sintética, habrían tenido que competir con Eli Lilly. Aun cuando la insulina humana sintética es masivamente superior a la insulina animal, el entrante potencial en la industria de la insulina no hubiera podido disfrutar del mismo grado de poder de mercado que Eli Lilly tenía antes de la llegada de la insulina sintética. Ahora considera el dilema de Eli Lilly: la diferencia entre adquirir y no adquirir la patente de insulina sintética es la diferencia entre continuar siendo un monopolista o convertirse en un duopolista.

Por simplicidad, supongamos que, si un entrante hubiera adquirido la patente, Eli Lilly y el entrante hubieran ganado ambos beneficios de duopolio, π^D. Entonces el entrante podría ganar π^D si adquiere la patente, mientras que Eli Lilly podría perder $\pi^M - \pi^D$ si no adquiere la patente. Si $\pi^M > 2\pi^D$ entonces $\pi^M - \pi^D > \pi^D$, es decir, Eli Lilly tiene más a perder que el rival tiene a ganar. Dicho de otro modo, si los beneficios totales de la industria bajo duopolio son menores que los beneficios totales de la industria bajo monopolio $(2\pi^D < \pi^M)$, entonces el monopolista tiene más a perder si deja ir su posición $(\pi^M - \pi^D)$ que el entrante gana de desafiarla (π^D). Este **efecto de beneficio conjunto** (también conocido como *efecto preventivo*) implica, a su vez, que existe una tendencia para un líder tecnológico de mantener su posición de liderazgo.

El comportamiento en el mercado de la fotocopiadora de papel normal a principios de la década de 1970 ilustra este patrón. Xerox fue el líder a final de los años sesenta: había inventado la fotocopiadora de papel normal y mantenía una posición de monopolio en ese segmento de mercado. Otras empresas, la más importante IBM, hicieron un esfuerzo significativo para desarrollar una tecnología alternativa, o mejor, que la de Xerox. Sin embargo, fue precisamente Xerox la que invirtió más en I+D. Véase la Caja 15.1 para más detalle.

CAJA 15.1 La copiadora de papel de Xerox[19]

Una de las mayores invenciones de las décadas de 1950 y 1960 fue la tecnología de copia electroestática («xerografía») de Rank Xerox. Esta tecnología permitía copiar en papel normal a un coste sustancialmente menor que los métodos basados en fotografía. Era también mucho mejor en términos de calidad que la tecnología anterior de copia en «papel estucado».

Con el objetivo de proteger su casi monopolio, Xerox no solo patentó el proceso de xerografía sino también cada característica imaginable de su tecnología de copiadora. Como se llegó a afirmar más tarde en un juicio en su contra demandada por la SCM Corporation, Xerox mantuvo una «maraña de patentes» donde algunas innovaciones no eran usadas ni licenciadas a otros. Era aparente que el único propósito de estas «patentes latentes» era el de prevenir que sus competidores invirtieran en tecnologías similares a la de Xerox.

El resultado fue que, cuando IBM y Litton entraron en el mercado en 1972, Xerox los denunció utilizando cientos de patentes. Más del 25 % del presupuesto de IBM de I+D en aquella época estaba dedicado a la asesoría de patentes, no I+D.

Como resultado de las quejas acumuladas acerca de la estrategia excluyente de Xerox, la Federal Trade Commission eventualmente mandó a Xerox a licenciar sus patentes a todos los entrantes por un coste nominal. En apenas unos pocos años, los precios de las copiadoras de papel normal disminuyeron a la mitad. La cuota de mercado de Xerox bajó del 100 % en 1972 a menos del 50 % en 1977.

Considera ahora el caso de la industria de consolas de videojuegos a finales de la década de 1980 (véase la Caja 15.2 para más detalle). Nintendo era entonces el líder de mercado y de tecnología, Sega el rezagado. A diferencia de los ejemplos considerados anteriormente, en este caso fue el rezagado quien primero introdujo una consola nueva y mejor. Aunque Nintendo tuvo la posibilidad de seguir el mismo camino, la empresa decidió no hacerlo, basándose en la idea de que introducir una máquina mejor restaría cuota de mercado de la máquina anterior. «La filosofía de Nintendo es que no hemos agotado todavía el sistema de 8 bits», dijo Nintendo. En términos económicos, lo que llevó al líder tecnológico a dejar de invertir fue el **efecto de reemplazo**, la canalización de beneficios propios que siempre ocurre cuando una empresa introduce un producto nuevo mejorando la versión anterior de su propio producto. En este sentido, el entrante no tiene nada que perder, y por lo tanto tiene una probabilidad más alta de innovar.

Podemos resumir los resultados anteriores afirmando que:

Las empresas líderes tienen un incentivo mayor a innovar cuando la amenaza de competencia por un rezagado es alta (efecto de prevención). Si no, las empresas líderes tienen un incentivo menor a innovar (efecto de reemplazo).

Dicho de otro modo, un líder en tecnología bajo presión de entrantes tenderá a prevenir semejante entrada, y al mismo tiempo reforzar su posición de liderazgo. En cambio, un líder en tecnología bajo poca presión de entrantes tiene una probabilidad más alta de «descansar en los laureles» y al mismo tiempo permitir a los rezagados que lo alcancen o incluso sobrepasen.

CAJA 15.2 Sega vs. Nintendo[20]

Los videojuegos son un gran negocio. Nintendo, una de las historias de éxito de los ochenta, terminó la década con un valor de mercado que superaba el valor de Sony y de Nissan. El principal producto de Nintendo era entonces una máquina de 8 bits y una serie de juegos con el popular Mario. Sega, aunque una empresa más antigua, era entonces segunda a gran distancia de Nintendo en términos de cuota de mercado.

Desde finales de la década de 1980, Nintendo había estado desarrollando una máquina más rápida de 16 bits. Sin embargo, Nintendo no tenía prisa en lanzar su nuevo producto: «La filosofía de Nintendo es que no hemos agotado todavía el sistema de 8 bits». De hecho, a finales de los ochenta, la máquina de 8 bits de Nintendo estaba en el pico de sus ventas. Lanzar la máquina de 16 bits podría conllevar una canalización significativa del mercado de un sistema más lento.

Sega no tenía que preocuparse de semejante efecto. En octubre de 1988, introdujo su sistema de videojuego casero Mega Drive de 16 bits. La ventaja de tener una máquina con más potencia es que permitía una imagen y un sonido mejores, así como la posibilidad de mostrar imágenes de varios niveles. Un sistema mejor combinado con una campaña de publicidad agresiva llevó a Sega a aumentar de forma significativa su cuota de mercado al principio de los años noventa.

Eventualmente –en septiembre de 1991, es decir, dos años más tarde– Nintendo introdujo su máquina de 16 bits. Se desató una intensa guerra de precios, con Nintendo y Sega repartiéndose el mercado aproximadamente a partes iguales.

En la transición del sistema de 8 bits al sistema de 16 bits, Nintendo dejó su posición de casi monopolio, teniendo que compartir el mercado con Sega. Sin embargo, no está claro que Nintendo hubiera podido hacerlo mejor de lo que lo hizo. Aunque un lanzamiento más temprano del sistema de 16 bits hubiera podido proteger su cuota de mercado, no hubiera podido aumentar los beneficios totales de la empresa si tenemos en cuenta las ventas de las máquinas de 8 bits.

Prevención y reemplazo: análisis formal. Consideremos una industria con un líder en tecnología que debe decidir cuánto invertir en innovación. Una vez tomada esa decisión, la «Naturaleza» decide si hay un rezagado intentando innovar también (esto sucede con probabilidad ρ). Si hay un rezagado activo, entonces el rezagado decide cuánto invertir en innovación.

La innovación sucede de la forma siguiente. Si solo una empresa intenta innovar, entonces se requiere una inversión mínima para innovar. Si hay más de una empresa compitiendo por la innovación, entonces la empresa que invierta más es la que innova. Esto se puede entender de varias maneras. Una es que hay una carrera por la patente y la empresa que gasta más alcanza una innovación patentable primero. Alternativamente, podemos asumir que la innovación ya existe y que hay una subasta para decidir qué empresa adquiere la innovación.

Si el rezagado innova, entonces el rezagado y el líder reciben beneficios π^D. Si no es así, el líder gana π^M y el rezagado cero.

Como viene siendo normal, resolvemos juegos secuenciales mirando hacia adelante y razonando hacia atrás (sección 7.2). Específicamente, la estrategia óptima del rezagado es la siguiente: si el líder invierte más que π^D, entonces abandona; si el líder invierte más que α pero menos que π^D, entonces invierte un poco más que el líder. Finalmente, si el líder invierte menos que α, entonces invierte α.

Resolviendo hacia atrás, la estrategia óptima del líder es la de invertir π^D, y así inducir al rezagado a abandonar, o invertir cero. Al invertir π^D, el líder se asegura permanecer como líder, y por lo tanto recibir un pago neto de $\pi^M - \pi^D$. Al invertir cero, el líder espera un pago de $(1 - \rho)\pi^M + \rho\pi^D$.

Se deduce que, (a) si ρ es suficientemente grande, entonces el líder se beneficia al evitar el esfuerzo de innovación del rezagado y permanecer líder si y solo si $\pi^M > 2\pi^D$; (b) si ρ es suficientemente pequeño, entonces el líder invierte cero y, con una probabilidad ρ, el rival invierte α e innova. En el caso (a) el líder previene la entrada del rezagado (efecto del beneficio conjunto); en el caso (b), el miedo a la canalización induce al líder a no invertir (efecto de reemplazo).

■ **Consideraciones organizacionales vs. consideraciones estratégicas.**[22] La industria del alineamiento fotolitográfico produce máquinas que son utilizadas por los fabricantes de semiconductores en la producción de DRAM y otros aparatos en estado sólido. A lo largo de las últimas décadas, la industria ha experimentado una tasa alta de progreso técnico. Los innovadores han sido en algunos casos empresas ya establecidas, en otros casos entrantes nuevos.

Una mirada de cerca a la industria revela algunos patrones interesantes. Aunque todas las innovaciones han sido graduales desde una perspectiva de *mercado* (es decir, las empresas que no innovan siguen siendo participantes activos del mercado), lo mismo no es verdad desde un punto de vista *organizacional*. La «función de producción» de I+D de cada empresa consiste en una serie de capacidades que son la mejor combinación de aptitudes para el tipo de investigación realizada en el pasado. Desde este punto de vista organizacional, algunas de las innovaciones en la industria fueron radicales; es decir, algunas de las innovaciones, si fueron introducidas por una empresa establecida, implicarían un cambio significativo en el proceso de I+D de la empresa y hacen obsoletas las capacidades previas de I+D. Resulta que todas las innovaciones radicales (en este sentido organizacional) fueron introducidas por entrantes, mientras que las empresas establecidas introdujeron mayoritariamente innovaciones graduales (ambos en el sentido del mercado y el sentido organizacional). Las empresas establecidas trataron de invertir en innovaciones más radicales, pero fueron menos exitosas que los entrantes.

Este ejemplo sugiere un número de observaciones. Primero, sugiere que las empresas establecidas suelen invertir relativamente más en innovaciones graduales, mientras que las empresas entrantes son la principal fuente de innovaciones drásticas, una predicción que es consistente en líneas generales con el modelo de **destrucción creativa**. Segundo, muestra que puede haber una diferencia entre la cantidad que cada empresa invierte en I+D y la tasa real de innovación. Tercero, y más importante, el ejemplo sugiere que las consideraciones estratégicas no pueden ser las únicas causas de I+D y de la estructura de la industria. De hecho, un análisis detallado de la industria del alineamiento fotolitográfico sugiere que la **inercia organizacional** puede ser tan importante o más importante que las consideraciones estratégicas a la hora de determinar los patrones de inversión en I+D.

Se pueden encontrar muchos otros ejemplos de empresas establecidas que han visto cómo su cuota de mercado disminuía debido a un entrante innovador. Por ejemplo, Nokia dominaba la industria del teléfono inteligente hasta que apareció Apple; y Netflix reemplazo a Blockbuster en la transmisión de vídeo por internet. Las razones detrás de este reemplazo dinámico son varias, pero seguramente incluyen una combinación de incentivos a la inversión (como el ejemplo de Nintendo) y la inercia organizacional (como en la industria de equipamiento de alineamiento fotolitográfico).

15.4 Políticas públicas

Como he insinuado al principio del capítulo, el crecimiento económico y el bienestar son el resultado en gran medida de la innovación. Como es lógico, los gobiernos están muy ansiosos de desarrollar sus propias políticas de innovación. Una manera obvia de llevar a cabo ese objetivo –aunque no necesariamente la más eficiente– es la de subvencionar el I+D de las empresas (y de otras instituciones, como universidades y laboratorios de investigación). En esta sección, considero áreas de políticas públicas que afectan al grado en que las empresas participan en I+D, incluyendo en particular la protección de la propiedad intelectual.

■ **Protección de la propiedad intelectual (IP).** El propósito principal del **sistema de patentes** es el de recompensar a los innovadores. Sin embargo, los derechos de patentes pueden llevar potencialmente a la creación de un monopolio. Como tal, las patentes pueden implicar un coste de eficiencia: la ineficiencia de asignación del precio de monopolio. Este es el primer coste básico al que se enfrenta un político: dar patentes más valiosas –por ejemplo, durante un periodo más largo– aumenta los incentivos a la innovación, lo que en el largo plazo resulta en una tasa más alta de progreso tecnológico. Pero también puede aumentar el poder de mercado, teniendo como consecuencia un grado menor de eficiencia económica.[c,d]

Además de la duración, hay otras dimensiones a través de las cuales las patentes pueden hacerse más fuertes o más débiles. Las Secciones 102 y 103 del Código de Patentes de los EE. UU., por ejemplo, imponen el requerimiento de **originalidad** y **falta de obviedad** para que una solicitud de una patente sea aceptada. Para dar un ejemplo muy simple, sería difícil obtener una patente para el proceso de combinar té y cubitos de hielo para producir una bebida refrescante (té con hielo). De hecho, sería difícil argumentar que (a) el té con hielo es un producto novedoso (es solamente té servido a una temperatura baja) y (b) el proceso de producción es obvio (combinar hielo con una bebida ya existente es una idea bastante obvia). Además de ejemplos extremos, siempre hay margen para la discrecionalidad a la hora de determinar la medida en que la innovación es original y obvia. En última instancia, los juzgados deciden la fortaleza de la protección proporcionada por el sistema de derechos de propiedad intelectual. Para dar un ejemplo de un litigio real de patentes que sucedió en la década de 1980: ¿existe violación de una patente producida sintéticamente si la misma proteína se produce con ADN recombinante?

La innovación es un proceso cumulativo. En este contexto, un beneficio de las patentes es el de hacer público lo último en innovación, permitiendo de esta manera que nuevos innovadores construyan sus nuevas invenciones en el trabajo ya existente. Sin embargo, en la medida en que los nuevos innovadores deben pasar por encima de la barrera creada por la patente que utilizan como punto de salida, un coste posible es que la patente reduce los incentivos de innovaciones futuras relacionadas.

---

[c] El Ejercicio 15.6 expande aún más la discusión de sistemas óptimos para proteger e incentivar la innovación, con un énfasis especial en la interacción entre la duración y la fortaleza de los derechos de las patentes.

[d] Un instrumento relacionado de la protección de IP es el derecho de autor o propiedad intelectual. Mientras que las patentes se aplican a productos, procesos, sustancias y diseños, los derechos de autor (copyrights) se aplican a trabajos artísticos y trabajos de autor, cuando estos están en un medio tangible, como un libro o un programa de ordenador. A pesar de esta diferencia, los principios de las políticas públicas que se aplican son muy similares, incluyendo el coste de eficiencia de cambiar la duración de los derechos de autor.

Un sistema óptimo de patentes sopesa los beneficios de mayores incentivos a la innovación con los costes potenciales de un grado más alto de poder de mercado; y los beneficios de divulgar lo último en innovación con el coste de impedir innovaciones futuras.

■ **Marañas de patentes.** BlackBerry es un teléfono inteligente desarrollado por la empresa canadiense Research In Motion Limited (RIM). A principios de la década de 2000, RIM llevó a los tribunales a varias compañías –incluyendo Glenayre Electronics, Good Technology y Handspring– por violación de patentes (en gran medida por patentes relacionadas con el teclado de la BlackBerry). Pero lo opuesto también era verdad: NTP, una compañía titular de patentes basada en Virginia fundada en 1992, denunció a RIM por violación de varias de sus (de NTP) patentes. Después de un juicio muy largo, en marzo de 2006 RIM y NTP llegaron a un acuerdo, donde RIM pagó la suma de $612,5 millones.

Este caso no es aislado: en los años setenta y ochenta, el número de juicios de patentes en EE. UU. planeó los 1.000 por año, pero desde 1990 aumentó a valores tan altos como 3.000.[22] En algunas industrias, como las telecomunicaciones y la informática, el número de patentes es tan grande que se genera una verdadera **maraña de patentes**, una lista larga de derechos de patentes con la que deben lidiar aquellos que quieren comercializar una nueva tecnología.[23] El problema es particularmente significativo cuando las patentes son ambiguas (como es normalmente el caso en patentes de *software*), creando así el peligro de que nuevos productos infringen otras patentes involuntariamente.

■ **Secuestradores (trolls) de patentes.** Como he mencionado anteriormente, los mercados de tecnología establecen una «división del trabajo» eficiente entre la creación y la implementación de nuevas ideas. Las patentes juegan un papel importante en hacer estos mercados posibles; por lo tanto, patentes definidas ambiguamente hacen que estos mercados sean ineficientes. Esto puede ser particularmente verdad en la presencia de entidades de alegación de patentes (patent-assertion entities o PAE), algunas veces conocidas menos cortésmente como **troll o secuestrador de patentes**: estas son corporaciones cuyo principal activo es una cartera de patentes y cuyo principal negocio es generar ingresos emitiendo licencias y llevando a juicio a infractores de patentes. El papel de estas entidades está lleno de controversia. En el lado positivo, las PAE son intermediarias que hacen posible que los mercados de tecnología funcionen: ayudan a los inventores a comercializar su IP. En el lado negativo, las PAE son responsables de una gran parte del enorme aumento en litigios de patentes del que he hablado anteriormente;

y por lo general estos litigios representan una pérdida neta social. La Caja 15.3 considera un ejemplo específico de PAE.

CAJA 15.3 Acacia[24]

En 1994 y 1995, dos pequeños inventores de Florida –Jorge Inga, un cirujano; y Thomas V. Saliga, un ingeniero– archivaron dos patentes relacionadas con almacenar y compartir remotamente imágenes médicas (patentes # 5.321.520 y 5.416.602). En noviembre de 2005, las patentes se vendieron a Acacia, la séptima mayor entidad de alegación de patentes en EE. UU. (en 2011, tenía 536 patentes en propiedad).

Acacia no perdió el tiempo en iniciar un esfuerzo concertado para ejecutar sus derechos recientemente adquiridos. Creó una empresa filial, Hospital Systems Corporation; afirmó públicamente que sus patentes cubrían un amplio alcance, incluyendo aplicaciones de *software* que permiten a usuarios remotos acceder a imágenes por internet; y en 2007 lanzó una denuncia en contra de los mayores productores de *software* relacionados con la industria de la sanidad, incluyendo GE, Fujifilm, Siemens, Philips y McKesson Corp. (más tarde, se añadieron ocho acusados más).

Los procesos judiciales duraron varios años. Eventualmente, todos los acusados iniciales abandonaron y firmaron acuerdos de licencias con Acacia. Mientras tanto, el litigio tuvo un impacto considerable en el mercado del producto: las ventas de *software* de imágenes de los acusados disminuyeron de cerca de 1.800 unidades a cerca de 1.000 unidades siguiendo el desenlace del juicio. En cambio, las empresas rivales que no fueron denunciadas por Acacia no experimentaron una disminución en ventas; ni tampoco los acusados en las ventas de sus productos que no estaban presuntamente involucrados en la violación de las patentes.

Esta caída drástica en ventas se explica probablemente por la disminución en innovación incremental de los acusados: no se introdujeron en el mercado durante el litigio versiones nuevas de productos existentes o nuevos modelos de *software* de imágenes. Ese repentino parón en el esfuerzo a la innovación es seguramente el resultado del estremecedor efecto del litigio, en concreto el miedo de ser culpable de «violación voluntaria» en el juicio de las patentes.

En principio, el escenario aquí podría haber sido el mismo con un denunciante que no fuera un trol de patentes: Apple, Samsung y muchas otras empresas comerciales también denuncian por violación de patentes. Una característica que diferencia a compañías como Acacia de otras es que, como entidad no practicante, sus costes de prolongar los litigios son probablemente menores.

■ **Bancos de patentes.** Aun cuando los derechos de propiedad están bien definidos, los mercados de licencias pueden llevar a una asignación de recursos ineficientes. Supongamos que la producción de un teléfono inteligente nuevo requiere
que licencie una serie de patentes. Cada dueño de una patente fija un precio de
la licencia para maximizar sus ingresos por ventas de licencias. En este proceso,
una externalidad negativa sucede: cuando un dueño de una patente individual
aumenta el precio de su licencia, el coste de producción de un teléfono inteligente aumenta; ese aumento de coste es reflejado parcialmente en un aumento del
precio del teléfono inteligente, que a su vez conlleva una caída en la demanda; y
finalmente un descenso en los ingresos por licencias recibidos por los otros dueños de patentes. Como consecuencia, el precio total de las licencias es demasiado
alto y todos pierden en el proceso. El Ejercicio 15.7 hace un planteamiento formal
de este problema, que recuerda al problema de la doble marginalización considerado en la sección 13.1.

Un **banco de patentes** puede ser la solución a este problema. La idea es que los
dueños de múltiples patentes se junten y vendan sus licencias en un solo paquete. Por ejemplo, a finales de la década de 1990 varias empresas desarrollaron el
DVD (Digital Video Disk). Se formaron dos bancos de patentes (DVD 3C y DVD
6C), ambos requiriendo que sus miembros incorporaran sus patentes nuevas en
el banco. De esta manera, los fabricantes de reproductores de DVD debían pagar
un razonable precio, en lugar de desorbitado, total por sus licencias.

Si los bancos de patentes solucionan un problema de externalidad, también
pueden crear su propia externalidad: cuando se firma un acuerdo de un banco
de patentes, la ganancia marginal de innovar y patentar es compartida con todos
los miembros del banco de patentes, y esto probablemente creará un problema del
polizonte. El primer banco de patentes, la Sewing Machine Combination (1856-
1877) ilustra este efecto: los miembros del banco patentaban menos cuando el
banco estaba en funcionamiento, y solo empezaron a patentar más agresivamente
otra vez cuando el banco se disolvió en 1877.[25] Además, hubo una divergencia de
esfuerzos de innovación hacia tecnologías inferiores que no estaban cubiertas por
el acuerdo del banco de patentes.[26]

> Patentes definidas de forma ambigua, al igual que sistemas complejos
> de patentes complementarias, crean problemas de incentivos para los
> innovadores. Los bancos de patentes atenúan algunos problemas de
> incentivos, pero crean otros adicionales.

■ **Externalidades y acuerdos de I+D.** Ningún hombre es una isla; asimismo, ninguna empresa hace I+D en aislamiento: algunos de los resultados de I+D obtenidos por empresas individuales se convierten en conocimiento público, por lo tanto beneficiando a otras empresas también; otros resultados se filtran porque los trabajadores dejan la empresa para trabajar para una empresa rival, o simplemente porque los investigadores comparten sus últimos logros en conferencias científicas, con poca o ninguna conciencia de las implicaciones comerciales de sus acciones. Cualquiera que sea la razón, los bancos de patentes no son la única instancia de externalidades positivas que resultan de los esfuerzos de innovación. Las estimaciones para los EE. UU. sugieren que la tasa bruta de rendimiento social de I+D está cerca del 55 %, mientras que la tasa de rendimiento privada de I+D es del 21 %.[27] La segunda es ya una tasa alta, pero mucho más pequeña que la primera. A nivel agregado, esta diferencia implica un nivel óptimo social de I+D que es dos veces mayor que el nivel observado de I+D. En este contexto, los acuerdos de I+D entre empresas pueden ser útiles para atenuar el **problema del polizonte** asociado con los bienes públicos.

Una razón adicional de por qué niveles eficientes de inversión en I+D pueden requerir la cooperación entre empresas es el tamaño absoluto y riesgo de algunos proyectos de I+D, como desarrollar un nuevo avión, diseñar un nuevo microchip o iniciar una nueva línea de investigación farmacéutica. En estos casos, permitir la cooperación entre empresas puede ser necesario para que el proyecto de investigación se lleve a cabo.

El lado negativo de esto es que, como he mencionado al principio del capítulo 9, cuando las empresas se juntan siempre existe el riesgo de que conspiren en el mercado. Aun cuando todo empieza con un acuerdo inofensivo sobre inversiones conjuntas de I+D, poco después el intercambio puede convertirse en un acuerdo en precios o asignación de cuotas de mercado.

> **Los acuerdos de I+D entre empresas pueden tener la virtud de atenuar problemas de polizonte. Sin embargo, también pueden aumentar el grado de colusión en el mercado.**

A pesar de la segunda posibilidad, las políticas públicas hacia los acuerdos de I+D suelen ser más tolerantes que cuando se refieren a acuerdos entre empresas en general. Como se muestra en la sección 9.5, el Párrafo 1 o el Artículo 101 del Tratado de la Unión Europea prohíbe acuerdos entre empresas que distorsionan la competencia. Sin embargo, una excepción en bloque fue emitida en 1984 para acuerdos correspondientes a I+D (Regulación N.º 418/85). En los EE. UU., la legislación relevante es la National Cooperative Research Act de 1984, que dicta que los acuerdos de investigación, si son desafiados bajo las leyes antimonopolio de los EE. UU., sean juzgados bajo el criterio de lo razonable (es decir, se debería investigar si la presunta restricción de comercio fue necesaria para alcanzar el objetivo del acuerdo de investigación).

Sumario

- Las empresas líderes tienen un incentivo mayor a innovar cuando la amenaza de competencia por un rezagado es alta (efecto de prevención). Si no, las empresas líderes tienen un incentivo menor a innovar (efecto de reemplazo).
- Un sistema óptimo de patentes sopesa los beneficios de mayores incentivos a la innovación con los costes potenciales de un grado más alto de poder de mercado; y los beneficios de divulgar lo último en innovación con el coste de impedir innovaciones futuras.
- Patentes definidas de forma ambigua, al igual que sistemas complejos de patentes complementarias, crean problemas de incentivos para los innovadores. Los bancos de patentes atenúan algunos problemas de incentivos, pero crean otros adicionales.
- Los acuerdos de I+D entre empresas pueden tener la virtud de atenuar problemas de polizonte. Sin embargo, también pueden aumentar el grado de colusión en el mercado.

Conceptos clave

- destrucción creativa
- estrategia de innovación
- dominancia creciente
- efecto de beneficio conjunto
- efecto de reemplazo
- inercia organizacional
- sistema de patentes

- novedad
- sin obviedad
- maraña de patentes
- secuestradores de patentes
- banco de patentes
- problema del polizonte

Ejercicios de práctica

■ **15.1. Competencia perfecta e innovación.** «La competencia perfecta es no solo imposible sino también inferior, y no puede ser presentada como el modelo ideal de eficiencia». ¿Estás de acuerdo? ¿Por qué o por qué no?

■ **15.2. Innovación y estructura de mercado.** «La competencia en I+D implica un sistema dinámico donde las industrias suelen convertirse en más y más concentradas». ¿Estás de acuerdo? ¿Por qué o por qué no?

Ejercicios complejos

■ **15.3. Valor de una innovación.** Deriva la ecuación (15.1). Asumiendo que los valores de p_0, p_1 son fijados por un monopolista que maximiza beneficios, demuestra que el valor de una innovación es mayor cuanto mayor sea a_1 o cuanto menor sea c_1.

■ **15.4. Reducción de costes con competencia de Bertrand.** Dos empresas compiten a la Bertrand. Hay 10.000 personas en la población, cada una de ellas está dispuesta a pagar hasta \$10 por una unidad como máximo. En la actualidad, ambas empresas tienen un coste marginal constante de 5.

a) ¿Cuál es el equilibrio en este mercado? ¿Cuáles son los beneficios de las empresas?

b) Supongamos que una empresa adopta una nueva tecnología que baja su coste marginal a 3. ¿Cuál es el equilibrio ahora? ¿Cuánto debería estar dispuesta a pagar esta empresa por esta tecnología?

c) Supongamos que la nueva tecnología mencionada en (b) está disponible para ambas empresas. El coste para una empresa de adquirir esta tecnología es 10.000. El juego ahora tiene dos etapas. Primero, las empresas deciden simultáneamente si adaptar la nueva tecnología o no adaptarla. Entonces, en la segunda etapa, las empresas fijan precios simultáneamente. Asumamos que cada empresa sabe si su rival ha adquirido la nueva tecnología cuando fija precios. ¿Cuál es el equilibrio (o equilibrios) de este juego?

■ **15.5. Difusión boca a boca de las innovaciones.** Muestra que el modelo de difusión de comunicación boca a boca implica un trayecto de adopción dado por (15.3). (Nota: este problema es complejo, desde un punto de vista matemático.)

■ **15.6. Fortaleza y duración de los derechos de patentes.**[28] Muchos acuerdos de estandarización requieren que los dueños de las patentes licencien sus patentes entre ellos usando términos razonables y no discriminatorios (algunas veces denotados por los acrónimos RAND o FRAND). Supongamos que la demanda del consumidor por una innovación patentada viene dada por $D(p)$. Llamemos c al coste de producción y p^M al precio de monopolio. Supongamos que, si la patente es licenciada a un competidor, entonces las empresas compiten en precios (a la Bertrand), sabiendo que el coste de la segunda empresa incluye el precio por unidad de la licencia f para poder pagar al dueño de la patente. Finalmente, asumamos que la patente tiene una duración de T periodos.

a) Muestra que, si $f = p^M - c$, entonces los beneficios de la empresa y el excedente del consumidor son los mismos con y sin la venta de licencias de las patentes.

b) Muestra que disminuir el precio de la licencia infinitésimamente de $f = p^M - c$ aumenta el excedente del consumidor sin disminuir el valor de la patente.

c) Muestra que, al disminuir el precio de la licencia y aumentar la duración de la patente, un sistema nuevo de patentes puede ser obtenido de modo que proporciona la misma compensación a los dueños de patentes y deja a los consumidores ligeramente mejor.

d) ¿Qué aspectos del sistema de compensación de la innovación están ausentes en este análisis (pregunta abierta)?

■ **15.7. Marañas de patentes.** La empresa X produce un teléfono inteligente dado por el que hay una demanda de mercado $Q = a - p$. Los costes de producción consisten en licenciar n patentes necesarias para la producción del aparato. Cada patente pertenece a una empresa distinta y todos los precios de las licencias f_i se fijan simultáneamente. Dados los valores de f_i (que asumimos son precios por unidad), la empresa X fija el precio del teléfono inteligente y los consumidores deciden qué cantidad consumir.

a) Muestra que, en equilibrio, el precio de una licencia viene dado por $f = \frac{a}{n+1}$.

Ahora supongamos que los n dueños de patentes forman un banco y fijan sus precios de licencias conjuntamente.

b) Determina los precios óptimos de las licencias fijados por el banco.

c) Demuestra que los dueños de las patentes, la empresa X y los compradores de teléfonos inteligentes están todos mejor si se forma el banco de patentes.

Notas

1. Fuente: Strategy y cálculos del autor.
2. Trajtenberg, Manuel (1989), «The Welfare Analysis of Product Innovations, with an Application to Computed Tomography Scanners», *Journal of Political Economy* 97, 444-479.
3. Pakes, Ariel (1986), «Patents as Options: Some Estimates of the Value of Holding European Patent Stocks», *Econometrica* 54, 4755-4784.
4. Schumpeter, Joseph (1934), *The Theory of Economic Development*, Nueva York: Harper.
5. Schumpeter, Joseph (1942), *Capitalism, Socialism and Democracy*, Cambridge, Mass: Harvard University Press.
6. Véase, por ejemplo, Aghion, Philippe, Nick Bloom, Richard Blundell, Rachel Griffith y Peter Howitt (2005), «Competition and Innovation: An Inverted-U Relationship», *Quarterly Journal of Economics* 120 (2), 701-728.
7. «Microsoft And Google Set to Wage Arms Race», por Steve Lohr y Saul Hansell, *The New York Times*, 2 de mayo de 2006.
8. Arrow, Kenneth J (1962), «Economic Welfare and the Allocation of Resources for Invention», en National Bureau of Economic Research, *The Rate and Direction of Inventive Activity*, Princeton: Princeton University Press.
9. *The Wall Street Journal*, 3 de noviembre de 1999.
10. Para un análisis más completo de la teoría de la difusión de la innovación, véase Rogers, E.M. (1962), *The Diffusion of Innovations*, Nueva York: Free Press.
11. Griliches, Zvi (1957), «Hybrid Corn: An Exploration of the Economics of Technological Change», *Econometrica* 25, 501-522. Véase también Ryan, B., y N. C. Gross (1943), «The Diffusion of Hybrid Seed Corn in Two Iowa Communities», *Rural Sociology* 8, 15-24.
12. Adam B. Jaffe, Manuel Trajtenberg y Rebecca Henderson (1993), «Geographic Localization of Knowledge Spillovers as Evidenced by Patent Citations», *The Quarterly Journal of Economics* 108 (3), 577-598.
13. Quiero agradecer a Joshua Gans el haber sugerido este ejemplo.
14. Gans, Joshua S., y Scott Stern (2003), «The Product Market and the Market for "Ideas": Commercialization Strategies for Technology Entrepreneurs», *Research Policy* 32 (2), 333-350.
15. Moser, Petra (2005), «How Do Patent Laws Influence Innovation? Evidence from Nineteenth-Century World's Fairs», *American Economic Review* 95 (4), 1214-1236.
16. Arora, Ashish, Andrea Fosfuri y Alfonso Gambardella (2001), «Markets for Technology and their Implications for Corporate Strategy», *Industrial and Corporate Change* 10 (2), 419-451.
17. Gans, Joshua S., David H. Hsu y Scott Stern (2002), «When Does Start-Up Innovation Spur the Gale of Creative Destruction?», *RAND Journal of Economics* 33 (4), 571-586.
18. Adaptado de Barese, Paul, Adam Brandenbuerger y Vijay Krishna (1992), «The Race to Develop Human Insulin», Harvard Business School Case No. 9-191-121. Véase también Hall, Stephen S (1987), *Invisible Frontiers: The Race to Synthesize a Human Gene*, Nueva York: Atlantic Monthly Press.
19. Adaptado de Bresnahan, Timothy (1985), «Post-Entry Competition in the Plain Paper Copier Market», *American Economic Review* 75, 15-19.
20. Adaptado de Nalebuff, Barry, y Adam Brandemburger (1996), *Co-opetition*, Londres: Harper Collins Publishers.
21. Esta subsección está adaptada de Henderson, Rebecca (1993), «Underinvestment and Incompetence as Responses to Radical Innovation: Evidence from the Photolithographic Alignment Equipment Industry», *Rand Journal of Economics* 24, 248-270.
22. Bessen, James, y Michael Meurer, *Patent Failure: How Judges, Bureaucrats, and Lawyers Put Innovators at Risk*, Princeton: Princeton University Press (2008).
23. Shapiro, Carl, «Navigating the Patent Thicket: Cross Licenses, Patent Pools, and Standard Setting», en Jaffe, Lerner y Stern (Eds.), *Innovation Policy and the Economy*, Vol. 1 (2001).
24. Adaptado de Tucker, Catherine (2015), «Patent Trolls and Technology Diffusion: The Case of Medical Imaging», Working Paper.

25. Lampe, Ryan, y Petra Moser (2010), «Do Patent Pools Encourage Innovation? Evidence from the Nineteenth-Century Sewing Machine Industry», *The Journal of Economic History* 70 (4), 898-920.

26. Lampe, Ryan, y Petra Moser (2013), «Patent Pools and Innovation in Substitute Technologies: Evidence From the 19th-century Sewing Machine Industry», *RAND Journal of Economics* 44 (4) 757-778.

27. Bloom, Nicholas, Mark Schankerman y John Van Reenen (2013), «Identifying Technology Spillovers and Product Market Rivalry», *Econometrica* 81 (4), 1347-1393.

28. Lo siguiente está basado en Gilbert, Richard, y Carl Shapiro (1990), «Optimal Patent Length and Breath», *Rand Journal of Economics* 21, 106-112.

16. REDES

Para un consumidor del siglo XXI, puede ser difícil imaginarse una vida sin teléfonos (móvil o de cualquier tipo). Pero por un momento imagina que vives en la década de 1880 y hazte esta pregunta: ¿cuál sería el valor de tener un teléfono? La respuesta debería ser probablemente «no mucho», dado que el número de personas con un teléfono era bastante pequeño. Consideremos un ejemplo más reciente: el correo electrónico. Hace treinta años, fuera del mundo militar y académico, los beneficios de tener un correo electrónico no eran grandes, dado que el número de personas con las que se podían intercambiar mensajes era entonces bastante pequeño. Hoy día, da la sensación de que nadie podría sobrevivir sin correo electrónico.

Ambos casos son ejemplos de **externalidades de red**: la situación donde el beneficio que un consumidor deriva de consumir un producto aumenta cuando el número de otros consumidores aumenta. Esto es verdad tanto para los teléfonos como para el correo electrónico. De hecho, estos dos medios de comunicación tienen otra cosa en común: ambos son ejemplos de externalidades de red *directas*, aquellas que aparecen cuando los varios compradores forman una red de usuarios que se comunican entre ellos.

Las externalidades directas de red no son el único ejemplo relevante de situaciones en que los consumidores valoran el número de otros consumidores. El beneficio de comprar un ordenador con un sistema operativo Windows, por ejemplo, es mayor cuanto mayor sea el número de otros consumidores con el mismo sistema operativo: aun cuando un usuario de ordenador no se comunica directamente con otros, el hecho de que haya muchos de ellos implica que una gran variedad de *software* será desarrollada para el sistema operativo que sea popular. En este caso, decimos que los usuarios de Windows se benefician de externalidades de red *indirectas* que resultan de que haya otros usuarios de Windows.[a]

---

[a] Las externalidades de red también pueden ser creadas mediante el precio de una empresa. Por ejemplo, si una compañía de teléfonos inalámbricos fija un precio más alto para llamadas fuera de su red, entonces un consumidor se beneficiará cuando pertenece a una red mayor, ya que la mayoría de sus llamadas se harán dentro de la red, a un precio más bajo. Este tipo de externalidades es conocido como las *externalidades de red mediadas por tarifas*.

En este capítulo, presento varios asuntos relacionados con la competencia con externalidades de red (también conocidos como efectos de red). En la sección 16.1, muestro que una implicación importante de las externalidades de red es la posibilidad de multiplicidad de equilibrios («todos usamos Windows porque todos usamos Windows», pero lo opuesto también sería posible: «nadie usa Windows porque nadie usa Windows»). A continuación, considero varias implicaciones de la multiplicidad de equilibrios para el proceso de adopción de innovaciones con efectos de red; esto nos llevará a conceptos como la masa crítica, inercia excesiva, impulso excesivo y la dependencia de la trayectoria. Finalmente, las secciones 16.3 y 16.4 están dedicadas a la estrategia de la empresa y políticas públicas, respectivamente, en la presencia de externalidades de red.

■ **Estimando los efectos de red.** Antes de continuar con el análisis económico de la naturaleza y las implicaciones de los efectos de red, vale la pena hablar de su importancia en realidad. A lo largo de este libro, he enfatizado la dificultad de establecer identificación estadística con datos económicos: el mundo está lleno de correlaciones; algunas de las cuales corresponden a efectos causales, aunque la mayoría no. La búsqueda de los efectos de red no es una excepción; de hecho, en cierto modo estimar efectos de red directos o indirectos es una tarea particularmente compleja.

Supongamos que tenemos una serie temporal de datos, por ejemplo, el número de usuarios de máquinas de fax. Supongamos además que los adoptantes potenciales estiman el tamaño de la red utilizando los últimos datos publicados (es decir, el número de usuarios de fax en el periodo anterior). Entonces podríamos estimar una ecuación del tipo $q_t = f(q_{t-1}, pt, z_t)$, donde p_t denota el precio y z_t otras variables. En la medida en que q_t está positivamente asociado a q_{t-1}, podría ser tentador concluir que los efectos de red están presentes. El problema con este enfoque es que puede que haya variables no observadas (por ejemplo, los ingresos de la renta) que empujan q_t y q_{t-1} en la misma dirección, por lo tanto creando una correlación que no corresponde a una relación causal. Por mucho que tratemos de incluir estas variables en z_t, nunca podemos estar totalmente seguros de que no nos hemos dejado alguna fuente inadvertida de correlación (que no se corresponde con causalidad).

Alternativamente, podemos buscar datos de sección. Por ejemplo, basándonos en datos de 110.000 familias en EE. UU. en 1997, se estima que una familia tiene una probabilidad más alta de comprar su primer ordenador en casa en áreas con una fracción alta de familias que ya tienen un ordenador en casa. De nuevo, una limitación de esta metodología es que podemos estar midiendo una correlación, y no una relación causal.

Un método preferido consiste en estudiar lo que los investigadores llaman un «experimento natural». Consideremos el caso de los sistemas de cámaras de compensación automática (automated clearinghouse or ACH systems) usados para los pagos entre bancos. Este sistema es más eficiente que otros sistemas alternativos, pero requiere que tanto el pagador como el receptor de pagos adquieran la tecnología necesaria. Para bancos grandes en EE. UU., la decisión de adoptar ACH se toma a nivel nacional; es decir, una vez adoptada la tecnología, todas las sucursales empiezan a usarla.

A nivel de mercados geográficos pequeños y aislados, parece razonable considerar el número de bancos usando ACH a nivel nacional como una variable exógena, por lo que podemos establecer una relación causal con un grado mayor de certeza. Específicamente, si los efectos de red son importantes, entonces esperamos que bancos locales pequeños tengan una probabilidad más alta de adoptar ACH si las sucursales vecinas lo hacen. Los datos sugieren que este es en verdad el caso: por ejemplo, si un banco local pequeño tiene una probabilidad de adopción del 50 %, entonces un aumento de 10 puntos porcentuales en la fracción de bancos vecinos usando ACH aumenta la probabilidad de adopción en 4,4 puntos porcentuales.

16.1 El huevo y la gallina

Mucho antes de Darwin, filósofos como Aristóteles debatieron la cuestión de si hubo primero un huevo o una gallina. La versión de hoy día de este rompecabezas toma la forma de interacción social, como una red en internet o un club nocturno. Al famoso jugador de béisbol Yogi Berra, cuando se le preguntó por qué dejó de ir a Ruggeri's (un restaurante en St. Louis), respondió: «Ya no va nadie; está demasiado lleno». Yogismo aparte, el hecho es que mucha gente va a restaurantes porque hay otra gente en esos restaurantes. Por lo tanto, la queja debería ser «Nadie quiere ir allí porque siempre está vacío» o «Todos quieren ir allí porque siempre está lleno de gente».

Antes de tratar el complejo caso de sistemas interdependientes de demanda, consideramos el caso más simple de una curva de demanda «normal», como aparece en la línea recta y delgada en la figura 16.1: un precio menor atrae más consumidores; y para cada precio existe un número único de consumidores que estarían dispuestos a comprar. En este caso, nos enfrentamos con un conocido dilema de precios: cuanto más alto es el precio de una empresa, mayor es el margen, pero menores son las ventas. Este no es un problema trivial, pero aun así se puede resolver analíticamente –lo que hice, en la sección 3.2.

Considera ahora el caso cuando la valoración de un consumidor depende de sus expectativas de cuántos otros consumidores comprarán el producto. Si la externalidad de red es suficientemente fuerte, entonces la curva de demanda puede parecerse a la línea gruesa en la figura 16.1. Desde un punto de vista de la fijación de precios, el vendedor se enfrenta a un problema del **huevo y la gallina**. Continuemos con el ejemplo del restaurante. La figura 16.1 implica que, si el precio es muy alto –específicamente, más alto que ϕ– entonces ningún consumidor quiere ir al restaurante. En ese sentido, la curva de demanda es como una curva de demanda «normal»: los precios altos asfixian la demanda hasta cero. En cambio, si el precio es muy bajo –específicamente, más bajo que α– entonces todos los consumidores potenciales quieren estar en el restaurante. De nuevo, esto es parecido a una curva de demanda «normal»: para precios suficientemente bajos, todos los consumidores demandan el producto. (En esta figura, asumo que la demanda máxima viene dada por 1, por ejemplo 1 ciento.)

La parte interesante de la curva de demanda corresponde al caso cuando el precio es más alto que α pero más bajo que ϕ. Por ejemplo, si el precio es p' entonces hay al menos dos posibilidades: nadie va al restaurante ($q = 0$) o todos van al restaurante ($q = 1$).[b] Dicho de otro modo, o «nadie quiere ir allí porque está siempre vacío» o «todos quieren ir allí porque siempre está lleno de gente».

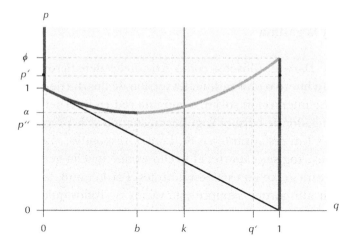

Figura 16.1. Precios con efectos de red.

El huevo y la gallina: solución analítica. Supongamos que un consumidor valora el restaurante en $v = u + \phi e^2$, donde u está uniformemente distribuido en $[0,1]$ y e es la expectativa del consumidor acerca del número total de otros clientes

---

[b] Hay también una tercera posibilidad, que ignoro por el momento.

del restaurante. Nótese que si un consumidor con $u = u'$decide ir al restaurante, entonces un consumidor con $u = u'' > u'$y la misma expectativa e también decide ir al restaurante. Llamemos u' al valor más bajo de u entre los consumidores que van al restaurante. Entonces los consumidores $1 - u'$ van al restaurante. En equilibrio, las expectativas de los consumidores deben cumplirse. Por lo tanto, debe suceder que $e = 1 - u'$. Además, el consumidor con $u = u'$debe estar exactamente indiferente entre ir al restaurante y quedarse en casa. Por lo tanto, $u' + \phi e^2 = p$, o $u' + \phi(1 - u')^2 = p$. Dado que el valor de q corresponde a todos los consumidores con $u > u'$, tenemos que $q = 1 - u'$. Así, la ecuación anterior viene a ser:

$$p = 1 - q + \phi q^2$$

Considera primero el caso cuando $\phi = 0$, es decir, las externalidades de red son cero. Entonces la ecuación anterior se convierte en $p = 1 - q$. Esta es una simple curva de demanda inversa como las que hemos visto en numerosas ocasiones en capítulos anteriores. En este caso, para cada valor de p hay un valor demandado q; y cuanto más bajo sea p, mayor es q.

El problema es mucho más interesante cuando $\phi > 0$, especialmente cuando ϕ es muy alto. Este es el caso cuando la gente va a restaurantes principalmente porque otra gente va a restaurantes también. A continuación, veremos que un valor alto de ϕ nos lleva a un problema de «el huevo y la gallina», donde, para un nivel de precios dado, hay múltiples valores de equilibrio del número de clientes del restaurante.

Primero notemos que, si $p > 1$, entonces un equilibrio existe de modo que nadie va al restaurante. De hecho, dadas las expectativas de que nadie va al restaurante, el beneficio de ir viene dado por u; e incluso el consumidor con el valor más alto de u ($u = 1$) preferiría no ir al restaurante.

A continuación, notemos que, si $p < \phi$, entonces un equilibrio existe donde todos los consumidores van al restaurante. De hecho, si $q = 1$, entonces el beneficio de ir al restaurante es $u + \phi$. Incluso el consumidor con el interés más bajo en el restaurante ($u = 0$) obtendría una utilidad ϕ de ir al restaurante; y esa es más alta que el precio.

Se deduce que, si el precio cae entre 1 y ϕ (asumiendo $\phi > 1$), hay dos equilibrios posibles, uno donde nadie va al restaurante y otro donde todos van al restaurante. De hecho, como se puede ver en la figura 16.1, incluso para valores de ϕ menores que 1 pero suficientemente altos encontramos dos equilibrios, uno con $q = 1$ y otro con q en algún lugar de la parte de la curva de demanda con pendiente negativa.

Qué equilibrio se acaba seleccionando tiene un gran impacto: para el dueño del restaurante, es la diferencia entre ganar mucho dinero y no ganar ningún dinero. Qué equilibrio vemos en la práctica depende en gran medida de las **expectativas de los consumidores**: si los consumidores esperan que el restaurante esté vacío, entonces estará vacío; si los consumidores esperan que el restaurante esté lleno, entonces estará lleno. Teniendo en cuenta la importancia de las expectativas, estos equilibrios son referidos con frecuencia como **equilibrio de expectativas cumplidas**.

> **Los efectos de red pueden implicar múltiples niveles de demanda para un precio dado. El valor específico de demanda depende de las expectativas de los consumidores acerca del tamaño de la red.**

CAJA 16.1 La batalla de los Bund[1]

El London International Financial Futures and Options Exchange (LIFFE) fue establecido en 1982 como un mercado de intercambio de productos derivados integrados únicamente por miembros. En septiembre de 1988, los contratos futuros de los Bund (bonos del gobierno alemán) empezaron a comercializarse en el LIFFE. Fue un gran éxito: en poco más de un año, el Bund era el contrato más popular en el LIFFE.

Deutsche Terminbörse (DTB), basado en Fráncfort, fue establecido en enero de 1990, y durante ese mismo año un contrato del Bund –esencialmente idéntico al contrato del LIFFE– empezó a comercializarse. Los bancos líderes alemanes con un interés en el DTB firmaron un acuerdo entre caballeros donde se comprometían a mantener la liquidez en el DTB; como resultado, a mediados de 1991, la cuota de mercado del DTB había alcanzado casi el 30 %.

Un obstáculo para el DTB para atraer a agentes bursátiles no alemanes era el hecho de ser reconocido como mercado extranjero. Este esfuerzo recibió un gran empujón en 1996, cuando la Unión Europea aprobó la Investment Services Directive. Esta nueva regulación implicaba que cualquier empresa de inversiones y de intercambio autorizada y regulada en uno de los países de la Unión Europea sería reconocida y autorizada en todos los otros países.

El frente de batalla se abrió. LIFFE y DTB intensificaron su lucha en varias dimensiones, incluyendo servicios de apoyo a la compra-venta, publicidad y fijación de precios (durante un tiempo ambos mercados no cobraban por estos servicios). La cuota de mercado del DTB en el comercio del Bund, que había permanecido constante en el 30% desde 1991, aumentó gradualmente. Entonces todo cambió rápidamente, y en pocas semanas LIFFE había perdido completamente el Bund.

Una explicación posible de esta dinámica de mercado es que los agentes demandan liquidez y que los costes de transacción sean bajos. Hasta 1996, DTB tenía costes más bajos, pero LIFFE tenía más liquidez. Al aumentar la cuota de mercado del DTB, su liquidez también aumentó. Esto creó una dinámica del tipo «bola de nieve» donde cuanto más creció el DTB más atractivo se volvía, eventualmente llegando al «punto de inflexión» en 1997.

¿Y si los consumidores tienen expectativas intermedias? En principio, sería posible que un punto como (q', p') en la figura 16.1 sea un equilibrio: si exactamente q' consumidores van al restaurante, y los consumidores esperan que exactamente q' consumidores irán al restaurante, entonces exactamente q' consumidores están dispuestos a pagar p' o más por los servicios del restaurante. Sin embargo, tal equilibrio sería inestable, en el sentido siguiente: si las expectativas mejoraran, entonces más consumidores visitarían el restaurante, lo que a su vez mejoraría las expectativas del consumidor, lo que a su vez atraería a más consumidores, y así sucesivamente hasta converger al equilibrio donde todos van al restaurante. Un argumento parecido sería válido para un impacto negativo en las expectativas: si las expectativas empeoraran, entonces menos consumidores visitarían el restaurante, lo que a su vez cambiaría sus expectativas de forma negativa, lo que a su vez atraería a menos consumidores, y así sucesivamente, hasta converger al equilibrio donde nadie quiere ir al restaurante.

Cuando hay equilibrios múltiples, los modelos económicos simples como el que he presentado anteriormente tienen poco que decir sobre qué equilibrio es más probable. Con frecuencia, los resultados son mayoritariamente la consecuencia de factores adicionales, como lo que ha sucedido en el pasado reciente. La Caja 16.1 describe un ejemplo donde, probablemente, el mercado cambió de un equilibrio («pocos agentes comerciando en DTB porque pocos agentes comercian en DTB») a otro («todos los agentes comercian en DTB porque todos los agentes comercian en DTB»). En las secciones siguientes, presentaré otros ejemplos.

La multiplicidad de equilibrios también da lugar a problemas complejos de fijación de precios. Supongamos que el restaurante en la figura 16.1 está fijando en la actualidad un precio $p = p'$ y que el restaurante está lleno. Como se ve en la figura, hay valores más altos de p de modo que un restaurante lleno esta todavía en equilibrio. Sin embargo, a estos niveles de precios un restaurante lleno no es el único equilibrio: un restaurante vacío es también un equilibrio. Podemos ver cómo un dueño prudente de un restaurante resiste la tentación de aumentar los precios cuando el negocio va bien: hay una ganancia potencial de ofrecer platos más caros, pero también una pérdida potencial mayor, en concreto, que cambiemos a un equilibrio con un restaurante vacío.

Una nota final acerca del problema del restaurante: si la capacidad fuera más pequeña que el número potencial de clientes, entonces el equilibrio «bueno» implica que algunos consumidores no pueden ser servidos, o al menos necesitan hacer cola fuera mientras esperan su turno para entrar. De nuevo, un dueño de restaurante prudente podría resistir la tentación de aumentar su capacidad: hay una ganancia potencial, pero también una pérdida potencial de «desestabilizar el barco». De hecho, una cola de clientes esperando fuera puede ser la mejor manera de convencer a los consumidores de que el equilibrio en juego es el equilibrio del restaurante lleno.

16.2 Adopción de innovación con efectos de red

En la sección previa, propuse el problema del restaurante como un ejemplo del rompecabezas del huevo y la gallina. Para $p = p'$ en la figura 16.1, tanto $q = 0$ como $q = 1$ son números de consumidores en equilibrio. Mostré que, hablando estrictamente, $q = q'$ es también un equilibrio, aunque inestable. De hecho, el número q' se puede referir como la **masa crítica** de consumidores necesarios para que resulte un equilibrio de restaurante lleno: partiendo de $q < q'$ y continuando el proceso de expectativas dinámicas descritas anteriormente (es decir, en cada momento dado los consumidores forman sus creencias sobre valores futuros de q basado en el valor actual de q) acabamos con un restaurante vacío; mientras que, partiendo de $q > q'$, acabamos con un restaurante lleno.

El concepto de masa crítica es particularmente importante para entender la adopción de innovaciones sujetas a efectos de red. En la sección 15.2, propuse dos teorías alternativas para explicar la difusión de innovaciones en forma de S: una, basada en heterogeneidad del adoptante, explica ejemplos como la difusión de maíz híbrido en los EE. UU.; otra, basada en los efectos del boca a boca, parece ser una mejor explicación para ejemplos como la difusión de Gmail a través del mundo. La difusión de innovaciones con efectos de red presenta otros desafíos no considerados en estos modelos. Por ejemplo, considera la difusión de máquinas de fax en los EE. UU., la trayectoria que aparece en la figura 16.2. La tecnología del fax se conoce desde hace muchas décadas. Sin embargo, hasta principios de los ochenta no había prácticamente ningún adoptante de este aparato de comunicación. Esto se debía en parte a la tecnología poco fiable, en parte debido a protocolos de comunicación complejos, y especialmente debido al alto precio de las máquinas de fax. Todas estas circunstancias mejoraron con el tiempo. Ya a principios de la década de 1990, la mayoría de las corporaciones y muchas familias podían permitirse –y se permitieron– una máquina de fax. La pregunta interesante es: ¿cómo pasamos del punto A al punto B?

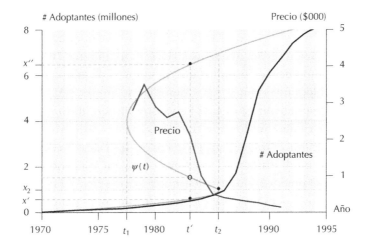

Figura 16.2. Masa crítica en la adopción de nuevas tecnologías.[2]

Si los efectos de red son muy fuertes, entonces, como se sugiere en la figura 16.1, para valores intermedios de p tenemos tres equilibrios posibles, uno de los cuales (el valor intermedio) no es estable (como he argumentado en la sección previa). La línea $\psi(t)$ en la figura 16.2 muestra los valores de penetración de mercado posibles en equilibrio. Esta línea tiene una forma parecida a la curva de demanda en la figura 16.1 (notemos que ahora medimos cantidad en el eje vertical).

De la figura 16.2, concluimos que para $t < t_1$ hay un solo equilibrio con una tasa de adopción baja; para $t > t_2$ de nuevo solo hay un equilibrio, esta vez con una tasa de adopción alta; y para $t_1 < t < t_2$ podemos tener tanto una tasa de adopción alta como baja. Por ejemplo, si $t = t'$, entonces ambos $x = x'$ y $x = x''$ y niveles de equilibrio de adopción. La trayectoria de adopción en general depende de cómo se resuelve la multiplicidad del equilibrio del huevo y la gallina.

Masa crítica: análisis formal. Supongamos que los beneficios de adopción vienen dados por $u + \phi(x)$, donde u está distribuida con una función de distribución cumulativa $F(u)$. Los costes de adopción, a su vez, vienen dados por $p(t)$.

Llamemos A al número total de adoptantes potenciales y $x(t)$ el número de adoptantes en el periodo t. De forma similar a la derivación de la figura 16.1, si un usuario con utilidad u' adopta, entonces todos los usuarios con $u > u'$ y las mismas creencias sobre tasas de adopción también adoptarán.

Específicamente, llamemos u' la valoración «por sí sola» del usuario que es indiferente entre adoptar y no adoptar en el periodo t.[c] Se deduce que:

$$u' + \phi\big(x(t)\big) = p(t)$$
$$x(t) = A\big(1 - F(u')\big)$$

La primera ecuación indica que el usuario u' es indiferente (beneficio igual al coste). La segunda ecuación indica que el número de adoptantes viene dado por todos los adoptantes con $u > u'$. Combinando ambas, estas dos ecuaciones definen la correspondencia ϕ que da los valores de equilibrio x para cada t.

Si u está distribuida uniformemente, ϕ es lineal y p disminuye linealmente con el tiempo, entonces ψ tiene una forma parecida a la curva de demanda en la figura 16.1 (tras modificarla para tener en cuenta que la cantidad está ahora en el eje vertical y el precio disminuye de izquierda a derecha en el eje horizontal). Si la distribución de u es más lisa que la uniforme (por ejemplo, con forma de campana como la distribución normal) y si ϕ es suficientemente alto, entonces ψ tiene una forma similar a lo que aparece en la figura 16.2.

Supongamos que los adoptantes forman sus creencias acerca de las tasas de adopción basándose en lo que observan en el momento de tomar su decisión de adopción (o, por razones prácticas, el periodo anterior). Entonces la trayecto-

---

[c] Por valoración por sí sola quiero decir la parte de la valoración del usuario que es independiente del número de otros usuarios.

ria de adopción procederá a lo largo de la rama más baja de la curva ψ hasta que llega $t = t_2$. En el mismo periodo, la tasa de adopción «salta» a la parte alta de la curva ψ. En la práctica, es poco probable que este salto de tasas de adopción bajas a altas suceda de repente. Más bien, parecerá una S de pendiente muy pronunciada (parecido a las trayectorias de adopción en la sección 15.2 pero por razones diferentes). En este contexto, la tasa de adopción en $t = t_2$ corresponde a la masa crítica a la que me he referido anteriormente.[d]

Figura 16.3. Decisiones simultáneas de adopción de tecnología.

■ **Inercia excesiva e impulso excesivo.** Como he mencionado en la discusión de la figura 16.2, en cuanto a lo que se refiere al análisis del equilibrio, un cambio de tasas de adopción bajas a altas puede suceder en cualquier momento entre los periodos t_1 y t_2. En este contexto, podemos formular la siguiente pregunta: ¿la adopción en equilibrio sucede demasiado pronto o demasiado tarde (desde el punto de vista social)? Consideremos el juego de decisiones simultáneas en la figura 16.3. El Usuario 1 y el Usuario 2 deben decidir entre escoger la versión antigua o nueva de una tecnología. La tecnología está sujeta a efectos de red; específicamente, cada versión es inútil a menos que el otro jugador escoja la misma versión. Si ambos jugadores escogen la versión antigua, entonces ambos derivan un beneficio (a_1, a_2). Si un jugador escoge N (nueva) y el otro escoge O (antigua), entonces el jugador que escoge N recibe $-c_i$, y el jugador escogiendo O recibe cero. La idea es que ambos jugadores ya han pagado el coste de adopción de la versión antigua pero no de la nueva, así que escoger N implica un coste adicional c_i. Finalmente, si ambos jugadores escogen N, entonces obtienen $(b_1 - c_1, b_2 - c_2)$.

Supongamos que $a_i, b_i, c_i > 0$ y además que $b_i - c_i > 0$. Entonces hay dos equilibrios de Nash: uno donde ambos jugadores escogen O, y uno donde ambos jugadores escogen N. Hasta ahora, esto se parece mucho al problema del huevo y la gallina considerado en esta sección y la anterior. Sin embargo, en esta ocasión compararé el equilibrio en términos de la utilidad del jugador.

---

[d] Para aficionados a las matemáticas: puntos como (t_2, x_2) son a veces llamados *puntos catástrofe* del mapa ψ, una referencia al hecho de que un cambio muy pequeño en t corresponde a un cambio muy grande en x_t.

Si $b_i - c_i > a_i$, entonces decimos que el equilibrio (N, N) es Pareto superior al equilibrio (O, O), es decir, ambos jugadores prefieren el equilibrio donde ambos escogen la versión nueva. Sin embargo, no existe un argumento basado en la teoría de juegos que sugiera que el equilibrio (N, N) será el equilibrio jugado. De hecho, supongamos que $b_i = 2c_i$ y que c_i es muy grande. Entonces, cambiar de O a N es como una «lotería» donde el jugador i puede recibir $-c_i$ o $+c_i$ (dependiendo de si el otro jugador escoge O o N). En cambio, quedarse con O garantiza que el jugador obtenga un pago mínimo de cero. Se puede ver cómo los jugadores pueden preferir quedarse con la tecnología antigua aun cuando la ganancia potencial de adopción de la nueva tecnología es muy alta.

Si esto sucediera, tendríamos un caso de **inercia excesiva**: aunque el equilibrio de la nueva tecnología es Pareto superior, ambos jugadores se quedan con la tecnología antigua. El cambio de la transmisión AM a FM a finales de los cuarenta, que describo en la Caja 16.2, nos proporciona un ejemplo de esto. La mayoría de gente percibió FM como una tecnología superior. Sin embargo, el miedo a quedarse tirado con un receptor inútil (y más caro) de FM impidió que muchos consumidores hicieran el cambio, lo que a su vez provocó que muchas emisoras no hicieran el cambio, lo que a su vez hizo que los fabricantes tampoco hicieran el cambio. Un fallo similar de moverse a una tecnología superior es el caso del fracaso del sonido cuadrafónico en los años setenta, un caso que describo con más detalle en la Caja 16.4.

CAJA 16.2 AM vs. FM[3]

En 1945, Paul W. Kesten, entonces vicepresidente ejecutivo de Columbia Broadcasting Systems, escribió:

> Creo que el FM no es simplemente un aspecto del futuro de la retransmisión de audio –sino que es por sí solo el futuro de la retransmisión de audio.

De hecho, el FM era visto por lo general como una tecnología superior al AM. El FM elimina el estático, tiene una fidelidad más alta debido al uso de canales más anchos, tiene un área de servicio efectiva constante, y permite una proximidad geográfica más cercana en la misma frecuencia sin interferencias.

A pesar del optimismo generado al principio, el FM no tuvo éxito a la hora de sustituir el AM durante los años después de la guerra. De hecho, la penetración de mercado del FM disminuyó por debajo de las expectativas. Esto es especialmente sorprendente dado el hecho de que, entre 1946 y 1948, se emitieron un gran número de licencias de retransmisión audio y un número significativo de estaciones FM empezó a emitir.

¿Por qué los consumidores no siguieron la tendencia marcada por los retransmisores? Una razón es que la Federal Communications Commission (FCC) de los EE. UU. cambió las frecuencias para el uso de FM de aquellas que fueron asignadas antes de la guerra. Esto creó incertidumbre en el lado de los consumidores, en concreto el miedo de quedarse tirado con un receptor obsoleto si el FCC cambiaba las frecuencias de nuevo. Además, el coste adicional de un receptor AM/FM no era insignificante (el transistor todavía no se había inventado). Finalmente, la política del FCC de permitir «simulcasting» (retransmisión en AM y FM simultáneamente) redujo todavía más el beneficio esperado de invertir en un receptor FM.

Combinando todos estos diferentes ingredientes, no es de extrañar que la industria se quedara atascada con el AM. Este ejemplo de «inercia excesiva» fue el resultado en parte de un problema del huevo y la gallina: los consumidores no compraron receptores de FM por miedo a que otros consumidores no adoptaran y/o que las características técnicas cambiaran de forma que hicieran sus receptores obsoletos. Consecuentemente, los fabricantes eventualmente dejaron de producir receptores de FM y las estaciones de radio por unos años volvieron a emitir en AM.

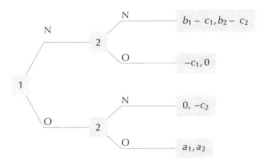

Figura 16.4. Decisiones secuenciales de adopción de tecnología (ai, bi, $ci > 0$).

Lo opuesto a la inercia excesiva es –lo has adivinado– el **impulso excesivo**. Considera el juego en la figura 16.4, donde asumo que a_i, b_i, c_i son todos estrictamente positivos. El jugador 1 decide primero y escoge entre una tecnología nueva o una vieja. Al observar la decisión del jugador 1, el jugador 2 también escoge entre una tecnología nueva y una antigua. Supongamos que b_1 es mayor que, pero parecido a, a_1; mientras que b_0 es mayor que, pero cercano a, cero. Entonces en el equilibrio de Nash perfecto en subjuegos de este juego observamos que ambos jugadores escogen la nueva tecnología. De hecho, dado que el jugador 1 escoge N, la mejor decisión del jugador 2 es N también, si $b_2 > 0$. Dada la estrategia del jugador 2, la decisión óptima del jugador 1 es N, si $b_1 > a_1$.

Dado que $b_1 \approx a_1$ y $b_2 \approx 0$, $b_1 + b_2 < a_1 + a_2$. Dicho de otro modo, el equilibrio es «ineficiente»: la pérdida del jugador 2 de cambiar de O a N es mucho mayor que la ganancia del jugador 1. Este es un país libre, quizás dirás: nadie fuerza al jugador 2 a escoger N. En sentido estricto, eso es verdad. Sin embargo, dados los fuertes efectos de red, el jugador 2 es forzado, en cierta medida, a hacer lo mismo que el jugador 1. El jugador 2 es una víctima del **efecto arrastre**, un fenómeno común cuando las externalidades de red son fuertes (los términos **efecto dominó** o **efecto bola de nieve** también se usan en este contexto).

Aunque el juego en la figura 16.4 es bastante simple y estilizado, la idea es más general: algunas veces, las preferencias en una sociedad son tales que la sociedad estaría mejor si no hubiera cambio a una tecnología nueva, pero la dinámica de la industria hace el cambio inevitable. Las actualizaciones de *software* son a veces un ejemplo de impulso excesivo (el término **actualizaciones forzadas** es usado también en este contexto). Muchos usuarios del Office 95 estaban bastante satisfechos con su versión del *software*. Sin embargo, cuando un número de agentes importantes adoptaron Office 97, los dueños del Office 95 tenían un incentivo a cambiar a Office 97 por razones de compatibilidad. Esto no significa que, al final, estos usuarios salieron ganando. Probablemente hubieran preferido permanecer en su situación inicial cuando todos los usuarios utilizaban el Office 95. Sin embargo, la nueva situación (con todos utilizando el Office 97) es mejor que permanecer con el Office 95 cuando el resto de los usuarios cambia al Office 97. Así, cambiar al Office 97 es un mal menor, dadas las circunstancias.

> **Las externalidades de red pueden implicar *inercia excesiva*, donde una tecnología nueva no es adoptada, aunque fuera en el interés de la mayoría adoptarla. Aun así, las externalidades de red pueden implicar también un *impulso excesivo*, donde un cambio a una nueva tecnología ocurre aun cuando la mayoría preferiría que no sucediera.**

■ **Dependencia de la trayectoria.**[4] Los modelos económicos estándar no tienen contexto histórico: el equilibrio en una industria dada, el valor de las empresas, y así otras, aparecen determinados por las fuerzas de la oferta y demanda en el largo plazo. Sí, puede haber otros factores con efectos transitorios –una tormenta, una moda–, pero más tarde o más temprano las fuerzas de la oferta y la demanda llevan a la economía de vuelta a su estado de equilibrio. En términos matemáticos, se dice que la economía es un sistema *ergódico*: el estado de la economía en el periodo $t + k$ no depende del estado de la economía en el periodo t, si k es suficientemente grande. Dicho de otro modo, eventos históricos pueden tener un efecto, pero el efecto desaparece con el paso del tiempo.

Las externalidades de red proporcionan un desafío interesante a esta perspectiva del mundo. ¿Por qué VHS, y no Betamax, se convirtió en el estándar aceptado por los reproductores de videocasetes de consumidores? ¿Por qué Windows, y no MacOS, domina el mercado de sistemas operativos? Y todavía más, ¿por qué es el inglés, y no el italiano, la *lingua franca* del mundo moderno? En todos estos casos, la respuesta se basa probablemente en el proceso histórico y las circunstancias del pasado que nos llevaron al equilibrio actual en lugar de a otro equilibrio. Dicho de otro modo, no existe un argumento claro que hace que un equilibrio sea necesariamente más atractivo que otro.[e]

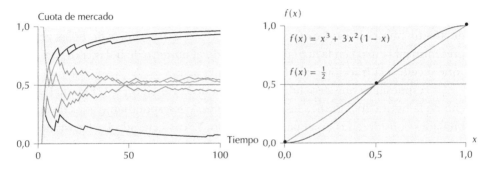

Figura 16.5. Dinámica estocástica sin y con efectos de red.

Para entender la importancia de hechos históricos en el desarrollo de una industria con externalidades de red, consideremos un modelo sencillo. Hay dos versiones de una tecnología nueva, digamos un reproductor de videocasete (VCR). Las dos versiones (por ejemplo, Betamax y VHS) son incompatibles entre ellas, así que los beneficios de la externalidad de red solo se dan para aquellos compradores de la misma versión. Los precios de cada versión son fijados exógenamente; por simplicidad, asumo que son los mismos.

Los consumidores llegan al mercado de forma secuencial; es decir, en cada periodo un consumidor nuevo debe decidir cuál es la versión que escoge de la nueva tecnología, *A* o *B*. Supongamos que cada consumidor nuevo pregunta aleatoriamente a tres adoptantes en el pasado y decide de acuerdo con la mayoría; es decir,

---

[e] Algunos países conducen por el lado derecho mientras que otros conducen por el lado izquierdo. Este ejemplo, que también tiene externalidades de red (de forma extremadamente dramática), sugiere que puede haber más de un equilibrio.

si tres o dos de los tres adoptantes previos entrevistados escogieron la versión x, entonces el consumidor nuevo escoge x también.

Esta situación se puede apreciar en el panel izquierdo de la figura 16.5. Hay tres simulaciones distintas que aparecen en líneas oscuras. Como se puede ver, la cuota de mercado de un diseño dado converge a cero o a 100 %. En cambio, una serie de líneas más claras en el mismo panel ilustran el caso cuando no hay efectos de red: cada consumidor escoge la versión que él o ella prefieren, lo que siempre da una probabilidad del 50 % de ser escogida. Por la ley de los grandes números, la cuota de mercado de cada versión converge a 50 %.

Dinámica estocástica: análisis formal. Formalmente, el modelo que acabo de describir corresponde a un esquema generalizado de urna de Polya. Continúo añadiendo bolas rojas o azules a una urna, una bola cada vez. La probabilidad de añadir una bola azul es una función $f(x)$ de la fracción x de bolas azules presentes en la urna en la actualidad. Cuando el número de bolas converge a ∞, ¿qué sucede a la fracción de bolas azules en la urna?

La respuesta es que depende de la forma de la función $f(x)$. El panel derecho de la figura 16.5 grafica las funciones $f(x)$ correspondiente a las dos posibilidades consideradas en el panel izquierdo. El caso cuando las decisiones de adopción se toman independientemente de las decisiones de adoptantes en el pasado corresponde a $f(x) = 1/2$, mientras que el caso cuando cada adoptante «entrevista» a tres adoptantes previos corresponde a $f(x) = x^3 + 3x^2(1-x)$.

Se puede mostrar que, cuando el número de bolas en la urna converge a ∞, la fracción de bolas azules converge a un **punto fijo** de la función $f(x)$, es decir, un punto tal que $f(x) = x$.[f] Intuitivamente, un punto fijo es un punto estable del sistema: una fracción x de bolas son azules, y la probabilidad de que la bola siguiente sea azul viene también dada por x.

Si $f(x) = 1/2$, entonces hay un único punto fijo: $x = 1/2$; se deduce que la fracción de bolas azules converge a 1/2. Si $f(x) = x^3 + 3x^2(1-x)$, hay tres puntos fijos: $x = 0$, $x = 1/2$ y $x = 1$. Sin embargo, por las razones mencionadas en la sección 16.1, solo $x = 0$ y $x = 1$ son puntos fijos «estables»; se deduce que la fracción de bolas azules converge a 0 o 1.

---

[f] Para los aficionados a las matemáticas: la fracción de bolas azules converge al punto fijo *casi seguramente*, es decir, con probabilidad 1.

Este modelo, simple como es, nos permite derivar un número de implicaciones. Primero, notemos que, si los efectos de red son fuertes (líneas oscuras en el panel izquierdo de la figura 16.5), entonces más tarde o más temprano la industria se especializará en un único estándar.

Una segunda implicación es que, en este mundo, *lo mejor no siempre gana*. Para entender esto, supongamos que hay más aficionados de *A* que aficionados de *B*. Dicho de otro modo, si los tamaños de las redes de *A* y *B* fueran los mismos, entonces más adoptantes escogerían *A* por encima de *B*. En este contexto, la sociedad estaría mejor si el estándar *A* fuera el escogido. Sin embargo, es bastante posible que la secuencia de eventos es tal que *B* es el estándar escogido.

Esta última implicación apunta a una tercera característica importante del modelo de adopción de tecnología secuencial: el resultado eventual, en términos del diseño que la industria acaba seleccionando, dependerá del resultado de un número limitado, posiblemente pequeño, de adopciones iniciales. Dicho de otro modo, las decisiones de los primeros consumidores pueden acabar siendo *sucesos históricos pequeños* muy importantes. Los procesos dinámicos que tienen esta propiedad son **dependientes de la trayectoria**.

CAJA 16.3 La batalla entre VHS y Betamax[5]

Sony tiene una reputación histórica de liderazgo en la electrónica de consumo. Lideró a los fabricantes japoneses en el desarrollo y la comercialización del reproductor de cintas de audio y la microtelevisión, entre muchos otros productos. El lanzamiento en 1974 del sistema de grabado de cintas de vídeo llamado Betamax continuaba la marca de Sony de liderazgo tecnológico.

A mediados de la década de 1970, varios estándares competidores de grabación de cintas de vídeo (VCR) fueron desarrollados. A pesar de su reputación, Sony era consciente de que no sería capaz de fijar el estándar de la industria por sí misma. En 1974, siete meses antes del lanzamiento de Betamax, el presidente de Sony Akio Morita mostró su máquina a los ejecutivos de Matsushita, JVC y RCA, en un esfuerzo por obtener apoyos para el diseño de Betamax. La actitud de Sony era la de presentar a Betamax como el estándar indiscutible: «Nosotros completamos este, así que por qué no lo sigues», parecía implicar.

El tono arrogante de Sony no sentó bien a sus socios potenciales. Cuando meses más tarde Sony invitó a JVC y Matsushita a inspeccionar las instalaciones de producción de Betamax, JVC contestó que pretendía continuar solo con su desarrollo del VCR, así que sería injusto ver más tecnología de Sony. Konosuke

Matsushita, a su vez, no estaba contento con el hecho de no haber sido consultado antes de que Sony se comprometiera a un diseño, y decidió retirar la participación de su compañía en el estándar de Sony. El hecho de que JVC pertenecía (en parte) a Matsushita también pesó un poco en su decisión.

Dos años más tarde, JVC introdujo el Video Home System (VHS), una alternativa incompatible con el Betamax de Sony. Sony tenía la ventaja de ser la primera: cuando se introdujo el VHS, más de 100.000 máquinas Betamax ya habían sido vendidas. Pero la máquina introducida por JVC en septiembre de 1976 era, en cierta medida, un producto mejor que el Betamax. En particular, sus cintas podían grabar dos horas, dos veces más que las de Betamax. De hecho, una de las razones del rechazo de JVC de adoptar el estándar Betamax era precisamente el límite en la duración de la grabación.

Otra diferencia importante con respecto a Sony es que JVC siguió desde un principio una política mucho más abierta sobre la incorporación de otras empresas en su proyecto. Morita dice: «No nos esforzamos lo suficiente en hacer una familia [...] El otro bando, aun llegando más tarde, hizo una familia». Ya en 1984, el grupo VHS incluía 40 compañías, mientras que el grupo Beta solo presentaba una docena. Un mayor «vagón» de empresas de apoyo tuvo dos efectos. Primero, dio mayor credibilidad al estándar VHS. Segundo, causaba un ritmo más rápido de mejoras del producto en un tiempo crucial cuando el mercado estaba decidiendo qué estándar adoptar.

Debido a su (ligera) ventaja tecnológica sobre Betamax, el VHS despegó a un ritmo más rápido que el Betamax. En 1980, la cuota de mercado de VHS de la base instalada era mayor que el 50 % (véase el gráfico de abajo). En comparación con la base instalada a finales de los años ochenta, los números a finales de los setenta no parecían mucho. Así, el VHS tenía una cuota de mercado mayor que a finales de los setenta, pero esta era una cuota grande de un total muy pequeño (menos de 10 millones de adoptantes).

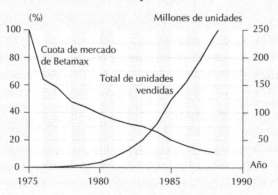

Pero su ventaja acabó siendo crucial en la década de 1980, cuando las ventas de VCR se aceleraron. A diferencia de la década de 1970, el consumidor en los ochenta usaba el VCR principalmente para mirar cintas grabadas anteriormente (películas mayoritariamente). Esto creó un efecto de bola de nieve donde la ventaja inicial de VHS se multiplicó gradualmente, hasta el punto de efectivamente eliminar el estándar Betamax. Como dijo la revista *Fortune* en un artículo de 1985, «Betamax sigue quedándose más atrás [...] A medida que los consumidores perciben el flaqueo de Betamax, huyen en grandes números a VHS, preocupados por que aquellos que fabrican cintas de películas para VCR dejen de producir para Betamax».

En 1988, Sony empezó la producción de reproductores VHS.

La «batalla» entre Betamax y VHS ilustra muchos de estos puntos. (Véase la Caja 16.3 para un análisis más detallado.) En esta industria, la principal fuente de externalidades de red fue que la disponibilidad de locales donde alquilaban vídeos de un formato dado (Betamax, VHS) dependía en gran medida del número de dueños de una máquina de ese formato. Si había muy pocos dueños de Betamax en un barrio, entonces era poco probable que una tienda de cintas de vídeo estuviera interesada en almacenar cintas de ese formato.

Como el modelo predicaría, la industria al final escogió una de las tecnologías, VHS. La posibilidad de una industria escogiendo una tecnología inferior es posiblemente ilustrada por este caso: muchos expertos afirman que la calidad de la tecnología Betamax era superior a la de VHS. Finalmente, el destino de una industria multimillonaria fue decidido en un tiempo (finales de los setenta y principios de los ochenta) en que el número de adoptantes era todavía relativamente pequeño. Las decisiones de esos pocos consumidores resultaron ser importantes y pequeños sucesos históricos.

Las externalidades de red pueden implicar múltiples equilibrios potenciales, donde una industria se compromete con una tecnología u otra. Qué tecnología se acaba escogiendo depende en gran medida de las acciones de los adoptantes iniciales. El ganador al final no tiene por qué ser la tecnología superior o preferida por los consumidores.

16.3 Estrategia empresarial

En la sección 16.1, enfaticé la naturaleza inestable de los equilibrios cuando los efectos de red están presentes: si existen múltiples equilibrios, cambios de buen al mal equilibrio son siempre una preocupación. Considera el ejemplo de eBay, cuyos ingresos vienen de tarifas cobradas a los vendedores por anunciar sus productos en el portal de internet de la compañía. En 1999, eBay redujo un aumento planeado como respuesta a una reacción extremadamente negativa de algunos de los usuarios. Parece ser que eBay era consciente del peligro de que algunos de sus usuarios «desertarían» y empezarían a vender a través de otros portales rivales (Amazon.com, Yahoo! y otros). Tal decisión podía crear un efecto de «bola de nieve» que acabaría destruyendo la ventaja competitiva de eBay de tener una gran base instalada de usuarios.[g]

En cambio, una empresa con una red en el equilibrio «malo» (niveles bajos de adopción) podría usar precios agresivos u otras estrategias para cambiar al «buen» equilibrio (niveles altos de adopción). En concreto, el dueño de una red nueva podría fijar un precio introductorio bajo para empezar a rodar la «bola de nieve», conseguir demanda por encima del nivel de masa crítica y hacia el equilibrio de tasas altas de adopción. La compañía Bell fue una de las primeras empresas en adoptar esta estrategia, poco después de que los teléfonos fueran introducidos en EE. UU. en la década de 1870. Más recientemente, PayPal pagaba a sus usuarios $10 por abrir una cuenta cuando la red de pagos por internet empezaba a rodar.

■ **Compatibilidad.** He mencionado la palabra **compatibilidad** varias veces en este capítulo. Por ejemplo, la razón por la cual a los usuarios de Betamax les importaba el número de otros usuarios de Betamax era que los diseños (Betamax y VHS) eran incompatibles: las cintas de Betamax no se podían leer en las máquinas VHS, y viceversa. Si los dos diseños hubieran sido compatibles, entonces a un adoptante de VCR le hubiera importado el número total de adoptantes de VCR, sin importar el diseño específico.

Este ejemplo sugiere que los consumidores se benefician de la compatibilidad. ¿Y las empresas? Para entender mejor algunos de los determinantes de las decisiones estratégicas de compatibilidad, consideremos un juego de dos etapas. En la primera etapa, las empresas deciden si deben hacer sus tecnologías compatibles. Si no llegan a un acuerdo, entonces una «batalla de estandarización» sucede, al final de la cual una de las tecnologías es adoptada como estándar. En la segunda

---

[g] Al mismo tiempo, eBay estaba recibiendo más de 1,2 millones de visitantes por día, mientras que Yahoo! Auctions y Amazon Auctions tenían solo 105.000 y 70.000, respectivamente.

etapa, ocurre competencia de mercado. Si se llegó anteriormente a un acuerdo de compatibilidad, entonces las empresas ganan beneficios de duopolio π^D. Si no se llegó a ningún acuerdo, entonces la empresa que ganó la batalla de estandarización obtiene beneficios de monopolio π^M, mientras que la otra obtiene cero. En qué caso están las empresas mejor en promedio: ¿con o sin compatibilidad?

Consideremos un primer escenario posible: la batalla de compatibilidad es una batalla para atraer clientes; y para hacer eso las empresas necesitan gastar recursos. Por ejemplo, en su esfuerzo por atraer clientes para su sistema de televisión digital, en los años noventa BSkyB en el Reino Unido subvencionó a los clientes dispuestos a comprar el decodificador necesario para recibir la señal de emisión de Sky. Supongamos que las reglas del juego son tales que la empresa que gasta más recursos gana la batalla. El premio de ganar la batalla de estandarización es π^M, el beneficio en la segunda etapa de la empresa que fija el estándar. La batalla de estandarización es esencialmente como una subasta: quien paga más, gana la subasta. El resultado, análogo a la competencia de Bertrand, es que las empresas aumentarán sus ofertas hasta llegar al valor π^M. Al final, ganar esta subasta no producirá gran satisfacción: el premio π^M compensa exactamente los recursos gastados para ganar. Tanto el ganador como el perdedor acaban con una ganancia *neta* de cero.[h] No importa cuán bajos sean los beneficios de duopolio π^D, las empresas estarían mejor llegando a un acuerdo de compatibilidad en la primera etapa.

Consideremos ahora un segundo escenario posible: la elección del estándar predominante es el resultado de una serie de hechos que las empresas no controlan. Por ejemplo, los consumidores muestran una preferencia por una de las tecnologías, empiezan a comprarla, y el efecto bola de nieve descrito en la sección previa hace el resto; o, alternativamente, una serie de regulaciones del gobierno y otras medidas políticas dan una ventaja inicial a uno de los estándares que, de nuevo, aumenta con la dinámica de autofortalecimiento. Con el propósito del modelo en mente, supongamos que la incompatibilidad implica que cada una de las tecnologías se escoge como estándar de la industria con una probabilidad del 50%.

¿Cuáles son ahora los beneficios en equilibrio? Si las empresas escogen compatibilidad, entonces, al igual que antes, acaban obteniendo beneficios de duopolio π^D. ¿Y si no se ponen de acuerdo en hacer sus tecnologías compatibles entre ellas? Entonces una de las tecnologías es escogida como estándar con una probabilidad del 50% y consigue beneficios de monopolio π^M, mientras que la

---

[h] Este resultado se basa en el supuesto de que solo el ganador paga el precio. Esto es verdad si la única estrategia relevante fuera el nivel de subvención de adopción, por ejemplo. En la práctica, una parte importante de las «pujas» se pagan sin importar si la puja resulta ganadora. En ese caso, es posible que el perdedor acabe con una ganancia neta negativa.

otra obtiene cero. En promedio, cada empresa obtiene $50\%\pi^M$. Concluimos que la incompatibilidad es mejor si $50\%\pi^M$ es mayor que π^D, o simplemente si $\pi^M > 2\pi^D$, una condición que por lo general es válida: es mejor ser un monopolista la mitad del tiempo que un duopolista siempre.[i] Esto es especialmente verdad si la competencia de mercado es muy intensa, tal que π^D es mucho menor que π^D. En resumen, concluimos que:

> **Si la competencia por estandarización es muy intensa, entonces las empresas prefieren compatibilidad. Si la competencia en el mercado es muy intensa, entonces las empresas prefieren incompatibilidad.**

■ **Astillamiento.** En mi descripción previa de la decisión de compatibilidad, asumo implícitamente que, eventualmente, uno de los diseños compitiendo sobrevive. Esto no tiene por qué ser el caso.

Por ejemplo, la Caja 16.4 hace crónica de la historia del fracaso de la adopción del sonido cuadrafónico, donde dos estándares incompatibles lucharon entre sí hasta el punto de eliminar el mercado; es decir, en lugar de seleccionar uno de los dos diseños compitiendo, esta guerra de estandarización acabó con dos perdedores, dejando a los consumidores con la tecnología del sonido estéreo (probablemente inferior). La principal razón del fracaso del sonido cuadrafónico fue que los consumidores acabaron muy confundidos con respecto a qué estándar escoger, por lo que terminaron no escogiendo ninguno de los dos.

Algunos autores hablan de este resultado como el **astillamiento** de una tecnología.[6]

Además del sonido cuadrafónico, un ejemplo posible es el fracaso de la introducción de cintas de audio digitales. En este caso, las dos tecnologías compitiendo eran las Digital Compact Cassette de Philips y las Digital Audio Tape de la industria electrónica japonesa. Ambas fracasaron en alcanzar un grado significativo de penetración de mercado.[j]

El sonido cuadrafónico y las cintas de audio digital tienen una cosa en común: ambos son tecnologías nuevas que intentaron reemplazar tecnologías existentes (el estéreo y las cintas de audio analógicas, respectivamente). El hecho de que los consumidores tenían la opción «fácil» de mantener un producto tecnológico

---

[i] Esta condición fue introducida en la sección 15.1, aunque en un contexto ligeramente diferente.

[j] Debería añadir que esta interpretación de los hechos no es, ni nada menos, universal. Un número considerable de autores creen que el Teorema Fundamental se extiende a casos cuando los efectos de red son importantes: si el equilibrio de mercado es X, entonces X debe ser eficiente.

inferior pero sin incertidumbre implicó –en ambos casos– que la inercia excesiva imperara.[k] En términos del modelo anterior, la existencia de una tecnología razonable en *status quo* significa que los costes potenciales de estandarización son muy altos –no porque las empresas necesitan gastar grandes cantidades de recursos (como hemos modelado anteriormente) sino porque la probabilidad de que *ambas* pierdan la batalla es estrictamente positiva.[l]

CAJA 16.4 Sonido cuadrafónico[7]

A principios de la década de 1970, la opinión general era que la era del estéreo estaba llegando a su fin. El sonido cuadrafónico –un sistema audio que grababa en cuatro canales– estaba considerado el siguiente paso lógico en la industria.

Estudios anteriores sobre el sonido cuadrafónico afirmaban que hasta un 80 % del sonido percibido por los oyentes de un concierto en vivo se reflejaba en las paredes y el techo, con el restante 20 % viajando directamente de la orquesta a los oídos del oyente. Por esta razón, el sonido cuadrafónico permite una re-creación más realista de la «experiencia del palacio de concierto» en casa.

Se desarrollaron dos diferentes métodos acerca del sonido cuadrafónico: el sistema matricial y el sistema discreto. El sistema matricial tenía como ventaja que la producción de discos era tan sencilla como la producción de discos en estéreo, pero tenía problemas de separación de los cuatro canales. El sistema discreto permitía una mejor separación de los cuatro canales, pero tenía costes de producción más altos y un reproductor de discos más complejo.

En 1971, Columbia Records introdujo su sistema cuadrafónico, el SQ, basado en el método matricial. Ese mismo año, JVC lanzó un sistema rival basado en el método discreto. En enero de 1972, RCA –el principal rival de Columbia en la fabricación de discos– anunció su apoyo a una versión mejorada del estándar de JVC. La «guerra del cuadrafónico» había empezado.

Desde el principio, ambos jugadores eran conscientes de que las dos tecnologías incompatibles no podían coexistir en el mercado. También eran conscientes de que la tecnología imperante sería la favorita del consumidor. Por lo tanto, influenciar las expectativas del consumidor era un factor muy importante de

---

[k] Compara con la batalla entre el AM y el FM, discutida en la sección 16.2, donde se dio un fenómeno similar.

[l] Entonces podría cambiar el modelo anterior y asumir que, en el escenario de competencia entre estándares, la probabilidad de que el estándar de cada empresa impere es $a < 50\%$. Si a es suficientemente baja, entonces derivamos el mismo resultado: las empresas estarían mucho mejor con compatibilidad.

la estrategia de Columbia y de RCA. Esta consistía tanto en alabar las virtudes de su propia tecnología como en descalificar la tecnología del rival. Columbia describió RCA como un «saboteador» del establecimiento de un estándar. RCA, a su vez, respondió que el sistema matricial era «un método de Mickey Mouse que solo simulaba cuatro canales». Columbia contraatacó con que su sistema ya era tan bueno como tener cuatro canales separados (sin embargo, ya en mayo de 1973, SQ ya había pasado por cinco generaciones diferentes).

El rendimiento de mercado al principio del sonido cuadrafónico fue muy optimista. A principios de 1974, el hardware cuadrafónico contaba con un 25-30 % del valor de las ventas, con predicciones de hasta el 70 % para el final del año. Los estudios de expertos predecían que para el final de los años ochenta el cuadrafónico ya habría reemplazado al estéreo.

Sin embargo, este optimismo no duró mucho. Los consumidores tenían miedo de quedarse tirados con el sistema equivocado de equipamiento, y la existencia de múltiples estándares añadía confusión. Aunque ambos sistemas eran compatibles con el estéreo (es decir, podían reproducir discos en estéreo), los sistemas matricial y discreto no eran compatibles entre ellos (es decir, solo podían obtener sonido estéreo de discos cuadrafónicos del otro sistema). Los comerciantes minoristas reflejaban las dudas de los consumidores con respecto al cuadrafónico, y por lo tanto no tenían una gran confianza en la nueva tecnología. En la segunda mitad de 1974, la desilusión sobre el cuadrafónico empezó a establecerse de forma irreversible. A pesar de un último esfuerzo por parte de los fabricantes para aumentar las ventas, las existencias de equipos de música de sonido cuadrafónico se empezaron a acumular.

En 1976, todos los productos nuevos lanzados en el mercado estaban basados en el estéreo. La «guerra del cuadrafónico» había terminado –sin un ganador.

■ **Compatibilidad retroactiva**.[8] Anteriormente en esta sección, he discutido los beneficios estratégicos de la compatibilidad de la tecnología de una empresa con la de sus rivales. Una opción estratégica relacionada es la de compatibilidad de la tecnología de una empresa con versiones anteriores de esa misma tecnología, una estrategia también conocida como **compatibilidad retroactiva**. Consideremos la industria del videojuego portátil en EE. UU. Durante mucho tiempo, Nintendo era la empresa dominante, con cuotas de mercado de o cercanas al 100 %. La tecnología de Nintendo evolucionó a lo largo de los años: el Game Boy, lanzado en 1989, dio lugar al Game Boy Pocket en 1996, el Game Boy Color en 1998, el Game Boy Advance en 2001, el Game Boy Advance SP en 2003 y la DS en 2004. Algunos de estos lanzamientos de productos eran pequeños ajustes estéticos (por ejemplo, el Game Boy Advance SP), algunos otros marcaron una nueva generación en la tecnología del videojuego (por ejemplo, Game Boy Advance).

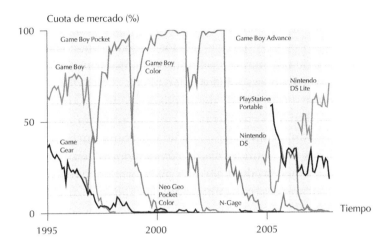

Figura 16.6. Cuotas de mercado en la industria de los videojuegos de EE. UU., 1985-2008: productos de Nintendo (líneas grises) y productos rivales (líneas negras).

Con la excepción de la introducción de Sony en 2005 de la PlayStation Portable, Nintendo supo mantener a la competencia fuera de este mercado de manera muy exitosa. Por ejemplo, el N-Gage de Nokia, introducido en 2003, tenía un procesador que era 6 veces más rápido que el Game Boy Advance SP; pero su cuota de mercado nunca superó la marca del 1 %. Aunque Game Boy era seguramente una máquina más débil, era compatible con los juegos desarrollados para las máquinas anteriores de Nintendo. Como resultado, la combinación de la máquina Game Boy y los juegos disponibles era mejor que la de los rivales. Otros desafíos al dominio de Nintendo que fracasaron incluían game.com de Tiger y la Neo Geo Pocket Color de SNK.

Dicho de otro modo, hacer una plataforma Nintendo nueva compatible retroactivamente con las generaciones previas de plataformas de Nintendo, mientras se prevenía que las empresas rivales hicieran lo mismo, crea una **barrera a la entrada** (una «barrera a la entrada en aplicaciones», se podría decir): la compatibilidad retroactiva aumenta la demanda de una plataforma nueva de Nintendo a expensas de las plataformas rivales.

Desde el punto de vista de Nintendo, el efecto positivo de la compatibilidad retroactiva viene moderado por un posible efecto negativo: los incentivos de los desarrolladores de *software* a crear juegos nuevos para una nueva plataforma de

Nintendo son menores, en la medida en que los usuarios pueden simplemente utilizar los juegos ya existentes.

■ **Mercados bilaterales y plataformas.** El ejemplo del videojuego considerado anteriormente nos proporciona una buena ilustración de un fenómeno más general, en concreto el de los **mercados bilaterales** o **plataformas**. En casos como las máquinas de fax, decimos que hay efectos de red porque cuanto mayor es el número de usuarios de fax, mayor es el número de usuarios que se benefician de usar máquinas de fax. En el caso de los videojuegos, es útil distinguir dos grupos distintos: (a) usuarios finales y (b) desarrolladores de juegos. Como en el caso simple de efectos de red, nos encontramos con una situación potencial del huevo y la gallina, pero con una connotación añadida: la abundancia de desarrolladores atrae a consumidores y la abundancia de consumidores atrae a desarrolladores. Específicamente, el beneficio de tener una plataforma de juegos es una función de la calidad del hardware y, más importante, la calidad y variedad de los juegos desarrollados por la plataforma. En cuanto a los desarrolladores de juegos –en concreto los desarrolladores independientes– su beneficio de estar asociados a una plataforma es una función de la cantidad de usuarios que haya: más usuarios significa más ventas de los juegos que desarrollan.

Desde el punto de vista del dueño de la plataforma, una buena estrategia es una que causa el equilibrio «bueno», es decir, uno que inicia y mantiene el «círculo virtuoso» de usuarios incluyendo a nuevos desarrolladores y los desarrolladores atrayendo a nuevos usuarios. Como en los ejemplos de los mercados de un solo lado considerados anteriormente, precios bajos son siempre una posibilidad: por ejemplo, muchas consolas de juegos son vendidas a coste o por debajo de su coste (la antigua estrategia de las cuchillas de afeitar y las máquinas de afeitar). Sin embargo, en las plataformas, una estrategia particularmente importante es la de proporcionar contenido de calidad. Por ejemplo, muchas aplicaciones usadas por los usuarios de iPhone son desarrolladas por la misma Apple, no por desarrolladores independientes.

Dentro de las estrategias de provisión de calidad, podemos encontrar dos tipos distintos.[9] Si el peligro de que el lanzamiento de la plataforma sea un fracaso es significativo, entonces el dueño de la plataforma puede avanzarse a los desarrolladores de contenido mediante la oferta de su propio contenido. Por ejemplo, normalmente los fabricantes de consolas de videojuegos proporcionan juegos desarrollados internamente (Microsoft desarrolló Halo para su Xbox 360, Sony desarrolló Gran Turismo para su Playstation 3). Sin embargo, si la plataforma es lanzada con seguridad (es decir, el peligro de un equilibrio «malo» es poco probable), entonces el dueño de la plataforma puede optar por inversiones que mejoren la calidad de los desarrolladores independientes. Por ejemplo, hay portales de comercio electrónico que proporcionan información de mercado, evaluaciones de clientes, y buscadores que mejoran la experiencia del comprador y vendedor en sus portales.[m]

16.4 Políticas públicas

Las externalidades son una de las pocas ocasiones donde los economistas están de acuerdo en que las políticas públicas pueden jugar un papel importante. ¿Es esto aplicable a las externalidades de red también? Si lo es, qué deberían hacer los gobiernos; es decir, ¿cómo pueden las políticas públicas corregir la externalidad en cuestión?

La compatibilidad entre diferentes tecnologías, o **estandarización**, implica que la red relevante de consumidores ha aumentado, lo que a su vez implica un beneficio mayor para los consumidores. Dicho de otro modo, si la tecnología A, con n_A usuarios, y la tecnología B, con n_B usuarios, se hacen compatibles, entonces el valor de un adoptante de A aumenta de $v(n_A)$ a $v(n_A + n_B)$, donde $v(\cdot)$ es la función de beneficio de la red. Una implicación tentadora es que la estandarización es una cosa buena, algo que las políticas públicas deberían intentar conseguir de forma activa.

Desafortunadamente, la respuesta no es tan simple. Considera el contraste entre Europa y los EE. UU. en la fijación de estándares para la segunda generación de telefonía móvil. En 1988, el Parlamento Europeo estableció el ETSI, el European Telecommunications Standards Institute. Los miembros de ETSI incluyen los operadores de telecomunicaciones europeos, así como los fabricantes de equipamiento. Aunque la participación en el ETSI es voluntaria y las decisiones no son vinculantes, las decisiones del ETSI acaban normalmente convirtiéndose en normas (vinculantes) europeas del Parlamento Europeo. Este proceso de toma de decisiones contribuyó a un mayor grado de estandarización en la telefonía móvil europea: desde los inicios de la década de 1990, todos los países europeos se adhieren al estándar GSM, lo que implica que la itinerancia (usar un teléfono del país A para hacer llamadas en el país B) fue posible en Europa desde el primer día.

En los EE. UU. no existe un proceso tan centralizado. Al mismo tiempo que la UE había convergido al estándar común del GSM, había cuatro diferentes estándares en el mercado americano. En una primera etapa, esto conllevó un resultado

---

[m] Nótese una diferencia importante entre estas dos estrategias: en el primer caso, el esfuerzo del dueño de la plataforma y del desarrollador de contenido son sustitutivos; en el segundo caso, los niveles de esfuerzo del propietario de la plataforma y de los vendedores son complementarios.

percibido como inferior al europeo, especialmente a causa de las limitaciones impuestas en la itinerancia dentro del país. Sin embargo, en solo unos pocos años el área cubierta por cada estándar alcanzaba toda o casi la totalidad del territorio de los EE. UU.; en la actualidad, la itinerancia no es ningún problema en los EE. UU. (como nunca lo fue en Europa desde el principio). Además, la competencia entre estándares dentro de los EE. UU. durante la década de los 1990 causó drásticas reducciones en precio y un progreso tecnológico significativo. Probablemente, al final valió la pena no ponerse de acuerdo en un estándar común: cuando fue el momento de decidir un estándar para la tercera generación de telefonía inalámbrica, Europa optó por el CDMA de Qualcomm, una tecnología desarrollada en la América no estandarizada.[n]

Sin embargo, las guerras de estandarización también tienen costes sociales. En la sección previa, mencioné la posibilidad del astillamiento de la tecnología y su desaparición eventualmente (por ejemplo, el sonido cuadrafónico). Consideremos el ejemplo de los Digital Video Disks (DVD).[10] A principios de los años noventa, Sony Corp. y Philips Electronics NV empezaron a desarrollar conjuntamente un sistema de vídeo en disco. Mientras tanto, Toshiba Corp. hizo una propuesta al conglomerado americano Time Warner Inc. para desarrollar un sistema rival. La guerra abierta empezó en 1994, con ambos lados intentando imponer su sistema. Eventualmente (en diciembre de 1995), se llegó a un acuerdo en el diseño, uno que sacó mucho del diseño de Toshiba-Time Warner. Pero en el proceso, las disputas de la industria le costaron a los fabricantes y consumidores un retraso de al menos 18 meses en la introducción al mercado. Como un dirigente de IBM dijo, «la competencia en formato no es buena para el usuario final o para las compañías correspondientes».

En resumen,

> **Los beneficios de estandarización deben ser comparados con los costes de una menor competencia y menor variedad de producto.**

Si decidir favorecer o no la estandarización es una cuestión compleja, decidir qué tecnología o estándar favorecer es una cuestión aún más compleja. Un ejemplo interesante –aunque un poco extremo– es el de las convenciones de conducción. Durante muchos años, la norma sueca era conducir por el lado izquierdo. Esto se consideraba un equilibrio subóptimo en la medida en que los vecinos

---

[n] Además de innovación, la competencia también tuvo el beneficio de reducir los precios y aumentar la variedad de producto.

Noruega, Dinamarca y Finlandia todos conducían por el lado derecho. En un número de ocasiones el asunto de cambiar al lado derecho fue discutido y la propuesta nunca fue rechazada ni aprobada. Eventualmente, Suecia hizo el cambio: Dagen H (día H) fue fijado para el 3 de septiembre de 1967. Antes de ese día, fue necesario reconfigurar los carriles de salida y paradas de autobús; se compraron nuevos autobuses y los antiguos se modificaron; las carreteras se equiparon con adicionales señales de tráfico y se pintaron nuevas líneas. En el mismo Dagen H, todo el tráfico no esencial fue prohibido de 1-6 a.m. Después de eso, «embudos locos de tráfico» sucedieron hasta que el tráfico se normalizó de nuevo.[o]

Según muchos testimonios, Dagen H fue una operación bastante costosa (y poco popular); por lo visto, el coste fue considerablemente más alto que el coste de haber hecho el cambio algunas décadas antes, como se había propuesto inicialmente. Básicamente, los políticos se enfrentan a un dilema entre *información y tiempo*: actuar demasiado pronto requiere tomar decisiones basándose en poca información acerca de los méritos relativos de cada estándar (¿vale realmente la pena hacer el cambio?); esperar demasiado implica que el cambio será considerablemente más caro, dado que los agentes habrán hecho para entonces muchas inversiones específicas del estándar anterior (salidas de carretera, etc.). ¿Cuál es la «ventana temporal» óptima para la intervención del gobierno? ¿Hay una ventana óptima absoluta?

Sumario

- Los efectos de red pueden implicar múltiples niveles de demanda para un precio dado. El valor específico de demanda depende de las expectativas de los consumidores acerca del tamaño de la red.
- Las externalidades de red pueden implicar *inercia excesiva*, donde una tecnología nueva no es adoptada, aunque fuera en el interés de la mayoría adoptarla. Aun así, las externalidades de red pueden implicar también un *impulso excesivo*, donde un cambio a una nueva tecnología ocurre aun cuando la mayoría preferiría que no sucediera.
- Las externalidades de red pueden implicar múltiples equilibrios potenciales, donde una industria se compromete con una tecnología u otra. Qué tecnología se acaba escogiendo depende en gran medida de las acciones de los adoptantes iniciales. El ganador al final no tiene por qué ser la tecnología superior o preferida por los consumidores.

---

[o] El número de accidentes de tráfico fue menor durante varios meses, quizás porque los conductores intentaron ser más cuidadosos durante esos meses.

- Si la competencia por estandarización es muy intensa, entonces las empresas prefieren compatibilidad. Si la competencia en el mercado es muy intensa, entonces las empresas prefieren incompatibilidad.
- Los beneficios de estandarización deben ser comparados con los costes de una menor competencia y menor variedad de producto.

Conceptos clave

- externalidades de red
- el huevo y la gallina
- expectativas del consumidor
- equilibrio de expectativas cumplidas
- masa crítica
- exceso de inercia
- exceso de impulse
- efecto vagón
- efecto dominó

- efecto bola de nieve
- actualizaciones forzadas
- dependencia de la trayectoria
- compatibilidad
- astillamiento
- compatibilidad retroactiva
- barreras a la entrada
- mercados bilaterales
- plataformas
- estandarización

Ejercicios de práctica

■ **16.1. B2B.** Has creado un portal de internet B2B (business-to-business) dirigido a una industria con exactamente cincuenta (50) empresas idénticas. Tus servicios permiten que estas empresas hagan negocios entre ellas más eficientemente como miembros de tu red de negocios. Planeas vender acceso a tu servicio por un precio p por empresa miembro. El beneficio de cada empresa del servicio viene dado por $2n$, donde n es el número de otras empresas miembros de la red B2B. Así, si 21 empresas se unen a tu servicio, cada una de ellas pone un valor de 2×20 o 40 en ser miembro de la red.

Supongamos por parte (a) que tú fijas el precio, p, y entonces las empresas deciden simultánea e independientemente si van a unirse a la red como miembros.

a) Muestra que, para cualquier precio mayor que cero y menor que 98, hay exactamente dos equilibrios de Nash en el juego simultáneo jugado por las empresas que deciden si quieren unirse a la red como miembros.

Supongamos para la parte (b) que puedes convencer a 10 empresas para unirse a la red en una fase inicial como «miembros inaugurales». En la segunda etapa, fijas un precio para las 40 empresas restantes. Estas 40 empresas entonces decidirán simultáneamente si unirse a la red (como en (a)) como miembros normales.

b) Para cada precio p, determina los equilibrios del juego jugado entre las 40 empresas restantes en la segunda etapa.

Finalmente, considera la misma situación que en la parte (b), pero supongamos que, cuando hay múltiples equilibrios de Nash, las empresas se comportan de forma conservadora y conjeturan que el equilibrio de Nash de baja adopción será el equilibrio jugado. (Nótese que, por definición del equilibrio de Nash, esta conjetura se cumple.)

c) ¿Cuánto estarías dispuesto a pagar (en total a los 10 adoptantes en la primera etapa) para convencer a las primeras 10 empresas para unirse a la red como miembros inaugurales?

■ **16.2. Efectos de red de las hojas de cálculo.** La evidencia empírica sugiere que, entre 1986 y 1991, los consumidores estaban dispuestos a pagar una cantidad adicional significativa por hojas de cálculo que eran compatibles con la plataforma Lotus, la hoja de cálculo dominante durante ese periodo.[11] ¿De qué tipo de externalidades de red es esto evidencia?

■ **16.3. Ordenadores personales.** La gente tiene una probabilidad más alta de comprar su primer ordenador personal en áreas donde la fracción de familias que ya tienen un ordenador personal es más alta o donde una fracción más alta de amigos y familiares ya tienen un ordenador personal: un aumento del diez por ciento en la penetración en la ciudad viene asociado con un aumento de un uno por ciento en la tasa de adopción.[12] ¿Cómo se puede explicar esto con las externalidades de red? ¿Qué explicaciones alternativas puede haber?

■ **16.4. Cajeros automáticos.** En los inicios de los cajeros automáticos, había pocas redes interbancarias, es decir, la red de cada banco era incompatible con las redes de otros bancos. La evidencia empírica muestra que los bancos con redes de tamaño mayor adoptaron los cajeros automáticos antes. ¿En qué medida pueden las externalidades de red explicar esta observación?[13]

■ **16.5. Apple y Microsoft.** Como responderías a la siguiente afirmación:

Apple Computer, la compañía que introdujo el Macintosh para usuarios idiotas, está cerca de la bancarrota. Mientras tanto, el gran ejército de tecnócratas en Microsoft, que únicamente el año pasado fueron capaces de reproducir el aspecto y la sensación del Mac de 1980, continúa avanzando invencible.

¿Un mal momento para Apple? ¿Una rara excepción de las reglas de Darwin en que los mejores productos ganan los corazones y los dólares de los consumidores?[13]

■ **16.6. Inercia excesiva e impulso excesivo.** Explica por qué la adopción de mercado de una nueva tecnología puede suceder de forma demasiado rápida o demasiado lenta.

■ **16.7. Decisiones de compatibilidad.** La compañía *A* ha desarrollado recientemente una tecnología nueva. La compañía *B* contacta con la compañía *A*, afirmando que ha desarrollado su propia versión de la tecnología y proponiendo un compromiso para hacer ambas tecnologías compatibles entre ellas. ¿Qué consejo darías a la compañía *A*?

Ejercicios complejos

■ **16.8. Equipo inalámbrico.** Imagina que estás comercializando en el mercado un nuevo equipo de información inalámbrico (EII). Los consumidores difieren en el precio máximo que están dispuestos a pagar por el equipo. (Nadie necesita más de una unidad.) Todos los consumidores atribuyen un valor más alto a tener un EII cuanto más alto es el número de consumidores usando el equipo. Llamemos n^e al número esperado de usuarios de EII, lo que también podemos llamar el «tamaño esperado de la red de EII».

Si todos los consumidores esperan que el tamaño de la red EII sea n^e, y el precio del equipo es p, entonces el número de usuarios que quieren comprar el equipo (es decir, la cantidad total demandada) viene dada por $n = 100 - p + vn^e$, donde $0 < v < 1$. (Nótese que esta es una relación lineal estándar entre el precio y las unidades vendidas para cada nivel esperado de tamaño de la red, n^e.)

a) Interpreta el parámetro v. ¿Qué factores influencian v?

Supongamos que el coste marginal por EII es 20. Supongamos también que los consumidores son bastante sofisticados y forman una expectativa acertada sobre el tamaño de la red de EII, para cada precio p que se pueda fijar, para que n sea igual a n^e.

b) ¿Cuál es el precio de EII que maximiza el beneficio? ¿Cuántas unidades se venden y cuántos beneficios se obtienen?

Supongamos que pudieras mejorar el rendimiento de tu red de comunicaciones EII y por lo tanto aumentar los efectos de red, subiendo v de 1/3 a 1/2.

c) ¿Cuánto pagarías por desarrollar esta mejora en rendimiento?

■ **16.9. Comprimir y Apretar.** Dos empresas, Comprimir y Apretar, ofrecen productos de *software* incompatibles que encriptan y encogen el tamaño de archivos de datos grandes para almacenamiento seguro y una transmisión más rápida. Esta categoría de *software* exhibe efectos de red significativos, dado que los usuarios se envían archivos entre ellos, y un archivo grabado en un formato no puede ser recuperado usando el otro formato. El coste marginal de servir a un cliente es $40 para ambas empresas.

Para hacerlo fácil, supongamos que hay solo dos clientes, «Pionero» y «Seguidor», y dos periodos de tiempo, «Este Año» y «Año Siguiente». Como sugieren los nombres, Pionero decide primero, escogiendo un formato Este Año. Pionero no puede cambiar su elección una vez hecha. En cambio, Seguidor escoge el Año Siguiente. Seguidor será consciente de la elección de Pionero cuando le toque escoger. El interés anual es 20 % tanto para Comprimir como para Apretar y Pionero.

Pionero percibe Comprimir y Apretar como productos igualmente atractivos. Pionero valora cada uno de los productos a $100 durante Este Año (antes de que Seguidor entre en el mercado), y a $100 durante el Año Siguiente si Seguidor no escoge el mismo producto. Si Seguidor escoge el mismo producto en Año Siguiente, el valor de Pionero durante el Año Siguiente será $136. (Dicho de otro modo, el efecto de red vale $36 para Pionero.)

Seguidor tiene preferencias parecidas. Si Seguidor escoge el mismo producto en el Año Siguiente que Pionero escogió en Este Año, Seguidor valora ese producto en $136. Alternativamente, si Seguidor escoge un producto diferente en Año Siguiente al que Pionero escogió en Este Año, el valor de Seguidor de ese producto será solo $100.

Finalmente, supongamos que Comprimir y Apretar fijan precios simultáneamente en Este Año en el que ofrecen sus productos a Pionero. (Se podría decir también que entran en una subasta por la demanda de Pionero.) Entonces Comprimir y Apretar fijan precios simultáneamente en el Año Siguiente con el que ofrecerán sus productos a Seguidor.

Por simplicidad, por favor asume que Pionero escogerá Comprimir si Pionero es indiferente entre Comprimir y Apretar, y que Seguidor escogerá el mismo producto que Pionero si Seguidor es indiferente entre Comprimir y Apretar dados los valores ofrecidos y los precios fijados.

a) ¿Qué precios fijarán Comprimir y Apretar en Año Siguiente al pujar por la demanda de Seguidor si Pionero escoge Comprimir en Este Año?

b) ¿Qué precios fijarán Comprimir y Apretar Este Año al pujar por la demanda de Pionero?

c) ¿Qué producto comprará Pionero y qué producto comprará Seguidor?

d) ¿Cuáles son los pagos finales de Comprimir, Apretar, Pionero y Seguidor?

e) Describe con palabras las ventajas de adoptar pronto o tarde identificadas en este problema.

f) ¿Cómo cambia todo esto si hay progreso tecnológico rápido tal que los costes en el Año Siguiente son mucho más bajos que los costes de Este Año?

g) ¿Cómo cambia tu análisis si el coste marginal de servir a un cliente es solo 20 en lugar de 40?

■ **16.10. WalkDVD.** El progreso tecnológico (de cierto tipo) ha resultado en el WalkDVD. Como el nombre sugiere, este es un reproductor DVD de tamaño pequeño. Viene pegado a un par de auriculares y unas gafas especiales para el visionado que, juntos, permiten efectos muy realistas de tanto sonido e imagen, como de fácil movilidad. Tres empresas, Son, Tosh y Phil, están planeando lanzar sus reproductores WalkDVD. Hay dos posibles formatos para escoger, S y T, y los tres competidores no se han puesto de acuerdo en qué estándar adoptar. Son prefiere el estándar S, mientras que Tosh prefiere el estándar T. Phil no tiene una preferencia clara más allá de ser compatible con las otras empresas. Específicamente, el beneficio de cada jugador es una función de los estándares que adoptan y el número de empresas que adoptan el mismo estándar tal y como se ve en la tabla de abajo. Por ejemplo, el valor 200 en la fila de Son y la columna S2 implica que si Son escoge el estándar S y dos empresas escogen el estándar S, el beneficio de Son es 200.

Empresa	S1	S2	S3	T1	T2	T2
Son	100	200	250	40	80	110
Tosh	40	80	110	100	200	250
Phil	60	100	120	60	100	120

Supongamos que las tres empresas escogen simultáneamente qué estándar adoptar.

a) Muestra que «todas las empresas escogiendo S» y «todas las empresas escogiendo T» son ambos equilibrios de Nash en este juego.
b) Determina si hay otros equilibrios de Nash en este juego simultáneo.

Son ha adquirido recientemente una empresa que fabrica DVD para el formato S. En la práctica, esto implica que Son se compromete con el formato S. Ahora depende de Tosh y Phil para decidir simultáneamente qué formato escoger.

c) Escribe la matriz de pagos 2×2 del juego de Tosh y Phil. Encuentra el equilibrio de Nash del juego.
d) ¿Crees que la acción de Son fue buena? ¿Cómo cambiaría tu respuesta si Phil tuviera una preferencia ligera por el formato T (por ejemplo, asume que los pagos de T1, T2 y T3 son 70, 110 y 130, respectivamente)?
e) Supongamos ahora que los beneficios de todas las empresas son como Phil en la tabla anterior. Tú eres Son. Si pudieras escoger, ¿preferirías decidir antes que Tosh y Phil, o después de ellos? Compara tu respuesta con lo que has aprendido en las respuestas a las partes (c) y (d).

■ **16.11. Servicio posventa.** Considera el mercado para una pieza de hardware —una fotocopiadora de la marca *x*, por ejemplo — que necesita servicio posventa. Supongamos que hay entrada libre en este mercado de servicios posventa. Arreglar fotocopiadoras implica un coste fijo de F y un coste marginal c por unidad de servicio proporcionado. La demanda total de servicio viene dada por $D = S(a - p)$, donde p es el precio y S el número de dueños de fotocopiadoras. Finalmente, supongamos que las empresas en el mercado de servicio posventa compiten a la Cournot.

a) Muestra que el excedente del consumidor (por consumidor) en el mercado posventa viene dado por:

$$U = \frac{1}{2}\left(a - c - \sqrt{\frac{F}{S}} \right)^2$$

una función creciente y cóncava de *S*. (Ayuda: aplica los resultados de la competencia a la Cournot con entrada libre derivada en el capítulo 10. Ten en cuenta el hecho de que el excedente del consumidor por consumidor viene dado por $(a - p)^2/2$.)
b) Relaciona este resultado con la discusión de externalidades de red indirectas (al principio del capítulo).

Notas

1. Cantillon, Estelle, y Pai-Ling Yin (2008), «Competition Between Exchanges: Lessons from the Battle of the Bund», Université Libre de Bruxelles y Stanford University.
2. Fuente: GMS Consulting Company y Dataquest. (el número de adoptantes después de 1990 son números estimados.)
3. Besen, Stanley M (1992), «AM versus FM: The Battle of the Bands», *Industrial and Corporate Change* 1, 375-396.
4. Arthur, W Brian (1989), «Competing Technologies, Increasing Returns, and Lock-In by Historical Events», *The Economic Journal* 99, 116-131.
5. Cusumano, Michael A, Yiorgos Mylonadis y Richard S Rosenbloom (1992), «Strategic Maneuvering and Mass-Market Dynamic: The Triumph of VHS over Beta», *Business History Review* 66, 51-94; Nayak, P Ranganath, y John M Ketteringham (1986), *Breakthroughs!*, Nueva York: Rawson Associates; Smith, Lee (1985), «Sony Battles Back», *Fortune*, 15 de abril.
6. Postrel, Steven (1990), «Competing Networks and Proprietary Standards: The Case of Quadraphonic Sound», *Journal of Industrial Economics* 39, 169-185.
7. Kretschmer, Tobias (2008), «Splintering and Inertia in Network Industries», *Journal of Industrial Economics* 56 (4), 685-706.
8. Claussen, Jörg, Tobias Kretschmer y Thomas Spengler (2012), «Market Leadership Through Technology -- Backward Compatibility in the US Handheld Video Game Industry», CEP Discussion Paper #1124, Centre for Economic Performance, LSE.
9. Hagiu, Andrei, y Daniel Spulber (2013), «First-Party Content and Coordination in Two-Sided Markets», *Management Science* 59 (4), 933-949.
10. Homer, Steve (1998), «Electronics Giants Square Off Over Videodisk Standards», *The Wall Street Journal Europe*, Convergence, Summer.
11. Gandal, Neil (1994), «Hedonic Price Indexes for Spreadsheets and an Empirical Test for Network Externalities», *Rand Journal of Economics* 25, 160-170.
12. Goolsbee, Austan, y Peter J Klenow (1998), «Evidence on Learning and Network Externalities in the Diffusion of Home Computers», University of Chicago.
13. Saloner, Garth, y Andrea Shepherd (1995), «Adoption of Technologies With Network Effects: An Empirical Examination of the Adoption of Automated Teller Machines», *Rand Journal of Economics* 26, 479-501.
14. *The New York Times Magazine*, 5 de mayo de 1996.

Índice analítico

abuso de posición dominante, 206
activos específicos, 89, 452-453
actualizaciones forzadas, 544
acuerdos de exclusividad, 457-458
acuerdos secretos, 295
acuerdos tácitos, 296
ambigüedad causal, 91
antimonopolio, 155
aprovechar el poder de mercado, 423
árbol de decisión, 231
Artículo 102, 206
Astillamiento, 552
atributos ocultos, 493
aumentar los costes de los rivales, 285, 424, 425, 438
autoselección, 175

banco de patentes, 523
barreras a la imitación, 90
barreras de entrada, 347, 365
Bertrand, J., 293
bien de búsqueda, 483
bien duradero, 189
bien experiencial, 484
bienes complementarios, 59
bienes dañados, 183
bienes de lujo, 53
bienes inferiores, 48
bienes necesarios, 48
bienes normales, 48
bienes públicos, 137
bienes sustitutivos, 59
bolsillos profundos, 428
bolso grande, 428
búsqueda de rentas, 25, 149

calibración de un modelo, 280
captura regulatoria, 159
cartel, 295
cliente-más-favorecido, 316
cociente publicidad-ingreso, 487
colusión, 295
compatibilidad retroactiva, 554-555
compatibilidad, 550-552
competencia monopolística, 118
complementos perfectos, 64
compromiso creíble, 234
congestión, 137
conjetura de Coase, 190
conjunto presupuestario, 37
contrafactual, 275
contratos implícitos, 485
contratos relacionales, 238
cookies, 208
coste de búsqueda, 492
coste de cambio, 495
coste fijo, 69
coste marginal, 69
coste medio, 69
coste total, 69
coste variable, 69
costes endógenos de entrada, 356
cuello de botella, 162
cultura, 91
curva de aprendizaje, 93, 348
curva de demanda, 38-39
curva de oferta de la industria, 103
curvas de indiferencia, 36

debilitamiento de la competencia, 451
defensa de la fusión de las empresas en crisis, 400
demanda residual, 151, 265

dependencia de la trayectoria, 547
derechos de autoría, 147
derechos de propiedad, 142
descuentos en todas las unidades, 424
deseconomías de escala, 346
destrucción creativa, 507, 519
diferenciación de producto espuria, 496
diferenciación vertical del producto, 473
dilema del prisionero, 222-223
discriminación de precios perfecta, 173
discriminación de precios, 171
dispersión de precios, 493
disposición a pagar, 40
disuadir de la entrada, 410
dividir y vencer, 420
doctrina de efectos, 322
dominancia creciente, 514
duopolio, 251

economías de aglomeración, 350
economías de escala, 346
efecto bola de nieve, 544
efecto cosecha, 495
efecto de beneficio conjunto, 515
efecto de colusión, 395
efecto de reemplazo, 516
efecto de robo de negocio, 365
efecto directo, 475
efecto dominó, 544
efecto estratégico, 475
efecto inversión, 495
efecto unilateral, 395
efecto vagón, 548
efectos de red, 147
eficiencia de asignación, 24, 122, 148
eficiencia dinámica, 122
eficiencia productiva, 24, 122, 149
eficiencias de costes, 382
el huevo y la gallina, 533
elasticidad de la renta, 48
elasticidad precio cruzado de la demanda, 46
elasticidad precio de la demanda, 48
empresa ascendente, 446
empresa atomística, 102
empresa descendente, 446
entrada bloqueada, 411
entrada libre, 102
equilibrio de expectativas cumplidas, 536
equilibrio de libre entrada, 344
equilibrio de mercado, 103

equilibrio de Nash, 227
equilibrio perfecto en subjuegos, 233
escala mínima eficiente, 345
estandarización, 557
estática comparativa, 105, 275
estrategia de innovación, 512
estrategia dominada, 223
estrategia dominante, 222
estrategia, 91
estrategias de gatillo, 297
excedente del consumidor, 39, 121
excedente del entrante, 424
excedente del productor, 121
exceso de impulso, 543
exceso de inercia, 542
exclusión directa, 420
expectativas del consumidor, 536
experimento de campo, 92
experimento natural, 491
externalidad, 136, 295, 456
externalidades de red, 531

facilitar la entrada, 410
factor de descuento, 297
fijación de precio, 156
fijación de precios de coste medio, 159
fijación del precio de reventa, 457
forma extensiva, 231
forma normal, 220
franquicia, 89
función de costes, 69
función de demanda inversa, 38
función de demanda, 38
función de oferta, 72
función de producción Cobb-Douglas, 64
función de producción, 62
fusiones horizontales, 381
fusiones verticales, 381

hipótesis de colusión, 364
hipótesis de eficiencia, 364
historia, 92

identificación estadística, 319
impuesto pigouviano, 138
incertidumbre, 240
índice de Herfindahl, 343
índice de Lerner, 78, 343

inducción hacia atrás, 232
Ineficiencia de asignación, 24
Ineficiencia productiva, 24
inercia organizacional, 519
información asimétrica, 144, 240
información perfecta, 102
infraestructura esencial, 162
ingreso incremental, 74
ingreso marginal, 75
integración ajustada, 88
intruso, 86
isocuanta, 63

juego de etapas, 236
juego de una ronda, 236
juego repetido, 236, 297
juego, 220
juegos de señalización, 243
justicia, 174, 203

ley de la oferta y la demanda, 104, 110
ley de un precio, 173

maldición del ganador, 200
maraña de patentes, 521
marca paraguas, 486
marca, 485
margen, 78, 81
masa crítica, 538
maximización de utilidad, 37
mecanismo de incentivos de alta potencia, 160
mecanismo de incentivos de baja potencia, 160
mejor respuesta, 228
mercados bilaterales, 556
mercados de clientes, 173, 304
método de las características, 468
modelo de Hotelling, 477
modelo de las cinco fuerzas, 31
monopolio natural, 158

naturaleza, 240
neutralidad de la red, 207
nodo de decisión, 231
novedad, 520

ofuscación, 494
oligopolio, 251

paquetes mixtos, 187
paquetes puros, 187
paquetes, 422
paradigma estructura-conducta-rendimiento
   (ECR), 30, 361
patente, 147
pérdida de eficiencia, 149
plataformas, 556
poder de mercado, 21, 295
poder de monopolio, 152
poder monopsonista, 327
política de fusiones, 157
política de la competencia, 156
política industrial, 28
políticas estratégicas comerciales, 483
prácticas abusivas, 157, 206
prácticas facilitadoras, 316
precio de acceso, 165
precio óptimo, 74-75
precios adicionales, 494
precios hedónicos, 468
precios no lineales, 192, 455
precios predatorios, 426
preferencias, 35
principal-agente, 243
problema de cautividad, 88
problema de doble marginalización, 447
problema de identificación, 50
problema del polizón, 136, 524
productividad marginal decreciente, 65
productividad total de factores, 92
productividad, 66
producto diferenciado, 466
producto homogéneo, 102
programas de indulgencia, 322
proliferación de productos, 418
protección del consumidor, 495
prueba Areeda-Turner, 434
publicidad informativa, 484
publicidad persuasiva, 484
puntos focales, 230

regla de la elasticidad, 78
regla de precios de los componentes eficientes,
   165
regulación de la empresa, 158

regulación de la tasa de rendimiento, 159
regulación de límites de precios, 160
regulación, 141, 153
relaciones verticales, 446
remedios de comportamiento, 398
remedios estructurales, 398
rendimientos crecientes de escala, 345
renta de información, 187
renta, 110
restricción de conformidad, 297
restricción de incentivos, 186, 196
restricción de participación, 186, 196
restricciones verticales, 454
retención, 452
retraso regulatorio, 160
reventa, 173
riesgo moral, 146, 243, 485
Robinson-Patman Act, 205

secuestradores de patentes, 521
segmentación de mercado, 176
selección adversa, 143, 242
selección competitiva, 115
selección por indicadores, 175
selección ventajosa, 146
señalización, 484
sesgo doméstico, 178
Sherman Act, 320
sin obviedad, 520
sinergias de fusiones, 382
sistema de patentes, 520
subasta de precio ascendente, 198
subasta de precio descendente, 198
subasta de precio uniforme, 200

subasta de primer precio, 198
subasta de segundo precio, 198
subasta discriminatoria, 200
subasta simultáneamente ascendente, 201
subcontratación, 453
subjuego, 232
sustitutivos perfectos, 64

tarifa de dos partes, 192
tasa de franquicia, 455
tasa de traspaso, 273
tasas por asignación de espacio, 456
Teorema de Coase, 141
Teorema Fundamental, 124
teoría de captura, 154
teoría de la agencia, 84, 453
teoría de la prospectiva, 54, 204
teoría normativa, 154
territorios exclusivos, 457
tomar represalias, 236
tragedia de los comunes, 136
trampa de Bertrand, 257
transparencia, 316
Tratado de la Unión Europea, 320
triángulo de Harberger, 148
triopolio, 348

variables instrumentales, 52
ventaja competitiva sostenible, 90, 348
ventaja de ser el primero, 348
ventas condicionadas, 187
ventas vinculadas, 422